한권으로 끝내는 국가공인 漢字·漢文指導師 資格試驗 叢書

국·가·공·인
漢字·漢文指導師
特級 上

감 수 社團法人 漢字敎育振興會

형 민 사

한권으로 끝내는 한자·한문지도사자격시험 총서
漢字·漢文指導師 特級

초 판 발 행 | 2010. 7. 1
초 판 4쇄 | 2019. 5. 10
편 저 자 | 한국 한문진흥학회
감　　　수 | (사)한자교육진흥회
펴 낸 곳 | 주식회사 형민사
인터넷구매 | www.hanja114.co.kr
구 입 문 의 | TEL.02-736-7694, FAX.02-736-7692
주　　　소 | ㈜04551 서울특별시 중구 수표로 45, 505호 (저동2가, 비즈센터)
등 록 번 호 | 제2016-000003호
정　　　가 | 36,000원
I S B N | 978-89-91325-42-5 13710

- 이 책에 실린 모든 편집 내용에 대한 저작권은 〈주식회사 형민사〉에 있으므로 무단으로 복사, 복제할 수 없습니다.
- 파손된 책은 바꾸어 드립니다.

머리말

　현대인들은 정신적 성장보다는 물질적 풍요를 중요시하면서 우리 전통문화의 고찰을 등한시하여 **忠, 孝, 禮, 敬** 등 민족고유의 정체성을 망각하기에 이르렀다. 이에 전인교육의 중요성이 강조되었고 인성교육의 효과적 방안으로 '한문교육'이 필요하게 되었다.

　이제 교육계는 물론 사회단체에서도 '우리의 민족성을 회복하고 문화적 가치를 살려 나가자.'는 기치 아래 옛 성현들의 지혜와 전통예절 및 충효사상을 골자로 하는 한문교육을 다각적으로 실시하고 있다. 때문에, 이 같은 한문교육 수요에 부응하기 위하여 한문의 학문적 지식과 덕성을 함께 갖춘 한문지도사의 양성이 시급한 시점이다.

　아울러 한자·한문지도사는 고도의 한자·한문 지식을 갖추고 한자 활용방법을 가르치는 것은 물론 수학자들의 올바른 인격 형성과 덕성함양을 위한 전문교육자가 되어야 한다고 생각한다.

이 책은 동양사상의 근간이 되는 《論語》·《孟子》 및 《古文眞寶》의 내용을 엄선하여 수록하였으며, 당대의 **名文**을 통해 시대적·역사적 배경을 이해하고 인생의 교훈을 배우며, 인성·예절 교육 및 전통문화전승의 소양을 다질 수 있도록 하였다. 또한, 교직관과 교사의 역할 및 갖추어야 할 자세 등을 내용으로 하는 **敎師論**을 정리하여 실었다. 부록에는 한자·한문지도사 특급 자격취득을 목표로 하는 사람들을 위해 고전해독에 필요한 한자 5,000자와 성어 760여개를 정리해 실었으며, 기출문제를 수록하였다.

　이 책이 한자·한문지도사 특급 자격취득에 길잡이가 되기를 바라며, 고전을 통해 동양의 전통적 가치관을 이해하고 옛 성현의 명언에서 삶의 지혜도 얻을 수 있기를 기대한다.

2010년 6월

편집자

목차

上卷

Ⅰ. 論語(抄錄) / 9

1. 學而 _11
2. 爲政 _15
3. 八佾 _20
4. 里仁 _25
5. 公冶長 _28
6. 雍也 _33
7. 述而 _38
8. 泰伯 _43
9. 子罕 _47
10. 鄕黨 _52
11. 先進 _56
12. 顔淵 _63
13. 子路 _69
14. 憲問 _75
15. 衛靈公 _81
16. 季氏 _86
17. 陽貨 _89
18. 微子 _94
19. 子張 _96
20. 堯曰 _98

Ⅱ. 孟子(抄錄) / 101

1. 梁惠王章句上 _103
2. 梁惠王章句下 _116
3. 公孫丑章句上 _125
4. 公孫丑章句下 _138
5. 滕文公章句上 _143
6. 滕文公章句下 _152
7. 離婁章句上 _160
8. 離婁章句下 _168
9. 萬章章句上 _177
10. 萬章章句下 _180
11. 告子章句上 _185
12. 告子章句下 _194
13. 盡心章句上 _200
14. 盡心章句下 _208

목차

下卷

Ⅲ. 古文眞寶 前集(抄錄) / 221

Ⅳ. 古文眞寶 後集(抄錄) / 247

1. 漁父辭 _248
2. 秋風辭 _250
3. 弔屈原賦 _251
4. 出師表 _253
5. 後出師表 _257
6. 蘭亭記 _261
7. 陳情表 _264
8. 歸去來辭 _267
9. 五柳先生傳 _270
10. 滕王閣序 _272
11. 春夜宴桃李園序 _279
12. 與韓荊州書 _280
13. 原人 _284
14. 原道 _286
15. 爭臣論 _294
16. 送窮文 _301
17. 進學解 _306
18. 鱷魚文 _311
19. 送孟東野序 _314
20. 師說 _317
21. 雜說 _320
22. 獲麟解 _321
23. 諱辨 _323
24. 伯夷頌 _326
25. 昌黎文集序 _328
26. 梓人傳 _330
27. 捕蛇者說 _336
28. 種樹郭橐駝傳 _339
29. 桐葉封弟辨 _342
30. 連州郡復乳穴記 _344

- 31. 養竹記 _346
- 32. 待漏院記 _349
- 33. 岳陽樓記 _353
- 34. 獨樂園記 _355
- 35. 讀孟嘗君傳 _356
- 36. 醉翁亭記 _357
- 37. 憎蒼蠅賦 _360
- 38. 鳴蟬賦 _364
- 39. 縱囚論 _367
- 40. 朋黨論 _370
- 41. 名二子說 _374
- 42. 前赤壁賦 _375
- 43. 後赤壁賦 _379
- 44. 六一居士集序 _381
- 45. 喜雨亭記 _386
- 46. 范增論 _389
- 47. 愛蓮說 _392
- 48. 太極圖說 _393
- 49. 四勿箴 _395
- 50. 西銘 _397
- 51. 東銘 _399

V. 教師論 / 401

附錄 / 411

1. 漢字成語 _412
2. 選定漢字(5,000字) 一覽表 _463
3. 旣出問題 _505

Ⅰ. 論 語

(抄錄)

序 言

《論語》는 공자 문하의 제자 및 그 뒤의 유가들이 공자의 언행을 기록하여 엮은 책으로, 공자의 사상과 인간됨을 파악하는데 매우 중요한 자료이다.

공자(孔子)는 동양사상의 근간인 유교(儒敎)사상의 시조(始祖)로 후학들에게는 성인(聖人)으로 불리는 대 사상가이다. 공자의 이름은 구(丘), 자(字)는 중니(仲尼)이며 춘추시대 말기 노(魯)나라에서 출생하였다.

50세가 넘어서야 노나라에서 정공(定公)에게 발탁되어 정치 활동의 기회를 얻지만 56세에 실각하였고, 이때부터 14년간 여러 나라의 군주를 찾아다니며 이상적인 정치를 실현시키기 위해 인(仁)과 예(禮)를 설파하며 덕치(德治)를 주장하였다. 그러나 그의 이상은 결실을 맺지 못하였고, 69세에 고향으로 돌아와 교육에 전념하다가 74세의 나이로 세상을 떠났다.

《論語》에는 이러한 공자의 파란만장한 인생이 녹아 있다. 공자가 구사한 촌철살인(寸鐵殺人)의 비유와 논리는 지금까지도 회자(膾炙)되고 있으며 불의(不義)에 굴하지 않고 정도(正道)를 고집했던 그의 삶은 현대인들에게 큰 교훈을 준다.

《論語》는 원래 노(魯)논어, 제(齊)논어, 고(古)논어 등 세 가지가 전해졌다고 하는데, 전한(前漢) 말 장우(張禹)가 노논어와 제논어를 비교하여 20편으로 개정한 것이 현재 전해지고 있는 《論語》의 원형이다.

본서(本書)는 한자·한문지도사 특급 자격시험의 출제경향에 맞추어 《論語》 중에서 수험생이 꼭 학습해야할 중요한 내용만 발췌하여 편집한 것임을 밝힌다.

1. 學而

此는 爲書之首篇이라 故로 所記多務本之意하니 乃入道之門이요 積德之基니 學者之先務也라

이 편은 이 책의 첫째편이다. 그러므로 기록한 내용은 근본에 힘쓰는 뜻이 많으니, 바로 도에 들어가는 문이요 덕을 쌓는 터가 되니, 배우는 자들이 가장 먼저 힘써야 할 것이다.

1장

子曰 學而時習之면 不亦說乎아

해석 공자께서 말씀하셨다. "배우고 그것을 때때로 익힌다면 기쁘지 않겠는가?

有朋이 自遠方來면 不亦樂乎아

해석 벗이 먼 곳에서 찾아온다면 즐겁지 않겠는가?

人不知而不慍이면 不亦君子乎아

해석 사람들이 알아주지 않더라도 성내지 않으면 군자가 아니겠는가?"

2장

有子曰 其爲人也 孝弟오 而好犯上者 鮮矣니 不好犯上이오 而好作亂者 未之有也니라

해석 유자가 말했다. "사람됨이 효성이 있고 공경스러운데 윗사람을 범하기를 좋아하는 사람은 드무니, 윗사람을 범하기를 좋아하지 않고 어지러운 일을 일으키기 좋아하는 사람은 없다."

說 : 기쁠 열   慍 : 성낼 온   弟 : 공경할 제   鮮 : 적을 선, 드물 선

君子務本이니 本立而道生하나니 孝弟也者는 其爲仁之本與인저

해석 군자는 근본에 힘쓰니, 근본이 서면 도가 나온다. 효도와 공경함은 그 인을 행하는 근본일 것이다.

3장
子曰 巧言令色이 鮮矣仁이니라

해석 공자께서 말씀하셨다. "말을 좋게 하고 얼굴빛을 곱게 하는 사람이 인한 이가 드물다."

4장
曾子曰 吾日三省吾身하노니 爲人謀而不忠乎아 與朋友交而不信乎아 傳不習乎이니라

해석 증자가 말했다. "나는 날마다 세 가지로 내 몸을 살피노니, 남을 위하여 일을 도모함에 최선을 다하지 못했는가? 벗과 더불어 사귐에 성실하지 못했는가? 전수받은 것을 복습하지 않는가? 이다."

7장
子夏曰 賢賢하되 易色하며 事父母하되 能竭其力하며 事君하되 能致其身하며 與朋友交하되 言而有信이면 雖曰未學이라도 吾必謂之學矣라하리라

해석 자하가 말했다. "어진 이를 어질게 여기되 여색을 좋아하는 마음과 바꾸며, 부모를 섬기되 능히 그 힘을 다하며, 군주를 섬기되 능히 그 몸을 바치며, 벗과 더불어 사귀되 말함에 성실함이 있으면 비록 배우지 않았다고 말하더라도 나는 반드시 그를 배웠다고 말하겠다."

8장
子曰 君子 不重則不威니 學則不固니라

해석 공자께서 말씀하셨다. "군자가 온후하고 진중하지 않으면 위엄이 없으니 학문도 견고하지 못하다.

令 : 좋을 령

主忠信하며 無友不如己者요 過則勿憚改니라

해석 忠과 信을 주장하며, 자기만 못한 자를 벗으로 사귀지 말고, 허물이 있으면 고치기를 꺼리지 말아야 한다."

9장 曾子曰 愼終追遠이면 民德이 歸厚矣리라

해석 증자가 말했다. "상례를 삼가서 치르고 멀리 돌아가신 분을 추모하면 백성의 덕이 후하게 될 것이다."

11장 子曰 父在에 觀其志요 父沒에 觀其行이나 三年을 無改於父之道라야 可謂孝矣니라

해석 공자께서 말씀하셨다. "아버지께서 살아계실 때에는 그(자식)의 뜻을 관찰하고 아버지께서 돌아가셨을 때에는 그(자식)의 행동을 관찰하는 것이니, 3년 동안 아버지의 도를 고치지 말아야 효도라 말할 수 있다."

12장 有子曰 禮之用이 和爲貴하니 先王之道 斯爲美라 小大由之니라

해석 유자가 말했다. "예의 사용은 和가 귀함이 되니, 선왕의 도는 이것을 아름답게 여겼다. 그리하여 작은 일과 큰일에 모두 이것을 따른 것이다.

有所不行하니 知和而和요 不以禮節之면 亦不可行也니라

해석 행해지지 않는 경우가 있으니, 和를 알아서 和만 하고, 예로써 조절하지 않는다면 이 또한 행해질 수 없다."

過 : 허물 과   憚 : 꺼릴 탄

14장 子曰 君子 食無求飽하며 居無求安하며 敏於事而愼於言이요 就有道而正焉이면 可謂好學也已니라

해석 공자께서 말씀하셨다. "군자는 먹음에 배부름을 구하지 않으며, 거처할 때에 편안함을 구하지 않으며, 일을 민첩히 하고 말을 삼가며, 도가 있는 이에게 찾아가서 시비를 바로잡는다면 학문을 좋아한다고 말할 만하다."

15장 子貢曰 貧而無諂하며 富而無驕하면 何如하니잇고 子曰 可也나 未若貧而樂하며 富而好禮者也니라

해석 자공이 말했다. "가난하되 아첨함이 없으며, 부유하되 교만함이 없으면 어떻습니까?" 공자께서 말씀하셨다. "괜찮지만 가난하면서도 즐거워하며, 부유하면서도 예를 좋아하는 자만은 못하다."

子貢曰 詩云 如切如磋하며 如琢如磨라하니 其斯之謂與인저

해석 자공이 말했다. "『시경』에 '자른 듯 하며, 간 듯하며, 쪼는 듯하며, 간 듯하다.' 하였으니, 그 말은 이를 두고 한 말일 것입니다."

子曰 賜也는 始可與言詩已矣로다 告諸往而知來者온여

해석 공자께서 말씀하셨다. "사는 비로소 함께 시를 말할 만하구나! 지나간 것을 말했더니 올 것을 아는구나."

敏 : 빠를 민　諂 : 아첨할 첨　磋 : 갈 차　琢 : 쪼을 탁　磨 : 갈 마

2. 爲政

1장 子曰 爲政以德이 譬如北辰이 居其所어든 而衆星이 共之니라

> 해석 공자께서 말씀하셨다. "정치를 덕으로 하는 것은 비유하면 마치 북극성이 제자리에 머물러 있으면 모든 별들이 그곳으로 향하는 것과 같다."

2장 子曰 詩三百에 一言以蔽之하니 曰思無邪니라

> 해석 공자께서 말씀하셨다. "『시경』 삼백 편을 한 마디의 말로 표현하자면, '생각에 사악함이 없다.'는 말이다."

3장 子曰 道之以政하고 齊之以刑이면 民免而無恥니라

> 해석 공자께서 말씀하셨다. "법으로써 인도하고 형벌로써 다스리면, 백성들이 <형벌을> 면할 수는 있으나, 부끄러워함은 없을 것이다.

道之以德하고 齊之以禮이면 有恥且格이니라

> 해석 덕으로써 인도하고, 예로써 다스리면, <백성들이> 부끄러워함이 있고, 또 <선에> 이르게 될 것이다."

4장 子曰 吾十有五而志于學하고

> 해석 공자께서 말씀하셨다. "나는 열다섯 살에 학문에 뜻을 두었고,

爲 : 다스릴 위　譬 : 비유할 비　居 : 머무를 거　共 : 향할 공　蔽 : 가릴 폐, 단정 지을 폐　道 : 인도할 도
格 : 이를 격, 바를 격

三十而立하고 四十而不惑하고

해석) 서른 살에 자립하였고, 마흔 살에 <사물의 이치에> 의혹하지 않았고,

五十而知天命하고 六十而耳順하고

해석) 쉰 살에 천명을 알았고, 예순 살에 들으면 바로 이해하였고,

七十而從心所欲하되 不踰矩호라

해석) 일흔 살에 마음에 하고자 하는 바를 좇아도 법도를 넘지 않았다."

5장 孟懿子問孝한대 子曰 無違니라

해석) 맹의자가 효에 대해 묻자, 공자께서 말씀하셨다. "어김이 없어야 한다."

樊遲御러니 子告之曰 孟孫이 問孝於我어늘 我對曰 無違라호라

해석) 번지가 수레를 몰고 있었는데, 공자께서 말씀하셨다. "맹손씨가 나에게 효를 묻기에 나는 어김이 없는 것이라고 대답했다."

樊遲曰 何謂也니잇고 子曰 生事之以禮하며 死葬之以禮하며 祭之以禮니라

해석) 번지가 말했다. "무슨 말씀이십니까?" 공자께서 말씀하셨다. "살아계시면 예로 섬기고, 돌아가시면 예로 장사지내고, 제사를 예로 지내는 것이다."

惑 : 의혹할 혹   踰 : 넘을 유   矩 : 법 구   懿 : 아름다울 의   樊 : 울타리 번   御 : 말몰 어, 어거할 어

6장 孟武伯問孝한대 子曰 父母는 唯其疾之憂시니라

해석 맹무백이 효에 대해 묻자, 공자께서 말씀하셨다. "부모는 오직 자식이 병들까 걱정하신다."

7장 子游問孝한대 子曰 今之孝者는 是謂能養이니 至於犬馬하여도 皆能有養이니 不敬이면 何以別乎리오

해석 자유가 효에 대해 묻자, 공자께서 말씀하셨다. "요즘의 효도라는 것은 잘 먹여 살린다고는 말할 수 있다. 개와 말에게도 모두 먹여 살리고 있으니, 공경하지 않으면 무엇으로 구별하겠는가?"

8장 子夏問孝한대 子曰 色難이니 有事어든 弟子服其勞하고 有酒食어든 先生饌이 曾是以爲孝乎아

해석 자하가 효에 대해 묻자, 공자께서 말씀하셨다. "부드러운 낯빛으로 부모님을 섬기는 것이 어려우니, 일이 있으면 제자가 그 수고로움을 맡아서 하고, 술과 밥이 있으면 아버지와 형을 잡숫게 하는 것을 가지고 일찍이 효라고 할 수 있겠는가?"

9장 子曰 吾與回言終日에 不違如愚러니 退而省其私한대 亦足以發하나니 回也 不愚로다

해석 공자께서 말씀하셨다. "내가 회와 더불어 종일 이야기를 해도, 내 말을 어기지 않아 어리석은 듯하더니, 물러간 뒤에 그의 사생활을 살펴보았는데 족히 〈내가 말한 이치를〉 나타내고 있으니, 회는 어리석지 않구나!"

10장 子曰 視其所以하며 觀其所由하며 察其所安이면 人焉廋哉리오 人焉廋哉리오

해석 공자께서 말씀하셨다. "그 하는 것을 보며, 그 이유를 살피며, 그 편안히 여김을 살펴본다면, 사람들이 어떻게 숨기겠는가! 사람들이 어떻게 숨기겠는가!"

食 : 밥 사 饌 : 먹을 찬 廋 : 숨길 수

11장 子曰 溫故而知新이면 可以爲師矣니라

> 해석 공자께서 말씀하셨다. "이미 배운 것을 익혀서 새로운 것을 알게 되면 남의 스승이 될 수 있을 것이다.

12장 子曰 君子는 不器니라

> 해석 공자께서 말씀하셨다. "군자는 그릇처럼 국한되지 않는다."

14장 子曰 君子는 周而不比하고 小人은 比而不周니라

> 해석 공자께서 말씀하셨다. "군자는 두루 포용하고 편당을 이루지 않으며, 소인은 편당을 이루고 두루 포용하지 못한다."

16장 子曰 攻乎異端이면 斯害也已니라

> 해석 공자께서 말씀하셨다. "이단에 몰두하면 해로울 뿐이다."

17장 子曰 由아 誨女知之乎인저 知之爲知之요 不知爲不知 是知也니라

> 해석 공자께서 말씀하셨다. "유야! 너에게 안다는 것을 가르쳐주겠다. 아는 것을 안다고 하고 모르는 것을 모른다고 하는 것, 이것이 아는 것이다."

19장 哀公問曰 何爲則民服이니잇고 孔子對曰 擧直錯諸枉이면 則民服하고 擧枉錯諸直이면 則民不服이니이다

> 해석 애공이 물었다. "어떻게 하면 백성이 마음으로 복종합니까?" 공자께서 대답하셨다. "곧은 사람을 등용해서 모든 곧지 않은 사람을 버리면 백성이 마음으로 복종하고, 곧지 않은 사람을 등용해서 모든 곧은 사람을 버리면 백성이 마음으로 복종하지 않습니다."

比 : 친할 비 攻 : 다스릴 공 誨 : 가르칠 회 錯 : 버려둘 조, 올려놓을 조

23장 子張問 十世可知也잇가

> 해석 자장이 물었다. "10대 뒤의 일을 알 수 있습니까?"

子曰 殷因於夏禮하니 所損益을 可知也요 周因於殷禮하니 所損益을 可知也니 其或繼周者면 雖百世라도 可知也니라

> 해석 공자께서 말씀하셨다. "은나라는 하나라의 예를 따랐으니 덜고 더함을 알 수 있다. 주나라는 은나라의 예를 따랐으니 덜고 더함을 알 수 있다. 혹시라도 주나라의 뒤를 이어 일어나는 나라가 있다면 비록 백대 뒤의 일이라도 알 수 있다."

24장 子曰 非其鬼而祭之諂也요 見義不爲 無勇也니라

> 해석 공자께서 말씀하셨다. "그 제사 지내야할 귀신이 아닌데 제사지내는 것은 아첨하는 것이요, 의를 보고 행하지 않는 것이 용맹이 없는 것이다."

諂 : 아첨할 첨

3. 八佾

通前篇末二章하여 皆論禮樂之事라

전편의 끝의 2장을 통합하여 모두 예악의 일을 논하였다.

1장 孔子謂季氏하시되 八佾로 舞於庭하니 是可忍也면 孰不可忍也리오

해석 공자께서 계씨를 두고 말씀하셨다. "팔일무를 뜰에서 춤추게 하니, 이 짓을 차마 한다면 무엇인들 차마 하지 못하겠는가?"

2장 三家者以雍徹이러니 子曰 相維辟公이어늘 天子穆穆을 奚取於 三家之堂고

해석 세 집안(맹손, 숙손, 계손의 집안)에서 옹장을 노래하면서 제기를 거두자, 공자께서 말씀하셨다. "'제후들이 제사를 돕거늘 천자는 엄숙하게 계시다.'는 가사를 어찌해서 세 집안의 堂에서 취해다 쓰는가?"

4장 林放이 問禮之本한대 子曰 大哉라 問이여

해석 임방이 예의 근본을 물었다. 공자께서 말씀하셨다. "훌륭하도다. 질문이여!

禮는 與其奢也론 寧儉이요 喪은 與其易也론 寧戚이니라

해석 예는 그 사치하기 보다는 차라리 검소하여야 하고, 상은 형식적으로 잘 치르기 보다는 차라리 슬퍼해야 한다."

佾:줄춤 일　忍:차마할 인, 참을 인　雍:화할 옹　徹:거둘 철　相:도울 상　辟:임금 벽　奢:사치할 사
寧:차라리 녕　易:다스릴 이　戚:슬플 척

6장

季氏旅於泰山이러니 子謂冉有曰 女弗能救與아 對曰 不能이로소이다 子曰 嗚呼라 曾謂泰山이 不如林放乎아

해석 계씨가 태산에서 旅제사를 지내자, 공자께서 염유에게 말씀하셨다. "네가 능히 구할 수 없겠느냐?" 염유가 대답하였다. "불가능합니다." 공자께서 말씀하셨다. "아! 일찍이 태산의 신령이 임방만도 못하다고 생각하느냐?"

7장

子曰 君子無所爭이나 必也射乎인저 揖讓而升하여 下而飮하나니 其爭也君子니라

해석 공자께서 말씀하셨다. "군자는 다투는 것이 없으나, 반드시 활쏘기에서는 경쟁을 한다. 상대방에게 읍하고 사양하며 올라갔다가 <활을 쏜 뒤에> 내려와 술을 마시니, 이러한 다툼이 군자다운 것이다."

8장

子夏問曰 巧笑倩兮며 美目盼兮여 素以爲絢兮라하니 何謂也잇고

해석 자하가 물었다. "'예쁜 웃음에 보조개가 예쁘며, 아름다운 눈에 눈동자가 선명함이여! 흰 비단으로 채색을 한다.' 하였으니, 무엇을 말한 것입니까?"

子曰 繪事後素니라

해석 공자께서 말씀하셨다. "그림 그리는 일은 흰 비단을 마련하는 것보다 뒤에 한다는 것이다."

曰 禮後乎인저 子曰 起予者는 商也로다 始可與言詩已矣로다

해석 자하가 말했다. "예가 뒤이겠군요?" 공자님께서 말씀하셨다. "나를 일깨워 주는 자는 상(자하)이로구나! 이제야 함께 시를 말할 만하다."

旅: 산신제지낼 려　冉: 나아갈 염　揖: 읍할 읍　倩: 입 예쁠 천　盼: 아름다운 눈 변(반)　絢: 문채 날 현
繪: 그림 회

9장

子曰 夏禮를 吾能言之나 杞不足徵也며 殷禮를 吾能言之나 宋不足徵也는 文獻이 不足故也니 足則吾能徵之矣로리라

해석 공자께서 말씀하셨다. "하나라의 예를 내가 말할 수 있으나 기나라에서 충분히 증거를 제시하지 못하며, 은나라의 예를 내가 말할 수 있으나 송나라에서 충분히 증거를 제시하지 못함은 문헌이 부족하기 때문이다. <문헌이> 충분하다면 내가 증거를 제시 할 수 있을 것이다."

13장

王孫賈問曰 與其媚於奧론 寧媚於竈라하니 何謂也잇고

해석 왕손가가 물었다. "아랫목 신에게 잘 보이는 것보다는 차라리 부엌 신에게 잘 보이라하니, 무슨 말입니까?"

子曰 不然하다 獲罪於天이면 無所禱也니라

해석 공자께서 말씀하셨다. "그렇지 않다. 하늘에 죄를 얻으면 빌 곳이 없다."

15장

子入大廟하사 每事問하신대 或曰 孰謂鄹人之子 知禮乎아 入大廟하여 每事問이온여 子聞之하시고 曰 是禮也니라

해석 공자께서 태묘에 들어가서 일마다 물으시니, 어떤 사람이 말하기를 "누가 추땅 사람의 아들을 일러 예를 안다고 하는가? 태묘에 들어가 일마다 묻고 있는데!" 하였다. 공자께서 이 말을 들으시고 "이것이 바로 예이다."하셨다.

16장

子曰 射不主皮는 爲力不同科니 古之道也니라

해석 공자께서 말씀하셨다. "활을 쏘는데 가죽 뚫는 것을 위주로 하지 않는 것은 힘이 같지 않기 때문이니, 옛날의 방법이다."

杞 : 나라 기 徵 : 징험할 징 獻 : 문헌 헌, 어질 헌 賈 : 성 가 媚 : 아첨할 미 奧 : 아랫목 오 竈 : 부엌 조 禱 : 빌 도 鄹 : 나라이름 추 科 : 등급 과

17장 子貢이 欲去告朔之餼羊한대

해석 자공이 초하룻날 고하면서 바치는 희생양을 없애려고 하였다.

子曰 賜也는 爾愛其羊가 我愛其禮하노라

해석 공자께서 말씀하셨다. "사(자공)야! 너는 그 양을 아까워하느냐? 나는 그 예를 아까워한다."

20장 子曰 關雎는 樂而不淫하며 哀而不傷이니라

해석 공자께서 말씀하셨다. "「관저」는 즐거우면서도 지나치지 않고, 슬프면서도 해치지 않는다."

21장 哀公이 問社於宰我한대 宰我對曰 夏后氏는 以松이요 殷人은 以柏이요 周人은 以栗이니 曰使民戰栗이니이다

해석 애공이 재아에게 社에 대하여 물었다. 재아가 대답하기를 "하후씨는 소나무를 사용하였고, 은나라 사람들은 잣나무를 사용하였고, 주나라 사람들은 밤나무를 사용하였으니, <밤나무를 사용한 이유는> 백성들로 하여금 두려움을 갖게 하기 위해서입니다." 하였다.

子聞之하시고 曰 成事라 不說하며 遂事라 不諫하며 旣往이라 不咎로라

해석 공자께서 이를 들으시고 말씀하셨다. "이미 이루어진 일이므로 말하지 않으며, 끝난 일이므로 간하지 않으며, 이미 지나간 일이라 탓하지 않는다."

告 : 아뢸 곡   餼 : 희생 희   愛 : 아낄 애   雎 : 물수리 저   淫 : 과할 음   傷 : 해칠 상   戰 : 두려울 전
栗 : 두려울 률   遂 : 이를 수   咎 : 탓할 구

22장 子曰 管仲之器小哉라

해석: 공자께서 말씀하셨다. "관중의 국량이 작구나."

或曰 管仲은 儉乎잇가 曰管氏有三歸하며 官事를 不攝하니 焉得儉이리오

해석: 어떤 이가 말했다. "관중은 검소했습니까?" 공자께서 말씀하셨다. "관중은 삼귀(臺의 이름)를 두었으며, 가신의 일을 겸직시키지 않았으니, 어찌 검소하다고 할 수 있겠는가."

然則管仲은 知禮乎잇가 曰邦君이야 樹塞門이어늘 管氏亦樹塞門하며 邦君이야 爲兩君之好에 有反坫이어늘 管氏亦有反坫하니 管氏而知禮면 孰不知禮리오

해석: "그렇다면 관중은 예를 알았습니까?" "나라의 임금이라야 병풍으로 문을 가릴 수 있는데 관중도 병풍으로 문을 가렸으며, 나라의 임금이라야 두 임금의 우호(友好)를 위해 만날 때에 술잔을 되돌려 놓는 자리를 둘 수 있는데 관중도 술잔을 되돌려 놓은 자리를 두었으니, 관중이 예를 안다면 누가 예를 알지 못하겠는가."

24장 儀封人이 請見曰 君子之至於斯也에 吾未嘗不得見也로라 從者見之한대 出曰 二三子는 何患於喪乎리오 天下之無道也久矣라 天將以夫子爲木鐸이시리라

해석: 의땅의 봉인(국경을 관장하는 관리)이 뵙기를 청하며 말하기를 "군자가 이곳에 이르면 내 일찍이 만나보지 않은 적이 없었다." 하였다. 종자(공자의 수행자)가 뵙게 해주자, 나와서 말하기를, "그대들은 어찌 <공자께서 벼슬을> 잃음을 걱정하고 있는가? 천하에 도가 없어진지 오래되었다. 하늘이 장차 부자(공자)로 목탁을 삼으실 것이다."

攝: 겸할 섭 樹: 병풍 수 坫: 잔대 점 封: 지경 봉 鐸: 방울 탁

4. 里仁

1장
子曰 里仁이 爲美하니 擇不處仁이면 焉得知리오

해석 공자께서 말씀하셨다. "마을에 인후(仁厚)한 풍속이 있는 것이 아름다우니, 마을을 선택하되 인후한 곳에 거처하지 않는다면 어떻게 지혜롭다 하겠는가."

2장
子曰 不仁者는 不可以久處約이며 不可以長處樂이니 仁者는 安仁하고 知者는 利仁이니라

해석 공자께서 말씀하셨다. "인하지 못한 자는 오랫동안 곤궁한 데 처할 수 없으며 길이 즐거움에 처할 수 없으니, 인한 자는 인을 편안히 여기고 지혜로운 자는 인을 이롭게 여긴다."

3장
子曰 惟仁者아 能好人하며 能惡人이니라

해석 공자께서 말씀하셨다. "오직 인한 자여야 사람을 좋아하며, 사람을 미워할 수 있는 것이다."

5장
子曰 富與貴 是人之所欲也나 不以其道得之어든 不處也하며 貧與賤이 是人之所惡也나 不以其道得之라도 不去也니라

해석 공자께서 말씀하셨다. "부함과 귀함은 사람들이 하고자 하는 것이나 정상적인 방법으로 얻지 않으며 처하지 않아야 하며, 가난함과 천함은 사람들이 싫어하는 것이나 정상적인 방법으로 얻지 않았다 하더라도 버리지 않아야 한다."

知: 지혜 지　約: 곤궁할 약　惡: 미워할 오

7장 子曰 人之過也 各於其黨이니 觀過면 斯知仁矣니라

　해석　공자께서 말씀하셨다. "사람의 과실은 부류에 따라 각기 다르니, 과실을 보면 인을 알 수 있다."

8장 子曰 朝聞道면 夕死라도 可矣니라

　해석　공자께서 말씀하셨다. "아침에 도를 들으면 저녁에 죽어도 괜찮다."

10장 子曰 君子之於天下也에 無適也하며 無莫也하여 義之與比니라

　해석　공자께서 말씀하셨다. "군자는 천하의 일에 절대적으로 옳음도 없고 절대적으로 그름도 없어서 의를 따를 뿐이다."

15장 子曰 參乎아 吾道는 一以貫之니라 曾子曰唯라

　해석　공자께서 말씀하셨다. "參아! 우리의 도는 하나로 꿰뚫고 있다."고 하시자, 증자께서 "예" 하고 대답하였다.

子出이어시늘 門人問曰 何謂也잇고 曾子曰 夫子之道는 忠恕而已矣시니라

　해석　공자께서 나가시자, 문인들이 묻기를, "무슨 말씀입니까?" 증자께서 대답하셨다. "선생님의 도는 충과 서일뿐이다."

18장 子曰 事父母하되 幾諫이니 見志不從하고 又敬不違하며 勞而不怨이니라

　해석　공자께서 말씀하셨다. "부모를 섬기되 은미하게 간해야 하니, 부모의 뜻이 내 말을 따르지 않음을 보고서도 더욱 공경하고 어기지 않으며, 수고롭지만 원망하지 않아야 한다."

適 : 전일할 적　比 : 따를 비　貫 : 꿸 관, 관통할 관　唯 : 빨리 대답할 유　幾 : 은미할 기

22장 子曰 古者에 言之不出은 恥躬之不逮也니라

> 해석: 공자께서 말씀하셨다. "옛날에 말을 함부로 내지 않은 것은 행실이 미치지 못할까 부끄러워해서였다."

23장 子曰 以約失之者 鮮矣니라

> 해석: 공자께서 말씀하셨다. "<매사를> 단속함으로써 잃는 자가 적다."

24장 子曰 君子는 欲訥於言而敏於行이니라

> 해석: 공자께서 말씀하셨다. "군자는 말은 과묵하게 하고, 실행에는 민첩하고자 한다."

25장 子曰 德不孤라 必有隣이니라

> 해석: 공자께서 말씀하셨다. "덕은 외롭지 않으니 반드시 이웃이 있는 것이다."

26장 子游曰 事君數(삭)이면 斯辱矣요 朋友數이면 斯疏矣니라

> 해석: 공자께서 말씀하셨다. "임금을 섬김에 자주 간하면 욕을 당하고, 친구 간에 자주 충고하면 소원해지는 것이다."

逮 : 미칠 체   訥 : 어눌할 눌, 말 더듬을 눌   敏 : 민첩할 민   數 : 자주 삭   疏 : 소원할 소

5. 公冶長

此篇은 皆論古今人物賢否得失하니 蓋格物窮理之一端也니 胡氏 以爲疑多子貢之徒所記云이라

이 편은 모두 고금의 인물에 대한 賢否와 得失을 평론했으니, 격물·궁리의 한 가지이다. 호씨는 "이 편은 자공의 문도들이 기록한 것이 많은 듯하다." 하였다.

1장 子謂公冶長하시되 可妻也로다 雖在縲絏之中이나 非其罪也라하시고 以其子妻之하시다

해석 공자께서 공야장에 대해 말씀하시기를 "사위 삼을 만하다. 비록 포승에 묶여 <옥중에> 있었으나 그의 죄가 아니었다." 하시고, 자기의 딸을 그에게 시집보내셨다.

子謂南容하시되 邦有道에 不廢하며 邦無道에 免於刑戮이라하시고 以其兄之子妻之하시다

해석 공자께서 남용에 대해 말씀하시기를 "나라에 도가 있을 때에는 버려지지 않을 것이요, 나라에 도가 없을 때에는 형벌을 면할 것이다." 하시고, 형의 딸을 그에게 시집보내셨다.

3장 子貢問曰 賜也는 何如하니잇고 子曰 女는 器也니라 曰何器也잇고 曰瑚璉也니라

해석 자공이 물었다. "저는 어떻습니까?" 공자께서 말씀하셨다. "너는 그릇이다." "어떤 그릇입니까?" "호련(하나라와 상나라의 제기)이다."

6장 子曰 道不行이라 乘桴하여 浮于海하리니 從我者는 其由與인저 子路聞之하고 喜한대 子曰 由也는 好勇이 過我나 無所取材(裁)로다

冶 : 풀무 야 縲 : 끈 루 絏 : 묶을 설 戮 : 죽일 륙 瑚 : 제기 호 璉 : 제기 련 桴 : 뗏목 부 裁 : 마름질할 재

> 해석 공자께서 말씀하셨다. "도가 행해지지 않으니, 내 뗏목을 타고 바다를 항해하려 한다. 이때 나를 따라올 사람은 아마 유(자로)일 것이다." 자로가 이 말씀을 듣고 기뻐하자, 공자께서 말씀하셨다. "유는 용맹을 좋아함은 나보다 나으나, 사리를 헤아려 맞게 하는 것이 없다."

7장 孟無伯이 問 子路仁乎잇가 子曰 不知也로라

> 해석 맹무백이 물었다. "자로는 인합니까?" 공자께서 말씀하셨다. "모르겠다."

又問한대 子曰 由也는 千乘之國에 可使治其賦也어니와 不知其仁也로라

> 해석 다시 묻자, 공자께서 말씀하셨다. "유는 천승을 거느리는 나라에서 그 군사를 다스리게 할 수는 있거니와, 그가 인한지는 모르겠다."

求也는 何如하니잇고 子曰 求也는 千室之邑과 百乘之家에 可使爲之宰也어니와 不知其仁也로라

> 해석 구는 어떻습니까?" 공자께서 말씀하셨다. "구는 천 가구의 고을과 백승을 거느리는 대부의 집안에 가신(宰)이 되게 할 수는 있거니와 그가 인한지는 알지 못하겠다."

赤也는 何如하니잇고 子曰 赤也는 束帶立於朝하야 可使與賓客言也어니와 不知其仁也로라

> 해석 "적은 어떻습니까?" 공자께서 말씀하셨다. "적은 띠를 두르고 조정에 서서 빈객과 함께 대화를 나누게 할 수는 있지만 그가 인한지는 알지 못하겠다."

8장 子謂子貢曰 女與回也로 孰愈오

> 해석 공자께서 자공에게 말씀하셨다. "너와 회는 누가 나으냐?"

乘 : 수레 승   賦 : 군사 부   愈 : 나을 유

對曰 賜也는 何敢望回리잇고 回也는 聞一以知十하고 賜也는 聞一以知二하노이다

해석 대답하기를 "제가 어떻게 감히 회를 바라볼 수 있겠습니까? 회는 하나를 들으면 열을 알고, 저는 하나를 들으면 둘을 압니다." 하였다.

9장 宰予晝寢이어늘 子曰 朽木은 不可雕也요 糞土之牆은 不可杇也니 於予與에 何誅리오

해석 재여가 낮잠을 자자, 공자께서 말씀하셨다. "썩은 나무는 조각할 수 없고, 썩은 흙으로 쌓은 담장은 흙손질할 수 없다. 재여에게 무엇을 꾸짖겠는가?"

子曰 始吾於人也에 聽其言而信其行이러니 今吾於人也에 聽其言而觀其行하노니 於予與에 改是로라

해석 공자께서 말씀하셨다. "내가 처음에는 사람에 대하여 그의 말을 듣고 그의 행실을 믿었으나, 이제 나는 사람에 대하여 그의 말을 듣고 다시 그의 행실을 살펴보게 되었으니, 재여 때문에 이것을 고치게 되었노라."

12장 子貢曰 夫子之文章은 可得而聞也어니와 夫子之言性與天道는 不可得而聞也니라

해석 자공이 말했다. "선생님의 문장은 들을 수 있으나, 선생님께서 성과 천도를 말씀하시는 것은 들을 수 없다."

13장 子路는 有聞이오 未之能行하여선 唯恐有聞하더라

해석 자로는 좋은 말을 듣고 미처 실행하지 못했으면 다른 말을 들을까 두려워하였다.

朽 : 썩을 후　糞 : 거름 분　牆 : 담 장　杇 : 흙손질할 오　誅 : 꾸짖을 주

14장 子貢問曰 孔文子를 何以謂之文也잇고 子曰 敏而好學하며 不恥下問이라 是以謂之文也니라

해석 자공이 물었다. "공문자를 어찌하여 '文'이라고 시호하였습니까?" 공자께서 말씀하셨다. "명민하면서도 배우기를 좋아하였으며 아랫사람에게 묻기를 부끄럽게 여기지 않았다. 이 때문에 '文'이라고 한 것이다."

15장 子謂子産하시되 有君子之道四焉하니 其行己也恭하며 其事上也敬하며 其養民也惠하며 其使民也義니라

해석 공자께서 자산에 대해 말하기를. "군자의 도가 네 가지 있었으니, 몸가짐이 공손하며, 윗사람을 섬김이 공경스러우며, 백성을 기름이 은혜로우며, 백성을 부림에 의로웠다."

16장 子曰 晏平仲은 善與人交로다 久而敬之온여

해석 공자께서 말씀하셨다. "안평중은 남과 사귀기를 잘 하는구나. 오래되어도 공경하는구나."

19장 季文子 三思而後行하더니 子聞之하시고 曰再斯可矣니라

해석 계문자가 세 번 생각한 뒤에야 행하였는데. 공자께서 이 말을 들으시고 말씀하셨다. "두 번이면 괜찮다."

21장 子在陳하사 曰 歸與歸與인저 吾黨之小子狂簡하여 斐然成章이요 不知所以裁之로다

해석 공자께서 진나라에 계시면서 말씀하셨다. "돌아가련다! 돌아가련다! 우리 고향에 있는 젊은이들이 뜻은 크나 일에는 소략하여 찬란하게 문장을 이루었을 뿐이요, 그것을 마름질할 줄을 모르는구나."

使 : 부릴 사 晏 : 늦을 안 斐 : 문채 날 비

24장 子曰 巧言令色足(주)恭을 左丘明恥之러니 丘亦恥之하노라 匿怨而友其人을 左丘明恥之러니 丘亦恥之하노라

> **해석** 공자께서 말씀하셨다. "말을 잘하고 얼굴빛을 좋게 하고 지나치게 공손한 것을 좌구명이 부끄럽게 여겼는데, 나 또한 그것을 부끄러워하노라. 원망을 감추고 그 사람과 사귐을 좌구명이 부끄럽게 여겼는데, 나 또한 그것을 부끄러워하노라."

25장 顔淵季路侍러니 子曰 盍各言爾志오

> **해석** 안연과 자로가 모시고 있었는데, 공자께서 말씀하셨다. "어찌 각기 너희들의 뜻을 말하지 않는가?"

子路曰 願車馬衣輕裘를 與朋友共하야 敝之而無憾하노이다

> **해석** 자로가 말했다. "수레와 말과 가벼운 갖옷을 친구와 함께 쓰다가 해지더라도 유감이 없고자 합니다."

顔淵曰 願無伐善하며 無施勞하노이다

> **해석** 안연이 말했다. "잘하는 것을 자랑함이 없으며, 공로를 과시함이 없고자 합니다."

子路曰 願聞子之志하노이다 子曰 老者安之하며 朋友信之하며 少者懷之니라

> **해석** 자로가 말했다. "선생님의 뜻을 듣고자 합니다." 공자께서 말씀하셨다. "늙은이를 편안하게 해주고, 친구에게는 미덥게 해주고, 젊은이를 감싸주고자 한다."

足 : 과할 주 盍 : 어찌 아니 합 敝 : 해질 폐 伐 : 자랑할 벌 施 : 자랑할 시, 베풀 시 勞 : 공(功) 로
懷 : 품을 회, 그리워할 회

6. 雍 也

篇內第十四章以前은 大意與前篇同이라
편 안의 14장 이전은 大意가 전편과 같다.

2장

哀公이 問弟子 孰爲好學이니잇고 孔子對曰 有顔回者好學하여 不遷怒하며 不貳過하더니 不幸短命死矣라 今也則亡(無)하니 未聞好學者也니이다

해석 애공이 물었다. "제자들 중에 누가 학문을 좋아합니까?" 공자께서 말씀하셨다. "안회라는 자가 학문을 좋아하여 성냄을 남에게 옮기지 않으며 같은 잘못을 두 번 하지 않았는데, 불행히도 명이 짧아 죽었습니다. 지금은 없으니, 아직 학문을 좋아한다는 자를 듣지 못하였습니다."

3장

子華使(시)於齊러니 冉子爲其母請粟한대 子曰 與之釜하라 請益한대 曰與之庾하라하여시늘 冉子與之粟五秉한대

해석 자화가 제나라에 심부름을 가자, 염자가 그(자화)의 어머니를 위해 곡식을 줄 것을 요청하자, 공자께서 말씀하셨다. "釜를 주어라." 더 줄 것을 요청하자, "庾를 주어라." 하셨는데, 염자가 (이보다 많은) 다섯 秉을 주었다.

子曰 赤之適齊也에 乘肥馬하며 衣輕裘하니 吾聞之也하니 君子는 周急이요 不繼富라호라

해석 공자께서 말씀하셨다. "적(자화)이 제나라에 갈 때에 기름진 말을 타고 가벼운 갖옷을 입었으니, 내가 들으니 '군자는 궁핍한 자를 돌봐주고 부유한 자에게 보태지는 않는다.' 하였다."

貳 : 다시할 이 使 : 심부름갈 시 冉 : 나아갈 염 粟 : 곡식 속 釜 : 용량의 단위(엿 말 너 되) 부
庾 : 용량의 단위(열엿 말) 유 秉 : 용량의 단위(열엿 섬) 병 裘 : 갖옷 구 周 : 구휼할 주

4장 子謂仲弓曰 犁牛之子 騂且角이면 雖欲勿用이나 山川 其舍諸아

해석 공자께서 중궁에 대해 말씀하셨다. "얼룩소 새끼가 색깔이 붉고 또 뿔이 곧으면 비록 쓰지 않고자 하나 산천의 신이 어찌 그것을 버리겠는가?"

5장 子曰 回也는 其心三月不違仁이오 其餘則日月至焉而已矣니라

해석 공자께서 말씀하셨다. "회는 그 마음이 3개월 동안 인을 떠나지 않았고, 그 나머지 사람들은 하루나 한 달에 한 번 인에 이를 뿐이다."

9장 子曰 賢哉라 回也여 一簞食와 一瓢飮으로 在陋巷을 人不堪其憂어늘 回也 不改其樂하니 賢哉라 回也여

해석 공자께서 말씀하셨다. "어질다. 회여! 한 그릇의 밥과 한 바가지의 물로 누추한 시골에 있는 것을 사람들은 그 근심을 견디지 못하는데, 회는 그 즐거움을 변치 않으니, 어질다, 회여!"

10장 冉求曰 非不說子之道언마는 力不足也로이다 子曰 力不足者는 中道而廢하나니 今女畫이로다

해석 염구가 말했다. "선생님의 도를 좋아하지 않는 것은 아니나, 힘이 부족합니다." 공자께서 말씀하셨다. "힘이 부족한 자는 중도에 그만두는 것이니, 지금 너는 스스로 한계를 긋는 것이다."

12장 子游爲武城宰러니 子曰 女得人焉爾乎아 曰有澹臺滅明者하니 行不由徑하며 非公事어든 未嘗至於偃之室也니이다

해석 자유가 무성의 읍재가 되었는데, 공자께서 말씀하셨다. "너는 인물을 얻었느냐?" 대답하기를, "담대멸명이라는 자가 있는데, 길을 다닐 적에 지름길을 따르지 않으며, 공적인 일이 아니면 일찍이 저의 집에 이른 적이 없습니다."

犁: 얼룩소 리 騂: 붉을 성 舍: 버릴 사 簞: 대그릇 단 食: 밥 사 瓢: 표주박 표 巷: 골목 항 堪: 견딜 감
畫: 그을 획 澹: 담박할 담 滅: 멸할 멸 徑: 지름길 경 偃: 누울 언

13장 子曰 孟之反은 不伐이로다 奔而殿하여 將入門할새 策其馬 曰非敢後也라 馬不進也라하니라

해석 공자께서 말씀하셨다. "맹지반은 공을 자랑하지 않았다. 패주하면서 군대 후미에 처져 있다가, 장차 성문을 들어가려 할 적에 말을 채찍질하며 '내 감히 <용감하여> 뒤에 있는 것이 아니요, 말이 나아가지 못했기 때문이다.' 하였다.

15장 子曰 誰能出不由戶리오마는 何莫由斯道也오

해석 공자께서 말씀하셨다. "누구인들 밖을 나갈 적에 문을 경유하지 않겠는가? 어찌하여 이 도를 따르는 이가 없는가?"

16장 子曰 質勝文則野요 文勝質則史니 文質彬彬然後君子니라

해석 공자께서 말씀하셨다. "본바탕이 겉꾸밈을 이기면 촌스럽고, 겉꾸밈이 본바탕을 이기면 형식에 치우치게 되니, 본바탕과 겉꾸밈이 조화로운 뒤에야 군자이다."

18장 子曰 知之者 不如好之者요 好之者 不如樂(락)之者니라

해석 공자께서 말씀하셨다. "아는 자가 좋아하는 자만 못하고, 좋아하는 자가 즐기는 자만 못하다."

19장 子曰 中人以上은 可以語上也어니와 中人以下는 不可以語上也니라

해석 공자께서 말씀하셨다. "중등 인물 이상은 높은 것을 말해 줄 수 있지만 중등 인물 이하는 높은 것을 말해 줄 수 없다."

伐:자랑할 벌 殿:뒤 전 策:채찍질할 책 由:따를 유 野:촌스러울 야 彬:아롱질 반

21장 子曰 知者는 樂水하고 仁者는 樂山하고 知者는 動하고 仁者는 靜하고 知者는 樂하고 仁者는 壽니라

> 해석 공자께서 말씀하셨다. "지혜로운 자는 물을 좋아하고, 인한 자는 산을 좋아하며, 지혜로운 자는 동적이고 인한 자는 정적이며, 지혜로운 자는 낙천적이고 인한 자는 장수한다."

22장 子曰 齊一變이면 至於魯하고 魯一變이면 至於道니라

> 해석 공자께서 말씀하셨다. "제나라가 한 번 변화하면 노나라에 이르고, 노나라가 한번 변화하면 도에 이를 것이다."

23장 子曰 觚不觚면 觚哉觚哉아

> 해석 공자께서 말씀하셨다. "모난 술그릇이 모나지 않으면 모난 술그릇이라고 할 수 있겠는가. 모난 술그릇이라고 할 수 있겠는가!"

24장 宰我問曰 仁者 雖告之曰 井有仁(人)焉이라도 其從之也로소이다 子曰 何爲其然也리오 君子는 可逝也언정 不可陷也며 可欺也언정 不可罔也니라

> 해석 재아가 물었다. "인한 자는 비록 <거짓으로> 우물에 사람이 빠졌다고 말해 주더라도 <사람을 구하려고> 우물에 쫓아 들어갈 것 같습니다." 공자께서 말씀하셨다. "어찌 그렇게 하겠는가? 군자는 <우물까지> 가게 할 수는 있으나 빠지게 할 수는 없으며, 이치에 있는 말로 속일 수는 있으나, 터무니없는 말로 속일 수는 없는 것이다."

25장 子曰 君子博學於文이요 約之以禮면 亦可以弗畔矣夫인져

> 해석 공자께서 말씀하셨다. "군자가 文에 대하여 널리 배우고, 예로써 요약 한다면 또한 <도에> 어긋나지 않을 것이다."

樂 : 좋아할 요 觚 : 모난 그릇 고 逝 : 갈 서 約 : 요약할 약 畔 : 배반할 반

26장 子見南子하신대 子路不說이어늘 夫子矢之曰 予所否者인댄 天厭之 天厭之시리라

해석 공자께서 남자(南子)를 만나시자, 자로가 기뻐하지 않았다. 공자께서 맹세하여 말씀하셨다. "내가 맹세코 잘못된 짓을 했다면, 하늘이 나를 버릴 것이다! 하늘이 나를 버릴 것이다!"

28장 子貢曰 如有博施於民而能濟衆이면 何如하니잇고 可謂仁乎잇가 子曰 何事於仁이리오 必也聖乎인저 堯舜도 其猶病諸시니라

해석 자공이 말했다. "만일 백성에게 은혜를 널리 베풀어 능히 많은 사람을 구제한다면 어떻겠습니까? 인하다고 할 만합니까?" 공자께서 말씀하셨다. "어찌 인함에만 그치겠는가. 반드시 성인일 것이다. 요순도 그것을 오히려 부족하게 여기셨을 것이다.

夫仁者는 己欲立而立人하며 己欲達而達人이니라

해석 인한 자는 자신이 서고자 함에 남도 서게 하며, 자신이 통달하고자 함에 남도 통달하게 하는 것이다.

說 : 기뻐할 열   矢 : 맹세할 시   所 : 맹세할 소   厭 : 싫을 염   病 : 부족할 병

7. 述 而

此篇은 多記聖人謙己誨人之辭와 及其容貌行事之實이라
　이 편은 성인이 자신을 겸손히 하고 남을 가르치신 말씀과 그 용모와 행동의 실제를 기록한 것이 많다.

1장　子曰 述而不作하며 信而好古를 竊比於我老彭하노라

> **해석**　공자께서 말씀하셨다. "옛것을 전하기만 하고 새것을 만들지 않으며, 옛것을 믿고 좋아함을 내 적이 우리 노팽에게 견주노라."

2장　子曰 黙而識之하며 學而不厭하며 誨人不倦이 何有於我哉오

> **해석**　공자께서 말씀하셨다. "묵묵히 기억하며, 배우고 싫어하지 않으며, 사람을 가르치기를 게을리 하지 않는 것, 이중에 어느 것이 나에게 있겠는가?"

3장　子曰 德之不修와 學之不講과 聞義不能徙와 不善不能改가 是吾憂也니라

> **해석**　공자께서 말씀하셨다. "덕이 닦아지지 못함과 학문이 익혀지지 못함과 의를 듣고 옮겨가지 못함과 나쁜 행실을 고치지 못하는 것이 바로 나의 걱정거리이다."

5장　子曰 甚矣라 吾衰也여 久矣라 吾不復夢見周公이로다

> **해석**　공자께서 말씀하셨다. "심하도다, 나의 쇠함이여! 오래되었다. 내 다시는 꿈에서 주공을 뵙지 못하였다."

竊 : 적이 절　彭 : 성 팽　識 : 기억할 지, 알 식　誨 : 가르칠 회　徙 : 옮길 사

6장 子曰 志於道하며 據於德하며 依於仁하며 游於藝니라

해석 공자께서 말씀하셨다. "도에 뜻을 두며, 덕을 굳게 지키며, 인에 의지하며, 예에 노닐어야 한다."

7장 子曰 自行束脩以上은 吾未嘗無誨焉이로라

해석 공자께서 말씀하셨다. "포 한 묶음의 예를 갖춘 사람들부터는 내 일찍이 가르쳐 주지 않은 적이 없었다."

8장 子曰 不憤이어든 不啓하며 不悱어든 不發호되 擧一隅에 不以三隅反이어든 則不復也니라

해석 공자께서 말씀하셨다. "마음속으로 통하려고 노력하지 않으면 열어주지 않으며, 애태워하지 않으면 말해주지 않되, 한 귀퉁이를 들어주었는데 이 것을 가지고 남은 세 귀퉁이를 미루어 알지 못하면 다시 더 일러주지 않아야 한다."

10장 子謂顔淵曰 用之則行하고 舍之則藏을 惟我與爾有是夫인저

해석 공자께서 안연에게 일러 말씀하셨다. "쓰이면 도를 행하고 버리면 은둔하는 것을 오직 나와 너만이 이것을 지니고 있을 뿐이다."

子路曰 子行三軍이면 則誰與시리잇고

해석 자로가 말했다. "선생님께서 삼군을 통솔하신다면 누구와 함께 하시겠습니까?"

據: 웅거할 거　脩: 포 수　憤: 화낼 분　悱: 화낼 비　舍: 버릴 사　爾: 너 이

子曰 暴虎馮河하여 死而無悔者를 吾不與也니 必也臨事而懼하며 好謀而成者也니라

해석 공자께서 말씀하셨다. "맨손으로 범을 잡으려 하고 맨몸으로 강을 건너려 다가 죽어도 후회함이 없는 자를 나는 함께 하지 않을 것이니, 반드시 일에 임하여 두려워하고, 도모하기를 좋아하여 성공하는 자여야 한다."

11장 子曰 富而可求也인댄 雖執鞭之士라도 吾亦爲之어니와 如不可求인댄 從吾所好하리라

해석 공자께서 말씀하셨다. "부함을 구해서 할 수 있다면, 비록 말채찍을 잡는 자의 일이라도 내 또한 그것을 하겠다. 그러나 만일 구하여 될 수 없는 것이라면, 내가 좋아하는 바를 따르겠다."

12장 子之所愼은 齊戰疾이러시다

해석 공자께서 조심하신 것은 재계와 전쟁과 질병이었다.

13장 子在齊聞韶하시고 三月不知肉味하사 曰不圖爲樂之至於斯也호라

해석 공자께서 제나라에 계실 적에 순임금의 음악을 들으시고, 3개월 동안 고기 맛도 잊으실 정도로 심취하셔서 말씀하셨다. "음악을 만든 것이 이러한 경지에 이를 줄은 생각하지 못했다."

15장 子曰 飯疏食飮水하고 曲肱而枕之라도 樂亦在其中矣니 不義而富且貴는 於我如浮雲이니라

해석 공자께서 말씀하셨다. "거친 밥을 먹고 물을 마시며, 팔을 굽혀서 베더라도 즐거움은 또한 그 가운데 있으니 의롭지 않은 부와 귀는 나에게는 뜬 구름과 같다."

暴 : 맨손으로 칠 포　　馮 : 걸어서 건널 빙　　鞭 : 채찍 편　　如 : 만일 여　　齊 : 재계할 재, 가지런할 제　　韶 : 풍류이름 소
圖 : 도모할 도

18장 葉公이 問孔子於子路어늘 子路不對한데 子曰 女奚不曰 其爲人也 發憤忘食하고 樂以忘憂하여 不知老之將至云爾오

해석 섭공이 공자에 대해서 자로에게 묻자 자로가 대답하지 못하였다. 공자께서 말씀하셨다. "너는 어찌 그(공자) 사람됨이 <깨닫고자> 발분하면 먹는 것도 잊고, <깨달으면> 즐거워 근심을 잊어 늙음이 장차 이르는 줄을 모른다고 말하지 않았느냐."

19장 子曰 我非生而知之者라 好古敏以求之者也로라

해석 공자께서 말씀하셨다. "나는 태어나면서부터 알게 된 자가 아니라, 옛 것을 좋아하여 급급하게 그것을 구한자이다."

20장 子不語怪力亂神이러시다

해석 공자께서는 괴이한 것과 힘쓰는 일과 난잡한 일과 귀신에 관한 일을 말씀하지 않으셨다.

21장 子曰 三人行에 必有我師焉이니 擇其善者而從之요 其不善者而改之니라

해석 공자께서 말씀하셨다. "세 사람이 길을 감에 반드시 나의 스승이 있으니, 그 중에 선한 자를 가려서 따르고, 선하지 못한 자를 가려서 자신의 잘못을 고쳐야 한다."

24장 子以四敎하시니 文行忠信이러시다

해석 공자께서는 네 가지로써 가르치셨으니, 文과 行과 忠과 信이었다.

26장 子釣而不綱하시며 弋不射宿이러시다

해석 공자께서는 낚시질은 하시되 그물질은 하지 않으시며, 주살질은 하시되 잠자는 새는 쏘지 않으셨다.

31장 子與人歌而善이어든 必使反之하시고 而後和之러시다

해석 공자께서 남과 함께 노래를 불러 상대방이 노래를 잘하면, 반드시 다시 부르게 하시고 그 뒤에 따라 부르셨다.

34장 子疾病이어시늘 子路請禱한대 子曰有諸아 子路對曰有之하니 誄曰 禱爾于上下神祇라하나이다 子曰 丘之禱久矣니라

해석 공자께서 병환이 위중하시자, 자로가 신에게 기도할 것을 청하였다. 공자께서 말씀하셨다. "이런 경우가 있던가?" 자로가 대답했다. "있습니다. 제문(祭文)에 '너를 상하의 신에게 기도하였다.' 라는 기록이 있습니다." 공자께서 말씀하셨다. "나는 기도한 지가 오래이다."

釣 : 낚시 조 綱 : 그물질할 강 弋 : 주살질할 익 射 : 쏘아 맞출 석 禱 : 빌 도 誄 : 제문 뢰 祇 : 땅귀신 기

8. 泰 伯

1장 子曰 泰伯은 其可謂至德也已矣로다 三以天下讓하되 民無得而稱焉이온여

> **해석** 공자께서 말씀하셨다. "태백은 지극한 덕이 있다고 이를 만하다. 세 번 천하를 사양하였으나 백성들이 그 덕을 칭송할 수 없도다!"

2장 子曰 恭而無禮則勞하고 愼而無禮則葸하고 勇而無禮則亂하고 直而無禮則絞니라

> **해석** 공자께서 말씀하셨다. "공손하되 예가 없으면 수고롭고, 삼가되 예가 없으면 두렵고, 용맹스럽되 예가 없으면 혼란하고, 강직하되 예가 없으면 너무 급하다.

君子 篤於親이면 則民興於仁하고 故舊不遺면 則民不偸니라

> **해석** 군자가 친척에게 후하게 하면 백성들이 인에 흥기하고, 친구를 버리지 않으면 백성들이 각박해지지 않는다."

3장 曾子有疾하사 召門弟子曰 啓予足하며 啓予手하라 詩云 戰戰兢兢하여 如臨深淵하며 如履薄氷이라하니 而今而後에야 吾知免夫로라 小子아

> **해석** 증자가 병이 위중하자, 제자들을 불러 말했다. "<이불을 걷어> 나의 발을 열어 보고 나의 손을 열어 보아라. 『시경』에 이르기를 '두려워하고 경계하여 깊은 못에 임한 듯이 하고, 엷은 얼음을 밟는 듯이 하라.' 하였으니, 이제야 나는 이런 걱정을 면한 것을 알겠구나, 제자들아!"

葸 : 두려울 시   絞 : 급할 교   遺 : 버릴 유   偸 : 박할 투   啓 : 열 계   戰 : 두려울 전   兢 : 조심할 긍   履 : 밟을 리

4장 曾子有疾이어시늘 孟敬子問之러니 曾子言曰 鳥之將死에 其鳴也哀하고 人之將死에 其言也善이니라

> **해석** 증자가 병환이 있자 맹경자가 문병을 왔다. 증자가 말했다. "새가 장차 죽을 때에는 울음소리가 애처롭고, 사람이 장차 죽을 때에는 그 말이 착한 법이다.

君子所貴乎道者三이니 動容貌에 斯遠暴慢矣며 正顔色에 斯近信矣며 出辭氣에 斯遠鄙倍矣니 籩豆之事則有司存이니라

> **해석** 군자가 귀중히 여기는 도가 세 가지 있으니, 용모를 움직일 때에는 사나움과 태만함을 멀리하며, 얼굴빛을 바룰 때에는 성실함에 가깝게 하며, 말과 소리를 낼 때에는 비루함과 도리에 위배되는 것을 멀리하여야 한다. 제기(祭器)를 담당하는 일은 담당자가 따로 있다.

6장 曾子曰 可以託六尺之孤하며 可以寄百里之命이요 臨大節而不可奪也면 君子人與아 君子人也니라

> **해석** 증자가 말했다. "6척의 어린 임금을 맡길 만하고, 100리 정도 되는 나라의 운명을 부탁할 만하며, 큰일에 임해서 <그 절개를> 빼앗을 수 없다면, 군자다운 사람인가? 군자다운 사람이다."

7장 曾子曰 士不可以不弘毅니 任重而道遠이니라

> **해석** 증자가 말했다. "선비는 도량이 넓고 뜻이 굳세지 않으면 안 되니. 책임이 무겁고 길이 멀기 때문이다.

仁以爲己任이니 不亦重乎아 死而後已니 不亦遠乎아

> **해석** 인으로써 자기의 책임을 삼으니 막중하지 않은가? 죽은 뒤에야 끝나는 것이니 멀지 않은가?"

倍 : 배반할 배　籩 : 제기 변　豆 : 제기 두　孤 : 어린 임금 고　寄 : 맡길 기　毅 : 굳셀 의

8장 子曰 興於詩하며 立於禮하며 成於樂이니라

해석) 공자께서 말씀하셨다. "시에서 일어나며, 예에서 서며. 음악에서 완성한다."

9장 子曰 民可使由之요 不可使知之니라

해석) 공자께서 말씀하셨다. "백성은 따르게 할 수는 있어도 알게 할 수는 없는 것이다."

12장 子曰 三年學에 不至(志)於穀을 不易得也니라

해석) 공자께서 말씀하셨다. "3년을 배우고도 녹봉에 뜻을 두지 않는 자를 쉽게 얻지 못하겠다."

13장 子曰 篤信好學하며 守死善道니라

해석) 공자께서 말씀하셨다. "독실하게 믿으면서도 학문을 좋아하며, 죽음으로써 지키면서도 도를 잘해야 한다.

危邦不入하고 亂邦不居하며 天下有道則見(현)하고 無道則隱이니라

해석) 위태로운 나라에는 들어가지 않고, 어지러운 나라에는 살지 않으며, 천하에 도가 있으면 나타나 벼슬하고, 도가 없으면 숨어야 한다.

邦有道에 貧且賤焉이 恥也며 邦無道에 富且貴焉이 恥也니라

해석) 나라에 도가 있을 때엔 가난하고 천한 것이 부끄러우며, 나라에 도가 없을 때엔 부하고 귀한 것이 부끄럽다."

穀 : 녹봉 곡   易 : 쉬울 이   見 : 나타날 현

14장 子曰 不在其位하여는 不謀其政이니라

해석) 공자께서 말씀하셨다. "그 지위에 있지 않으면 그 직무를 도모하지 않아야 한다."

17장 子曰 學如不及이요 猶恐失之니라

해석) 공자께서 말씀하셨다. "배움은 따라가지 못할 듯이 하면서도 행여 때를 잃을까 두려워하여야 한다."

18장 子曰 巍巍乎라 舜禹之有天下也而不與焉이여

해석) 공자께서 말씀하셨다. "위대하시다! 순임금과 우임금은 천하를 소유하시고도 그것에 관여하지 않으셨도다."

19장 子曰 大哉라 堯之爲君也여 巍巍乎唯天爲大어시늘 唯堯則之하시니 蕩蕩乎民無能名焉이로다

해석) 공자께서 말씀하셨다. "위대하시다. 요의 임금노릇 하심이여! 높고 크다. 오직 하늘이 가장 크거늘, 오직 요임금만이 그것(하늘)을 본받았으니, 넓고 넓어 백성들이 능히 형용할 수 없도다."

21장 子曰 禹는 吾無間然矣로다 菲飮食而致孝乎鬼神하시며 惡衣服而致美乎黻冕하시며 卑宮室而盡力乎溝洫하시니 禹는 吾無間然矣로다

해석) 공자께서 말씀하셨다. "우임금은 내 흠잡을 것이 없으시다. 평소의 음식은 간략하게 하시면서도 귀신에게 효도를 다하시고, 의복은 검소하게 하시면서도 제복(祭服)에는 아름다움을 다하시고, 궁실을 낮게 하시면서도 물을 다스리는 데는 힘을 다하셨으니, 우임금은 내가 흠잡을 것이 없으시다."

巍:높을 외 蕩:넓을 탕 間:흠잡을 간 菲:박할 비 黻:슬갑 불 冕:면류관 면 溝:봇도랑 구
洫:도랑 혁

9. 子 罕

1장 子는 罕言利與命與仁이러시다

해석 공자께서는 이익과 운명과 인에 대해서는 적게 말씀하셨다.

2장 達巷黨人曰 大哉라 孔子여 博學而無所成名이로다

해석 달항당의 사람이 말했다. "위대하구나, 공자여! 널리 배웠으나 <어느 한 가지 재주로> 이름을 낸 것이 없구나."

子聞之하시고 謂門弟子曰 吾何執고 執御乎아 執射乎아 吾執御矣로리라

해석 공자께서 이를 들으시고 문하의 제자들에게 말했다. "내가 무엇을 전문으로 잡아야 하겠는가? 말 모는 일을 잡아야 하겠는가? 활 쏘는 일을 잡아야 하겠는가? 내 말 모는 일을 잡겠다."

3장 子曰 麻冕이 禮也어늘 今也純하니 儉이라 吾從衆하리라

해석 공자께서 말씀하셨다. "베로 만든 면류관이 예이지만, 지금은 실로 만드니 검소하다. 나는 여러 사람들을 따르겠다.

拜下 禮也어늘 今拜乎上하니 泰也라 雖違衆이나 吾從下하리라

해석 <堂의> 아래에서 절하는 것이 예인데, 지금은 위에서 절하니, 이는 교만한 것이다. 비록 사람들과 어긋난다 하더라도 나는 아래에서 절하는 것을 따르겠다."

罕 : 드물 한   黨 : 마을 당   純 : 생사 준   泰 : 거만한 태

4장

> 子絶四러시니 毋意 毋必 毋固 毋我러시다

해석) 공자는 네 가지의 마음이 전혀 없으셨으니, 사사로운 뜻이 없으셨으며, 기필하는 마음이 없으셨으며, 집착하는 마음이 없으셨으며, 이기심이 없으셨다.

5장

> 子畏於匡이러시니 曰 文王旣沒하시니 文不在玆乎아

해석) 공자께서 광 땅에서 경계심을 품고 계셨다. 공자께서 말씀하셨다. "문왕이 이미 돌아가셨으니, 文이 여기에 있지 않은가?

> 天之將喪斯文也신댄 後死者 不得與於斯文也어니와 天之未喪斯文也시니 匡人이 其如予何리오

해석) 하늘이 장차 이 文을 없애려 하셨다면 뒤에 죽는 사람이 이 文에 참여하지 못하였을 것이며. 그러나 하늘이 이 文을 없애려 하지 않으셨으니, 광 땅의 사람들이 나를 어떻게 할 수 있겠는가?"

6장

> 大宰問於子貢曰 夫子聖者與아 何其多能也오

해석) 태재가 자공에게 물었다. "선생님(공자)은 성인이신가? 어쩌면 그리도 능한 것이 많으신가?"

> 子貢曰 固天縱之將聖이시고 又多能也시니라

해석) 자공이 말했다. "진실로 하늘이 풀어놓으신 성인이실 것이요, 또한 능한 것이 많으시다."

> 子聞之하시고 曰大宰知我乎인저 吾少也賤이라 故로 多能鄙事하니 君子는 多乎哉아 不多也니라

毋 : 없을 무   匡 : 바를 광   玆 : 이 자   喪 : 잃을 상, 망할 상   縱 : 풀어놓을 종   鄙 : 더러울 비

해석 공자께서 들으시고 말씀하셨다. "태재가 나를 아는구나! 내가 젊을 때에 미천했기 때문에 천한 일에 능함이 많으니, 군자는 <능한 것이> 많은가? 많지 않다."

10장 顔淵 喟然歎曰 仰之彌高하며 鑽之彌堅하며 瞻之在前이러니 忽焉在後로다

해석 안연이 크게 탄식하며 말했다. "우러러볼수록 더욱 높고, 뚫을수록 더욱 견고하며, 바라봄에 앞에 있더니, 홀연히 뒤에 있도다.

夫子循循然善誘人하사 博我以文하시고 約我以禮하시니라

해석 선생님께서 차근차근히 사람을 잘 이끄시어 文으로써 나의 지식을 넓혀 주시고, 예로서 나의 행동을 요약하게 해주셨다.

欲罷不能하여 旣竭吾才하니 如有所立卓爾라 雖欲從之나 末由也已로다

해석 그만두고자 해도 그만둘 수 없어 이미 나의 재주를 다하니, <선생의 도가> 내 앞에 우뚝 서있는 듯하다. 비록 따르고자 하지만 어디로부터 시작해야 할지 길이 없다."

12장 子貢曰 有美玉於斯하니 韞匵而藏諸잇가 求善賈而沽諸잇가 子曰 沽之哉 沽之哉나 我는 待賈者也로라

해석 자공이 말했다 "여기에 아름다운 옥이 있을 경우, 이것을 궤에 넣어 감추어 두시겠습니까? 아니면 좋은 값을 구하여 파시겠습니까?" 공자께서 대답하셨다. "팔아야지! 팔아야지! 나는 좋은 값을 기다리는 자이다."

16장 子在川上曰 逝者如斯夫인저 不舍晝夜로다

해석 공자께서 시냇가에 계시면서 말씀하셨다. "가는 것이 이 물과 같구나. 밤낮을 그치지 않는도다."

喟: 한숨 쉴 위 彌: 두루 미, 더욱 미 鑽: 뚫을 찬 罷: 그만둘 파 末: 없을 말 韞: 감출 온 匵: 궤 독
賈: 값 가 沽: 팔 고 逝: 갈 서 舍: 버릴 사

17장 子曰 吾未見好德如好色者也로라

> **해석** 공자께서 말씀하셨다. "나는 덕을 좋아하기를 여색을 좋아하듯이 하는 자를 보지 못하였다."

18장 子曰 譬如爲山에 未成一簣하여 止도 吾止也며 譬如平地에 雖覆一簣나 進도 吾往也니라

> **해석** 공자께서 말씀하셨다. "비유하면 산을 만듦에 마지막 흙 한 삼태기를 <붓지 않아서 산을> 못 이루고 중지하는 것도 내 자신이 중지하는 것과 같으며, 비유하면 <산을 만드는 데> 평지에 비록 흙 한 삼태기를 부었더라도 나아감은 내 자신이 나아가는 것과 같다."

21장 子曰 苗而不秀者有矣夫며 秀而不實者有矣夫인저

> **해석** 공자께서 말씀하셨다. "싹이 났으나 꽃이 피지 못하는 경우도 있고, 꽃은 피었으나 열매를 맺지 못하는 경우도 있다."

22장 子曰 後生可畏니 焉知來者之不如今也리오 四十五十而無聞焉이면 斯亦不足畏也已니라

> **해석** 공자께서 말씀하셨다. "젊은이들이 두려워할 만하니 어찌 <그들의> 장래가 <나의> 지금보다 못할 줄을 알겠는가? 그러나 40~50세가 되어도 알려짐이 없으면 이 또한 두려워할 만한 것이 없다."

24장 子曰 主忠信하며 毋友不如己者요 過則勿憚改니라

> **해석** 공자께서 말씀하셨다. "忠과 信을 주장하며, 자기보다 못한 사람을 친구로 사귀지 말고, 잘못이 있으면 고치기를 꺼리지 말아야 한다."

譬 : 비유할 비 簣 : 삼태기 궤 覆 : 뒤엎을 복 苗 : 싹 묘 秀 : 꽃필 수 實 : 곡식 익을 실 聞 : 알려질 문

25장 子曰 三軍은 可奪帥也어니와 匹夫는 不可奪志也니라

> 해석 공자께서 말씀하셨다. "삼군에서 장수를 빼앗을 수는 있지만, 필부에게서 뜻을 빼앗을 수 없다."

26장 子曰 衣敝縕袍하여 與衣狐貉者로 立而不恥者는 其由也與인저 不忮不求면 何用不臧이리오

> 해석 공자께서 말씀하셨다. "해진 솜옷을 입고서 여우나 담비가죽으로 만든 갖옷을 입은 자와 더불어 서 있으면서도 부끄러워하지 않는 자는 자로일 것이다. 남을 해치지 않으며, 남의 것을 탐하지 않는다면 어찌 착하지 않겠는가?"

子路終身誦之한대 子曰 是道也何足以臧이리오

> 해석 자로가 종신토록 그것을 외우려 하자 공자께서 말씀하셨다. "이 방법이 어찌 족히 선하다 하겠는가?"

27장 子曰 歲寒然後에 知松柏之後彫也니라

> 해석 공자께서 말씀하셨다. "날씨가 추워진 뒤에야 소나무와 잣나무가 뒤늦게 시듦을 알 수 있다."

29장 子曰 可與共學이라도 未可與適道며 可與適道라도 未可與立이며 可與立이라도 未可與權이니라

> 해석 공자께서 말씀하셨다. "함께 배울 수는 있어도 함께 도에 나아갈 수는 없으며, 함께 도에 나아갈 수는 있어도 함께 설 수는 없으며, 함께 설 수는 있어도 함께 權道를 행할 수는 없다."

縕: 헌솜 온, 솜옷 온 袍: 솜옷 포 貉: 담비 학 忮: 해할 기 臧: 착할 장 彫: 마를 조 權: 저울질할 권

10. 鄕 黨

楊氏曰 聖人之所謂道者는 不離乎日用之間也라 故夫子之平日에 一動一靜을 門人皆審視而詳記之하니라 尹氏曰 甚矣라 孔門諸子之嗜學也여 於聖人之容色言動에 無不謹書而備錄之하여 以貽後世하니 今讀其書하고 卽其事하면 宛然如聖人之在目也라 雖然이나 聖人豈拘拘而爲之者哉리오 蓋盛德之至에 動容周旋이 自中乎禮耳라 學者欲潛心於聖人인대 宜於此求焉이니라

> 양씨가 말하였다. "성인의 이른바 도란 것은 일상생활에서 벗어나지 않는다. 그러므로 공자의 평소의 일동일정을 문인들이 모두 살펴보고 자세히 기록한 것이다." 윤씨가 말하였다. "아! 공자 문하의 여러 제자들이 학문을 즐김이여! 성인의 얼굴빛과 말씀과 행동을 모두 삼가 기록해서 후세에 남겼다. 그리하여 이제 그 글을 읽고 그 일에 나아가보면 완연히 성인이 눈앞에 계신 듯하다. 그러나 성인이 어찌 구구하게 이것을 하려고 하셨겠는가? 훌륭한 덕이 지극하여 행동하고 주선함이 자연히 예에 맞은 것이니, 학자들이 성인에 潛心하려고 한다면 마땅히 여기에서 찾아야 할 것이다."

7장 齊必有明衣러시니 布러라

> **해석** 재계하실 때에는 반드시 明衣가 있었으니, 베로 만들었다.

齊必變食하시며 居必遷坐러시다

> **해석** 재계하실 때에는 반드시 평소에 드시던 음식과 달리 하시며, 거처하는 곳도 반드시 자리를 옮기셨다.

8장 食不厭精하시며 膾不厭細러시다

> **해석** 밥은 도정한 쌀로 만든 것을 싫어하지 않으시며, 회는 가늘게 썬 것을 싫어하지 않으셨다.

食 : 밥 사　膾 : 회 회

食饐而餲와 魚餒而肉敗를 不食하시며 色惡不食하시며 臭惡不食하시며 失飪不食하시며 不時不食이러시다

해석 밥이 상하여 쉰 것과 생선이 상하고 고기가 부패한 것을 먹지 않으셨으며, 빛깔이 나쁜 것을 먹지 않으시고, 냄새가 나쁜 것을 먹지 않으셨으며, 잘 익지 않은 것을 먹지 않으시고, 제철이 아닌 것을 먹지 않으셨다.

割不正이어든 不食하시며 不得其醬이어든 不食이러시다

해석 자른 것이 바르지 않으면 먹지 않으시고, 간장을 얻지 못하면 먹지 않으셨다.

肉雖多나 不使勝食氣하시며 唯酒無量하시되 不及亂이러시다

해석 고기가 비록 많으나 밥 기운을 이기게 하지 않으시며, 술은 일정한 양이 없으셨는데, 어지러운 지경에 이르지 않게 하셨다.

沽酒市脯를 不食하시며 不撤薑食하시며 不多食이러시다

해석 시장에서 산 술과 포를 먹지 않으시며, 생강을 먹는 것을 거두지 않으시며, 많이 잡수시지 않으셨다.

祭於公에 不宿肉하시며 祭肉은 不出三日하시더니 出三日이면 不食之矣니라

해석 나라에서 제사지내고 받은 고기는 밤을 재우지 않으셨으며, 집에서 제사지낸 고기는 3일을 넘기지 않으셨으니, 3일이 지나면 먹지 못하기 때문이다.

食不語하시며 寢不言이러시다

해석 음식을 먹으면서 말씀하지 않으시며, 잠을 자면서 말씀하지 않으셨다.

饐 : 밥 쉴 애(의) 餲 : 밥 쉴 애(알) 餒 : 물러터질 뇌 飪 : 익을 임 醬 : 장 장 沽 : 팔 고 撤 : 거둘 철
薑 : 생강 강

12장 廐焚이어늘 子退朝曰 傷人乎아하시고 不問馬하시다

> 해석 마구간에 불이 났었는데, 공자께서 조정에서 퇴청하여 말씀하기를 "사람이 다쳤느냐?" 하시고 말에 관해서는 묻지 않으셨다.

13장 君賜食이어시든 必正席先嘗之하시고 君賜腥이어시든 必熟而薦之하시고 君賜生이어시든 必畜之러시다

> 해석 임금이 음식을 주시면 반드시 자리를 바르게 하고 먼저 맛보시며, 임금이 날고기를 주시면 반드시 익혀서 조상께 올리시고, 임금이 살아있는 것을 주시면 반드시 기르셨다.

侍食於君에 君祭어시든 先飯이러시다

> 해석 임금을 모시고 밥을 먹을 적에, 임금이 祭하시면 먼저 밥을 잡수셨다.

疾에 君視之어시든 東首하시고 加朝服拖紳이러시다

> 해석 병이 있을 때에 임금이 문병오시면, 머리를 동쪽으로 두시고, 조복(朝服)을 몸에 걸치고 띠를 그 위에 걸쳐 놓으셨다.

君命召어시든 不俟駕行矣러시다

> 해석 임금이 명하여 부르시면 수레에 멍에하기를 기다리지 않고, 도보로 걸어가셨다.

15장 寢不尸하시며 居不容이러시다

> 해석 잠잘 때에는 죽은 사람처럼 하지 않으시며, 집에 거처하실 때에는 모양을 내지 않으셨다.

廐: 마굿간 구 焚: 태울 분 腥: 날고기 성 薦: 올릴 천 拖: 걸 타 紳: 띠 신 俟: 기다릴 사 尸: 시체 시
容: 모양낼 용

見齊衰者하시고 雖狎이나 必變하시며 見冕者與瞽者하시고 雖褻이나 必以貌러시다

해석 상복 입은 자를 보시면 비록 절친한 사이라도 반드시 낯빛을 변하시며, 면류관을 쓴 자와 봉사를 보시면 비록 사석이라도 반드시 禮貌로 대하셨다.

凶服者를 式之하시며 式負版者러시다

해석 상복을 입은 사람을 만나시면 몸을 굽혀 공경을 표하시고 지도와 호적을 짊어진 자에게 몸을 굽혀 공경을 표하셨다.

有盛饌이어든 必變色而作이러시다

해석 성찬을 받으시면 반드시 낯빛을 변하시고 일어나셨다.

迅雷風烈에 必變이러시다

해석 거세게 우레가 치거나 맹렬하게 바람이 일면 반드시 낯빛을 변하셨다.

16장 升車하사 必正立執綏러시다

해석 수레에 오르실 때에는 반드시 바르게 서서 끈을 잡으셨다.

車中에 不內顧하시며 不疾言하시며 不親指러시다

해석 수레 안에서 돌아보지 않으시며, 말씀을 빨리 하지 않으시며, 손가락으로 가리키지 않으셨다.

狎:친할 압　瞽:봉사 고　褻:친압할 설　式:공경할 식　版:나무 조각 판　饌:음식 찬　作:일어날 작
迅:빠를 신　綏:끈 수　疾:빠를 질

11. 先 進

此篇은 多評弟子賢否라 胡氏曰 此篇은 記閔子騫言行者四而其一은 直稱閔子하니 疑閔氏門人所記也라

이 편은 제자들이 현명한지의 여부를 논평한 것이 많다. 胡氏가 말하였다 "이 편은 민자건의 언행을 기록한 것이 네 장인데, 그 중 하나는 곧바로 '閔子'라고 칭하였으니, 아마도 민자건의 문인이 기록한 것으로 보인다."

1장 子曰 先進이 於禮樂에 野人也요 後進이 於禮樂에 君子也라하나니 如用之則吾從先進하리라

해석 공자께서 말씀하셨다. "선배들이 예악에 관해서는 촌스러운 사람이라 하고, 후배들이 예악에 관해서는 군자라고 한다. 만일 예악을 쓴다면 나는 선배를 따르겠다."

2장 子曰 從我於陳蔡者 皆不及門也로다

해석 공자께서 말씀하셨다. "진나라와 채나라에서 나를 따르던 자들이 모두 문하에 있지 않구나!"

德行엔 顏淵閔子騫冉伯牛仲弓이요 言語엔 宰我子貢이요 政事엔 冉有季路요 文學엔 子游子夏니라

해석 덕행으로 뛰어난 이들은 안연, 민자건, 염백우, 중궁이었고, 언어로 뛰어난 이들은 재아와 자공이었고, 정사로 뛰어난 이들은 염유와 계로였고, 문학으로 뛰어난 이들은 자유와 자하였다.

野 : 촌스러울 야   蔡 : 거북 채   閔 : 위문할 민   騫 : 이지러질 건   冉 : 나아갈 염

3장 子曰 回也는 非助我者也로다 於吾言에 無所不說이온여

> **해석** 공자께서 말씀하셨다. "회(안연)는 나에게 도움이 되는 자가 아니다. 나의 말에 기뻐하지 않는 바가 없으니."

4장 子曰 孝哉라 閔子騫이여 人不間於其父母昆弟之言이로다

> **해석** 공자께서 말씀하셨다. "효성스럽다. 민자건이여! 사람들이 그의 부모와 형제의 말에 이의를 제기하지 않는다."

5장 南容三復白圭어늘 孔子 以其兄之子로 妻之하시다

> **해석** 남용이 '백규장'을 매일 세 번씩 반복해 외우자, 공자께서 그 형님의 딸을 그에게 시집보내셨다.

7장 顔淵死어늘 顔路請子之車하여 以爲之槨한대

> **해석** 안연이 죽자 안로가 공자의 수레를 팔아 외관(外棺)을 만들 것을 청하자,

子曰 才不才에 亦各言其子也니 鯉也死어늘 有棺而無槨하니 吾不徒行 以爲之槨은 以吾從大夫之後라 不可徒行也일새니라

> **해석** 공자께서 말씀하셨다. "재주가 있거나 재주가 없거나 간에 또한 각각 자기의 아들이라 말할 것이니, 리(공자의 아들)가 죽었을 때에 관만 있었고 외관은 없었으니, 내가 (수레를 팔아서) 걸어 다니면서 외관을 만들어주지 않은 것은 내가 대부의 반열을 따르므로 걸어 다닐 수 없기 때문이다."

8장 顔淵死어늘 子曰 噫라 天喪予샷다 天喪予샷다

> **해석** 안연이 죽자, 공자께서 말씀하셨다. "아! 하늘이 나를 버리셨다! 하늘이 나를 버리셨다!"

說: 기뻐할 열   間: 흠잡을 간   昆: 맏 곤   妻: 시집보낼 처   槨: 관곽   鯉: 잉어 리   棺: 널 관

9장 顔淵死어늘 子哭之慟하신대 從者曰 子慟矣시니이다

해석 안연이 죽자, 공자께서 곡하시기를 지나치게 애통해 하셨다. 따르는 자가 말했다. "선생님께서 지나치게 애통해 하십니다."

曰 有慟乎아 非夫人之爲慟이요 而誰爲리오

해석 공자께서 말씀하셨다. "지나치게 애통해 보이더냐? 저 사람을 위해 지나치게 애통해 하지 않고서 누구를 위해 지나치게 애통해 하겠는가?"

10장 顔淵死어늘 門人이 欲厚葬之한대 子曰 不可하니라

해석 안연이 죽자, 문인들이 후하게 장사지내려 하니, 공자께서 "옳지 않다." 하셨다.

門人이 厚葬之한대 子曰 回也는 視予猶父也어늘 予不得視猶子也하니 非我也라 夫二三子也니라

해석 문인들이 후하게 장사지내자, 공자께서 말씀하셨다. "안연은 나를 보기를 아버지처럼 여겼는데, 나는 자식처럼 볼 수 없으니, 나의 잘못이 아니라 너희들이 한 짓이다."

11장 季路問事鬼神한대 子曰 未能事人이면 焉能事鬼리오 敢問死하노이다 曰 未知生이면 焉知死리오

해석 자로가 귀신을 섬기는 것에 대해 묻자, 공자께서 말씀하셨다. "사람을 잘 섬기지 못한다면 어떻게 귀신을 섬기겠는가?" "감히 죽음을 묻겠습니다." 하자. 공자께서 말씀하셨다. "삶을 모른다면 어떻게 죽음을 알겠는가?"

慟 : 애통할 통

14장 門人이 不敬子路한대 子曰 由也는 升堂矣요 未入於室也니라

> 해석 문인들이 자로를 공경하지 않자. 공자께서 말씀하셨다." 자로는 당에는 올랐고 아직 방에 들어오지 못한 것이다."

15장 子貢問師與商也 孰賢이니잇고 子曰 師也는 過하고 商也는 不及이니라

> 해석 자공이 물었다. "사와 상은 누가 낫습니까?" 공자께서 말씀하셨다. "사는 지나치고, 상은 미치지 못한다."

曰然則師愈與잇가 子曰 過猶不及이니라

> 해석 "그러면 사가 낫습니까?" 공자께서 말씀하셨다. "지나침은 미치지 못함과 같다."

16장 季氏富於周公이어늘 而求也爲之聚斂而附益之한대

> 해석 계씨가 주공보다 부유하였는데도 염유가 그를 위해 세금을 걷어 재산을 더 늘려 주었다.

子曰 非吾徒也로소니 小子아 鳴鼓而攻之 可也니라

> 해석 공자께서 말씀하셨다. "우리 무리가 아니다. 애들아! 북을 울려 죄를 성토함이 옳다."

24장 子路使子羔 爲費宰한대 子曰 賊夫人之子로다

> 해석 자로가 자고로 하여금 비의 읍재(邑宰)를 삼자, 공자께서 말씀하셨다. "남의 아들을 해치는구나!"

子路曰 有民人焉하며 有社稷焉하니 何必讀書然後 爲學이리잇고

해석 자로가 말했다. "백성이 있고 사직이 있으니, 하필 글을 읽은 뒤라야만 학문이라고 하겠습니까?"

子曰 是故로 惡夫佞者하노라

해석 공자께서 말씀하셨다. "이 때문에 말 잘하는 자를 싫어한다."

25장

子路曾晳冉有公西華 侍坐러니

해석 자로와 증석과 염유와 공서화가 모시고 앉았는데,

子曰 以吾一日長乎爾나 毋吾以也하라

해석 공자께서 말씀하셨다. "내 나이가 다소 너희들 보다 많지만 나를 그 때문에 어렵게 여기지 말라."

居則曰 不吾知也라하나니 如或知爾면 則何以哉오

해석 너희들이 평소에 말하기를 '나를 알아주지 못한다.' 하는데, 만일 혹시라도 너희들을 알아준다면 어찌 하겠느냐?"

子路 率爾而對曰 千乘之國이 攝乎大國之間하여 加之以師旅요 因之以饑饉이어든 由也 爲之면 比及三年하여 可使有勇이요 且知方也하리이다 夫子哂之하시다

率 : 경솔할 솔　哂 : 웃을 신

해석 자로가 경솔히 대답했다. "제후국이 큰 나라의 사이에서 간섭을 받아 전란이 가해지고 따라서 기근이 들 경우에, 제가 다스린다면 3년에 이르면 백성들을 용맹하게 할 수 있고, 또 (의리로) 향할 줄을 알게 할 수 있습니다." 공자께서 빙그레 웃으셨다.

求아 爾는 何如오 對曰 方六七十과 如五六十에 求也爲之면 比及三年하여 可使足民이어니와 如其禮樂엔 以俟君子하리이다

해석 "구야! 너는 어떻게 하겠느냐?" 대답하였다. "사방 60~70리, 혹은 50~60리쯤 되는 나라를 제가 다스린다면 3년에 이르러 백성들을 풍족하게 할 수 있거니와, 예악에 관해서는 군자를 기다리겠습니다."

赤아 爾는 何如오 對曰 非曰能之라 願學焉하노이다 宗廟之事와 如會同에 端章甫로 願爲小相焉하노이다

해석 "적아 너는 어떻게 하겠느냐?" 대답하였다. "제가 능하다는 말이 아니라, 배우기를 원합니다. 종묘의 일과 또는 제후들이 회동할 때에 현단복(玄端服)을 입고 장보관(章甫冠)을 쓰고 예를 돕는 자가 되기를 원합니다."

點아 爾는 何如오 鼓瑟希러니 鏗爾舍瑟而作하여 對曰 異乎三子者之撰이니다 子曰 何傷乎리오 亦各言其志也니라 曰 莫春者에 春服이 旣成이어든 冠者五六人과 童子六七人으로 浴乎沂하여 風乎舞雩하여 詠而歸하리이다 夫子 喟然嘆曰 吾與點也하노라

해석 "점아 너는 어떻게 하겠느냐?" 하시자, 그는 비파를 타기를 드문드문 하더니, 쨍그렁하고 비파를 놓으며 일어나 대답하였다. "세 사람이 갖고 있는 것과는 다릅니다." 공자께서 말씀하셨다. "무엇이 나쁘겠는가? 또한 각기 자기의 뜻을 말하는 것이다." 공서화가 말했다. "늦봄에 봄옷이 이미 완성되면 어른 5~6명과 어린아이 6~7명과 함께 기수(沂水)에서 목욕하고 무우(舞雩)에서 바람 쐬고 노래하면서 돌아오겠습니다." 공자께서 감탄하시며 말씀하셨다. "나는 점을 허여한다." 하셨다.

鏗: 쇳소리 갱   雩: 기우제 우   喟: 한숨 쉴 위

三子者出커늘 曾晳後러니 曾晳曰 夫三子者之言이 何如하니잇고
子曰 亦各言其志也已矣니라 曰 夫子何哂由也시니잇고 曰 爲國
以禮어늘 其言不讓이라 是故로 哂之로라

해석 세 사람이 나가자, 증석이 뒤에 남았었는데, 증석이 말했다. "저 세 사람의 말이 어떻습니까?" 공자께서 대답하셨다. "또한 각각 제 뜻을 말했을 뿐이다." 증석이 말했다. "선생께서는 어찌하여 유의 말에 웃으셨습니까?" 공자께서 말씀하셨다. "나라를 다스림은 예로써 해야 하는데, 그의 말이 겸손하지 않았다. 그러므로 웃은 것이다."

唯求則非邦也與잇가 安見方六七十과 如五六十而非邦也者리오

해석 "구가 말한 것은 나라를 다스리는 일이 아닙니까?" "사방 60~70리, 또는 50~60리가 나라가 아닌 것을 어디서 보겠느냐?"

唯赤則非邦也與잇가 宗廟會同이 非諸侯而何오 赤也爲之小면
孰能爲之大리오

해석 "적은 나라를 다스리는 일이 아닙니까?" "종묘의 일과 회동하는 일이 제후의 일이 아니고 무엇이겠느냐? 적의 재주가 작다고 한다면 누가 능히 큰 것이 되겠느냐?"

12. 顔淵

1장 顔淵問仁한대 子曰 克己復禮爲仁이니 一日克己復禮면 天下歸仁焉하리니 爲仁由己니 而由人乎哉아

> 해석) 안연이 인을 묻자, 공자께서 말씀하셨다. "자기의 사욕을 이겨 예에 돌아감이 인을 하는 것이니, 하루 동안이라도 사욕을 이겨 예에 돌아가면 천하가 인을 허여하는 것이다. 인을 하는 것이 자신에게 달렸으니, 남에게 달려있겠는가?"

顔淵曰 請問其目하노이다 子曰 非禮勿視하며 非禮勿聽하며 非禮勿言하며 非禮勿動이니라 顔淵曰 回雖不敏이나 請事斯語矣리이다

> 해석) 안연이 말했다. "그 조목을 묻겠습니다." 공자께서 말씀하셨다. "예가 아니면 보지 말며, 예가 아니면 듣지 말며, 예가 아니면 말하지 말며, 예가 아니면 행동하지 말아야 한다." 안연이 말했다. "제가 비록 불민하지만 청컨대 이 말씀을 실천하는데 힘쓰겠습니다."

2장 仲弓問仁한대 子曰 出門如見大賓하며 使民如承大祭하며 己所不欲을 勿施於人이니 在邦無怨하며 在家無怨이니라 仲弓曰 雍雖不敏이나 請事斯語矣리이다

> 해석) 중궁이 인을 묻자, 공자께서 말씀하셨다. "문을 나갔을 때에는 큰 손님을 뵌 듯이 하며, 백성에게 일을 시킬 때에는 큰 제사를 받들 듯이 하고, 자신이 하고자 하지 않는 것을 남에게 베풀지 말아야 하니, 나라에 있어서도 원망함이 없으며, 집안에 있어서도 원망함이 없을 것이다." 중궁이 말했다. "제가 비록 불민하지만 청컨대 이를 실천하는데 힘쓰겠습니다."

5장 司馬牛憂曰 人皆有兄弟어늘 我獨亡로다

> 해석) 사마우가 걱정하면서 말했다. "남들은 모두 형제가 있는데 나 혼자만 없다."

子夏曰 商은 聞之矣로니 死生有命이요 富貴在天이라호라

해석 자하가 말했다. "제가 들었는데, 죽고 삶은 운명에 달려 있고, 부귀는 하늘에 달려 있다고 하였다.

君子敬而無失하며 與人恭而有禮면 四海之內가 皆兄弟也니 君子何患乎無兄弟也리오

해석 군자가 공경하고 잃음이 없으며, 남과 함께함에 공손하고 예가 있으면 천하 안이 모두 형제이니, 군자가 어찌 형제가 없음을 걱정하겠는가?"

6장 子張問明한대 子曰 浸潤之譖과 膚受之愬가 不行焉이면 可謂明也已矣니라 浸潤之譖과 膚受之愬가 不行焉이면 可謂遠也已矣니라

해석 자장이 밝음을 묻자, 공자께서 말씀하셨다. "서서히 젖어드는 참소와 피부로 받는 하소연이 행해지지 않는다면 밝다고 이를 만하다. 서서히 젖어드는 참소와 피부로 받는 하소연이 행해지지 않는다면 멀다고 이를 만하다."

7장 子貢問政한대 子曰 足食 足兵이면 民信之矣리라

해석 자공이 정치에 대해 묻자, 공자께서 말씀하셨다. "양식을 풍족히 하고, 군사를 풍족히 하면 백성들이 믿을 것이다."

子貢曰 必不得已而去인댄 於斯三者에 何先이리잇고 曰去兵이니라

해석 자공이 말했다. "반드시 부득이 해서 버려야 한다면 이 세 가지 중에 무엇을 먼저 버려야 합니까?" "군사를 버려야 한다."

譖 : 참소할 참　愬 : 하소연할 소

> 子貢曰 必不得已而去인댄 於斯二者에 何先이리잇고 曰去食이니 自古皆有死어니와 民無信不立이니라

해석 자공이 말했다. "반드시 부득이해서 버린다면 이 두 가지 중에 무엇을 먼저 버려야 합니까?" "양식을 버려야 하니, 예로부터 사람은 누구나 다 죽게 되고, 사람은 신의가 없으면 설 수 없다."

8장
> 棘子成曰 君子는 質而已矣니 何以文爲리오

해석 극자성이 말했다. "군자는 質뿐이니, 文을 어디에 쓰겠는가?"

> 子貢曰 惜乎라 夫子之說이 君子也나 駟不及舌이로다

해석 자공이 말했다. "애석하다! 선생(극자성)의 말씀이 군자다우나 사마도 혓바닥을 따라잡지는 못하는 것이다.

> 文猶質也며 質猶文也니 虎豹之鞟이 猶犬羊之鞟이니라

해석 文이 質과 같으며, 質이 文과 같은 것이니, 호랑이와 표범의 털 없는 가죽이 개와 양의 털 없는 가죽과 같은 것이다."

11장
> 齊景公이 問政於孔子한대 孔子對曰 君君臣臣父父子子니이다

해석 제경공이 공자에게 정치에 대해 묻자, 공자께서 대답하셨다. "임금은 임금 노릇하며, 신하는 신하 노릇하며, 아버지는 아버지 노릇하며, 자식은 자식 노릇 하는 것입니다."

> 公曰 善哉라 信如君不君 臣不臣 父不父 子不子면 雖有粟이나 吾得而食諸아

棘 : 가시나무 극   駟 : 사마(네 필의 말) 사   鞟 : 털만 벗긴 날가죽 곽

해석 제경공이 말했다. "좋습니다. 진실로 만일 임금이 임금 노릇 못하며, 신하가 신하 노릇 못하며, 아버지가 아버지 노릇 못하며, 자식이 자식 노릇 못한다면, 비록 곡식이 있은들 내 그것을 먹을 수 있겠습니까?"

12장 子曰 片言에 可以折獄者는 其由也與인저

해석 공자께서 말씀하셨다. "반 마디 말에 옥사를 결단할 수 있는 자는 그 유(자로)일 것이다."

子路는 無宿諾이러라

해석 자로는 승낙함을 묵힘이 없었다.

13장 子曰 聽訟이 吾猶人也나 必也使無訟乎인저

해석 공자께서 말씀하셨다. "송사를 처리함은 나도 남과 같이 하겠으나, 반드시 사람들로 하여금 송사함이 없게 하겠다."

16장 子曰 君子는 成人之美하고 不成人之惡하나니 小人은 反是니라

해석 공자께서 말씀하셨다. "군자는 남의 아름다움을 이루어 주고, 남의 악을 이루어 주지 않으니, 소인은 이와 반대이다."

20장 子張問 士何如라야 斯可謂之達矣니잇고

해석 자장이 물었다. "선비가 어떻게 해야 '達'이라고 이를 수 있습니까?"

子曰 何哉오 爾所謂達者여

해석 공자께서 말씀하셨다. "무엇인가? 네가 말하는 '達'이란 것이."

子張對曰 在邦必聞하며 在家必聞이니이다

해석 자장이 대답했다. "나라에 있으면 반드시 소문이 나며, 집안에 있어도 반드시 소문이 나는 것입니다."

子曰 是는 聞也라 非達也니라

해석 공자께서 말씀하셨다. "이것은 '聞'이지 '達'이 아니다.

夫達也者는 質直而好義하며 察言而觀色하며 慮以下人하나니 在邦必達하며 在家必達이니라

해석 '達'이란 질박하며 정직하고 의를 좋아하며, 남의 말을 살피고 얼굴빛을 관찰하며 생각해서 몸을 낮추는 것이니, 나라에 있어서도 반드시 '達'이 되며, 집안에 있어서도 반드시 '達'이 되는 것이다.

夫聞也者는 色取仁而行違요 居之不疑하나니 在邦必聞하며 在家必聞이니라

해석 '聞'이란 얼굴빛은 인을 취하나 행실은 실제 위배되며 그대로 머물면서 의심하지 않는 것이니, 나라에 있어도 반드시 소문이 나며, 집안에 있어도 반드시 소문이 난다."

22장 樊遲問仁한대 子曰 愛人이니라 問知한대 子曰 知人이니라

해석 번지가 인을 묻자, 공자께서 말씀하셨다. "사람을 사랑하는 것이다." 지혜를 묻자, 공자께서 말씀하셨다. "사람을 아는 것이다."

樊遲 未達이어늘 子曰 擧直錯諸枉이면 能使枉者直이니라

해석 번지가 이해하지 못하자, 공자께서 말씀하셨다. "정직한 사람을 들어 쓰고 모든 부정한 사람을 버리면 부정한 자로 하여금 곧게 할 수 있는 것이다."

樊遲退하여 見子夏曰 鄕也에 吾見於夫子而問知하니 子曰 擧直錯諸枉이면 能使枉者直이라하시니 何謂也오

해석 번지가 물러가서 자하를 만나보고 말했다. "지난번에 선생님을 뵙고 지혜를 물었더니, 선생께서 '정직한 사람을 들어 쓰고 모든 부정한 사람을 버리면 부정한 자로 하여금 곧게 할 수 있다.' 하셨으니, 무슨 말씀인가?"

子夏曰 富哉라 言乎여 舜有天下에 選於衆하사 擧皐陶하시니 不仁者 遠矣요 湯有天下 選於衆하사 擧伊尹하시니 不仁者 遠矣니라

해석 자하가 말했다. "풍부하다, 말씀이여! 순임금이 천하를 소유함에 여러 사람들 중에서 선발해서 고요를 들어 쓰시니, 인하지 못한 자들이 멀리 사라졌고, 탕임금이 천하를 소유함에 여러 사람들 중에서 선발하여 이윤을 들어 쓰시니, 인하지 못한 자들이 멀리 사라졌다."

*皐陶(고요) : 중국 고대의 전설상의 인물. 순(舜)임금의 신하. 법을 세우고 형벌을 제정하였으며, 옥(獄)을 만들었다고 한다.
*伊尹(이윤) : 중국 은나라의 전설상의 인물. 이름난 재상으로 탕왕을 도와 하나라의 걸(桀)을 멸망시키고 선정을 베풀었다.

23장 子貢問友한대 子曰 忠告而善道之하되 不可則止하여 無自辱焉이니라

해석 자공이 벗에 대해 묻자, 공자께서 말씀하셨다. "충심으로 말해주고 잘 인도 하되 불가능하면 그만두어서 스스로 욕되게 하지 말아야 한다."

24장 曾子曰 君子는 以文會友하고 以友輔仁이니라

해석 증자가 말했다. "군자는 학문으로써 벗을 모으고, 벗으로써 인을 돕는다."

13. 子路

1장 子路問政한대 子曰 先之勞之니라

해석 자로가 정치에 대해 묻자, 공자께서 말씀하셨다. "솔선하며 부지런히 해야 한다."

請益한대 曰無倦이니라

해석 더 자세히 말씀해 주시기를 청하자, "게을리하지 말아야 한다."

2장 仲弓이 爲季氏宰하여 問政한대 子曰 先有司요 赦小過하며 擧賢才니라

해석 중궁이 계씨의 가신(家臣)이 되어 정치에 대해 묻자, 공자께서 말씀하셨다. "담당자에게 먼저 시키고 작은 허물을 용서해주며, 어진 이와 유능한 이를 등용해야 한다."

3장 子路曰衛君이 待子而爲政인댄 子將奚先이시리잇고

해석 자로가 말했다. "위나라 군주가 선생님을 기다려 정치를 하려고 하십니다. 선생께서는 장차 무엇을 우선하시렵니까?"

子曰 必也正名乎인저

해석 공자께서 말씀하셨다. "반드시 명분을 바로 잡겠다."

子路曰 有是哉라 子之迂也여 奚其正이시리잇고

해석 자로가 말했다. "이런 말씀을 하시다니. 선생님께서 현실에 어두우심이여! 어떻게 바로잡을 수 있겠습니까?"

子曰 野哉라 由也여 君子於其所不知에 蓋闕如也니라

해석 공자께서 말씀하셨다. "비속하구나. 유여! 군자는 자기가 알지 못하는 것에는 말하지 않고 가만히 있는 것이다.

名不正이면 則言不順하고 言不順이면 則事不成하고 事不成이면 則禮樂不興하고 禮樂不興이면 則刑罰不中하고 刑罰不中이면 則民無所措手足이니라

해석 명분이 바르지 못하면 말이 <이치에> 순하지 못하고, 말이 <이치에> 순하지 못하면 일이 이루어지지 못하고, 일이 이루어지지 못하면 예악이 일어나지 못하고, 예악이 일어나지 못하면 형벌이 알맞지 못하고, 형벌이 알맞지 못하면 백성들이 손발을 둘 곳이 없어진다.

故로 君子名之면 必可言也며 言之면 必可行也니 君子於其言에 無所苟而已矣니라

해석 그러므로 군자가 명분을 붙이면 반드시 말할 수 있으며, 말할 수 있으면 반드시 행할 수 있는 것이다. 군자는 그 말에 대하여 구차히 함이 없게 할 뿐이다."

4장 樊遲請學稼한대 子曰 吾不如老農호라 請學爲圃한대 曰吾不如老圃호라

해석 번지가 농사를 배우기를 청하자, 공자께서 말씀하셨다. "나는 늙은 농부만 못하다." 채소를 가꾸는 것을 배우기를 청하자, "나는 늙은 채소 가꾸는 사람만 못하다." 하셨다.

稼 : 심을 가　圃 : 밭 포

樊遲出이어늘 子曰 小人哉라 樊須也여

해석 번지가 나가자 공자께서 말씀하셨다. "소인이구나! 번수여!

上好禮면 則民莫敢不敬하고 上好義면 則民莫敢不服하고 上好信이면 則民莫敢不用情이니 夫如是면 則四方之民이 襁負其子而至矣리니 焉用稼리오

해석 윗사람이 예를 좋아하면 백성들이 감히 공경하지 않는 이가 없고, 윗사람이 의를 좋아하면 백성들이 감히 복종하지 않는 이가 없고, 윗사람이 信을 좋아하면 백성들이 감히 실정대로 하지 않는 이가 없는 것이다. 이렇게 되면 사방의 백성들이 자식을 포대기에 업고 올 것이니, 어찌 농사짓는 것을 쓰겠는가?"

5장 子曰 誦詩三百하되 授之以政에 不達하며 使於四方에 不能專對하면 雖多나 亦奚以爲리오

해석 공자께서 말씀하셨다. "『시경』 300편을 외우면서도 정사를 맡겼을 때에 제대로 해내지 못하고, 사방에 사신으로 나가 혼자서 처리하지 못한다면, 비록 많이 외운다 한들 어디에 쓰겠는가?"

9장 子適衛하실새 冉有僕이러니

해석 공자께서 위나라에 가실 때에 염유가 수레를 몰았다.

子曰 庶矣哉라

해석 공자께서 말씀하셨다. "백성들이 많구나."

冉有曰 旣庶矣어든 又何加焉이있고 曰 富之니라

해석 염유가 말했다. "이미 백성들이 많으면 또 무엇을 더하여야 합니까?" "부유하게 해주어야 한다."

> 曰旣富矣어든 又何加焉이리잇고 曰敎之니라

해석 "이미 부유해지면 또 무엇을 더하여야 합니까?" "가르쳐야 한다."

10장 子曰 苟有用我者면 朞月而已라도 可也니 三年이면 有成이니라

해석 공자께서 말씀하셨다. "만일 나를 등용해 주는 자가 있다면 1년만 하더라도 괜찮을 것이니, 3년이면 이루어짐이 있을 것이다."

14장 冉子 退朝어늘 子曰 何晏也오 對曰 有政이러이다 子曰 其事也로다 如有政인댄 雖不吾以나 吾其與聞之니라

해석 염유가 조정에서 물러나오자, 공자께서 말씀하셨다. "어찌하여 늦었는가?" 하고 물으셨다. 대답하기를 "국정이 있었습니다." 하자, 공자께서 말씀하셨다. "그것은 대부의 집안일이었을 것이다. 만일 국정이었다면 비록 나를 써주지는 않으나 내가 참여하여 들었을 것이다."

16장 葉公問政한대 子曰 近者說하며 遠者來니라

해석 섭공이 정치에 대해 묻자, 공자께서 말씀하셨다. "가까이 있는 자들이 기뻐하며, 먼 곳에 있는 자들이 오게 해야 한다."

17장 子夏爲莒父宰하여 問政한대 子曰 無欲速하며 無見小利니 欲速則不達하고 見小利則大事不成이니라

해석 자하가 거보의 읍재가 되어 정치에 대해 묻자, 공자께서 말씀하셨다. "빨리 하려고 하지 말고, 작은 이익을 보지 말아야 하니, 빨리 하려고 하면 제대로 하지 못하고, 작은 이익을 보면 큰일을 이루지 못한다."

莒 : 나라이름 거 父 : 이름 보 攘 : 훔칠 양

18장 葉公語孔子曰 吾黨에 有直躬者하니 其父攘羊이어늘 而子證之하니이다

> 해석 섭공이 공자에게 말했다. "우리 당에 몸을 정직하게 행동하는 자가 있으니 그의 아버지가 양을 훔치자, 아들이 그것을 증명하였습니다."

孔子曰 吾黨之直者는 異於是하니 父爲子隱하며 子爲父隱하나니 直在其中矣니라

> 해석 공자께서 말씀하셨다. "우리 당의 정직한 자는 이와 다르다. 아버지가 자식을 위하여 숨겨주고 자식이 아버지를 위하여 숨겨주니, 정직함은 그 가운데 있는 것이다."

20장 子貢問曰 何如라야 斯可謂之士矣잇고 子曰 行己有恥하며 使於四方하여 不辱君命이면 可謂士矣니라

> 해석 자공이 물었다. "어떠하여야 선비라 말할 만합니까?" 공자께서 말씀하셨다. "몸가짐에 부끄러움이 있으며 사방에 사신으로 가서는 군주의 명을 욕되게 하지 않으면 선비라 이를 만하다."

曰敢問其次하노이다 曰宗族稱孝焉하며 鄕黨稱弟焉이니라 曰敢問其次하노이다 曰言必信하며 行必果가 硜硜然小人哉나 抑亦可以爲次矣니라

> 해석 "감히 그 다음을 묻겠습니다." "종족들이 효성스럽다고 칭찬하고 향당에서 공손하다고 칭찬해야한다." "감히 그 다음을 묻겠습니다." "말을 반드시 미덥게 하고 행실을 반드시 과단성 있게 하는 것은 국량이 좁은 소인이나, 그래도 또한 그 다음이 될 만하다."

曰今之從政者는 何如하니잇고 子曰 噫라 斗筲之人을 何足算也리오

> 해석 "지금 정사에 종사하는 자들은 어떻습니까?" 공자께서 말씀하셨다. "아! 도량이 좁은 사람들을 어찌 족히 따질 것이 있겠는가?"

硜 : 단단할 경 筲 : 대그릇 소

21장 子曰 不得中行而與之인댄 必也狂狷乎인저 狂者는 進取요 狷者는 有所不爲也니라

해석 공자께서 말씀하셨다. "중도의 선비를 얻어 함께 할 수 없다면 반드시 狂者나 狷者와 더불어 할 것이다. 狂者는 진취적이고 狷者는 하지 않는 바가 있다."

22장 子曰 南人有言曰 人而無恒이면 不可以作巫醫라하니 善夫라

해석 공자께서 말씀하셨다. "남쪽 나라 사람들이 말에 '사람이 恒心이 없으면 무당이나 의원도 될 수 없다.' 하니, 좋은 말이다.

不恒其德이면 或承之羞라하니

해석 그 덕을 항상하지 않으면 혹자가 부끄러운 일을 올린다.' 하였다."

子曰 不占而已矣니라

해석 공자께서 말씀하셨다. "<恒心이 없는 짓을 하는 것은> 점괘를 보지 않았기 때문일 것이다."

23장 子曰 君子는 和而不同하고 小人은 同而不和니라

해석 공자께서 말씀하셨다. "군자는 조화롭되 부화뇌동하지 않고, 소인은 부화뇌동하되 조화롭지 않다."

27장 子曰 剛毅木訥이 近仁이니라

해석 공자께서 말씀하셨다. "강하고, 굳세고, 질박하고, 어눌함이 인에 가깝다."

狷 : 고집스러울 견   毅 : 굳셀 의   木 : 질박할 목   訥 : 어눌할 눌

14. 憲問

胡氏曰 此篇은 疑原憲所記라
호씨가 말하기를 "이 편은 원헌이 기록한 듯하다." 하였다.

1장 憲問恥한대 子曰 邦有道穀하며 邦無道穀이 恥也니라

해석 헌(원헌)이 수치에 대해 묻자, 공자께서 말씀하셨다. "나라에 도가 있을 때 녹봉만 생각하며, 나라에 도가 없을 때에도 녹봉만 생각하는 것이 수치스러운 것이다."

2장 克伐怨欲을 不行焉이면 可以爲仁矣잇가

해석 "이기기를 좋아하고 자기의 공로를 자랑하며, 원망하고 탐욕함을 행해지지 않게 한다면 인이라고 말할 수 있습니까?"

子曰 可以爲難矣어니와 仁則吾不知也로라

해석 공자께서 말씀하셨다. "어렵다고 할 수는 있으나 인인지는 내 알지 못하겠다."

4장 子曰 邦有道엔 危言危行하고 邦無道엔 危行言孫이니라

해석 공자께서 말씀하셨다. "나라에 도가 있을 때에는 말을 높게 하고 행실을 높게 하며, 나라에 도가 없을 때에는 행실은 높게 하되 말은 공손하게 하여야 한다."

穀 : 녹봉 곡   伐 : 자랑할 벌   危 : 높을 위

5장 子曰 有德者는 必有言이어니와 有言者는 不必有德이니라 仁者는 必有勇이어니와 勇者는 不必有仁이니라

> **해석** 공자께서 말씀하셨다. "덕이 있는 자는 반드시 훌륭한 말을 하거니와, 훌륭한 말을 하는 자는 반드시 덕이 있지는 못하다. 인자는 반드시 용기가 있거니와, 용기가 있는 자는 반드시 인이 있지는 못하다."

6장 南宮适이 問於孔子曰 羿는 善射하고 奡는 盪舟하되 俱不得其死어늘 然이나 禹稷은 躬稼而有天下하시니이다 夫子不答이러시니 南宮适이 出이어늘 子曰 君子哉라 若人이여 尙德哉라 若人이여

> **해석** 남궁괄이 공자께 물었다. "예(羿)는 활을 잘 쏘았고, 오(奡)는 힘이 세어 육지에서 배를 끌고 다녔지만, 모두 제대로 죽지 못하였습니다. 그러나 우왕(禹王)과 직(稷)은 몸소 농사를 지었는데도 천하를 소유하셨습니다." 공자께서 대답하지 않으셨다. 남궁괄이 밖으로 나가자, 공자께서 말씀하셨다. "군자로구나, 이 사람이여! 덕을 숭상하는구나, 이 사람이여!"

16장 子曰 晉文公은 譎而不正하고 齊桓公은 正而不譎이니라

> **해석** 공자께서 말씀하셨다. "진문공은 속이고 바르지 않으며, 제환공은 바르고 속이지 않았다."

17장 子路曰 桓公이 殺公子糾어늘 召忽死之하고 管仲은 不死하니 曰 未仁乎인저

> **해석** 자로가 말했다. "환공이 공자규를 죽이자, 소홀은 죽었고 관중은 죽지 않았으니, 관중은 인하지 못한 것입니다."

子曰 桓公이 九合諸侯하되 不以兵車는 管仲之力也니 如其仁 如其仁이리오

> **해석** 공자께서 말씀하셨다. "환공이 제후들을 규합하되, 무력을 쓰지 않은 것은 관중의 힘이었으니, 누가 그의 인만 하겠는가. 누가 그의 인만 하겠는가?"

羿 : 사람이름 예 奡 : 사람이름 오 盪 : 움직일 탕 九 : 모을 규

18장 子貢曰 管仲은 非仁者與인저 桓公이 殺公子糾어늘 不能死요 又相之온여

해석 자공이 말했다. "관중은 인자가 아닐 것입니다. 환공이 공자규를 죽였는데, 죽지 못하고 또 환공을 도왔습니다."

子曰 管仲이 相桓公霸諸侯하여 一匡天下하니 民到于今에 受其賜하나니 微管仲이면 吾其被髮左衽矣리라

해석 공자께서 말씀하셨다. "관중이 환공을 도와 제후들의 패자가 되어 한 번 천하를 바로잡아 백성들이 지금까지 그 혜택을 받고 있으니, 관중이 없었다면 나는 아마 머리를 풀고 옷깃을 왼편으로 여몄을 것이다.

豈若匹夫匹婦之爲諒也하여 自經於溝瀆而莫之知也리오

해석 어찌 평범한 남녀들이 조그마한 신의를 위하여 스스로 도랑에서 목매어도 아무도 알아주는 이가 없는 것과 같이 하겠는가?"

24장 子曰 君子는 上達하고 小人은 下達이니라

해석 공자께서 말씀하셨다. "군자는 위로 통달하고, 소인은 아래로 통달한다."

25장 子曰 古之學者는 爲己러니 今之學者는 爲人이로다

해석 공자께서 말씀하셨다. "옛날에 배우는 자들은 자신을 위하여 하였는데, 지금에 배우는 자들은 남에게 보이기 위하여 한다."

26장 蘧伯玉이 使人於孔子어늘 孔子與之坐而問焉曰 夫子何爲오 對曰 夫子欲寡其過而未能也니이다 使者出이어늘 子曰使乎使乎여

微 : 없을 미　被 : 흐트러뜨릴 피　衽 : 옷깃 임

해석 거백옥이 사람을 공자께 보내자, 공자께서 그와 함께 앉아 물었다. "선생께서는 무엇을 하시는가?" 대답했다. "저희 선생께서는 허물을 적게 하려고 하시지만 아직 능치 못 하십니다." 심부름꾼이 나가자, 공자께서 말씀하셨다. "훌륭한 심부름꾼이로다! 훌륭한 심부름꾼이로다!"

29장 子曰 君子는 恥其言而過其行이니라

해석 공자께서 말씀하셨다. "군자는 그 말을 조심하고 행실을 말보다 앞서게 한다."

30장 子曰 君子道者三에 我無能焉하니 仁者는 不憂하고 知者는 不惑하고 勇者는 不懼니라

해석 공자께서 말씀하셨다. "군자의 도가 세 가지 인데, 나는 능한 것이 없다. 어진 자는 근심하지 않고, 지혜로운 자는 의혹하지 않고, 용맹한 자는 두려워하지 않는다."

33장 子曰 不逆詐하며 不億不信이나 抑亦先覺者是賢乎인저

해석 공자께서 말씀하셨다. "남이 나를 속일까 미리 짐작하지 않고, 남이 나를 믿어주지 않을까 억측하지 않는다. 그러나 또한 먼저 깨닫는 자가 어진 것이다."

35장 子曰 驥는 不稱其力이라 稱其德也니라

해석 공자께서 말씀하셨다. "좋은 말은 그 힘을 칭찬하는 것이 아니라, 그 덕을 칭찬하는 것이다."

37장 子曰 莫我知也夫인저

해석 공자께서 말씀하셨다. "나를 알아주는 이가 없구나!"

逆 : 미리 헤아릴 역　億 : 억측할 얼　驥 : 천리마 기

子貢曰 何爲其莫知子也잇고 子曰 不怨天하며 不尤人이요 下學而上達하노니 知我者는 其天乎인저

해석 자공이 말했다. "어찌하여 선생님을 알아주는 이가 없는 것입니까?" 공자께서 말씀하셨다. "하늘을 원망하지 않으며 사람을 탓하지 않고, 아래로 배워 위로 통달하니, 나를 알아주는 것은 하늘일 것이다."

39장

子曰 賢者는 辟世하고 其次는 辟地하고 其次는 辟色하고 其次는 辟言이니라

해석 공자께서 말씀하셨다. "현자는 어지러운 세상을 피하고, 그 다음은 어지러운 나라를 피하고, 그 다음은 예모(禮貌)가 쇠하면 피하고, 그 다음은 말을 어기면 피한다."

41장

子路宿於石門이러니 晨門曰奚自오 子路曰自孔氏로라 曰是知其不可而爲之者與아

해석 자로가 석문에서 유숙하였었는데, 문지기가 묻기를 "어디에서 왔는가?" 자로가 말했다. "공씨에게서 왔소." "바로 그 불가능한 줄을 알면서도 행하는 자 말인가?"

42장

子擊磬於衛러시니 有荷蕢而過孔氏之門者 曰有心哉라 擊磬乎여

해석 공자께서 위나라에서 경쇠를 두들기셨는데, 삼태기를 메고 공씨의 문 앞을 지나가던 자가 듣고서 말했다. "마음이 〈천하에〉 있구나, 경쇠를 두들김이여!"

旣而오 曰鄙哉라 硜硜乎여 莫己知也어든 斯已而已矣니 深則厲요 淺則揭니라

해석 조금 있다가 말했다. "비루하다. 너무도 단단하구나! 나를 알아주지 못하면 그만두어야 할 것이니, 물이 깊으면 옷을 벗고 건너고, 얕으면 옷을 걷고 건너야 하는 것이다."

辟 : 피할 피 奚 : 어찌 해 蕢 : 삼태기 궤 厲 : 옷 벗고 건널 려 揭 : 옷 걷고 건널 게

子曰 果哉라 末之難矣니라

해석 공자께서 말씀하셨다. "과감하구나! 어려울 것이 없겠구나!"

45장 子路問君子한대 子曰 修己以敬이니라 曰如斯而已乎잇가 曰修己以安人이니라 曰如斯而已乎잇가 曰修己以安百姓이니 修己以安百姓은 堯舜도 其猶病諸시니라

해석 자로가 군자에 대해 묻자, 공자께서 말씀하셨다. "공경으로써 몸을 닦는 것이다." 하셨다. 자로가 말했다. "이와 같을 뿐입니까?" 공자께서 말씀하셨다. "몸을 닦아서 남을 편안하게 하는 것이다." 자로가 말했다. "이와 같을 뿐입니까?" 공자께서 말씀하셨다. "몸을 닦아서 백성을 편안하게 하는 것이니, 몸을 닦아서 백성을 편안하게 하는 것은 요임금과 순임금께서도 오히려 부족하게 여기셨다."

46장 原壤이 夷俟러니 子曰 幼而不孫弟하며 長而無述焉이요 老而不死가 是爲賊이라하시고 以杖叩其脛하시다

해석 원양이 걸터앉아 <공자를> 기다리니, 공자께서 말씀하셨다. "어려서는 공손하지 못하고, 장성해서는 칭찬할 만한 일이 없고, 늙어서도 죽지 않는 것이 바로 도적이다."하시고 지팡이로 그 정강이를 두드리셨다.

叩 : 두드릴 고   脛 : 정강이 경

15. 衛靈公

1장

衛靈公이 問陳於孔子한대 孔子對曰 俎豆之事는 則嘗聞之矣어니와 軍旅之事는 未之學也라하시고 明日에 遂行하시다

해석 위령공이 공자에게 진법(陳法)을 묻자, 공자께서는 "제기(祭器)에 관한 일은 일찍이 들었지만, 군대에 관한 일은 배우지 못하였다." 하시고, 다음 날 마침내 떠나셨다.

在陳絶糧하니 從者病하여 莫能興이러니

해석 진나라에 있을 때에 양식이 떨어지니, 따르는 자들이 병들어 일어나지 못하였다.

子路慍見曰 君子亦有窮乎잇가 子曰 君子는 固窮이니 小人은 窮斯濫矣니라

해석 자로가 성난 얼굴로 뵙고 말했다. "군자도 궁할 때가 있습니까?" 하고 묻자, 공자께서 말씀하셨다. "군자는 궁할 때에도 굳게 견디지만 소인은 궁하면 넘친다."

2장

子曰 賜也아 女以予爲多學而識之者與아 對曰 然하이다 非與잇가

해석 공자께서 말씀하셨다. "사야! 너는 내가 많이 배우고 그것을 기억하는 자라고 여기느냐?" 자공이 대답했다. "그렇습니다. 아닙니까?"

俎 : 도마 조 豆 : 제기 두

> 曰非也라 予는 一以貫之니라

해석 "아니다, 나는 하나의 이치로 모든 사물을 꿰뚫은 것이다."

4장
> 子曰 無爲而治者는 其舜也與신저 夫何爲哉시리오 恭己正南面而已矣시니라

해석 공자께서 말씀하셨다. "저절로 다스리신 자는 순임금이실 것이다. 무엇을 하셨겠는가? 몸을 공손히 하고 바르게 정사를 다스렸을 뿐이셨다."

5장
> 子張問行한대 子曰 言忠信하며 行篤敬이면 雖蠻貊之邦이라도 行矣어니와 言不忠信하며 行不篤敬이면 雖州里나 行乎哉아 立則見其參於前也요 在輿則見其倚於衡也니 夫然後行이니라 子張이 書諸紳하니라

해석 자장이 행해짐을 묻자. 공자께서 말씀하셨다. "말이 충실하고 믿음직하며 행실이 독실하고 공경하면 비록 오랑캐의 나라라 하더라도 행해질 수 있거니와 말이 충실하고 믿음직하지 못하고 행실이 독실하고 공경하지 못하면 비록 고을이라 하더라도 행해질 수 있겠는가? 일어서면 그것이 앞에 참여함을 볼 수 있고, 수레에 있으면 그것이 멍에에 기댐을 볼 수 있어야 하니, 이와 같은 뒤에야 행해질 수 있는 것이다." 자장이 띠에다 적었다.

7장
> 子曰 可與言而不與之言이면 失人이요 不可與言而與之言이면 失言이니 知者는 不失人하며 亦不失言이니라

해석 공자께서 말씀하셨다. "더불어 말할만한데도 더불어 말하지 않으면 사람을 잃는 것이요, 더불어 말할만하지 못한데도 더불어 말한다면 말을 잃는 것이니, 지혜로운 자는 사람을 잃지 아니하며 또한 말을 잃지 않는다."

8장
> 子曰 志士仁人은 無求生以害仁이요 有殺身以成仁이니라

해석 공자께서 말씀하셨다. "뜻이 있는 선비(志士)와 덕을 이룬 사람(仁人)은 삶을 구하여 인을 해침은 없고, 몸을 죽여 인을 이루는 경우는 있다."

11장 子曰 人無遠慮면 必有近憂니라

> 해석 공자께서 말씀하셨다. "사람이 원대한 생각이 없으면 반드시 가까운 근심이 있다."

17장 子曰 君子는 義以爲質이요 禮以行之하며 孫以出之하며 信以成之하나니 君子哉라

> 해석 공자께서 말씀하셨다. "군자는 의로써 바탕을 삼고, 예로써 그것을 행하며, 겸손함으로써 그것을 내며, 信으로써 그것을 이루나니, 이것이 군자이다."

20장 子曰 君子는 求諸己요 小人은 求諸人이니라

> 해석 공자께서 말씀하셨다. "군자는 자신에게서 찾고, 소인은 남에게서 찾는다."

21장 子曰 君子는 矜而不爭하고 群而不黨이니라

> 해석 공자께서 말씀하셨다. "군자는 씩씩하되 다투지 않으며, 무리 짓되 편당하지 않는다."

22장 子曰 君子는 不以言擧人하며 不以人廢言이니라

> 해석 공자께서 말씀하셨다. "군자는 말을 잘한다고 해서 그 사람을 들어 쓰지 않으며, 사람이 나쁘다 하여 그의 좋은 말을 버리지 않는다."

23장 子貢 問曰 有一言而可以終身行之者乎잇가 子曰 其恕乎인저 己所不欲을 勿施於人이니라

矜 : 씩씩할 긍

해석) 자공이 말했다. "한 말씀으로 종신토록 행할 만한 것이 있습니까?" 공자께서 말씀하셨다. "아마도 恕일 것이다. 자기가 하고자 하지 않는 것을 남에게 베풀지 말아야 한다."

27장 子曰 衆惡之라도 必察焉하며 衆好之라도 必察焉이니라

해석) 공자께서 말씀하셨다. "여러 사람이 그를 미워하더라도 반드시 살펴보며, 여러 사람이 그를 좋아하더라도 반드시 살펴보아야 한다."

28장 子曰 人能弘道요 非道弘人이니라

해석) 공자께서 말씀하셨다. "사람이 도를 넓히는 것이요, 도가 사람을 넓히는 것은 아니다."

30장 子曰 吾嘗終日不食하고 終夜不寢하야 以思하니 無益이라 不如學也로라

해석) 공자께서 말씀하셨다. "내 일찍이 종일토록 밥을 먹지 않으며 밤새도록 잠을 자지 않고서 생각하니, 유익함이 없었다. 배우는 것만 같지 못 하였다."

31장 子曰 君子는 謀道요 不謀食하나니 耕也에 餒在其中矣요 學也에 祿在其中矣니 君子는 憂道요 不憂貧이니라

해석) 공자께서 말씀하셨다. "군자는 도를 도모하고 먹을 것을 도모하지 않는다. 밭을 갈아도 굶주림이 그 가운데에 있고, 학문을 함에 녹봉이 그 가운데 있는 것이니, 군자는 도를 걱정하고 가난함을 걱정하지 않는다."

32장 子曰 知及之라도 仁不能守之면 雖得之나 必失之니라

해석) 공자께서 말씀하셨다. "지혜가 거기에 미치더라도 인이 능히 그것을 지켜내지 못하면 비록 얻더라도 반드시 잃는다.

餒 : 굶주릴 뇌

知及之하며 仁能守之라도 不莊以涖之면 則民不敬이니라

해석 지혜가 거기에 미치며 인이 능히 그것을 지키더라도 장엄함으로써 백성들에게 임하지 않으면 백성들이 그를 공경하지 않는다.

知及之하며 仁能守之하며 莊以涖之라도 動之不以禮면 未善也니라

해석 지혜가 거기에 미치며 인이 능히 지켜내며 장엄함으로써 백성을 임하더라도 백성을 예로써 움직이지 않는다면, 선하지 못하다."

35장 子曰 當仁하여는 不讓於師니라

해석 공자께서 말씀하셨다. "인을 당하여서는 스승에게도 양보하지 않는다."

38장 子曰 有敎면 無類니라

해석 공자께서 말씀하셨다. "가르침이 있으면 선악의 분류가 없어진다."

39장 子曰 道不同이면 不相爲謀니라

해석 공자께서 말씀하셨다. "도가 같지 않으면 서로 도모하지 말아야 한다."

40장 子曰 辭는 達而已矣니라

해석 공자께서 말씀하셨다. "말은 뜻만 통하면 된다."

涖 : 임할 이

16. 季 氏

洪氏曰 此篇은 或以爲齊論이라
홍씨가 말하였다. "이 편을 혹자는 제나라 『논어』라고 한다."

4장 孔子曰 益者三友요 損者三友니 友直하며 友諒하며 友多聞이면 益矣요 友便辟하며 友善柔하며 友便佞이면 損矣니라

> **해석** 공자께서 말씀하셨다. "유익한 것이 세 가지 벗이요, 손해되는 것이 세 가지 벗이니, 벗이 곧으며, 벗이 성실하며, 벗이 견문이 많으면 유익하고, 벗이 한 쪽만을 잘하며, 벗이 아부만을 잘하며, 벗이 말을 잘하면 손해된다."

5장 孔子曰 益者三樂요 損者三樂요 樂節禮樂하며 樂道人之善하며 樂多賢友면 益矣요 樂驕樂하며 樂佚遊하며 樂宴樂이면 損矣니라

> **해석** 공자께서 말씀하셨다. "유익한 좋아함이 세 가지이고, 손해되는 좋아함이 세 가지이니, 예악을 따르기 좋아하며, 남의 좋은 점을 말하기 좋아하며, 어진 벗이 많음을 좋아하면 유익하고, 교만함과 방종함을 좋아하며, 편안히 노는 것을 좋아하며, 향락에 빠짐을 좋아하면 손해가 된다."

6장 孔子曰 侍於君子에 有三愆하니 言未及之而言을 謂之躁요 言及之而不言을 謂之隱이요 未見顔色而言을 謂之瞽니라

> **해석** 공자께서 말씀하셨다. "군자를 모심에 세 가지 잘못이 있으니, 말을 할 때가 아닌데 말하는 것을 조급하다 이르고, 말을 할 때인데 말하지 않는 것을 숨긴다 이르고, 안색을 보지 않고 말하는 것을 소경이라 이른다."

愆 : 허물 건　躁 : 조급할 조　瞽 : 소경 고

8장 孔子曰 君子 有三畏하니 畏天命하며 畏大人하며 畏聖人之言이니라

해석 공자께서 말씀하셨다. "군자는 세 가지 두려워함이 있으니, 천명을 두려워하며, 대인을 두려워하며, 성인의 말씀을 두려워한다.

小人은 不知天命而不畏也라 狎大人하며 侮聖人之言이니라

해석 소인은 천명을 알지 못하여 두려워하지 않는다. 대인을 함부로 대하며 성인의 말씀을 업신여긴다."

9장 孔子曰 生而知之者는 上也요 學而知之者는 次也요 困而學之는 又其次也니 困而不學이면 民斯爲下矣니라

해석 공자께서 말씀하셨다. "태어나면서 아는 자가 上等이요, 배워서 아는 자가 다음이요, 곤란하여 배우는 자가 또 그 다음이니, 곤란한데도 배우지 않으면 백성으로서 下等이 된다."

10장 孔子曰 君子 有九思하니 視思明하며 聽思聰하며 色思溫하며 貌思恭하며 言思忠하며 事思敬하며 疑思問하며 忿思難하며 見得思義니라

해석 공자께서 말씀하셨다. "군자는 아홉 가지 생각함이 있으니, 봄에는 밝음을 생각하며, 들음에는 귀 밝음을 생각하며, 얼굴빛은 온화함을 생각하며, 모양은 공손함을 생각하며, 말은 충성함을 생각하며, 일은 경건함을 생각하며, 의심스러움은 물음을 생각하며, 분함은 어려움을 생각하며, 얻는 것을 보면 의를 생각한다."

11장 孔子曰 見善如不及하며 見不善如探湯을 吾見其人矣요 吾聞其語矣로라

해석 공자께서 말씀하셨다. "선함을 보거든 미치지 못할 듯이 하며, 불선함을 보거든 끓는 물을 더듬는 것처럼 하는 자를 나는 그러한 사람을 보았고, 그러한 말을 들었노라.

隱居以求其志하며 行義以達其道를 吾聞其語矣요 未見其人也로라

해석 숨어 살면서 그 뜻을 구하고, 의를 행하며 그 도를 행하는 것을 나는 그러한 말만 들었고 그러한 사람을 보지 못하였노라."

13장 陳亢이 問於伯魚曰 子亦有異聞乎아

해석 진항이 백어에게 물었다. "그대는 달리 들은 것이 있는가?"

對曰 未也로라 嘗獨立이어시늘 鯉趨而過庭이러니 曰學詩乎아 對曰未也로이다 不學詩면 無以言이라하여시늘 鯉退而學詩호라

해석 (백어가) 대답했다. "없었다. 일찍이 홀로 서 계실 때에 내가 빨리 걸어서 뜰을 지나는데 '시를 배웠느냐?' 하고 물으시기에 '못하였습니다.' 하고 대답하였더니, '시를 배우지 않으면 말을 할 수 없다.' 하시므로 내가 물러가 시를 배웠노라.

他日에 又獨立이어시늘 鯉趨而過庭이러니 曰學禮乎아 對曰未也로이다 不學禮면 無以立이라하여시늘 鯉退而學禮호라 聞斯二者로라

해석 다른 날에 또 홀로 서 계실 때에 내가 빨리 걸어서 뜰을 지나는데, '예를 배웠느냐?' 하고 물으시기에 '못하였습니다.' 하고 대답하였더니, '예를 배우지 않으면 설 수 없다.' 하시므로 내가 물러나와 예를 배웠노라. 이 두 가지를 들었노라"

陳亢 退而喜曰 問一得三하니 聞詩聞禮하고 又聞君子之遠其子也로라

해석 진항이 물러나와 기뻐하면서 말했다. "하나를 물어서 셋을 들었으니, 시를 듣고 예를 들었으며, 또 군자가 그 아들을 멀리하는 것을 들었노라."

17. 陽貨

1장 陽貨欲見孔子어늘 孔子不見하신대 歸孔子豚이어늘 孔子時其亡而往拜之러시니 遇諸塗하시다

해석 양화가 공자를 만나보고자 하였으나, 공자께서 만나주지 않으시자, 양화가 <공자가 계시지 않은 틈을 엿보아> 공자에게 삶은 돼지를 보내니, 공자께서도 그가 없는 틈을 엿보아 사례하러 가시다가 길에서 마주치셨다.

謂孔子曰來하라 予與爾言하리라 曰懷其寶而迷其邦이 可謂仁乎아 曰不可하다 好從事而亟失時가 可謂知乎아 曰不可하다 日月逝矣라 歲不我與니라 孔子曰諾다 吾將仕矣로리라

해석 공자에게 말하기를 "이리 오시오, 내가 그대와 말을 하겠소. 훌륭한 보배를 품고서 나라를 어지럽게 버려두는 것을 인이라고 할 수 있겠습니까?" 하니, 공자께서 말씀하셨다. "그렇다고 할 수 없습니다." "정치에 종사하기를 좋아하면서 자주 때를 놓치는 것을 지혜롭다 할 수 있겠습니까?" "그렇다고 할 수 없습니다." "해와 달은 가고, 세월은 나를 위하여 기다려 주지 않는 것이오." 공자께서 말씀하셨다. "알겠습니다. 저는 장차 벼슬을 할 것입니다."

2장 子曰 性相近也나 習相遠也니라

해석 공자께서 말씀하셨다. "본성은 서로 비슷하나 습관에 의하여 서로 멀어지는 것이다."

途 : 길 도   逝 : 갈 서

3장 子曰 唯上知與下愚는 不移니라

해석   공자께서 말씀하셨다. "오직 가장 지혜로운 자와 가장 어리석은 자는 변화 시킬 수 없다."

4장 子之武城하사 聞弦歌之聲하시다

해석   공자께서 무성에 가시어 弦樂에 맞추어 부르는 노래 소리를 들으셨다.

夫子 莞爾而笑曰 割鷄에 焉用牛刀리오

해석   공자께서 빙그레 웃으시며 말씀하셨다. "닭을 잡는 데, 어찌 소 잡는 칼을 쓰느냐?"

子游對曰 昔者에 偃也聞諸夫子하니 曰君子學道則愛人이요 小人學道則易使也라호이다

해석   자유가 대답하였다. "예전에 제가 선생님께 들으니 '군자가 도를 배우면 사람을 사랑하고 소인이 도를 배우면 부리기가 쉽다.'하셨습니다."

子曰 二三子아 偃之言이 是也니 前言은 戱之耳니라

해석   공자께서 말씀하셨다. "애들아, 언(자유)의 말이 옳다. 방금 내가 한 말은 농담이니라."

8장 子曰 由也아 女聞六言六蔽矣乎아 對曰未也로이다 居하라 吾語女하리라

해석   공자께서 말씀하셨다. "유야! 너는 여섯 가지 말(六言)과 여섯 가지 폐단(六蔽)을 들어 보았느냐?" (자로가) 대답하였다. "아직 듣지 못하였습니다." "앉거라. 내 너에게 말해 주리라."

莞 : 빙그레 웃을 완   偃 : 쓰러질 언 (여기서는 子游의 이름)

好仁不好學이며 其蔽也愚하고 好知不好學이면 其蔽也蕩하고 好信不好學이면 其蔽也賊하고 好直不好學이면 其蔽也絞하고 好勇不好學이면 其蔽也亂하고 好剛不好學이면 其蔽也狂이니라

해석 (공자께서 말씀하셨다.) "인만 좋아하고 배우기를 좋아하지 않으면 그 폐단이 어리석게 되고, 지혜만 좋아하고 배우기를 좋아하지 않으면 그 폐단이 호탕하게 되고, 믿음만 좋아하고 배우기를 좋아하지 않으면 그 폐단이 해치게 되고, 정직한 것만 좋아하고 배우기를 좋아하지 않으면 그 폐단이 급하게 되고, 용맹만 좋아하고 배우기를 좋아하지 않으면 그 폐단이 어지럽게 되고, 강한 것만 좋아하고 배우기를 좋아하지 않으면 그 폐단이 경솔하게 된다."

9장 子曰 小子는 何莫學夫詩오 詩는 可以興이며 可以觀이며 可以群이며 可以怨이며 邇之事父며 遠之事君이요 多識於鳥獸草木之名이니라

해석 공자께서 말씀하셨다. "너희들은 어찌하여 시를 배우지 아니하느냐? 시는 일으킬 수 있으며, 살필 수 있으며, 무리를 지을 수 있으며, 원망할 수 있으며, 가까이는 어버이를 섬길 수 있게 하며, 멀리는 임금을 섬길 수 있게 하고, 새와 짐승, 풀과 나무의 이름을 많이 알게 한다."

10장 子謂伯魚曰 女爲周南召南矣乎아 人而不爲周南召南이면 其猶正牆面而立也與인저

해석 공자께서 백어에게 말씀하셨다. "너는 「주남」과 「소남」을 배웠느냐? 사람으로서 「주남」과 「소남」을 배우지 않으면 담장을 정면으로 마주하고 서 있는 것과 같다."

12장 子曰 色厲而內荏을 譬諸小人하면 其猶穿窬之盜也與인저

해석 공자께서 말씀하셨다. "얼굴빛은 위엄이 있으면서 마음이 유약한 것을 소인에게 비유하면 벽을 뚫고 담을 넘는 도적과 같을 것이다.

厲: 엄할 려 荏: 유약할 임 穿: 뚫을 천 窬: 넘을 유

13장 子曰 鄕原은 德之賊也니라

해석 공자께서 말씀하셨다. "향원은 덕의 적이다."

14장 子曰 道聽而塗說이면 德之棄也니라

해석 공자께서 말씀하셨다. "길에서 듣고 길에서 말하면 덕을 버리는 것이다."

16장 子曰 古者에 民有三疾이러니 今也에는 或是之亡也로다

해석 공자께서 말씀하셨다. "옛날에는 백성들이 세 가지 병폐가 있었는데 지금에는 그것마저도 없어졌구나!

古之狂也는 肆러니 今之狂也는 蕩이요 古之矜也는 廉이러니 今之矜也는 忿戾요 古之愚也는 直이러니 今之愚也는 詐而已矣로다

해석 옛날의 狂은 작은 예절에 구애하지 않았는데, 지금의 狂은 방탕하기만 하고, 옛날의 矜은 행동에 모가 있었는데, 지금의 矜은 사납기만 하고, 옛날의 어리석은 사람은 정직했는데, 지금의 어리석은 사람은 간사하기만 할 뿐이다."

18장 子曰 惡紫之奪朱也하며 惡鄭聲之亂雅樂也하며 惡利口之覆邦家者하노라

해석 공자께서 말씀하셨다. "나는 자주색이 붉은 색을 빼앗는 것을 미워하며, 정나라의 음악이 바른 음악을 어지럽히는 것을 미워하며, 말 잘하는 입이 나라를 전복시키는 것을 미워한다."

19장 子曰 予欲無言하노라

해석 공자께서 말씀하셨다. "나는 말을 하지 않으려고 한다."

子貢曰 子如不言이시면 則小子何述焉이리잇고

해석 자공이 말했다. "선생님께서 만일 말씀하시지 않으시면 저희들이 어떻게 도를 전하겠습니까?"

子曰 天何言哉시리오 四時行焉하며 百物生焉하나니 天何言哉시리오

해석 공자께서 말씀하셨다. "하늘이 무슨 말씀을 하시는가? 四時가 운행되고 온갖 만물이 생장하는데, 하늘이 무슨 말씀을 하시는가?"

20장 孺悲欲見孔子어늘 孔子辭以疾하시고 將命者 出戶어늘 取瑟而歌하사 使之聞之하시다

해석 유비가 공자를 뵙고자 하였는데, 공자께서는 병이 있다고 거절하시고 명령을 전달하는 자가 문밖으로 나가자, 비파를 가져다 노래를 부르시어 그로 하여금 듣게 하셨다.

25장 子曰 唯女子與小人은 爲難養也니 近之則不孫하고 遠之則怨이니라

해석 공자께서 말씀하셨다. "여자와 소인은 기르기가 어려우니, 가까이 하면 불손하고 멀리 하면 원망한다."

18. 微子

此篇은 多記聖賢之出處라
이 편은 성현의 출처에 대한 기록이 많다.

6장 長沮桀溺이 耦而耕이러니 孔子過之하실새 使子路問津焉하신대

해석 장저와 걸익이 함께 밭을 가는데 공자께서 지나시다가 자로를 시켜 나루를 묻게 하셨다.

長沮曰 夫執輿者爲誰오 子路曰 爲孔丘시니라 曰 是魯孔丘與아 曰 是也시니라 曰 是知津矣니라

해석 장저가 말했다. "저 수레 고삐를 잡고 있는 분이 누구인가?" 하자, 자로가 말했다. "공구(공자)이십니다." "이 분이 노나라의 공구인가?" "그렇습니다." "이 분이 나루를 알 것이다."

問於桀溺한대 桀溺曰 子爲誰오 曰 爲仲由로라 曰 是魯孔丘之徒與아 對曰然하다 曰滔滔者天下皆是也니 而誰以易之리오 且而與其從辟人之士也론 豈若從辟世之士哉리오하고 耰而不輟하더라

해석 걸익에게 물으니, 걸익이 말하기를 "당신은 누구인가?" "중유라 하오." "그대가 바로 노나라 공구의 무리인가?" 자로가 대답했다. "그렇소." 걸익이 말했다. "도도한 것이 천하가 모두 이러하니, 누구와 더불어 바꾸겠는가? 또 그대는 사람을 피하는 선비를 따르는 것이 어찌 세상을 피하는 선비를 따르는 것만 하겠는가?" 하고는 씨앗 덮는 일을 그치지 않았다.

子路行하여 以告한대 夫子憮然曰 鳥獸는 不可與同群이니 吾非斯人之徒與요 而誰與리오 天下有道면 丘不與易也니라

耦: 짝 우   津: 나루 진   滔: 물넘칠 도   耰: 씨를 덮을 우   輟: 그칠 철

> **해석** 자로가 돌아와서 아뢰니, 공자께서 허탈하게 계시다가 말씀하셨다. "새나 짐승과 더불어 무리지어 살 수는 없으니, 내가 사람의 무리와 더불지 않고 누구와 더불겠는가? 천하에 도가 있으면 내 더불어 바꾸려고 하지 않을 것이다."

7장

子路從而後러니 遇丈人以杖荷蓧하여 子路問曰 子見夫子乎아 丈人曰 四體不勤하며 五穀不分하나니 孰爲夫子오하고 植其杖而芸하더라

> **해석** 자로가 따라가다가 뒤쳐져 있었는데, 지팡이로 대바구니를 멘 노인을 만나, 자로가 묻기를 "노인은 우리 선생님을 보셨습니까?" 노인이 말했다. "사지를 부지런히 하지 않고 오곡을 분별하지 못하니, 누구를 선생이라 하는가?" 하고 지팡이를 꽂아 놓고 김을 매었다.

子路拱而立한대 止子路宿하여 殺鷄爲黍而食之하고 見其二子焉이어늘 明日子路行하여 以告한대 子曰隱者也라하시고 使子路反見之러시니 至則行矣러라

> **해석** 자로가 손을 마주잡고 서 있으니, 자로를 머물러 자게하고는 닭을 잡고 기장밥을 지어 먹이고 그의 두 아들을 뵈게 하였다. 다음날 자로가 떠나와서 공자께 아뢰니, 공자께서 말씀하셨다. "은자이다." 하시고, 자로로 하여금 돌아가 만나보게 하셨는데, 도착해 보니 떠나가고 없었다.

子路曰 不仕無義하니 長幼之節을 不可廢也니 君臣之義를 如之何其廢之리오 欲潔其身而亂大倫이로다 君子之仕也는 行其義也니 道之不行은 已知之矣시니라

> **해석** 자로가 말했다. "벼슬하지 않는 것은 의가 없는 것이니, 윗사람과 아랫사람의 예절을 폐할 수 없거늘 임금과 신하의 의를 어떻게 폐할 수 있겠는가? 자기 몸을 깨끗하게 하고자 하여 대륜을 어지럽히는 짓이다. 군자가 벼슬하는 것은 그 의를 행하는 것이니, 도가 행하여지지 못할 것은 이미 알고 계실 것이다."

蓧 : 대삼태기 조　芸 : 김맬 운

19. 子 張

此篇은 皆記弟子之言而子夏爲多하고 子貢次之라 蓋孔門에 自顔子以下는 穎悟莫若子貢하고 自曾子以下는 篤實無若子夏라 故로 特記之詳焉이라

이 편은 모두 제자들의 말을 기록한 것인데. 자하의 말이 많고 자공이 그 다음이다. 공자의 문하에 안자이하로는 영특함이 자공만한 이가 없고, 증자 이하로는 독실함이 자하만한 이가 없다. 그러므로 특별히 자세하게 기록한 것이다.

1장

子張曰 士見危致命하며 見得思義하며 祭思敬하며 喪思哀면 其可已矣니라

해석 자장이 말했다. "선비가 위태로움을 보고 목숨을 바치며, 이익을 보고 의를 생각하며, 제사에 공경함을 생각하며, 상사에 슬픔을 생각한다면 괜찮다."

6장

子夏曰 博學而篤志하며 切問而近思하면 仁在其中矣니라

해석 자하가 말했다. "배우기를 널리 하고 뜻을 독실히 하며, 절실하게 묻고 가까이 <현실에 필요한 것> 생각하면 인이 그 가운데 있다."

8장

子夏曰 小人之過也는 必文이니라

해석 자하가 말했다. "소인들은 허물이 있으면 반드시 꾸며 댄다."

11장

子夏曰 大德이 不踰閑이면 小德은 出入이라도 可也니라

해석 자하가 말했다. "큰 덕이 한계를 넘지 않으면 작은 덕은 출입하여도 괜찮다."

閑 : 울타리 한

21장 子貢曰 君子之過也는 如日月之食焉이라 過也에 人皆見之하고 更也에 人皆仰之니라

> **해석** 자공이 말했다. "군자의 허물은 일식과 월식 같아서 잘못이 있으면 사람들이 모두 볼 수가 있고, 허물을 고쳤을 때에는 사람들이 우러러본다."

23장 叔孫武叔이 語大夫於朝曰 子貢賢於仲尼하니라

> **해석** 숙손무숙이 조정에서 대부들에게 말하기를 "자공이 중니(공자)보다 낫다."

子服景伯이 以告子貢한대 子貢曰 譬之宮牆컨댄 賜之牆也는 及肩이라 窺見室家之好어니와 夫子之牆은 數仞이라 不得其門而入이면 不見宗廟之美와 百官之富니라 得其門者或寡矣니 夫子之云이 不亦宜乎아

> **해석** 자복경백이 자공에게 일러주자, 자공이 말했다. "대궐의 담장에 비유하면 나의 담장은 어깨에 미치기 때문에 집안의 좋은 것들을 들여다 볼 수 있지만, 선생의 담장은 여러 길이다. 그 문을 찾아 들어가지 못하면 종묘의 아름다움과 백관의 많음을 볼 수가 없는 것이다. 그 문을 찾아 얻는 자가 드무니 그분(숙손무숙)의 말씀이 또한 당연하지 않겠는가."

24장 叔孫武叔이 毁仲尼어늘 子貢曰 無以爲也하라 仲尼는 不可毁也니 他人之賢者는 丘陵也라 猶可踰也어니와 仲尼는 日月也라 無得而踰焉이니 人雖欲自絶이나 其何傷於日月乎리오 多見其不知量也로다

> **해석** 숙손무숙이 중니를 헐뜯자, 자공이 말했다. "그러지 말라, 중니는 훼방할 수 없다. 다른 어진 자는 언덕과 같아서 넘을 수 있지만, 중니는 해와 달과 같아 넘을 수 없다. 사람들이 비록 스스로 관계를 끊고자 하여도 어찌 해와 달에 해가 되겠는가? 다만 자기의 분수를 알지 못함을 보일 뿐이다."

牆 : 담 장   仞 : 길(길이의 단위) 인

20. 堯曰

2장
子張問於孔子曰何如 斯可以從政矣니잇고 子曰 尊五美하며 屛四惡이면 可以從政矣리라

해석 자장이 공자께 물었다. "어떻게 해야 정사에 종사할 수 있습니까?" 공자께서 말씀하셨다. "다섯 가지 아름다움을 높이고 네 가지 나쁜 것을 물리치면 정사에 종사할 수 있다."하고 대답하셨다.

子張曰 何謂五美니잇고 子曰 君子는 惠而不費하며 勞而不怨하며 欲而不貪하며 泰而不驕하며 威而不猛이니라

해석 자장이 말했다. "무엇을 다섯 가지 아름다움이라고 말합니까?" 공자께서 말씀하셨다. "군자는 은혜롭되 허비하지 않으며, 수고롭게 하되 원망을 받지 않으며, 하고자 하면서도 탐하지 않으며, 태연하면서도 교만하지 않으며, 위엄스러우면서도 사납지 않는 것이다."

子張曰 何謂惠而不費니잇고 子曰 因民之所利而利之니 斯不亦惠而不費乎아 擇可勞而勞之어니 又誰怨이리오 欲仁而得仁이어니 又焉貪이리오 君子 無衆寡하며 無小大히 無敢慢하나니 斯不亦泰而不驕乎아 君子 正其衣冠하며 尊其瞻視하여 儼然人望而畏之하나니 斯不亦威而不猛乎아

해석 자장이 말했다. "무엇을 은혜롭되 허비하지 않는 것이라 합니까?" 공자께서 말씀하셨다. "백성들이 이롭게 여기는 것을 인하여 이롭게 해주니, 이 은혜롭되 허비하지 않는 것이 아니겠는가. 수고롭게 할 만한 일을 선택하여 수고롭게 하니, 또 누가 원망하겠는가. 인을 하고자 하여 인을 얻으니 또 무엇을 탐하겠는가. 군자는 많거나 적거나 크거나 작거나에 관계없이 감히 교만함이 없으니, 이 태연하면서도 교만하지 않는 것이 아니겠는가. 군자는 의관은 바르게 하며 봄을 존엄히 하여 엄숙해서 사람들이 바라보고 스스로 두려워하니, 이 위엄스러우면서도 사납지 않은 것이 아니겠는가."

> 子張曰 何謂四惡이니잇고 子曰 不敎而殺을 謂之虐이요 不戒視成을 謂之暴요 慢令致期를 謂之賊이요 猶之與人也로되 出納之吝을 謂之有司니라

해석 자장이 말했다. "무엇을 네 가지 나쁜 것이라 합니까?" 공자께서 말씀하셨다. "미리 가르치지 않고 죽이는 것을 殘虐이라 하고, 미리 경계하지 않고 성공을 책하는 것을 亂暴하다 하고, 명령을 태만히 하고 기일을 각박히 하는 것을 賊이라 하고, 똑같이 남에게 주면서도 출납할 때에 인색하게 하는 것을 有司라고 한다."

3장
> 子曰 不知命이면 無以爲君子也요 不知禮면 無以立也요 不知言이면 無以知人也니라

해석 공자께서 말씀하셨다. "命을 알지 못하면 군자가 될 수 없으며, 예를 알지 못하면 설 수 없으며, 말을 알지 못하면 사람을 알 수 없다."

Ⅱ. 孟子

(抄錄)

序 言

　《孟子》는 전국시대의 사상가 맹자(孟子)의 어록이다.

　맹자(孟子)의 이름은 가(軻), 자(字)는 자여(子輿)이다. 어려서 어머니의 남다른 교육적 관심아래에서 성장하였는데, 맹모삼천(孟母三遷)·맹모단기(孟母斷機)등의 일화가 유명하다. 공자의 손자인 자사(子思)의 문인에게서 수업을 받았다고 《사기(史記)》에 전해지고 있지만 생졸년을 추론해보면 타당성이 떨어진다. 맹자는 자사(子思)와 공자의 제자인 증삼(曾參)의 뒤를 이어 공자의 사상을 계승 발전시켰다. 그는 공자의 덕치(德治)사상을 발전시켜 인정(仁政)을 제창했으며, 그 이론적 근거로 성선설(性善說)을 주장하였다. 맹자는 자신이 제창한 이상적인 정치를 실현하기위해 제(齊)나라와 양(梁)나라 등을 찾아가 당시의 군주를 설득하였으나 실패하였다.

　《孟子》는 맹자가 은퇴한 뒤 만장(萬章) 등의 제자와 함께 지은 것이라는 설이 있으나, 맹자가 죽은 뒤 제자들이 기록과 기억을 토대로 모아서 엮었다는 설이 정설로 받아들여지고 있다. 예부터 '맹자를 배우면 말을 잘하게 된다.'는 말이 있을 정도로 맹자가 상대방을 설득하는 장면은 기상천외한 비유와 논리로 가득하다. 특히 고자(告子)와 성선(性善)·성악(性惡)을 두고 벌인 논쟁은 유명하다.

　《孟子》는 총 7편 14장으로 구성되어있다.

　본서(本書)는 한자·한문지도사 특급 자격시험의 출제경향에 맞추어 《孟子》 중에서 수험생이 꼭 학습해야할 중요한 내용만 발췌하여 편집한 것임을 밝힌다.

1. 梁惠王章句上

1장

> 孟子見梁惠王하신대

해석 맹자께서 양혜왕을 뵈셨다.

> 王曰 叟不遠千里而來하시니 亦將有以利吾國乎잇가

해석 왕이 말했다. "노인께서 천리를 멀게 여기지 않고 오셨으니, 또한 장차 나의 나라를 이롭게 함이 있겠습니까?"

> 孟子對曰 王은 何必曰利잇고 亦有仁義而已矣니이다

해석 맹자께서 대답하셨다. "왕께선 하필이면 이익을 말씀하십니까? 또한 인과 의가 있을 뿐입니다.

> 王曰何以利吾國고하시면 大夫曰何以利吾家고하며 士庶人曰何以利吾身고하여 上下交征利면 而國危矣리니 萬乘之國에 弑其君者는 必千乘之家요 千乘之國에 弑其君者는 必百乘之家니 萬取千焉하며 千取百焉이 不爲不多矣언만는 苟爲後義而先利면 不奪하여는 不饜이니이다

해석 왕께서 어떻게 하면 내 나라를 이롭게 할까 하시면 대부들이 어떻게 하면 내 집안을 이롭게 할까하며, 사(士)와 서인들이 어떻게 하면 내 몸을 이롭게 할까하여, 윗사람과 아랫사람이 서로 이익을 취하면 나라가 위태로울 것입니다. 만승의 나라에서 그 군주를 시해하는 자는 반드시 천승의 나라이고, 천승의 나라에서 그 군주를 시해하는 자는 반드시 백승의 집안이니, 만승에서 천승을 취하며 천승에서 백승을 취하는 것이 많지 않은 것은 아니지만, 만약 의를 뒤로 하고 이익을 먼저 한다면, <모두> 빼앗지 않으면 만족하지 못할 것입니다.

叟 : 늙은이 수

> 未有仁而遺其親者也며 未有義而後其君者也니이다 王은 亦曰仁義而已矣시니 何必曰利잇고

해석 인하고서 그 어버이를 버리는 자는 있지 않으며, 의롭고서 그 군주를 뒤로 하는 자는 있지 않습니다. 왕께서는 또한 인과 의를 말씀하실 따름이니, 하필 이익을 말씀하십니까?"

2장
> 孟子見梁惠王하신대 王立於沼上이러니 顧鴻鴈麋鹿曰賢者亦樂此乎잇가

해석 맹자께서 양혜왕을 뵈셨다. 왕께서 못가에 서계셨는데 기러기와 사슴을 돌아보고 말씀하셨다. "현자도 또한 이런 것을 즐기십니까?"

> 孟子對曰 賢者而後에 樂此니 不賢者는 雖有此나 不樂也니이다

해석 맹자께서 대답하셨다. "현자인 뒤에야 이를 즐길 수 있습니다. 어질지 않은 자는 비록 이런 것이 있어도 즐기지 못합니다.

> 詩云 經始靈臺하여 經之營之하시니 庶民攻之라 不日成之로다 經始勿亟하시니 庶民子來로다 王在靈囿하시니 麀鹿攸伏이로다 麀鹿濯濯이어늘 白鳥鶴鶴이로다 王在靈沼하시니 於牣魚躍이라하니 文王이 以民力爲臺爲沼하시나 而民歡樂之하여 謂其臺曰靈臺라하고 謂其沼曰靈沼라하여 樂其有麋鹿魚鼈하니 古之人이 與民偕樂이라 故로 能樂也니이다

해석 『시경』에 이르기를 '영대를 처음으로 경영하여 그것을 헤아리고 도모하시니, 서민들이 와서 일하는지라 하루가 못되어 완성되었도다. 짓기를 급히 하지 말라고 하셨으나 서민들은 아들이 아버지 일에 달려오듯이 하도다. 왕이 영유에 계시니, 사슴들이 그 곳에 가만히 엎드려 있도다. 사슴들은 윤택하게 살이 찌고 백조들은 하얗고 깨끗하도다. 왕께서 영소에 계시니, 아! 가득히 고기들이 뛰논다.' 하였으니, 문왕이 백성의 힘을 이용하여 대를 만들고 못을 만들었으나, 백성들이 그것을 즐거워하여 그 대를 영대라 하고 그 못을 영소라 하여, 그가 사슴과 물고기와 자라를 소유함을 좋아하였으니, 옛사람들은 백성과 함께 즐겼기 때문에 능히 즐길 수 있었던 것입니다.

鴻: 큰기러기 홍 麋: 큰사슴 미 囿: 동산 유 麀: 암사슴 우 沼: 늪 소 於: 감탄할 오 牣: 찰 인 鼈: 자라 별
偕: 함께 해

湯誓曰 時日은 害喪고 予及女로 偕亡이라하니 民欲與之偕亡이면 雖有臺池鳥獸나 豈能獨樂哉리잇고

해석 「탕서」에 이르기를 '이 태양은 언제나 없어질고? 내 너와 함께 망하리라.' 하였으니, 백성들이 그와 함께 망하고자 한다면, 비록 대와 못과 짐승들이 있으나 어찌 홀로 즐길 수 있겠습니까?"

3장

梁惠王曰 寡人之於國也에 盡心焉耳矣로니 河內凶이어든 則移其民於河東하고 移其粟於河內하며 河東凶이어든 亦然하노니 察隣國之政한대 無如寡人之用心者로되 隣國之民이 不加少하며 寡人之民이 不加多는 何也잇고

해석 양혜왕이 말했다. "과인은 나라에 마음을 다하고 있습니다. 하내지방에 흉년이 들거든 그 백성을 하동지방으로 이주시키고, 그 곡식을 하내지방으로 옮기며, 하동지방에 흉년이 들거든 또한 그렇게 하고 있습니다. 이웃나라의 정사를 살펴보아도 과인이 마음을 쓰는 것과 같이 하는 자가 없는데도 이웃나라의 백성이 더 적어지지 않으며, 과인의 백성이 더 많아지지 않음은 어째서입니까?"

孟子對曰 王好戰하시니 請以戰喩하리이다 塡然鼓之하여 兵刃旣接이어든 棄甲曳兵而走하되 或百步而後止하며 或五十步而後止하여 以五十步로 笑百步면 則何如하니잇고 曰 不可하니 直不百步耳언정 是亦走也니이다 曰 王如知此시면 則無望民之多於隣國也하소서

해석 맹자께서 대답하셨다. "왕께서 전쟁을 좋아하시니 청컨대 전쟁으로 비유하겠습니다. 둥둥 북을 쳐서 병기와 칼날이 이미 접하였는데 갑옷을 버리고 병기를 끌면서 달아나되, 어떤 자는 백 보를 달아난 뒤에 멈추며, 어떤 자는 오십 보를 달아난 뒤에 멈추어서, 오십 보를 달아났다고 백 보 달아난 자를 비웃으면 어떻습니까?" 왕이 말했다. "옳지 않으니, 단지 백 보가 아닐 뿐이 또한 달아난 것입니다." 맹자께서 말씀하셨다. "왕께서 만일 이것을 아신다면 백성이 이웃나라보다 많기를 바라지 마소서.

害 : 어찌 갈   塡 : 북소리 전   曳 : 끌 예   兵 : 병기 병

不違農時면 穀不可勝食也며 數罟를 不入洿池면 魚鼈을 不可勝食也며 斧斤을 以時入山林이면 材木을 不可勝用也니 穀與魚鼈을 不可勝食하며 材木을 不可勝用이면 是는 使民養生喪死에 無憾也니 養生喪死에 無憾이 王道之始也니라

해석 농사철을 놓치지 않으면 곡식을 이루 다 먹을 수 없으며, 촘촘한 그물을 웅덩이와 연못에 넣지 않으면 물고기와 자라를 이루 다 먹을 수 없으며, 도끼와 자귀를 때에 맞게 산림에 들이면 재목을 이루 다 쓸 수 없을 것입니다. 곡식과 물고기와 자라를 이루 다 먹을 수 없으며, 재목을 이루 다 쓸 수 없으면, 이는 백성으로 하여금 산 사람을 봉양하고 죽은 사람을 장사지냄에 유감이 없게 하는 것이니, 산 사람을 봉양하고 죽은 사람을 장사지냄에 유감이 없게 하는 것이 왕도의 시작입니다.

五畝之宅에 樹之以桑이면 五十者可以衣帛矣며 鷄豚狗彘之畜을 無失其時면 七十者可以食肉矣며 百畝之田을 勿奪其時면 數口之家可以無飢矣며 謹庠序之敎하여 申之以孝悌之義면 頒白者不負戴於道路矣리니 七十者衣帛食肉하며 黎民이 不飢不寒이요 然而不王者未之有也니이다

해석 5묘의 집 가장자리에 뽕나무를 심으면 50세 된 자가 비단옷을 입을 수 있으며, 닭과 큰 돼지, 개와 돼지 따위를 기름에 새끼 칠 때를 잃지 않으면 70세 된 자가 고기를 먹을 수 있으며, 100묘의 토지에 농사철을 빼앗지 않는다면 몇 식구의 집안이 굶주림이 없을 수 있으며, 상과 서의 가르침을 삼가서 효도와 공경의 의리로써 거듭한다면, 머리가 희끗희끗한 자가 길에서 짐을 지거나 이지 않을 것입니다. 70세 된 자가 비단옷을 입고 고기를 먹으며, 젊은 백성들이 굶주리지 않고 춥지 않게 하고서도 왕 노릇 하지 못하는 자는 있지 않습니다.

狗彘食人食而不知檢하며 塗有餓莩而不知發하고 人死어든 則曰 非我也라 歲也라하나니 是何異於刺人而殺之曰 非我也라 兵也리오 王無罪歲하시면 斯天下之民이 至焉하리이다

數 : 빽빽할 촉　罟 : 그물 고　洿 : 웅덩이 오　憾 : 한할 감　彘 : 돼지 체　庠 : 학교이름 상　頒 : 반쯤셀 반(斑과 통용)
莩 : 굶어죽을 표

해석 개와 돼지가 사람이 먹을 양식을 먹는데도 단속할 줄 모르며, 길에 굶어 죽은 시체가 있어도 창고를 열 줄 모르고, 사람들이 죽으면 말하기를 '내가 그렇게 한 것이 아니다, 한해의 작황 때문이다.' 라고 하니, 이것이 사람을 찔러 죽이고 말하기를 '내가 그렇게 한 것이 아니오, 병기 때문이다.'라고 말하는 것과 무엇이 다르겠습니까? 왕께서 한해의 작황 탓으로 죄를 돌리지 않으시면 이 천하의 백성들이 이를 것입니다."

4장

梁惠王曰 寡人이 願安承敎하노이다

해석 양혜왕이 말했다. "과인은 마음을 편안히 해서 가르침을 받고자 합니다."

孟子對曰 殺人以梃與刃이 有以異乎잇가 曰 無以異也니이다

해석 맹자께서 대답하셨다. "사람을 죽이는 것을 몽둥이로 하는 것과 칼날로 하는 것이 차이가 있습니까?" 왕이 말했다. "차이가 없습니다."

以刃與政이 有以異乎잇가 曰 無以異也니이다

해석 "칼날로 하는 것과 정사로 하는 것이 차이가 있습니까?" 왕이 말했다. "차이가 없습니다."

曰 庖有肥肉하며 廐有肥馬요 民有飢色하며 野有餓莩면 此는 率獸而食人也니이다

해석 맹자께서 말씀하셨다. "푸줏간에는 살찐 고기가 있고, 마구간에는 살찐 말이 있으면서, 백성들은 굶주린 기색이 있고, 들에는 굶어 죽은 시체가 있다면, 이것은 짐승을 몰아서 사람을 잡아먹게 한 것입니다.

獸相食을 且人惡之하나니 爲民父母하야 行政하되 不免於率獸而食人이면 惡在其爲民父母也리잇고

해석 짐승끼리 서로 잡아먹는 것도 또한 사람들이 미워하는데, 백성의 부모가 되어 정사를 행하되 짐승을 몰아 사람을 잡아먹는 것을 면하게 못한다면 백성의 부모 됨이 어디에 있겠습니까?

梃 : 몽둥이 정

仲尼曰 始作俑者는 其無後乎인저하시니 爲其象人而用之也시니 如之何其使斯民飢而死也리잇고

해석 중니께서 말씀하시기를 '처음으로 허수아비를 만든 자는 아마 그 후손이 없을 것이다.' 하셨으니, 사람을 형상하여 <장례에> 사용하였기 때문입니다. 어찌하여 이 백성으로 하여금 굶어 죽게 한단 말입니까?"

5장 梁惠王曰 晉國이 天下莫強焉은 叟之所知也라 及寡人之身하여 東敗於齊에 長子死焉하고 西喪地於秦七百里하고 南辱於楚하니 寡人恥之하여 願比死者하여 一洒之하노니 如之何則可니잇고

해석 양혜왕이 말했다. "우리 진나라가 천하에 막강함은 노인께서도 아시는 바입니다. 그러나 과인의 몸에 이르러 동쪽으로 제나라에서 패전함에 큰아들이 전사하였고, 서쪽으로는 진나라에게 땅을 7백리를 잃었고, 남쪽으로는 초나라에게 모욕을 당하였습니다. 과인은 그것을 부끄러워하여 전사한 자들을 위해서 한번 설욕하기를 원하오니, 어떻게 하면 되겠습니까?"

孟子對曰 地方百里而可以王이니이다

해석 맹자께서 대답하셨다. "땅이 백리만 되어도 왕 노릇 할 수 있습니다.

王如施仁政於民하사 省刑罰하시며 薄稅斂하시면 深耕易耨하고 壯者以暇日로 修其孝悌忠信하여 入以事其父兄하고 出以事其長上하리니 可使制梃하여 以撻秦楚之堅甲利兵矣리이다

해석 왕께서 만일 백성에게 어진 정사를 베푸시어, 형벌을 줄이고, 세금 거둠을 적게 하신다면, 깊이 밭 갈고 잘 김매고, 장성한 자들은 여가를 이용하여 효제와 충신을 닦아서, 들어가서는 어버이와 형을 섬기며 나가서는 윗사람을 섬길 것이니, 그들로 하여금 몽둥이를 만들어 진나라와 초나라의 견고한 갑옷과 예리한 병기를 매질하게 할 수 있을 것입니다.

俑: 허수아비 용 比: 위할 비 易: 다스릴 이 耨: 김맬 누 撻: 종아리 칠 달

> 故曰仁者無敵이라하니 王請勿疑하소서

해석 그러므로, '인자는 대적할 사람이 없다.' 하니, 왕께서는 청컨대 의심하지 마소서."

6장 > 出語人曰 望之不似人君이요 就之而不見所畏焉이러니 卒然問曰 天下惡乎定고하여늘 吾對曰 定于一이라호라 孰能一之오하여늘 對曰 不嗜殺人者能一之라호라 孰能與之하여늘

해석 <맹자께서 양양왕을 만나보시고> 나와서 사람들에게 말씀하셨다. "바라보니 임금 같지 않고, 앞으로 나아가도 두려워할만한 것을 발견하지 못하였는데, 갑자기 묻기를 '천하가 어디에 정해지겠습니까?' 하거늘, 내가 대답하였다. "한 곳에 정해질 것입니다." "누가 능히 통일시키겠습니까?" 대답하였다. "사람 죽이기를 좋아하지 않는 자가 능히 통일 할 수 있습니다." "누가 능히 그에게 돌아가겠습니까?" 물으시거늘

> 對曰 天下莫不與也니 王은 知夫苗乎잇가 七八月之間에 旱이면 則苗槁矣라가 天油然作雲하여 沛然下雨이면 則苗浡然興之矣나니 其如是면 孰能禦之리오 今夫天下之人牧이 未有不嗜殺人者也니 如有不嗜殺人者면 則天下之民이 皆引領而望之矣리니 誠如是也면 民歸之가 由水之就下하리니 沛然을 誰能禦之리오호라

해석 맹자가 대답하였다. '천하 사람들이 <그에게> 돌아가지 않는 이가 없을 것이니, 왕은 저 벼싹을 아십니까? 7, 8월 사이에 날씨가 가물면 벼싹이 마르다가 하늘이 뭉게뭉게 구름을 일으켜 세차게 비를 내리면 벼싹이 쑥쑥 자라납니다. 이와 같으면 누가 그것을 막을 수 있겠습니까? 지금 천하의 군주들이 사람 죽이기를 좋아하지 않는 자가 없으니, 만일 사람 죽이기를 좋아하지 않는 자가 있으면 천하의 백성들이 모두 목을 늘이고 바라볼 것입니다. 진실로 이와 같다면 백성들이 그에게 돌아가는 것이 물이 아래로 내려가는 것과 같을 것이니, 세찬 기세를 누가 막을 수 있겠습니까?"

油 : 구름일 유 沛 : 물쏟아질 패 領 : 목 령

7장

齊宣王 問曰 齊桓晉文之事를 可得聞乎잇가

해석 제선왕이 물었다. "제환공과 진문공의 일을 들을 수 있겠습니까?"

孟子對曰 仲尼之徒는 無道桓文之事者라 是以로 後世無傳焉하여 臣未之聞也로니 無以則王乎인저

해석 맹자께서 대답하셨다. "공자의 문인들은 제환공과 진문공의 일을 말한 자가 없습니다. 이 때문에 후세에 전해진 것이 없어, 제가 아직 듣지 못했습니다. 그만두지 말라고 하신다면 왕도에 대해서 말하겠습니다."

曰 德何如면 則可以王矣리잇고 曰 保民而王이면 莫之能禦也리이다

해석 왕이 말했다. "덕이 어떠하면 왕 노릇 할 수 있습니까?" 맹자께서 말씀하셨다. "백성을 보호하고 왕 노릇하면 그것을 막을 자가 없습니다."

曰 若寡人者도 可以保民乎哉잇가 曰 可하니이다 曰 何由로 知吾可也잇고 曰 臣聞之胡齕하니 曰 王坐於堂上이어시늘 有牽牛而過堂下者러니 王見之하시고 曰 牛何之오 對曰 將以釁鍾이니이다 王曰 舍之하라 吾不忍其觳觫若無罪而就死地하노라 對曰 然則廢釁鍾與잇가 曰 何可廢也리오 以羊易之라하니 不識케이다 有諸잇가

해석 왕이 말했다. "과인과 같은 자도 백성을 보호할 수 있습니까?" "가능합니다." "무슨 이유로 제가 가능한 것을 아십니까?" "제가 호흘에게 들으니 '왕께서 당상에 앉아 계시는데, 소를 끌고 당 아래로 지나가는 자가 있었습니다. 왕께서 그것을 보시고 [소가 어디로 가는가?]하고 물으시자, 대답하기를 [종의 틈을 바르는 데 쓸 것입니다.]하였습니다. 왕께서 [놓아주어라. 나는 그것이 벌벌 떨며 죄 없이 사지로 나가는 것을 차마 보지 못하겠다.]하시니, 대답하기를 [그렇다면 흔종(釁鍾)을 폐지하시겠습니까?] [어찌 폐지할 수 있겠는가? 양으로 바꾸어 쓰라.]하셨다.' 합니다. 모르겠습니다. 그러한 일이 있었습니까?"

齕 : 깨물 흘   釁 : 틈 흔   觳 : 두려울 곡   觫 : 두려울 속

> 曰 有之하니이다 曰 是心이 足以王矣리이다 百姓은 皆以王爲愛也어니와 臣은 固知王之不忍也하노이다.

해석 왕이 말했다. "그런 일이 있었습니다." "이러한 마음이 왕 노릇하기에 충분합니다. 백성들은 모두 왕께서 재물을 아꼈다고 여기겠지만, 저는 진실로 왕의 차마 하지 못하심을 알고 있습니다."

> 王曰 然하다 誠有百姓者로다마는 齊國이 雖褊小나 吾何愛一牛리오 卽不忍其觳觫若無罪而就死地라 故로 以羊易之也니이다

해석 왕이 말했다. "그렇습니다. 진실로 그렇게 말하는 백성들이 있겠습니다마는 제나라가 비록 좁고 작으나 내 어찌 한 마리 소를 아끼겠습니까? 이는 벌벌 떨며 죄 없이 사지로 나가는 것을 차마 볼 수 없었기 때문입니다. 그러므로 양으로 바꾸게 한 것입니다."

> 曰 王無異於百姓之以王爲愛也하소서 以小易大어니 彼惡知之리잇고 王若隱其無罪而就死地면 則牛羊을 何擇焉이리잇고 王笑曰 是誠何心哉런고 我非愛其財而易之以羊也언마는 宜乎百姓之謂我愛也로다

해석 맹자께서 말씀하셨다. "왕께선 백성들이 왕이 재물을 아낀다고 생각하는 것을 이상하게 여기지 마십시오. 작은 것으로 큰 것과 바꾸었으니, 저들이 어찌 그것을 알겠습니까? 왕께서 만일 그 죄 없이 사지로 나가는 것을 측은히 여기셨다면 소와 양을 어떻게 가리셨겠습니까?" 왕이 웃으며 말했다. "이것이 참으로 무슨 마음인가? 내가 재물을 아껴서 양으로 바꾸게 한 것이 아닌데 백성들이 나더러 재물을 아꼈다고 말하는 것이 당연하겠구나!"

> 曰 無傷也라 是乃仁術也니 見牛코 未見羊也일새니이다 君子之於禽獸也에 見其生하고 不忍見其死하며 聞其聲하고 不忍食其肉하나니 是以로 君子遠庖廚也니이다

해석 맹자께서 말씀하셨다. "근심하실 것 없습니다. 이것이 곧 인을 하는 방법이니, 소는 보았고 양은 보지 못하였기 때문입니다. 군자가 금수에 대해 산 것

愛 : 아낄 애   褊 : 좁을 편   惡 : 어찌 오   庖 : 푸주간 포

을 보고서는 차마 그 죽은 것을 보지 못하며, 그 소리를 듣고서는 차마 그 고기를 먹지 못합니다. 이 때문에 군자는 푸줏간을 멀리하는 것입니다."

> 王說曰 詩云 他人有心을 予忖度之라하니 夫子之謂也로소이다 夫我乃行之하고 反而求之하되 不得吾心이러니 夫子言之하시니 於我心에 有戚戚焉하여이다 此心之所以合於王者는 何也잇고

해석 왕이 기뻐하며 말했다. "『시경』에 이르기를 '다른 사람이 가지고 있는 마음을 내가 헤아린다.' 하니, 선생을 이르는 것입니다. 내가 마침내 행하고 돌이켜 <그 뜻을> 찾았으나 내 마음을 알지 못하였는데, 선생께서 말씀해 주시니, 내 마음에 감동이 일었습니다. 이 마음이 왕도에 부합하는 까닭은 무엇입니까?"

> 曰 有復於王者曰 吾力足以擧百鈞이로되 而不足以擧一羽하며 明足以察秋毫之末이로되 而不見輿薪이라하면 則王許之乎잇가 曰 否라 今에 恩足以及禽獸로되 而功不至於百姓者는 獨何與잇고 然則一羽之不擧는 爲不用力焉이며 輿薪之不見은 爲不用明焉이며 百姓之不見保는 爲不用恩焉이니 故로 王之不王은 不爲也언정 非不能也니이다

해석 맹자께서 말씀하셨다. "왕에게 아뢰는 자가 말하기를, '내 힘은 충분히 백균을 들 수 있지만 깃털 하나는 들 수 없으며, 시력은 가는 짐승의 털끝을 살필 수 있지만 수레에 실은 땔나무는 볼 수 없다.'고 한다면 왕은 그것을 인정하시겠습니까?" 왕이 말했다. "못합니다." "지금 은혜가 충분히 금수까지 미치되 공적이 백성에게 이르지 않는 것은 유독 어째서입니까? 그렇다면 깃털 하나를 들지 못하는 것은 힘을 쓰지 않기 때문이며, 땔나무를 보지 못하는 것은 시력을 쓰지 않기 때문이며, 백성들이 보호를 받지 못하는 것은 은혜를 쓰지 않기 때문입니다. 그러므로 왕께서 왕 노릇 하지 못하는 것은 하지 않는 것이지 할 수 없는 것이 아닙니다."

> 曰 不爲者와 與不能者之形이 何以異잇고 曰 挾太山하여 以超北海를 語人曰我不能이라하면 是는 誠不能也어니와 爲長者折枝를 語人曰我不能이라하면 是는 不爲也언정 非不能也니 故로 王之不王은 非挾太山以超北海之類也라 王之不王은 是折枝之類也니이다

忖 : 헤아릴 촌   戚 : 가슴뭉클할 척   鈞 : 무게 균   輿 : 수레 여   薪 : 섶 신

해석 왕이 말했다. "하지 않는 것과 할 수 없는 것의 형상이 어떻게 다릅니까?" 맹자께서 대답하셨다. "태산을 옆에 끼고 북해를 뛰어넘는 것을 사람들에게 말하기를, '나는 할 수 없다' 한다면 이것은 진실로 할 수 없는 것이지만, 어른을 위하여 나뭇가지 꺾는 것을 사람들에게 말하기를 '나는 할 수 없다.'고 한다면 이것은 하지 않는 것이지 할 수 없는 것이 아닙니다. 그러므로 왕께서 왕 노릇 하지 못하심은 태산을 끼고 북해를 뛰어넘는 종류가 아닙니다. 왕께서 왕 노릇 하지 못하심은 바로 나뭇가지를 꺾는 것과 같은 종류입니다.

> 權然後에 知輕重하며 度然後에 知長短이니 物皆然이어니와 心爲甚하니 王請度之하소서 抑王은 興甲兵하며 危士臣하여 構怨於諸侯然後에 快於心與잇가

해석 저울질 한 뒤에야 가볍고 무거움을 알며, 재본 뒤에야 길고 짧음을 알 수 있습니다. 사물이 모두 그러하거니와 그 중에 마음이 유독 심하니, 왕은 청컨대 그것을 헤아리소서. 아니면 왕께서는 전쟁을 일으키며 군사와 신하들을 위태롭게 하여 제후들과 원한을 맺은 뒤에야 마음에 쾌하시겠습니까?"

> 王曰 否라 吾何快於是리오 將以求吾所大欲也로이다

해석 왕이 말했다. "아닙니다. 내가 어찌 이것을 쾌하게 여기겠습니까? 장차 내가 크게 하고자 하는 바를 구해서입니다."

> 曰 王之所大欲을 可得聞與잇가 王笑而不言하신대 曰 爲肥甘不足於口與며 輕煖不足於體與잇가 抑爲采色不足視於目與며 聲音不足聽於耳與며 便嬖不足使令於前與잇가 王之諸臣이 皆足以供之하나니 而王豈爲是哉시리잇고 曰 否라 吾不爲是也로이다 曰 然則王之所大欲을 可知已니 欲辟土地하며 朝秦楚하여 莅中國而撫四夷也로소이다 以若所爲로 求若所欲이면 猶緣木而求魚也니이다

해석 맹자께서 말씀하셨다. "왕께서 크게 하고자 하시는 바를 들을 수 있겠습니까?" 왕이 웃으면서 말씀하지 않자, 맹자께서 말씀하셨다. "살찌고 단 음식이 입에 부족해서 입니까? 가볍고 따뜻한 옷이 몸에 부족해서 입니까? 아니면

抑 : 대저(여기서는 '그렇지 않다면'의 뜻) 억   嬖 : 사랑할 폐   撫 : 어루만질 무

채색을 눈으로 보기에 부족하며, 아름다운 음악을 귀로 듣기에 부족하며, 친숙하고 총애하는 사람들을 앞에서 부림이 부족해서 입니까? 왕의 여러 신하들이 모두 충분히 그것을 공급하니, 왕이 어찌 이 때문이시겠습니까?" 왕이 말했다. "아닙니다. 나는 이 때문이 아닙니다." 맹자께서 말씀하셨다. "그렇다면 왕이 크게 하고자 하시는 바를 알 수 있겠습니다. 토지를 개척하며, 진나라와 초나라에게 조회를 받아 나라 가운데에 임하여 사방의 오랑캐들을 어루만지고자 하시는 것입니다. 이와 같은 소행으로써 이와 같이 하고자 하는 바를 구하신다면 나무에 올라가서 물고기를 구하는 것과 같습니다.

今王이 發政施仁하사 使天下仕者로 皆欲立於王之朝하며 耕者로 皆欲耕於王之野하며 商賈(고)로 皆欲藏於王之市하며 行旅로 皆欲出於王之塗하시면 天下之欲疾其君者 皆欲赴愬於王하리니 其如是면 孰能禦之리잇고

해석 지금 왕께서 훌륭한 정사를 펴고 인을 베푸시어 천하에 벼슬하는 자들로 하여금 모두 왕의 조정에서 벼슬하고자 하게하며, 경작하는 자들로 하여금 모두 왕의 들에서 경작하고자 하게하며, 장사꾼들로 하여금 모두 왕의 시장에 물건을 저장하고자 하게하며, 여행하는 자들로 하여금 모두 왕의 길에 나아가고자 하게 한다면, 천하에 자기의 군주를 미워하는 자들이 모두 왕에게 달려와 하소연하고자 할 것이니, 이와 같으면 누가 막을 수 있겠습니까?"

王曰 吾惛하여 不能進於是矣로니 願夫子는 輔吾志하여 明以敎我하소서 我雖不敏이나 請嘗試之하리이다 曰 無恒産而有恒心者는 惟士爲能이어니와 若民則無恒産이면 因無恒心이니 苟無恒心이면 放辟邪侈를 無不爲已니 及陷於罪然後에 從而刑之면 是는 罔民也라 焉有仁人在位하여 罔民을 而可爲也리오

해석 왕이 말했다. "나는 어두워서 이것에 나아갈 수 없으니, 원컨대 선생께서는 나의 뜻을 도와서 밝게 나를 가르쳐 주시오. 내가 비록 어리석지만 한 번 시험해 보겠습니다." 맹자께서 말씀하셨다. "떳떳한 생업이 없어도 떳떳한 마음을 가지는 것은 오직 선비만이 할 수 있습니다. 백성으로 말하면 떳떳한 생업이 없으면 인하여 떳떳한 마음이 없어질 것입니다. 만일 떳떳한 마음이 없어진다면 자기 멋대로 함과 사악하고 사치함을 하지 않음이 없을 것이니, 그리하여 죄에 빠지는 데 이른 뒤에 따라서 그들을 벌준다면, 이것은 백성을

賈 : 장사 고 惛 : 어리석을 혼 罔 : 그물 망

그물질 하는 것입니다. 어찌 어진 사람이 지위에 있으면서 백성을 그물질하는 짓을 할 수 있겠습니까?

> 是故로 明君이 制民之産하되 必使仰足以事父母하며 俯足以畜妻子하여 樂歲에 終身飽하고 凶年에 免於死亡하나니 然後驅而之善이라 故로 民之從之也輕하니이다

해석 그러므로 현명한 군주는 백성의 생업을 제정해 주되 반드시 위로는 족히 부모를 섬길 수 있고, 아래로는 족히 처와 자식을 기를 수 있으며 풍년에는 1년 내내 배부르고, 흉년에는 죽음에서 벗어나게 하나니, 그런 뒤에야 백성들을 몰아서 선에 가게 합니다. 그러므로 백성들이 따르기가 쉽습니다.

> 今也에 制民之産하되 仰不足以事父母하며 俯不足以畜妻子하여 樂歲에 終身苦하고 凶年에 不免於死亡하나니 此惟救死而恐不贍이어니 奚暇에 治禮義哉리오 王欲行之시면 則盍反其本矣니잇고

해석 지금에는 백성의 생업을 제정해 주되 위로는 족히 부모를 섬기지 못하며, 아래로는 족히 처와 자식을 기르지 못하여 풍년에는 1년 내 고생하고, 흉년에는 죽음에서 벗어나지 못합니다. 이것은 오직 죽음을 구제하기에도 부족할까 두려우니, 어느 겨를에 예의를 다스리겠습니까? 왕이 그것을 행하고자 하신다면 어찌 그 근본을 돌이키지 않습니까?

2. 梁惠王章句下

1장

他日 見於王曰 王嘗語莊子以好樂이라하니 有諸잇가 王變乎色曰 寡人이 非能好先王之樂也라 直好世俗之樂耳로소이다

해석 다른 날에 <맹자께서> 왕을 뵙고 말씀하셨다. "왕께서 일찍이 장자에게 음악을 좋아 한다고 말씀하셨다고 하니, 그런 일이 있습니까?" 왕이 얼굴빛을 변하며 말씀하셨다. "과인은 선왕의 음악을 좋아하는 것이 아니라, 다만 세속의 음악을 좋아할 뿐입니다."

曰 王之好樂이 甚이면 則齊其庶幾乎인저 今之樂이 由(猶)古之樂也니이다

해석 맹자께서 말씀하셨다. "왕께서 음악을 좋아하는 것이 심하시면 제나라는 거의 다스려질 것입니다. 지금 음악이 옛 음악과 같습니다."

曰 可得聞與잇가 曰 獨樂樂과 與人樂樂이 孰樂이니잇고 曰 不若與人이니이다 曰 與少樂樂과 與衆樂樂이 孰樂이니잇고 曰 不若與衆이니이다.

해석 왕이 말했다. "<가르침을> 들을 수 있겠습니까?" 맹자께서 말씀하셨다. "홀로 음악을 즐기는 것과 다른 사람과 더불어 음악을 즐기는 것이 어느 것이 더 즐겁습니까?" "남과 더불어 하는 것만 못합니다." "적은 사람과 음악을 즐기는 것과 많은 사람과 음악을 즐기는 것이 어느 것이 더 즐겁습니까?" "많은 사람과 더불어 하는 것만 못합니다."

臣請爲王言樂하리이다

해석 "제가 청컨대 왕을 위하여 음악을 말씀드리겠습니다.

今王이 鼓樂於此허시든 百姓이 聞王鍾鼓之聲과 管籥之音하고 擧疾首蹙頞而相告曰 吾王之好鼓樂이여 夫何使我至於此極也하여 父子不相見하며 兄弟妻子離散고하며 今王이 田獵於此허시든 百姓이 聞王車馬之音하며 見羽旄之美하고 擧疾首蹙頞而相告曰 吾王之好田獵이여 夫何使我至於此極也하여 父子不相見하며 兄弟妻子離散고하면 此는 無他라 不與民同樂也니이다

해석 지금 왕께서 이곳에서 음악을 타시면 백성들이 왕의 종소리, 북소리와 피리소리, 젓대소리를 듣고는 모두 머리를 아파하고 이마를 찌푸리며 서로 말하기를 '우리 왕께서 음악을 타시기 좋아하심이여! 어찌 우리들로 하여금 이러한 곤궁함에 이르게 하여 부자가 서로 만나보지 못하며, 형제와 처, 자식들이 헤어지게 하는가.' 하며, 지금 왕이 이곳에서 사냥을 하시면 백성들이 왕의 수레소리, 말소리를 들으며 깃과 들소꼬리로 만든 깃발의 아름다움을 보고는 모두 머리를 아파하고 이마를 찌푸리며 서로 말하기를 '우리 왕께서 사냥을 좋아하심이여! 어찌 우리들로 하여금 이러한 곤궁함에 이르게 하여 부자가 서로 만나보지 못하며 형제와 처, 자식들이 서로 헤어지게 하는가.' 한다면, 이것은 다름이 아니라 백성과 함께 즐기시지 않기 때문입니다.

今王이 鼓樂於此어시든 百姓이 聞王鍾鼓之聲과 管籥之音하고 擧欣欣然有喜色而相告曰 吾王이 庶幾無疾病與아 何以能鼓樂也오하며 今王이 田獵於此어든 百姓이 聞王車馬之音하며 見羽旄之美하고 擧欣欣然有喜色而相告曰 吾王이 庶幾無疾病與아 何以能田獵也오하면 此는 無他라 與民同樂也니이다

해석 지금 왕께서 이곳에서 음악을 타시면 백성들이 왕의 종소리, 북소리와 피리소리, 젓대소리를 듣고는 모두 흔연히 기뻐하는 기색이 있어 서로 말하기를 '우리 왕께서 거의 질병이 없으시구나, 어떻게 음악을 타시는가.' 하며, 지금 왕께서 이곳에서 사냥을 하시면 백성들이 왕의 수레소리, 말소리를 들으면 깃발의 아름다움을 보고는 모두 흔연히 기뻐하는 기색이 있어 서로 말하기를 '우리 왕이 거의 질병이 없으시구나. 어떻게 사냥을 하시는가.' 한다면 이것은 다름이 아니라 백성과 함께 즐거워하시기 때문입니다.

管:피리 관 籥:피리 약 擧:모두 거 蹙:찌푸릴 축 頞:이마 알 田:사냥 전 旄:깃발 모

> 今王이 與百姓同樂하시면 則王矣시리이다

해석 지금 왕께서 백성과 함께 즐거워하신다면 왕 노릇 하실 것입니다."

2장
> 齊宣王이 問曰 文王之囿 方七十里라하니 有諸잇가 孟子對曰 於傳에 有之하니이다

해석 제선왕이 물었다. "문왕의 동산이 사방 70리라 하니, 그러한 일이 있습니까?" 맹자께서 대답하셨다. "전에 그러한 것이 있습니다."

> 曰若是其大乎잇가 曰民猶以爲小也니이다 曰寡人之囿는 方四十里로되 民猶以爲大는 何也잇고 曰文王之囿는 方七十里에 芻蕘者往焉하며 雉兔者往焉하여 與民同之하시니 民以爲小 不亦宜乎잇가

해석 왕이 말했다. "이처럼 큽니까?" "백성들이 오히려 작다고 여겼습니다." "과인의 동산은 사방 40리인데, 백성들이 오히려 크다고 여기는 것은 어째서입니까?" "문왕의 동산은 사방 70리에 꼴 베고 나무하는 자들이 지나다니며, 꿩과 토끼를 잡는 자들이 지나다니게 하여 백성과 함께 하셨으니, 백성들이 작다고 여기는 것이 당연하지 않습니까?"

3장
> 齊宣王問曰 交隣國이 有道乎잇가 孟子對曰 有하니 惟仁者라야 爲能以大事小하나니 是故로 湯事葛하시고 文王事昆夷하시니이다 惟智者라야 爲能以小事大하나니 故로 大(태)王事獯鬻하시고 句踐事吳하니이다

해석 제선왕이 물었다. "이웃나라와 사귐에 도가 있습니까?" 맹자께서 대답하셨다. "있습니다. 오직 仁者만이 큰 나라로 작은 나라를 섬길 수 있습니다. 그러므로 탕왕이 갈나라를 섬기고, 문왕이 곤이를 섬긴 것입니다. 오직 지혜로운 자만이 작은 나라로 큰 나라를 섬길 수 있습니다. 그러므로 태왕이 훈육을 섬기고, 구천이 오나라를 섬긴 것입니다.

> 以大事小者는 樂天者也요 以小事大者는 畏天者也니 樂天者는 保天下하고 畏天者는 保其國이니이다

芻: 꼴 추 蕘: 땔나무할 요 雉: 꿩 치 昆: 맏 곤 夷: 오랑캐 이 獯: 오랑캐 훈 鬻: 팔 육

해석 큰 나라로 작은 나라를 섬기는 자는 하늘의 이치를 즐기는 자요, 작은 나라로 큰 나라를 섬기는 자는 하늘의 이치를 두려워하는 자이니, 하늘의 이치를 즐기는 자는 천하를 보전하고, 하늘의 이치를 두려워하는 자는 자기 나라를 보전합니다."

王曰 大哉라 言矣여 寡人有疾하니 寡人은 好勇하노이다

해석 왕이 말했다. "훌륭하구나! 말씀이여! 과인이 병통이 있으니, 과인은 용맹을 좋아합니다."

對曰 王請無好小勇하소서 夫撫劍疾視曰彼惡敢當我哉리오하나니 此匹夫之勇이라 敵一人者也니 王請大之하소서

해석 맹자께서 대답하셨다. "왕은 청컨대 작은 용맹을 좋아하지 마십시오. 칼을 어루만지고 상대방을 노려보며 말하기를 '네가 어찌 감히 나를 당하겠는가.' 하나니, 이것은 평범한 사내의 용맹이라, 한 사람을 대적하는 것이니, 왕은 청컨대 <용맹을> 크게 하소서.

詩云 王赫斯怒하사 爰整其旅하여 以遏徂莒하여 以篤周祜하여 以對于天下라하니 此는 文王之勇也니 文王一怒而安天下之民하시니이다

해석 『시경』에 이르기를 '왕께서 발끈 노하셔서 이에 그 군대를 정돈하여 침략하러 가는 무리들을 막아서 주나라의 복을 돈독히 하여 천하에 보답하였다.' 하였으니, 이것은 문왕의 용맹이니, 문왕은 한번 노하시어 천하의 백성을 편안히 하셨습니다.

書曰 天降下民하사 作之君作之師하심은 惟曰其助上帝라 寵之四方이시니 有罪無罪에 惟我在어니 天下曷敢有越厥志리오하니 一人衡行於天下어늘 武王恥之하시니 此는 武王之勇也니 而武王亦一怒而安天下之民하시니이다

해석 『서경』에 이르기를 '하늘이 백성들을 내리어 그들의 군주를 삼아주고 스승을 삼아줌은 오직 상제를 돕기 때문에 그를 사방에서 특별히 총애해서 이다. 죄가 있든 죄가 없든 오직 나에게 달려 있으니, 천하에 어찌 감히 그 마음을

赫:성난모습 혁 爰:이에 원 旅:군대 려 遏:막을 알 徂:갈 조 莒:무리 려 祜:복 호

지나치게 하는 자가 있겠는가.' 하였습니다. 한 사람이 천하에 멋대로 행동하니 무왕이 그것을 부끄러워하였다. 이것은 무왕의 용맹이니, 무왕이 또한 한 번 노하여 천하의 백성을 편안히 하셨습니다.

今王이 亦一怒而安天下之民하시면 民惟恐王之不好勇也하리이다

해석 지금 왕께서 또한 한 번 노하시어 천하의 백성을 편안히 하신다면 백성들은 오직 왕께서 용맹을 좋아하지 않을까 두려워할 것입니다."

4장 齊宣王이 見孟子於雪宮이러니 王曰 賢者도 亦有此樂乎잇가 孟子對曰 有하니 人不得이면 則非其上矣니이다

해석 제선왕이 설궁에서 맹자를 뵈었는데, 왕이 말했다. "賢者도 또한 이러한 즐거움이 있습니까?" 맹자께서 대답하셨다. "있습니다. 사람들은 <이것을> 얻지 못하면 그 윗사람을 비난합니다.

不得而非其上者도 非也며 爲民上而不與民同樂者도 亦非也니이다

해석 얻지 못했다 하여 그 윗사람을 비난하는 자도 잘못이요, 백성의 윗사람이 되어 백성과 함께 즐기지 않은 자도 또한 잘못입니다."

晏子對曰 善哉라 問也여 天子適諸侯曰 巡狩니 巡狩者는 巡所守也요 諸侯朝於天子曰 述職이니 述職者는 述所職也니 無非事者요 春省耕而補不足하며 秋省斂而助不給하나니 夏諺曰 吾王不遊면 吾何以休며 吾王 不豫면 吾何以助리오 一遊一豫가 爲諸侯度라하니이다

해석 <옛날에 제경공의 물음에> 안자가 대답하였다. "좋습니다. 질문이여! 천자가 제후의 나라에 가는 것을 '순수'라고 하니, 순수란 지키는 곳을 순행한다는 뜻이요, 제후가 천자의 나라에 조회 가는 것을 '술직'이라고 하니, 술직이란 자기가 맡은 바를 편다는 뜻이니, 일이 아님이 없습니다. 봄에는 경작하는 상태를 살펴서 부족한 것을 보충해 주며, 가을에는 수확하는 상태를 살펴서 부족한 것을 도와줍니다. 하나라 속담에 이르기를 [우리 임금님이 유람하지

巡 : 순행할 순   狩 : 순행할 수   諺 : 속담 언   豫 : 즐길 예

않으면 우리들이 어떻게 쉬며, 우리 임금님이 즐기지 않으면 우리들이 어떻게 도움을 받으리오. 한 번 유람하고 한 번 즐김이 제후들의 법도가 된다.]하였습니다."

5장

王曰 王政을 可得聞與잇가 對曰 昔者文王之治岐也에 耕者를 九一하며 仕者를 世祿하며 關市를 譏而不征하며 澤梁을 無禁하며 罪人을 不孥하시니 老而無妻曰鰥이요 老而無夫曰寡요 老而無子曰獨이요 幼而無父曰孤니 此四者는 天下之窮民而無告者어늘 文王이 發政施仁하시되 必先斯四者하시니 詩云 哿矣富人이어니와 哀此煢獨이라하니이다

해석 왕이 말했다. "왕도의 정사를 들을 수 있겠습니까?" 맹자께서 대답하셨다. "옛적에 문왕이 기주를 다스릴 적에 경작하는 자들에게 9분의 1의 세금을 받았으며, 벼슬하는 자들에게는 대대로 녹을 주었으며, 궐문과 시장을 살펴보기만 하고 세금을 징수하지 않았으며, 택량(못에 설치한 고기 잡는 설비)을 금하지 않았으며, 죄인을 처벌하되 처와 자식에게는 미치지 않게 하였으니, 늙어서 아내가 없는 것을 홀아비(鰥)라하고, 늙어서 남편이 없는 것을 과부(寡)라하고, 늙어서 자식이 없는 것을 무의탁자(獨)라 하고, 어려서 부모가 없는 것을 고아(孤)라 하니, 이 네 가지는 천하의 곤궁한 백성으로 하소연할 곳이 없는 자들입니다. 문왕은 정사를 펴고 인을 베푸시되 반드시 이 네 사람들을 먼저 하셨습니다.『시경』에 이르기를 "부자들은 괜찮지만 이 곤궁한 이들이 가엾다.' 하였습니다."

7장

孟子見齊宣王曰 所謂故國者는 非謂有喬木之謂也라 有世臣之謂也니 王無親臣矣로소이다 昔者所進을 今日에 不知其亡也온여

해석 맹자께서 제선왕을 뵙고 말씀하셨다. "이른바 고국이란 큰 나무가 있음을 말한 것이 아니요, 대대로 섬기는 신하가 있음을 말한 것입니다. 그런데 왕은 가까운 신하도 없으시니 예전에 등용한 사람이 오늘 도망한 것도 알지 못합니다."

王曰 吾何以識其不才而舍之리잇고

해석 왕이 말했다. "내가 어떻게 그가 재능이 없음을 알아서 버린단 말입니까?"

岐 : 산이름 기   譏 : 살필 기   孥 : 처자식 노   鰥 : 홀아비 환   哿 : 가할 가   煢 : 외로울 경   喬 : 높을 교

曰國君이 進賢하되 如不得已니 將使卑踰尊하며 疏踰戚이니 可不愼與잇가

해석 맹자께서 말씀하셨다. "나라의 군주는 어진 이를 등용하되 부득이한 듯해야 합니다. 지위가 낮은 자로 하여금 높은 이를 넘게 하며, 소원한 자로 하여금 친한 이를 넘게 해야 하니, 신중히 하지 않을 수 있겠습니까.

左右皆曰賢이라도 未可也하며 諸大夫皆曰賢이라도 未可也하고 國人皆曰賢然後에 察之하여 見賢焉然後에 用之하며 左右皆曰不可라도 勿聽하며 諸大夫皆曰不可라도 勿聽하며 國人皆曰不可然後에 察之하여 見不可焉然後에 去之하며

해석 좌우의 신하가 모두 어질다고 말하더라도 허락하지 말며, 여러 대부들이 모두 어질다고 말하더라도 허락하지 말며, 나라 사람들이 모두 어질다고 말한 뒤에야 살펴보아서 어짊을 발견한 뒤에 등용하며, 좌우의 신하들이 모두 안 된다고 말하더라도 듣지 말며, 여러 대부들이 모두 안 된다고 말하더라도 듣지 말고, 나라 사람들이 모두 안 된다고 말한 뒤에야 살펴보아서 안 되는 점을 발견한 뒤에 버려야 합니다.

左右皆曰可殺이라도 勿聽하며 諸大夫皆曰可殺이라도 勿聽하고 國人皆曰可殺然後에 察之하여 見可殺焉然後에 殺之니 故로 曰國人殺之也라하니이다

해석 좌우의 신하들이 모두 죽일 만하다고 말하더라도 듣지 말며, 여러 대부들이 모두 죽일 만하다고 말하더라도 듣지 말고, 나라 사람들이 모두 죽일 만하다고 말한 뒤에 살펴보아서 죽일만한 점을 발견한 뒤에 죽여야 합니다. 그러므로 '나라 사람들이 죽였다'고 말하는 것입니다.

如此然後에 可以爲民父母니이다

해석 이와 같이 한 뒤에야 백성의 부모라 할 수 있습니다."

8장 齊宣王이 問曰 湯放桀하시고 武王伐紂라하니 有諸잇가 孟子對曰 於傳有之하니이다

> **해석** 제선왕이 물었다. "탕왕이 걸왕을 추방하고 무왕이 주왕을 정벌하였다 하니, 그러한 일이 있습니까?" 맹자께서 대답하셨다. "전에 있습니다."

曰臣弑其君이 可乎잇가

> **해석** "신하가 그 군주를 시해함이 괜찮습니까?"

曰賊仁者를 謂之賊이요 賊義者를 謂之殘이요 殘賊之人을 謂之一夫니 聞誅一夫紂矣요 未聞弑君也니이다

> **해석** "인을 해치는 자를 賊이라 이르고, 의를 해치는 자를 殘이라 이르고, 殘賊한 사람을 一夫라 이르니, 一夫인 주를 베었다는 말은 들었고, 군주를 시해하였다는 말은 듣지 못하였습니다."

16장 魯平公이 將出할새 嬖人臧倉者請曰他日에 君出이면 則必命有司所之러시니 今乘輿已駕矣로되 有司未知所之하니 敢請하노이다 公曰將見孟子하리라 曰何哉잇고 君所爲輕身以先於匹夫者는 以爲賢乎잇가 禮義는 由賢者出이어늘 而孟子之後喪이 踰前喪하니 君無見焉하소서 公曰諾다

> **해석** 노평공이 장차 밖을 나가려고 할 때 총애하는 신하인 장창이란 자가 청하기를 "다른 날에는 군주께서 외출하시면 반드시 유사에게 가는 곳을 명령하시더니, 지금은 수레가 이미 말에 멍에를 맸는데도 유사가 갈 곳을 알지 못하니, 감히 청하옵니다." 공이 말했다. "장차 맹자를 보려고 하노라." 장창이 말했다. "어째서 입니까? 군주께서 몸을 가볍게 하여 필부에게 먼저 예를 베푸는 까닭이 그가 어질다고 여겨서입니까? 예의는 현자로 말미암아 나오거늘, 맹자의 뒷 초상이 앞의 초상보다 지나쳤으니, 군주께서는 그를 만나보지 마소서." 공이 말했다. "그러하겠다."

樂正子入見曰 君이 奚爲不見孟軻也잇고 曰或告寡人曰 孟子之後喪이 踰前喪이라할새 是以로 不往見也호라 曰何哉잇고 君所謂踰者는 前以士요 後以大夫며 前以三鼎而後以五鼎與잇가 曰否라 謂棺槨衣衾之美也니라 曰非所謂踰也라 貧富不同也니이다

해석 악정자가 들어가 평공을 뵙고 말하였다. "군주께서는 어찌하여 맹자를 만나보지 않으셨습니까?" 평공이 말했다. "어떤 자가 과인에게 말하기를 '맹자의 뒷 초상이 앞 초상보다 지나쳤다.' 하므로 이 때문에 가서 보지 않았노라." 악정자가 말했다. "무엇입니까? 군주께서 이른바 지나쳤다는 것은! 앞의 초상은 사(士)의 예로써 하고 뒤의 초상은 대부의 예로써 하며, 앞의 초상에는 삼정(三鼎)을 쓰고 뒤의 초상은 오정(五鼎)을 썼기 때문입니까?" 평공이 말했다. "아니다. 관곽(棺槨)과 옷과 이부자리의 아름다움을 말한 것이다." 악정자가 말했다. "이른바 지나친 것이 아니라, 빈부가 같지 않았기 때문입니다."

> 樂正子見孟子曰 克이 告於君하니 君爲來見也러시니 嬖人有臧倉者沮君이라 君이 是以不果來也하시니이다 曰行或使之며 止或尼之나 行止는 非人所能也라 吾之不遇魯侯는 天也니 臧氏之子 焉能使予不遇哉리오

해석 악정자가 맹자를 뵙고 말했다. "제가 군주께 아뢰니, 군주께서 와서 뵈려고 하시다가, 총애하는 신하 중에 장창이란 자가 군주를 저지하였습니다. 군주께서 이 때문에 끝내 오지 않으신 것입니다." 맹자께서 말씀하셨다. "길을 가는 것은 혹 누가 시켜서이며, 멈추는 것은 혹 누가 저지해서이다. 그러나 가는 것과 멈추는 것은 사람이 능히 시킬 수 있는 것이 아니다. 내가 노나라 임금을 만나지 못한 것은 천명이니 장씨의 아들이 어찌 나로 하여금 만나지 못하게 할 수 있겠는가."

棺 : 널 관 槨 : 덧널 곽 嬖 : 사랑할 폐 臧 : 착할 장 沮 : 막을 저 尼 : 막을 닐

3. 公孫丑章句上

1장 公孫丑問曰 夫子當路於齊_{하시면} 管仲晏子之功_을 可復許乎_{잇가}

> **해석** 공손추가 물었다. "선생께서 제나라에서 중요한 직책(要職)을 담당하신다면 관중과 안자의 공적을 다시 기대할 수 있겠습니까?"

孟子曰 子誠齊人也_{로다} 知管仲晏子而已矣_{온여}

> **해석** 맹자께서 말씀하셨다. "그대는 진실로 제나라 사람이로다. 관중과 안자를 알 뿐이로구나."

曰 管仲_은 以其君霸_{하고} 晏子_는 以其君顯_{하니} 管仲晏子도 猶不足爲與_{잇가}

> **해석** 공손추가 말했다. "관중은 자기의 군주를 패자가 되게 하였고, 안자는 자기의 군주를 이름이 드러나게 하였으니, 관중과 안자도 <공적도> 오히려 하기에 부족합니까?"

曰 以齊王_이 由(猶)反手也_{니라}

> **해석** 맹자께서 말씀하셨다. "제나라를 가지고 왕 노릇 하는 것은 손을 뒤집는 것과 같이 쉬운 것이다."

曰 若是則弟子之惑_이 滋甚_{이니이다} 且以文王之德_{으로} 百年而後崩_{하시되} 猶未洽於天下_{하여} 武王周公_이 繼之然後_에 大行_{이어늘} 今言王若易然_{하시니} 則文王_은 不足法與_{잇가}

許 : 기약할 허

> **해석** 공손추가 말했다. "이와 같다면 저의 의혹이 더욱 심해집니다. 또 문왕의 덕을 가지고도 백년 뒤에 돌아가셨는데도 아직 천하에 <교화가> 무젖지 않아서, 무왕과 주공이 계속한 뒤에야 크게 행해졌습니다. 그런데 지금 왕 노릇하는 것이 쉬운 듯 말씀하시니, 그렇다면 문왕은 본받기에 부족합니까?"

曰 文王을 何可當也리오 由湯으로 至於武丁히 賢聖之君六七이 作하여 天下歸殷이 久矣니 久則難變也라 武丁이 朝諸侯有天下하되 猶運之掌也하시니 紂之去武丁이 未久也라 其故家遺俗과 流風善政이 猶有存者하며 又有微子微仲王子比干箕子膠鬲이 皆賢人也니 相與輔相之라 故로 久而後에 失之也하니 尺地도 莫非其有也며 一民도 莫非其臣也어늘 然而文王이 猶方百里起하시니 是以難也니라

> **해석** 맹자께서 말씀하셨다. "문왕을 어찌 감당할 수 있겠는가, 탕왕으로부터 무정에 이르기까지 어질고 성스러운 군주가 6, 7명이 나와서 천하가 은나라에 돌아간 것이 오래되었으니, 오래되면 변하기 어렵다. 무정이 제후들에게 조회받고 천하를 소유하되 마치 그것을 손바닥에서 움직이듯 하였으니, 주왕은 무정과의 거리가 오래지 않다. 그 옛 집과 남은 풍속과 유풍과 어진 정사가 아직도 남은 것이 있었으며, 또 미자, 미중과 왕자 비간과 기자, 교격이 있었는데 이들은 모두 현명한 사람이니 서로 더불어 그를 보좌하였다. 그러므로 오랜 뒤에야 나라를 잃었으니, 한 자되는 땅도 그의 소유가 아닌 것이 없었으며, 한명의 백성도 그의 신하가 아닌 이가 없었다. 그런데 문왕은 사방 백리를 가지고 일어나셨으니, 이 때문에 어려웠던 것이다.

齊人有言曰 雖有知慧나 不如乘勢며 雖有鎡基나 不如待時라하니 今時則易然也니라

> **해석** 제나라 사람의 말에 이르기를 '비록 지혜가 있으나 형세를 타는 것만 못하며, 비록 농기구가 있으나 씨 뿌리는 때를 기다리는 것만 못하다.' 하였으니, 지금 시기는 그렇게 하기가 쉽다.

膠 : 아교 교 鬲 : 오지병 격 鎡 : 호미 자

夏后殷周之盛에 地未有過千里者也하니 而齊有其地矣며 鷄鳴狗吠가 相聞而達乎四境하니 而齊有其民矣니 地不改辟矣며 民不改聚矣라도 行仁政而王이면 莫之能禦也리라

해석 하·은·주의 전성기에 땅이 천리를 넘은 자가 있지 않았는데, 지금 제나라는 그만한 땅을 소유하였으며, 닭 울음과 개 짖는 소리가 서로 들려서 사방의 지경에 도달하니, 제나라가 그만한 백성을 가지고 있으니, 땅을 다시 더 개척하지 않으며 백성을 다시 모으지 않더라도 어진 정사를 행하고 왕 노릇 하신다면 그것을 막을 자가 없을 것이다.

且王者之不作이 未有疏於此時者也하며 民之憔悴於虐政이 未有甚於此時者也하니 飢者에 易爲食이며 渴者에 易爲飮이니라

해석 또 왕자가 나오지 않음이 지금보다 성근 적이 있지 않았으며, 백성들이 학정에 초췌함이 지금보다 심한 적이 있지 않았으니, 굶주린 자에게 먹을 것 되기가 쉬우며 목마른 자에게 마실 것 되기가 쉬운 것이다.

孔子曰 德之流行이 速於置郵而傳命이라하시니

해석 공자께서 '덕의 유행이 파발마로 명령을 전달하는 것보다 빠르다.'고 말씀하셨으니

當今之時하여 萬乘之國이 行仁政이면 民之悅之 猶解倒懸也리니 故로 事半古之人이요 功必倍之는 惟此時爲然하니라

해석 지금의 때에 당하여 만승의 나라가 어진 정사를 행한다면 백성들이 기뻐하는 것이 마치 거꾸로 매달린 것을 풀어준 듯할 것이다. 그러므로 일은 옛사람의 반이요 효과는 반드시 배가 되는 것은 오직 지금만이 그러할 것이다."

吠 : 짖을 폐　辟 : 열 벽

2장

公孫丑問曰 夫子加齊之卿相하사 得行道焉하시면 雖由此霸王이라도 不異矣리니 如此則動心이릿가 否乎잇가 孟子曰 否라 我는 四十에 不動心호라

해석 공손추가 물었다. "선생께서 제나라의 경상 지위에 오르시어 도를 행할 수 있다면, 비록 이로 말미암아 패자와 왕자가 되더라도 이상하지 않을 것입니다. 이와 같다면 마음이 동요되시겠습니까? 않으시겠습니까?" 맹자께서 말씀하셨다. "아니다. 나는 40세에 마음을 동요하지 않았노라."

曰 若是則夫子過孟賁이 遠矣로소이다 曰 是不難하니 告子도 先我不動心하니라

해석 공손추가 말했다. "이와 같다면 선생이 맹분보다 뛰어남이 크십니다." 맹자께서 말씀하셨다. "이것은 어렵지 않으니, 고자도 나보다 먼저 마음을 동요하지 않았다."

曰 不動心이 有道乎잇가 曰 有하니라

해석 공손추가 말했다. "마음을 동요하지 않는 것이 방법이 있습니까?" 맹자께서 말씀하셨다. "있다."

北宮黝之養勇也는 不膚撓하며 不目逃하여 思以一毫挫於人이어든 若撻之於市朝하여 不受於褐寬博하며 亦不受於萬乘之君하여 視刺萬乘之君하되 若刺褐夫하여 無嚴諸侯하여 惡聲至어든 必反之하니라

해석 북궁유가 용기를 기르는 것은 피부를 찔려도 흔들리지 않으며 눈동자를 찔려도 피하지 않아서, 털끝만큼이라도 남에게 좌절을 당하면 마치 사람들이 많이 모이는 곳에서 종아리를 맞는 것처럼 생각하여, 천한자(褐寬博)에게 <모욕을> 받지 않으며 또한 만승의 군주에게도 <모욕을> 받지 않아, 만승의 군주를 찌르는 것 보기를 마치 천한 사람(褐夫)을 찌르는 듯하여, 무서워하는 제후가 없어서 <자기를> 험담하는 소리가 이르면 반드시 보복하였다.

黝 : 검을 유   撓 : 흔들 요   褐 : 털옷 갈

孟施舍之所養勇也는 曰 視不勝하되 猶勝也로니 量敵而後進하며 慮勝而後會하면 是畏三軍者也니 舍豈能爲必勝哉리오 能無懼而已矣라하니라

해석 맹시사가 용기를 기르는 것은 '이기지 못함을 보되, 이기는 것과 같이 여기니, 적을 헤아린 뒤에 전진하며 승리를 생각한 뒤에 교전한다면 이것은 적의 三軍을 두려워하는 자이다. 내가 어찌 반드시 이길 수 있으리오. 두려움이 없을 뿐이다.' 하였다.

孟施舍는 似曾子하고 北宮黝는 似子夏하니 夫二子之勇이 未知其孰賢이어니와 然而孟施舍는 守約也니라

해석 맹시사는 증자와 유사하고 북궁유는 자하와 유사하니, 이 두 사람의 용기가 그 누가 나은지는 알지 못하겠거니와 그러나 맹시사는 지킴이 요약하다.

昔者에 曾子謂子襄曰 子好勇乎아 吾嘗聞大勇於夫子矣로니 自反而不縮이면 雖褐寬博이라도 吾不惴焉이리오 自反而縮이면 雖千萬人이라도 吾往矣라하시니라

해석 옛적에 증자가 자양에게 말했다. "그대는 용기를 좋아하는가? 내 일찍이 큰 용기를 선생(공자)에게 들었으니, '스스로 돌이켜서 정직하지 못하면 비록 천한사람(褐寬博)이라도 내가 두려워하지 않겠는가. 그러나 스스로 돌이켜서 정직하다면 비록 천만 명이 있더라도 내가 가서 대적할 수 있다.' 하셨다."

敢問夫子는 惡乎長이시니잇고 曰 我는 知言하며 我善養吾浩然之氣하노라

해석 공손추가 말했다. "감히 묻겠습니다. 선생(맹자)께서는 어디에 뛰어나십니까?" 맹자께서 말씀하셨다. "나는 말을 알며, 나는 나의 호연지기를 잘 기르노라."

惴 : 두려워 할 췌   縮 : 곧을 축   浩 : 넓을 호

> 敢問何謂浩然之氣니잇고 曰 難言也니라

해석 공손추가 말했다. "감히 묻겠습니다. 무엇을 호연지기라고 합니까?" 맹자께서 말씀하셨다. "말하기 어렵다.

> 其爲氣也 至大至剛하니 以直養而無害면 則塞于天地之間이니라

해석 그 기운이 지극히 크고 지극히 강하니, 정직함으로써 기르고 해침이 없으면, 천지의 사이에 꽉 차게 된다.

> 其爲氣也 配義與道하니 無是면 餒也니라

해석 그 기운이 의와 도에 배합되니, 이것이 없으면 굶주리게 된다.

> 是集義所生者라 非義襲而取之也니 行有不慊於心이면 則餒矣라 我故로 曰告子未嘗知義라하노니 以其外之也일새니라

해석 이것은 의를 축적하여 생겨나는 것이지 의가 갑자기 엄습하여 취해지는 것은 아니니, 행하고서 마음에 만족하지 못함이 있으면 <호연지기가> 굶주리게 된다. 나는 그러므로 '고자가 일찍이 의를 알지 못한다'고 말한 것이니, 의를 밖이라 하기 때문이다.

> 必有事焉而勿正하여 心勿忘하며 勿助長也하여 無若宋人然이어다 宋人이 有閔其苗之不長而揠之者러니 芒芒然歸하여 謂其人曰 今日에 病矣로라 予助苗長矣로라하여늘 其子趨而往視之하니 苗則槁矣라 天下之不助苗長者寡矣니 以爲無益而舍之者는 不耘苗者也요 助之長者는 揠苗者也니 非徒無益이라 而又害之니라

해석 반드시 호연지기를 기름에 종사하되 효과를 미리 기대하지 말고 마음에서 잊지도 말며 억지로 조장하지도 말아서, 송나라 사람같이 하지 말아야 한다.

慊: 마음에 맞을 겸　正: 미리작정할 정　揠: 뽑을 알　芒: 아득할 망　槁: 마를 고　耘: 김맬 운

송나라 사람 중에 벼싹이 자라지 못함을 안타깝게 여겨 그것을 뽑아놓은 자가 있었다. 그는 아무것도 모르고 돌아와서 집안사람들에게 말하기를 '오늘 피곤하구나. 내가 벼싹이 자라도록 도와주었다.' 하자, 그 아들이 달려가서 보았더니, 벼싹은 말라 있었다. 천하에 벼싹이 자라도록 조장하지 않는 자가 적으니, 이익이 없다하여 버려두는 자는 벼싹을 김매지 않는 자요, 억지로 조장하는 자는 벼싹을 뽑아놓는 자이니, 이는 다만 이익이 없을 뿐만 아니라, 도리어 해치는 것이다."

何謂知言이니잇고 曰 詖辭에 知其所蔽하며 淫辭에 知其所陷하며 邪辭에 知其所離하며 遁辭에 知其所窮이니 生於其心하여 害於其政하며 發於其政하여 害於其事하나니 聖人復起사도 必從吾言矣시리라

해석 공손추가 말했다. "무엇을 일러 말을 안다고 합니까?" 맹자께서 말씀하셨다. "편벽된 말에 그 가려진 바를 알며, 방탕한 말에 그 빠져 있는 바를 알며, 부정한 말에 그 괴리된 바를 알며, 도피하는 말에 그 <논리가> 궁함을 아는 것이니, 마음에서 생겨나 정사를 해치며, 정사에 발로되어 일을 해치니, 성인이 다시 나오셔도 반드시 내 말을 따르실 것이다."

曰伯夷伊尹은 何如하니잇고 曰不同道하니 非其君不事하며 非其民不使하여 治則進하고 亂則退는 伯夷也요 何事非君이며 何使非民이리오하여 治亦進하며 亂亦進은 伊尹也요 可以仕則仕하며 可以止則止하며 可以久則久하며 可以速則速은 孔子也시니 皆古聖人也라 吾未能有行焉이어니와 乃所願則學孔子也로라

해석 공손추가 말했다. "백이와 이윤은 어떻습니까?" 맹자께서 말씀하셨다. "도가 같지 않으니, 섬길 만한 군주가 아니면 섬기지 않으며, 부릴 만한 백성이 아니면 부리지 않아서 세상이 다스려지면 나아가고 어지러우면 물러나는 것은 백이이고, '어느 분을 섬긴들 내 군주가 아니며, 어느 사람을 부린들 내 백성이 아니겠는가.' 하여, 다스려져도 나아가고 혼란해도 나아가는 것은 이윤이고, 벼슬할 만하면 벼슬하고 그만둘 만하면 그만두며, 오래 머무를 만하면 오래 머물고 빨리 떠날 만하면 빨리 떠나시는 것은 공자이시니, 모두 옛 성인이시다. 내 그 분들처럼 행할 수는 없지만 내가 원하는 것은 공자를 배우는 것이다."

詖 : 편벽될 피

> 伯夷伊尹이 於孔子에 若是班乎잇가 曰 否라 自有生民以來로 未有孔子也시니라

해석 공손추가 말했다. "백이와 이윤이 공자에 대해서 이와 같이 동등하십니까?" 맹자께서 말씀하셨다. "아니다, 백성이 있은 이래로 공자와 같은 분은 계시지 않았다."

> 曰然則有同與잇가 曰有得百里之地而君之면 皆能以朝諸侯有天下어니와 行一不義하며 殺一不辜而得天下는 皆不爲也리니 是則同하니라

해석 공손추가 말했다. "그렇다면 같은 점이 있습니까?" 맹자께서 말씀하셨다. "있으니, 백리의 땅을 얻어서 군주 노릇을 하면 <세 사람> 모두 제후들에게 조회를 받고 천하를 소유할 수 있거니와, 한 가지라도 불의를 행하며, 한 사람이라도 죄 없는 이를 죽이고 천하를 얻는 것은 모두 하시지 않을 것이니, 이것이 같은 점이다."

3장
> 孟子曰 以力假仁者는 霸니 霸必有大國이요 以德行仁者는 王이니 王不待大라 湯以七十里하시고 文王以百里하시니라

해석 맹자께서 말씀하셨다. "힘으로써 인을 빌린 자는 패자이니 패자는 반드시 큰 나라를 소유하여야 하고, 덕으로써 인을 행한 자는 왕자이니 왕자는 큰 나라를 필요로 하지 않는다. 탕왕은 70리를 가지고 하셨고, 문왕은 100리를 가지고 하셨다.

> 以力服人者는 非心服也라 力不贍也요 以德服人者는 中心悅而誠服也니 如七十子之服孔子也라 詩云自西自東하며 自南自北이 無思不服이라하니 此之謂也니라

해석 힘으로 남을 복종시키는 자는 <상대방이> 진심으로 복종하는 것이 아니라. 힘이 부족해서요, 덕으로써 남을 복종시키는 자는 <사람들이> 마음속으로 기뻐하여 진실로 복종하는 것이니, 마치 70명의 제자들이 공자에게 심복함과 같은 것이다. 『시경』에 이르기를, '서쪽에서 동쪽에서 남쪽에서 북쪽에서 복종하지 않는 이가 없다.' 하였으니 이것을 말한 것이다."

班 : 같을 반 辜 : 허물 고

4장 孟子曰 仁則榮하고 不仁則辱하나니 今惡辱而居不仁이 是猶惡濕而居下也니라

해석 맹자께서 말씀하셨다. "인하면 영화롭고, 인하지 못하면 치욕을 받으니, 지금 치욕을 싫어하면서도 인하지 않은 것에 거처하는 것은, 이는 마치 습한 것을 싫어하면서도 낮은 곳에 거처하는 것과 같다.

禍福이 無不自己求之者니라

해석 재앙과 복이 자기로부터 구하지 않는 것이 없다.

詩云 永言配命이 自求多福이라하며 太甲曰 天作孼은 猶可違어니와 自作孼은 不可活이라하니 此之謂也니라

해석 『시경』에 이르기를 '길이 천명에 배합하기를 생각함이 스스로 많은 복을 구하는 것이다.' 하였으며, 「태갑」에 이르기를 '하늘이 지은 재앙은 오히려 피할 수 있으나, 스스로 지은 재앙은 살 수 없다.' 하였으니, 이것을 말한 것이다."

6장 孟子曰 人皆有不忍人之心하니라

해석 맹자께서 말씀하셨다. "사람들은 모두 차마 사람을 해치지 못하는 마음을 가지고 있다.

先王이 有不忍人之心하사 斯有不忍人之政矣시니 以不忍人之心으로 行不忍人之政이면 治天下는 可運之掌上이니라

해석 선왕이 차마 사람을 해치지 못하는 마음이 있어, 차마 사람을 해치지 못하는 정사(仁政)를 하셨으니, 차마 사람을 해치지 못하는 마음으로 차마 사람을 해치지 못하는 정사를 행한다면, 천하를 다스리는 것은 손바닥 위에서 움직일 수 있을 것이다.

贍 : 넉넉할 섬   孼 : 재앙 얼

> 所以謂人皆有不忍人之心者는 今人이 乍見孺子將入於井하고
> 皆有怵惕惻隱之心하나니 非所以內交於孺子之父母也며 非所
> 以要譽於鄕黨朋友也며 非惡其聲而然也니라

해석 사람들이 모두 차마 사람을 해치지 못하는 마음을 가지고 있다고 말하는 것은, 지금 사람들이 갑자기 어린 아이가 장차 우물로 들어가려는 것을 보고는 모두 깜짝 놀라고 측은해 하는 마음을 가지니, 이것은 어린 아이의 부모와 교분을 맺으려고 해서도 아니며, 마을 사람들과 벗들에게 명예를 구해서도 아니며, <잔인하다는> 명성을 싫어해서 그러한 것도 아니다.

> 由是觀之인댄 無惻隱之心이면 非人也며 無羞惡之心이면 非人
> 也며 無辭讓之心이면 非人也며 無是非之心이면 非人也니라

해석 이를 말미암아 본다면 측은지심이 없으면 사람이 아니며, 수오지심이 없으면 사람이 아니며, 사양지심이 없으면 사람이 아니며, 시비지심이 없으면 사람이 아니니라.

> 惻隱之心은 仁之端也요 羞惡之心은 義之端也요 辭讓之心은
> 禮之端也요 是非之心은 知之端也니라

해석 측은지심은 인의 단서요, 수오지심은 의의 단서요, 사양지심은 예의 단서요, 시비지심은 지의 단서이다.

> 人之有是四端也는 猶其有四體也니 有是四端而自謂不能者
> 는 自賊者也요 謂其君不能者는 賊其君者也니라

해석 사람이 이 사단을 가지고 있는 것은 마치 사지를 가지고 있는 것과 같으니, 이 사단을 가지고 있으면서도 스스로 인의를 행할 수 없다고 말하는 자는 자신을 해치는 자요, 자기 군주는 인의를 행할 수 없다고 말하는 자는 군주를 해치는 자이다.

乍 : 잠깐 사 孺 : 忧 : 두려워할 출 惕 : 두려워할 척 內 : 들일 납

> 凡有四端於我者를 知皆擴而充之矣면 若火之始然하며 泉之始達이니 苟能充之면 足以保四海요 苟不充之면 不足以事父母니라

해석 무릇 사단이 나에게 있는 것을 모두 넓혀서 그것을 채울 줄 안다면, 마치 불이 처음 타오르며 샘물이 처음 나오는 것과 같을 것이니, 만일 능히 이것을 채운다면 족히 천하를 보호할 수 있고, 만일 채우지 못한다면 부모를 섬기기에도 부족할 것이다."

7장
> 孟子曰 矢人이 豈不仁於函人哉리오마는 矢人은 惟恐不傷人하고 函人은 惟恐傷人하나니 巫匠亦然하니 故로 術不可不愼也니라

해석 맹자께서 말씀하셨다. "화살을 만드는 사람이 어찌 갑옷 만드는 사람보다 어질지 못하겠냐마는, 화살 만드는 사람은 오직 사람을 다치게 하지 못할까 두려워하고, 갑옷 만드는 사람은 오직 사람을 다치게 할까 두려워하니, 무당과 관을 만드는 목수도 또한 그러하다. 그러므로 기술은 <선택함에> 신중하지 않으면 안 되는 것이다.

> 孔子曰 里仁이 爲美하니 擇不處仁이면 焉得智리오하시니 夫仁은 天之尊爵也며 人之安宅也어늘 莫之禦而不仁하니 是는 不智也니라

해석 공자께서 말씀하시기를 '마을에 인후한 풍속이 있는 것이 아름다우니, 거처할 곳을 가리되 인에 처하지 않는다면 어떻게 지혜로울 수 있겠는가.' 하셨으니, 인은 하늘의 높은 벼슬이며, 사람의 편안한 집이다. 그러나 이것을 막는 이가 없는 데도 인하지 못하니, 이것은 지혜롭지 못한 것이다.

> 仁者는 如射하니 射者는 正己而後發하여 發而不中이라도 不怨勝己者요 反求諸己而已矣니라

해석 인이라는 것은 마치 활쏘기와 같으니, 활을 쏘는 것은 자신을 바로한 뒤에야 발사하며, 발사한 것이 맞지 않더라도 자기를 이긴 자를 원망하지 않고 돌이켜서 자기에게 찾을 뿐이다."

函 : 갑옷 함

8장

孟子曰 子路는 人告之以有過則喜하니라 禹는 聞善言則拜러시다

> **해석** 맹자께서 말씀하셨다. "자로는 사람들이 자기에게 과실이 있음을 말해주면 기뻐하였다. 우왕은 선한 말을 들으면 기뻐하였다.

大舜은 有大焉하시니 善與人同하사 舍己從人하시며 樂取於人하여 以爲善이러시다

> **해석** 순임금은 이보다도 더 위대함이 있었으니, 선을 남과 함께 하여, 자신을 버리고 남을 따르시며, 남에게서 〈선을〉 취하여 선을 함을 좋아하셨다."

9장

孟子曰 伯夷는 非其君不事하며 非其友不友하며 不立於惡人之朝하며 不與惡人言하더니 立於惡人之朝와 與惡人言을 如以朝衣朝冠으로 坐於塗炭하며 推惡惡之心하여 思與鄕人立에 其冠不正이어든 望望然去之하여 若將浼焉하니 是故로 諸侯雖有善其辭命而至者라도 不受也하니 不受也者는 是亦不屑就已니라

> **해석** 맹자께서 말씀하셨다. "백이는 섬길 만한 군주가 아니면 섬기지 않으며, 벗할 만한 사람이 아니면 벗하지 않으며, 악한 사람의 조정에 서지 않으며, 악한 사람과 더불어 말씀하지 않더니, 악한 사람의 조정에 서는 것과 악한 사람과 더불어 말하는 것을, 마치 조복과 조관을 입고 진흙과 숯덩이에 앉은 듯이 여겼으며, 악을 미워하는 마음을 미루어서 마을 사람들과 더불어 서있을 때에 그 관이 바르지 못하면 돌아보지 않고 떠나가 마치 장차 자신을 더럽힐 듯이 생각하였다. 이 때문에 제후들이 비록 그 사명을 잘하여 찾아오는 자가 있더라도 받아들이지 않았으니, 받아들이지 않은 것은 이 또한 나아감을 좋게 여기지 않은 것이다.

柳下惠는 不羞汚君하며 不卑小官하여 進不隱賢하여 必以其道하며 遺佚而不怨하며 阨窮而不憫하더니 故曰爾爲爾요 我爲我니 雖袒裼裸裎於我側인들 爾焉能浼我哉리오하니 故由由然與之偕而不自失焉하여 援而止之而止하니 援而止之而止者는 是亦不屑去已니라

塗:진흙 도 浼:더럽힐 매 屑:깨끗할 설 阨:좁을 애 佚:빠뜨릴 일 袒:벗을 단 裼:벗을 석 裸:벗을 라
裎:벗을 정 由:넉넉할 유 援:당길 원

해석 유하혜는 더러운 군주를 부끄러워하지 않으며, 작은 벼슬을 낮게 여기지 않아, 나아가면 어짊을 숨기지 않아 반드시 그 도리를 다하였으며, 벼슬길에서 누락되어도 원망하지 않으며, 곤액을 당하여도 근심하지 않았다. 그러므로 말하기를 '너는 너이고 나는 나이니 비록 내 곁에서 옷을 걷고 몸을 드러낸들 네가 어찌 나를 더럽힐 수 있겠는가' 하였다. 그러므로 자득한 듯 그와 함께 있으면서도 스스로 올바름을 잃지 않아, 잡아당겨 멈추게 하면 멈추었으니, 잡아당겨 멈추게 하면 멈추는 것은 이 또한 떠나감을 좋게 여기지 않은 것이다."

> 孟子曰 伯夷는 隘하고 柳下惠는 不恭하니 隘與不恭은 君子不由也니라

해석 맹자께서 말씀하셨다. "백이는 좁고 유하혜는 거만하니, 좁음과 거만함은 군자가 따르지 않는다."

4. 公孫丑章句下

自第二章以下는 記孟子出處行實이 爲詳하니라
제 2장으로부터 이하는 孟子의 出處에 대한 행실을 기록함이 상세하다.

1장 孟子曰 天時不如地利요 地利不如人和니라

해석 맹자께서 말씀하셨다. "天時가 地利만 못하고, 地利가 人和만 못하다.

三里之城과 七里之郭을 環而攻之而不勝하나니 夫環而攻之에 必有得天時者矣언마는 然而不勝者는 是天時不如地利也니라

해석 3리 되는 성과 7리 되는 외곽을 포위하여 공격하여도 이기지 못하는 경우가 있다. 포위하여 공격함에 반드시 天時를 얻을 때가 있지만 그런데도 이기지 못하는 것은, 이는 天時가 地利만 못하기 때문이다.

城非不高也며 池非不深也며 兵革이 非不堅利也며 米粟이 非不多也로되 委而去之하나니 是地利不如人和也니라

해석 성이 높지 않은 것도 아니며, 못이 깊지 않은 것도 아니며, 병기와 갑옷이 견고하고 예리하지 않은 것도 아니며, 쌀과 곡식이 많지 않은 것도 아니지만 이것을 버리고 떠나가니, 이는 地利가 人和만 못하기 때문이다.

2장 今天下地醜德齊하여 莫能相尙은 無他라 好臣其所敎而不好臣其所受敎니라

해석 지금 천하가 토지가 비슷하고 덕(정치상황)도 비슷하여 서로 뛰어나지 못한 것은 다름이 아니라 자기가 가르칠 수 있는 사람을 신하 삼기를 좋아하고, 자기가 가르침을 받을 수 있는 사람을 신하 삼기를 좋아하지 않기 때문이다.

委 : 버릴 위 醜 : 같을 추 尙 : 뛰어날 상

4장 孟子之平陸하사 謂其大夫曰 子之持戟之士가 一日而三失伍면 則去之아 否乎아 曰 不待三이니이다

> 해석 맹자께서 평륙에 가서 그 대부에게 이르기를 "그대의 창을 잡은 전사가 하루에 세 번 대오를 이탈한다면 버리겠는가? 그대로 두겠는가?" 하시자, "세 번을 기다리지 않겠습니다."하고 대답했다.

然則子之失伍也亦多矣로다 凶年饑歲에 子之民이 老羸는 轉於溝壑하고 壯者散而之四方者는 幾千人矣오 曰 此非距心之所得爲也니이다

> 해석 "그렇다면 그대가 대오를 이탈함이 또한 많다. 흉년에 그대의 백성 중에 노약자들은 구렁에서 전전하고, 장성한 자들은 흩어져 사방으로 가는 자가 몇 천 명이나 되는가?" 그가 대답하기를 "이것은 제가 할 수 있는 바가 아닙니다."하였다.

曰 今有受人之牛羊而爲之牧之者면 則必爲之求牧與芻矣리니 求牧與芻而不得이면 則反諸其人乎아 抑亦立而視其死與아 曰 此則距心之罪也로소이다

> 해석 맹자께서 말씀하셨다. "지금에 남의 소와 양을 받아다가 그를 위하여 기르는 자가 있으면, 반드시 소와 양을 위하여 목장과 꼴을 구할 것이니, 목장과 꼴을 구하다가 얻지 못하면 주인에게 돌려주어야 하는가? 아니면 또한 서서 그 죽어가는 것을 보아야 하는가?" 그가 말하기를 "이는 저의 잘못입니다."하였다.

他日에 見於王曰 王之爲都者를 臣知五人焉이로니 知其罪者는 惟孔距心이러이다하시고 爲王誦之하신대 王曰 此則寡人之罪也로소이다

> 해석 다른 날에 왕을 뵙고 "왕의 도읍을 다스리는 자를 제가 다섯 사람을 알고 있는데, 자신의 죄를 알고 있는 자는 오직 공거심 뿐입니다."하시고 왕을 위하여 그 말씀을 외우시자, 왕이 "이것은 과인의 죄입니다." 하였다.

戟 : 창 극   伍 : 대오 오   羸 : 여윌 리   距 : 떨어질 거

7장

孟子自齊葬於魯하시고 反於齊하실새 止於嬴이러시니 充虞請曰 前日에 不知虞之不肖하사 使虞敦匠事어시늘 嚴하여 虞不敢請하니 今願竊有請也하오니 木若以美然하더이다

해석 맹자께서 제나라로부터 노나라에 가서 장례를 지내시고 제나라로 돌아오실 적에 영 땅에 머무르셨다. 충우가 청하기를 "지난날에 저의 불초함을 알지 못하시어 저로 하여금 목수 일을 맡게 하셨는데, 하도 급하여 감히 묻지 못했습니다. 지금에 묻기를 원하니, 관목이 너무 아름다운 듯하였습니다."

曰 古者에 棺槨이 無度하더니 中古에 棺이 七寸이오 槨을 稱之하며 自天子達於庶人하니 非直爲觀美也라 然後盡於人心이니라

해석 맹자께서 말씀하셨다. "옛날에는 관과 곽이 일정한 한도가 없었는데, 중고에 관은 7촌이고 곽도 이에 걸맞게 하여, 천자부터 서인에까지 이르렀으니, 이것은 다만 보기에 아름답게 하기 위해서가 아니라, 이렇게 한 뒤에야 사람의 마음을 다하기 때문이었다.

不得이면 不可以爲悅이며 無財면 不可以爲悅이니 得之爲有財하여는 古之人이 皆用之하니 吾何爲獨不然이리오

해석 <법 제도에> 할 수 없으면 마음이 기쁠 수 없으며, 재력이 없으면 기쁠 수 없는 것이다. <법 제도에> 할 수 있고 또 재력이 있으면 옛 사람들이 모두 그것을 썼으니, 내가 어찌하여 홀로 그렇게 하지 않겠는가?

且比化者하여 無使土親膚면 於人心에 獨無恔乎아 吾聞之也하니 君子는 不以天下儉其親이라하니라

해석 또 죽은 자를 위하여 흙이 시신의 살갗에 닿지 않게 한다면, 사람이 마음에 홀로 만족함이 없겠는가? 내가 들으니 '군자는 천하를 위하여 그 어버이에게 검소하게 하지 않는다.'고 하였다."

嬴 : 땅이름 영 敦 : 맡을 돈 槨 : 덧널 곽 直 : 다만 직 比 : 위할 비 化 : 죽을 화 恔 : 만족할 교

9장

且古之君子는 過則改之러니 今之君子는 過則順之로다 古之君子는 其過也如日月之食이라 民皆見之하고 及其更也하여는 民皆仰之러니 今之君子는 豈徒順之리오 又從而爲之辭로다

> **해석** "또 옛날의 군자들은 과실이 있으면 고쳤는데, 지금의 군자들은 과실이 있으면 그것을 이루는구나! 옛날의 군자들은 그 과실이 일식과 월식 같아서 백성들이 모두 그것을 보았고, 그것을 고침에 이르러서는 백성들이 모두 우러러 보았는데, 지금의 군자들은 어찌 다만 이룰 뿐이겠는가. 또 따라서 변명을 하는구나!"

10장

季孫曰異哉라 子叔疑여 使己爲政이라가 不用則亦已矣어늘 又使其子弟爲卿하니 人亦孰不欲富貴리오마는 而獨於富貴之中에 有私龍(롱)斷焉이라하니라

> **해석** 계손씨가 말하기를 '괴이하다. 자숙의여! 자기로 하여금 정사를 하게 하다가 쓰이지 않으면 또한 그만두어야 하는데, 또 그 자제로 하여금 경을 삼게 하였으니, 사람들이 누군들 부귀하지 않고 싶겠냐마는, 유독 부귀 가운데에도 농단을 독점하는 이가 있다.' 하였다.

古之爲市者는 以其所有로 易其所無者어든 有司者治之耳러니 有賤丈夫焉하니 必求龍斷而登之하여 以左右望而罔市利어늘 人皆以爲賤이라 故로 從而征之하니 征商이 自此賤丈夫始矣니라

> **해석** 옛날에 시장에서 교역하는 자들이 자기가 가지고 있는 물건으로 없는 물건과 바꾸면, 관리는 그것을 다스릴 뿐이었다. 그런데 천장부 한 사람이 있어, 반드시 농단을 찾아 올라가서 좌우로 바라보면서 시장의 이익을 망라하자, 사람들이 모두 천하게 여겼다. 그러므로 따라서 그에게 세금을 징수하였으니, 장사꾼에게 세금을 징수한 것은 이 천장부로부터 시작되었다."

13장

孟子去齊하실새 充虞路問曰 夫子若有不豫色然하시니이다 前日에 虞聞諸夫子하니 曰君子는 不怨天하며 不尤人이라하시니이다

龍: 언덕 롱(壟과 통용)   征: 세금 낼 정

해석 맹자께서 제나라를 떠나실 적에 충우가 길에서 물었다. "선생께서 기쁘지 않은 기색이 있으신 듯합니다. 지난날 제가 선생께 듣자오니, '군자는 하늘을 원망하지 않으며, 사람을 허물하지 않는다.' 하셨습니다."

> 曰彼一時며 此一時也니라

해석 맹자께서 말씀하셨다. "그 때는 그 때이고, 지금은 지금이다.

> 五百年에 必有王者興하나니 其間에 必有名世者니라

해석 5백년마다 반드시 천하에 왕 노릇 하는 자가 나오니, 그 사이에 반드시 세상에 유명한 자가 있다.

> 由周而來로 七百有餘歲矣니 以其數則過矣요 以其時考之則可矣니라

해석 주나라로부터 이래로 7백여 년이 되었으니, 연수로 보면 지났고, 시기로 살펴보면 지금이 가능하다.

> 夫天이 未欲平治天下也시니 如欲平治天下인댄 當今之世하여 舍我요 其誰也리오 吾何爲不豫哉리오

해석 하늘이 천하를 태평하게 다스리고자 하지 않은 것이니 만일 천하를 태평하게 다스리고자 하신다면, 지금 세상을 당하여 나를 버리고 그 누구이겠는가? 내가 어찌하여 기뻐하지 않겠는가?"

5. 滕文公章句上

1장

孟子道性善하시되 言必稱堯舜이러시다

해석 맹자께서 본성의 선함을 말씀하시되, 말씀마다 반드시 요순을 말씀하셨다.

世子自楚反하여 復見孟子하신대 孟子曰 世子는 疑吾言乎잇가 夫道는 一而已矣니이다

해석 세자가 초나라에서 돌아와 다시 맹자를 뵙자, 맹자께서 말씀하셨다. "세자는 제 말을 의심하십니까? 도는 하나일 뿐입니다.

成覸이 謂齊景公曰 彼丈夫也며 我丈夫也니 吾何畏彼哉리오하며 顔淵曰 舜何人也며 予何人也오 有爲者亦若是라하며 公明儀曰 文王은 我師也라하시니 周公이 豈欺我哉시리오하니이다

해석 성간이 제경공에게 이르기를 '저들도 장부이며 나도 장부이니, 내가 어찌 저들을 두려워하겠는가?' 하였으며, 안연이 말씀하시기를 '순임금은 어떠한 분이며 나는 어떠한 사람인가? 훌륭한 일을 하는 자는 또한 순임금과 같다.' 하였으며, 공명의가 말하기를 '<주공이> 문왕은 내 스승이다.] 하셨으니, 주공이 어찌 나를 속였겠는가?' 하였습니다.

今滕을 絶長補短이면 將五十里也나 猶可以爲善國이니 書曰若藥이 不瞑眩이면 厥疾이 不瘳라하니이다

해석 지금 등나라를 긴 곳을 잘라 짧은 곳을 보충하면, 거의 50리가 되는 작은 나라이나, 오히려 선한 나라가 될 수 있습니다. 『서경』에 이르기를 '만일 약이 독하여 정신이 어지럽지 않으면 그 병이 낫지 않는다.' 하였습니다."

瞑 : 어지러울 명 眩 : 어지러울 현 厥 : 그 궐 瘳 : 병 나을 추

2장

謂然友曰 吾他日에 未嘗學問이요 好馳馬試劍이러니 今也에 父兄百官이 不我足也하니 恐其不能盡於大事하노니 子爲我問孟子하라

해석 <세자가> 연우에게 말하기를 "내 지난날에 일찍이 학문을 하지 않고, 말달리기와 칼 쓰기를 좋아하였더니, 지금 부형과 백관들이 나를 만족하게 여기지 않으니, 큰일에 예를 다하지 못할까 염려스럽다. 자네는 나를 위하여 맹자에게 물어보라."하였다.

然友復之鄒하여 問孟子한대 孟子曰 然하다 不可以他求者也라 孔子曰 君薨커시든 聽於冢宰하나니 歠粥하고 面深墨하여 卽位而哭이어든 百官有司莫敢不哀는 先之也라 上有好者면 下必有甚焉者矣니 君子之德은 風也요 小人之德은 草也니 草尙之風이면 必偃이라하시니 是在世子하니라

해석 연우가 다시 추땅에 가서 맹자에게 묻자, 맹자께서 말씀하셨다. "그러하겠다. 다른 것으로 찾을 것이 없다. 공자께서 말씀하시기를 '임금이 죽으면 총재에게 <명령을> 듣는다. 세자가 죽을 먹고 얼굴이 짙은 흑색이 되어 자리에 나아가 곡을 하면 백관과 유사들이 감히 슬퍼하지 않음이 없는 것은 윗사람이 솔선수범하기 때문이다. 윗사람이 <무엇을> 좋아함이 있으면 아랫사람은 반드시 <윗사람 보다> 더 심함이 있을 것이다. 군자의 덕은 바람이요, 소인의 덕은 풀이니, 풀 위에 바람을 더하면 반드시 그리로 쏠린다.' 하셨으니, 이것은 세자에게 달려 있는 것이다."

3장

設爲庠序學校하여 以敎之하니 庠者는 養也요 校者는 敎也요 序者는 射也라 夏曰校요 殷曰序요 周曰庠이요 學則三代共之하니 皆所以明人倫也라 人倫이 明於上이면 小民이 親於下니이다

해석 "상과 서와 학과 교를 설치하여 백성들을 가르쳤으니, 상은 봉양한다는 뜻이요, 교는 가르친다는 뜻이요, 서는 활쏘기를 익힌다는 뜻입니다. 하나라에서는 교라 하였고, 은나라에서는 서라 하였고, 주나라에서는 상이라 하였으며, 학(太學)은 삼대가 이름을 함께 하였으니, 모두 인륜을 밝히는 것이었습니다. 인륜이 위에서 밝으면 백성들이 아래에서 친해집니다."

薨:죽을 훙 歠:마실 철 粥:죽 죽 尙:더할 상 偃:쓰러질 언

4장 有爲神農之言者許行이 自楚之滕하여 踵門而告文公曰 遠方之人이 聞君行仁政하고 願受一廛而爲氓하노이다 文公이 與之處하시니 其徒數十人이 皆衣褐하고 捆屨織席하여 以爲食하더라

해석 신농씨의 말을 하는 허행이 초나라에서 등나라로 가서 궁궐의 문에 이르러 문공에게 아뢰기를 "먼 지방 사람이 군주께서 어진 정사를 행하신다는 말을 듣고, 한 자리를 받아 백성이 되기를 원합니다." 하자, 文公이 그에게 거처할 곳을 주니, 그 무리 수십 명이 모두 갈옷을 입고 신을 두드려 만들고 자리를 짜서, 그것을 팔아 양식을 마련하였다.

陳良之徒陳相이 與其弟辛으로 負耒耜而自宋之滕하여 曰聞君行聖人之政하니 是亦聖人也시니 願爲聖人氓하노이다

해석 진량의 무리인 진상이 그 아우 辛과 함께 쟁기와 보습을 지고 송나라에서 등나라로 가서 말하기를 "군주께서 성인의 정사를 하신다는 말을 들었으니, 이 또한 성인이시니, 성인의 백성이 되기를 원합니다." 하였다.

陳相이 見許行而大悅하여 盡棄其學而學焉이러니 陳相이 見孟子하여 道許行之言曰 滕君則誠賢君也어니와 雖然이나 未聞道也로다 賢者는 與民竝耕而食하며 饔飧而治하나니 今也에 滕有倉廩府庫하니 則是厲民而以自養也니 惡得賢이리오

해석 진상이 허행을 보고 크게 기뻐하여, 배운 것을 다 버리고 그에게 배우더니, 진상이 맹자를 보고서 허행의 말을 전하기를 "등나라 군주는 진실로 賢君이지만, 비록 그러하나 아직 도는 듣지 못하였습니다. 賢者는 백성들과 함께 밭 갈고서 먹으며, 밥을 짓고서 정치하나니, 지금 등나라에는 곡식창고(倉廩)와 재물창고(府庫)가 있으니, 이는 백성을 해쳐서 자기를 봉양하는 것이니, 어찌 어질 수 있겠습니까?" 하였다.

踵: 이를 종　廛: 자리 전　氓: 백성 맹　捆: 두드릴 곤　屨: 신 구　耒: 쟁기 뢰　耜: 보습 사　饔: 아침밥 옹
飧: 저녁밥 손　厲: 해칠 려

> 孟子曰 許子는 必種粟而後에 食乎아 曰 然하다 許子는 必織布而後에 衣乎아 曰 否라 許子는 衣褐이니라 許子는 冠乎아 曰 冠이니라 曰 奚冠고 曰 冠素니라 曰 自織之與아 曰 否라 以粟易之니라 曰 許子는 奚爲不自織고 曰害於耕이니라 曰 許子는 以釜甑爨하며 以鐵耕乎아 曰 然하다 自爲之與아 曰 否라 以粟易之니라

해석 맹자께서 말씀하셨다. "허자는 반드시 곡식을 심은 뒤에 먹는가?" "그렇습니다." "허자는 반드시 삼베를 짠 뒤에 입는가?" "아닙니다. 허자는 갈옷을 입습니다." "허자는 관을 쓰는가?" "관을 씁니다." "무슨 관을 쓰는가?" "흰 비단으로 만든 관을 씁니다." "스스로 그것을 짜는가?" "아닙니다. 곡식으로 바꿉니다." "허자는 어찌하여 스스로 짜지 않는가?" "농사에 방해되기 때문입니다." "허자는 가마솥과 시루로써 밥을 지으며, 쇠붙이로써 밭을 가는가?" "그렇습니다." "스스로 그것을 만드는가?" "아닙니다. 곡식으로 바꿉니다."

> 以粟易械器者 不爲厲陶冶니 陶冶亦以其械器易粟者 豈爲厲農夫哉리오 且許子는 何不爲陶冶하여 舍皆取諸其宮中而用之하고 何爲紛紛然與百工交易고 何許子之不憚煩고 曰百工之事는 固不可耕且爲也니라

해석 "곡식으로 기물을 바꾸는 것은 대장장이를 해침이 되지 않으니, 대장장이 또한 그 기물로 곡식을 바꾸는 것이 어찌 농부를 해침이 되겠는가? 또 허자는 어찌 대장장이 일을 하여 다만 모두 그 집안에서 취하여 쓰지 않고, 무엇 때문에 번거롭게 백공들과 교역하는가? 어찌하여 허자는 번거로움을 꺼리지 않는가?" "백공의 일은 진실로 밭 갈고 또 할 수는 없는 것입니다."

> 然則治天下는 獨可耕且爲與아 有大人之事하고 有小人之事하며 且一人之身而百工之所爲備하니 如必自爲而後用之면 是는 率天下而路也니라 故로 曰 或勞心하며 或勞力이니 勞心者는 治人하고 勞力者는 治於人이라하니 治於人者는 食人하고 治人者는 食於人이 天下之通義也니라

釜 : 가마솥 부 甑 : 시루 증 爨 : 불땔 찬

해석 "그렇다면 천하를 다스리는 것은 유독 밭을 갈고 또 할 수 있단 말인가? 대인의 일이 있고 소인의 일이 있으며, 또 한 사람의 몸에 백공의 하는 일이 구비되어 있으니, 만일 반드시 스스로 만든 뒤에야 쓴다면 이는 천하 사람을 이끌고 길에서 분주한 것이다. 그러므로 '어떤 자는 마음을 수고롭게 하며, 어떤 자는 힘을 수고롭게 하나니, 마음을 수고롭게 하는 자는 남을 다스리고, 힘을 수고롭게 하는 자는 남에게 다스려진다.' 하였으니, 남에게 다스려지는 자는 남을 먹여주고, 남을 다스리는 자는 남에게 얻어먹는 것이 천하의 공통된 의리이다.

當堯之時하여 天下猶未平하여 洪水橫流하여 氾濫於天下하여 草木暢茂하며 禽獸繁殖이라 五穀不登하며 禽獸偪人하여 獸蹄鳥跡之道가 交於中國이어늘 堯獨憂之하사 擧舜而敷治焉하시니 舜使益掌火하신대 益이 烈山澤而焚之하여 禽獸逃匿이어늘 禹疏九河하며 瀹濟漯而注諸海하시며 決汝漢하며 排淮泗而注之江하시니 然後에 中國可得而食也하니 當是時也하여 禹八年於外에 三過其門而不入하시니 雖欲耕이나 得乎아

해석 요의 때를 당하여 천하가 아직도 평정되지 못해서, 홍수가 멋대로 흘러 천하에 범람하여, 초목이 번창하고 무성하며 새와 짐승이 번식하였다. 오곡이 익지 못하며 새와 짐승이 사람을 핍박하여, 짐승 발자국과 새 발자국의 길이 나라 안에 교차하거늘, 요가 홀로 그것을 걱정하여 순을 들어서 다스림을 펴게 하시니, 순은 익에게 불을 맡게 하셨는데, 익이 산과 못에 불을 놓아 태우자, 새와 짐승이 도망하여 숨었다. 우왕이 九河를 소통하고 제수와 탑수를 소통하여 바다로 주입하시며, 여수와 한수를 트고 회수와 사수를 배수하여 강(양자강)으로 주입하시니, 그런 뒤에 나라 안에서 곡식을 먹을 수 있었다. 이때를 당하여 우왕이 8년 동안 밖에 있으면서 세 번이나 집의 문 앞을 지나면서도 들어가지 못하셨으니, 비록 밭 갈고자 하나 할 수 있겠는가?

后稷이 敎民稼穡하여 樹藝五穀한대 五穀熟而民人育하니 人之有道也에 飽食煖衣하여 逸居而無敎면 則近於禽獸일새 聖人有憂之하사 使契爲司徒하여 敎以人倫하시니 父子有親하며 君臣有義하며 夫婦有別하며 長幼有序하며 朋友有信이니라

瀹 : 소통할 약   濟 : 물이름 제   漯 : 물이름 탑   淮 : 물이름 회   泗 : 물이름 사

해석 후직이 백성들에게 농사짓는 법을 가르쳐서 오곡을 심고 가꾸게 하셨는데, 오곡이 익자 백성들이 잘 길러졌다. 인간에게는 도리가 있는데, 배불리 먹고 따뜻이 옷을 입어서 편안히 거처하기만 하고 가르침이 없으면 새나 짐승과 가까워진다. 성인이 이를 근심하시어, 계로 하여금 사도를 삼아 인륜을 가르치게 하셨으니, 부자간에는 친함이 있으며, 군신 간에는 의리가 있으며, 부부 간에는 분별이 있으며, 어른과 아이 사이에는 차례가 있으며, 친구 사이에는 믿음이 있는 것이다.

放勳曰 勞之來之하며 匡之直之하며 輔之翼之하며 使自得之하고 又從而振德之라하시니 聖人之憂民이 如此하시니 而暇耕乎아

해석 방훈이 말씀하시기를 '위로하고 오게 하며, 바로잡아주고 펴주며, 도와주고 도와주어 스스로 <본성을> 얻게 하고, 또 따라서 진작하고 은혜를 베풀어 준다.' 하셨으니, 성인이 백성을 걱정함이 이와 같으시니, 어느 겨를에 밭을 갈겠는가?

堯는 以不得舜으로 爲己憂하시고 舜以不得禹皐陶로 爲己憂하시니 夫以百畝之不易로 爲己憂者는 農夫也니라

해석 요는 순을 얻지 못함으로 자기의 근심을 삼으셨고, 순은 우와 고요를 얻지 못함으로 자기의 근심을 삼으셨으니, 100묘가 다스려지지 못함을 자기의 근심으로 삼는 자는 농부이다.

分人以財를 謂之惠요 敎人以善을 謂之忠이요 爲天下得人者를 謂之仁이니 是故로 以天下與人은 易하고 爲天下得人은 難하니라

해석 남에게 재물을 나누어 주는 것을 惠라 이르고, 남에게 善을 가르쳐 주는 것을 忠이라 이르고, 천하 사람들을 위하여 인재를 얻는 것을 仁이라 이른다. 이 때문에 천하를 남에게 주기는 쉽고, 천하를 위하여 인재를 얻기는 어려운 것이다.

孔子曰 大哉라 堯之爲君이여 惟天이 爲大어늘 惟堯則之하시니 蕩蕩乎民無能名焉이로다 君哉라 舜也여 巍巍乎有天下而不與焉이라하시니 堯舜之治天下에 豈無所用其心哉시리오마는 亦不用於耕耳시니라

巍 : 높을 외

> **[해석]** 공자께서 말씀하시기를 '위대하다, 요의 임금노릇하심이여! 오직 하늘이 위대하거늘 요임금이 이것을 본 받으셨으니, 넓고 넓어서 백성들이 능히 덕을 형용할 수가 없도다. 군자답다. 순이여! 높고 높아서 천하를 소유하고도 관여하지 않았다.' 하셨으니, 요순이 천하를 다스림에 어찌 그 마음을 쓰신 바가 없으리오마는 또한 밭가는 데는 쓰지 않으셨다.

昔者에 孔子沒커시늘 三年之外에 門人이 治任將歸할새 入揖於子貢하고 相嚮而哭하여 皆失聲然後歸어늘 子貢은 反하여 築室於場하여 獨居三年然後歸하니라

> **[해석]** 옛적에 공자께서 별세하시자, 3년이 지난 다음 문인들이 짐을 챙겨 장차 돌아가려 할 때에 들어가서 자공에게 읍하고 서로 향하여 통곡하여 모두 목이 쉰 뒤에 돌아가거늘, 자공은 다시 돌아와 묘 마당에 집을 짓고서 홀로 3년을 거처한 뒤에 돌아갔었다.

他日에 子夏子張子游 以有若似聖人이라하여 欲以所事孔子로 事之하여 彊曾子한대 曾子曰 不可하니 江漢以濯之며 秋陽以暴之라 皜皜乎不可尙已라하시니라

> **[해석]** 후일에 자공·자장·자유가 유약이 공자와 생김새가 비슷하다 하여 공자를 섬기던 예로써 그를 섬기고자 하여 증자에게 강요하였는데 증자께서 말씀하시길 "할 수 없다. 강한으로 씻는 것과 같으며 가을볕으로 쪼이는 것과 같아서 깨끗하여 더할 수 없다." 하셨다.

吾聞出於幽谷하여 遷于喬木者요 未聞下喬木而入於幽谷者로라

> **[해석]** 나는 그윽한 골짜기에서 나와 높은 나무로 옮겨간다는 말은 들었고, 높은 나무에서 내려와 그윽한 골짜기로 들어간다는 말은 듣지 못하였노라."

任 : 짐 임　　嚮 : 향할 향

> 曰夫物之不齊는 物之情也니 或相倍蓰하며 或相什伯하며 或相千萬이어늘 子比而同之하니 是亂天下也로다 巨屨小屨同賈면 人豈爲之哉리오 從許子之道면 相率而爲僞者也니 惡能治國家리오

해석 맹자께서 말씀하셨다. "무릇 물건이 똑같지 않은 것은 물건의 실정이니, 값의 차이가 혹은 서로 배가 되고 5배가 되며, 혹은 서로 10배가 되고 백배가 되며, 혹은 서로 천 배가 되고 만 배가 되거늘, 그대는 이것을 나란히 하여 똑같게 하려 하니, 이는 천하를 어지럽히는 짓이다. 큰 신과 작은 신이 값이 같다면 사람들이 어찌 큰 신을 만들겠는가. 허자의 도를 따른다면 서로 이끌고서 거짓을 할 것이니, 어떻게 국가를 다스릴 수 있겠는가?"

5장
> 徐子以告夷子한대 夷子曰 儒者之道에 古之人이 若保赤子라하니 此言은 何謂也오 之則以爲愛無差等이요 施由親始라하노라

해석 서자가 이 말을 이자에게 전하자, 이자가 말하였다. "유자의 도에 '옛사람이 갓난아이를 보호하듯이 한다.' 하였으니, 이 말은 무슨 말인가? 나는 사랑에는 차등이 없고, 베풂은 어버이로부터 시작한다고 여기노라."

> 徐子以告孟子한대 孟子曰 夫夷子는 信以爲人之親其兄之子가 爲若親其隣之赤子乎아 彼有取爾也니 赤子匍匐將入井이 非赤子之罪也라 且天之生物也는 使之一本이어늘 而夷子二本故也로다

해석 서자가 이 말을 맹자에게 아뢰자. 맹자께서 말씀하셨다. "이자는 진실로 사람들이 그 형의 아들을 친히 하는 것이 그 이웃집의 갓난아이를 친히 하는 것과 같다고 여기는가. 저 『서경』의 말은 뜻을 취함이 있으니, 갓난아이가 엉금엉금 기어서 장차 우물로 들어가려는 것이 갓난아이의 죄가 아니라고 말한 것이다. 또 하늘이 사물을 냄은 그로 하여금 근본이 하나이게 하였거늘, 이자는 근본이 둘이기 때문이다.

蓰 : 다섯곱 사   匍 : 기어갈 포   匐 : 기어갈 복

蓋上世에 嘗有不葬其親者러니 其親死어늘 則擧而委之於壑하고
他日過之할새 狐狸食之하며 蠅蚋姑嘬之어늘 其顙有泚하여 睨而
不視하니 夫泚也는 非爲人泚라 中心이 達於面目하여 蓋歸反虆
梩而掩之하니 掩之誠是也면 則孝子仁人之掩其親이 亦必有道
矣리라

해석 상고시대에 일찍이 그 어버이를 장례하지 않은 자가 있었는데, 그 어버이가 죽자, 들어다가 구덩이에 버렸다. 후일에 그 곳을 지날 적에 여우와 살쾡이가 파먹으며 파리와 등에가 모여서 빨아 먹거늘, 그 이마에 땀이 흥건히 젖어서 흘겨보고 차마 똑바로 보지 못하였으니, 땀이 흥건히 젖은 것은 남들이 보기 때문에 땀에 젖은 것이 아니라 마음이 얼굴에 도달한 것이다. 그는 집으로 돌아와서 삼태기와 들것에 흙을 담아 뒤집어 쏟아서 시신을 엄폐하였으니, 시신을 엄폐하는 것이 진실로 옳다면, 효자와 仁人이 그 어버이를 엄폐하는 데는 또한 반드시 도리가 있을 것이다."

徐子以告夷子한대 夷子憮然爲間曰 命之矣샷다

해석 서자가 이 말을 이자에게 전하니, 이자가 망연히 앉아 있다가 말하기를 "나를 가르쳐 주셨다." 하였다.

狸 : 삵 리　蠅 : 파리 승　蚋 : 모기 예　嘬 : 물 최　顙 : 이마 상　泚 : 땀날 자　虆 : 들것 류　梩 : 흙 담는 들것 리
憮 : 실의한 모양 무

6. 滕文公章句下

1장

陳代曰 不見諸侯 宜若小然하여이다 今一見之하시면 大則以王이요 小則以霸니이다 且志에 曰枉尺而直尋이라하니 宜若可爲也로소이다

해석 진대가 말했다. "제후를 만나보지 않는 것은 작은 일인 것 같습니다. 지금 한 번 만나보시면 크게는 王者를 이루고, 작게는 霸者를 이룰 것입니다. 또 옛 기록에 '한 자를 굽혀 한 길을 편다.' 하였으니, 아마도 할 만한 일인 듯합니다."

孟子曰 昔에 齊景公田할새 招虞人以旌한대 不至어늘 將殺之러니 志士는 不忘在溝壑하고 勇士는 不忘喪其元이라하시니 孔子는 奚取焉고 取非其招不往也시니 如不待其招而往엔 何哉오

해석 맹자께서 말씀하셨다. "옛날에 제경공이 사냥할 적에 旌으로 동산을 지키는 관리를 불렀는데, 오지 않으니 장차 그를 죽이려 했었다. <공자께서 그를 칭찬하기를> '뜻이 있는 선비는 시신이 도랑에 버려질 것을 잊지 않고, 용맹한 선비는 자기 머리를 잃을 것을 잊지 않는다.' 하셨으니, 공자는 어찌하여 그를 취하셨는가? <자기의 신분에 맞는> 부름이 아니면 가지 않은 것을 취하신 것이다. 만일 부름을 기다리지 않고 간다면 어떠하겠는가?

且夫枉尺而直尋者는 以利言也니 如以利면 則枉尋直尺而利라도 亦可爲與아

해석 또 한 자를 굽혀서 한 길을 편다는 것은 이익으로써 말한 것이니, 만일 이익으로써 한다면, 한 길을 굽혀서 한 자를 펴 이익이 있을지라도 또한 하겠는가?

尋 : 길(길이의 단위) 심   元 : 머리 원

昔者에 趙簡子使王良으로 與嬖奚乘한대 終日而不獲一禽하고 嬖奚反命曰 天下之賤工也러이다 或以告王良한대 良曰 請復之하리라 彊而後可라하여늘 一朝而獲十禽하고 嬖奚反命曰 天下之良工也러이다

해석 예전에 조간자가 왕량으로 하여금 총애하는 신하인 해와 함께 수레를 타고 사냥하게 하였는데, 종일토록 한 마리의 짐승도 잡지 못하고, 총애하는 신하 해가 돌아가서 보고하기를 "천하에 값어치 없는 말몰이꾼이었습니다." 하였다. 혹자가 이 말을 왕량에게 전하자, 왕량이 말했다. "다시 하자고 청하리라." 강요한 뒤에야 승낙하였다. 하루아침에 열 마리의 짐승을 잡자, 해가 돌아와 보고하기를 "천하에 훌륭한 말몰이꾼이었습니다." 하였다.

簡子曰 我使掌與女乘하리라하고 謂王良한대 良不可曰 吾爲之範我馳驅하니 終日不獲一하고 爲之詭遇하니 一朝而獲十하니 詩云 不失其馳어늘 舍矢如破라하니 我不貫與小人乘하니 請辭라하니라

해석 간자가 "내 그로 하여금 너와 함께 수레를 타게 하도록 하겠다." 하고는 왕량에게 이 말을 일렀다. 왕량이 허락하지 않으며 말하기를 "내가 그를 위해서 말 모는 것을 법대로 하였더니 종일토록 한 마리의 짐승도 잡지 못하였고, 그를 위하여 부정한 방법으로 짐승을 만나게 하였더니, 하루 아침에 열 마리의 짐승을 잡았습니다. 『시경』에 [말몰이꾼이 말 모는 법을 잃지 않거늘 사수가 화살을 쏘니 깨뜨리는 것 같이 명중한다.] 하였으니, 나는 저런 소인과 함께 수레 타는 것을 익히지 못하였으니, 사양하겠습니다." 하였다.

御者도 且羞與射者比하여 比而得禽獸를 雖若丘陵이라도 弗爲也하니 如枉道而從彼엔 何也오 且子過矣로다 枉己者 未有能直人者也니라

해석 말 모는 자도 활을 쏘는 사수와 더불어 아부하는 것을 부끄러워해서, 아부하여 새와 짐승잡기를 비록 산더미처럼 할 수 있더라도 하지 않았으니, <선비가> 만일 도를 굽혀 저를 따른다면 어찌 하겠는가. 또한 자네가 잘못이다. 자기 몸을 굽힌 자가 능히 남을 곧게 펴는 경우는 없는 것이다."

詭 : 속일 궤　比 : 아첨할 비

2장 居天下之廣居하며 立天下之正位하며 行天下之大道하여 得志하여는 與民由之하고 不得志하여는 獨行其道하여 富貴不能淫하며 貧賤不能移하며 威武不能屈이 此之謂大丈夫니라

해석 천하의 넓은 집에 거처하며, 천하의 바른 자리에 서며, 천하의 큰 도를 행하여, 뜻을 얻으면 백성과 함께 도를 행하고, 뜻을 얻지 못하면 홀로 그 도를 행하여, 부귀가 마음을 방탕하게 하지 못하며, 빈천이 절개를 옮겨 놓지 못하며, 위무가 지조를 굽히게 할 수 없는 것이 이를 대장부라 이르는 것이다.

4장 彭更問曰 後車數十乘과 從者數百人으로 以傳食於諸侯 不以泰乎잇가 孟子曰 非其道인댄 則一簞食라도 不可受於人이어니와 如其道인댄 則舜受堯之天下하시되 不以爲泰하시니 子以爲泰乎아

해석 팽경이 물었다. "뒤에 따르는 수레가 수십대이며, 따르는 자 수백 명을 거느리고 제후에게 밥을 얻어먹는 것이 너무 지나치지 않습니까?" 맹자께서 말씀하셨다. "그 도가 아니라면 한 그릇의 밥이라도 남에게 받아서는 안 되지만, 만일 그 도라면 순임금은 요임금의 천하를 받으시되 지나치다고 여기지 않으셨으니, 그대는 이것을 지나치다고 여기는가?"

曰 否라 士無事而食이 不可也니이다

해석 팽경이 말했다. "아닙니다. 선비가 일 없이 밥을 얻어먹는 것이 옳지 않다는 것입니다."

曰 子不通功易事하여 以羨補不足이면 則農有餘粟하며 女有餘布어니와 子如通之면 則梓匠輪輿皆得食於子하리니 於此有人焉하니 入則孝하고 出則悌하며 守先王之道하여 以待後之學者하되 而不得食於子하리니 子何尊梓匠輪輿而輕爲仁義者哉오

해석 맹자께서 말씀하셨다. "그대가 공을 통하고 일을 서로 바꾸어 남는 것으로써 부족한 것을 도와주지 않는다면 농사꾼은 남아서 버리는 곡식이 있으며, 여자들은 남아서 버리는 삼베가 있을 것이다. 그러나 그대가 만일 이를 통하면 목공과 수레 만드는 공인이 모두 그대에게 밥을 얻어먹을 것이다. 여기에 어

彭: 성 팽 簞: 대그릇 단 羨: 남을 연 梓: 목수 재

떤 사람이 있는데, 들어오면 부모에게 효도하고 나가면 어른에게 공손하며 선왕의 도를 지켜 후세의 학자를 기다리지만 그대에게 밥을 얻어먹지는 못할 것이다. 그대는 어찌하여 목공과 수레 만드는 공인은 높이면서 인의를 행하는 자는 가벼이 여기는가?"

曰 梓匠輪輿는 其志將以求食也어니와 君子之爲道也도 其志亦將以求食與잇가 曰子何以其志爲哉오 其有功於子하여 可食而食之矣니라 且子는 食志乎아 食功乎아 曰 食志니이다

해석 "목공과 수레 만드는 공인은 그 뜻이 장차 밥을 구하려는 것이거니와, 군자가 도를 행함도 그 뜻이 또한 장차 밥을 구하려고 해서입니까?" 맹자께서 말씀하셨다. "자네가 어찌 그 뜻을 따지는가? 자네에게 공이 있어 밥을 먹일 만하면 먹이는 것이다. 또 자네는 뜻을 위주로 밥을 먹이는가? 功을 위주로 밥을 먹이는가?" "뜻을 위주로 밥을 먹입니다."

曰 有人於此하니 毁瓦畫墁이오 其志將以求食也인댄 則子食之乎아 曰 否니이다 曰 然則子非食志也라 食功也로다

해석 맹자께서 말씀하셨다. "여기에 사람이 있는데, 기왓장을 부수고 담장의 꾸밈을 함부로 그어놓고도 그 뜻이 장차 밥을 구하고자 하는 것이라면 자네는 그에게 밥을 먹이겠는가?" "아닙니다." "그러면 그대는 뜻을 위주로 밥을 먹이는 것이 아니라, 공을 위주로 밥을 먹이는 것일세." 하였다.

5장 湯이 始征을 自葛載하사 十一征而無敵於天下하니 東面而征에 西夷怨하며 南面而征에 北狄怨하여 曰奚爲後我오하여 民之望之가 若大旱之望雨也하여 歸市者弗止하며 芸者不變이어늘 誅其君吊其民하신대 如時雨降이라 民大悅하니 書曰 徯我后하노니 后來其無罰아하니라

해석 "탕왕이 첫 번째 정벌을 갈나라로부터 시작하여 11개국을 정벌하셨는데, 천하에 대적한 이가 없었으니, 동쪽을 향하여 정벌하면 서쪽의 오랑캐가 원망하며 남쪽을 향하여 정벌하면 북쪽의 오랑캐가 원망하여 말하기를 '어찌하여 우리나라를 뒤에 정벌하시는가?' 하여, 백성들이 바라기를 큰 가뭄에 비를

墁: 담장에 회칠할 만   載: 비로소 재   芸: 김맬 운   徯: 기다릴 해

바라듯이 하여, 시장에 돌아가는 자들이 발길을 멈추지 않았으며, 김매는 자들이 동요하지 않았다. 탕왕이 그 군주를 주벌하고 백성들을 위문하시자, 마치 단비가 내린 듯이 백성들이 크게 기뻐하였다. 『서경』에 이르기를 '우리 임금님을 기다리니, 우리 임금님이 오시면 형벌이 없으시겠지?' 하였다.

6장 孟子謂戴不勝曰 子欲子之王之善與아 我明告子하리라 有楚大夫於此하니 欲其子之齊語也인댄 則使齊人傅諸아 使楚人傅諸아 曰 使齊人傅之니이다 曰一齊人傅之어든 衆楚人咻之면 雖日撻而求其齊也라도 不可得矣어니와 引而置之莊嶽之間數年이면 雖日撻而求其楚라도 亦不可得矣리라

> **해석** 맹자께서 대불승에게 이르기를 "그대는 그대의 왕이 선해지기를 바라는가? 내 분명히 그대에게 말하겠다. 여기에 초나라 대부가 있는데, 그의 아들이 제나라 말을 하기를 원한다면 제나라 사람에게 가르치게 하겠는가? 초나라 사람에게 가르치게 하겠는가?" 하시자, "제나라 사람에게 가르치게 할 것입니다." 하고 대답하였다. 맹자께서 말씀하셨다. "한 명의 제나라 사람이 그를 가르치거늘 여러 초나라 사람들이 떠들어 댄다면 비록 날마다 종아리를 치면서 제나라 말을 하기를 요구하더라도 할 수 없을 것이다. 그러나 그를 끌어다가 장옥의 사이에 수년 동안 둔다면 비록 날마다 종아리를 치면서 초나라 말을 하기를 요구한다 하더라도 또한 할 수 없을 것이다.

7장 公孫丑問曰 不見諸侯何義잇고 孟子曰 古者에 不爲臣하여는 不見하더니라

> **해석** 공손추가 물었다. "제후를 만나보지 않는 것은 무슨 의리입니까? 맹자께서 말씀하셨다. "옛적에 신하가 되지 않으면 군주를 만나보지 않았다.

陽貨欲見孔子而惡無禮하여 大夫有賜於士어든 不得受於其家면 則往拜其門일새 陽貨瞯孔子之亡(무)也하여 而饋孔子蒸豚한대 孔子亦瞯其亡也하여 而往拜之하시니 當是時하여 陽貨先이면 豈得不見이시리오

咻 : 떠들 휴　撻 : 매질할 달　瞯 : 엿볼 감　饋 : 음식 보낼 궤

해석 양화는 공자가 자기를 찾아와 보게 하려고 하였으나 무례하다는 비난을 싫어하여, 대부가 士에게 물건을 하사함이 있을 경우, <士가> 자기 집에서 그 물건을 직접 받지 못하였으면 대부의 문에 가서 절하는 예가 있었는데 양화가 공자가 집에 없을 때를 엿보아 공자에게 삶은 돼지고기를 보내주자, 공자께서도 또한 그가 집에 없을 때를 엿보아 찾아가서 절하셨다. 이때를 당하여 양화가 먼저 예를 베풀었다면, 공자께서 어찌 만나보지 않았겠는가?"

8장 戴盈之曰 什一과 去關市之征을 今茲未能이란대 請輕之하여 以待來年然後已하되 何如하니잇고

해석 대영지가 말했다. "10분의 1의 세금 제도와 관문과 시장의 세금을 철폐하는 것을 올해는 할 수 없으니, 청컨대 세금을 경감하여 내년을 기다린 뒤에 그만 두려고 합니다. 어떻습니까?"

孟子曰 今有人이 日攘其鄰之鷄者어늘 或告之曰 是非君子之道라한대 曰請損之하여 月攘一鷄하여 以待來年然後已로다

해석 맹자께서 말씀하셨다. "지금 어떤 사람이 날마다 이웃집의 닭을 훔치는 자가 있거늘 혹자가 그에게 '이는 군자의 도리가 아니다.'라고 하자, 대답하기를 '청컨대 그 수를 줄여서 달마다 닭 한 마리를 훔쳐 내년을 기다린 뒤에 그만 두겠다.'고 하는 것이로다.

如知其非義인댄 斯速已矣니 何待來年이리오

해석 만일 의가 아님을 안다면 빨리 그만두어야 할 것이니 어찌 내년을 기다리겠는가?"

9장 公都子曰 外人이 皆稱夫子好辯하나니 敢問何也잇고 孟子曰 予豈好辯哉리오 予不得已也로라 天下之生이 久矣니 一治一亂이니라

해석 공도자가 물었다. "다른 사람들이 모두 선생이 변론하기를 좋아한다고 칭하니, 감히 묻겠습니다. 어째서입니까?" 맹자께서 말씀하셨다. "내 어찌 변론하기를 좋아하겠는가? 내 부득이해서이다. 천하에 인간이 살아온 지가 오래 되었으니, 한 번 다스려지고 한 번 혼란하였다.

聖王이 不作하여 諸侯放恣하며 處士橫議하여 楊朱墨翟之言이 盈天下하여 天下之言이 不歸楊則歸墨하니 楊氏는 爲我하니 是無君也요 墨氏는 兼愛하니 是無父也니 無父無君은 是禽獸也니라 公明儀曰 庖有肥肉하며 廐有肥馬하고 民有飢色하며 野有餓莩면 此는 率獸而食人也라하니 楊墨之道不息하면 孔子之道不著하리니 是는 邪說誣民하여 充塞仁義也니 仁義充塞이면 則率獸食人하다가 人將相食하리라

해석 어진 임금이 나오지 아니하여 제후들이 방자하며 초야의 선비들이 멋대로 의논하여 양주와 묵적의 말이 천하에 가득하여, 천하의 말이 양주에게 돌아가지 않으면 묵적에게 돌아갔다. 양씨는 자신만을 위하니, 이는 군주가 없는 것이요, 묵씨는 똑같이 사랑하니, 이는 아버지가 없는 것이니, 아버지가 없고 군주가 없는 것은 이는 금수이다. 공명의가 말하기를 '<임금의> 푸줏간에 살찐 고기가 있고 마구간에 살찐 말이 있는데도 백성들은 굶주린 기색이 있으며 들에는 굶어 죽은 시체가 있다면 이는 짐승을 내몰아 사람을 잡아먹게 하는 것이다.' 하였다. 양주와 묵적의 도가 종식되지 않으면 공자의 도가 드러나지 않을 것이니 이것은 부정한 학설이 백성을 속여 인의를 꽉 막는 것이다. 인의가 꽉 막히면 짐승들을 내몰아 사람을 잡아먹게 하다가 사람들이 장차 서로 잡아먹게 될 것이다.

吾爲此懼하여 閑先聖之道하여 距楊墨하며 放淫辭하여 邪說者不得作케하노니 作於其心하여 害於其事하며 作於其事하여 害於其政하나니 聖人復起사도 不易吾言矣시리라

해석 내가 이것을 두려워하여 옛날 성인의 도를 보호하여 양주와 묵적을 막으며 부정한 말을 추방하여 부정한 학설이 나오지 못하게 하는 것이다. <부정한 학설은> 그 마음에서 나와 그 일을 해치며, 일에서 나와서 정사를 해치니, 성인이 다시 나오셔도 내 말을 바꾸지 않으실 것이다.

昔者에 禹抑洪水而天下平하고 周公兼夷狄驅猛獸而百姓寧하고 孔子成春秋而亂臣賊子懼하니라

翟 : 꿩 적 莩 : 굶어죽을 표 閑 : 보호할 한

> **해석** 옛적에 우왕이 홍수를 억제하시자 천하가 평온해졌고, 주공이 오랑캐를 하나로 하고 맹수를 몰아내시자 백성들이 편안하였고, 공자께서 『춘추』를 완성하시자 나라를 어지럽히는 무리들이 두려워하였다.

詩云 戎狄是膺하니 荊舒是懲하여 則莫我敢承이라하니 無父無君은 是周公所膺也니라

> **해석** 『시경』에 이르기를 '오랑캐(戎狄)를 이에 정벌하니, 형과 서가 이에 다스려져 나를 감히 대적할 자가 없다.' 하였으니, 아버지가 없고 군주가 없는 것은 주공께서도 응징하신 바이다."

10장 匡章曰 陳仲子는 豈不誠廉士哉리오 居於(오)陵할새 三日不食하여 耳無聞하며 目無見也러니 井上有李螬食實者過半矣어늘 匍匐往將食之하여 三咽然後에야 耳有聞하며 目有見하니라

> **해석** 광장이 말했다. "진중자는 어찌 참으로 청렴한 선비가 아니겠습니까? 오릉에 거처할 적에 3일 동안 먹지 못하여 귀에는 들리는 것이 없으며, 눈에는 보이는 것이 없었는데 우물가에 오얏이 있었는데, 굼벵이가 반이 넘게 파먹었거늘, 기어가서 그것을 먹어 세 번 삼킨 뒤에야 귀에 들리는 것이 있었고 눈에 보이는 것이 있었습니다."

孟子曰 於齊國之士에 吾必以仲子로 爲巨擘焉이어니와 雖然이나 仲子惡能廉이리오 充仲子之操며 則蚓而後可者也니라

> **해석** 맹자께서 말씀하셨다. "제나라의 선비 중에 내 반드시 중자를 최고로 여기겠다. 그러나 중자가 어찌 청렴이라 할 수 있겠는가? 중자의 지조를 채우려면 지렁이가 된 뒤에야 가능할 것이다."

膺: 응징할 응　螬: 굼벵이 조　匍: 기어갈 포　匐: 기어갈 복　咽: 삼킬 인　擘: 손가락 벽　蚓: 지렁이 인

7. 離婁章句上

1장

孟子曰 離婁之明과 公輸子之巧로도 不以規矩면 不能成方員(圓)이요 師曠之聰으로도 不以六律이면 不能正五音이요 堯舜之道로도 不以仁政이면 不能平治天下니라

해석 맹자께서 말씀하셨다. "이루의 눈 밝음과 공수자의 솜씨로도 규와 구를 쓰지 않으면 모난 모양과 둥근 모양을 이루지 못하고, 사광의 귀 밝음으로도 육률을 쓰지 않으면 오음을 바로 잡지 못하고, 요순의 도로도 어진 정치를 하지 않으면 천하를 잘 다스릴 수 없다.

今有仁心仁聞이로되 而民不被其澤하여 不可法於後世者는 不行先王之道也일새니라

해석 지금 <군주가> 사람을 사랑하는 마음(仁心)과 사람을 사랑한다는 명성(仁聞)이 있으면서도 백성들이 그 혜택을 입지 못하여 후세에 법이 될 수 없는 것은 선왕의 도를 행하지 않기 때문이다.

故로 曰 徒善이 不足以爲政이요 徒法이 不能以自行이라하니라

해석 그러므로 말하기를 '한갓 착한 마음만 가지고는 정치를 할 수 없으며, 한갓 법만 가지고는 스스로 행해질 수 없다.' 고 한 것이다.

是以惟仁者아 宜在高位니 不仁而在高位면 是는 播其惡於衆也니라

해석 이 때문에 오직 仁者만이 높은 지위에 있어야 하는 것이니, 인하지 않으면서 높은 지위에 있으면, 이는 그 惡을 여러 사람에게 퍼는 것이다.

婁 : 끌 루   徒 : 한갓 도

事君無義하며 進退無禮하고 言則非先王之道者 猶沓沓也니라

해석 군주를 섬김에 의가 없고 나아가고 물러남에 예가 없으며, 말만 하면 선왕의 도를 비방하는 자가 沓沓 같은 것이다.

故曰 責難於君을 謂之恭이요 陳善閉邪를 謂之敬이요 吾君不能을 謂之賊이라하니라

해석 그러므로 '어려운 일을 군주에게 책하는 것을 恭이라 이르고, 善한 것을 말하여 사악한 마음을 막는 것을 敬이라 이르고, 우리 군주는 불가능하다 하는 것을 賊이라 이른다.' 한 것이다."

2장

孟子曰 規矩는 方員之至也요 聖人은 人倫之至也니라

해석 맹자께서 말씀하셨다. "규와 구는 모난 모양과 둥근 모양의 지극함이요, 성인은 인륜의 지극함이다.

孔子曰 道二니 仁與不仁而已矣라하시니라

해석 공자께서 말씀하셨다. '길은 둘이니, 인한 것과 인하지 않은 것뿐이다.'

詩云 殷鑑不遠하여 在夏后之世라하니 此之謂也니라

해석 『시경』에 이르기를 '은나라의 거울이 멀리 있지 않아, 하나라의 세대에 있다.' 하였으니, 이것을 말한 것이다."

3장

孟子曰 三代之得天下也는 以仁이요 其失天下也는 以不仁이니라

해석 맹자께서 말씀하셨다. "삼대가 천하를 얻은 것은 인으로써였고, 천하를 잃은 것은 인하지 않음으로써였다.

沓 : 말 잘할 답

今에 惡死亡而樂不仁하나니 是猶惡醉而強酒니라

해석 지금 죽고 망하는 것을 싫어하면서도 인하지 않은 것을 좋아하니, 이는 취하는 것을 싫어하면서도 억지로 술을 마시는 것과 같다."

4장 孟子曰 愛人不親이어든 反其仁하고 治人不治어든 反其智하고 禮人不答이어든 反其敬이니라

해석 맹자께서 말씀하셨다. "남을 사랑해도 친해지지 않거든 자신의 仁을 돌이켜 보고, 남을 다스려도 다스려지지 않거든 자신의 智를 돌이켜보고, 사람에게 예를 해도 답례하지 않거든 자신의 敬을 돌이켜보아야 한다.

行有不得者어든 皆反求諸己니 其身正而天下歸之니라

해석 행하고도 얻지 못함이 있거든 모두 자신에게 돌이켜 찾아야 하니, 자신이 바르게 되면 천하의 사람들이 귀의하는 것이다."

7장 孟子曰 天下有道에는 小德이 役大德하며 小賢이 役大賢하고 天下無道에는 小役大하며 弱役強하나니 斯二者는 天也니 順天者는 存하고 逆天者는 亡이니라

해석 맹자께서 말씀하셨다. "천하에 도가 있을 때에는 小德이 大德에게 부림을 당하고 小賢이 大賢에게 부림을 당하며, 천하에 도가 없을 때에는 작은 자가 큰 자에게 부림을 당하고 약자가 강자에게 부림을 당한다. 이 두 가지는 하늘의 이치이니, 하늘의 이치를 순종하는 자는 보존하고, 하늘의 이치를 거스르는 자는 망한다.

8장 孟子曰 不仁者는 可與言哉아 安其危而利其菑하여 樂其所以亡者하나니 不仁而可與言이면 則何亡國敗家之有리오

해석 맹자께서 말씀하셨다. "불인한 자와 더불어 말할 수 있겠는가! 위태로움을 편안히 여기고, 재앙을 이롭게 여겨, 망하게 되는 짓을 좋아한다. 불인하면서도 더불어 말할 수 있다면 어찌 나라를 망하게 하고 집안을 패하게 하는 일이 있겠는가?

有孺子歌曰 滄浪之水淸兮어든 可以濯我纓이요 滄浪之水濁兮어든 可以濯我足이라하여늘

해석 아이들이 노래하기를 '창랑의 물이 맑거든, 나의 갓끈을 씻을 것이요, 창랑의 물이 흐리거든 나의 발을 씻겠다.' 하였다.

孔子曰 小子아 聽之하라 淸斯濯纓이요 濁斯濯足矣로소니 自取之也라하시니라

해석 공자께서 말씀하셨다. '제자들아 저 노래를 들어 보아라. [물이 맑으면 갓끈을 빨고, 물이 흐리면 발을 씻는다.] 하니, 이는 물이 스스로 취한 것이다.' 하였다.

太甲曰 天作孼은 猶可違어니와 自作孼은 不可活이라하니 此之謂也니라

해석 「태갑」에 이르기를 '하늘이 만든 재앙은 오히려 피할 수 있거니와, 스스로 만든 재앙은 살 수 없다.' 하였으니, 이것을 말한 것이다."

9장 孟子曰 桀紂之失天下也는 失其民也니 失其民者는 失其心也라 得天下有道하니 得其民이면 斯得天下矣리라 得其民有道하니 得其心이면 斯得民矣리라 得其心有道하니 所欲을 與之聚之면 所惡를 勿施爾也니라

해석 맹자께서 말씀하셨다. "걸왕과 주왕이 천하를 잃은 것은 그 백성을 잃었기 때문이니, 백성을 잃었다는 것은 그 <백성의> 마음을 잃은 것이다. 천하를 얻음에 방법이 있으니, 백성을 얻으면 천하를 얻을 것이다. 백성을 얻음에 방법이 있으니, 그 <백성의> 마음을 얻으면 백성을 얻을 것이다. <백성의> 마음을 얻음에 길이 있으니, 원하는 바를 주어서 모이게 하고, 싫어하는 바를 베풀지 말아야 한다.

民之歸仁也는 猶水之就下하며 獸之走壙也니라 故로 爲淵敺魚者는 獺也요 爲叢敺爵者는 鸇也요 爲湯武敺民者는 桀與紂也니라

滄: 물이름 창 纓: 갓끈 영 壙: 들 광 敺: 몰 구(驅와 통용) 獺: 수달 달 叢: 떨기 총 鸇: 새매 전

해석 백성이 仁者에게 돌아감은 물이 아래로 내려가며 짐승이 넓은 들로 달려가는 것과 같다. 그러므로 못을 위하여 물고기를 몰아주는 것은 수달이요, 나무숲을 위하여 참새를 몰아주는 것은 새매요, 탕왕과 무왕을 위하여 백성을 몰아준 자는 걸왕과 주왕이다.

> 今天下之君이 有好仁者면 則諸侯皆爲之敺矣리니 雖欲無王이나 不可得已니라

해석 지금 천하의 군주 중에 인을 좋아하는 자가 있으면 제후들이 모두 그를 위하여 <백성을> 몰아줄 것이니, 비록 왕 노릇을 하지 않으려 하더라도 그만 둘 수 없을 것이다."

10장
> 孟子曰 自暴者는 不可與有言也요 自棄者는 不可與有爲也니 言非禮義를 謂之自暴也요 吾身不能居仁由義를 謂之自棄也니라

해석 맹자께서 말씀하셨다. "스스로 해치는 자는 더불어 말할 수 없고, 스스로 버리는 자는 더불어 일할 수 없으니, 말할 때 예의를 비방하는 것을 自暴라 이르고, 내 몸은 인에 머무르고 의를 따르는 것을 할 수 없다 하는 것을 自棄라 이른다.

> 仁은 人之安宅也요 義는 人之正路也라 曠安宅而弗居하며 舍正路而不由하나니 哀哉라

해석 인은 사람의 편안한 집이요, 의는 사람의 바른 길이다. 편안한 집을 비워두고 거처하지 않으며, 바른 길을 버려두고 따르지 않으니, 애처롭다!"

11장
> 孟子曰 道在爾而求諸遠하며 事在易而求諸難하나니 人人이 親其親長其長이면 而天下平하리라

해석 맹자께서 말씀하셨다. "도가 가까운 곳에 있는데도 먼 곳에서 구하며, 일이 쉬운 데 있는데도 어려운 데에서 찾는다. 사람마다 각기 그 어버이를 친히 하고 그 어른을 어른으로 섬기면 천하가 평안해질 것이다."

曠 : 빌 광

12장 是故로 誠者는 天之道也요 思誠者는 人之道也니라

해석 "이 때문에 <자연스럽게> 성실한 것은 하늘의 도요 성실히 할 것을 생각하는 것은 사람의 도이다.

至誠而不動者 未之有也니 不誠이면 未有能動者也니라

해석 지극히 성실하고서 <남을> 감동시키지 못하는 자는 있지 않으니, 성실하지 못하면 능히 남을 감동시킬 자가 있지 않다."

13장 孟子曰 伯夷辟(避)紂하여 居北海之濱이러니 聞文王作하고 興曰 盍歸乎來리오 吾聞西伯은 善養老者라하며 太公辟紂하여 居東海之濱이러니 聞文王作하고 興曰 盍歸乎來리오 吾聞西伯은 善養老者라하니라

해석 맹자께서 말씀하셨다. "백이가 주왕을 피하여 북해의 물가에서 살았는데 문왕이 일어났다는 말을 듣고 떨치고 일어나 말씀하시기를 '어찌 돌아가지 않겠는가? 내 들으니 문왕은 늙은이를 잘 봉양한다.' 하였으며, 태공이 주왕을 피하여 동해의 물가에서 살았는데, 문왕이 일어났다는 말을 듣고 떨치고 일어나 말씀하시기를 '어찌 돌아가지 않겠는가? 내 들으니 문왕은 늙은이를 잘 봉양한다.' 하였다.

二老者는 天下之大老也而歸之하니 是는 天下之父歸之也라 天下之父歸之어니 其子焉往이리오

해석 두 노인은 천하의 존경받는 노인인데 문왕에게 돌아갔으니, 이는 천하의 아버지가 문왕에게 돌아간 것이다. 천하의 아버지가 돌아갔으니, 그 자제들이 어디로 가겠는가?

諸侯有行文王之政者면 七年之內에 必爲政於天下矣리라

해석 제후가 능히 문왕의 정사를 행하는 자가 있으면 7년 이내에 반드시 천하를 다스릴 것이다."

17장 淳于髡曰 男女授受不親이 禮與잇가 孟子曰 禮也니라 曰嫂溺則援之以手乎잇가 曰嫂溺不援이면 是는 豺狼也니 男女授受不親은 禮也요 嫂溺援之以手者는 權也니라

해석 순우곤이 말했다. "남녀 간에 주고받기를 직접 하지 않는 것이 예입니까?" 맹자께서 말씀하셨다. "예이다." "형수가 우물에 빠지면 손으로 구해줘야 합니까?" "형수가 우물에 빠졌는데도 손으로 구하지 않으면 이는 승냥이나 다름없으니, 남녀 간에 주고받기를 직접 하지 않는 것은 예이고 형수가 물에 빠지면 손으로 구해주는 것은 권도이다." 하셨다.

曰今天下溺矣어늘 夫子之不援은 何也잇고 曰天下溺이어든 援之以道요 嫂溺이어든 援之以手니 子欲手援天下乎아

해석 <순우곤이> 말했다. "지금 천하가 도탄에 빠졌는데, 선생께서 구원하지 않으시는 것은 어째서 입니까?" 맹자께서 말씀하셨다. "천하가 도탄에 빠지면 도로써 구원하고 형수가 물에 빠지면 손으로 구원하는 것이니, 자네는 손으로 천하를 구원하고자 하는가?"

18장 古者에 易子而教之하니라 父子之間은 不責善이니 責善則離하나니 離則不祥이 莫大焉이니라

해석 <맹자께서 말씀하셨다.> "옛날에는 아들을 서로 바꾸어 가르쳤다." 부자지간에는 선으로 꾸짖지 않는 것이니, 선으로 꾸짖으면 <정이> 떨어지게 된다. 정이 떨어지면 좋지 않음이 이보다 더 큼이 없는 것이다."

19장 曾子養曾晳하시되 必有酒肉이러시니 將徹할새 必請所與하시며 問有餘어든 必曰有라하시다 曾晳死어늘 曾元養曾子하더니 必有酒肉하더니 將徹할새 不請所與하며 問有餘어시든 曰亡(무)矣라하니 將以復進也라 此所謂養口體者也니 若曾子면 則可謂養志也니라 事親을 若曾子者可也니라

해석 증자께서 증석을 봉양할 적에 <밥상에> 반드시 술과 고기가 있었는데, 장차

髡: 머리 깎을 곤 嫂: 형수 수 豺: 승냥이 시 狼: 이리 랑 權: 저울추 권 徹: 거둘 철 亡: 없을 무

밥상을 치울 적에 <증자는> 반드시 줄 곳을 청하였으며, <증석>이 '남은 것이 있느냐?' 하고 물으면 반드시 '있습니다.' 하고 대답하셨다. 증석이 죽자 증원이 증자를 봉양하였는데, <밥상에> 반드시 술과 고기가 있었다. 그러나 밥상을 치울 적에 <증원은> 줄 곳을 청하지 않았으며, <증자>가 '남은 것이 있느냐?' 하고 물으시면, 반드시 '없습니다.' 하고 대답하였으니, 이는 그 음식을 다시 올리려고 해서였다. 이것은 이른바 '口體만을 봉양한다.'는 것이니, 증자와 같이 하면 '뜻을 봉양한다.'고 이를 만하다. 어버이 섬김을 증자와 같이 하는 것이 옳다.

21장

孟子曰 有不虞之譽하며 有求全之毀하니라

해석 맹자께서 말씀하셨다. "예상하지 못한 칭찬이 있으며, 완전함을 구하다가 받는 비방이 있다."

28장

孟子曰 天下大悅而將歸己어늘 視天下悅而歸己하되 猶草芥也는 惟舜이 爲然하시니 不得乎親이면 不可以爲人이요 不順乎親이면 不可以爲子러시다

해석 맹자께서 말씀하셨다. "천하 사람들이 매우 기뻐하며 장차 자기에게 돌아오려 하였는데, 천하 사람들이 기뻐하며 자기에게 돌아오는 것 보기를 지푸라기 같이 여기신 것은 오직 순임금이 그러하셨다. 어버이에게 기쁨을 얻지 못하면 사람이 될 수 없고, 어버이를 <도에 깨우침이 있게 하여> 순하게 하지 못하면 자식이 될 수 없다고 여기셨다.

舜이 盡事親之道而瞽瞍底(지)豫하니 瞽瞍底豫而天下化하며 瞽瞍底豫而天下之爲父子者定하니 此之謂大孝니라

해석 순임금이 어버이 섬기는 도리를 다함에 고수가 기쁨을 이루었으니, 고수가 기쁨을 이룸에 천하가 교화되었으며, 고수가 기쁨을 이룸에 천하의 아버지와 자식 된 자들이 안정되었으니, 이것을 일러 '大孝'라고 한다."

虞 : 헤아릴 우   芥 : 지푸라기 개   瞍 : 소경 수   底 : 이룰 지   豫 : 기쁠 예

8. 離婁章句下

1장

孟子曰 舜은 生於諸馮하사 遷於負夏하사 卒於鳴條하시니 東夷之人也시니라

해석 맹자께서 말씀하셨다. "순임금은 제풍에서 태어나 부하로 옮기셨다가 명조에서 별세하셨으니, 동쪽 오랑캐의 사람이시다.

文王은 生於岐周하사 卒於畢郢하시니 西夷之人也시니라

해석 문왕은 기주에서 태어나 필영에서 별세하셨으니, 서쪽 오랑캐의 사람이시다.

地之相去也千有餘里며 世之相後也千有餘歲로되 得志하여 行乎中國하사는 若合符節하니라

해석 지역의 거리가 천여 리가 되며, 세대의 서로 뒤떨어짐이 천여 년이 되지만, 뜻을 얻어 나라 안에 행함에 있어서는 부절을 합한 듯이 똑같았다.

先聖後聖이 其揆一也니라

해석 앞의 성인과 뒤의 성인이 그 헤아림이 똑같다."

2장

子産이 聽鄭國之政할새 以其乘輿로 濟人於溱洧러니

해석 자산이 정나라의 정사를 다스릴 적에 자기가 타는 수레를 가지고 진과 유에서 사람들을 건네주었다.

馮 : 성 풍   郢 : 땅이름 영   揆 : 헤아릴 규   聽 : 다스릴 청   溱 : 물이름 진   洧 : 물이름 유

> 孟子曰 惠而不知爲政이로다

해석 맹자께서 말씀하셨다. "은혜로우나 정치를 하는 법을 알지 못하였도다.

> 歲十一月에 徒杠成하며 十二月에 輿梁成하면 民未病涉也니라

해석 11월에 도보로 다니는 다리가 이루어지고, 12월에 수레가 통행하는 다리가 이루어지면, 백성들이 물 건너는 것을 괴롭게 여기지 않을 것이다.

> 君子平其政이면 行辟人도 可也니 焉得人人而濟之리오 故로 爲政者每人而悅之면 日亦不足矣리라

해석 군자가 그 정사를 공평히 하면, 출행할 때 사람들의 통행을 통제하는 것도 괜찮으니, 어찌 사람마다 모두 건네줄 수 있겠는가! 그러므로 정치를 하는 사람이 매 사람마다 기쁘게 해주려 한다면 날마다 하여도 또한 부족할 것이다."

3장
> 王曰 禮에 爲舊君有服하니 何如라야 斯可爲服矣니잇고

해석 왕이 말씀하셨다. "『의례』에 옛 군주를 위하여 상복을 입는 것이 있으니, 어떻게 해야 이 상복을 입게 할 수 있습니까?"

> 曰 諫行言聽하여 膏澤이 下於民이요 有故而去어든 則君使人導之出疆하고 又先於其所往하며 去三年不反然後에 收其田里하나니 此之謂三有禮焉이니 如此則爲之服矣니이다

해석 맹자께서 말씀하셨다. "간언이 행해지고 말이 받아들여져 은택이 백성들에게 내려지고 연고가 있어 떠나면, 군주가 사람으로 하여금 인도하여 국경을 나가게 하고, 또 그가 가는 곳에 먼저 기별하여, 떠난 지 3년이 되어도 돌아오지 않은 뒤에야 그의 토지와 주택을 환수하니, 이것을 세 번 예가 있다 이르는 것이니, 이와 같이 하면 그(군주)를 위하여 상복을 입어주는 것이다.

杠 : 작은 다리 강   辟 : 물리칠 벽

> 今也엔 爲臣하여 諫則不行하며 言則不聽하여 膏澤이 不下於民이요 有故而去어든 則君搏執之하고 又極之於其所往하며 去之日에 遂收其田里하나니 此之謂寇讐니 寇讐에 何服之有리잇고

해석 지금은 신하가 되어 간하면 행하지 않으며, 말하면 들어주지 아니하여, 은택이 백성들에게 내려지지 못하고, 연고가 있어 떠나면, 군주가 그를 속박하며, 또 그가 가는 곳에 궁하게 하고, 떠나는 날에 마침내 그의 토지와 주택을 환수하니, 이것을 원수라 이르나니, 원수에게 무슨 상복을 입어주는 것이 있겠습니까?"

10장 孟子曰 仲尼는 不爲已甚者러시다

해석 맹자께서 말씀하셨다. "중니께서는 너무 심한 것을 하지 않으셨다."

12장 孟子曰 大人者는 不失其赤子之心者也니라

해석 맹자께서 말씀하셨다. "대인이란 갓난아이의 마음을 잃지 않은 자이다."

15장 孟子曰 博學而詳說之는 將以反說約也니라

해석 맹자께서 말씀하셨다. "널리 배우고 상세히 말함은 장차 돌이켜서 요약함을 말하고자 해서이다."

18장 徐子曰 仲尼亟稱於水曰 水哉水哉여하시니 何取於水也시니잇고

해석 서자가 말하기를, "중니께서 자주 물을 칭찬하시어 '물이여! 물이여!' 하셨으니, 물에서 무엇을 취하셨습니까?"

亟 : 자주 기

孟子曰 原泉이 混混하여 不舍晝夜하여 盈科而後進하여 放乎四海하나니 有本者如是라 是之取爾시니라

해석 맹자께서 말씀하셨다. "근원이 있는 물이 용솟음쳐 흘러서 밤낮을 그치지 아니하여 구덩이가 가득 찬 뒤에 전진하여 사해에 이르니, <학문에> 근본이 있는 자가 이와 같다. 이것을 취하신 것이다.

苟爲無本이면 七八月之間에 雨集하여 溝澮皆盈이나 其涸也는 可立而待也라 故로 聲聞過情을 君子恥之니라

해석 만일 근본이 없다면 7,8월 사이에 빗물이 모여서 도랑이 모두 가득 찼으나, 그 마르는 것은 서서도 기다릴 수 있다. 그러므로 명성이 실제보다 지나침을 군자는 부끄러워한다."

21장 孟子曰 王者之跡이 熄而詩亡하니 詩亡然後에 春秋作하니라 晉之乘과 楚之檮杌과 魯之春秋가 一也니라

해석 맹자께서 말씀하셨다. "王者의 자취가 종식됨에 시가 없어졌으니, 시가 없어진 뒤에 『춘추』가 나왔다. 진나라 『승』과 초나라 『도올』과 노나라의 『춘추』가 똑같은 것이다.

其事則齊桓晉文이요 其文則史니 孔子曰 其義則丘竊取之矣로라하시니라

해석 그 일은 제환공·진문공의 일이요, 그 문체는 사관의 문체이다. 공자께서 말씀하시기를 '그 의는 내가 적이 취했다.' 하셨다."

22장 孟子曰 君子之澤도 五世而斬이요 小人之澤도 五世而斬이니라

해석 맹자께서 말씀하셨다. "군자의 유풍도 오대면 끊기고, 소인의 유풍도 오대면 끊긴다.

混 : 용솟음칠 혼　　科 : 구덩이 과　　澮 : 도랑 회　　涸 : 마를 학　　檮 : 악한짐승이름 도　　杌 : 악한짐승이름 올

予未得爲孔子徒也나 予는 私淑諸人也로라

해석 나는 공자의 문도가 되지는 못하였으나, 나는 남에게서 얻어 들어 사사로이 <그 몸을> 선하게 하였노라."

23장 孟子曰 可以取며 可以無取에 取면 傷廉이요 可以與며 可以無與에 與면 傷惠요 可以死며 可以無死에 死면 傷勇이니라

해석 맹자께서 말씀하셨다. "얼핏 보면 취할 만하고, 깊이 살펴보면 취하지 말아야 할 경우에 취하면 청렴을 해치고, 얼핏 보면 줄 만하고, 깊이 살펴보면 주지 말아야 할 경우에 주면 은혜를 해치며, 얼핏 보면 죽을 만하고, 깊이 살펴보면 죽지 말아야 할 경우에 죽으면 용맹을 해친다."

28장 孟子曰 君子所以異於人者는 以其存心也니 君子는 以仁存心하며 以禮存心이니라

해석 맹자께서 말씀하셨다. "군자가 일반인과 다른 것은 그 마음을 보존하기 때문이니, 군자는 인으로 마음을 보존하며, 예로 마음을 보존한다.

仁者는 愛人하고 有禮者는 敬人하나니

해석 인자는 남을 사랑하고, 예가 있는 자는 남을 공경한다.

愛人者는 人恒愛之하고 敬人者는 人恒敬之니라

해석 남을 사랑하는 자는 남이 항상 사랑해주고, 남을 공경하는 자는 남이 항상 공경해준다.

是故로 君子有終身之憂요 無一朝之患也니 乃若所憂則有之하니 舜도 人也며 我亦人也로되 舜은 爲法於天下하사 可傳於後世어시늘 我는 由(猶)未免爲鄕人也하니 是則可憂也라 憂之如何오 如舜而已矣니라 若夫君子所患則亡(무)矣니 非仁無爲也며 非禮無行也라 如有一朝之患이라도 則君子不患矣니라

해석 이렇기 때문에 군자는 종신토록 하는 근심은 있어도, 하루아침의 걱정은 없다. 근심하는 바로 말하면 있으니, 순임금도 사람이며 나도 또한 사람인데, 순임금은 천하에 모범이 되어서 후세에 전할 만하시거늘, 나는 아직도 보통 사람이 됨을 면치 못하였으니, 이는 근심할 만한 일이다. 근심하면 어찌 하겠는가? 순임금과 같이 할 뿐이다. 군자는 걱정하는 바가 없으니, 인이 아니면 하지 않으며, 예가 아니면 행하지 않는다. 만일 하루아침의 걱정이 있다 하더라도 군자는 걱정하지 않는다."

29장 禹稷이 當平世하여 三過其門而不入하신대 孔子賢之하시니라

해석 우왕과 후직이 태평한 세상을 당하여 세 번 그 문 앞을 지나면서도 들어가지 않으시자, 공자께서 그들을 어질게 여기셨다.

顔子當亂世하여 居於陋巷하사 一簞食(사)와 一瓢飮을 人不堪其憂어늘 顔子不改其樂하신대 孔子賢之하시니라

해석 안자는 어지러운 세상을 당하여 누추한 골목에서 거처하며 한 그릇의 밥과 한 바가지의 물로 사는 것을 다른 사람들은 그 근심을 견디지 못하는데, 안자는 그 즐거움을 변치 않으시니, 공자께서 그를 어질게 여기셨다

孟子曰 禹稷顔回同道하니라

해석 맹자께서 말씀하셨다. "우왕과 후직과 안회는 도가 똑같다.

禹는 思天下有溺者어든 由己溺之也하시며 稷思天下有饑者어든 由己饑之也하시니 是以로 如是其急也시니라

해석 우왕은 천하에 물에 빠진 자가 있으면 마치 자신이 그를 빠뜨린 것과 같이 생각하시며, 후직은 천하에 굶주리는 자가 있으면 마치 자신이 그를 굶주리게 한 것처럼 생각하였으니, 이 때문에 이와 같이 급하게 하신 것이다.

禹稷顔子易地則皆然이시리라

해석 우왕과 후직과 안자가 처지를 바꾸면 모두 그러하셨을 것이다.

今有同室之人鬪者어든 救之하되 雖被髮纓冠而救之라도 可也니라

해석 이제 한 방에 같이 있는 사람이 싸우는 자가 있거든 이를 말리되, 비록 머리를 풀어 흩뜨리고 갓끈만 매고 가서 말리더라도 괜찮을 것이다.

鄕鄰에 有鬪者어든 被髮纓冠而往救之면 則惑也니 雖閉戶라도 可也니라

해석 마을과 이웃에 싸우는 자가 있거든 머리를 풀어 흩뜨리고 갓끈만 매고 가서 말린다면 미혹한 것이니, 비록 문을 닫더라도 괜찮은 것이다."

30장 孟子曰 世俗所謂不孝者五니 惰其四肢하여 不顧父母之養이 一不孝也요 博奕好飮酒하여 不顧父母之養이 二不孝也요 好貨財하며 私妻子하여 不顧父母之養이 三不孝也요 從耳目之欲하여 以爲父母戮이 四不孝也요 好勇鬪狠하여 以危父母가 五不孝也니 章子有一於是乎아

해석 맹자께서 말씀하셨다. "세속에서 이른바 '불효'라는 것이 다섯 가지이니, 그 사지를 게을리 하여 부모의 봉양을 돌보지 않는 것이 첫 번째 불효요, 장기와 바둑 두며 술 마시기를 좋아하여 부모의 봉양을 돌보지 않는 것이 두 번째 불효요, 재물을 좋아하며 처자를 사사로이 하여 부모의 봉양을 돌보지 않는 것이 세 번째 불효요, 귀와 눈의 하고자 함을 따라 부모를 욕되게 하는 것이 네 번째 불효요, 용맹을 좋아하고 싸우며 사나워서 부모를 위태롭게 하는 것이 다섯 번째 불효이니, 장자가 이 중에 한 가지라도 있는가?

博 : 장기 박   奕 : 바둑 혁   狠 : 사나울 한

責善은 朋友之道也니 父子責善은 賊恩之大者니라

해석 선을 꾸짖는 것은 벗의 도이니, 부자간에 선을 꾸짖는 것은 은혜를 해침이 큰 것이다."

31장 曾子居武城하실새 有越寇러니 或曰寇至하나니 盍去諸리오한대 曰 無寓人於我室하여 毁傷其薪木하라 寇退한대 則曰 修我牆屋하라 我將反하리라 寇退어늘 曾子反하신대 左右曰 待先生이 如此其忠 且敬也어늘 寇至則先去하여 以爲民望하시고 寇退則反하시니 殆於 不可로소이다 沈猶行曰 是는 非汝所知也라 昔에 沈猶有負芻之 禍어늘 從先生者七十人이 未有與焉이라하니라

해석 증자께서 무성에 거처하실 적에 월나라의 침략이 있자, 어떤 자가 말하기를 "침략군이 이르렀으니, 어찌 떠나지 않으십니까?"하였다. 증자께서 말씀하시기를 "내 방에 사람을 붙여두어 섶과 나무를 헐어 상하지 않도록 하라."하고 적이 물러가자. "나의 담장과 지붕을 수선하라. 내 장차 돌아갈 것이다."하셨다. 그 후 적이 물러간 다음 증자께서 돌아오시니, 좌우에 있는 자들이 말하기를 "<무성의 대부가> 선생을 대접하는 것이 이렇게 충성스럽고 또 공경하거늘, 적이 이르자 먼저 떠나가시어 백성들이 바라보게 하시고, 적이 물러가자 돌아오시니, 옳지 않은 듯합니다."하자, 심유행이 말하였다. "이는 너희들이 알 바가 아니다. 옛 적에 우리 심유씨에게 부추의 화가 있었는데, 선생을 따르는 자 70명이 한 사람도 이에 참여한 자가 있지 않았다."하였다.

子思居於衛하실새 有齊寇러니 或曰寇至하나니 盍去諸리오한대 子 思曰 如伋去면 君誰與守리오하시니라

해석 자사께서 위나라에 계실 적에 제나라의 침략이 있자, 어떤 자가 말하기를 "적이 침략해 오니, 어찌 떠나가지 않습니까?"하니, 자사께서 대답하시기를 "만일 내가 떠나가면 임금이 누구와 더불어 지키시겠는가."하셨다.

孟子曰 曾子子思同道하니 曾子는 師也며 父兄也요 子思는 臣 也며 微也니 曾子子思易地면 則皆然이시리라

해석 맹자께서 말씀하셨다. "증자와 자사는 도가 같으니 증자는 스승이며 아버지

이자 형이었고, 자사는 신하이며 미천하였으니, 증자와 자사께서 처지를 바꾼다면 모두 그러하셨을 것이다."

33장 齊人이 有一妻一妾而處室者러니 其良人이 出이면 則必饜酒肉而後에 反이어늘 其妻問所與飮食者하니 則盡富貴也러라 其妻告其妾曰 良人이 出이면 則必饜酒肉而後反할새 問其與飮食者하니 盡富貴也로되 而未嘗有顯者來하니 吾將瞷良人之所之也하리라하고 蚤起하여 施從良人之所之하니 徧國中하되 無與立談者러니 卒之東郭墦間之祭者하여 乞其餘하고 不足이어든 又顧而之他하니 此其爲饜足之道也러라 其妻歸告其妾曰 良人者는 所仰望而終身也어늘 今若此라하고 與其妾으로 訕其良人而相泣於中庭이어늘 而良人은 未之知也하여 施施從外來하여 驕其妻妾하더라

해석 제나라 사람 중에 한 아내와 한 첩을 두고 집에 사는 자가 있었는데, 그 남편이 외출하면 반드시 술과 고기를 배불리 먹은 뒤에 돌아오곤 하였다. 그 아내가 함께 음식을 먹은 자를 물으니, 모두 부귀한 사람이었다. 그 아내가 첩에게 말하기를 '남편이 외출하면 반드시 술과 고기를 배불리 드신 뒤에 돌아오기에 함께 음식을 먹은 자를 물어보니, 모두 부귀한 사람이었다. 그런데 일찍이 현달한 자가 찾아온 적이 없었으니, 내 장차 남편이 가는 곳을 엿보겠다.' 하고는, 아침 일찍 일어나 남편이 가는 곳을 미행하여 따라가 보니, <남편이> 온 장안을 두루 배회하되, 더불어 서서 말하는 자도 없었다. 마침내 동쪽 성곽의 무덤 사이의 제사하는 자에게 가서 남은 음식을 빌어먹고, 부족하면 또 돌아보고 다른 곳으로 가니, 이것이 술과 고기를 배불리 먹는 방법이었다. 그 아내가 돌아와서 첩에게 말하기를 "남편이란 자는 우러러 바라보면서 일생을 마쳐야 할 사람인데, 지금 이 모양이다." 하고는, 첩과 더불어 남편을 원망하며 뜰 가운데서 서로 울고 있었는데, 남편은 그것을 알지 못하고는 의기양양하게 밖으로부터 와서 처첩에게 교만하게 굴었다.

由君子觀之컨대 則人之所以求富貴利達者는 其妻妾이 不羞也而不相泣者幾希矣리라

해석 군자의 입장에서 본다면, 사람 중에 부귀와 영달을 구하는 자들은 그 처와 첩이 <그것을 보면> 부끄러워하며 서로 울지 않을 자가 거의 드물 것이다.

饜: 배부를 염 瞷: 엿볼 간 蚤: 일찍 조 訕: 꾸짖을 산 施: 자랑할 시

9. 萬章章句上

1장

萬章問曰 舜往于田하사 號泣于旻天하시니 何爲其號泣也잇고 孟子曰 怨慕也시니라

해석 만장이 물었다. "순임금이 밭에 가서 하늘을 부르짖으며 우셨으니, 어찌하여 부르짖으며 우신 것입니까?" 맹자께서 말씀하셨다. "원망하고 사모하신 것이다."

萬章曰 父母愛之어시든 喜而不忘하고 父母惡之어시든 勞而不怨이니 然則舜怨乎잇가 曰 長息이 問於公明高曰 舜往于田은 則吾旣得聞命矣어니와 號泣于旻天과 于父母는 則吾不知也로이다

해석 만장이 말했다. "부모가 사랑하시거든 기뻐하여 잊지 말고, 부모가 미워하시거든 노력하여 원망하지 말아야 하니, 그렇다면 순임금은 원망했습니까?" "장식이 공명고에게 묻기를 '순임금이 밭에 간 이유는 제가 이미 가르침을 들었거니와, 하늘과 부모님을 부르짖으며 우신 것은 제가 알지 못하겠습니다.' 하였다.

公明高曰 是는 非爾所知也라하니 夫公明高는 以孝子之心이 爲不若是恝이라 我竭力耕田하여 共爲子職而已矣니 父母之不我愛는 於我何哉오하니라

해석 공명고가 말하기를 '이것은 네가 알 바가 아니다.' 하였으니, 저 공명고는 '효자의 마음으로 이처럼 무관심할 수 없다.'고 생각하여 '나는 힘을 다해 밭을 갈아 공손히 자식 된 직분을 할 따름이니, 부모께서 나를 사랑하지 않음은 나에게 무슨 죄가 있어서인가.'라고 여긴 것이다."

旻: 하늘 민　恝: 무관심할 괄　竭: 다할 갈　共: 공손할 공

2장

萬章曰 父母使舜으로 完廩捐階하고 瞽瞍焚廩하며 使浚井하야 出커시늘 從而揜之하고 象曰 謨蓋都君은 咸我績이니 牛羊父母요 倉廩父母요 干戈朕이요 琴朕이요 弤朕이요 二嫂는 使治朕棲하리라하고 象이 往入舜宮한대 舜在牀琴이어시늘 象曰 鬱陶思君爾라하고 忸怩한대 舜曰 惟茲臣庶를 汝其于予治라하시니 不識케이다 舜不知象之將殺己與잇가 曰奚而不知也시리오마는 象憂亦憂하시고 象喜亦喜하시니라

해석 만장이 말했다. "순임금의 부모가 순임금에게 곳집을 손질하게 하고는 사다리를 치우고 <이어서> 고수가 창고에 불을 질렀으며, 순임금에게 우물을 파게 하고는, <순임금이> 나오시자 따라서 흙을 덮어 생매장시키고, 상이 말하기를 '꾀하여 순을 생매장한 것은 모두 나의 공로이니, 소와 양은 부모의 것이요, 창고는 부모의 것이요, 창과 방패는 나의 것이요, 거문고는 나의 것이요, 활은 나의 것이요, 두 형수는 나의 집을 다스리게 하겠다.'하고는, 상이 가서 순임금의 집에 들어가자, 순임금이 평상에서 거문고를 타고 계셨다. 상이 말하기를 '매우 형님을 그리워했습니다.'하고 부끄러워하자, 순임금께서 '이 여러 신하들을 너는 내게 와서 다스리라.'하셨다하니, 알지 못하겠습니다. 순임금은 상이 장차 자기를 죽이려 한 것을 모르셨습니까?" "어찌 알지 못하셨으리오마는, 상이 근심하면 또한 근심하시고, 상이 기뻐하면 또한 기뻐하셨다."

曰 然則舜은 僞喜者與잇가 曰 否라 昔者에 有饋生魚於鄭子産이어늘 子産이 使校人畜之池한대 校人烹之하고 反命曰 始舍之하니 圉圉焉이러니 少則洋洋焉하여 攸然而逝하더니이다 子産曰 得其所哉인저 得其所哉인저하여늘 校人出曰 孰謂子産智오 予旣烹而食之어늘 曰 得其所哉인저 得其所哉인저 故로 君子는 可欺以其方이어니와 難罔以非其道니 彼以愛兄之道來라 故로 誠信而喜之시니 奚僞焉이시리오

해석 "그렇다면 순임금은 거짓으로 기뻐하신 자입니까?" "아니다. 옛날에 정나라 자산에게 살아있는 물고기를 선물한 자가 있었는데 자산이 못을 담당하는 관리에게 그것을 못에서 기르게 하였는데, 관리가 그것을 삶아 먹고는 돌아가서 보고하기를 '처음에 놓아주자 어릿어릿하더니, 잠시 후 조금 펴진듯하여 유유히 갔습니다.'하니, 자산은 '살 곳을 얻었구나, 살 곳을 얻었구나!'하였다. 관리가 나와서 말하기를 '누가 자산을 지혜롭다 말하는가. 내 이미 물고기를

廩: 창고 름　捐: 버릴 연　浚: 팔 준　揜: 가릴 엄　朕: 나 짐　弤: 붉은칠한활 저　忸: 부끄러울 뉵　怩: 부끄러울 니
圉: 어릿어릿할 어　逝: 갈 서

삶아먹었는데, 자산은 [살 곳을 얻었구나! 살 곳을 얻었구나!] 라고 했다.' 하였다. 그러므로 군자는 합당한 논리로는 속일 수 있거니와, 도가 아닌 것으로 터무니없이 속이기는 어려운 것이다. 저 상은 형을 사랑하는 도리로써 왔다. 그러므로 진실로 믿고서 기뻐하셨으니, 어찌 거짓이셨겠는가?"

4장 咸丘蒙曰 舜之不臣堯는 則吾旣得聞命矣어니와 詩云 普天之下 莫非王土며 率土之濱이 莫非王臣이라하니 而舜旣爲天子矣시니 敢問瞽瞍之非臣은 如何잇고 曰 是詩也는 非是之謂也라 勞於王事而不得養父母也하여 曰 此莫非王事어늘 我獨賢勞也라하니 故로 說詩者不以文害辭하며 不以辭害志요 以意逆志라야 是爲得之니 如以辭而已矣인댄 雲漢之詩 曰周餘黎民이 靡有子遺라하니 信斯言也인댄 是는 周無遺民也니라

해석 함구몽이 말했다. "순임금이 요임금을 신하삼지 않으신 것은 제가 이미 가르침을 들었거니와, 『시경』에 이르기를 '온 하늘의 아래가 왕의 토지가 아님이 없으며, 온 땅의 안에 왕의 신하 아닌 자가 없다.' 하였으니, 순임금이 이미 천자가 되셨으니, 감히 묻겠습니다. 고수를 신하로 삼지 않음은 어째서 입니까?" 맹자께서 말씀하셨다. "이 시는 이것을 말한 것이 아니다. 나랏일로 수고로워 부모를 봉양할 수 없어, 말하기를 '이것은 나랏일이 아님이 없거늘, 나만이 홀로 어질다 하여 수고롭다.'고 한 것이다. 그러므로 시를 설명하는 자는 글자로써 말을 해치지 말며, 말로써 본래의 뜻을 해치지 말고, <보는 자의> 뜻으로써 <작자의> 뜻에 맞추어야만 시를 알 수 있는 것이다. 만일 말만 가지고 볼 뿐이라면, 「雲漢」의 시에 이르기를 '주나라의 남은 백성들이 단 하나도 없다.' 하였으니, 진실로 이 말대로라면 이것은 주나라에 남은 백성이 없는 것이다."

7장 天之生此民也는 使先知로 覺後知하며 使先覺으로 覺後覺也시니 予는 天民之先覺者也로니 予將以斯道로 覺斯民也니 非予覺之요 而誰也리오하니라

해석 <이윤이 말했다.> "하늘이 이 백성을 내심은 먼저 안 사람으로 하여금 늦게 아는 사람을 깨우치게 하며, 먼저 깨달은 자로 하여금 뒤늦게 깨닫는 자를 깨우치게 하신 것이다. 나는 하늘이 낸 백성 중에 선각자이니, 내가 장차 이 도로써 이 백성들을 깨우치게 할 것이니, 내가 이들을 깨우치지 않고 그 누가 하겠는가."

濱 물가 빈   靡 : 없을 미   孑 : 남을 혈

10. 萬章章句下

1장

孟子曰 伯夷는 目不視惡色하며 耳不聽惡聲하고 非其君不事하며 非其民不使하여 治則進하고 亂則退하여 橫政之所出과 橫民之所止에 不忍居也하며 思與鄕人處하되 如以朝衣朝冠으로 坐於塗炭也러니 當紂之時하여 居北海之濱하여 以待天下之淸也하니 故聞伯夷之風者는 頑夫廉하며 懦夫有立志하니라

해석 맹자께서 말씀하셨다. "백이는 눈으로 나쁜 빛을 보지 아니하며, 귀로는 나쁜 소리를 듣지 아니하고, 섬길 만한 군주가 아니면 섬기지 아니하며, 그 백성이 아니면 부리지 아니하여, 세상이 다스려지면 나아가고 혼란하면 물러가서, 법도를 따르지 않는 정사가 나오는 곳과 법도를 따르지 않는 백성들이 거주하는 곳에는 차마 거처하지 않으셨으며, 마을 사람들과 거처함을 생각하되 마치 조복(朝服)을 입고 조관(朝冠)을 쓴 채 진흙과 숯불에 앉은 듯이 여기더니, 주왕이 다스리던 때를 당하여 北海의 물가에서 거처하면서 천하가 맑아지기를 기다렸다. 그러므로 백이의 교화를 들은 자들은 완악한 지아비가 청렴해지고, 나약한 지아비가 뜻을 세움이 있다.

伊尹曰 何事非君이며 何事非民이리오하여 治亦進하며 亂亦進하여 曰 天之生斯民也는 使先知로 覺後知하며 使先覺으로 覺後覺이시니 予는 天民之先覺者也로니 予將以此道로 覺此民也라하며 思天下之民이 匹夫匹婦有不與被堯舜之澤者어든 若己推而內之溝中하니 其自任以天下之重也니라

해석 이윤은 말했다. '누구를 섬긴들 군주가 아니며, 누구를 부린들 백성이 아니겠는가.'하여, 세상이 다스려져도 나아가며 혼란해도 나아가서, 말하기를 '하늘이 이 백성을 낸 것은 먼저 안 사람으로 하여금 뒤늦게 아는 사람을 깨우치게 하며, 먼저 깨달은 자로 하여금 뒤늦게 깨닫는 자를 깨우치게 하신 것이니, 나는 하늘이 낸 백성 중에 선각자이니, 내 장차 이 도로써 이 백성들을 깨우치겠다.'하며, 천하의 백성 중에 필부필부라도 요순의 혜택을 입지 못한 자가 있으면, 마치 자기가 그를 밀쳐서 도랑 속에 넣은 것처럼 생각하였으니, 이는 천하의 중요함을 자임하신 것이다.

頑 : 완고할 완   懦 : 나약할 나

> 柳下惠는 不羞汚君하며 不辭小官하며 進不隱賢하여 必以其道하며 遺佚而不怨하며 阨窮而不憫하며 與鄕人處하되 由由然不忍去也하여 爾爲爾요 我爲我니 雖袒裼裸裎於我側인들 爾焉能浼我哉리오하니 故로 聞柳下惠之風者는 鄙夫寬하며 薄夫敦하니라

해석 유하혜는 더러운 군주를 부끄러워하지 않으며, 작은 벼슬을 사양하지 않아, 나아가면 어짊을 숨기지 않고 반드시 그 도리를 다하였으며, 벼슬길에서 누락되어도 원망하지 않으며, 곤액을 당하여도 근심하지 않으며, 마을 사람들과 더불어 거처하되 자득한 듯 차마 떠나지 않으며, 말하기를 '너는 너이고 나는 나이니 네 비록 내 곁에서 옷을 걷고 몸을 드러낸들 네 어찌 나를 더럽힐 수 있겠는가' 하였다. 그러므로 유하혜의 교화를 들은 자들은 비루한 지아비가 너그러워지며, 야박한 지아비가 인심이 후해진다.

> 孔子之去齊에 接淅而行하시고 去魯에 曰 遲遲라 吾行也여하시니 去父母國之道也라 可以速而速하며 可以久而久하며 可以處而處하며 可以仕而仕는 孔子也시니라

해석 공자께서 제나라를 떠날 때에 <밥을 지으려고> 쌀을 담갔다가 건져서 떠나셨고, 노나라를 떠날 때에는 말씀하시기를 '더디고 더디다, 내 걸음이여!' 하셨으니, 이는 부모의 나라를 떠나는 도리이다. 빨리 떠날 만하면 빨리 떠나고, 오래 머무를 만하면 오래 머물며, 은둔할 만하면 은둔하고, 벼슬할 만하면 벼슬한 이는 공자이시다."

> 孟子曰 伯夷는 聖之淸者也요 伊尹은 聖之任者也요 柳下惠는 聖之和者也요 孔子는 聖之時者也시니라

해석 맹자께서 말씀하셨다. "백이는 성인 중에 청렴한 자요, 이윤은 성인 중에 자임한 자요, 유하혜는 성인 중에 和한 자요, 공자는 성인 중에 時中인 자이시다.

> 孔子之謂集大成이니 集大成也者는 金聲而玉振之也라 金聲也者는 始條理也요 玉振之也者는 終條理也니 始條理者는 智之事也요 終條理者는 聖之事也니라

해석) 공자를 집대성이라 이르니, 집대성이란 금으로 소리를 퍼뜨리고, 옥으로 거두는 것이다. 금으로 소리를 퍼뜨린다는 것은 條理를 시작함이요, 옥으로 거둔다는 것은 조리를 끝냄이니, 조리를 시작하는 것은 智의 일이요, 조리를 끝내는 것은 聖의 일이다.

3장   萬章問曰 敢問友하노이다 孟子曰 不挾長하며 不挾貴하며 不挾兄弟而友니 友也者는 友其德也니 不可以有挾也니라

해석) 만장이 물었다. "감히 벗에 대해서 묻겠습니다." 맹자께서 말씀하셨다. "나이가 많음을 믿지 않고, 귀함을 믿지 않고, 형제간을 믿지 않고 벗하는 것이니, 벗한다는 것은 그 덕을 벗하는 것이니, 믿음이 있어서는 안 된다.

用下敬上를 謂之貴貴요 用上敬下를 謂之尊賢이니 貴貴尊賢이 其義一也니라

해석) 아랫사람으로서 윗사람을 공경함을 貴貴라 이르고, 윗사람으로서 아랫사람을 공경함을 尊賢이라 이르니, 貴貴와 尊賢이 그 뜻이 같다."

4장   萬章問曰 敢問交際는 何心也잇고 孟子曰 恭也니라

해석) 만장이 물었다. "감히 묻겠습니다. 교제하는 것은 무슨 마음으로 하는 것입니까?" 맹자께서 말씀하셨다. "공손함이다."

7장   萬章曰 敢問不見諸侯는 何義也잇고 孟子曰 在國曰市井之臣이요 在野曰草莽之臣이라 皆謂庶人이니 庶人이 不傳質爲臣하여는 不敢見於諸侯가 禮也니라

해석) 만장이 말했다. "감히 묻겠습니다. <선비들이> 제후를 만나보지 않는 것은 무슨 의입니까?" 맹자께서 말씀하셨다. "서울에 있는 자를 市井의 신하라 하고, 초야에 있는 자를 草莽의 신하라고 하는데, 이것은 모두 서인을 이른다. 서인은 폐백을 올려 신하가 되지 않으면 감히 제후를 만나보지 않는 것이 예이다."

挾 : 믿고 의지할 협   質 : 폐백 지(贄와 통용)

> 萬章曰 庶人이 召之役이면 則往役하고 君欲見之하여 召之면 則不往見之는 何也잇고 曰 往役은 義也요 往見은 不義也니라

해석 만장이 말했다. "서인이 군주가 불러 부역을 시키면 가서 부역을 하고, 군주가 만나보고자 하여 부르면 가서 보지 않는 것은 어째서입니까?" "가서 부역하는 것은 의요, 가서 만나보는 것은 의가 아니기 때문이다.

> 且君之欲見之也는 何爲也哉오 曰 爲其多聞也며 爲其賢也니이다 曰 爲其多聞也인댄 則天子도 不召師온 而況諸侯乎아 爲其賢也인댄 則吾未聞欲見賢而召之也로라 繆公이 亟見於子思하고 曰 古에 千乘之國이 以友士하니 何如하니잇고 子思不悅曰 古之人이 有言曰 事之云乎언정 豈曰友之云乎리오하시니 子思之不悅也는 豈不曰以位則子는 君也요 我는 臣也니 何敢與君友也며 以德則子는 事我者也니 奚可以與我友리오 千乘之君이 求與之友로되 而不可得也하니 而況可召與아

해석 또한 군주가 그를 만나보고자 하는 것은 어째서인가?" <만장이 대답했다.> "그가 견문이 많고 어질기 때문입니다." "견문이 많기 때문이라면 천자도 스승을 부르지 않는데, 하물며 제후에 있어서랴! 어질기 때문이라면 나는 어진 자를 만나고자 하면서 불렀다는 말은 들어보지 못하였다. 옛날에 노무공이 자주 자사를 뵙고 말하기를 '옛날에 천승의 군주가 선비와 벗하였으니, 어떻습니까?' 하자, 자사가 기뻐하지 않으시며 말씀하시기를 '옛사람의 말에 이르기를 [섬긴다]고는 하였을지언정 어찌[벗한다]고 하였겠습니까?' 하셨으니, 자사께서 기뻐하지 않으신 것은, 어찌 '지위로 보면 그대는 군주요, 나는 신하이니, 내가 어찌 감히 군주와 벗할 수 있으며, 덕으로 보면 그대는 나를 섬기는 자이니, 어찌 나와 더불어 벗할 수 있으리오.'라고 생각하신 것이 아니시겠는가? 천승의 군주가 더불어 벗하기를 구하여도 할 수 없는데, 하물며 함부로 부를 수 있단 말인가!"

8장 以友天下之善士로 爲未足하여 又尙論古之人하나니 頌其詩하며 讀其書하되 不知其人이 可乎아 是以로 論其世也니 是尙友也니라

尙 : 오를 상(上과 통용)

> 해석 <맹자께서 말씀하셨다.> "천하의 선량한 선비와 벗하는 것을 만족스럽지 못하게 여겨, 또 다시 위로 올라가서 옛사람을 논하나니, 그 시를 외우며 그 글을 읽으면서도 그 사람을 알지 못한다면 되겠는가? 이 때문에 그 당세를 논하는 것이니, 이는 위로 올라가서 벗하는 것이다."

9장

齊宣王이 問卿한대 孟子曰 王은 何卿之問也시니잇고 王曰 卿不同乎잇가 曰 不同하니 有貴戚之卿하며 有異姓之卿하니이다 王曰 請問貴戚之卿하노이다 曰君有大過則諫하고 反覆之而不聽이면 則易位니이다

> 해석 제선왕이 경에 대해 묻자, 맹자께서 말씀하셨다. "왕은 어떤 경을 물으십니까?" 하셨다. 왕이 말했다. "경이 같지 않습니까?"하자, "같지 않으니, 인척의 경이 있으며 성이 다른 경이 있습니다." 왕이 말했다. "인척의 경을 묻겠습니다." 맹자께서 말씀하셨다. "군주가 큰 허물이 있으면 간하고, 반복하여도 듣지 않으면 군주의 자리를 바꿉니다."

王이 勃然變乎色한대 曰 王勿異也하소서 王問臣하실새 臣不敢不以正對호이다

> 해석 왕이 발끈하여 얼굴빛을 변하자, 맹자께서 말씀하셨다. "왕께선 이상하게 여기지 마십시오. 왕께서 저에게 물으셨기에 제가 감히 올바름으로써 대답하지 않을 수 없었습니다."

王色定然後에 請問異姓之卿한대 曰君有過則諫하고 反覆之而不聽이면 則去니이다

> 해석 왕이 얼굴빛을 안정한 뒤에 성이 다른 경에 대해 묻자, 맹자께서 말씀하셨다. "군주가 과실이 있으면 간하고, 반복하여도 듣지 않으면 떠나가는 것입니다."

11. 告子章句上

1장

告子曰 性은 猶杞柳也요 義는 猶桮棬也니 以人性爲仁義는 猶以杞柳爲桮棬이니라

해석 고자가 말했다. "본성은 버드나무와 같고, 의는 나무로 만든 그릇과 같으니, 사람의 본성을 가지고 인의를 행함은 버드나무를 가지고 그릇을 만드는 것과 같다."

孟子曰 子能順杞柳之性而以爲桮棬乎아 將戕賊杞柳而後에 以爲桮棬也니 如將戕賊杞柳而以爲桮棬이면 則亦將戕賊人以爲仁義與아 率天下之人而禍仁義者는 必子之言夫인저

해석 맹자께서 말씀하셨다. "그대는 버드나무의 본성을 따라서 그릇을 만드는가? 장차 버드나무를 해친 뒤에야 그릇을 만들 것이니, 만일 장차 버드나무를 해쳐서 그릇을 만든다면, 또한 장차 사람을 해쳐서 인의를 한단 말인가? 천하의 사람을 몰아서 인의를 해치게 할 것은 반드시 그대의 이 말일 것이다."

2장

告子曰 性은 猶湍水也라 決諸東方則東流하고 決諸西方則西流하나니 人性之無分於善不善也는 猶水之無分於東西也니라

해석 고자가 말했다. "본성은 여울물과 같다. 그리하여 이것을 동쪽으로 터놓으면 동쪽으로 흐르고, 서쪽으로 터놓으면 서쪽으로 흐르니, 사람의 본성이 선함과 선하지 않음에 구분이 없는 것은 마치 물이 동쪽과 서쪽에 분별이 없는 것과 같다."

孟子曰 水信無分於東西어니와 無分於上下乎아 人性之善也 猶水之就下也니 人無有不善하며 水無有不下니라

杞 : 버드나무 기   柳 : 버드나무 류   桮 : 그릇 배   棬 : 그릇 권   湍 : 여울 단

해석 맹자께서 말씀하셨다. "물은 진실로 동쪽과 서쪽에 분별이 없거니와, 위와 아래도 구분이 없단 말인가? 사람의 본성이 선함은 물이 아래로 내려가는 것과 같으니, 사람은 불선한 사람이 없으며, 물은 아래로 내려가지 않는 것이 없다.

今夫水를 搏而躍之면 可使過顙이며 激而行之면 可使在山이어니와 是豈水之性哉리오 其勢則然也니 人之可使爲不善이 其性이 亦猶是也니라

해석 지금 물을 쳐서 튀어 오르게 하면 이마를 지나게 할 수 있으며, 세차게 흘러가게 하면 산에 있게 할 수 있거니와, 이것이 어찌 물의 본성이겠는가? 그 형세가 그렇게 한 것이다. 사람이 불선한 것을 하게 하는 것은 그 본성이 또한 이와 같아서 이다."

3장 告子曰 生之謂性이니라

해석 고자가 말했다. "生의 본능을 性이라 한다."

孟子曰 生之謂性也는 猶白之謂白與아 曰 然하다 白羽之白也가 猶白雪之白이며 白雪之白이 猶白玉之白與아 曰 然하다

해석 맹자께서 말씀하셨다. "生의 본능을 性이라 하는 것은 하얀색을 하얀색이라고 말하는 것과 같은 것인가?" "그렇다." "그렇다면 하얀 깃털의 하얀색이 하얀 눈의 하얀색과 같으며, 하얀 눈의 하얀색이 하얀 옥의 하얀색과 같은 것인가?" "그렇다."

然則犬之性이 猶牛之性이며 牛之性이 猶人之性與아

해석 "그렇다면 개의 본성이 소의 본성과 같으며, 소의 본성이 사람의 본성과 같단 말인가?"

6장 公都子曰 告子曰 性은 無善無不善也라하고

해석 공도자가 말했다. "고자가 말하기를 '본성은 선함도 없고 불선함도 없다.'하고,

或曰 性은 可以爲善이며 可以爲不善이니 是故로 文武興하면則民好善하고 幽厲興하면 則民好暴라하고

해석 어떤 자는 말하기를 '본성은 선할 수도 있으며, 불선을 할 수도 있으니, 이 때문에 문왕과 무왕이 일어나면 백성들이 선을 좋아하고, 유왕과 려왕이 일어나면 백성들이 포악함을 좋아한다.'하며,

或曰 有性善하며 有性不善하니 是故로 以堯爲君而有象하며 以瞽瞍爲父而有舜하며 以紂爲兄之子요 且以爲君而有微子啓王子比干이라하나니

해석 어떤 자는 말하기를 '본성이 선한 이도 있고, 본성이 불선한 이도 있다. 그러므로 요를 군주로 삼았는데도 상이 있었으며, 고수를 아버지로 삼았는데도 순이 있었으며, 주왕을 형의 아들로 삼고 또 군주로 삼았는데도 미자, 계와 왕자 비간이 있었다.'하니,

今曰 性善이라하시니 然則彼皆非與잇가 孟子曰 乃若其情則可以爲善矣이니 乃所謂善也니라

해석 지금 본성이 선하다고 말씀하시니, 그렇다면 저들은 모두 틀린 것입니까?" 맹자께서 말씀하셨다. "그 정으로 말하면 선하다고 할 수 있으니, 이것이 내가 말하는 선하다는 것이다.

若夫爲不善은 非才之罪也니라

해석 불선을 하는 것으로 말하면 타고난 재질의 죄가 아니다.

惻隱之心을 人皆有之하며 羞惡之心을 人皆有之하며 恭敬之心을 人皆有之하며 是非之心을 人皆有之하니 惻隱之心은 仁也요 羞惡之心은 義也요 恭敬之心은 禮也요 是非之心은 智也니 仁義禮智 非由外鑠我也라 我固有之也언마는 弗思耳矣라 故로 曰 求則得之하고 舍則失之라하니 或相倍蓰而無算者는 不能盡其才者也니라

해석 측은지심을 사람마다 다 가지고 있으며, 수오지심을 사람마다 다 가지고 있으며 공경지심을 사람마다 다 가지고 있으며, 시비지심을 사람마다 다 가지고 있으니, 측은지심은 인이요, 수오지심은 의요, 공경지심은 예요, 시비지심은 지이니, 인의예지는 밖으로부터 나에게 녹아 들어오는 것이 아니요, 나에게 고유한 것이지만 사람들이 생각하지 못할 뿐이다. 그러므로 말하기를 '구하면 얻고, 버리면 잃는다.'하는 것이니, 혹은 <선악의 거리가> 서로 배가 되고 다섯 배가 되어 계산할 수 없는 것은 그 재질을 다하지 못했기 때문이다.

詩曰 天生蒸民하시니 有物有則이로다 民之秉夷라 好是懿德이라하여늘 孔子曰 爲此詩者 其知道乎인저 故로 有物이면 必有則이니 民之秉夷也라 故로 好是懿德이라하시니라

해석 『시경』에 이르기를 '하늘이 뭇 백성을 내시니, 만물이 있으면 법이 있도다. 사람들이 마음에 떳떳한 본성을 가지고 있는지라, 이 아름다운 덕을 좋아한다.' 하였는데, 공자께서 말씀하시기를 '이 시를 지은 자는 그 도를 알 것이다. 그러므로 사물이 있으면 반드시 법이 있으니 떳떳한 본성을 가지고 있는지라, 그러므로 이 아름다운 덕을 좋아한다.' 하셨다."

7장 故로 凡同類者 擧相似也니 何獨至於人而疑之리오 聖人도 與我同類者시니라

해석 <맹자께서 말씀하셨다.> "그러므로 무릇 같은 부류인 것은 대부분 서로 같으니, 어찌 홀로 인간에 이르러서만 의심을 하겠는가? 성인도 나와 비슷한 부류인 자이시다.

蒸 : 무리 증   夷 : 떳떳할 이(彝와 통용)   懿 : 아름다울 의

故로 龍子曰 不知足而爲屨라도 我知其不爲蕢也라하니 屨之相似는 天下之足이 同也일새니라

해석 그러므로 용자가 말하기를 '발을 알지 못하고 신을 만들더라도 나는 삼태기를 만들지 않을 것을 안다.'하였으니, 신이 서로 비슷한 것은 천하 사람들의 발이 같기 때문이다.

口之於味에 有同耆也하니 易牙는 先得我口之所耆者也라 如使口之於味也에 其性이 與人殊가 若犬馬之與我不同類也면 則天下何耆를 皆從易牙之於味也리오 至於味하여는 天下期於易牙하나니 是는 天下之口相似也일새니라

해석 입이 맛에 있어서 즐김을 똑같이 함이 있으니, 역아는 먼저 우리 입이 즐기는 것을 안 자이다. 가령 입이 맛에 있어서 그 본성이 남과 다른 것이 마치 개와 말이 우리와 같은 부류가 아닌 것과 같다면, 천하 사람들이 어찌 맛을 즐기기를 모두 역아가 조리한 맛을 따르듯이 하겠는가. 맛에 이르러서는 천하 사람들이 역아가 되기를 기약하나니, 이것은 천하 사람들의 입이 서로 같기 때문이다."

8장 孟子曰 牛山之木이 嘗美矣러니 以其郊於大國也라 斧斤이 伐之어니 可以爲美乎아 是其日夜之所息과 雨露之所潤에 非無萌蘗之生焉이언마는 牛羊이 又從而牧之라 是以로 若彼濯濯也하니 人見其濯濯也하고 以爲未嘗有材焉이라하나니 此豈山之性也哉리오

해석 맹자께서 말씀하셨다. "우산의 나무가 일찍이 아름다웠는데, 큰 나라의 교외에 있기 때문에 도끼와 자귀로 매일 나무를 베어가니, 아름답게 될 수 있겠는가? 이는 밤으로 자라나는 바와 비와 이슬이 적셔주는 바에 싹이 나오는 것이 없지 않지만, 소와 양이 또 따라서 방목되므로, 이 때문에 저와 같이 깨끗하게 되었다. 사람이 그 깨끗한 것만 보고 일찍이 훌륭한 재목이 있은 적이 없다고 여기니, 이것이 어찌 산의 본성이겠는가?

蘗 : 그루터기 얼

雖存乎人者인들 豈無仁義之心哉리오마는 其所以放其良心者 亦猶斧斤之於木也에 旦旦而伐之어니 可以爲美乎아 其日夜之 所息과 平旦之氣에 其好惡與人相近也者幾希어늘 則其旦晝之 所爲 有梏亡之矣나니 梏之反覆이면 則其夜氣不足以存이요 夜 氣不足以存이면 則其違禽獸不遠矣니 人見其禽獸也하고 而以 爲未嘗有才焉者라하나니 是豈人之情也哉리오

해석 비록 사람에게 보존된 것이 어찌 인의의 마음이 없으리오마는 그 양심을 잃어버림이 또한 도끼와 자귀가 나무를 아침마다 베는 것과 같으니, <이렇게 하고서도> 아름답게 될 수 있겠는가? 밤으로 자라나는 밤과 새벽의 맑은 기운에 그 좋아하고 미워함이 남들과 서로 가까운 것이 얼마 되지 않는데, 낮에 하는 소행이 이것을 어지럽게 하여 멸하게 하니, 어지럽게 하여 멸하게 하기를 반복하면 밤의 기운이 족히 보존될 수 없고, 밤의 기운이 보존될 수 없으면 금수와 거리가 멀지 않을 것이다. 사람들은 그 금수 같은 행실만 보고 일찍이 훌륭한 재질이 있지 않다고 여기니, 이것이 어찌 사람의 실정이겠는가!

故로 苟得其養이면 無物不長이요 苟失其養이면 無物不消니라

해석 그러므로 만일 그 기름을 잘 얻으면 물건마다 자라지 못함이 없고, 만일 그 기름을 잃으면 물건마다 사라지지 않음이 없는 것이다.

孔子曰 操則存하고 舍則亡하여 出入無時하며 莫知其鄕은 惟心 之謂與인저하시니라

해석 공자께서 말씀하시기를 '잡으면 보존되고 놓으면 잃어서, 나가고 들어옴이 정한 때가 없으며, 그 방향을 알 수 없는 것은 오직 사람의 마음을 두고 말한 것이다.' 하셨다."

9장 孟子曰 無或乎王之不智也로다

해석 맹자께서 말씀하셨다. "왕의 지혜롭지 못함이 이상할 것이 없구나!

鄕 : 향할 향

雖有天下易生之物也나 一日暴之요 十日寒之면 未有能生者也니 吾見이 亦罕矣요 吾退而寒之者至矣니 吾如有萌焉에 何哉리오

해석 비록 천하에 쉽게 자라는 물건이 있더라도 하루 동안 햇볕을 쪼이고 열흘 동안 춥게 하면 능히 자랄 수 있는 것이 있지 않으니, 내가 임금을 뵘이 또한 드물고, 내가 물러나오면 임금의 마음을 차갑게 하는 자가 이르나니, 내가 싹이 있은들 어떻게 할 수 있겠는가!"

10장 孟子曰 魚도 我所欲也며 熊掌도 亦我所欲也언마는 二者를 不可得兼인댄 舍魚而取熊掌者也로리라 生亦我所欲也며 義亦我所欲也언마는 二者를 不可得兼인댄 舍生而取義者也로리라

해석 맹자께서 말씀하셨다. "물고기도 내가 원하는 바요, 곰발바닥도 내가 원하는 바이지만, 이 두 가지를 겸하여 얻을 수 없다면 물고기를 버리고 곰발바닥을 취하겠다. 삶도 내가 원하는 바요, 의도 내가 원하는 바이지만, 이 두 가지를 겸하여 얻을 수 없다면 삶을 버리고 의를 취하겠다."

11장 孟子曰 仁은 人心也요 義는 人路也니라 舍其路而不由하며 放其心而不知求하나니 哀哉라

해석 맹자께서 말씀하셨다. "인은 사람의 마음이요, 의는 사람의 길이다. 그 길을 버리고 따르지 않으며, 그 마음을 잃어버리고 찾을 줄을 모르니, 애처롭다.

人有鷄犬放이면 則知求之하되 有放心而不知求하나니

해석 사람들은 닭과 개가 도망가면 찾을 줄을 알되, 마음을 잃고서는 찾을 줄을 알지 못하니,

學問之道는 無他라 求其放心而已矣니라

해석 학문의 방법은 다른 것이 없다. 그 잃어버린 마음을 찾는 것일 뿐이다."

暴 : 햇볕쪼일 폭 罕 : 드물 한

14장 體有貴賤하며 有大小하니 無以小害大하며 無以賤害貴니 養其小者爲小人이요 養其大者爲大人이니라

해석 <맹자께서 말씀하셨다.> "몸에는 귀하고 천함이 있으며 작고 큰 것이 있으니, 작은 것으로 큰 것을 해치지 말며, 천한 것으로 귀한 것을 해치지 말아야 하니, 작은 것을 기르는 자는 소인이 되고, 큰 것을 기르는 자는 대인이 되는 것이다.

飮食之人을 則人賤之矣나니 爲其養小以失大也니라

해석 음식을 밝히는 사람을 사람들이 천하게 여기나니, 작은 것을 기르고 큰 것을 잃기 때문이다."

16장 孟子曰 有天爵者하며 有人爵者하니 仁義忠信樂善不倦은 此天爵也요 公卿大夫는 此人爵也니라 古之人은 修其天爵而人爵從之러니라

해석 맹자께서 말씀하셨다. "天爵이 있으며, 人爵이 있으니, 인의와 충신을 행하고 선을 즐거워하며 게을리 하지 않는 것은 천작이요, 공경과 대부는 이것이 인작이다. 옛사람은 그 天爵을 닦음에 人爵이 뒤따랐다.

今之人은 修其天爵하여 以要人爵하고 旣得人爵하여는 而棄其天爵하나니 則惑之甚者也라 終亦必亡而已矣니라

해석 지금 사람들은 天爵을 닦아서 人爵을 요구하고, 이미 人爵을 얻고서는 天爵을 버리니, 이것은 의혹됨이 심한 자이다. 끝내는 반드시 (人爵마저) 잃을 뿐이다."

19장 孟子曰 五穀者는 種之美者也나 苟爲不熟이면 不如荑稗니 夫仁도 亦在乎熟之而已矣니라

해석 맹자께서 말씀 하셨다. "오곡은 종자 가운데 아름다운 것이지만, 만일 익지 못하면 피만도 못하니, 인 또한 그것을 익숙히 함에 달려 있을 뿐이다."

荑: 피 제(이)   稗: 피 패

20장 孟子曰 羿之敎人射에 必志於彀하나니 學者도 亦必志於彀니라

해석: 맹자께서 말씀하셨다. "예가 사람에게 활쏘기를 가르칠 때 반드시 활을 가득히 당기는데 뜻을 두게 하니, 배우는 자 역시 반드시 활을 가득히 당기는데 뜻을 둔다.

大匠이 誨人에 必以規矩하나니 學者도 亦必以規矩니라

해석: 큰 목수가 사람을 가르칠 적에 반드시 규와 구로써 하니, 목수 일을 배우는 자 역시 반드시 규와 구로써 한다."

羿 : 사람이름 예   彀 : 활당길 구

12. 告子章句下

1장

任人이 有問屋廬子曰 禮與食이 孰重고 曰禮重이니라

해석 임나라 사람이 옥려자에게 물었다. "예와 먹는 것 중에 무엇이 더 중요한가?" 옥려자가 대답하기를 "예가 중요하다."

色與禮 孰重고 曰禮重이니라 曰以禮食이면 則飢而死하고 不以禮食이면 則得食이라도 必以禮乎아 親迎이면 則不得妻하고 不親迎이면 則得妻라도 必親迎乎아

해석 "색과 예 중에 무엇이 더 중요한가?" "예가 중요하다." "예를 따라 먹으면 굶어죽고 예를 따라 먹지 않으면 먹을 수 있다 하더라도 반드시 예를 따르겠는가? 친영하면 아내를 얻지 못하고 친영하지 않으면 아내를 얻을 수 있다고 하더라도 반드시 친영을 하겠는가?"

屋廬子不能對하여 明日에 之鄒하여 以告孟子한대 孟子曰 於答是也에 何有리오

해석 옥려자가 대답을 하지 못하고 다음날 추나라에 가서 맹자께 말씀을 드렸다. 맹자께서 말씀하셨다. "이것을 대답 하는 것이 무슨 어려움이 있겠는가?

不揣其本而齊其末이면 方寸之木을 可使高於岑樓니라

해석 그 뿌리를 헤아리지 않고 그 끝만을 가지런히 한다면, 한 치 되는 나무를 높고 뾰족한 누각보다 높게 할 수 있다.

揣 : 헤아릴 췌   岑 : 높을 잠

金重於羽者는 豈謂一鉤金與一輿羽之謂哉리오

해석 쇠덩어리가 깃털보다 무겁다는 것은 어찌 한 갈고리의 쇠와 한 수레의 깃털을 말한 것이겠는가!

取食之重者와 與禮之輕者而比之면 奚翅食重이며 取色之重者와 與禮之輕者 而比之면 奚翅色重이리오

해석 먹는 것 가운데 중요한 것과 예 가운데 중요하지 않은 것을 취하여 비교한다면 어찌 먹는 것이 중요할 뿐이겠으며, 색 가운데 중요한 것과 예 가운데 중요하지 않은 것을 취하여 비교한다면 어찌 색이 중요할 뿐이겠는가?

往應之曰 紾兄之臂而奪之食이면 則得食하고 不紾이면 則不得食이라도 則將紾之乎아 踰東家牆而摟其處子면 則得妻하고 不摟면 則不得妻라도 則將摟之乎아하라

해석 <그대는> 가서 대답하기를 '형의 팔을 비틀어서 빼앗아 먹으면 먹을 수 있고 형의 팔을 비틀지 않으면 먹지 못할지라도 장차 비틀겠는가? 동쪽 집의 담장을 넘어 처녀를 끌어오면 아내를 얻을 수 있고, 끌어오지 않으면 아내를 얻지 못할지라도 장차 끌어오겠는가?'라고 하라."

2장 曹交問曰 人皆可以爲堯舜이라하니 有諸잇가 孟子曰 然하다

해석 조교가 물었다. "사람은 누구나 요순이 될 수 있다고 하는데, 그럴 수 있습니까?" 맹자께서 말씀하셨다. "그렇다."

交는 聞 文王은 十尺이요 湯은 九尺이라하니 今交는 九尺四寸以長이로되 食粟而已로니 如何則可니잇고

해석 "제가 들으니, 문왕은 신장이 아홉 척이라 하니 지금 저는 아홉 척하고도 4척이 되는데 곡식을 먹을 뿐이니, 어떻게 하면 되겠습니까?"

鉤 : 갈고리 구 紾 : 비틀 진 摟 : 끌 루

曰奚有於是리오 亦爲之而已矣니라 有人於此하니 力不能勝一匹雛면 則爲無力人矣요 今日擧百鈞이면 則爲有力人矣니 然則擧烏獲之任이면 是亦爲烏獲而已矣니라 夫人은 豈以不勝爲患哉리오 弗爲耳니라

해석 맹자께서 말씀하셨다. "이것에 무슨 어려움이 있겠는가? 그것을 할 따름이다. 여기에 어떤 사람이 있는데, 힘이 한 마리 새끼 오리를 이길 수 없다면 힘이 없는 사람이 될 것이요, 이제 백균의 쇠를 들면 힘이 있는 사람이 될 것이다. 그렇다면 오획이 들던 짐을 든다면 이 또한 오획이 될 뿐이니라. 사람이 어찌 이기지 못함을 걱정하는가. 하지 않을 뿐이니라.

徐行後長者를 謂之弟요 疾行先長者를 謂之不弟니 夫徐行者는 豈人所不能哉리오 所不爲也니 堯舜之道는 孝弟而已矣니라

해석 천천히 걸어서 어른보다 뒤에 가는 것을 '공경한다' 이르고 빨리 걸어서 어른보다 앞서 가는 것을 '공경하지 않는다' 이르니, 천천히 걸어가는 것이 어찌 사람들이 할 수 없는 것이겠는가! 하지 않는 것이니, 요순의 도는 효와 공경뿐이니라."

6장 淳于髡이 曰先名實者는 爲人也요 後名實者는 自爲也니 夫子 在三卿之中하사 名實이 未加於上下而去之하시니 仁者도 固如此乎잇가

해석 순우곤이 말했다. "명예와 실제의 공적을 우선 하는 자는 백성을 위하는 것이요, 명예와 실제의 공적을 뒤로 하는 자는 스스로를 위하는 것이니, 선생께서 삼경의 벼슬 가운데 계셨으나, 명예와 실제의 공적이 윗사람과 아랫사람에게 알려지지 못하고 떠나셨으니, 인자도 진실로 이와 같습니까?"

孟子曰 居下位하여 不以賢事不肖者는 伯夷也요 五就湯하며 五就桀者는 伊尹也요 不惡汚君하며 不辭小官者는 柳下惠也니 三子者不同道하나 其趨는 一也니 一者는 何也오 曰 仁也라 君子는 亦仁而已矣니 何必同이리오

雛 : 새끼 추 疾 : 빠를 질 髡 : 머리 깎을 곤

해석 맹자께서 말씀하셨다. "낮은 지위에 거처하여 어짊으로써 어질지 못한 이를 섬기지 않은 자는 백이였고, 다섯 번 탕왕에게 나아가며 다섯 번 걸왕에게 나아간 자는 이윤이었고, 더러운 군주를 싫어하지 않으며, 작은 관직을 사양하지 않은 자는 유하혜였으니, 세 사람은 도가 같지 않으나 그 나아감은 똑같았다. 같다는 것은 무엇인가? 인이다. 군자는 또한 인을 할 따름이니 어찌 반드시 같으리오!"

曰孔子爲魯司寇러시니 不用하고 從而祭에 燔肉이 不至어늘 不稅(脫)冕而行하시니 不知者는 以爲爲肉也라하고 其知者는 以爲爲無禮也라하니 乃孔子則 欲以微罪行하사 不欲爲苟去하시니 君子之所爲를 衆人이 固不識也니라

해석 맹자께서 말씀하셨다. "공자께서 노나라의 司寇가 되셨는데 쓰여지지 않고, 이어서 제사가 있었는데 제사고기가 이르지 않자, 면류관을 벗지 않고 떠나시니, 공자를 알지 못하는 자들은 고기 때문에 떠났다고 하고, 공자를 아는 자들은 예가 없기 때문이라고 하였다. 그러나 공자께서는 하찮은 죄로써 구실을 삼아 떠나고자 하였지, 구차히 떠나려고 하지 않으신 것이니, 군자가 하는 바를 대중들이 진실로 알지 못하는 것이다."

7장 孟子曰 五霸者는 三王之罪人也요 今之諸侯는 五霸之罪人也요 今之大夫는 今之諸侯之罪人也니라

해석 맹자께서 말씀하셨다. "오패는 삼왕의 죄인이요, 지금의 제후들은 오패의 죄인이요, 지금의 대부들은 지금 제후의 죄인이다.

天子適諸侯曰巡狩요 諸侯朝於天子曰述職이니 春省耕而補不足하며 秋省斂而助不給하나니 入其疆에 土地辟하며 田野治하며 養老尊賢하며 俊傑在位하면 則有慶이니 慶以地하고 入其疆에 土地荒蕪하며 遺老失賢하며 掊克在位하면 則有讓이니 一不朝則貶其爵하고 再不朝則削其地하고 三不朝則六師로 移之라 是故로 天子는 討而不伐하고 諸侯는 伐而不討하나니 五霸者는 摟諸侯하여 以伐諸侯者也라 故로 曰 五霸者는 三王之罪人也라하노라

燔 : 구울 번 掊 : 거둘 부

해석 천자가 제후국에 가는 것을 '순수'라 하고, 제후가 천자에게 조회 가는 것을 '술직'이라 하니, 봄에는 교외에 나가 경작하는 상태를 살펴 부족한 것을 보태 주고, 가을에는 수확하는 상태를 살펴 부족한 것을 보조해준다. 그 지경에 들어감에 토지가 잘 개척되고, 밭과 들이 잘 다스려졌으며, 노인을 봉양하고 어진 이를 높이며, 뛰어난 자가 지위에 있으면 상이 있으니, 상은 땅으로 주었다. 그 지경에 들어감에 토지가 황폐하며, 노인을 버리고 어진 이를 잃으며, 세금을 많이 거두는 자들이 지위에 있으면 꾸짖음이 있으니, 한번 조회 오지 않으면 그 관작을 낮추고, 두 번 조회오지 않으면 그 땅을 떼어내고, 세 번 조회오지 않으면 六軍을 동원하여 군주를 바꿔놓는다. 그러므로 천자는 죄를 성토만하고 정벌하지 않으며, 제후는 정벌하기만 하고, 성토하지 않는다. 그런데 오패는 제후를 이끌어 제후를 정벌하였다. 그러므로 오패는 삼왕의 죄인이라고 말하는 것이다.

五霸에 桓公이 爲盛하니 葵丘之會에 諸侯束牲載書而不歃血하고 初命曰 誅不孝하며 無易樹子하며 無以妾爲妻라하고 再命曰 尊賢育才하여 以彰有德이라하고 三命曰 敬老慈幼하며 無忘賓旅라하고 四命曰 士無世官하며 官事無攝하며 取士必得하며 無專殺大夫라하고 五命曰 無曲防하며 無遏糴하며 無有封而不告라하고 曰 凡我 同盟之人은 旣盟之後에 言歸于好라하니 今之諸侯는 皆犯此五禁하나니 故曰 今之諸侯는 五霸之罪人也라하노라

해석 오패 중에 환공이 가장 성대하였는데, 규구의 회맹에서 제후들이 희생을 묶어 그 위에 책을 올려, 피를 마시지 않고 첫 번째 명령하기를 '불효하는 자를 처벌하며, 세워 놓은 아들을 바꾸지 말며, 첩을 아내로 삼지 말라.' 하였고, 두 번째 명령하기를 '어진 이를 높이고 인재를 길러서 덕이 있는 이를 표창하라.' 하였고, 세 번째 명령하기를 '노인을 공경하고 어린이를 사랑하며, 손님과 나그네를 잊지 말라.' 하였고, 네 번째 명령하기를 '선비는 대대로 관직을 주지 말며, 관청의 일을 겸직시키지 말며, 선비를 취함에 반드시 <적임자를> 얻으며, 마음대로 대부를 죽이지 말라.' 하였고, 다섯 번째 명령하기를 '제방을 굽게 쌓지 말며, 쌀을 수입해가는 것을 막지 말며, 대부들을 봉해주고서 告하지 않는 일이 없도록 하라.' 하고, 말하기를 '무릇 우리 동맹한 사람들은 이미 맹약한 뒤에 좋은 데로 돌아가도록 하자.' 하였으니, 지금 제후들은 모두 이 다섯 가지 금지하는 것을 범한다. 그러므로 내가 지금 제후들은 오패의 죄인이라고 말하는 것이다."

葵 : 해바라기 규   歃 : 마실 삽   糴 : 쌀 사들일 적

8장 孟子曰 不敎民而用之를 謂之殃民이니 殃民者는 不容於堯舜之世니라

해석 맹자께서 말씀하셨다. "백성을 가르치지 않고 <전쟁에> 쓰는 것을 백성에게 재앙을 입힌다고 이르니, 백성에게 재앙을 입히는 자는 요순의 세상에는 용납되지 못하였다."

14장 陳子曰 古之君子 何如則仕니잇고 孟子曰 所就三이요 所去三이니라

해석 진자가 말했다. "옛날 군자들은 어떻게 벼슬을 하였습니까?" 맹자께서 말씀하셨다. "나아가는 경우가 세 가지이고, 떠나는 경우가 세 가지였다.

迎之致敬以有禮하며 言將行其言也면 則就之하고 禮貌未衰나 言弗行也면 則去之니라

해석 공경을 지극히 하고 예가 있게 맞이하며, 장차 그 말씀을 행하겠다고 말하면 나아가고, 예모가 쇠하지 않았더라도 말한 것이 시행되지 않으면 떠난다.

其次는 雖未行其言也나 迎之致敬以有禮면 則就之하고 禮貌衰면 則去之니라

해석 그 다음은 비록 그 말한 것이 시행되지 않으나, 공경을 지극히 하고 예가 있게 맞이하면 나아가고, 예모가 쇠하면 떠난다.

其下는 朝不食하고 夕不食하여 飢餓不能出門戶어든 君聞之하고 曰吾大者론 不能行其道하고 又不能從其言也하여 使飢餓於我土地를 吾恥之라하고 周之인댄 亦可受也어니와 免死而已矣니라

해석 그 아래로는 아침도 먹지 못하고 저녁도 먹지 못하여, 굶주려 문을 나갈 수 없거든, 군주가 그것을 듣고 말하기를 '내가 크게는 그 도를 행하지 못하고, 또 그 말을 따르지 못하여, 내 땅에서 굶주리게 하는 것을 나는 부끄러워한다.'하고 구원해준다면 또한 그것을 받을 수 있거니와, 죽음을 면할 뿐이다."

13. 盡心章句上

1장 孟子曰 盡其心者는 知其性也니 知其性이면 則知天矣니라

해석) 맹자께서 말씀하셨다. "그 마음을 다하는 자는 그 본성을 아니, 그 본성을 알면 하늘을 알게 된다.

存其心하여 養其性은 所以事天也요 殀壽에 不貳하여 修身以俟之는 所以立命也니라

해석) 그 마음을 보존하여 그 본성을 기르는 것은 하늘을 섬기는 것이요. 요절하거나 장수함에 의심하지 않아, 몸을 닦고 천명을 기다리는 것은 명을 세우는 것이다."

2장 孟子曰 莫非命也나 順受其正이니라 是故로 知命者는 不立乎巖墻之下하나니라

해석) 맹자께서 말씀하셨다. "명이 아님이 없으나 그 正命을 순순히 받아야 한다. 이렇기 때문에 正命을 아는 자는 위험한 담장 아래에 서지 않는다.

盡其道而死者는 正命也요 桎梏死者는 非正命也니라

해석) 그 도를 다하고 죽는 자는 正命이요, 죄를 범하여(桎梏) 죽는 자는 正命이 아니다."

殀 : 일찍죽을 요 貳 : 의심할 이

3장 孟子曰 求則得之하고 舍則失之하나니 是求는 有益於得也니 求在我者也일새니라

> 해석 맹자께서 말씀하셨다. "구하면 얻고 버리면 잃으니, 이 구함은 얻음에 유익함이 있으니, 자신에게 있는 것을 구하기 때문이니라.

求之有道하고 得之有命하니 是求는 無益於得也니 求在外者也일새니라

> 해석 구함에 도가 있고 얻음에 명이 있으니, 이 구함은 얻음에 유익함이 없으니, 밖에 있는 것을 구하기 때문이다."

4장 孟子曰 萬物이 皆備於我矣니 反身而誠이면 樂莫大焉이요 強恕而行하면 求仁이 莫近焉이니라

> 해석 맹자께서 말씀하셨다. "만물이 모두 나에게 갖추어져 있으니, 몸에 돌이켜보아 성실하면 즐거움이 이보다 더 클 수 없고, 서를 힘써서 행하면 인을 구하는 것이 이보다 가까울 수 없다."

7장 不恥不若人이면 何若人有리오

> 해석 부끄러워하지 않음이 남과 같지 못하다면, 어느 것이 남과 같은 것이 있겠는가?

8장 孟子曰 古之賢王이 好善而忘勢하더니 古之賢士何獨不然이리오 樂其道而忘人之勢라 故로 王公이 不致敬盡禮하면 則不得亟見之하니 見且猶不得亟어든 而況得而臣之乎아

> 해석 맹자께서 말씀하셨다. "옛날 어진 군왕들은 선을 좋아하고 세력을 잊었으니, 옛 어진 선비가 어찌 홀로 그렇지 않았겠는가? 그 도를 즐거워하고 남의 세력을 잊었다. 그러므로 왕공이 공경을 지극히 하고 예를 다하지 않으면, 자주 그를 만나볼 수 없었다. 만나보는 것도 오히려 자주할 수 없는데, 하물며 그를 신하로 삼음에 있어서랴!"

9장 故로 士는 窮不失義하며 達不離道니라

> 해석 그러므로 선비는 곤궁하여도 의를 잃지 않으며, 영달하여도 도를 떠나지 않는 것이다.

古之人이 得志하얀 澤加於民하고 不得志하얀 修身見於世하니 窮則獨善其身하고 達則兼善天下니라

> 해석 옛사람들은 뜻을 얻으면 은택이 백성에게 더해지고, 뜻을 얻지 못하면 몸을 닦아 세상에 드러내니, 곤궁하면 홀로 그 몸을 선하게 하고, 영달하면 천하 사람들을 함께 선하게 한다.

14장 孟子曰 仁言이 不如仁聲之入人深也니라

> 해석 맹자께서 말씀하셨다. "仁言은 仁聲이 사람에게 깊이 들어가는 것만 같지 못하다."

15장 孟子曰 人之所不學而能者는 其良能也요 所不慮而知者는 其良知也니라 孩提之童이 無不知愛其親也며 及其長也하여는 無不知敬其兄也니라

> 해석 맹자께서 말씀하셨다. "사람들이 배우지 않고도 능한 것은 良能이요, 생각하지 않고도 아는 것은 良知이다. 어려서 손을 잡고 가는 아이가 그 어버이를 사랑할 줄 모르는 이가 없으며, 그 장성함에 미쳐서는 그 형을 공경할 줄 모르는 이가 없다.

親親은 仁也요 敬長은 義也니 無他라 達之天下也니라

> 해석 어버이를 친애함은 인이요, 어른을 공경함은 의이니, 이는 다름이 아니라, 온 천하에 공통되기 때문이다."

孩 : 어릴 해

19장 有大人者하니 正己而物正者也니라

해석 대인인 자가 있으니, 자기 몸을 바르게 함에 남이 바르게 되는 자이다.

20장 孟子曰 君子有三樂而王天下不與存焉이니라

해석 맹자께서 말씀하셨다. "군자는 세 가지 즐거움이 있는데, 천하에 왕 노릇함은 여기에 들어있지 않다.

父母俱存하며 兄弟無故가 一樂也요 仰不愧於天하며 俯不怍於人이 二樂也요 得天下英才而敎育之가 三樂也니라

해석 부모가 모두 생존해 계시며, 형제가 무고한 것이 첫 번째 즐거움이요, 위로는 하늘에 부끄럽지 않으며, 아래로는 사람들에게 부끄럽지 않은 것이 두 번째 즐거움이요, 천하의 영재를 얻어 교육하는 것이 세 번째 즐거움이다."

21장 孟子曰 廣土衆民을 君子欲之나 所樂은 不存焉이니라 中天下而立하여 定四海之民을 君子樂之나 所性은 不存焉이니라

해석 맹자께서 말씀하셨다. "토지를 넓히고 백성을 많게 함을 군자가 하고자 하나, 즐거워함은 여기에 있지 않다. 천하의 가운데 서서 온천하의 백성을 안정시키는 것을 군자가 즐거워하나, 본성은 여기에 있지 않다.

君子所性은 雖大行이나 不加焉이며 雖窮居나 不損焉이니 分定故也니라

해석 군자의 본성은 비록 크게 행해지더라도 더 보태지지 않으며, 비록 곤궁하게 거처하더라도 줄어들지 않으니, 분수가 정해져 있기 때문이다.

君子所性은 仁義禮智根於心하여 其生色也 睟然見於面하며 盎於背하며 施於四體하여 四體不言而喩니라

해석 군자의 본성은 인의예지가 마음에 근본하여, 그 얼굴빛에 나타나는 것이 깨끗하게 얼굴에 드러나며 등에 가득하며, 온몸에 베풀어져서 온몸이 굳이 말하지 않아도 저절로 깨달아진다."

24장

孟子曰 孔子登東山而小魯하시고 登太山而小天下하시니 故로 觀於海者엔 難爲水요 遊於聖人之門者엔 難爲言이니라

해석 맹자께서 말씀하셨다. "공자께서 노나라 동쪽 산에 올라가시어 노나라를 작게 여기셨고, 태산에 올라가시어 천하를 작게 여기셨다. 그러므로 바다를 구경한 자에게는 큰 물 되기가 어렵고, 성인의 문하에 유학한 자에게는 훌륭한 말 되기가 어려운 것이다.

流水之爲物也 不盈科면 不行하나니 君子之志於道也에도 不成章이면 不達이니라

해석 흐르는 물의 물건 됨은 웅덩이가 차지 않으면 흘러가지 않는다. 군자가 도에 뜻을 두는 것도 문장을 이루지 않으면 통달하지 못한다."

26장

孟子曰 楊子는 取爲我하니 拔一毛而利天下라도 不爲也니라

해석 맹자께서 말씀하셨다. "양자는 자신을 위함을 취하였으니, 하나의 털을 뽑아서 천하를 이롭게 하더라도 하지 않았다.

墨子는 兼愛하니 摩頂放踵이라도 利天下인댄 爲之하니라

해석 묵자는 모두 사랑했으니, 이마를 갈아서 발꿈치에 이르더라도 천하에 이로우면 하였다.

睟 : 깨끗할 수 盎 : 가득할 앙 科 : 웅덩이 과 放 : 이를 방 踵 : 발꿈치 종

> 子莫은 執中하니 執中이 爲近之나 執中無權이 猶執一也니라

해석) 자막은 이 중간을 잡았으니, 중간을 잡는 것이 도에 가까우나, 중간을 잡고 저울질함이 없는 것은 한쪽을 잡는 것과 같다."

30장
> 孟子曰 堯舜은 性之也요 湯武는 身之也요 五霸는 假之也니라

해석) 맹자께서 말씀하셨다. "요순은 본성대로 하신 것이요, 탕과 무는 실천하신 것이요, 五霸는 빌린 것이다.

> 久假而不歸하니 惡知其非有也리오

해석) 오래도록 빌리고 돌려주지 않았으니, 어찌 자신의 소유가 아님을 알겠는가."

31장
> 公孫丑曰 伊尹曰 予不狎于不順이라하고 放太甲于桐한대 民大悅하고 太甲이 賢이어늘 又反之한대 民大悅하니

해석) 공손추가 말했다. "이윤이 이르기를 '나는 의리를 따르지 않은 것을 익히 볼 수 없다.' 하고, 태갑을 동 땅으로 추방하자, 백성들이 크게 기뻐하였고, 태갑이 어질어지거늘, 다시 그를 돌아오게 하자, 백성들이 크게 기뻐하였으니,

> 賢者之爲人臣也에 其君不賢이면 則固可放與잇가

해석) 현자가 남의 신하가 되어 군주가 어질지 못하면 진실로 추방 할 수 있습니까?"

> 孟子曰 有伊尹之志면 則可커니와 無伊尹之志면 則簒也니라

해석) 맹자께서 말씀하셨다. "이윤과 같은 뜻이 있으면 가능하지만, 이윤과 같은 뜻이 없으면 찬탈인 것이다."

33장
王子墊이 問曰 士는 何事잇고 孟子曰 尙志니라

해석 왕자점이 물었다. "선비는 무엇을 일삼습니까?" 맹자께서 말씀하셨다. "뜻을 고상히 한다."

曰 何謂尙志니잇고 曰 仁義而已矣니 殺一無罪 非仁也며 非其有而取之 非義也라 居惡在오 仁是也요 路惡在오 義是也니 居仁由義면 大人之事備矣니라

해석 왕자점이 말했다. "무엇을 일러 뜻을 고상히 한다고 합니까?" <맹자께서 말씀하셨다.> "인과 의일 뿐이니, 한 사람이라도 죄가 없는 사람을 죽이는 것은 인이 아니며, 자기의 소유가 아닌데 취하는 것은 의가 아니다. 거처하는 것은 어디에 있어야 하는가? 인이 이것이요, 길은 어디에 있어야 하는가? 의가 이것이다. 인에 거처하고 의를 따른다면 대인의 일이 구비된 것이다."

35장
桃應이 問曰 舜爲天子요 皐陶爲士어든 瞽瞍殺人이면 則如之何잇고

해석 도응이 물었다. "순임금이 천자가 되시고, 고요가 士가 되었는데 고수가 사람을 죽였다면 어떻게 하겠습니까?"

孟子曰 執之而已矣니라 然則舜은 不禁與잇가 曰 夫舜이 惡得而禁之시리오 夫有所受之也니라

해석 맹자께서 말씀하셨다. "법을 집행할 뿐이다." "그렇다면 순임금은 금지하지 않습니까?" "순임금이 어떻게 금지할 수 있겠는가. 전수받은 바가 있는 것이다."

然則舜은 如之何잇고 曰 舜이 視棄天下하시되 猶棄敝蹝也하사 竊負而逃하사 遵海濱而處하사 終身訢然樂而忘天下하시리라

해석 "그렇다면 순임금은 어떻게 하시겠습니까?" 맹자께서 말씀하셨다. "순임금이 천하를 버리는 것을 보시되 마치 헌신짝을 버리듯이 하시어, 몰래 업고 도망

蹝 : 신 사   濱 : 물가 빈   訢 : 기쁠 흔

하여 바닷가를 따라 거처하면서 종신토록 흔쾌히 즐거워하면서 천하를 잊으셨을 것이다."

40장 孟子曰 君子之所以敎者五이니

> **해석** 맹자께서 말씀하셨다. "군자가 가르치는 것이 다섯 가지이니,

有如時雨化之者하며 有成德者하며 有達財者하며

> **해석** 단비가 만물을 변화시키듯이 하는 경우가 있으며, 덕을 이루게 한 경우가 있으며, 재질을 통달하게 한 경우가 있으며,

有答問者하며 有私淑艾者하니 此五者는 君子之所以敎也니라

> **해석** 물음에 답한 경우가 있으며, 사사로이 선으로 다스린 경우도 있으니, 이 다섯 가지는 군자가 가르치는 것이다."

艾 : 다스릴 예

14. 盡心章句下

2장 孟子曰 春秋에 無義戰하니 彼善於此는 則有之矣니라 征者는 上伐下也니 敵國은 不相征也니라

해석 맹자께서 말씀하셨다. "『춘추』에 의로운 전쟁이 없었으니, 그 중에 저것이 이것보다 나은 것은 있다. 征은 윗사람이 아랫사람을 정벌하는 것이니, 대등한 나라끼리는 서로 정벌하지 못하는 것이다."

3장 孟子曰 盡信書면 則不如無書니라

해석 맹자께서 말씀하셨다. "『서경』의 내용을 모두 믿는다면 『서경』이 없는 것만 못할 것이다.

仁人은 無敵於天下니 以至仁으로 伐至不仁이어니 而何其血之流杵也리오

해석 仁人은 천하에 대적할 사람이 없으니, 지극한 인으로 지극히 인하지 않은 사람을 정벌하였으니, 어찌 그 피가 절구공이를 표류하게 하였겠는가?"

4장 征之爲言은 正也라 各欲正己也니 焉用戰이리오

해석 "征이라는 말은 바로잡는다는 뜻이다. 각기 자기를 바로잡아주기를 바라니, 어찌 전투를 쓰겠는가?"

5장 孟子曰 梓匠輪輿 能與人規矩언정 不能使人巧니라

해석 맹자께서 말씀하셨다. "목수와 장인이 남에게 규와 구를 가르쳐 줄 수는 있을지언정, 남으로 하여금 공교롭게 할 수는 없다."

11장 孟子曰 好名之人은 能讓千乘之國이어니와 苟非其人이면 簞食豆羹에 見於色하나니라

> 해석: 맹자께서 말씀하셨다. "명예를 좋아하는 사람은 천승의 나라를 양보할 수 있거니와, 만일 그러할 만한 사람이 아니면 한 그릇 밥과 한 그릇 국에도 얼굴빛에 드러난다."

14장 孟子曰 民爲貴하고 社稷次之하고 君爲輕이니라 是故로 得乎丘民이 而爲天子요 得乎天子 爲諸侯요 得乎諸侯 爲大夫니라 諸侯危社稷이면 則變置하나니라

> 해석: 맹자께서 말씀하셨다. "백성이 가장 귀중하고, 사직이 그 다음이고, 군주는 가벼운 것이다. 그러므로 천한백성의 마음을 얻은 이는 천자가 되고, 천자에게 신임을 얻은 이는 제후가 되고, 제후에게 신임을 얻은 이는 대부가 된다. 제후가 사직을 위태롭게 하면 바꾸어 둔다.

犧牲旣成하며 粢盛旣潔하여 祭祀以時로되 然而旱乾水溢이면 則變置社稷하나니라

> 해석: 희생이 이미 이루어지며 곡식 담는 그릇이 이미 정결하여, 제사를 제때에 지내되 그런데도 가뭄이 들고 홍수가 넘치면 사직을 바꾸어 설치한다."

15장 孟子曰 聖人은 百世之師也니 伯夷柳下惠是也라 故聞伯夷之風者는 頑夫廉하며 懦夫有立志하고 聞柳下惠之風者는 薄夫敦하며 鄙夫寬하나니 奮乎百世之上이어든 百世之下에 聞者莫不興起也하니 非聖人而能若是乎아 而況於親炙之者乎아

> 해석: 맹자께서 말씀하셨다. "성인은 백세의 스승이니, 백이와 유하혜가 이것이다. 그러므로 백이의 교화를 들은 자는 완악한 지아비가 청렴해지고, 나약한 지아비가 뜻을 세우게 되며, 유하혜의 교화를 들은 자는 경박한 지아비가 돈후해지고, 비루한 지아비가 너그러워진다. 백세의 위에 분발하거든 백세의 아래에서 그 교화를 들은 자가 흥기하지 않는 이가 없으니, 성인이 아니고서 이와 같을 수 있겠는가. 하물며 그들을 직접 가까이 하여 배운 자에 있어서랴!"

粢 : 곡식 자

16장 孟子曰 仁也者는 人也니 合而言之하면 道也니라

해석 맹자께서 말씀하셨다. "인은 사람이라는 뜻이니, 합하여 말하면 도이다."

24장 孟子曰 口之於味也와 目之於色也와 耳之於聲也와 鼻之於臭也와 四肢之於安佚也에 性也나 有命焉이라 君子不謂性也니라

해석 맹자께서 말씀하셨다. "입이 맛에 있어서와 눈이 색깔에 있어서와 귀가 음악에 있어서와 코가 냄새에 있어서와 사지가 편안함에 있어서는 본성이나, 命에 달려 있다. 그러므로 군자는 이것을 본성이라 이르지 않는다."

26장 孟子曰 逃墨이면 必歸於楊이요 逃楊이면 必歸於儒니 歸커든 斯受之而已矣니라

해석 맹자께서 말씀하셨다. "묵적에서 도피하면 반드시 양주로 돌아가고, 양주에서 도피하면 반드시 유학으로 돌아올 것이니, 돌아오면 받아줄 뿐이다.

今之與楊墨辯者는 如追放豚하니 旣入其苙이어든 又從而招之로다

해석 지금 양주와 묵적의 학자들과 변론하는 것은 마치 뛰쳐나간 돼지를 좇는 것과 같으니, 이미 그 우리로 돌아오거든 또 따라서 발을 묶어놓는구나."

28장 孟子曰 諸侯之寶三이니 土地와 人民과 政事니 寶珠玉者는 殃必及身이니라

해석 맹자께서 말씀하셨다. "제후의 보배가 세 가지이니, 토지와 백성과 정사이니, 주옥을 보배로 여기는 자는 재앙이 반드시 몸에 미친다."

31장 孟子曰 人皆有所不忍하니 達之於其所忍이면 仁也요 人皆有所不爲하니 達之於其所爲면 義也니라

해석 맹자께서 말씀하셨다. "사람들은 모두 차마 못하는 마음을 가지고 있으니, 차마 하는 바에까지 도달한다면 인이요, 사람들은 모두 하지 않는 바가 있으니, 하는 바에까지 도달한다면 의이다.

人能充無欲害人之心이면 而仁을 不可勝用也며 人能充無穿踰之心이면 而義를 不可勝用也니라

해석 사람이 남을 해치려고 하지 않는 마음을 채운다면 인을 이루 다 쓰지 못할 것이며, 사람이 담을 뚫고 넘어가서 도둑질하지 않으려는 마음을 채운다면 의를 이루 다 쓰지 못할 것이다."

32장 君子之守는 修其身而天下平이니라

해석 군자의 지킴은 그 몸을 닦음에 천하가 평안해지는 것이다.

33장 孟子曰 堯舜은 性者也요 湯武는 反之也시니라

해석 맹자께서 말씀하셨다. "요와 순은 본성대로 하신 것이요, 탕과 무는 <본성을> 회복하셨다.

動容周旋이 中禮者는 盛德之至也니 哭死而哀가 非爲生者也며 經德不回가 非以干祿也며 言語必信이 非以正行也니라

해석 행동과 차림새와 어떤 일을 처리함이 예에 맞는 것은 성대한 덕이 지극한 것이니, 죽은 자를 곡하여 슬퍼하는 것은 산 자를 위해서가 아니요, 떳떳한 덕을 지키고 간사하지 않음이 녹을 요구해서가 아니며, 말을 반드시 미덥게 하는 것이 행실을 바르게 하려고 해서가 아니다.

君子는 行法하여 以俟命而已矣니라

해석 군자는 법을 행하여 命을 기다릴 뿐이다."

35장 孟子曰 養心이 莫善於寡欲하니 其爲人也寡欲이면 雖有不存焉者라도 寡矣요 其爲人也多欲이면 雖有存焉者라도 寡矣니라

經 : 떳떳할 경   回 : 간사할 회

해석 맹자께서 말씀하셨다. "마음을 수양함은 욕심을 적게 하는 것보다 더 좋은 것이 없으니, 그 사람됨이 욕심이 적으면 비록 보존되지 못함이 있더라도 <보존되지 못한 것이>적을 것이요, 사람됨이 욕심이 많으면 비록 보존됨이 있더라도 <보존된 것이> 적을 것이다."

37장 孔子曰 惡似而非者하노니 惡莠는 恐其亂苗也요 惡佞은 恐其亂義也요 惡利口는 恐其亂信也요 惡鄭聲은 恐其亂樂也요 惡紫는 恐其亂朱也요 惡鄕原은 恐其亂德也라하시니라

해석 공자께서 말씀하셨다. "비슷한 듯하지만 아닌 것을 싫어하나니, 가라지를 미워함은 벼싹을 어지럽힐까 염려해서요, 말재주가 있는 자를 미워함은 의를 어지럽힐까 염려해서요, 말 잘하는 입을 가진 자를 미워함은 信을 어지럽힐까 두려워해서요, 정나라의 음악을 미워함은 正樂을 어지럽힐까 염려해서요, 자주색을 미워함은 붉은색을 어지럽힐까 염려해서요, 향원을 미워함은 덕을 어지럽힐까 염려해서이다.

君子는 反經而已矣니 經正이면 則庶民興하고 庶民興이면 斯無邪慝矣리라

해석 군자는 떳떳한 도를 회복할 뿐이니, 떳떳한 도가 바르게 되면 서민이 <선에> 흥기하고 서민이 흥기하면 이에 사특함이 없어질 것이다."

38장 孟子曰 由堯舜至於湯이 五百有餘歲니 若禹皐陶則見而知之하시고 若湯則聞而知之하시니라

해석 맹자께서 말씀하셨다. "요순으로부터 탕왕에 이르기까지가 5백여 년이니, 우왕과 고요는 직접 보고서 알았고, 탕왕은 들어서 아셨다.

由湯至於文王이 五百有餘歲니 若伊尹萊朱則見而知之하고 若文王則聞而知之하시니라

해석 탕왕으로부터 문왕에 이르기까지가 5백여 년이니, 이윤과 내주는 직접 보고서 알았고, 문왕은 들어서 아셨다.

由文王至於孔子가 五百有餘歲니 若太公望散宜生則見而知之하고 若孔子則聞而知之하시니라

해석 문왕으로부터 공자에 이르기까지가 5백여 년이니, 태공망과 산의생은 직접 보고서 알았고, 공자는 들어서 아셨다.

由孔子而來로 至於今이 百有餘歲니 去聖人之世가 若此其未遠也며 近聖人之居가 若此其甚也로되 然而無有乎爾하니 則亦無有乎爾로다

해석 공자로부터 이래로 오늘에 이르기까지가 백여 년이니, 성인의 세대와의 거리가 이와 같이 멀지 않으며, 성인이 거주하신 곳과 가까움이 이와 같이 심하되, 그런데도 아무것도 없으니, 그렇다면 또한 아무것도 없겠구나!"

한권으로 끝내는 국가공인 漢字·漢文指導師 資格試驗 叢書

국·가·공·인
漢字·漢文指導師
特級 下

감수 社團法人 漢字敎育振興會

형민사

목차

上卷

Ⅰ. 論語(抄錄) / 9

- 1. 學而 _11
- 2. 爲政 _15
- 3. 八佾 _20
- 4. 里仁 _25
- 5. 公冶長 _28
- 6. 雍也 _33
- 7. 述而 _38
- 8. 泰伯 _43
- 9. 子罕 _47
- 10. 鄕黨 _52
- 11. 先進 _56
- 12. 顔淵 _63
- 13. 子路 _69
- 14. 憲問 _75
- 15. 衛靈公 _81
- 16. 季氏 _86
- 17. 陽貨 _89
- 18. 微子 _94
- 19. 子張 _96
- 20. 堯曰 _98

Ⅱ. 孟子(抄錄) / 101

- 1. 梁惠王章句上 _103
- 2. 梁惠王章句下 _116
- 3. 公孫丑章句上 _125
- 4. 公孫丑章句下 _138
- 5. 滕文公章句上 _143
- 6. 滕文公章句下 _152
- 7. 離婁章句上 _160
- 8. 離婁章句下 _168
- 9. 萬章章句上 _177
- 10. 萬章章句下 _180
- 11. 告子章句上 _185
- 12. 告子章句下 _194
- 13. 盡心章句上 _200
- 14. 盡心章句下 _208

목차

下卷

Ⅲ. 古文眞寶 前集(抄錄) / 221

Ⅳ. 古文眞寶 後集(抄錄) / 247

1. 漁父辭 _248
2. 秋風辭 _250
3. 弔屈原賦 _251
4. 出師表 _253
5. 後出師表 _257
6. 蘭亭記 _261
7. 陳情表 _264
8. 歸去來辭 _267
9. 五柳先生傳 _270
10. 滕王閣序 _272
11. 春夜宴桃李園序 _279
12. 與韓荊州書 _280
13. 原人 _284
14. 原道 _286
15. 爭臣論 _294
16. 送窮文 _301
17. 進學解 _306
18. 鱷魚文 _311
19. 送孟東野序 _314
20. 師說 _317
21. 雜說 _320
22. 獲麟解 _321
23. 諱辨 _323
24. 伯夷頌 _326
25. 昌黎文集序 _328
26. 梓人傳 _330
27. 捕蛇者說 _336
28. 種樹郭橐駝傳 _339
29. 桐葉封弟辨 _342
30. 連州郡復乳穴記 _344

31. 養竹記 _346	42. 前赤壁賦 _375
32. 待漏院記 _349	43. 後赤壁賦 _379
33. 岳陽樓記 _353	44. 六一居士集序 _381
34. 獨樂園記 _355	45. 喜雨亭記 _386
35. 讀孟嘗君傳 _356	46. 范增論 _389
36. 醉翁亭記 _357	47. 愛蓮說 _392
37. 憎蒼蠅賦 _360	48. 太極圖說 _393
38. 鳴蟬賦 _364	49. 四勿箴 _395
39. 縱囚論 _367	50. 西銘 _397
40. 朋黨論 _370	51. 東銘 _399
41. 名二子說 _374	

Ⅴ. 教師論 / 401

附錄 / 411

1. 漢字成語 _412
2. 選定漢字(5,000字) 一覽表 _463
3. 旣出問題 _505

Ⅲ. 古文眞寶 前集

(抄錄)

序 言

　《古文眞寶》는 '고문 중에서 참으로 보배로운 글'이란 뜻으로 고시(古詩)와 고문(古文)을 정선하여 편집한 것이다.

　고문(古文)은 단순히 옛글이라는 뜻이 아니라, 위진(魏晉)·남북조(南北朝)시대에 성행하던 사륙변려문(四六騈儷文)에 대립하여 선진(先秦)·양한(兩漢)시대의 문체(文體)로 지은 글을 뜻한다. 변려문이 지나치게 음률의 형식에 매여 장식적인 문학으로 흐른 것에 반대하여 당(唐)·송(宋)대에 한유(韓愈)를 필두로 한 문장가들이 형식보다는 내용을 중시하면서 변려문 이전의 문장들을 고문(古文)이라 칭하고 이를 문장의 모범으로 여겼다.

　《古文眞寶》는 원(元)·명(明)대에 매우 성행하였는데 정확한 저자나 제작연대는 알 수 없고, 단지 원(元)대에 이루어진 것으로 추정하고 있다. 중국에서 청(淸)대 이후에 유행이 감소되었으나, 우리나라에서는 크게 유행되어 널리 읽혔다. 우리나라에서 유행한 판본은 중국에서 유행하던 어떤 것보다 내용이 훨씬 증가한 것으로 전집(前集) 12권 후집(後集) 10권으로 구성되어 있으며, 송백정(宋佰貞)이 음역하고 유염(劉剡)이 교정한 것으로 전해지고 있다.

　전집은 시(詩), 후집은 산문(散文)으로 구성되어 있다.

　본서(本書)는 한자·한문지도사 특급 자격시험의 출제경향에 맞추어 《古文眞寶》중에서 수험생이 꼭 학습해야 할 중요한 내용만 발췌하여 편집한 것임을 밝힌다. 특히 전집(前集)은 수록된 한시의 양이 방대하여 12권중 1권과 2권에서만 발췌하였다.

淸夜吟
邵雍

月到天心處	달은 하늘 가운데 떠있고
風來水面時	바람이 수면을 스칠 때
一般淸意味	이러한 맑은 감흥을
料得少人知	아마 아는 사람이 적으리라.

四時
陶淵明

春水滿四澤	봄 물은 못마다 가득하고,
夏雲多奇峯	여름 구름은 기이한 봉우리가 많도다.
秋月揚明輝	가을 달은 드날려 밝게 빛나고,
冬嶺秀孤松	겨울 산마루엔 외로운 소나무가 빼어나도다.

憫農
李紳

鋤禾日當午	논에서 김매는데 태양은 중천에 떠,
汗滴禾下土	땀이 벼 아래 흙에 떨어진다.
誰知盤中飧	그릇에 담긴 밥이,
粒粒皆辛苦	알알이 모두가 괴로움임을 누가 알리오.

王昭君
李白

昭君拂玉鞍	왕소군이 구슬 장식된 안장을 떨고,
上馬啼紅頰	말에 오르는데 붉은 뺨에 눈물이 흐른다.
今日漢宮人	오늘은 한나라의 궁인이나,
明朝胡地妾	내일 아침이면 오랑캐 땅의 첩이 될 것이네.

* 王昭君 : 한(漢) 원제(元帝)는 후궁이 너무 많아 후궁을 고를 때 화공(畵工)을 시켜 후궁들의 초상을 그리게 하여 초상을 보고 후궁을 불러들였다. 후궁들은 대부분 자신들을 예쁘게 그리기 위해 화공(畵工)에게 뇌물을 주곤 했지만 왕소군만은 뇌물을 바치지 않아 임금의 부름을 받지 못했다. 이때, 세력이 커진 흉노(匈奴)에서 한나라에 미인을 요구하자 원제는 그림만 보고 가장 못생긴 왕소군을 골라 보냈다. 왕소군이 떠나던 날 원제는 왕소군의 아름다운 실물을 보고서 일의 전말을 알게 되었다. 원제는 화공을 베고 아쉬운 마음으로 왕소군을 흉노에게로 떠나보냈다.

讀李斯傳
李鄴

欺暗常不然	보이지 않는 것을 속여도 항상 뜻대로 안되는데,
欺明當自戮	훤히 아는 것을 속이면 당연히 스스로 죽게 되리라.
難將一人手	한 사람의 손을 가지고
掩得天下目	세상의 눈을 가리기는 어렵다.

* 李斯傳 : 『史記』의 「李斯列傳」을 말한다. 이사는 시황제(始皇帝)가 6국을 통일한 후에 봉건제에 반대하고 군현제(郡縣制)를 진언하여 정위(廷尉)에서 승상(丞相)으로 진급하였으며, 특히 분서갱유(焚書坑儒)를 단행시켰다. 위 작품은 작자가 진시황을 도와 폭정을 단행한 이사(李斯)의 전기를 읽고 느낀 감회를 쓴 것이다.

劒客

賈島

十年磨一劒	십년을 한 자루 칼을 갈아
霜刃未曾試	서릿발 같은 칼날을 아직 시험하지 못했네.
今日把贈君	오늘 그대에게 잡아 주노니,
誰有不平事	누가 바르지 못한 일을 함이 있으랴.

* 경세(經世)를 위해 오랫동안 학문을 수행한 것을 칼을 가는 것에 비유하여 정치를 바로잡는 데 자신의 역량을 발휘할 것임을 다짐하는 포부를 담고 있다.

貪泉

吳隱之

古人云此水	옛 사람들이 말하기를 이 물은
一歃懷千金	한번 마시면 천금을 생각하게 된다네.
試使夷齊飮	시험 삼아 백이와 숙제에게 마시게 한다면,
終當不易心	끝내는 당연히 마음을 바꾸지 않을 것이다.

商山路有感

白居易

萬里路長在	만리 길은 언제나 있었을 것이나,
六年今始歸	육년 만에 지금 비로소 돌아오네.
所經多舊館	지나는 곳마다 옛 여관이 많은데,
太半主人非	태반은 옛 주인이 아니로다.

七步詩
曹植

煮豆燃豆萁	콩을 삶는데 콩대로 불을 지피니,
豆在釜中泣	콩은 솥 가운데서 울고 있네.
本是同根生	본시 한 뿌리에서 났는데,
相煎何太急	어찌 그리 심하게 들볶는가.

* 七步詩 : 위(魏) 문제(文帝)는 그의 아우인 동아왕(東阿王)을 매우 미워하였다. 문제(文帝)는 조조(曹操)의 맏아들 조비(曹丕)로 조조가 생전에 셋째 아들 동아왕 조식(曹植)을 아낀 것에 질투가 심했다. 조조가 죽자 왕위를 세습한 조비(曹丕)는 그 동생을 불러 일곱 걸음 안에 시를 짓지 못하면 칙명을 어긴 이유로 처형하겠다고 하였는데, 이 때 지은 시가 칠보시(七步詩)이다. 형을 콩대에 자신을 콩에 은유하여 혈육을 못 살게 구는 상황을 시로 표현하였다.

金谷園
無名氏

當時歌舞地	그 옛날 노래하고 춤추던 곳이,
不說草離離	풀이 수북이 자라리라 말한 이는 없었으리라.
今日歌舞盡	지금 노래와 춤은 모두 사라져
滿園秋露垂	동산 가득히 가을 이슬이 맺혔네.

* 金谷園 : 금곡원은 진(晉)나라 때 거부(巨富) 석숭(石崇)이 만든 정원 이름으로, 석숭은 매일 귀인들을 모아 이곳에서 가무를 즐기며 놀았다. 작가는 황폐해진 금곡원의 옛 터에서 금석지감(今昔之感)에 젖어 있다.

春桂問答二
王維

問春桂	봄 계수나무에게 물었네.
桃李正芳華	복숭아와 오얏은 방금 향기로운 꽃을 피워
年光隨處滿	봄빛이 모든 곳에 찼거늘,
何事獨無花	어째서 홀로 꽃을 피우지 않는가?
春桂答	봄 계수나무가 대답했다.
春華詎能久	봄꽃이 어떻게 오래 갈 수 있겠는가.
風霜搖落時	바람과 서리에 흔들려 떨어질 때
獨秀君知不	홀로 빼어남을 그대는 아는가 모르는가.

遊子吟
孟郊

慈母手中線	자애로운 어머니의 손에 쥔 실은
遊子身上衣	길 떠날 아들이 몸에 걸칠 옷이다.
臨行密密縫	떠나기에 앞서 촘촘히 꿰매시며,
意恐遲遲歸	마음은 <아들이> 늦게 돌아올까 걱정이네.
難將寸草心	한 치 풀 같은 마음을 가지고
報得三春暉	봄 날 햇살 같은 어머니의 마음에 보답하기 어렵다네.

子夜吳歌
李白

長安一片月	장안엔 한 조각달이 떴는데,
萬戶擣衣聲	집집마다 다듬이 소리 울리네.
秋風吹不盡	가을바람도 끊일 줄 모르니,
總是玉關情	모두가 옥문관의 임 그리는 마음.
何日平胡虜	언제면 오랑캐들을 평정하고서
良人罷遠征	임께선 원정을 끝내고 돌아오실까.

* 玉關 : 옥문관(玉門關). 장안(長安)의 북서쪽에 있는 서역(西域)땅으로 가는 관문. 이 시에서 여인의 남편은 옥문관으로 원정을 가 있다.

友人會宿

滌蕩千古愁	천고의 시름을 씻어버리며,
留連百壺飮	눌러 앉아 백병의 술을 마신다.
良宵宜且談	좋은 밤 이야기 나누기에 좋고,
皓月未能寢	밝은 달빛에 잠을 이룰 수 없네.
醉來臥空山	술 취해 빈산에 누우니
天地卽衾枕	하늘과 땅이 곧 이불과 베게로다.

雲谷雜詠

朱晦庵

野人載酒來	농사꾼이 술을 지고 와서
農談日西夕	농사 이야기에 해가 서쪽으로 지네.
此意良已勤	이 뜻이 참으로 친절하여
感歎情何極	감동하는 이 마음 어디에 다할까.
歸去莫頻來	돌아가면 자주 오지는 마시오.
林深山路黑	숲이 깊어 산길이 어둡다오.

傷田家

聶夷中

二月賣新絲	이월 달에 새 실을 팔고
五月糶新穀	오월이면 새 곡식을 파네.
醫得眼前瘡	눈앞의 부스럼이야 치료할 수 있지만,
剜却心頭肉	심장의 살을 도려내는 것과 같네.
我願君王心	내 원하노니, 임금님의 마음이
化作光明燭	밝게 비추는 촛불이 되어서
不照綺羅筵	화려한 주연을 비추지 말고,
徧照逃亡屋	도망가는 집들에 두루 비춰졌으면.

時興
楊貴

貴人昔未貴	귀한 분들도 옛날 귀해지기 전에는
咸願顧寒微	모두 가난한 사람들을 돌보리라 생각했으리.
及自登樞要	자신이 높은 자리에 오르자
何曾問布衣	언제 평민들에게 관심을 가졌는가.
平明登紫閣	새벽엔 궁궐에 올라갔다가
日晏下彤闈	날이 저물면 궐문을 내려오네.
擾擾路傍子	시끄러운 길가에 사람들아
無勞歌是非	수고로이 시비를 따지지 말라.

離別
陸魯望

丈夫非無淚	대장부가 눈물이 없는 것은 아니나,
不灑離別間	이별에 눈물을 흘리지는 않는다.
仗劍對樽酒	칼을 짚고 술통을 대하니
恥爲游子顏	나그네의 근심스런 얼굴하기 부끄럽다.
蝮蛇一螫手	독사가 손을 한번 물었다면
壯士疾解腕	장사는 빨리 팔을 자르는 법.
所思在功名	뜻이 공명에 있으니,
離別何足歎	이별을 어찌 탄식하랴.

古詩

無名氏

客從遠方來	객이 먼 곳에서 와서
遺我一端綺	나에게 한 자락 비단을 주었네.
文綵雙鴛鴦	한 쌍의 원앙이 새겨진 것을
裁爲合歡被	재단하여 합환피를 만들었네.
著以長相思	오래도록 서로 생각하자 솜을 넣고
緣以結不解	맺은 인연 헤어지지 말자고 가를 꿰맸네,
以膠投漆中	아교를 옻칠에 섞은 것 같아
誰能別離此	누가 능히 이를 이별하게 하리오.

歸園田居

陶淵明

種豆南山下	남산 아래 콩을 심었더니
草盛豆苗稀	풀이 무성해서 콩 싹이 드물다.
侵晨理荒穢	이른 새벽에 잡초로 황폐한 밭을 매고
帶月荷鋤歸	달과 함께 호미를 메고 돌아온다네.
道狹草木長	길이 좁아 초목이 무성하니
夕露沾我衣	저녁 이슬이 내 옷을 적시는구나.
衣沾不足惜	옷 젖는 것이야 아까울 것 없으니
但使願無違	다만 농사나 잘못되지 않기를 바란다.

王右軍

李白

右軍本淸眞	우군은 본래 맑고 진실한 분이라
瀟洒在風塵	맑은 성품으로 속세에 있네.
山陰遇羽客	산음에서 도사를 만났는데,
愛此好鵝賓	이 거위를 좋아하는 손님을 좋아했네.
掃素寫道經	흰 비단을 쓸어 도덕경을 베껴 쓰니,
筆精妙入神	필법의 정교함이 신의 경지에 들었네.
書罷籠鵝去	쓰기가 끝나자 거위를 광주리에 넣어 떠나니,
何曾別主人	무엇하러 주인에게 인사하겠는가.

* **王右軍** : 동진(東晉)의 명필 왕희지(王羲之). 우군장군(右軍將軍)이라는 벼슬을 지냈으므로 왕우군이라 부른다. 『晉書』「王羲之傳」에 다음과 같은 내용이 실려 있다. '산음에 도사가 있었는데 좋은 거위를 기르고 있었다. 왕희지가 가서 그 거위를 보고 몹시 좋아하였다. 그래서 굳이 그것을 팔라고 졸랐다. 도사는 『도덕경』을 써주면 거위 떼를 모두 주겠다고 하였다. 왕희지는 『도덕경』을 흔쾌히 베껴주고 거위를 담아와 매우 즐거워하였다.'

對酒憶賀監二首

李白

四明有狂客	사명산에 광객이 있는데,
風流賀季眞	풍류를 즐기는 하계진이다.
長安一相見	장안에서 서로 한번 보고는,
呼我謫仙人	나에게 귀양온 신선이라고 불렀다.
昔好盃中物	옛날에는 술을 좋아했는데,
今爲松下塵	지금은 소나무 아래 먼지가 되었네.
金龜換酒處	금귀를 팔아 술을 사먹던 곳.
却憶淚沾巾	그 생각에 눈물이 수건을 적시네.

又

狂客歸四明	광객이 사명산으로 돌아가니
山陰道士迎	산음의 도사가 맞이하였네.
敕賜鏡湖水	칙명으로 경호의 물을 내리시니,
爲君臺沼榮	당신의 누대와 못을 위하여 영광된 일이라.
人亡餘故宅	사람은 죽고 옛 집만 남으니.
空有荷花生	쓸쓸히 연꽃만 피었으리.
念此杳如夢	이를 생각하면 아득하기 꿈만 같으니,
凄然傷我情	처연히 내 마음 슬퍼지네.

* **賀監** : 이름은 하지장(賀知章), 자(字)는 계진(季眞). 스스로를 사명광객(四名狂客)이라 부르며 만년을 방탄하게 지냈다. 이백이 처음 장안에 갔을 때 하지장은 그를 보자 '적선인(謫仙人)'이라고 불렀다. 이 시는 하지장이 죽은 뒤 술을 대하고 앉아 풍류객인 그를 추억하며 지은 것이다.

送張舍人之江東

李白

張翰江東去	장한이 강동으로 떠나가는데,
正値秋風時	마침 가을바람이 부는 때이다.
天淸一鴈遠	맑은 하늘엔 외기러기 멀리 날고,
海闊孤帆遲	넓은 바다엔 외로운 돛배가 더디게 떠간다.
白日行欲暮	밝은 해는 저물어 가고,
滄波杳難期	푸른 물결은 아득하여 기약하기 어렵다.
吳洲如見月	오땅의 바닷가에서 달을 보거든
千里幸相思	천리 멀리서 서로 생각하기를 바란다.

* 張舍人 : 사인(舍人)은 관명(官命). 이백의 친구로 정확히 누구인지는 모른다.
* 張翰 : 성격이 분방하고 글을 잘 지었다.『晉書』에 장한은 가을바람이 이는 것을 보고 고향인 오(吳)땅의 채소와 음식이 생각이 나서 인생은 뜻에 맞는 것이 제일이다 어찌 수천리 먼 곳에서 벼슬에 매어이름과 벼슬을 구하랴' 말하고는 마침내 수레를 불러 고향으로 돌아갔다는 이야기가 전해지는데, 이백은 이 시에서 자기의 친구 장사인을 장한에 빗대어 말하고 있다.

戲贈鄭溧陽

李白

陶令日日醉	도령은 매일 취하여,
不知五柳春	다섯 그루 버드나무에 봄이 온 줄을 몰랐네.
素琴本無絃	수수한 거문고엔 본래 줄이 없고,
漉酒用葛巾	술은 칡베 건으로 걸렀네.
淸風北窓下	맑은 바람 부는 북쪽 창 아래에서
自謂羲皇人	스스로를 희황시대의 사람이라 하였네.
何時到栗里	언제면 율리로 가서,
一見平生親	평생의 친구를 한번 만날까.

* 陶令 : 도연명(陶淵明). 일찍 팽택(彭澤)의 令을 지냈으므로 도령(陶令)이라 부른 것이다. 도연명은 집 주위에 다섯 그루의 버드나무를 심었으며, 줄이 없는 거문고를 곁에 두고 흥겨우면 언제나 이를 어루만졌다고 한다. 이 시는 율량(溧陽)의 令으로 있는 鄭 아무개를 팽택의 令이었던 도연명에게 비기면서 쓴 것이다.
* 栗里 : 도연명이 살았던 곳.

嘲王歷陽不肯飮酒

李白

地白風色寒	땅은 희고 바람은 찬데,
雪花大如手	눈송이는 크기가 손 만하네.
笑殺陶淵明	우습다 도연명이
不飮盃中酒	잔에 담긴 술을 마시지 않네.
浪撫一張琴	쓸데없이 거문고를 어루만지며,
虛栽五株柳	헛되이 다섯 그루 버드나무 심었네.
空負頭上巾	공연히 머리 위의 건을 배반하고 있으니,
吾於爾何有	내 그대에게 무엇을 하랴.

* 王歷陽 : 역양(歷陽)은 지명. 역양에 令으로 있는 왕 아무개. 이 시는 이백이 친구인 왕 아무개 술을 마시려들지 않음을 조롱하기 위해 도연명의 고사를 인용한 것이다.

待酒不至

李白

玉壺繫青絲	옥으로 만든 병에 파란 실을 매고,
沽酒來何遲	술을 사러 갔는데 왜 이리 늦었는가.
山花向我笑	산꽃은 나를 향해 웃으니,
正好銜盃時	마침 술잔을 기울이기 좋은 때이다.
晚酌東山下	저녁에 동산아래서 술 마시니,
流鶯復在茲	이리 저리 날아다니는 꾀꼬리가 여기에도 있네.
春風與醉客	봄바람과 취객이
今日乃相宜	오늘이야 말로 잘 어울리는 구나.

戲簡鄭廣文兼呈蘇司業

杜甫

廣文到官舍	광문이 관청에 이르러
繫馬堂階下	대청 섬돌 아래 말을 매어 둔다.
醉卽騎馬歸	취하면 곧 말을 타고 돌아가니,
頗遭官長罵	상관들의 욕을 적잖이 먹었다.
才名三十年	재주로 이름을 날린 지 삼십년이 되었는데,
坐客寒無氈	앉아 있는 손님에게 추위도 내놓을 담요가 없다네.
近有蘇司業	근래엔 소사업이란 분이 있어서,
時時與酒錢	때때로 술과 돈을 보내준다네.

* **鄭廣文** : 鄭虔. 당시의 고사(高士)로 소허공(蘇許公)이 재상일 때 망년지교를 맺어 그의 추천으로 벼슬을 얻었다. 현종(玄宗)은 정건(鄭虔)을 좋아하여 곁에 두었지만 일을 하지 않으므로 광문관(廣文館)을 열고 그곳의 박사(博士)에 임명하였다. 두보는 정건의 소탈한 모습을 좋아하고 그를 알아주고 챙겨주는 소원명(蘇源明)도 훌륭하게 여겨 이러한 마음을 시로 표현하였다.

寄全椒山中道士　　韋應物

今朝郡齋冷	오늘 아침엔 서재도 쌀쌀하니,
忽念山中客	문득 산속의 친구가 생각나네.
澗底束荊薪	시냇가에서 땔 나무를 하고,
歸來煮白石	돌아오는 길에 흰 돌을 삶고 있으리.
遙持一盃酒	멀리 한잔 술을 들어,
遠慰風雨夕	멀리서나마 비바람 치는 저녁을 위로해 본다.
落葉滿空山	낙엽은 빈산에 가득하리니,
何處尋行迹	어느 곳에서 그의 행적을 찾을런가.

* 白石 : 선인(仙人)들이 먹는다는 흰 돌.『抱朴子』「內篇」에 '인석산(引石散)을 한 치 넓이의 숟갈로 떠서 한 말의 흰 돌 자갈에 넣어 물을 붓고 삶으면 곧 고구마처럼 익어서 곡식처럼 먹을 수 있게 된다.' 하였다.

足柳公權聯句

人皆苦炎熱	사람들은 모두 더위가 괴롭다고 하는데,
我愛夏日長	나는 긴 여름날을 사랑한다.
薰風自南來	훈풍이 남쪽에서 불어오니,
殿閣生微涼	전각엔 시원한 바람이 일어난다.
一爲居所移	한번 거처를 옮기면,
苦樂永相忘	백성들의 고락을 영원히 잊어버리니,
願言均此施	바라건대 이러한 혜택을 고루 베풀어
淸陰分四方	시원한 그늘을 온 세상에 나누었으면.

子瞻謫海南　黃山谷

子瞻謫海南	자첨이 해남으로 귀양을 가니
時宰欲殺之	당시의 재상이 죽이려 함이다.
飽喫惠州飯	혜주의 밥을 배불리 먹고,
細和淵明詩	도연명의 시를 가늘게 읊조린다.
彭澤千載人	도연명은 천년에 한 번 나올 인물이요,
東坡百世士	소동파는 백 세에 한 번 나올 선비라네.
出處雖不同	삶은 비록 같지 않지만,
氣味乃相似	기풍은 서로 비슷하네.

* 子瞻 : 소식(蘇軾)의 자(字). 호는 동파(東坡)

少年子　李白

靑春少年子	청춘의 젊은이가
挾彈章臺左	탄궁(彈弓)을 끼고 화려한 누대 옆에서 노니네.
鞍馬四邊開	말에 안장을 하고 사방으로 달리니
突如流星過	돌진함이 유성이 지나는 듯.
金丸落飛鳥	금 탄환으로 나는 새를 떨어뜨리고,
夜入瓊樓臥	밤에는 호화로운 누각에 들어가 자네.
夷齊是何人	백이와 숙제는 어떤 사람들이었기에,
獨守西山餓	홀로 서산에서 절조를 지켜 굶주렸을까.

* 夷齊 : 백이(伯夷)와 숙제(叔弟). 주(周)나라 무왕(武王)이 은(殷)나라의 주왕(紂王)을 토벌하여 주 왕조를 세우자, 두 사람은 무왕의 행위가 인의(仁義)에 위배되는 것이라 하여 주나라의 곡식을 먹기를 거부하고, 수양산(首陽山)에 들어가 몸을 숨기고 고사리를 캐어먹고 지내다가 굶어죽었다.

雜詩

陶淵明

結廬在人境	변두리에 오두막 짓고 사니
而無車馬喧	날 찾는 수레와 말의 시끄러운 소리 하나 없네.
問君何能爾	묻노니, 어찌 이럴 수 있는가
心遠地自偏	마음이 욕심에서 멀어지니, 사는 곳도 구석지다네.
採菊東籬下	동쪽 울타리 아래 국화꽃 따며
悠然見南山	편안히 남산을 바라본다.
山氣日夕佳	산기운은 저녁 햇빛에 더욱 아름답고
飛鳥相與還	나는 새들도 서로 더불어 둥지로 돌아오네.
此間有眞意	이러한 자연 속에 참다운 삶의 뜻이 있으니
欲辨已忘言	말로 표현하려해도 할 말을 잊었네.

古詩

無名氏

生年不滿百	삶이 백년을 채우지 못하는데
常懷千歲憂	항상 천년의 근심을 품네.
晝短苦夜長	낮이 짧고 밤이 긴 것이 괴로운데,
何不秉燭遊	어찌 촛불을 잡고 놀지 않으랴.
爲樂當及時	즐거움은 그때그때 해야 하니,
何能待來茲	무엇하러 내일을 기다리랴.
愚者愛惜費	어리석은 이는 쓰기를 아껴,
俱爲塵世嗤	함께 세상에 웃음거리가 되네.
仙人王子喬	신선 왕자교가 있긴 하지만,
難可以等期	그처럼 살기는 어렵다.

* 王子喬 : 생(笙)을 잘 불어 봉황새의 울음소리를 냈으며, 도사를 따라 숭산(嵩山)에 들어가 신선이 되어 학을 타고 다녔다고 함.

月下獨酌

李白

花下一壺酒	꽃 아래서 한 병의 술을
獨酌無相親	홀로 마심에 친한 이 하나 없네.
擧盃邀明月	잔을 들어 밝은 달을 맞이하니.
對影成三人	그림자를 대하니 세 사람이 되었네.
月旣不解飮	달은 이미 술을 마실 줄 모르고,
影徒隨我身	그림자는 단지 나만 따르네.
暫伴月將影	잠시 달과 그림자를 벗 삼으니,
行樂須及春	즐김에는 모름지기 봄이 좋다.
我歌月徘徊	나의 노래에 달은 배회하고,
我舞影凌亂	나의 춤에 그림자는 흔들리네.
醒時同交歡	맨 정신일 때에는 함께 즐거움을 나누지만,
醉後各分散	취한 뒤에는 각기 흩어지네.
永結無情遊	정에 얽매이지 않는 사귐을 영원히 맺어,
相期邈雲漢	아득한 은하수에서 만날 것을 기약하네.

鼠鬚筆

蘇過

太倉失陳紅	나라의 창고에선 붉게 썩은 곡식을 축내고,
狡穴得餘腐	교활한 쥐가 사는 구멍에선 나머지 썩은 고기가 나오네.
旣興丞相歎	이미 승상의 탄식을 내게 하고,
又發廷尉怒	또 정위의 성질을 돋우었네.
磔肉餧餓猫	살을 찢어 굶주린 고양이를 먹이고,
分髯雜霜兔	수염을 가려내어 흰 토끼털과 섞었네.
插架刀槊建	필통에 꽂으니 칼이나 창처럼 우뚝하고,
落紙龍蛇鶩	종이에 글씨를 쓰면 용과 뱀이 꿈틀거리는 듯하네,
物理未易詰	사물의 이치는 쉽게 따질 수 없으니,
時來卽所遇	때가 오면 쓰일 곳을 만나게 되는 법.
穿墉何卑微	담을 뚫을 땐 매우 비천하였는데,
託此得佳譽	이에 의지하여 아름다운 명예를 얻는 구나.

* 鼠鬚筆 : 쥐 수염으로 만든 붓으로 서도가들은 아주 귀한 것으로 여김. 이 시는 사람들이 꺼리는 쥐 같은 미물도 필요한 곳에 잘 쓰이면 훌륭한 가치를 갖게 된다는 내용.
* 丞相歎 : 승상은 진(秦) 승상(丞相) 이사(李斯). 이사가 젊어 군의 작은 관리를 할 때 변소에 있는 쥐는 더러운 것을 먹고 사람이나 개에 자주 놀라고, 창고에 쥐는 쌓여 있는 곡식을 먹고 큰 집 아래 살면서 사람이나 개의 걱정 없이 지나는 것을 보고는 사람들의 어질고 못난 것도 이 쥐와 같다고 탄식하였다고 한다.
* 廷尉怒 : 정위는 한(漢)의 정위(廷尉) 벼슬을 지낸 장탕(張湯). 장탕이 어려서 집을 보고 있었는데 쥐가 고기를 훔쳐가자 그의 아버지는 화가 나서 장탕을 때렸다. 장탕은 쥐굴을 파고 불로 태운 끝에 쥐와 남은 고기를 얻었다고 한다.

妾薄命二首

陳師道

主家十二樓	주인집 열두 누각에
一身當三千	삼천 명의 총애를 한 몸에 받았네.
古來妾薄命	예부터 여자 팔자 기구하다더니.
事主不盡年	주인을 섬김에 천수를 다하지 못했네.
起舞爲主壽	일어나 춤추어 주인을 위해 춤을 추었건만,
相送南陽阡	남양 무덤길로 보냈네.
忍著主衣裳	차마 주인이 주신 옷을 입고,
爲人作春姸	남을 위해 고운 자태를 지을 수 있으랴.
有聲當徹天	울음소리는 하늘에 사무치고,
有淚當徹泉	내 눈물은 황천에 사무치리.
死者恐無知	죽은 사람이야 아마 아무것도 모르리니,
妾身長自憐	이 몸만 영영 불쌍하게 되었네.

又

葉落風不起	낙엽이 지는데 바람은 일지 않고,
山空花自紅	산은 고요한데 꽃만이 붉다.
捐世不待老	늙기 전에 세상을 버리시니,
惠妾無其終	사랑하는 첩의 마음은 그 끝이 없으리.
一死尙可忍	한번 죽음은 오히려 견딜 수 있지만,
百歲何當窮	평생을 어떻게 이런 처지를 감당할까.
天地豈不寬	천지는 넓기만 한데도,
妾身自不容	이 몸 하나 용납되지 않는구나.
死者如有知	죽은 이가 알아준다면,
殺身以相從	죽어서라도 임을 따르리라.
向來歌舞地	옛날 춤추고 노래하던 곳엔
夜雨鳴寒蛩	밤비에 귀뚜라미가 울고 있네.

青青水中蒲

韓愈

青青水中蒲	파룻파룻한 물속의 창포여,
下有一雙魚	밑에는 한 쌍의 고기가 놀고 있네.
君今上隴去	임은 이제 농산으로 가니,
我在與誰居	나는 누구와 살꼬.
青青水中蒲	파룻파룻한 물속의 창포여,
長在水中居	언제나 물속에 자라고 있네.
寄語浮萍草	부평초에게 말을 전하노니,
相隨我不如	몰려다니는 그대들만도 난 못하구나.
青青水中蒲	파룻파룻한 물속의 창포여,
葉短不出水	잎이 짧아서 물 밖으로 나오지 못하는구나.
婦人不下堂	여자는 대청 아래로 내려서지 않는다 하니,
行子在萬里	떠나간 임은 만 리 저쪽에 계시네.

幽懷

韓愈

幽懷不可寫	가슴 속의 시름을 씻을 길 없어
行此春江潯	이렇게 봄 강가를 걷고 있네.
適與佳節會	마침 좋은 계절을 만나
士女競光陰	남녀들은 시간을 다투어 즐기네.
凝妝耀洲渚	짙은 화장은 물가에 아롱거리고
繁吹蕩人心	요란한 피리 소리는 사람을 마음을 들뜨게 하네.
間關林中鳥	짹짹거리는 숲속의 새는,
知時爲和音	때를 알아 아름답게 지저귀네.
豈無一樽酒	어찌 한 통의 술도 없으랴,
自酌還自吟	혼자 따라 다시 혼자 읊조리네.
但悲時易失	다만 때가 쉽게 가버림을 슬퍼하니,
四序迭相侵	사계절은 번갈아 서로 바뀌네.
我歌君子行	내 '군자행'을 노래하니,
視古猶視今	옛날을 보니 지금을 보는 것과 같네.

獨酌

李白

天若不愛酒	하늘이 만약 술을 좋아하지 않는다면
酒星不在天	주성이 하늘에 있지 않을 것이오,
地若不愛酒	땅이 만약 술을 좋아하지 않는다면
地應無酒泉	땅에는 당연히 주천이 없어야 하리.
天地旣愛酒	하늘과 땅도 술을 좋아하니,
愛酒不愧天	술을 좋아하는 것은 하늘에 부끄럼이 없다.
已聞淸比聖	이미 맑은 술은 성인에 비유했다는 말을 들었고,
復道濁如賢	또 탁한 술은 어진 사람과 같다고 말하네.
賢聖旣已飮	어진 것과 성인 같은 것을 이미 마셔 왔으니,
何必求神仙	무엇하러 신선되기를 구할까.
三盃通大道	석 잔이면 큰 도를 통하고,
一斗合自然	한 말이면 자연과 합치되네.
但得醉中趣	다만 취중의 취미를 얻은 것이니,
勿爲醒者傳	술 안 먹는 자에겐 전할 것도 없네.

責子

陶淵明

白髮被兩鬢	백발이 양쪽 귀밑머리를 덮었고,
肌膚不復實	살결도 다시는 실하지 않다네.
雖有五男兒	비록 아들이 다섯이 있으나,
總不好紙筆	모두가 글공부를 좋아하지 않네.
阿舒已二八	큰애 舒는 이미 열여섯 살이건만,
懶惰故無匹	둘도 없는 게으름뱅이고.
阿宣行志學	둘째 宣은 곧 열다섯 살이 되건만,
而不愛文術	학문 배우기를 아예 마다하고.
雍端年十三	쌍둥이 雍과 端은 열세 살이건만,
不識六與七	여섯과 일곱도 분간 못 하고.
通子垂九齡	막내 通이란 놈은 아홉 살 되었건만,
但覓梨與栗	다만 배와 밤만을 찾누나.
天運苟如此	하늘이 내린 자식 운이 이와 같으니,
且進盃中物	거듭 술잔을 들이키노라!

Ⅳ. 古文眞寶 後集

〔抄錄〕

1. 漁父辭

屈原

중국 전국시대(戰國時代) 초(楚)나라 대부 굴원이 지은 초사(楚辭)작품이다. 어부는 당시의 은둔한 선비를 뜻하지만 혹자는 굴원이 자문자답한 것이라는 설도 있다. 굴원의 처세관이 어부와의 대화를 통해 잘 드러나 있는 명문이다.

屈原이 旣放에 游於江潭하여 行吟澤畔할새 顏色憔悴하고 形容枯槁러니 漁父見而問之曰 子非三閭大夫與아 何故至於斯오 屈原曰 擧世皆濁이어늘 我獨淸하고 衆人皆醉어늘 我獨醒이라 是以見放이로라

해석 굴원이 쫓겨나 강가에서 노닐고 못가를 거닐며 시를 읊조릴 적에 안색이 초췌하고 모습이 생기가 없었다. 어부가 그를 보고 물었다. "그대는 삼려대부가 아닌가? 어쩌다가 이 지경에 이르렀는가?" 굴원이 대답하였다. "온 세상이 모두 흐린데 나만이 홀로 깨끗하고, 온 세상이 모두 흐린데 나만 홀로 맑고, 뭇 사람들이 모두 취하였는데 나만이 홀로 깨어 있으니, 이 때문에 추방을 당했노라."

漁父曰 聖人은 不凝滯於物하여 而能與世推移하나니 世人皆濁이어든 何不淈其泥而揚其波하며 衆人皆醉어든 何不餔其糟而歠其醨하고 何故深思高擧하여 自令放爲오

해석 어부가 말하였다. "성인은 사물에 막히거나 얽매이지 않고 세상과 더불어 변하여 옮겨가니, 세상 사람들이 모두 탁하거든 어찌하여 그 진흙을 휘젓고 그 흙탕물을 일으키지 않으며, 여러 사람들이 모두 취하였거든 어찌하여 술지게미를 먹고 묽은 술을 마시지 않고, 무슨 연고로 깊이 생각하고 고상하게 행동하여 스스로 추방을 당하게 한단 말인가?"

放 : 내쫓다 방 潭 : 못 담 憔 : 파리할 초 悴 : 파리할 췌 醒 : 깰 성 見 : 당하다(피동형) 견 凝 : 엉길 응
淈 : 흐릴, 흐리게 할 굴 泥 : 진흙 니 醉 : 취할 취 餔 : 먹을 포 糟 : 거르지 않은 술, 지게미 조 歠 : 마실 철
醨 : 묽은 술 리 令 : 하여금 령

屈原曰 吾聞之하니 新沐者는 必彈冠이요 新浴者는 必振衣라하니 安能以身之察察로 受物之汶汶者乎아 寧赴湘流하여 葬於江魚之腹中이언정 安能以皓皓之白으로 而蒙世俗之塵埃乎아

해석 이에 굴원이 대답하였다. "내가 들으니, '새로 머리를 감은 자는 반드시 갓을 털어서 쓰고, 새로 목욕한 자는 반드시 옷을 털어서 입는다.' 하니 어찌 깨끗한 몸으로 남의 더러운 것을 받는단 말인가? 차라리 상수에 달려들어서 강고기의 뱃속에 장사지낼지언정 어찌 희디흰 결백한 몸으로 세속의 먼지를 뒤집어쓴단 말인가?"

漁父莞爾而笑하고 鼓枻而去하여 乃歌曰 滄浪之水淸兮어든 可以濯吾纓이요 滄浪之水濁兮어든 可以濯吾足이로다 遂去하여 不復與言하니라

해석 어부는 빙그레 웃고는 돛대를 두드려 떠나가면서 다음과 같이 노래하였다. "창랑의 물이 맑으면 내 갓끈을 씻고 창랑의 물이 흐리면 내 발을 씻으리라." 그는 마침내 떠나가서 다시는 더불어 말하지 않았다.

察: 깨끗할 찰　汶: 더러울 문　赴: 나아갈 부　莞: 웃을 완　枻: 노 예　纓: 갓끈 영　與: 더불 여

2. 秋風辭

漢 武 帝

한(漢)나라 무제(武帝)가 지금의 산서성 서부 하동군에서 토지신에게 제사를 지내고 돌아오는 길에 흥에 겨워 지은 사(辭)이다. 시(詩)가 변하여 소(騷)가 되고 소(騷)가 변하여 사(辭)가 되는데 이들은 모두 노래로 부를 수 있다. 특히 사(辭)는 시(詩)와 이(騷)를 겸하였는데 더욱 간결하고 깊다.

上이 行幸河東하여 祠后土러니 顧視帝京하고 欣然하여 中流에 與群臣飮燕할새 上歡甚하여 乃自作秋風辭하니 曰

해석 황제가 하동에 행차하여 토지신에게 제사하였는데, 서울을 돌아보고는 기뻐하여, 흐르는 물에 배를 띄워놓고 여러 신하들과 술을 마시고 잔치를 하였다. 이때 황제가 몹시 기뻐서 마침내 스스로 추풍사를 지으니, 그 내용은 다음과 같다.

秋風起兮白雲飛하니 草木黃落兮鴈南歸로다 蘭有秀兮菊有芳하니 懷佳人兮不能忘이로다 泛樓船兮濟汾河하니 橫中流兮揚素波로다 簫鼓鳴兮發棹歌하니 歡樂極兮哀情多로다 少壯幾時兮奈老何오

해석 가을바람이 일고 흰 구름이 날리니, 풀과 나무는 누렇게 시들어 떨어지고 기러기는 남쪽으로 돌아가도다. 난초는 빼어나고 국화는 향기로우니, 아름다운 분을 그리워함이여! 잊을 수 없도다. 다락이 있는 배를 띄워 분하를 건너가니, 중류를 가로지르며 흰 물결 날리도다. 퉁소소리와 북소리 울리고 뱃노래 부르니, 환락이 지극함에 슬픈 마음 많도다. 젊을 때가 얼마나 되는가? 늙음을 어이하리.

幸 : 거동 행(천자의 행차)　祠 : 제사지낼 사　后土 : 토지의 신　燕 : 잔치 연　鴈 : 기러기 안　芳 : 향기로울 방
簫 : 퉁소 소　棹 : 노 도

3. 弔屈原賦

賈誼

가의(賈誼)는 한무제(漢武帝)의 신임을 얻었으나 당시 고관들의 모함으로 뜻을 얻지 못하고 장사(長沙)로 좌천되어 장사왕(長沙王) 태부(太傅)를 지냈다. 조굴원부는 장사로 귀양 가던 도중, 굴원이 몸을 던진 상수에 이르러 굴원을 조문하고 자신의 처지를 빗대어 쓴 글이다.

恭承嘉惠兮여 竢罪長沙러니 仄聞屈原兮여 自湛汨羅로다 造托湘流兮여 敬弔先生이라 遭世罔極兮여 迺殞厥身하니 烏虖哀哉兮여 逢時不祥이로다

해석 아름다운 은혜 공손히 받들어 장사에 죄를 기다리고 있었는데, 전해 듣건대 굴원이 스스로 멱라수에 빠져죽었다는구나. 나아가 흐르는 상수에 의탁하여 공경히 선생을 조문하노라. 세상의 무도함을 만나 마침내 그 몸을 잃었으니, 아! 애처로워라 상서롭지 못한 시대 만났도다.

鸞鳳伏竄兮여 鴟鴞翺翔이요 闒茸尊顯兮여 讒諛得志하며 賢聖逆曳兮여 方正倒植로다 謂隨夷溷兮여 謂跖蹻廉이요 莫邪爲鈍兮여 鉛刀爲銛이로다 于嗟默默이여 生之亡故兮여 斡棄周鼎하고 寶康瓠兮로다

해석 난새와 봉황새는 엎드려 숨고 솔개와 올빼미가 높이 날며, 용렬한 자들이 높이 드러나고 아첨하는 자들이 뜻을 얻으며, 성현이 거꾸로 끌려 다니고 모나고 바른 것이 뒤집혔다. 변수(卞隨)와 백이(伯夷)를 혼탁하다 이르며, 도척(盜跖)과 장교(莊蹻)를 청렴하다 이르도다. 막야(명검의 이름)를 무디다 하고 무딘 칼을 날카롭다 하도다. 아! 묵묵히 선생이 무고히 화를 당함이여! 주나라의 금솥을 굴려 버리고 흙으로 구운 항아리를 보배로 여긴다.

* 隨夷: 변수(卞隨)와 백이(伯夷)로 변수는 은나라 탕왕이 천자의 자리를 물려주려 하자 사양했고, 백이는 은나라가 주나라에 의해 망하자 동생 숙제(叔齊)와 함께 절의를 지키기 위해 수양산에 들어가 고사리를 캐먹다 굶어 죽었다.
* 跖蹻莊: 도척(盜跖)과 장교(莊蹻)로 악인의 대명사
* 周鼎: 하나라 우왕이 각국에서 바쳐온 금으로 만든 솥으로 대대로 내려오는 국보

仄: 어렴풋할 측 湛: 빠질 침 遭: 만날 조 迺: 이에 내 虖: 울부짖을 호 竄: 숨을 찬 鴟: 솔개 치 鴞: 부엉이 효
闒: 용렬할 탑 茸: 용렬할 용 銛: 날카로울 섬 斡: 굴릴 간

騰駕罷牛하고 驂蹇驢兮여 驥垂兩耳하고 服鹽車兮로다 章甫薦屨하니 漸不可久兮로다 嗟苦先生이여 獨離此咎兮로다

해석 파리한 소에 멍에 하여 타고 절름거리는 나귀를 곁마로 삼으니, 천리마는 두 귀를 늘어뜨리고 소금 수레를 끌도다. 장보관을 신에 깔았으니, 점점 더 오래 있지 못하리로다. 아! 선생이여, 홀로 이 허물에 걸렸도다.

* 章甫冠: 중국 은나라 이래로 써 온 관의 하나. 공자가 썼으므로 후세에 와서 유생(儒生)들이 쓰는 관이 되었다.

訊曰 已矣라 國其莫吾知兮여 子獨壹鬱其誰語오 鳳縹縹其高逝兮여 夫固自引而遠去며 襲九淵之神龍兮여 沕淵潛以自珍이라 偭蟂獺以隱處兮여 夫豈從蝦與蛭螾이리오 所貴聖之神德兮여 遠濁世而自臧이라 使麒麟可係而羈兮인댄 豈云異夫犬羊가 般紛紛其離此郵兮여 亦夫子之故也로다

해석 다음과 같이 결론지어 말한다. 어쩔 수 없다. 나라에 나를 알아주는 이가 없음이여! 내 홀로 답답하니 그 누구에게 말할까? 봉황새가 훨훨 높이 날아감이여! 진실로 스스로 몸을 이끌어 멀리 떠나가도다. 깊은 연못에 몸을 사리고 있는 신룡이여! 못 속에 잠겨 스스로 진중히 하도다. 교달벌레를 피해 숨어 삶이여! 어찌 새우와 거머리와 지렁이를 따르리오. 성인의 신덕을 귀중히 여김은 탁한 세상을 멀리하여 스스로 선하게 해서이니, 만약 기린을 고삐 매어 묶어 둔다면 어찌 개나 염소와 다르겠는가. 어지럽게 이런 허물에 걸림이여! 또한 선생의 탓이로다.

* 訊: 초사(楚辭)형식의 노래에 쓰이는 말로, 시의 끝에 전문(全文)의 대의를 요약할 때 쓴다.

歷九州而相其君兮여 何必懷此都也오 鳳凰翔于千仞兮여 覽德輝而下之로다 見細德之險微兮여 遙增擊而去之로다 彼尋常之汙瀆兮여 豈容吞舟之魚리오 橫江湖之鱣鯨兮여 固將制於螻蟻로다

해석 구주를 지나 그 군주를 살펴볼 것이니, 하필 이 도읍을 그리워하겠는가? 봉황이 천 길 높이 날아오름이여! 덕이 빛나는 곳을 보아 내려앉도다. 덕이 없는 험하고 미미함을 보고는 멀리 더욱 나래를 쳐 떠나도다. 저 심상한 도랑이 어찌 배를 삼킬만한 물고기를 용납하겠는가? 강호를 가로지르는 전어와 고래도 진실로 장차 땅강아지와 개미에게 제재를 당하리로다.

驂:곁마 참　蹇:절뚝거릴 건　驢:나귀 려　驥:천리마 기　離:만날 리　偭:등질 면　蟂:교달벌레 교　獺:수달 달　蝦:두꺼비 하　蛭:거머리 질　螾:지렁이 인　羈:굴레 기　仞:길 인　郵:허물 우　鱣:전어 전　鯨:고래 경　螻:땅강아지 루　蟻:개미 의

4. 出師表

諸葛亮

표(表)는 신하가 임금에게 올리는 형식의 글이다. 출사표는 제갈량이 위(魏)나라 토벌을 위한 출정 때 유선(劉禪)에게 바친 글이다. 선제(先帝)인 유비(劉備)에 대한 충성심과 후주(後主)에게 국가의 장래를 우려하는 부탁이 간절하게 드러나는 글이다.

先帝創業未半而中道崩殂하시고 今天下三分에 益州疲弊하니 此誠危急存亡之秋也니이다 然이나 侍衛之臣이 不懈於內하고 忠志之士 忘身於外者는 蓋追先帝之殊遇하여 欲報之於陛下也니이다

해석 선제께서 창업을 반도 이루기 전에 중도에 붕어하시고, 이제 천하가 셋으로 나뉘어져 있는데 우리 익주가 피폐하니, 이는 진실로 국가가 위급하여 존재하느냐 멸망하느냐 하는 시기입니다. 그러나 모시는 신하들이 안에서 게을리 하지 않고, 충성스럽고 뜻있는 군사들이 밖에서 몸을 잊고 있는 것은 선제의 특별한 대우를 추모하여 폐하께 보답하고자 해서입니다.

誠宜開張聖聽하사 以光先帝遺德하여 恢弘志士之氣요 不宜妄自菲薄하여 引喩失義하여 以塞忠諫之路也니이다

해석 진실로 성덕을 열고 펴시어 선제의 유덕을 빛내어 지사들의 사기를 키우실 것이요, 망령되이 스스로 하찮게 여겨 비유를 들어 의를 잃어 충간하는 길을 막아서는 안 될 것입니다.

崩 : 죽을 붕 殂 : 죽을 조 秋 : 때 추 恢 : 넓을 회 菲 : 엷을 비

宮中府中이 俱爲一體니 陟罰臧否를 不宜異同이라 若有作奸犯科와 及爲忠善者어든 宜付有司하여 論其刑賞하여 以昭陛下平明之理요 不宜偏私하여 使內外異法也니이다.

해석 궁중과 부중이 모두 일체가 되어야 하니, 잘하는 사람을 승진시키고 잘못하는 사람을 벌주는 것을 달리해서는 안 됩니다. 만일 부정한 일을 저질러 죄과를 범한 자와 충선한 일을 한 자가 있거든 마땅히 담당관에게 맡겨서 형벌과 상을 논하여 폐하의 공평하고 분명하신 다스림을 밝혀야 할 것이며, 편벽되고 사사로이 하여 안과 밖으로 하여금 법을 달리해서는 안 될 것입니다.

侍中侍郞郭攸之, 費禕, 董允等은 此皆良實하여 志慮忠純이라 是以로 先帝簡拔하사 以遺陛下하시니 愚以爲宮中之事는 事無大小히 悉以咨之然後施行하시면 必能裨補闕漏하여 有所廣益하리이다

해석 시중과 시랑인 곽유지·비의·동윤 등은 모두 어질고 성실하여 뜻과 생각이 충성스럽고 순수합니다. 이 때문에 선제께서 선발하시어 폐하에게 물려주셨으니, 어리석은 신은 생각하옵건대 궁중의 일은 대소를 막론하고 모두 그들에게 자문하신 연후에 시행하시면 반드시 폐하의 부족한 점을 보충하여 널리 유익한 바가 있을 것입니다.

將軍向寵은 性行淑均하고 曉暢軍事하여 試用於昔日에 先帝稱之曰 能이라하사 是以로 衆議擧寵爲督하니 愚以爲營中之事는 事無大小히 悉以咨之하시면 必能使行陣和睦하고 優劣得所也리이다

해석 장군 상총은 성품과 행실이 착하고 공평하며 군사에 밝게 통하여, 옛날 시험 삼아 등용함에 선제께서 그를 "능하다."고 칭찬하셨습니다. 이 때문에 여러 의논을 모아 상총을 천거하여 도독으로 삼았으니, 어리석은 신은 생각하옵건대 영중의 일은 대소를 막론하고 모두 그에게 자문하신다면 반드시 군대가 화목하고 인물의 우열이 제자리를 얻을 것입니다.

陟 : 올릴 척　臧 : 착할 장　咨 : 물을 자　淑 : 착할 숙

> 親賢臣, 遠小人은 此先漢所以興隆也요 親小人, 遠賢臣은 此後漢所以傾頹也라 先帝在時에 每與臣論此事에 未嘗不歎息痛恨於桓靈也니이다 侍中尙書長史參軍은 此悉貞亮死節之臣이니 願陛下親之信之하시면 則漢室之隆을 可計日而待也리이다

해석 현명한 신하를 가까이 하고 소인을 멀리함은 이는 전한이 융성했던 이유요, 소인을 가까이 하고 현명한 신하를 멀리함은 이는 후한이 기울고 패망한 원인입니다. 선제께서 생존해 계실 때에 매번 신과 이 일을 논할 적마다 일찍이 환제와 영제에 대하여 탄식하고 통한으로 여기지 않으신 적이 없었습니다. 시중상서와 장사와 참군은 모두 곧고 성실하여 충절에 죽을 수 있는 신하들이오니, 원컨대 폐하께서 이들을 가까이 하시고 신임하시면 한나라 왕실의 융성을 날짜를 꼽아 기다릴 수 있을 것입니다.

> 臣本布衣로 躬耕南陽하여 苟全性命於亂世하고 不求聞達於諸侯러니 先帝不以臣卑鄙하시고 猥自枉屈하사 三顧臣於草廬之中하시고 咨臣以當世之事하시니 由是感激하여 遂許先帝以驅馳러니 後値傾覆하여 受任於敗軍之際하고 奉命於危難之間이 爾來二十有一年矣니이다

해석 신은 본래 평민으로 몸소 남양땅에서 농사를 지어 난세에 구차하게 생명을 보존하려 하였지 제후들에게 알려지거나 영달하기를 구하지 않았습니다. 선제께서는 신을 비루하다고 여기지 않으시고 외람되이 직접 왕림하시어 누추한 집으로 세 번이나 신을 찾아주시고 신에게 당시 세상의 일을 자문하시니, 이 때문에 감격하여 마침내 선제께 나라 일에 매진할 것을 허락했습니다. 그 후 나라가 기울고 전복되는 어려움을 만나 패전할 즈음에 임무를 맡고 위태한 때에 명령을 받든 지가 21년이 되었습니다.

猥 : 외람될 외　馳 : 달릴 치　値 : 만날 치

先帝知臣謹愼이라 故로 臨崩에 寄臣以大事也하시니 受命以來로 夙夜憂嘆하여 恐託付不效하여 以傷先帝之明이라 故로 五月渡瀘하여 深入不毛러니 今南方已定하고 兵甲已足하니 當獎率三軍하고 北定中原하여 庶竭駑鈍하여 攘除姦凶하고 興復漢室하여 還于舊都가 此臣所以報先帝而忠陛下之職分也니이다

해석 선제께서는 신의 근신함을 아셨기 때문에 붕어하실 때에 임하여 신에게 대사를 맡기시니, 신은 명령을 받은 이래로 밤낮으로 걱정하고 탄식하여, 부탁하신 것을 이루지 못해서 선제의 밝음을 손상시킬까 두려워하였습니다. 그러므로 5월에 노수를 건너 깊이 불모지에 쳐들어갔습니다. 이제 남방이 이미 평정되었고 무기와 갑옷도 이미 풍족하니, 마땅히 삼군을 거느리고 북쪽으로 중원을 평정해야 합니다. 저의 노둔한 재주를 다하여, 간흉을 제거하고 한실을 부흥시켜 옛 도읍으로 돌아가는 것이 신이 선제께 보답하고 폐하께 충성하는 직분입니다.

至於斟酌損益하여 進盡忠言은 則攸之, 禕, 允之任也니 願陛下託臣以討賊興復之效하사 不效則治臣之罪하여 以告先帝之靈하시고 <若無興德之言則> 責攸之, 禕, 允等之咎하사 以彰其慢하시며 陛下亦宜自謀하사 以諮諏善道하고 察納雅言하여 深追先帝遺詔하소서

해석 참작하여 가감해서 충언을 다 아뢰는 것으로 말하면 곽유지·비의·동윤 등의 책임이오니, 원컨대 폐하께서는 신에게 역적을 토벌하여 한실을 부흥하는 일을 맡기시어, 신이 일을 이루지 못하거든 신의 죄를 다스려 선제의 영전에 고하시고, <만일 덕을 일으키는 말을 아뢰지 않거든> 곽유지·비의·동윤 등의 허물을 책하시어 그들의 태만함을 드러내시며, 폐하께서도 또한 스스로 꾀하시어 올바른 길을 자문하시고 바른 말을 받아들이시어 깊이 선제의 유조를 추념하소서.

臣不勝受恩感激하오니 今當遠離에 臨表涕泣하여 不知所云이로소이다

해석 신은 은혜를 받자와 감격함을 감당하지 못하겠습니다. 이제 멀리 떠나야 하오니, 표를 올리려니 눈물이 흘러 아뢸 바를 알지 못하겠습니다.

寄: 맡길 기 夙: 일찍 숙 獎: 권면할 장 率: 거느릴 솔 斟: 짐작할 짐 酌: 참작할 작 諮: 물을 자 諏: 물을 추
雅: 바를 아

5. 後出師表

諸葛亮

출사표를 올린 다음 해에 쓴 글이다. 당시 위(魏)나라와의 1차 북벌에 실패한 후, 군대를 재정비한 후 후주에게 올린 두 번째 상소문이다. 위나라와 오(吳)나라와 같은 대국을 가만히 앉아서 대치할 것이 아니라, 먼저 대적해야 한다는 것을 여섯 가지 이유를 들어 강조하고 있다. 일설에는 후세 사람이 윤색했다는 평도 있다.

先帝慮漢賊不兩立하고 王業不偏安이라 故로 託臣以討賊也하시니 以先帝之明으로 量臣之才에 固知臣伐賊이 才弱敵强也나 然不伐賊이면 王業亦亡하리니 惟坐而待亡으론 孰與伐之리오 是故로 託臣而弗疑也시니이다

해석 선제께서는 한나라와 적국은 양립할 수 없고, 왕업이 한쪽 구석에서 편안히 할 수 없음을 염려하셨습니다. 이 때문에 신에게 적을 칠 것을 부탁하셨으니, 선제의 밝으신 지혜로 신의 재주를 헤아리심에 진실로 신이 적을 치는 것이 신의 재주가 약하고 적이 강하다는 것을 아셨습니다. 그러나 적을 치지 않으면 왕업이 또한 망할 것이니, 앉아서 망하기를 기다리는 것보다는 차라리 적을 치는 것이 낫기 때문에 신에게 부탁하고 의심하지 않으신 것입니다.

臣受命之日에 寢不安席하고 食不甘味하여 思惟北征이면 宜先入南이라 故로 五月渡瀘하여 深入不毛하여 幷日而食하니 臣非不自惜也로되 顧王業不可得偏安於蜀都라 故로 冒危難하여 以奉先帝之遺意어늘 而議者謂爲非計라하니이다

해석 신은 명을 받은 날부터 잠자리에 누워도 자리가 편안하지 않고 밥을 먹어도 맛이 달지 않았습니다. 생각하기에 북쪽으로 정벌하려면 마땅히 먼저 남쪽 지방을 쳐들어가야 한다고 여겨졌습니다. 그러므로 5월에 노수를 건너 깊이 불모지에 쳐들어가 하루걸러 밥을 먹었으니, 신이 제 자신을 아끼지 않는 것은 아니지만 왕업을 한쪽 구석인 촉도에서 편안히 할 수 없기 때문에 위험을 무릅쓰고 선제께서 남기신 뜻을 받든 것인데, 의논하는 자들은 좋은 계책이 아니라고 말합니다.

冒 : 무릅쓸 모

今賊이 適疲於西하고 又務於東하니 兵法에 乘勞라하니 此進趨之時也라 謹陳其事如左하노이다

해석 지금 적이 마침 서쪽에서 피폐하였고, 또 동쪽에서 힘을 쓰고 있습니다. 兵法에 '적의 피로한 틈을 타라' 하였으니, 지금이야말로 진격할 시기입니다. 삼가 그 일을 아래와 같이 아룁니다.

高帝明幷日月하시고 謀臣淵深이나 然涉險被創하여 危然後安이러니 今陛下未及高帝하시고 謀臣不如良平이어늘 而欲以長策取勝하여 坐定天下하시니 此는 臣之未解一也니이다

해석 고제(劉邦)는 밝음이 해와 달과 같으셨고 모신들은 지혜가 못과 같이 깊었으나 위험을 겪고 상처를 입어 위태로운 뒤에야 편안하였습니다. 그런데 지금 폐하께서는 고제에 미치지 못하시고 모신들의 지혜도 장량과 진평만 못하면서 장구한 계책으로 승리를 취하여 앉아서 천하를 평정하고자 하시니, 이것은 신이 이해할 수 없는 첫 번째 일입니다.

劉繇, 王朗은 各據州郡하여 論安言計에 動引聖人이로되 群疑滿腹하고 衆難塞胸하여 今歲不戰하고 明年不征이라가 使孫策坐大하여 遂幷江東하니 此는 臣之未解二也니이다

해석 유요와 왕랑은 각각 주군을 차지하고는 안위(安危)를 논하고 계책을 말함에 걸핏하면 성인의 일을 인용하였으나 많은 의심이 뱃속에 가득하고 많은 어려움이 가슴에 꽉 차서 올해도 싸우지 않고 내년에도 정벌하지 않고 있다가 손책으로 하여금 가만히 앉아서 강대함을 이루어 마침내 강동을 겸병하게 하였으니, 이것은 신이 이해할 수 없는 두 번째 일입니다.

曹操智計殊絶於人하여 其用兵也 髣髴孫吳나 然困於南陽하고 險於烏巢하고 危於祁連하고 偪於黎陽하고 幾敗北山하고 殆死潼關하여 然後僞定一時爾어늘 況臣才弱而欲以不危而定之하니 此는 臣之未解三也니이다

趨 : 달릴 추   幷 : 나란할 병   動 : 번번이 동   髣 : 비슷할 방   髴 : 비슷할 불

해석 조조의 지혜와 계략은 보통사람보다 크게 뛰어나 군사를 씀이 손무·오기와 비슷하였습니다. 그런데도 남양에서 곤궁을 당하고, 오소에서 위험을 겪고, 기련에서 위태롭고, 여양에서 핍박을 당하고, 북산에서 패할 뻔하고, 동관에서 거의 죽을 뻔한 뒤에야 임시로 한 때나마 천하를 평정할 수 있었는데, 하물며 신은 재주도 약하면서 위태롭지 않고 천하를 평정하려하니, 이것은 신이 이해할 수 없는 세 번째 일입니다.

曹操五攻昌霸不下하고 四越巢湖不成하고 任用李服而李服圖之하고 委任夏侯而夏侯敗亡하니 先帝每稱操爲能이나 猶有此失이어든 況臣駑下가 何能必勝이리오 此는 臣之未解四也니이다

해석 조조는 다섯 번 창패를 공격하였으나 함락하지 못하였고, 네 번 소호를 넘으려 했으나 성공하지 못하였으며, 이복을 임용하였는데 이복이 조조를 칠 것을 도모하였고, 하후연에게 위임하였는데 하후연이 패망하였으니, 선제께서 매양 조조를 '능하다.'고 칭찬하셨는데도, 오히려 이러한 실수가 있었습니다. 하물며 신은 재주가 노둔하니, 어찌 반드시 승리할 수 있겠습니까? 이것은 신이 이해할 수 없는 네 번째 일입니다.

自臣到漢中으로 中間朞年耳나 然喪趙雲, 陽群, 馬玉, 閻芝, 丁立, 白壽, 劉郃, 鄧銅等과 及曲長屯將七十餘人과 突將, 無前, 賨叟, 靑羌, 散騎, 武騎一千餘人하니 此皆數十年之內에 所糾合四方之精銳요 非一州之所有니 若復數年이면 則損三分之二也리니 當何以圖敵이리오 此는 臣之未解五也니이다

해석 신이 한중에 도착한 이후로 그간 1주년이 되었으나 조운·양군·마옥·염지·정립·백수·유합·등동 등과 곡장·둔장 70여 명과 돌격장·무전·종수·청강·산기·무기 천여 명을 잃었으니, 이들은 모두 수십 년 동안 사방에서 끌어 모은 정예들이요, 한 고을에서 얻은 것이 아닙니다. 만일 다시 수년이 지나면 3분의 2를 손실할 것이니, 마땅히 무엇으로써 대적하겠습니까? 이것은 신이 이해할 수 없는 다섯 번째 일입니다.

* 曲과 屯은 모두 군수 편제의 일종이며, 종수(賨叟)는 남만(南蠻)의 소수 민족이고 청강(靑羌)은 서이(西夷)의 일종이다.

朞 : 돌 기   糾 : 모을 규   曲 : 마을 곡   賨 : 공물 종   羌 : 종족이름 강

今民窮兵疲라도 而事不可息이니 事不可息이면 則住與行이 勞費正等이어늘 而不及蚤圖之하고 欲以一州之地로 與賊持久하니 此는 臣之未解六也니이다

해석   지금 백성들은 곤궁하고 군사들은 지쳐 있으나 위나라를 정벌하는 일은 중지할 수가 없으니, 이 일이 중지할 수 없는 것이라면 군대를 주둔시키는 것과 군대를 출동하여 행군하는 것은 노력과 비용이 서로 맞먹습니다. 빨리 적을 도모하지 않고 한 지역의 땅을 가지고 적과 지구전을 벌이고자 하니, 이것은 신이 이해할 수 없는 여섯 번째 일입니다.

夫難平者는 事也라 昔에 先帝敗軍於楚하시니 當此時하여 曹操拊手하여 謂天下已定이러니 然이나 後에 先帝東連吳越하고 西取巴蜀하며 擧兵北征에 夏侯授首하니 此操之失計요 而漢事將成也라

해석   예상하기 어려운 것은 일입니다. 옛날에 선제께서 초땅에서 패전하시니, 이때를 당하여 조조는 손뼉을 치면서 천하를 이미 평정했다고 생각했습니다. 그러나 뒤에 선제께서는 동쪽으로 오·월과 연합하고 서쪽으로 파·촉을 취하였으니, 군대를 동원하여 북쪽으로 정벌함에 하후연이 목을 내놓았으니, 이는 조조의 실책이요, 한나라의 일이 장차 이루어지는 것이었습니다.

然이나 後에 吳更違盟하여 關羽毀敗하고 秭歸蹉跌하며 曹丕稱帝하니 凡事如是하여 難可逆見이니이다 臣鞠躬盡瘁하여 死而後已니 至於成敗利鈍하여는 非臣之明所能逆覩也로소이다

해석   그러나 뒤에 오나라가 맹약을 위반하여 관우가 패하여 죽고 자귀에서도 차질이 생겼으며, 조비가 황제를 칭하였으니, 모든 일은 이와 같아 예측하기가 어렵습니다. 신은 몸을 굽히고 수고로움을 다하여 죽은 뒤에야 그만둘 것이요, 성공과 실패, 유리함과 불리함에 대하여는 신의 지혜로 미리 예측할 수 있는 바가 아닙니다.

拊 : 어루만질 부   秭 : 만억 자   蹉 : 넘어질 차   跌 : 넘어질 질   瘁 : 수고로울 췌   覩 : 볼 도

6. 蘭亭記

王羲之(逸少)

난정은 절강성(浙江省) 소흥(紹興)에 있는 정자이다. 동진(東晉)의 목제(穆帝) 영화 9년 3월 삼짇날, 왕희지를 비롯해 손작(孫綽), 사안(謝安) 등 당시의 명사 42인이 모여 이곳에서 묵은 때를 씻고 행운을 빌며 곡수연(曲水宴)을 베풀었다. 곡수연이란 구부러진 냇물에 여러 사람이 앉아, 물에 떠서 흘러내려오는 술잔을 차례로 받으며 시를 짓는 놀이이다. 이 글은 곡수연에서 지은 시를 한데 모으면서 서문으로 쓴 것이다.

永和九年歲在癸丑暮春之初에 會于會稽山陰之蘭亭하니 修禊事也라 群賢畢至하고 少長咸集이라 此地에 有崇山峻嶺과 茂林修竹하고 又有淸流激湍이 映帶左右어늘 引以爲流觴曲水하고 列坐其次하니 雖無絲竹管絃之盛이나 一觴一詠이 亦足以暢敍幽情이라

해석 영화 9년 계축년 늦은 봄 초순에 회계 산음현의 난정에서 모이니, 계제사를 지내는 일이었다. 여러 명사들이 모두 이르고 젊은이와 어른이 모두 모이니, 이곳에는 높은 산, 큰 고개와 무성한 숲, 긴 대나무가 있고, 또 맑은 물과 세차게 흐르는 여울물이 좌우에 비추며 띠처럼 둘러 있으므로, 이것을 끌어다 술잔을 띄울 굽은 물줄기를 만들고 차례대로 벌여 앉으니, 비록 관악기와 현악기의 성대함은 없으나 술 한 잔을 들고 시 한 수를 읊는 것이 또한 그윽한 정을 펴기에 충분하였다.

* 계(禊)는 옛날 3월 上巳日(첫 번째 드는 巳日)에 냇가에 가서 몸을 씻고 노는 것으로, 이렇게 하면 그 해의 厄運을 면한다고 한다.

是日也에 天朗氣淸하고 惠風和暢이라 仰觀宇宙之大하고 俯察品類之盛하니 所以遊目騁懷하여 足以極視聽之娛하니 信可樂也로다

해석 이날 천기가 맑고 온화한 봄바람이 화창하였다. 우주의 큼을 우러러보고 만물의 성함을 굽어 살피니, 눈을 놀리고 마음에 품은 생각대로 달려, 보고 듣는 즐거움을 지극히 할 수 있으니 참으로 즐거울 만하였다.

禊 : 계제계 　騁 : 달릴빙

> 夫人之相與俯仰一世에 或取諸懷抱하여 悟言一室之內하고 或因寄所託하여 放浪形骸之外하나니 雖趣舍萬殊하고 靜躁不同이나 當其欣於所遇하여 暫得於己하여는 快然自得하여 曾不知老之將至라가 及其所之旣倦하여 情隨事遷이면 感慨係之矣라

해석 사람이 서로 더불어 내려다보기도 하고 올려다보기도 하는 세상을 살아감에 혹은 자신의 회포에서 취하여 한 방 안에서 서로 이야기하고, 혹은 마음에 의탁한 바를 따라 육체의 밖에 방랑하기도 하니, 비록 나아가고 버림이 만 가지로 다르고, 고요함과 시끄러움이 똑같지 않으나 그 만나는 바에 기뻐하여 잠시 자기 마음에 흡족함을 얻어서는 기쁘게 스스로 터득하여 늙음이 장차 이르는 줄을 모르다가 그 즐거움에도 이미 권태를 느껴 감정이 일에 따라 옮겨가면 감개가 뒤따른다.

> 向之所欣이 俛仰之間에 以爲陳迹하니 尤不能不以之興懷로다 況修短隨化하여 終期於盡하나니 古人云死生亦大矣라하니 豈不痛哉아

해석 조금 전에 기뻐하던 것이 고개를 숙였다 드는 사이에 이미 옛 자취가 되어 버리니, 더더욱 이 때문에 감회를 일으키지 않을 수 없다. 더구나 사람은 장수하거나 단명하거나 간에 조화에 따라 끝내는 다 없어지고 마니, 옛 사람이 이르기를 '죽고 사는 것이 또한 크구나.' 하였으니, 어찌 애통하지 않겠는가?

> 每攬昔人興感之由하면 若合一契하니 未嘗不臨文嗟悼하여 不能諭之於懷라 固知一死生爲虛誕이요 齊彭殤爲妄作이라 後之視今이 亦猶今之視昔이리니 悲夫라

해석 매양 옛 사람들이 감회를 일으킨 이유를 보면 마치 한 문서를 맞추는 듯이 부합하니, 일찍이 옛 사람의 글을 대하고서 서글퍼하고 한탄하지 않은 적이 없으나 이것을 마음속에 깨달을 수가 없다. 진실로 죽고 삶이 하나라고 한 것은 허탄한 말이요. 장수한 팽조(彭祖)와 어릴 적에 요절한 사람을 똑같다 한 것은 망령된 일임을 알겠다. 후세에 지금을 보는 것이 또한 지금에 옛날을 보는 것과 같을 것이니, 슬프다!

骸 : 해골 해 躁 : 시끄러울 조 向 : 이전 향 修 : 길 수 攬 : 잡을 람 齊 : 같을 제 殤 : 일찍 죽을 상

故로 列敍時人하고 錄其所述하니 雖世殊事異나 所以興懷는 其致一也라 後之覽者 亦將有感於斯文이리라

해석 그러므로 당시 사람들을 차례로 쓰고, 그들이 지은 글을 기록하니, 비록 세대가 다르고 일이 다르나 감회를 일으킨 이유는 그 이치가 하나이다. 후세에 이것을 보는 자 또한 장차 이 글에 감회가 있을 것이다.

7. 陳情表

李密

이밀(李密)은 아버지가 일찍 죽고 어머니가 다른 사람에게 개가하자 조모에게 양육 받았는데, 효성이 지극하여 조모를 병석에서 모심에 밤낮으로 곁을 떠나지 않았다. 이 글은 촉한(蜀漢)이 평정 된 후, 진(晉)의 무제(武帝)가 이밀을 태자세마(太子洗馬)로 삼으려하자 임금에게 조모를 봉양하기 위해 벼슬에 나아갈 수 없음을 밝힌 상소문이다.

臣以險釁으로 夙遭愍凶하여 生孩六月에 慈父見背하고 行年四歲에 舅奪母志어늘 祖母劉閔臣孤弱하여 躬親撫養하니 臣少多疾病하여 九歲不行하고 零丁孤苦하여 至于成立이라

해석 신은 기구한 운명으로 일찍이 딱하고 흉한 일을 당하여 태어난 지 6개월 만에 자애로운 아버지가 별세하셨고, 나이 네 살에 외삼촌이 어머니의 수절하려는 뜻을 빼앗았습니다. 조모 유씨는 신이 외롭고 약함을 가엽게 여겨 몸소 친히 어루만져 길러 주셨습니다. 신은 어려서 질병이 많아 아홉 살이 되어도 걷지 못하였으며, 외롭고 고달프게 살며 성년이 됨에 이르렀습니다.

旣無叔伯하고 終鮮兄弟하며 門衰祚薄하여 晩有兒息하니 外無朞功强近之親이요 內無應門五尺之童이라 煢煢孑立하여 形影相弔어늘 而劉夙嬰疾病하여 常在牀褥하니 臣侍湯藥하여 未嘗廢離로소이다

해석 이미 숙부와 백부도 없사옵고 끝내 형제도 적으며, 가문이 쇠하고 복이 박하여 늦게야 자식을 두니, 밖으로는 상복을 입어줄 가까운 친척이 없고, 안으로는 문에서 손님을 응대할 5척의 동자도 없사옵니다. 쓸쓸히 홀로 서서 형체와 그림자만이 서로 위로하며 지냈사온데 조모 유씨는 일찍이 질병에 걸려 항상 병석에 계시니, 신은 탕약을 시중들기를 일찍이 그만두거나 곁을 떠난 적이 없사옵니다.

* **朞功**: 기(朞)는 일 년 동안 입는 상복이고 공(功)은 9개월간 입는 대공(大功)과 5개월간 입는 소공(小功)을 말한다.

險: 험할 험 釁: 허물 흔 遭: 만날 조 舅: 외삼촌 구 零: 떨어질 령 祚: 복 조 煢: 외로울 경 嬰: 걸릴 영
褥: 자리 욕

逮奉聖朝에 沐浴淸化하여 前太守臣逵 察臣孝廉하고 後刺史臣榮이 擧臣秀才어늘 臣以供養無主로 辭不赴<命>이러니 會詔書特下하사 拜臣郞中하시고 尋蒙國恩하여 除臣洗馬하시니 猥以微賤으로 當侍東宮이라 非臣隕首所能上報니이다

해석　성조를 받듦에 미쳐 맑은 교화에 목욕하여 전에 태수인 규는 신의 효성스럽고 청렴함을 관찰하여 천거하였고, 뒤에 자사인 영은 신을 수재로 천거하였사오나, 신은 공양을 맡을 사람이 없으므로 사양하고 명령에 따르지 않았습니다. 마침 조서를 특별히 내리시어 신을 낭중으로 임명하시고, 얼마 후에는 나라의 은혜를 입어 신을 태자세마로 임명하시니, 외람되이 미천한 몸으로 동궁을 모시게 되었습니다. 이는 신이 목숨을 바쳐도 보답할 수 있는 것이 아닙니다.

臣具以表聞하여 辭不就職이러니 詔書切峻하사 責臣逋慢하시고 郡縣逼迫하여 催臣上道하니 州司臨門이 急於星火라 臣欲奉詔奔馳인댄 則以劉病日篤이요 欲苟順私情인댄 則告訴不許하니 臣之進退가 實爲狼狽로소이다

해석　이에 신은 자세히 표를 올려 아뢰어 사양하고 직무에 나아가지 않았습니다. 그런데 조서가 간절하고 준엄하여 신의 게으름을 책하시고 군현의 수령들이 독촉하여 신에게 길에 오를 것을 재촉하니, 주의 관리들이 신의 문에 와서 재촉함이 성화보다 급합니다. 신이 조서를 받들어 달려가고자 하지만 유씨의 병이 날로 위독해지고, 구차히 사사로운 정을 따르고자 할진댄 하소연을 허락해주지 않으시니, 신의 진퇴가 실로 낭패이옵니다.

伏惟聖朝以孝治天下하사 凡在故老에도 猶蒙矜育이어든 況臣孤苦特爲尤甚하니이다 且臣少事僞朝하여 歷職郞署하니 本圖宦達이요 不矜名節이라 今臣亡國之賤俘라 至微至陋어늘 過蒙拔擢하니 豈敢盤桓하여 有所希冀릿가

逮: 미칠 체　逵: 한길 규　赴: 나아갈 부　會: 마침내 회　尋: 이윽고 심　猥: 외람될 외　具: 갖출 구　逋: 달아날 포
矜: 불쌍히 여길 긍　事: 섬길 사　俘: 사로잡을 부　盤: 돌 반　桓: 머뭇거릴 환

해석 엎드려 생각하옵건대, 지금의 조정은 효도로써 천하를 다스리시어 모든 노인들에 있어서도 오히려 불쌍히 여겨 길러줌을 입고 있사온데, 하물며 신은 외롭고 고달픔이 특히 심합니다. 또 신은 젊어서 촉나라를 섬겨 낭서의 직책을 지냈사오니, 본래 벼슬길에 영달함을 도모하였고, 명예나 절개를 아낀 것이 아닙니다. 이제 신은 망한 나라의 천한 포로로서 지극히 미천하고 지극히 누추하온데 과분하게 발탁을 입었사오니, 어찌 감히 머뭇거려 바라는바가 있겠습니까.

但以劉日薄西山하여 氣息奄奄하니 人命危淺하여 朝不慮夕이라 臣無祖母면 無以至今日이요 祖母無臣이면 無以終餘年이니 母孫二人이 更相爲命일새 是以區區不能廢遠이로소이다

해석 다만 조모 유씨의 병이 마치 해가 서산에 이른 듯하여 숨이 거의 끊어질 듯하니, 사람의 목숨이 위태롭고 얕아서 아침에도 저녁 일을 생각할 수 없사옵니다. 신은 조모가 없었더라면 오늘날에 이를 수가 없고, 조모도 신이 없으면 남은 생을 마칠 수가 없사오니, 조모와 손자 두 사람이 번갈아 서로 생명을 돌보아 주기에 구구히 그만두고 멀리 떠나갈 수가 없는 것이옵니다.

臣密은 今年四十有四요 祖母劉는 今九十有六이니 是臣盡節於陛下之日은 長하고 報劉之日은 短也라 烏鳥私情이 願乞終養하오니 臣之辛苦는 非獨蜀之人士와 及二州牧伯所見明知라 皇天后土實所共鑑이오니 願陛下는 矜憫愚誠하시고 聽臣微志하사 庶劉僥倖하여 卒保餘年이시면 臣은 生當隕首요 死當結草리이다 臣不勝怖懼之情하여 謹拜表以聞하노이다

해석 신 밀은 올해 나이 44세요, 조모 유씨는 이제 96세이니, 이는 신이 폐하에게 충절을 다할 날은 길고, 유씨에게 은혜를 보답할 날은 짧은 것입니다. 까마귀의 사사로운 정으로 끝까지 봉양하기를 원하오니, 신의 괴로움은 다만 촉지방의 사람들과 두 고을 태수가 보고 명백하게 알 뿐만 아니라, 하늘과 땅이 실로 함께 보시는 바 입니다. 원컨대 폐하께서는 신의 어리석은 정성을 가엾게 여기시어 신의 하찮은 뜻을 허락해 주시어 유씨가 요행으로 끝내 남은 생을 보존할 수 있게 하소서, 이렇게 하면 신은 살아서는 마땅히 목숨을 바칠 것이요, 죽어서는 마땅히 결초보은 하겠습니다. 신은 두려운 마음을 이기지 못해 삼가 표문을 올려 아뢰옵니다.

區 : 구구할 구   乞 : 빌 걸   僥 : 요행 요   怖 : 두려울 포

8. 歸去來辭

陶淵明

　　진(晉)나라 도연명이 일찍이 팽택령(彭澤令)이 되었었는데 독우(督郵)가 현(縣)을 순행하러 이르자 아전이 찾아뵈라고 아뢰었다. 도잠은 '다섯 말의 곡식 때문에 소인에게 허리를 굽힐 수 없다'며 그날로 인수(印綬)를 풀고 떠나가면서 이 글을 짓고는 고향으로 돌아갔다.

歸去來兮여 田園將蕪하니 胡不歸오 旣自以心爲形役하니 奚惆悵而獨悲오 悟已往之不諫하고 知來者之可追라 實迷塗其未遠하니 覺今是而昨非로다

해석　돌아가자! 전원이 장차 황폐해지려하니, 어찌 돌아가지 않겠는가, 이미 스스로 마음을 형체의 사역으로 삼았으니 어찌 실심하여 홀로 슬퍼하기만 하겠는가. 이미 지나간 날은 따질 수 없음을 깨달았고, 앞으로 올 것은 바른 길을 따를 수 있음을 알았노라. 실로 길을 잃었으나 아직 멀리 가지 않았으니, 지금이 옳고 어제는 잘못이었음을 깨달았노라.

舟搖搖以輕颺이요 風飄飄而吹衣로다 問征夫以前路하니 恨晨光之熹微로다 乃瞻衡宇하고 載欣載奔하니 僮僕歡迎하고 稚子候門이라

해석　배는 흔들흔들 가벼이 날리고 바람은 살랑살랑 옷자락에 불도다. 나그네에게 앞길을 물으니, 새벽빛이 희미해짐이 한스럽도다. 마침내 조그마한 집을 바라보고 기뻐 달려가니, 하인들은 환영하고 어린아이는 문에서 기다린다.

蕪: 무성할 무　　胡: 어찌 호　　奚: 어찌 해　　惆: 슬플 추　　颺: 나부낄 양　　飄: 나부낄 표　　候: 기다릴 후

三徑은 就荒이나 松菊은 猶存이라 携幼入室하니 有酒盈樽일새 引壺觴以自酌하고 眄庭柯以怡顏이라 倚南窓以寄傲하니 審容膝之易安이라 園日涉以成趣하고 門雖設而相關이라 策扶老以流憩라가 時矯首而遐觀하니 雲無心以出岫하고 鳥倦飛而知還이라 景翳翳以將入하니 撫孤松而盤桓이로다

해석 세 오솔길은 황폐해졌으나 소나무와 국화는 그대로 남아있다. 어린아이 손을 잡고 방에 들어가니, 술이 술동이에 가득히 있기에 술병과 술잔을 이끌어 스스로 따라 마시고 뜰의 나뭇가지를 보면서 얼굴을 펴노라. 남쪽 창가에 기대어 편할 대로 몸을 맡기니, 무릎을 용납할 만한 곳이 편안하기 쉬움을 알았노라. 전원을 날마다 거닐어 취미를 이루고, 문은 비록 설치되어 있으나 항상 닫혀 있다. 지팡이를 짚고서 가며 쉬며 하다가 때로는 머리를 들어 멀리 바라보니, 구름은 무심히 산골짝에서 나오고 새는 날기에 지쳐서 돌아올 줄 아는구나. 햇볕이 뉘엿뉘엿 장차 지려 하는데, 외로운 소나무를 어루만지며 서성대도다.

  * 三徑 : 옛날 은자인 장예(蔣詡)가 집의 대나무 숲 사이에 세 오솔길을 만들어 놓고 오직 양중(羊仲)·구중(裘仲) 만을 찾아다니며 놀았다 한다.

歸去來兮여 請息交以絶游라 世與我而相違하니 復駕言兮焉求리오 悅親戚之情話하고 樂琴書以消憂로다 農人이 告余以春及하니 將有事于西疇로다 或命巾車하고 或棹孤舟하여 旣窈窕以尋壑하고 亦崎嶇而經丘하니 木欣欣以向榮하고 泉涓涓而始流라 羨萬物之得時하고 感吾生之行休로다

해석 돌아가자! 교제를 그만두고 교유를 끊어야겠다. 세상이 나와 서로 맞지 않으니, 다시 수레를 타고 무엇을 구하겠는가. 친척들과 정다운 이야기 나누기를 기뻐하고 거문고와 책을 즐기며 근심을 잊으리라. 농부가 나에게 봄이 왔음을 알려주니, 장차 서쪽 밭두둑에 농사일이 있겠구나! 혹은 휘장을 친 수레를 준비하라고 명하고 혹은 외로운 배를 노질하여 이미 깊이 들어가 골짝을 찾고 또한 꼬불꼬불 험한 길로 언덕을 지나니, 나무들은 즐거운 듯 꽃피려 하고 샘물은 줄줄 흐르는구나. 만물이 제 때를 얻음을 부러워하고 우리 인생이 장차 끝남을 느끼노라.

携 : 끌 휴   樽 : 술동이 준   眄 : 곁눈질할 면   審 : 깨달을 심   膝 : 무릎 슬   策 : 짚을 책   岫 : 산봉우리 수
翳 : 흐릴 예   疇 : 밭두둑 주   棹 : 노 도   窈 : 그윽할 요   窕 : 그윽할 조   崎 : 험할 기   嶇 : 험할 구   涓 : 졸졸 흐를 연
羨 : 부러워할 선

> 已矣乎라 寓形宇內復幾時오 曷不委心任去留하고 胡爲乎遑遑欲何之오 富貴는 非吾願이요 帝鄕은 不可期라 懷良辰以孤往하고 或植(치)杖而耘耔라 登東皐以舒嘯하고 臨淸流而賦詩라 聊乘化以歸盡하니 樂夫天命復奚疑아

해석 그만두어라! 형체를 우주 안에 붙이고 살기를 다시 얼마를 하겠는가. 어이하여 마음에 맡겨 떠나고 머무름을 임의대로 하지 않고 무엇 때문에 허둥지둥 급하게 어디로 가고자 하는가? 부귀는 나의 소원이 아니요. 서울로 갈 일은 기약할 수가 없도다. 좋은 철을 생각하여 외로이 가고 혹은 지팡이를 꽂아놓고 김매노라. 동쪽 언덕에 올라 휘파람을 불고 맑은 물가에 이르러 시를 짓노라. 애오라지 자연의 변화에 따라 일생을 마치려 하니, 천명을 즐기니, 다시 무엇을 의심하겠는가?

遑 : 허둥지둥할 황　耘 : 김맬 운　耔 : 북돋울 자　嘯 : 휘파람 불 소

9. 五柳先生傳

陶淵明

도연명(陶淵明)이 문 앞에 버드나무 다섯 그루를 심고 인하여 「오류선생전」을 지었다. 이 글은 작가 자신의 전(傳)을 가상인물에 의탁하여 지은 작품이다. 작가 자신의 인생관과 생활관을 짧은 글에 집약적으로 표현하였으며 동시에 해학적인 맛이 드러나기도 한다.

先生은 不知何許人이요 亦不詳其姓字며 宅邊에 有五柳樹하여 因以爲號焉이라 閑靖少言하고 不慕榮利하며 好讀書하되 不求甚解하고 每有意會면 便欣然忘食이라

해석 선생은 어디 사람인지 알지 못하고 그 성과 자도 상세하지 않으며, 집 주변에 다섯 그루의 버드나무가 있으므로 인하여 오류선생이라고 호를 삼았다. 한가하고 조용하여 말이 적고 영화와 재물을 사모하지 않으며, 독서하기를 좋아하나 세세히 해석하려 하지 않고, 매양 뜻에 맞는 곳이 있으면 흔쾌히 밥 먹는 것을 잊었다.

性嗜酒하되 家貧하여 不能常得하니 親舊知其如此하고 或置酒而招之면 造飮輒盡하여 期在必醉하고 旣醉而退하여 曾不吝情去留라 環堵蕭然하여 不蔽風日하고 短褐穿結하며 簞瓢屢空하되 晏如也라 常(嘗)著文章自娛하여 頗示己志하고 忘懷得失하여 以此自終하니라

해석 성품이 술을 좋아하였으나 집이 가난하여 항상 술을 얻을 수 없었으나 친구들이 이와 같은 실정을 알고 혹 술자리를 마련하여 초청하면, 나아가 마시되 그 때마다 번번이 다 마셔서 반드시 취하기를 기약하였고, 이미 취하고 나면 물러나와 일찍이 떠나고 머무는데 미련을 두지 않았다. 작은 집은 쓸쓸하여 바람과 해를 가리지 못하고 짧은 갈옷은 뚫어져서 기웠으며, 도시락의 밥과 표주박의 물이 자주 떨어졌으나 태연하였다. 일찍이 문장을 지어 스스로 즐기며 자못 자기의 뜻을 보이고 마음에 득실을 잊어 이것으로써 일생을 마쳤다.

許:곳 허　會:깨달을 회　堵:담 도　蕭:쓸쓸할 소　褐:베옷 갈　瓢:박 표

> 贊曰 黔婁有言하되 不戚戚於貧賤하며 不汲汲於富貴라하니 極其言인댄 茲若人之儔乎인저 酣觴賦詩하여 以樂其志하니 無懷氏之民歟아 葛天氏之民歟아

해석 찬하기를 "검루가 말하기를 '빈천에 걱정하지 않고 부귀에 급급해하지 않는다.' 하였으니, 그 말을 미루어 지극히 한다면 이 사람과 같은 무리일 것이다. 술에 취하여 시를 지어 그 뜻을 즐기니, 무회씨의 백성인가? 갈천씨의 백성인가?"

* 黔婁: 춘추시대 제(齊)나라의 은사로, 지절(志節)을 숭상하여 노공공(魯恭公)이 곡식 3천 종(鍾)을 하사하였으나 받지 않았다.
* 무회씨(無懷氏)와 갈천씨(葛天氏)는 모두 태고시대의 제왕(帝王)이다.

戚 : 슬플/근심할 척   汲 : 길을 급   儔 : 무리 주   酣 : 즐길 감

10. 滕王閣序

王勃

당고조(唐高祖)의 아들 원영(元嬰)이 홍주자사(洪州刺史)가 되어 이 누각을 건립하였는데 이때 등왕(滕王)에 봉해졌으므로 등왕각이라 칭하였다. 왕발(王勃)이 27세 때 등왕각의 연회에 우연히 참석하였다가 주인의 자만심에 반발하여 즉흥적으로 지었다고 전해진다.

南昌은 故郡이요 洪都는 新府라 星分翼軫하고 地接衡廬하며 襟三江而帶五湖하고 控蠻荊而引甌越이라

해석 남창은 옛 고을의 명칭이요, 홍도는 새로 생긴 도독부의 소재지이다. 별자리로 보면 익과 진에 해당하고 땅은 형산과 여산에 접해있다. 삼강을 옷깃처럼 전면에 놓고 오호를 띠처럼 둘렀으며, 만형을 연결하고 구월에 인접하였다.

物華는 天寶라 龍光이 射牛斗之墟하고 人傑은 地靈이라 徐孺下陳蕃之榻이라 雄州霧列하고 俊彩星馳라 臺隍은 枕夷夏之交하고 賓主는 盡東南之美라 都督閻公之雅望은 棨戟遙臨하고 宇文新州之懿範은 襜帷暫駐로다

해석 만물의 정화는 천연적인 보물이니, 용천검의 검광이 우성과 두성의 자리를 쏘았고, 사람이 걸출함은 지역이 영험해서이니, 서유가 진번의 걸상을 내려놓게 하였다. 큰 고을이 안개처럼 나열되어 있고 준걸들의 광채가 별처럼 생동한다. 누대와 해자는 오랑캐와 중국의 접경에 임해있고, 손님과 주인은 동남 지방의 훌륭한 인물을 다하였다. 도독 염공의 고상한 명망은 깃대와 창을 휘날리며 멀리서 부임해 오셨고, 새로운 고을로 부임해가는 우문씨의 아름답고 격식을 갖춘 모습은 휘장을 드리운 수레를 잠시 멈추었다.

＊龍光射牛斗之墟 : 용광(龍光)은 명검인 용천(龍泉)의 광채. 두(斗)와 우(牛)는 별자리.『진서(晉書)』「장화전(張華傳)」에 예장(豫章)에 항상 자줏빛 광채가 남두성(南斗星)과 견

軫 : 별이름 진　廬 : 오두막집 려　襟 : 옷깃 금　蠻 : 오랑캐 만　荊 : 가시나무 형　甌 : 사발 구　墟 : 터 허
榻 : 걸상 탑　隍 : 해자 황　棨 : 창 계　懿 : 아름다울 의　襜 : 휘장 첨　帷 : 휘장 유

우성(牽牛星)사이를 비추었다. 이에 장화(張華)가 유명한 술사인 뇌환(雷煥)에게 그 이유를 물으니, 뇌환은 풍성(豊城)에 보검이 묻혀 있어 그 광채가 하늘을 꿰뚫기 때문이라고 하였다. 그리하여 마침내 용천과 태아(太阿)라는 두 명검을 발굴하게 되었다.

* 徐孺下陳蕃之榻 : 서유(徐孺)는 후한의 명사인 서서(徐穉)이다. 태수 진번(陳蕃)은 특별히 그를 위하여 걸상을 장만해 두었다가 그가 오면 앉게 하였다.

十旬休暇하니 勝友如雲이요 千里逢迎하니 高朋滿座라 騰蛟起鳳은 孟學士之詞宗이요 紫電淸霜은 王將軍之武庫라 家君作宰하니 路出名區라 童子何知오 躬逢勝餞이라

해석 십순의 휴가를 받으니 훌륭한 벗들이 구름처럼 많고 천리 밖에서 맞이하니 높은 벗이 자리에 가득하다. 날아오르는 용과 춤추는 봉황 같은 맹학사는 문장의 대가요, 맑은 번갯빛과 푸른 서릿발 같은 왕장군은 명장이다. 부친이 읍재가 되어 가는 길에 이 같은 명승지를 지나게 되었지만 어린 내가 무엇을 알겠는가. 몸소 훌륭한 전별 자리를 만나게 되었다.

時維九月이요 序屬三秋라 潦水盡而寒潭淸하고 煙光凝而暮山紫라 儼驂騑於上路하여 訪風景於崇阿하니 臨帝子之長洲하여 得仙人之舊館이라

해석 때는 9월이요, 계절은 한가을에 속한다. 장마물이 다하니 차가운 못의 물이 맑고, 안개와 햇빛이 엉기니 저녁 산이 노을 져 붉다. 수레를 길가에 엄숙히 정돈하여 높은 언덕에서 풍경을 찾으니, 왕자[滕王]가 놀던 긴 모래섬에 임하여 신선의 옛 별관을 찾았다.

* 三秋 : 孟秋(7月)·仲秋(8月)·季秋(9月)

層巒이 聳翠하니 上出重霄하고 飛閣이 流丹하니 下臨無地로다 鶴汀鳧渚는 窮嶋嶼之縈廻하고 桂殿蘭宮은 列岡巒之體勢라 披綉闥하고 俯雕甍하니 山原曠其盈視하고 川澤盱其駭矚이라

紫 : 자줏빛 자 潦 : 장마 료 儼 : 의젓할 엄 騑 : 곁말 비 巒 : 메 만 聳 : 솟을 용 霄 : 하늘 소 綉 : 비단 수
闥 : 문 달 甍 : 용마루 맹 盱 : 쳐다볼 우 矚 : 볼 촉

해석 　중첩된 산봉우리가 높이 푸르니 위로 구중의 하늘로 솟아나오고, 나는 듯한 누각이 단청을 흘리니 아래로 땅이 없는 곳에 임하였다. 학이 노는 물가와 오리가 노는 물가는 섬을 빙 둘러 다하였고, 계수나무 전각과 난으로 장식한 궁궐은 언덕과 산의 지형에 따라 나열되어 있다. 비단 장막을 헤치고 아로새긴 용마루를 굽어보니, 산과 들은 아득히 시야에 가득하고 내와 못은 멀리 보는 눈을 놀라게 한다.

閭閻撲地하니 鍾鳴鼎食之家요 舸艦迷津하니 靑雀黃龍之舳이로다 虹銷雨霽하니 彩徹雲衢라 落霞는 與孤鶩齊飛하고 秋水는 共長天一色이라 漁舟唱晚하니 響窮彭蠡之濱하고 雁陣驚寒하니 聲斷衡陽之浦로다

해석 　여염집들이 땅에 몰려 있으니 종을 울리고 솥을 늘어놓고 먹는 대갓집들이요, 큰 배가 나루에 어지러우니 청작과 황룡으로 치장한 배이다. 무지개가 사라지고 비가 개니, 햇볕은 구름 떠다니는 길을 뚫는다. 지는 노을은 외로운 따오기와 함께 날고, 가을 물은 푸른 하늘과 한 빛이다. 고깃배에서 저녁에 노래를 부르니 메아리가 팽려의 물가에 다하고, 기러기 떼가 추위에 놀라니 울음소리가 형양의 포구에서 끊어진다.

遙吟俯暢하니 逸興遄飛라 爽籟發而淸風生하고 纖歌凝而白雲遏이라 睢園綠竹은 氣凌彭澤之樽이요 鄴水朱華는 光照臨川之筆이로다 四美具하고 二難幷하니 窮睇眄於中天하고 極娛遊於暇日이라 天高地逈하니 覺宇宙之無窮이요 興盡悲來하니 識盈虛之有數라

해석 　멀리 읊조리고 굽어 노래하니, 고상한 흥취가 빨리 일어난다. 상쾌한 퉁소소리가 발함에 맑은 바람이 일고, 가냘픈 노래가 모임에 흰 구름이 멈춘다. 휴원의 푸른 대나무는 기개가 도연명의 술잔을 능가하고, 업수의 붉은 연꽃은 광채가 왕희지의 붓을 비춘다. 네 가지 아름다움이 갖추어지고 두 가지 어려움도 함께 하였으니, 중천을 아득히 바라보고 한가로운 날에 즐거운 놀이를 지극히 한다. 하늘이 높고 땅이 머니 우주가 무궁함을 깨닫겠고, 흥이 다하자 슬픔이 오니 차고 비는 것이 운수가 있음을 알겠노라.

撲: 칠 박　舸: 큰배 가　舳: 배꼬리 축　銷: 사라질 소　霽: 갤 제　蠡: 좀먹을 려　濱: 물가 빈　暢: 펼 창
遄: 빠를 천　籟: 퉁소소리 뢰　纖: 가늘 섬　睢: 부릅떠볼 휴　睇: 엿볼 제　逈: 멀 형

* 睢園, 彭澤 : 휴원(睢園)은 한문제(漢文帝)의 둘째 아들인 양효왕(梁孝王)의 전원(田園)으로 대나무를 많이 심었으며, 팽택(彭澤)은 팽택의 현령을 지낸 도연명(陶淵明)을 가리킨 것이다.
* 鄴水朱華, 臨川 : 업(鄴)은 조조(曹操)가 흥왕했던 지방. 주화(朱華)는 연꽃인데 조조의 아들 조비(曹丕)는 아우 조식(曹植) 등의 문사들과 함께 연꽃이 만발한 업궁(鄴宮)에서 자주 시를 짓고 놀았다. 임천(臨川)은 임천내사(臨川內史)를 지낸 왕희지(王羲之)를 가리킨 것이다.
* 四美, 二難 : 네 가지 아름다운 것은 좋은 때(良辰)와 아름다운 경치(美景), 이것을 감상하는 마음(賞心)과 즐거운 일(樂事)을 이른다. 두 가지 만나기 어려운 것은 훌륭한 주인과 아름다운 손님을 이른다.

望長安於日下하고 指吳會於雲間이라 地勢極而南溟深하고 天柱高而北辰遠이라 關山難越하니 誰悲失路之人고 萍水相逢하니 盡是他鄉之客이로다 懷帝閽而不見하니 奉宣室以何年가

해석 장안을 태양 아래에서 바라보고, 오회를 구름 사이에서 가리킨다. 지세가 다하여 남명이 깊고, 천주가 높으니 북극성이 멀리 있다. 관산을 넘기 어려우니 그 누가 길 잃은 사람을 슬퍼할까? 물 위에 부평초처럼 서로 만나니, 모두 타향의 나그네이다. 황제가 계신 궁궐을 그리워하나 보지 못하니, 언제면 궁궐에서 황제를 받들 수 있을까?

* 宣室 : 선실(宣室)은 한(漢)나라 미앙궁(未央宮)의 정전(正殿)이다. 가의(賈誼)가 장사왕의 태부로 좌천되었다가 문제(文帝)가 다신 선실에 중용하였던 고사를 암시함.

嗚呼라 時運不齊하고 命途多舛하여 馮唐이 易老하고 李廣이 難封이라 屈賈誼於長沙는 非無聖主요 竄梁鴻(鵠)於海曲은 豈乏明時리오 所賴君子安貧하고 達人知命이라 老當益壯하니 寧知白首之心이며 窮且益堅하니 不墜青雲之志라

해석 오호라! 시운이 고르지 않고 운명은 기구함이 많아, 풍당은 금세 늙었고 이광은 봉해지기 어려웠다. 가의를 장사로 좌천시킨 것은 어진 군주가 없어서가 아니요, 양곡이 바닷가로 도망한 것은 어찌 좋은 때가 아니어서 이겠는가. 믿는 것은 군자는 가

溟 : 어두울 명　萍 : 부평초 평　閽 : 문지기 혼　舛 : 어그러질 천　竄 : 숨을 찬

난을 편안히 여기고, 통달한 사람은 천명을 아는 것이다. 늙어도 더욱 건장하니 어찌 노인의 마음을 알 것이며, 궁해도 더욱 견고하니 청운의 뜻을 떨어뜨리지 않는다.

* 馮唐 : 한문제(漢文帝) 때에 낭관(郎官)으로 오랫동안 승진하지 못하다가 무제(武帝)가 인재를 널리 구할 때 천거되었으나 나이가 이미 아흔 살이어서 등용되지 못했다.
* 李廣 : 한무제(漢武帝) 때의 명장으로 흉노정벌에 큰 공을 세웠지만 운이 따르지 않아 끝내 후(侯)에 봉해지지 못했다.

酌貪泉而覺爽하고 處涸轍以猶懽이라 北海雖賖나 扶搖可接이요 東隅已逝나 桑楡非晩이라 孟嘗高潔하니 空懷報國之心이요 阮籍猖狂하니 豈效窮途之哭가

해석 탐천을 떠 마셔도 상쾌함을 느끼고, 곤경에 처해 있어도 오히려 즐거워한다. 북해가 비록 아득하나 회오리바람을 타면 닿을 수 있고, 젊은 시절은 이미 지나갔으나 노년기는 늦지 않았다. 맹상은 고결하니 부질없이 국가에 보답하려는 마음을 품고, 완적은 미친 듯 행동하니 어찌 막다른 길의 통곡을 본받겠는가.

* 貪泉 : 광주(廣州)의 석문(石門)에 있는 샘으로 이 물을 마시면 탐욕이 생긴다는 말이 전한다.
* 涸轍 : 말라가는 수레바퀴 자국의 고인 물에 처해 있는 물고기의 처지를 비유한 말로, 매우 어려운 환경에 빠졌음을 뜻한다.
* 東隅, 桑楡 : 동우(東隅)는 해가 뜨는 곳으로 동쪽을, 상유(桑楡)는 해가 지는 서쪽을 가리킨다. 동쪽은 사람의 초년이나 일의 시작을 의미하고 서쪽은 사람의 만년이나 일의 종말을 의미함.
* 孟嘗 : 후한(後漢) 순제(順帝) 때 사람으로 성품이 고결하였으며 뒤에 태수가 되어 선정을 베풀었다.
* 阮籍 : 죽림칠현의 한 사람. 술을 좋아하고 방탕했으며, 때로 홀로 수레를 몰고 산으로 들어갔다가 좁은 길을 만나 지나가지 못하자, 이내 슬퍼하며 돌아왔다는 고사가 전해진다.

勃은 三尺微命이요 一介書生이라 無路請纓하나 等終軍之弱冠이요 有懷投筆하니 慕宗慤之長風이라 舍簪笏於百齡하고 奉晨昏於萬里하니 非謝家之寶樹나 接孟氏之芳隣이라 他日趨庭에 叨陪鯉對하고 今晨捧袂에 喜托龍門이라 楊意를 不逢하니 撫凌雲而自惜이요 鍾期를 旣遇하니 奏流水以何慚고

해석 나는 하찮은 관원이요, 일개 서생이라 밧줄을 청할 길이 없으나 나이는 종군과 같은 스무 살이요, 붓을 던질 생각이 있으니, 종각의 긴 바람을 타려 했던 일을 사모한다. 벼슬을 백 년 동안 버리고, 만리타향에서 아침저녁으로 부모님을 받들려 한다. 사씨 집안의 보배로운 나무는 아니나 맹씨처럼 좋은 이웃을 접하였다. 다른 날에 뜰을 지나다가 아버지의 가르침을 받들고자 하는데, 오늘아침 옷깃을 떨쳐 용문에 의탁함을 기뻐한다. 양득의를 만나지 못하니 능운부를 어루만지며 스스로 애석해 하고, 종자기를 이미 만나니 유수곡을 연주한들 어찌 부끄럽겠는가?

- *請纓, 終軍* : 종군(終軍)이 20세 때 긴 밧줄을 달라고 요청하여 남월의 왕을 끌고 궐 아래로 왔다.
- *投筆, 宗慤之長風* : 후한(後漢)의 반초(班超)는 문신(文臣)으로 있다가 자신의 처지가 싫어서 붓을 던지고 종군하여 서역을 정벌하는데 공을 세워 정원후(定遠侯)에 봉해졌다. 종각(宗慤)은 어려서 숙부가 그의 포부를 묻자 '장풍을 타고 만리의 물결을 헤치며 진무장군(振武將軍)이 되어 임파국(林巴國)을 정벌 하고 싶다.'고 했는데 뒤에 자신의 포부를 실행했다고 한다.
- *謝家之寶樹* : 동진(東晋)의 사현(謝玄)을 그의 숙부가 매우 아껴 보배로운 나무에 비유하였는데, 이로 인해 집안의 훌륭한 자제를 의미한다.
- *孟氏之芳隣* : 맹모삼천(孟母三遷)을 말하는 것으로 자식을 위해 이웃을 잘 고른다는 뜻이다.
- *趨庭, 鯉對* : 공자의 아들 리(鯉)가 뜰을 지나다가 공자에게 가르침을 받았다는 이야기를 인용한 것으로 왕발이 아버지의 가르침을 받으려는 마음을 비유한 것이다.
- *龍門* : 한나라의 이응(李膺)은 명성이 높아 그의 얼굴을 보는 자는 용문에 오르는 것과 마찬가지라고 하였는데, 여기서는 염공(閻公)에 비유한 것이다.
- *楊意, 凌雲* : 양의(楊意)는 한(漢)의 양득의(楊得意)이고, 능운(凌雲)은 사마상여(司馬相如)가 지은 부(賦). 양득의가 무제에게 사마상여의 문장을 칭찬하고 그를 천거하여 발탁되었다. 무제는 사마상여의 「대인부(大人賦)」를 읽고 '구름을 타고 넘는 기상(凌雲之氣)이 있다고 하였다. 왕발이 자신을 천거하는 이가 없음을 비유한 것이다.
- *鍾期, 流水* : 종기(鍾期)는 거문고를 잘 감상한 종자기(鍾子期)이며 유수(流水)는 곡조의 이름이다. 거문고의 명수였던 백아(伯牙)의 실력을 종자기(鍾子期)만이 제대로 알아줬다는 고사를 인용하여 왕발이 자신을 알아주는 자사를 만나 자신의 실력을 뽐낼 수 있는 상황을 비유함

嗚呼라 勝地는 不常이요 盛筵은 難再니 蘭亭已矣요 梓澤丘墟라 臨別贈言하니 幸承恩於偉餞이요 登高作賦하니 是所望於群公이라 敢竭鄙誠하여 恭疏短引이라 一言均賦하니 四韻俱成이라

懽: 기뻐할 환   賒: 멀 사   楡: 느릅나무 유   籍: 서적 적   簪: 비녀 잠   笏: 홀 홀   叨: 외람될 도   捧: 받들 봉

해석 오호라! 명승지는 항상 있는 것이 아니요 성대한 자리는 두 번 만나기 어려우니, 난정이 이미 끝났고 재택이 빈 터만 남아있다. 작별에 임하여 글을 올리니 이는 다행히 위대한 전별에 은혜를 받았기 때문이요, 높은 곳에 올라 부를 지으니 이는 여러 공에게 바라는 바이다. 감히 비루한 정성을 다하여 공손히 짧은 서문을 엮는다. 한 글자로 똑같이 부하니 네 운의 시가 이루어졌다.

  * 梓澤 : 진(晉)의 석숭(石崇)이 낙양에 지은 금곡(金谷)의 별칭으로, 성숭은 빈객들과 이곳에서 연회를 열었다.

滕王高閣臨江渚하니 佩玉鳴鸞罷歌舞라 畫棟朝飛南浦雲이요 朱簾暮捲西山雨라 閑雲潭影日悠悠하니 物換星移度幾秋아 閣中帝子今何在오 檻外長江空自流라

해석 등왕의 높은 누각은 강가에 임했으니, 패옥 소리와 울리는 방울소리에 가무가 끝났다. 그림 그린 기둥에는 아침에 남포의 구름이 날고, 붉은 주렴은 저녁에 서산의 비를 거둔다. 한가로운 구름과 못 그림자가 날로 아득하니, 만물이 바뀌고 별자리가 옮겨 간 것이 몇 해를 지났는가. 누각 가운데의 왕자는 지금 어디에 있는가? 난간 밖의 장강만이 부질없이 절로 흐르는가.

渚 : 물가 저 佩 : 찰 패 鸞 : 방울 란 檻 : 난간 함

11. 春夜宴桃李園序

李太白

이백(李白)이 봄날 화려한 정원에서 여러 형제들과 모여 잔치를 벌이며 서로 시와 부(賦)를 지으며 놀았는데, 이때 지은 시들을 모아 책으로 만들면서 그 서문으로 쓴 글이다.

夫天地者는 萬物之逆旅요 光陰者는 百代之過客이라 而浮生若夢하니 爲歡幾何오 古人秉燭夜遊는 良有以也로다 況陽春召我以煙景하고 大塊假我以文章이라

해석 천지는 만물의 객사요, 시간은 백대의 지나가는 길손이다. 부평초 같은 인생은 꿈과 같으니, 기쁨을 즐기는 것이 얼마나 되겠는가. 옛사람이 촛불을 잡고 밤에 논 것은 진실로 이유가 있었도다. 하물며 화창한 봄이 나를 아지랑이 낀 봄날의 경치로 부르고 천지가 나에게 아름다운 문장을 빌려주었음이랴!

* 文章 : 봄철에 피는 각종 꽃과 푸른 잎들, 봄날의 아름다운 경치

會桃李之芳園하여 序天倫之樂事하니 群季俊秀하여 皆爲惠連이어늘 吾人詠歌獨慚康樂이로다 幽賞未已에 高談轉淸이라 開瓊筵以坐花하고 飛羽觴而醉月하니 不有佳作이면 何伸雅懷리오 如詩不成인댄 罰依金谷酒數하리라

해석 복사꽃과 오얏꽃이 핀 아름다운 동산에 모여 천륜의 즐거운 일을 펴니, 준수한 여러 아우들은 모두 혜련이 되었는데 나의 읊고 노래함은 홀로 강락에 부끄럽다. 그윽한 감상이 그치지 않음에 고상한 담론이 더욱 맑아진다. 아름다운 자리를 펴 꽃 앞에 앉고, 술잔을 날려 달 아래에서 취하니, 아름다운 문장이 있지 않다면 어찌 고상한 회포를 펴겠는가? 만일 시를 짓지 못한다면 벌주는 금곡의 술잔 수를 따르리라.

* 惠連 : 사혜련(謝惠連)으로 사령운(謝靈運)과 더불어 시를 잘 지었다.
* 康樂 : 사령운(謝靈運).
* 金谷酒數 : 진나라 석숭이 금곡원에 손님들을 초대하여 주연을 베풀고 시를 짓지 못하는 사람에게는 벌로 술 세 말을 마시게 하였다.

12. 與韓荊州書

李太白

이백은 이 편지를 한조종(韓朝宗)에게 올려, 자신의 문학적인 자질을 시험해보고 세상에 추천해 주기를 원하였다. 한조종은 예종(睿宗) 때 벼슬살이를 시작하여 좌습유(左拾遺)를 지냈는데, 후에 현종(玄宗)의 직위가 너무 이름을 간언하다가 형주자사(荊州刺史)로 좌천되었다. 그는 명망이 높았으며 많은 인물을 찾아내어 중앙에 추천하였다. 이백이 형주자사로 있을 때 조종에게 이 편지를 올렸으므로 여한형주서라고 한 것이다.

白聞호니 天下談士 相聚而言曰 生不用封萬戶侯요 但願一識韓荊州라하니 何令人之景慕 一至於此오 豈不以周公之風으로 躬吐握之事하여 使海內豪俊으로 奔走而歸之하여 一登龍門이면 則聲價十倍아

해석 나는 들으니, 천하에 담론하는 선비들이 서로 모여 말하기를 "태어나서 만호후에 봉해지는 것은 필요 없고, 다만 한번 한형주에게 알려지기를 원한다."하니, 어떻게 사람들로 하여금 우러르고 사모하기를 마침내 이 경지에 이르게 하였습니까. 이는 어찌 주공의 풍모로 몸소 토포악발의 일을 하여 천하의 호걸과 준걸들로 하여금 달려와 귀의하여 한번 용문에 오르면 명성이 10배나 되게 하기 때문이 아니겠습니까.

所以龍蟠鳳逸之士 皆欲收名定價於君侯라 君侯不以富貴而驕之하고 寒賤而忽之면 則三千之中에 有毛遂하리니 使白得穎脫而出이 卽其人焉이리라

해석 이 때문에 용이 서린 듯하고 봉이 나는 듯한 선비들이 모두 공께 이름을 거두어 가치를 인정받고자 하는 것이니, 공께서 부귀하다 하여 교만하지 않고, 가난하고 신분이 낮다하다 하여 소홀히 하지 않는다면, 3천 명 가운데 모수 같은 인물이 있을 것이니, 저로 하여금 재능을 돋보이게 할 기회를 준다면, 바로 제가 그 사람일 것입니다.

蟠 : 서릴 반　穎 : 뾰족한 끝 영

> 白은 隴西布衣로 流落楚漢이라 十五에 好劍術하여 徧干諸侯하고 三十에 成文章하여 歷抵卿相하니 雖長不滿七尺이나 而心雄萬夫라 皆王公大人이 許與氣義하니 此疇曩心跡이라 安敢不盡於君侯哉아

해석 저는 농서의 평민으로 초·한 지방을 떠돌아 다녔습니다. 15세에 검술을 좋아하여 두루 제후들에게 등용되기를 요구하였고, 30세에 문장을 이루어 차례로 경상들을 방문하였으니, 비록 제 신장은 7척이 채 못 되오나 마음은 만 명의 장부 중에 으뜸입니다. 그리하여 왕공과 대인들이 모두 기개와 의기를 허여하오니, 이는 지난날의 마음과 행적입니다. 어찌 감히 공께 다 아뢰지 않겠습니까?

> 君侯制作이 侔神明하고 德行이 動天地하며 筆參造化하고 學究天人하니 幸願開張心顔하여 不以長揖見拒하고 必若接之以高宴하며 縱之以淸談이면 請日試萬言을 倚馬可待리라

해석 공께서는 문장을 저술함이 신명에 비견되고 덕행은 천지를 감동시키며 필법이 조화에 참여할 만하고 학문이 하늘과 인간의 이치를 궁구하였으니, 바라건대 마음과 얼굴을 활짝 펴서, 길게 읍한다 하여 거절하지 마시고, 반드시 성대한 연회로써 접대하며 마음껏 청담을 할 수 있도록 허락해 주신다면 청컨대 하루에 만자의 글을 시험한다 하더라도 말안장에 기대어 기다릴 수 있을 것입니다.

> 今天下以君侯로 爲文章之司命과 人物之權衡하여 一經品題면 便作佳士하니 而今君侯何惜階前盈尺之地하여 不使白揚眉吐氣하여 激昂靑雲耶아

해석 지금 천하에서는 공을 문장을 책임지고 인물을 재는 저울이라고 여겨, 한번 평가를 거치면 곧 아름다운 선비가 되는데, 이제 군후께서는 어찌하여 뜰 앞의 한 자 남짓한 땅을 아껴서 저로 하여금 눈썹을 치켜 올리고 기운을 토하여 청운의 뜻을 펴게 하지 않습니까?

  * 文章之司命 : 사명(司命)은 문운(文運)을 맡은 문창성(文昌星)으로, 곧 당대의 문형(文衡)임을 비유한 것이다.

侔 : 가지런할 모

昔에 王子師爲豫州하여 未下車에 卽辟荀慈明하고 旣下車에 又辟孔文擧하며 山濤作冀州하여 甄拔三十餘人하여 或爲侍中尙書하니 先代所美요

해석 옛날에 왕자사는 예주자사가 되어 수레에서 내리기도 전에 순자명을 초빙하였고 이미 수레에서 내려 부임한 다음에는 공문거를 불렀으며, 산도는 기주자사가 되어 30여명을 발탁해서 시중과 상서가 되게 하였으니, 이는 선대의 아름다운 일이요.

而君侯亦一薦嚴協律하여 入爲祕書郎하고 中間崔宗之, 房習祖, 黎昕, 許瑩之徒 或以才名見知하고 或以淸白見賞하니 白每觀其銜恩撫躬하여 忠義奮發이라

해석 공께서도 한번 엄협률을 천거하여 궁중에 들어가 비서랑이 되게 하였으며, 중간에 최종지·방습조·여흔·허영 등의 무리들이 혹은 재주와 명망으로 인정을 받고 혹은 청렴결백함으로 상을 받고 있으니, 저는 매양 그들이 군후의 은혜를 생각하고 몸을 어루만져 충의심으로 분발하는 것을 보았습니다.

白以此感激하여 知君侯推赤心於諸賢腹中하니 所以不歸他人하고 而願委身國士하노니 儻急難有用이면 敢效微軀하리라

해석 저는 이에 감격하였고 공께서 그들의 뱃속에 진심을 미루어 넣은 것을 알게 되었습니다. 이 때문에 다른 사람에게 귀의하지 않고 나라의 이름난 선비에게 몸을 맡기기를 원하오니, 만일 갑자기 닥친 어려운 일에 쓰임이 있게 되면 감히 하찮은 몸이나마 바치오리다.

豫 : 미리 예 辟 : 부를 벽 濤 : 큰물결 도 甄 : 질그릇 견 昕 : 아침 흔 儻 : 혹시 당

且人非堯舜이면 誰能盡善이리오 白이 謨猷籌畫이 安能自矜이리오마는 至於制作하여 積成卷軸하니 則欲塵穢視聽이나 恐雕蟲小伎 不合大人이라

해석 또 사람이 요순같은 성인이 아니니 누가 선을 다할 수 있겠습니까? 저의 꾀와 계책이 어찌 스스로 자랑할 만한 것이 있겠습니까마는 문장을 지음에 있어서는 쌓아서 권과 축을 이루었으니, 공의 눈과 귀를 더럽히고자 하나 벌레를 새기는 듯한 작은 재주라서 대인의 안목에 부합하지 않을까 두렵습니다.

若賜觀芻蕘인댄 請給紙筆하고 兼之書人이면 然後退掃閑軒하여 繕寫呈上하리니 庶青萍結綠이 長價於薛卞之門이라 幸推下流하여 大開獎飾을 惟君侯圖之하라

해석 만일 꼴을 베고 나무하는 천한 사람의 글이나마 보아주신 다면 나에게 종이와 붓을 내려주시고 겸하여 글을 쓰는 사람을 보내 주십시오, 그렇게 하신다면 물러가 한가한 집을 깨끗이 청소하고 다듬어 베끼게 하여 바치겠습니다. 바라건대 청평과 결록이 설촉과 변화의 문하에서 값을 인정받은 것처럼, 부디 미천한 저를 미루어 크게 장려하고 꾸며주는 길을 열어 주기를 공께서는 도모하시기 바랍니다.

* 青萍結綠, 薛卞 : 청평(青萍)은 명검의 이름으로 월왕 구천(句踐)이 설촉(薛燭)의 감정을 받고서 명검인 줄 알았다. 결록(結綠)은 유명한 옥의 이름이고 변화(卞和)는 옥을 감정하는 명인이다.

13. 原人

韓退之

원(原)은 근원을 미루어 밝히는 형식의 글로, 한유는 원인(原人)·원도(原道)·원성(原性)·원훼(原毁)·원귀(原鬼)의 다섯 편을 지었다. 이 글은 인간이란 어떠해야 하는가, 사람은 이적과 금수의 주인이니, 성인이 한결 같이 보고 똑같이 사랑해야 함을 논하였다.

形於上者를 謂之天이요 形於下者를 謂之地요 命於其兩間者를 謂之人이니 形於上은 日月星辰이 皆天也요 形於下는 草木山川이 皆地也요 命於其兩間은 夷狄禽獸皆人也니라

해석 위에 형상을 이루고 있는 것을 하늘이라 이르고, 아래에 형상을 이루고 있는 것을 땅이라 이르고, 그 둘 사이에 명을 받은 것을 사람이라 이르니, 위에 형상을 이루고 있는 해·달·별 등은 모두 하늘에 속하고, 아래에 형상을 이루고 있는 풀·나무·산·강 등은 모두 땅에 속하고, 그 둘 사이에서 명을 받은 오랑캐와 온갖 짐승들은 모두 사람에 속한다.

曰 然則吾謂禽獸曰人이 可乎아 曰 非也라 指山而問焉曰山乎인댄 曰 山可也니 山有草木禽獸皆擧之矣어니와 指山之一草而問焉曰山乎인댄 曰山則不可라

해석 그렇다면 내가 금수를 일러 사람이라 하여도 되겠는가? 아니다. 산을 가리켜 '산인가?' 하고 물으면 산이라고 대답하는 것은 가하니, 산에 있는 초목과 금수를 모두 든 것이다. 그러나 산의 풀 한 포기를 가리키면서 '산인가?' 하고 물으면 산이라고 대답하는 것은 옳지 않다.

故로 天道亂而日月星辰이 不得其行하고 地道亂而草木山川이 不得其平하고 人道亂而夷狄禽獸 不得其情하나니 天者는 日月星辰之主也요 地者는 草木山川之主也요 人者는 夷狄禽獸之主也니 主而暴之면 不得其爲主之道矣라 是故로 聖人은 一視而同仁하고 篤近而擧遠하나니라

해석 그러므로 하늘의 도리가 혼란하면 일월성신이 그 운행을 하지 못하고 땅의 도리가 혼란하면 초목산천이 그 평안함을 얻지 못하고, 사람의 도리가 혼란하면 오랑캐와 금수가 그 실정을 얻지 못하니 하늘은 일월성신의 주인이요, 땅은 초목산천의 주인이요, 사람은 오랑캐와 금수의 주인이니, 주인으로서 포악하게 하면 주인된 도리를 못하는 것이다. 이 때문에 성인은 한결같이 보아 똑같이 사랑하고 가까운 것을 돈독히 하면서도 먼 것을 드는 것이다.

14. 原道

韓退之

이글은 道義의 본원을 논한 것으로 옛 성현의 도, 즉 유교의 도를 부활시킬 것을 역설하였다. 이 글은 도가와 불교를 이단으로 보고 仁義道德을 강조한다. 이 글에서 요순 임금으로부터 맹자로 이어지는 도의 전수과정은 이른바 유학의 道通論으로 후세 신유학의 발전에 크게 영향을 미쳤다.

博愛之謂仁이요 行而宜之之謂義요 由是而之焉之謂道요 足乎己無待於外之謂德이니 仁與義는 爲定名이요 道與德은 爲虛位라 故로 道는 有君子有小人하고 而德은 有凶有吉이니라

해석 널리 사랑함을 인이라 이르고, 인을 행하여 마땅하게 함을 의라 이르고, 이것을 말미암아 가는 것을 도라 이르고, 자신에게 충족하여 밖에 기대함이 없음을 덕이라 이르니, 인과 의는 정해진 명칭이요, 도와 덕은 빈자리이다. 그러므로 도는 군자와 소인이 있고, 덕은 흉함과 길함이 있는 것이다.

老子之小仁義는 非毀之也요 其見者小也니 坐井而觀天曰天小者는 非天小也라 彼以煦煦爲仁하며 孑孑爲義하니 其小之也則宜로다 其所謂道는 道其所道요 非吾所謂道也며 其所謂德은 德其所德이요 非吾所謂德也라

해석 노자가 인의를 하찮게 여긴 것은 인의를 헐뜯은 것이 아니요, 그가 본 것이 작기 때문이니, 우물에 앉아 하늘을 보고 하늘이 작다고 말하는 자는 하늘이 작은 것이 아니다. 저는 작은 은혜를 인으로 여기고 작은 지조를 의라고 여겼으니, 그 하찮게 여김이 당연하다. 그들이 말하는 도는 그들이 도라고 여기는 바를 도라 하는 것이요 우리가 말하는 도가 아니며, 그들이 말하는 덕은 그들이 덕이라고 여기는 바를 덕이라 하는 것이요 우리가 말하는 덕이 아니다.

煦 : 은혜 후 孑 : 홀로 혈

凡吾所謂道德云者는 合仁與義言之也니 天下之公言也요 老子之所謂道德云者는 去仁與義言之也니 一人之私言也니라

해석 무릇 우리가 말하는 도덕은 인과 의를 합하여 말한 것이니, 천하의 공공연한 말이요 노자가 말한 도덕이라는 것은 인과 의를 버리고 말한 것이니, 한 개인의 사사로운 말이다.

周道衰하고 孔子沒하시니 火于秦하고 黃老于漢하며 佛于晉宋齊梁魏隋之間하여 其言道德仁義者 不入于楊이면 則入于墨하고 不入于老면 則入于佛하여 入于彼則出于此라 入者를 主之하고 出者를 奴之하며 入者를 附之하고 出者를 汚之하니 噫라 後之人이 其欲聞仁義道德之說인들 孰從而聽之리오

해석 주나라의 도가 쇠하고 공자가 별세하시니, 진나라 때에는 불타고 한나라 때에는 황로학이 성하였으며 진·송·제·량·위·수의 사이에는 불교가 성행하여, 도덕과 인의를 말하는 자가 양주에 들어가지 않으면 묵적에게 들어가고 노자에게 들어가지 않으면 불가에 들어가서 저기로 들어가면 여기에서 나오게 되었다. 들어가는 자를 주인으로 여기고 나가는 자를 노예로 여기며, 들어가는 자를 따르고 나가는 자를 더럽게 여기니, 아! 후세의 사람들이 인의와 도덕의 말을 듣고자 한들 누구를 따라 듣겠는가?

老者曰 孔子는 吾師之弟子也라하고 佛者曰 孔子는 吾師之弟子也라하니 爲孔子者 習聞其說하고 樂其誕而自小也하여 亦曰吾師亦嘗云爾라하여 不惟擧之於其口라 而又筆之於其書하니 噫라 後之人이 雖欲聞仁義道德之說인들 其孰從而求之리오 甚矣라 人之好怪也여 不求其端하며 不訊其末이요 惟怪之欲聞이온여

訊 : 물을 신

해석   노자의 도를 하는 자들이 말하기를 "공자는 우리 스승의 제자이다." 하며, 불교를 믿는 자들도 말하기를 "공자는 우리 스승의 제자이다." 하며 공자의 학문을 하는 자들도 그 말을 익숙히 듣고 허황된 것을 즐거워하고 스스로 격하하여 또한 말하기를 "우리 스승도 일찍이 그렇게 말했다." 하여, 이것을 입에 거론할 뿐만 아니라 또 책에다 쓰고 있으니, 아! 후세 사람이 비록 인의와 도덕의 말을 듣고자 한들 그 누구를 따라 찾겠는가? 심하다! 사람들이 괴이함을 좋아함이여. 그 단서를 찾지 않으며 그 끝을 묻지 않고 오직 괴이한 것만을 듣고자 하는구나!

> 古之爲民者는 四러니 今之爲民者는 六이요 古之敎者는 處其一이러니 今之敎者는 處其三이로다 農之家一而食粟之家六이요 工之家一而用器之家六이요 賈之家一而資焉之家六이니 奈之何民不窮且盜也리오

해석   옛날의 백성들은 네 종류였는데 지금의 백성들은 여섯 종류이며, 옛날의 가르침은 그 하나에 해당되었는데, 지금의 가르침은 셋에 해당되도다. 농사짓는 집은 하나인데 곡식을 먹는 집은 여섯이며, 기물을 만드는 집은 하나인데 기물을 사용하는 집은 여섯이며, 장사하는 집은 하나인데 이용하는 집은 여섯이니, 어찌 백성들이 곤궁하고 또 도둑질하지 않겠는가?

> 古之時에 人之害多矣러니 有聖人者立然後에 敎之以相生養之道하여 爲之君, 爲之師하며 驅其蟲蛇禽獸하고 而處其中土하며 寒然後爲之衣하고 飢然後爲之食하며 木處而顚하고 土處而病也일새 然後爲之宮室하며 爲之工하여 以贍其器用하고 爲之賈하여 以通其有無하며

해석   옛날에는 사람을 해치는 것이 많았었는데, 성인이 나오신 연후에 서로 살려주고 길러주는 방법을 가르쳐 군주가 되고 스승이 되셨으며, 벌레와 뱀과 금수를 몰아내어 가운데 땅에 살게 하며, 추운 연후에 옷을 만들어 주고 굶주린 연후에 밥을 만들어주며, 나무 위에서 살다가 떨어지고 땅굴에서 살다가 병들므로 그런 뒤에 집을 지었으며, 공구를 만들어 기물을 넉넉하게 하고 장사를 만들어 있고 없는 것을 유통하게 하며,

爲之醫藥하여 以濟其夭死하고 爲之葬埋祭祀하여 以長其恩愛하며 爲之禮하여 以次其先後하고 爲之樂하여 以宣其湮鬱하며 爲之政하여 以率其怠倦하고 爲之刑하여 以鋤其强梗하며 相欺也일새 爲之符璽斗斛權衡以信之하고 相奪也일새 爲之城郭甲兵以守之하여 害至而爲之備하고 患生而爲之防이어늘

해석   의약을 만들어 일찍 죽는 것을 구제하고 장례와 제사를 만들어 은혜와 사랑을 조장하였으며, 예법을 만들어 선후를 차례 매기고 음악을 만들어 답답함을 펴게 하였으며, 다스리는 법을 만들어 게으른 자들을 이끌고 형벌을 만들어 강경한 자들을 제거하였으며, 서로 속이기 때문에 부절과 도장, 측량하는 기구들을 만들어 믿게 하였으며, 서로 빼앗기 때문에 성곽과 갑옷과 병기를 만들어 지키게 하여, 재난이 오면 대비하게 하고 걱정거리가 생기면 막게 하였다.

今其言曰 聖人不死면 大盜不止니 剖斗折衡이라야 而民不爭이라하니 嗚呼라 其亦不思而已矣로다

해석   그런데 지금 그들의 말에 이르기를 "성인이 죽지 않으면 큰 도둑이 그치지 않으니, 말을 쪼개버리고 저울대를 꺾어버려야 백성들이 다투지 않는다."고 하니, 아! 그 또한 깊이 생각하지 않아서일 뿐이다.

如古之無聖人이런들 人之類滅이 久矣리라 何也오 無羽毛鱗介以居寒熱이요 無爪牙以爭食也일새라 是故로 君者는 出令者也요 臣者는 行君之令하여 而致之民者也요 民者는 出粟米麻絲하고 作器皿, 通貨財하여 以事其上者也라

해석   만일 옛날에 성인이 없었다면 인류가 멸망한 지가 오래되었을 것이다. 어째서인가? 깃과 털과 비늘과 껍질이 없이 추위와 더위에 살고, 발톱과 이빨 없이 먹을 것을 다투기 때문이다. 그러므로 군주는 명령을 내는 자이고, 신하는 군주의 명령을 행하여 백성에게 미치게 하는 자이며, 백성은 곡식과 쌀과 삼과 실을 내고 기물을 만들고 재화를 유통하여 윗사람을 섬기는 자이다.

葬: 장사지낼 장   鋤: 호미 서   梗: 가시나무 경   璽: 도장 새

君不出令이면 則失其所以爲君이요 臣不行君之令而致之民이면 則失其所以爲臣이요 民不出粟米麻絲, 作器皿, 通貨財하여 以事其上이면 則誅하나니

해석 군주가 명령을 내지 않으면 군주가 된 까닭을 잃는 것이요, 신하가 군주의 명령을 행하여 백성에게 미치게 하지 않으면 신하가 된 까닭을 잃는 것이요, 백성이 곡식과 쌀과 삼과 실을 내고 기물을 만들고 재화를 유통하여 윗사람을 섬기지 않으면 처벌을 받는다.

今其法曰 必棄而君臣하고 去而父子하며 禁而相生相養之道하여 以求其所謂淸淨寂滅者라하니 嗚呼라 其亦幸而出於三代之後하여 而不見黜於禹湯文武周公孔子也요 其亦不幸而不出於三代之前하여 不見正於禹湯文武周公孔子也로다

해석 그런데 지금 그들의 법에 말하기를 "반드시 너의 군신을 버리고 너의 부자를 버리며, 서로 살게 하고 서로 길러주는 도를 금하여 이른바 청정과 적멸을 구하여야 한다."고 주장하니, 아! 그들은 또한 다행히도 삼대의 이후에 태어나서 우왕·탕왕·문왕·무왕·주공·공자에게 축출을 당하지 않았고, 또한 불행히도 삼대의 이전에 나오지 않아서 우왕·탕왕·문왕·무왕·주공·공자에게 바로잡음을 받지 못하였다.

帝之與王이 其號名殊나 其所以爲聖은 一也요 夏葛而冬裘하며 渴飮而飢食이 其事雖殊나 其所以爲智는 一也어늘 今其言曰 曷不爲太古之無事오하니 是亦責冬之裘者曰曷不爲葛之之易也며 責飢之食者曰曷不爲飮之之易也로다

해석 帝와 王이 명칭은 각각 다르나 그 성인이 되는 것은 똑같고, 여름에는 갈포를 입고 겨울에는 갖옷을 입으며, 목마르면 물을 마시고 굶주리면 밥을 먹는 것이 일은 비록 다르나 그 지혜가 되는 것은 똑같다. 그런데 지금 그들의 말에 이르기를 '어

淨 : 찰 정 裘 : 갖옷 구

찌하여 태고의 무사함을 행하지 않는가?' 하니, 이는 또한 겨울에 갖옷을 입는 자를 꾸짖어 말하기를 '어찌하여 갈포 옷을 입는 간편함을 하지 않는가?' 하는 것과 같으며, 이는 또한 굶주린 자가 먹는 것을 꾸짖어 말하기를 '어찌하여 물을 마시는 간단함을 하지 않는가?' 라고 하는 것이다.

傳曰 古之欲明明德於天下者는 先治其國하고 欲治其國者는 先齊其家하고 欲齊其家者는 先修其身하고 欲修其身者는 先正其心하고 欲正其心者는 先誠其意라하니

해석 전에 이르기를 "옛날 명덕을 천하에 밝히고자 하는 자는 먼저 그 나라를 다스리고, 그 나라를 다스리고자 하는 자는 먼저 그 집안을 가지런히 하고, 그 집안을 가지런히 하고자 하는 자는 먼저 그 몸을 닦고, 그 몸을 닦고자 하는 자는 먼저 그 마음을 바르게 하고, 그 마음을 바르게 하고자 하는 자는 먼저 그 뜻을 성실히 한다."고 하였다.

然則古之所謂正心而誠意者는 將以有爲也러니 今也엔 欲治其心而外天下國家하여 滅其天常하여 子焉而不父其父하며 臣焉而不君其君하며 民焉而不事其事로다

해석 그렇다면 옛날에 이른바 마음을 바르게 하고 뜻을 성실히 하는 자는 장차 위하는 목적이 있었기 때문이었다. 그런데 지금은 그 마음을 다스리고자 하여 천하와 국가를 도외시하고 하늘의 떳떳한 도리를 없애버려, 자식으로서 그 아버지를 아버지로 여기지 않으며, 신하로서 그 군주를 군주로 여기지 않으며, 백성으로서 그들의 일을 일삼지 않는다.

孔子之作春秋也에 諸侯用夷禮則夷之하고 夷而進於中國則中國之하시며 經曰 夷狄之有君이 不如諸夏之亡이라하고 詩曰 戎狄是膺하니 荊舒是懲이라하니 今也에 擧夷狄之法하여 而加之先王之敎之上하니 幾何其不胥而爲夷也리오

해석 공자가 『춘추』를 지으실 적에 제후들이 오랑캐의 예를 사용하면 오랑캐로 취급하

고, 오랑캐가 중국으로 진전하면 중국으로 취급하셨으며, 『논어』에 이르기를 '오랑캐에 군주가 있는 것이 중국에 없는 것만 못하다.' 하였고, 『詩經』에 이르기를 '서쪽 오랑캐와 북쪽 오랑캐를 이에 다스리니 형나라와 서나라가 이에 징계된다.' 하였다. 그런데 이제 오랑캐의 법을 들어 천하의 가르침 위에 놓으니, 어찌 서로 오랑캐가 되지 않을 수 있겠는가?

夫所謂先王之敎者는 何也오 博愛之謂仁이요 行而宜之之謂義요 由是而之焉之謂道요 足乎己無待於外之謂德이라 其文은 詩書易春秋요 其法은 禮樂刑政이요 其民은 士農工賈요 其位는 君臣父子師友賓主昆弟夫婦요 其服은 麻絲요 其居는 宮室이요 其食은 粟米蔬果魚肉이라 其爲道易明이요 而其爲敎易行也라

해석 이른바 선왕의 가르침이란 무엇인가? 널리 사랑함을 인이라 이르고, 인을 행하여 마땅하게 함을 의라 이르고, 이 인과 의를 따라감을 도라 이르고, 자신에게 충족하여 밖에 기대함이 없음을 덕이라 이르는 것이니, 그 글은 『시경』·『서경』·『역경』·『춘추』요, 그 법은 禮·樂·刑·政이요, 그 백성은 선비·농부·공인·상인이요, 그 지위는 임금·신하·아버지·아들·스승·친구·손님·주인·형·동생·남편·아내요 그 의복은 베와 실로 짠 것이요, 그 거처는 집이요, 그 음식은 곡식·채소·과일·물고기·고기이니, 그 도가 알기 쉽고 그 가르침이 행하기 쉽다.

是故로 以之爲己則順而從하고 以之爲人則愛而公하고 以之爲心則和而平하고 以之爲天下國家에 無所處而不當이라 是故로 生則得其情하고 死則盡其常하며 郊焉而天神假하고 廟焉而人鬼饗이니라

해석 그러므로 그것으로써 자기 몸을 위하면 순조로워 잘되고, 그것으로써 남을 위하면 사랑하여 공정하며, 그것으로써 자기 마음을 삼으면 온화하여 평화롭고, 그것으로써 천하와 국가를 다스리면 처하는 곳마다 마땅하지 않음이 없는 것이다. 이 때문에 살아서는 그 실정을 얻고 죽어서는 그 떳떳한 도리를 다하며, 제사를 지내면 하늘의 신이 이르고 사당에서 제사하면 귀신이 흠향하는 것이다.

饗 : 흠향할 향

曰 斯道也는 何道也오 曰 斯吾所謂道也요 非向所謂老與佛之道也라 堯以是傳之舜하시고 舜以是傳之禹하시고 禹以是傳之湯하시고 湯以是傳之文武周公하시고 文武周公傳之孔子하시고 孔子傳之孟軻러시니 軻之死에 不得其傳焉이라

해석 이 도는 어떤 도인가? 이는 우리가 말하는 도요, 앞에서 말한 노자와 불가의 도가 아니다. 요는 이것을 순에게 전하시고, 순은 이것을 우에게 전하시고, 우는 이것을 탕에게 전하시고, 탕은 이것을 문왕·무왕·주공에게 전하시고, 문왕·무왕·주공은 이것을 공자에게 전하시고, 공자는 맹자에게 전하시니, 맹자가 별세함에 그 전함을 얻지 못하였다.

荀與揚也는 擇焉而不精하고 語焉而不詳이니라 由周公而上은 上而爲君이라 故로 其事行하고 由周公而下는 下而爲臣이라 故로 其說長이니라 然則如之何而可也오

해석 순자와 양웅은 선택을 하였으나 순수하지 못하고, 말을 하였으나 상세하지 못하다. 주공으로부터 이상은 위로 군주가 되었기 때문에 그 일이 행해졌고, 주공으로부터 이하는 아래로 신하가 되었기 때문에 그 말이 길어진 것이다. 그렇다면 어찌해야 좋은가?

曰不塞이면 不流요 不止면 不行이니 人其人하고 火其書하고 廬其居하고 明先王之道以道之면 鰥寡孤獨廢疾者有養也리니 其亦庶乎其可也니라

해석 이단을 막지 않으면 우리의 도가 유행하지 못하고, 이단를 저지하지 않으면 우리의 도가 행해지지 못하니, 그 사람들을 평범한 사람으로 만들고, 그 책을 불태우고, 그들이 거처하는 사원을 집으로 만들고서 선왕의 도를 밝혀 그들을 인도한다면, 홀아비와 과부, 고아와 늙어 자식이 없는 자, 병든 자들이 봉양을 받게 될 것이니, 이렇게 하면 또한 거의 나아질 것이다.

鰥 : 홀아비 환 寡 : 홀어미 과

15. 爭臣論

韓退之

쟁신(爭臣)이란 천자 앞에서 곧은 말을 하며 자기 뜻을 굽히지 않고 다투는 신하를 뜻한다. 중국에는 옛날부터 나라에 올바른 말을 하는 사람이 필요하다고 생각하여 간의대부(諫議大夫)를 두었는데, 이글은 한유가 스물다섯 살 때 당시 이 벼슬에 발탁된 양성(陽城)을 질책하며 지은 것이다.

或問諫議大夫陽城於愈하되 可以爲有道之士乎哉아 學廣而聞多하되 不求聞於人也하고 行古人之道하여 居於晉之鄙하니 晉之鄙人이 薰其德而善良者幾千人이라 大臣聞以薦之天子하여 以爲諫議大夫하니 人皆以爲華로되 陽子不<色>喜하고 居於位五年矣로되 視其德하니 如在草野라 彼豈以富貴移易其心哉리오

해석 어떤 사람이 나에게 간의대부 양성에 대하여 다음과 같이 물었다. "도가 있는 선비라고 할 수 있겠는가? 학문이 넓고 견문이 많으나 남에게 알려지기를 구하지 않고 옛사람의 도를 행하면서 진주의 들에서 거주하니, 진주의 야인들이 그 덕에 감화되어 선량해진 자가 몇 천 명이었다. 대신이 듣고 천자에게 천거하여 간의대부로 임명하니, 사람들은 모두 영화로 여겼으나 양성은 얼굴에 기뻐하지 않았으며, 간의대부 지위에 거한 지 5년이 되었으나 그 마음가짐을 보면 초야에 있을 때와 같으니, 저가 어찌 부귀로써 그 마음을 바꾸겠는가?"

愈應之曰 是易所謂恒其德貞하나 而夫子凶者也니 惡得爲有道之士乎哉아 在易蠱之上九云 不事王侯하고 高尙其事라하며 蹇之六二則曰 王臣蹇蹇이 匪躬之故라하니 夫不以所居之時不一而所蹈之德不同也아

해석 나는 다음과 같이 대답하였다. "이것은 『주역』에 이른바 '그 덕을 항상 하여 바

薰 : 훈자할 훈   蠱 : 좀벌레 고

르지만 남자로는 흉하다'는 것이다. 어찌 도가 있는 선비라고 하겠는가? 『주역』 고괘(蠱卦)의 상구(上九)에 이르기를 '왕후를 섬기지 않고 자기 일을 고상히 한다.' 하였으며, 건괘(蹇卦)의 육이(六二)에는 '왕의 신하가 부지런히 일함은 자신을 위한 이유가 아니다.' 하였으니, 처한 바의 때가 똑같지 않고 행하는 바의 덕이 같지 않아서가 아니겠는가?

若蠱之上九 居無用之地하여 而致匪躬之節하고 <以>蹇之六二在王臣之位하여 而高不事之心이면 則冒進之患生하고 曠官之刺興하리니 志不可則(칙)이요 而尤不終無也니라

해석 고괘(蠱卦)의 상구(上九)가 쓰이지 않는 위치에 처하여 몸을 돌보지 않는 충절을 바치고, 건괘(蹇卦)의 육이(六二)가 신하의 위치에 있으면서 왕후를 섬기지 않는 지조를 고상히 여긴다면 함부로 관직에 나아가는 폐해가 생기고, 관직을 태만히 한다는 비난이 일어날 것이니, 그 뜻을 본받을 수 없으며, 허물이 끝내 없지 않을 것이다.

今陽子는 實一匹夫라 在位不爲不久矣요 聞天下之得失이 不爲不熟矣요 天子待之不爲不加矣어늘 而未嘗一言及於政하여 視政之得失을 若越人視秦人之肥瘠하여 忽焉不加喜戚於其心이라 問其官則曰諫議也요 問其祿則曰下大夫之秩也어늘 問其政則曰我不知也라하니 有道之士 固如是乎哉아

해석 지금 양성은 실로 일개 평범한 사람이다. 그런데 이제 지위에 있은 지가 오래지 않은 것이 아니요, 천하의 득실을 들은 것이 익숙하지 않은 것이 아니며, 천자께서 그를 대우하심이 특별하지 않은 것도 아닌데, 일찍이 정사에 대해 한 마디도 언급하지 아니하여, 정사의 득실을 보기를 월나라 사람이 진나라 사람의 살찌고 수척함을 보듯이 하여, 소홀히 해서 자기의 마음에 기쁨과 슬픔을 더하지 않는다. 그의 관직을 물어보면 간의대부라 하고, 그의 녹을 물어보면 하대부의 계급이라 하는데, 그 정사를 물어보면 '나는 모른다' 하니, 도가 있는 선비가 진실로 이와 같겠는가?

且吾聞之하니 有官守者 不得其職則去하고 有言責者 不得其言則去라하니 今陽子以爲得其言乎哉아 得其言而不言과 與不得其言而不去는 無一可者也니라

해석 또 내 들으니 '관직을 맡음이 있는 자는 그 직책을 수행할 수 없으면 떠나가고, 말할 책임이 있는 자는 그 말을 할 수 없으면 떠나간다.' 하였으니, 이제 양성은 그 말을 할 수 있다고 여기는가? 말을 할 수 있는데도 말하지 않음과 말을 할 수 없는데도 떠나가지 않는 것은 모두 옳지 않은 것이다.

陽子將爲祿仕乎아 古之人有云 仕不爲貧而有時乎爲貧이라하니 謂祿仕者也라 宜乎辭尊而居卑하고 辭富而居貧이니 若抱關擊柝者可也라 蓋孔子嘗爲委吏矣요 嘗爲乘田矣사되 亦不敢曠其職하사 必曰會計當而已矣요 必曰牛羊遂而已矣라하시니 若陽子之秩祿은 不爲卑且貧이 章章明矣而如此하니 其可乎哉아

해석 양성은 장차 봉록을 위해 벼슬을 하려는 것인가? 옛사람의 말에 이르기를 '벼슬은 가난 때문에 하는 것이 아니나 때로는 가난 때문에 하는 경우가 있다.' 하였으니, 봉록 때문에 벼슬하는 자들을 말한 것이다. 마땅히 높은 지위를 사양하고 낮은 지위에 처하며, 부함을 사양하고 가난함에 거하여야 하니, 관문을 지키고 목탁을 치는 자 같은 것이 좋을 것이다. 공자께서도 일찍이 창고를 맡은 관리가 되셨고 짐승을 먹이는 관리가 되셨는데, 또한 감히 그 직책을 폐하지 않으셨고 반드시 말씀하기를 '회계를 정확하게 할 뿐이다.' 하셨고, 반드시 '소와 양을 잘 키울 뿐이다.' 하셨으니, 양성의 계급과 녹봉은 낮지도 가난하지도 않음이 명백한데도 이와 같이 하니, 옳다고 하겠는가?

或曰 否라 非若此也라 夫陽子는 惡訕上者하며 惡爲人臣하여 招(교)其君之過而以爲名者라 故로 雖諫且議나 使人不得而知焉이라 書曰 爾有嘉謀嘉猷어든 則入告爾后于內하고 爾乃順(訓)之于外曰 斯謀斯猷 惟我后之德이라하니 夫陽子之用心이 亦若此者니라

柝 : 열 탁　訕 : 헐뜯을 산

해석 혹자는 다음과 같이 말하였다. "그렇지 않다. 이와 같은 것이 아니다. 陽子는 윗사람을 비방하는 자를 미워하며 남의 신하가 되어 군주의 과오를 들춰내어 자기의 명예를 삼는 자를 미워한다. 그러므로 비록 간하고 의논하나 사람들로 하여금 알지 못하게 하는 것이다. 『서경』에 이르기를 '네 아름다운 꾀와 아름다운 계책이 있거든 안에 들어가 네 인군에게 아뢰고 너는 밖에 가르치기를 이 꾀와 이 계책은 우리 임금님의 덕이라고 하라.' 하였으니, 양자의 마음 씀이 이와 같은 것이다."

愈應之曰 若陽子之用心이 如此면 滋所謂惑者矣라 入則諫其君하고 出不使人知者는 大臣宰相者之事니 非陽子之所宜行也니라 夫陽子本以布衣로 隱於蓬蒿之下어늘 主上이 嘉其行誼하여 擢在此位하시니 官以諫爲名인댄 誠宜有以奉其職하여 使四方後代로 知朝廷有直言骨鯁之臣하고 天子有不僭賞從諫如流之美하여

해석 나는 다음과 같이 대답하였다. "만약 양자의 마음 씀이 이와 같다면 이른바 의혹이 더욱 불어나게 된다. 들어가서는 군주에게 간하고, 나와서는 사람들로 하여금 알지 못하게 하는 것은 대신과 재상인 자의 일이니, 양자가 마땅히 행할 바가 아니다. 양자는 본래 평민으로서 쑥대의 아래에 숨어 살았는데, 주상께서 그의 의를 행함을 가상히 여겨 발탁해서 이 지위에 있게 하셨으니, 관직을 간의로써 이름을 삼았다면, 진실로 마땅히 그 직책을 받들어 사방사람들과 후대사람들로 하여금 조정에 곧은 말을 하는 강직한 신하가 있고, 천자께서 상을 함부로 내리지 않으며 간하는 것을 따르기를 물 흐르듯이 하는 아름다움을 가지셨음을 알게 하여야 한다.

庶巖穴之士가 聞而慕之하여 束帶結髮하고 願進於闕下而伸其辭說하여 致吾君於堯舜하고 熙鴻號於無窮也라 若書所謂는 則大臣宰相之事니 非陽子之所宜行也니라 且陽子之心이 將使君人者로 惡聞其過乎아 是啓之也니라

해석 그리하여 행여 동굴에 있는 선비들이 이것을 듣고 사모하여 띠를 묶고 상투를 묶

蓬:쑥 봉 蒿:쑥 호 誼:옳을 의 闕:대궐 궐

고는 대궐 아래로 나아가 그 말을 펴서 우리 임금을 요순으로 만들어 훌륭한 이름을 무궁히 빛나게 해야 할 것이다. 『서경』에서 말한 것은 대신과 재상의 일이니, 양자가 행할 바가 아니다. 또 양성의 마음은 장차 임금으로 하여금 그 과실을 듣기 싫어하게 하려는 것인가? 이는 그런 마음을 열어주는 것이다."

> 或曰 陽子之不求聞而人聞之하고 不求用而君用之하여 不得已而起하여 守其道而不變이어늘 何子過之深也오

해석 혹자는 다음과 같이 말하였다. "양자는 알려지기를 구하지 않았는데 사람들이 소문을 냈고, 등용되기를 구하지 않았는데 군주가 등용하여, 부득이하여 일어나서 그 도를 지키고 변하지 않는데, 어찌하여 그대는 나무라기를 이렇게 심히 하는가?"

> 愈曰 自古聖人賢士가 皆非有心求於聞用也라 閔其時之不平과 人之不乂하여 得其道면 不敢獨善其身이요 而必<以>兼濟天下也하여 孜孜矻矻하여 死而後已라 故로 禹過家門不入하시고 孔席不暇暖하시고 而墨突不得黔하니 彼二聖一賢者 豈不知自安逸之爲樂哉리오마는 誠畏天命而悲人窮也라

해석 나는 다음과 같이 대답하였다. "예로부터 성인과 현명한 선비들은 모두 알려지고 등용되는 것에 마음을 두지 않았다. 그 세상이 공평하지 못함과 사람들이 다스려지지 못함을 불쌍히 여겨, 그 도를 얻으면 홀로 그 몸을 선하게 하지 않고 반드시 천하를 겸하여 구제하려 해서 부지런히 힘써서 죽은 뒤에야 그만두었다. 그러므로 우왕은 집의 문 앞을 지나면서도 들어가지 못하셨고, 공자의 자리는 따뜻할 겨를이 없었으며, 묵적의 굴뚝은 검을 수가 없었던 것이다. 저 두 성인과 한 현인이 어찌 스스로 안일함이 즐거운 줄을 몰랐겠는가? 진실로 천명을 두려워하고 백성들의 곤궁함을 슬퍼해서였다.

乂 : 다스릴 예　　矻 : 힘써 일하는 모양 골

夫天授人以賢聖才能이 豈使自有餘而已리오 誠欲以補其不足者也라 耳目之於身也엔 耳司聞而目司見하여 聽其是非하고 視其險易然後에 身得安焉하나니 聖賢者는 時人之耳目也요 時人者는 賢聖之身也니라

해석 하늘이 사람에게 어질고 성스러운 재능을 준 것은 어찌 자신만 유여하게 할 뿐이겠는가. 진실로 그 부족한자들을 도와주게 하고자 해서였다. 귀와 눈은 사람의 몸에 있어, 귀는 듣는 것을 맡고 눈은 보는 것을 맡아 귀로 옳고 그른 것을 듣고, 눈으로 험하고 평탄한 것을 본 뒤에야 몸이 편안함을 얻는다. 성현은 세상 사람들의 귀와 눈이요, 세상 사람은 성현의 몸인 것이다.

且陽子之不賢인댄 則將役於身하여 以奉其上矣요 若果賢인댄 則固畏天命而閔人窮也니 惡得以自暇逸乎哉아

해석 또 양성이 어질지 못하다면 장차 자기 몸을 사역하여 윗사람을 받들어야 할 것이요, 만일 과연 어질다면 진실로 천명을 두려워하고 백성들의 곤궁함을 불쌍하게 여겨야 할 것이니, 어찌 스스로 한가하고 편안할 수 있겠는가?"

或曰 吾聞君子는 不欲加諸人하며 而惡訐以爲直者라하니 若吾子之論은 直則直矣어니와 無乃傷于德而費於辭乎아 好盡言以招人過는 國武子之所以見殺於齊也니 吾子其亦聞乎아

해석 혹자는 다음과 같이 말하였다. "나는 들으니 '군자는 남을 공격하려 하지 않으며, 고자질하는 것을 곧다고 여기는 자를 미워한다.' 하였으니, 그대의 의논으로 말하면 곧기는 곧거니와 덕을 손상하고 말을 너무 많이 하는 것이 아니겠는가? 말을 다하기를 좋아하여 남의 과실을 들춰내는 것은 국무자가 제나라에서 죽음을 당한 이유이니, 그대는 또한 이 말을 들었는가?"

訐: 들추어낼 알   招: 들추어낼 교

愈曰 君子 居其位則思死其官하고 未得位則思修其辭以明其道하나니 我將以明道也요 非以爲直而加人也니라 且國武子는 不能得善人하고 而好盡言於亂國일새 是以見殺이니라

해석 나는 다음과 같이 대답하였다. "군자가 그 지위에 있으면 관직을 수행하다가 죽을 것을 생각하고, 지위를 얻지 못하면 문장을 지어 도를 밝힐 것을 생각하나니, 나는 장차 도를 밝히려는 것이요, 곧다고 하여 남을 공격하려고 하는 것이 아니다. 또 국무자는 착한 사람을 얻지 못하고 어지러운 나라에서 말을 다하기를 좋아하였으니 이 때문에 죽음을 당한 것이다.

傳曰 惟善人이야 能受盡言이라하니 謂其聞而能改之也라 子告我曰 陽子 可以爲有道之士也라하니 今雖不能及已나 陽子는 將不得爲善人乎아

해석 전에 이르기를 '오직 착한 사람만이 말을 다하는 것을 받아준다.' 하였으니, 듣고서 고칠 수 있는 것을 말한 것이다. 그대는 나에게 말하기를 '양성은 도가 있는 선비라 할 것이다.' 하였으니, 이제 비록 도가 있는 선비에는 미치지 못하나 양성은 장차 선인도 될 수 없단 말인가?"

16. 送窮文

韓退之

한유(韓愈)는 지궁(智窮)·학궁(學窮)·문궁(文窮)·명궁(命窮)·교궁(交窮) 등의 다섯 귀신이 늘 자신에게 붙어서 세상과 화합하지 못하게 한다고 생각하였다. 그래서 이들에게 수레와 배를 마련해주어 쫓아버리려고 하지만, 명분이 없어 다시 그들과 함께 궁하기는 하지만 뜻있는 삶을 추구하겠다는 다소 해학적인 글이다.

元和六年正月乙丑晦에 主人이 使奴星으로 結柳作車하고 縛草爲船하여 載糗輿粻하여 牛繫軛下하고 引帆上檣하여 三揖窮鬼而告之曰

해석 원화 6년 정월 을축일 그믐에 주인은 하인 성에게 버드나무를 엮어 수레를 만들고 풀을 묶어 배를 만들어서 미숫가루와 양식을 싣고 소를 멍에 아래에 묶어 매었으며, 돛을 달고 삿대를 올려 세 번 궁귀에게 읍하고 다음과 같이 말하였다.

聞子行有日矣라하니 鄙人은 不敢問所途요 躬具船與車하여 備載糗粻하니 日吉辰良하여 利行四方이라 子飯一盂하고 子啜一觴하여 攜朋挈儔하고 去故就新하되 駕塵彍風하여 與電爭先이면 子無底滯之尤요 我有資送之恩이니 子等이 有意於行乎아

해석 "듣자하니 그대는 떠나갈 날이 정해졌다고 하니, 비루한 이 사람은 감히 어느 길로 갈 것인지는 묻지 못하겠고, 몸소 배와 수레를 마련하여 미숫가루와 양식을 골고루 실어 놓았으니 날이 길하고 때가 좋아 사방으로 가기가 이롭다. 그대는 한 그릇 밥을 먹고 한 잔 술을 마시고서 벗을 다 이끌고 무리들을 거느리고는 옛날 살던 집을 버리고 새로운 곳으로 떠나되 빠른 바람을 타고서 번개와 더불어 앞을 다툰다면, 그대는 지체한다는 허물이 없고 나는 노자를 주어 전송하는 은혜가 있게 되니, 그대는 떠나갈 의향이 있는가?"

糗: 마른밥 후 粻: 양식 창 軛: 멍에 액 帆: 돛 범 檣: 돛대 장 盂: 사발 우 彍: 달릴 확 底: 밑 저

屛息潛聽하니 如聞音聲이 若嘯若啼하여 㖏欻嚘嚶하니 毛髮盡竪하고 竦肩縮頸하여 疑有而無러니 久乃可明이라

해석 숨을 죽이고 조용히 들어보니, 마치 음성이 들리는 듯했는데, 휘파람을 부는 듯, 우는 듯하여, 휙휙 하고 한숨을 쉬는 듯, 우는 듯하니, 모발이 모두 쭈뼛이 서고 어깨가 올라가며 목이 움츠러들어, 있는 듯, 없는 듯하다가 오랜 뒤에야 분명하였다.

若有言者曰 吾與子居 四十年餘라 子在孩提에 吾不子愚하며 子學子耕하고 求官與名에 惟子是從하여 不變于初라 門神戶靈을 我叱我呵하여 包羞詭隨하여 志不在他호라

해석 마치 말하는 자가 있는 듯하여 이르기를 "내가 그대와 거주한 지 40년이 넘었다. 그대가 어릴 때에 나는 그대를 어리석다 여기지 않았으며, 그대가 배우고 그대가 농사를 지으며 관직과 명예를 구할 때에 나는 오직 그대만을 따라 처음 뜻을 변치 않았으며, 문호의 신령을 내가 질타하고 꾸짖어 부정한 길을 따르는 것을 부끄러워해서 뜻이 딴 데에 있지 않았노라.

子遷南荒에 熱爍濕蒸하니 我非其鄕이요 百鬼欺陵하며 太學四年에 朝齏暮塩이어늘 惟我保汝하고 人皆汝嫌이라 自初及終에 未始背汝하여 心無異謀하고 口絶行語어늘 於何聽聞이완대 云我當去오

해석 그대가 남쪽 변방으로 좌천함에 더위가 심하고 습하여 찌는 듯하니, 나에게 알맞은 고향이 아니었고, 온갖 귀신들이 속이고 능멸하였으며, 태학에 있는 4년 동안, 아침에는 양념을 먹고 저녁에는 소금을 먹었는데, 오직 나만이 그대를 보호하였고 다른 사람들은 모두 그대를 싫어했으나. 처음부터 끝까지 일찍이 그대를 배반하지 않아 마음에 딴 생각이 없었고 입으로 떠나간다는 말을 한 적이 없는데, 어디에서 무슨 말을 듣고는 내가 마땅히 떠나야 한다고 말하는가?

㖏 : 뼈 바르는 소리 획   欻 : 희미할 훌   嚘 : 한숨쉴 우   嚶 : 울 앵   肩 : 어깨 견   爍 : 녹일 삭   蒸 : 찔 증   齏 : 회 제   塩 : 소금 염

是必夫子信讒하여 有間於予也로다 我鬼非人이니 安用車船이며 鼻嗅臭香하니 糗糧可損이라 單獨一身이니 誰爲朋儔오 子苟備知인댄 可數以不아 子能盡言이면 可謂聖智라 情狀旣露하니 敢不廻避리오

해석 이는 반드시 선생께서 참언을 믿고서 나와 거리를 둔 때문이다. 나는 귀신이라 사람이 아니니 어찌 수레와 배를 쓸 것이며, 코로 냄새와 향기를 맡으니 미숫가루와 양식을 버려도 된다. 홀로 한 몸이니 누가 벗과 짝이 되는가? 그대가 만일 자세히 안다면 하나하나 셀 수 있겠는가? 그대가 만일 다 말한다면 성인의 지혜라고 이를 수 있다. 내 실상이 이미 드러났으니, 감히 회피하지 않겠는가.

主人應之曰 子以吾爲眞不知也邪아 子之朋儔는 非六非四요 在十去五며 滿七除二라 各有主張하고 私立名字하여 挼手覆羹하고 轉喉觸諱하여 凡所以使吾面目可憎하고 語言無味者 皆子之志也라

해석 주인은 다음과 같이 대답하였다. "그대는 내가 참으로 모른다고 여기는가? 그대의 벗은 여섯도 아니요, 넷도 아니다. 열에서 다섯을 빼며, 일곱에서 둘을 제한 것이니, 이들은 각기 주장을 두고 사사로이 이름을 내세워 손을 비틀어 국을 엎게 하고 목청을 울려 꺼리는 것을 들춰내어, 나의 면목을 가증스럽게 하고 말을 무미하게 하는 것이 모두 그대들의 뜻이다.

其一은 名曰智窮이니 矯矯亢亢하여 惡圓喜方하고 羞爲姦欺하여 不忍害傷하며 其次는 名曰學窮이니 傲數與名하여 摘抉杳微하고 高挹群言하여 執神之機하며

해석 그 첫째는 이름을 지궁이라고 하는데, 당당하고 뜻이 높아, 둥근 것을 싫어하고 모난 것을 좋아하며, 간사함과 속임수를 부끄러워하여 차마 남을 해치거나 상하지 못하게 한다. 그 다음은 이름을 학궁이라 하니, 신분이나 명성을 무시하여 아득하고 미묘한 것을 추려내고 여러 말을 높이 취하여 신의 조짐을 파악한다.

挼 : 비틀 려 羹 : 국 갱 亢 : 높을 항

又其次는 曰文窮이니 不專一能하여 怪怪奇奇하니 不可時施요 祗以自嬉며 又其次는 曰命窮이니 影與形殊하고 面醜心姸하여 利居衆後하고 責在人先하며 又其次는 曰交窮이니 磨肌戛骨하고 吐出心肝하여 企足以待어늘 寘我讐冤이라

해석 또 그 다음은 문궁이라고 하는데, 한 가지에만 얽매이지 않고 기이하고 독특한 것을 추구하니, 세상에 받아들여 질 수 없어, 다만 스스로 기쁘게 할 뿐이다. 또 그 다음은 명궁이라고 하는데, 그림자가 형체와 다르며 얼굴은 추하나 마음은 고와 이익을 다투는 일에는 남보다 뒤에 있고, 책임을 지는 일에는 남보다 앞에 있게 한다. 또 그 다음은 교궁이라고 하는데, 살과 뼈가 닿도록 친하게 지내며 마음에 있는 것을 토해내어 발돋움하고 기다리는데도 나를 원수의 위치에 놓이게 한다.

凡此五鬼가 爲吾五患하여 飢我寒我하고 興訛造訕하여 能使我迷하여 人莫能間이라 朝悔其行이라가 暮已復然하여 蠅營狗苟하여 驅去復還이니라

해석 무릇 이 다섯 귀신들이 나의 다섯 가지 폐해가 되어 나를 굶주리게 하고 나를 춥게 하며, 유언비어를 일으키고 비방을 날조하여, 나로 하여금 혼미하게 하여 다른 사람들이 끼어 들 수 없다. 아침에는 그 행실을 뉘우치다가 저녁에는 다시 그렇게 하도록 하여, 파리처럼 앵앵하고 개처럼 구차하여 쫓아 보내도 다시 돌아온다."

言未畢에 五鬼相與張眼吐舌하고 跳踉偃仆하며 抵掌頓脚하여 失笑相顧하고 徐謂主人曰 子知我名과 凡我所爲하고 驅我令去하니 小黠大癡로다 人生一世에 其久幾何오 吾立子名하여 百世不磨라 小人君子其心不同하니 惟乖於時라야 乃與天通하나니 携持琬琰하여 易一羊皮하며 餍於肥甘하여 慕彼糠糜로다 天下知子 誰過於予리오 雖遭斥逐이나 不忍子疏하노니 謂予不信인댄 請質詩書하노라

祗:다만 지 肌:살 기 寘:둘 치 蠅:파리 승 踉:뛸 량 琬:옥 완 琰:옥 염 糠:겨 강

해석 말을 마치기도 전에 다섯 귀신들이 서로 눈을 휘둥그렇게 뜨고 혀를 빼고 펄쩍펄쩍 뛰다가 나자빠지며 손바닥을 두드리고 다리를 절며 실소하여 서로 돌아보고 천천히 주인에게 말하였다. "그대는 우리들의 이름과 우리들의 하는 일을 알고 우리를 몰아 떠나라고 하니, 작게 보면 영리해 보이지만 크게 보면 어리석다. 사람이 한 세상을 삶에 얼마나 오랫동안 살겠는가? 우리들은 그대의 이름을 세워 백세가 되도록 없어지지 않게 하려는 것이다. 소인과 군자는 그 마음이 똑같지 않으니, 세상과 괴리되어야 하늘과 통하는 것이다. 좋은 보배를 가지고서 한 양가죽과 바꾸며, 살진 음식과 단 맛에 물려서 저 쭉정이를 사모하는도다! 천하에 그대를 알아주는 것이 누가 우리들보다 더하겠는가? 우리는 비록 배척과 축출을 당하나 차마 그대를 소원히 할 수 없으니, 나를 믿지 못하겠으면 詩書를 놓고 따져볼 것을 청한다."

主人이 於是에 垂頭喪氣하여 上手稱謝하고 燒車與船하여 延之上座하니라

해석 주인은 이에 머리를 떨구고 기가 죽어 손을 올려 사과하고는 수레와 배를 불태우고 그들을 상좌에 맞이하여 앉혔다.

17. 進學解

韓退之

한유(韓愈)는 어사가 된 뒤 세 번이나 국자감(國子監)과 사문학의 박사가 되었다가 원화 8년부터 여러 차례 좌천되는 불운을 겪었다. 이 글은 사제의 문답형식을 빌려 자신의 처지를 빗대어 밝힌 것이다. 후에 재상이 이 글을 읽고 그의 재주를 아깝게 여겨 비부낭중(比部郞中)의 벼슬을 내렸다고 한다.

國子先生이 晨入太學하여 招諸生하여 立館下하고 誨之曰 業은 精于勤하고 荒于嬉하며 行은 成于思하고 毀于隨하나니 方今에 聖賢相逢하여 治具畢張이라 拔去凶邪하고 登崇俊良하여 占小善者率以錄하고 名一藝者無不庸하여 爬羅剔抉하고 刮垢磨光하니 蓋有幸而獲選이언정 孰云多而不揚고 諸生은 業患不能精이요 無患有司之不明하며 行患不能成이요 無患有司之不公이니라

해석 국자선생이 새벽에 태학에 들어가 여러 학생들을 불러 관 아래에 세워 두고 다음과 같이 훈계하였다. "학업은 부지런한 데에서 정밀해지고 노는 데에서 황폐해지며, 행동은 생각하는 데에서 이루어지고 마음대로 하는 데에서 무너진다. 바야흐로 지금 성군과 현명한 재상이 서로 만나 법령이 모두 베풀어졌다. 그리하여 흉악하고 사악한 무리들을 뽑아버리고 뛰어나고 어진 이들을 등용하여, 작은 장기를 가진 자라도 모두 수록하고 한 가지 재주로 이름난 자들을 등용하지 않은 이가 없어, 널리 수집하고 도려내어 뽑기도 하고 때를 씻어 빛나게 연마하니, 요행으로 뽑힌 자가 있기야 하겠지만 어찌 훌륭함이 많고도 드러나지 않는다고 말할 수 있겠는가. 학생들은 학업이 정밀하지 못함을 걱정할 것이요, 담당자들의 밝지 못함을 걱정하지 말며, 행실이 이루어지지 못함을 걱정할 것이요, 담당자들의 공정하지 못함을 걱정하지 말라."

占 : 차지할 점 爬 : 긁을 파 羅 : 그물 라 剔 : 뼈바를 척 抉 : 긁을 결 揚 : 날릴 양

言未旣에 有笑于列者曰 先生이 欺余哉인저 弟子事先生이 于茲有時矣라 先生이 口不絶吟於六藝之文하고 手不停披於百家之編하여 記事者는 必提其要하고 纂言者는 必鉤其玄하여 貪多務得하고 細大不捐하여 焚膏油以繼晷하여 恒兀兀以窮年하니 先生之業이 可謂勤矣요

해석 말을 마치기도 전에 대열에서 웃으며 말하는 자가 있었다. "선생이 우리들을 속이고 있습니다. 저희 제자들이 선생을 섬겨 온 지가 지금 여러 해가 되었습니다. 선생이 입으로는 육예의 글을 읊기를 끊지 않고 손으로는 백가의 책을 펼치기를 멈추지 아니하여, 일을 기록함에는 반드시 그 요점을 잡고 말을 엮음에는 반드시 깊은 뜻을 찾아, 많음을 탐하고 얻기를 힘쓰며 작은 것이나 큰 것이나 버리지 아니하여 기름을 태워가며 밤낮을 계속하시고 항상 부지런히 평생을 다하였으니, 선생의 학업은 근면하다고 이를 만합니다.

觝排異端하여 攘斥佛老하며 補苴罅漏하고 張皇幽眇하여 尋墮緒之茫茫하여 獨旁搜而遠紹하고 障百川而東之하여 廻狂瀾於旣倒하니 先生之於儒에 可謂勞矣라

해석 이단을 배척하여 불가와 도가를 물리치며 틈과 새는 곳을 보완하고 그윽함과 아득함을 장황하게 하여, 아득히 실추된 전통을 찾아 홀로 사방으로 수집하고 멀리 계승하며, 백 갈래의 냇물을 막아 동쪽으로 흐르게 하여 미친 여울물에 의해 이미 거꾸로 흐르는 것을 되돌리려 하니, 선생은 유학에 있어 공로가 있다고 이를 만합니다.

沈浸醲郁하고 含英咀華하여 作爲文章하여 其書滿家호되 上規姚姒의 渾渾無涯와 周誥殷盤의 佶屈聲牙와 春秋謹嚴과 左氏浮誇와 易奇而法과 詩正而葩하며 下逮莊騷와 太史所錄과 子雲相如의 同工異曲하니 先生之於文에 可謂閎其中而肆於外矣요 少始知學하여 勇於敢爲하고 長通於方하여 左右具宜하니 先生之於爲人에 可謂成矣라

旣: 마칠 기 纂: 모을 찬 晷: 해 귀 兀: 우뚝할 올 觝: 닥뜨릴 저 苴: 깔 저 罅: 틈 하 郁: 성할 욱
閎: 넓을 굉

해석 깊고 그윽함에 무젖으며 문장의 묘미를 머금고 씹어서 문장을 지어 그 책이 집에 가득한데, 위로는 순임금과 우임금의 깊고 넓어서 끝이 없음과 「주서(周書)」의 고(誥)와 「상서(尙書)」의 반경(盤庚)의 문리가 굴곡이 많고 문장이 난삽함과 『춘추』의 근엄함과 『춘추좌전』의 화려하고 과장됨과 『주역』의 기이하면서도 법도에 맞음과 『시경』의 올바르면서도 화려함을 엿보며, 아래로는 『장자』와 『이소(離騷)』와 태사공이 기록한 것과 자운과 상여의 공부는 같으나 곡조는 다름에까지 미치니, 선생은 문장에 있어 그 내용을 넓히고 그 형식을 크게 했다고 이를 만합니다. 젊어서부터 일찍 배움을 알아 과감히 실행함에 용감하였고, 장성해서는 방법에 통달하여 좌우에 모두 마땅하니, 선생은 사람됨에 있어서 완성했다고 이를 만합니다.

然而公不見信於人하고 私不見助於友하여 跋前躓後하여 動輒得咎라 暫爲御史라가 遂竄南夷하고 三年博士에 冗不見治하니 命與仇謀하여 取敗幾時오 冬暖而兒號寒하고 年登而妻啼飢하니 頭童齒豁하여 竟死何裨오 不知慮此하고 而反敎人爲아

해석 그런데도 공적으로는 남에게 신임을 받지 못하고 사적으로는 벗에게 도움을 받지 못하여, 앞으로 가도 넘어지고, 뒤로 가도 넘어져 움직이면 곧 허물을 얻고 있습니다. 잠깐 어사가 되었다가 마침내 남쪽 오랑캐 지방으로 좌천되었고, 3년 동안 박사로 있었으나 치적을 나타내지 못하였으니, 운명이 원수와 도모하여 패함을 당한 것이 얼마입니까? 겨울이 따뜻한데도 아이들은 춥다고 울부짖고 풍년이 들었는데도 아내는 배고파 우니, 머리가 벗겨지고 이가 빠져 끝내 죽은들 무슨 도움이 있겠습니까? 이것을 생각할 줄 모르고 도리어 남을 가르친단 말입니까?"

先生曰 吁라 子來前하라 夫大木爲杗하고 細木爲桷하며 欂櫨侏儒와 根闑扂楔을 各得其宜하여 以成室屋者는 匠氏之功也요 玉札, 丹砂와 赤箭, 靑芝와 牛溲, 馬勃, 敗鼓之皮를 俱收幷蓄하여 待用無遺者는 醫師之良也요 登明選公하고 雜進巧拙하여 紆餘爲姸하고 卓犖爲傑이라하여 較短量長하여 惟器是適者는 宰相之方也라

躓 : 넘어질 치　桷 : 서까래 각　欂 : 두공 박　櫨 : 기둥 위의 네모진 나무 로　侏 : 동자기둥 주　根 : 문지도리 외
闑 : 문지방 얼　扂 : 빗장 점　楔 : 문설주 설　箭 : 대나무이름 전　溲 : 오줌 수　勃 : 똥 발　紆 : 얽힐 우　犖 : 뛰어날 락

> **해석** 선생은 다음과 같이 말하였다. "아! 자네는 앞으로 오라. 큰 나무는 대들보를 삼고 작은 나무는 서까래를 삼으며, 박로와 주유와 문지도리와 문지방과 빗장과 문설주가 각기 그 마땅함을 얻어 집을 이루는 것은 목수의 공이요, 옥찰·단사·적전·청지와 쇠오줌과 말똥버섯, 망가진 북의 가죽을 모두 거두고 아울러 쌓아놓아 쓰이기를 기다려 버림이 없는 것은 의사의 어짊이요, 밝은 사람을 등용하고 공정한 사람을 선임하며 공교한 자와 졸렬한 자를 모두 등용하여, 넉넉한 사람을 곱다 하고 뛰어난 사람을 준걸이라 하여 길고 짧음을 따지고 헤아려서 그 기량에 맞는 직책을 주는 것은 재상의 방법이다.

* 欂櫨侏儒 : 박로(欂櫨)는 기둥 위에 세우는 네모진 재목. 주유(侏儒)는 대들보 위에 세우는 짧은 기둥.
* 玉札·丹砂·赤箭·靑芝 : 모두 약으로 쓰는 재료의 이름.

昔者에 孟軻好辯하사 孔道以明이로되 轍環天下라가 卒老于行하시고 荀卿守正하여 大論是弘이로되 逃讒于楚하여 廢死蘭陵하니 是二儒者는 吐詞爲經하고 擧足爲法하여 絶類離倫하여 優入聖域이언마는 其遇於世何如也오

> **해석** 옛날에 맹자는 변론을 좋아하여 공자의 도를 밝혔으나 수레를 타고 천하를 돌다가 끝내 길에서 늙으셨고, 순자는 바른 도리를 지켜 큰 의론을 넓혔으나 참소를 피해 초나라로 달아났다가 난릉에서 죽었으니, 이 두 유학자들은 말을 내뱉으면 경이 되고 동작 하나 하나가 법이 되어, 보통사람보다 뛰어나고 무리에서 벗어나 넉넉히 성인의 경지에 들어갈 수 있었으나, 세상을 만남이 어떠하였는가?

今先生이 學雖勤而不繇其統하고 言雖多而不要其中하며 文雖奇而不濟於用하고 行雖修而不顯於衆이어늘 猶且月費俸錢하고 歲靡廩粟하여. 子不知耕하고 婦不知織하며 乘馬從徒하여 安坐而食하여 踵常途之役役하며 窺陳編以盜竊이라

> **해석** 지금 나는 배우기를 비록 부지런히 하나 그 계통을 말미암지 못하고 말을 비록 많이 하나 중도에 맞지 못하며, 문장이 비록 기이하나 쓰임에 맞지 못하고 행실이

徒 : 하인 도 役役 : 심력(心力)을 수고로이 하는 모양. 일에 골몰한 모양.

비록 닦아졌으나 사람들에게 드러나지 못하는데 오히려 달마다 봉급을 허비하고 해마다 창고의 곡식을 축내어, 아들은 밭갈 줄을 알지 못하고 아내는 길쌈할 줄을 알지 못하면서 말을 타고 하인들을 따르게 하여 편안히 앉아 밥을 먹어 평범한 길을 부지런히 따라 묵은 책을 엿보면서 훔치는 짓을 하고 있다.

然而聖主不加誅하시고 宰臣不見斥하니 玆非幸歟아 動而得謗이나 名亦隨之하니 投閑置散이 乃分之宜라 若夫商財賄之有亡하고 計班資之崇庳(卑)하여 忘己量之所稱하고 指前人之瑕疵면 是所謂詰匠氏之不以杙爲楹이요 而訾醫師以昌陽引年하고 欲進其豨苓也니라

해석   그런데도 성주께서는 벌을 내리지 않으시고 대신들은 배척을 하지 않으니, 이는 다행이 아니겠는가. 걸핏하면 비방을 받으나 명예도 또한 따르니, 한산한 직책에 버려짐은 내 분수에 마땅한 것이다. 재물이 있고 없음을 헤아리고 반열의 높고 낮음을 비교하여, 자기 역량에 걸맞는 바를 망각하고 앞사람의 하자를 지적한다면, 이는 이른바 목수에게 말뚝을 기둥으로 삼지 않는다고 힐책하고, 의사가 창양으로써 수명을 연장시키는 것을 꾸짖어 희령을 올리게 하는 것이라고 할 것이다."

* 昌陽, 豨苓 : 창양(昌陽)은 창포로 장생하는데 도움이 되는 약초이고, 희령(豨苓)은 독초이다.

動 : 걸핏하면 동   賄 : 재물 회   杙 : 말뚝 익   楹 : 기둥 영   訾 : 비방할 자   豨 : 돼지 희   苓 : 버섯 령

18. 鰐魚文

韓退之

한유(韓愈)가 원화 30년 광동성 조주(潮州)에 좌천되어 가서 지은 글이다. 그곳의 악계라는 곳에 악어가 살고 있었는데, 수시로 가축과 농산물을 먹어치워 피해가 심하였다. 이에 한유가 양과 돼지를 잡아 악어에게 던져 주고는 이 글을 지어 악계에 던졌다. 그날 밤 폭풍이 불고 천둥 번개가 쳤는데, 며칠 후 그곳에 물이 말라 땅이 생기고 그로부터 악어의 해가 없어졌다고 한다.

昔先王이 旣有天下에 列(烈)山澤하고 罔繩擉刃으로 以除蟲蛇惡物의 爲民害者하여 驅而出之四海之外러시니 及後王德薄하여 不能遠有하여는 則江漢之間도 尙皆棄之하여 以與蠻夷楚越이어든 況潮는 嶺海之間으로 去京師萬里哉아 鰐魚之涵淹卵育於此亦固其所라

해석 옛날 선왕께서 이미 천하를 소유하시고는 산과 연못에 불을 놓고 그물과 칼날로 독충이나 뱀과 같이 나쁜 물건으로써 백성의 폐해가 되는 것들을 제거하여 사해의 밖으로 몰아 내셨는데, 후대의 임금에 이르러 덕이 부족하여 먼 곳까지 소유하지 못하게 되어서는 장강과 한수의 사이도 오히려 모두 버려 남쪽오랑캐와 초나라와 월나라에게 주었으니, 하물며 조주는 흥안령(興安嶺)과 바다의 사이에 있어 수도(首都)에서의 거리가 만 리나 됨에 있어서랴! 악어가 이곳에 서식하여 알을 까고 생육함은 또한 진실로 알맞은 장소라 할 것이다.

今天子嗣唐位하사 神聖慈武하사 四海之外와 六合之內를 皆撫而有之하시니 況禹跡所揜揚州之近地의 刺史縣令之所治요 出貢賦以供天地宗廟百神之祀之壤者哉아 鰐魚其不可與刺史로 雜處此土也니라

해석 그러나 이제 천자께서는 당나라의 제위를 계승하여 신성하고 인자하며 용맹하시어 사해의 밖과 온 세상의 안을 모두 어루만져 소유하시니, 하물며 우임금의 발자

擉 : 작살 착 涵 : 담글 함 淹 : 적실 엄 嗣 : 이을 사 揜 : 가릴 엄

국이 닿았던 양주의 가까운 지역으로서 자사와 현령이 다스리는 바요, 공물과 조세를 내어 천지와 종묘의 온갖 신의 제사를 받드는 땅에 있어서랴! 악어는 자사와 더불어 이 땅에 섞여 지낼 수 없느니라.

刺史受天子命하여 守此土, 治此民이어늘 而鰐魚睅然不安溪潭하고 據食民畜熊豕鹿麞하여 以肥其身하며 以種其子孫하여 與刺史亢(抗)拒하여 爭爲長雄하니 刺史雖駑弱이나 亦安肯爲鰐魚低首下心하여 伈伈睍睍하여 爲民吏羞하여 以偸活於此邪아 且承天子命하여 以來爲吏하니 固其勢不得不與鰐魚辨이라

해석 자사는 천자의 명령을 받들어 이 땅을 지키고 이 백성을 다스리고 있는데, 악어가 눈을 크게 뜨고는 시내와 못 속에 편안히 있지 않고 백성과 가축, 곰과 멧돼지, 사슴과 노루들을 잡아먹어 그 몸을 살찌우며 자손들을 새끼 쳐 자사에게 항거하여 우두머리가 되기를 다투니, 자사가 비록 노둔하고 약하나 또한 어찌 악어에게 머리를 숙이고 마음을 낮추어 두려워하고 흘금흘금 눈치를 보며 백성과 관리에게 수치를 당하면서 이곳에서 구차히 살겠는가? 또 천자의 명령을 받들고 와서 관리가 되었으니, 진실로 그 형세가 악어와 구별되지 않을 수 없느니라.

鰐魚有知어든 其聽刺史言하라 潮之州는 大海在其南하여 鯨鵬之大와 蝦蟹之細가 無不容歸하여 以生以養하나니 鰐魚朝發而夕至也라 今與鰐魚約하노니 盡三日하여 其率醜類하고 南徙于海하여 以避天子之命吏하되

해석 악어는 지혜가 있으면 자사의 말을 들어라. 조주는 큰 바다가 남쪽에 있어, 고래와 붕새와 같이 큰 것과, 새우와 게 같이 작은 것들까지도 용납하여 돌아가지 않음이 없어서 여기에서 낳고 길러지는데, 악어는 아침에 출발하면 저녁에 도착할 수 있다. 내 이제 악어와 더불어 약속하노니, 3일이 다할 때까지 추악한 무리들을 이끌고 남쪽 바다로 옮겨가서 천자께서 임명한 관리를 피하라.

睅 : 눈 불거질 한 麞 : 노루 장 伈 : 두려워할 심 睍 : 흘끗 볼 현 偸 : 구차할 투 蟹 : 게 해

三日不能이어든 至五日이요 五日不能이어든 至七日이니 七日不能이면 是終不肯徙也라 是는 不有刺史하여 聽從其言也요 不然이면 則是鰐魚冥頑不靈하여 刺史雖有言이나 不聞不知也라

해석 3일에 불가능하거든 5일까지 할 것이요, 5일에 불가능하거든 7일까지 할 것이니, 7일에도 능히 옮겨가지 못한다면 이는 끝내 옮겨가려 하지 않는 것이다. 이는 자사를 무시하여 그 말을 들으려 하지 않는 것이요, 그렇지 않다면 이는 악어가 어둡고 미련하며 신령스럽지 못해서 자사가 비록 말을 하나 듣지 못하고 알지 못하는 것이다.

夫傲天子之命吏하여 不聽其言하여 不徙以避之와 與冥頑不靈하여 而爲民物害者는 皆可殺이니 刺史則選材技吏民하여 操强弓毒矢하여 以與鰐魚從事하여 必盡殺乃止하리니 其無悔하라

해석 천자께서 임명한 관리를 무시하여 그 말을 듣지 아니하여 옮겨 피하지 않거나, 또한 어둡고 완악하며 신령스럽지 못해서 백성과 사물에 해를 입히는 것은 모두 죽일 만하니, 자사는 재주와 기예가 뛰어난 관리와 백성을 뽑아 강한 활과 독이 있는 화살을 잡고서 악어와 싸워서 반드시 모두 죽이고야 말 것이니, 악어는 후회하지 말라.

頑 : 완고할 완

19. 送孟東野序

韓 退之

한유(韓愈)가 작은 벼슬을 얻어 떠나는 맹교(孟郊)를 위로하며 쓴 글이다. 동야(東野)는 맹교의 자(字)이다. 한유는 문장이라는 것은 마음의 움직임이 밖으로 표출되는 것이므로, 하늘이 맹교를 곤궁한 처지에 둔 것은 그가 뛰어난 문장을 짓게 하기 위한 것이라는 논리로 그를 위로하고 있다.

大凡物不得其平則鳴하나니 草木之無聲을 風撓之鳴하고 水之無聲을 風蕩之鳴하니 其躍也는 或激之요 其趨也는 或梗之요 其沸也는 或炙之며 金石之無聲을, 或擊之鳴이라 人之於言也에 亦然하여 有不得已者而後言이라 其謌也有思하고 其哭也有懷하니 凡出乎口而爲聲者 其皆有弗平者乎인저

해석 대개 만물은 그 화평함을 얻지 못하면 소리를 내니, 초목이 소리가 없는 것을 바람이 흔들어 소리를 내고, 물이 소리가 없는 것을 바람이 일렁여 소리를 내니, 물이 뛰어오르는 것은 부딪혔기 때문이요, 물이 세차게 흐르는 것은 막았기 때문이요, 물이 끓는 것은 불을 때기 때문이며, 쇠나 돌이 소리가 없는 것을 혹 두드려서 소리를 내기도 한다. 사람의 말에 있어서도 그러하여 부득이 한 것이 있는 뒤에야 말을 한다. 그 노래함은 생각이 있어서이고 우는 것은 그리움이 있어서이니, 무릇 입에서 나와 소리가 됨은 모두 화평하지 못함이 있어서일 것이다.

樂也者는 鬱於中而泄於外者也라 擇其善鳴者而假之鳴하니 金石絲竹匏土革木八者는 物之善鳴者也라 維天之於時也에 亦然하여 擇其善鳴者而假之鳴이라 是故로 以鳥鳴春하고 以雷鳴夏하며 以蟲鳴秋하고 以風鳴冬하나니 四時之相推奪에 其必有不得其平者乎인저

해석 음악이라는 것은 마음속이 답답하여 밖으로 드러내는 것이다. 그 중에 잘 소리 내는 것을 택하여 그것을 빌려 소리를 내니, 쇠·돌·실·대나무·표주박·흙·가죽·나무 등의 여덟 가지는 만물 가운데 잘 소리 내는 것들이다. 하늘이 사계절에 있어서도 또한 그러하여 잘 소리 내는 것을 골라 그것을 빌려서 소리 내게 한다. 그러므로

撓 : 어지러울 요　蕩 : 움직일 탕　梗 : 막을 경　沸 : 끓을 비　泄 : 샐 설

새로써 봄을 소리 내고 우레로써 여름을 소리 내며, 벌레로써 가을을 소리 내고 바람으로써 겨울을 소리 내니, 사계절이 서로 밀어내고 빼앗음에 그 반드시 화평함을 얻지 못함이 있는가보다.

其於人也에 亦然하니 人聲之精者爲言이요 文辭之於言에 又其精者也일새 尤擇其善鳴者而假之鳴하니 其在於唐虞엔 咎(皐)陶, 禹 其善鳴者也라 而假之以鳴하고 夔는 弗能以文辭鳴일새 又自假於韶以鳴하며 夏之時엔 五子以其歌鳴하고 伊尹은 鳴殷하고 周公은 鳴周하시니 凡載於詩書六藝가 皆鳴之善者也라

> **해석** 사람에 있어서도 또한 그러하니, 사람의 소리 중에 정교한 것은 말이 되며, 문장은 말 중에서도 더욱 정교한 것이다. 그러기에 더욱 잘 소리 내는 것을 빌려 소리를 내게 하니, 요순시대에 있어서는 고요와 우가 잘 소리 내는 자였으므로 이들을 빌려 소리를 냈고, 기는 문장으로 소리 낼 수가 없었기에 또 스스로 소(음악의 이름)를 빌려 소리를 냈으며, 하나라 때엔 다섯 명의 형제가 노래로써 소리 냈고, 이윤은 은나라에서 소리를 냈고, 주공은 주나라에서 소리를 냈으니, 무릇 『시경』·『서경』과 『육경(六經)』에 실려 있는 것은 모두 소리 내기를 잘한 것들이다.

* 五子 : 우(禹)의 손자인 태강(太康)의 다섯 동생으로, 태강이 방종하여 사냥을 떠나 돌아오지 않자 그사이에 모반이 일어나 태강이 돌아올 수 없었다. 이에 태강의 다섯 동생이 어머니를 모시고 태강을 기다리면서 탄식하며 우임금이 훈계하신 말씀을 들어 각각 노래를 지어 불렀는데 이것이 『서경』의 「五子之歌」이다.

周之衰에 孔子之徒鳴之하니 其聲이 大而遠이라 傳曰 天將以夫子爲木鐸이라하니 其弗信矣乎아 其末也에 莊周以其荒唐之辭로 鳴於楚하니 楚는 大國也라 其亡也에 以屈原鳴하고 臧孫辰, 孟軻, 荀卿은 以道鳴者也요 楊朱, 墨翟(翟), 管夷吾, 晏嬰, 老聃, 申不害, 韓非, 愼到, 田騈, 鄒衍, 尸佼, 孫武, 張儀, 蘇秦之屬이 皆以其術鳴하며 秦之興에 李斯鳴之하고 漢之時에, 司馬遷, 相如, 揚雄이 最其善鳴者也라 其下魏晉氏는 鳴者不及於古나 然亦未嘗絶也라 就其善鳴者라도 其聲이 淸以浮하고 其節이 數以急하며 其辭淫以哀하고 其志弛以肆하며 其爲言也 亂雜而無章하니 將天醜其德하여 莫之顧邪아 何爲乎不鳴其善鳴者也오

해석　주나라가 쇠함에 공자의 무리들이 소리를 냈으니, 그 소리가 크고 멀리 퍼졌다. 전(『논어』)에 이르기를 "하늘이 장차 선생으로써 목탁을 삼을 것이다." 하였으니, 어찌 믿지 못하겠는가. 주나라 말기에 장주는 황당한 말로써 초나라에서 소리를 냈으니, 초나라는 대국이므로 초나라가 망할 때에는 굴원으로써 소리를 냈고 장손진·맹가·순경은 도로써 소리를 낸 자들이요, 양주·묵적·관이오·안영·노담·신불해·한비·신도·전변·추연·시교·손무·장의·소진의 무리들은 모두 그 학술로 소리를 냈으며, 진나라가 일어났을 때에는 이사가 소리를 냈고, 한나라 때에는 사마천·상여·양웅이 가장 소리 내기를 잘한 자들이다. 그 이후로 위나라와 진나라는 소리 낸 자들이 옛사람에 미치지 못하였으나 또한 일찍이 끊이지 않았다. 그러나 소리내기를 잘한 자를 가지고 말하더라도 그 소리가 맑으면서 경박하고 그 곡절이 너무 빨라 급하며 그 말이 음탕하여 슬프고 그 뜻이 풀어져서 방사하며 그 말이 난잡하여 법도가 없으니, 아마도 하늘이 그 덕을 추하게 여겨 돌아보지 않아서인가보다. 어찌하여 소리 내기를 잘하는 자들에게 소리 내게 하지 않았는가?

唐之有天下에 陳子昂, 蘇源明, 元結, 李白, 杜甫, 李觀이 皆以其所能鳴라 其存而在下者는 孟郊東野가 始以其詩鳴하니 其高出晉魏하여 不懈而及於古하고 其他는 浸淫乎漢氏矣요 從吾游者는 李翶, 張籍이 其尤也니 三子者之鳴이 信善鳴矣라 抑不知天將和其聲하여 而使鳴國家之盛邪아 抑將窮餓其身하며 思愁其心腸하여 而使自鳴其不幸耶아 三子者之命則懸乎天矣니 其在上也에 奚以喜며 其在下也에 奚以悲리오 東野之役於江南也에 有若不懌然者라 故로 吾道其命於天者하여 以解之하노라

해석　당나라가 천하를 소유함에 진자앙·소원명·원결·이백·두보·이관이 모두 자기의 능한 바로써 소리를 냈다. 생존하여 아래에 있는 자로는 맹교 동야가 비로소 그 시로써 소리를 내니, 그 격조의 높음이 위·진 시대를 뛰어넘고 게을리 하지 않아 옛날에 미치고, 기타의 문장들은 한나라 때에 빠져 있으며, 나와 교유하는 자는 이고와 장적이 그 뛰어난 자들이다. 이 세 사람의 소리 냄은 진실로 잘한다. 그러나 하늘이 장차 그 소리를 화하게 하여 국가의 성대함을 소리 내게 할 것인가? 아니면 그 몸을 곤궁하게 하고 굶주리게 하며 그 마음속을 그립게 하고 근심스럽게 하여 스스로 자신의 불행함을 울게 할 것인가 알지 못하겠다. 세 사람의 운명은 하늘에 달려 있으니, 윗자리에 있은들 어찌 기쁠 것이 있으며 아랫자리에 있은들 어찌 슬플 것이 있겠는가. 동야가 강남으로 사역을 떠남에 기뻐하지 않는 듯한 기색이 있으므로 나는 그 운명이 하늘에 있음을 말하여 그것을 풀어주고자 하노라.

20. 師 說

韓退之

이 글은 스승을 쫓아 도를 배워야 하는 까닭을 해설한 것으로, 한유는 스승의 필요성과 가치, 자격 등을 극명하게 말하면서 은연중에 고문부흥과 유가적 도통관을 제기하고 있다.

古之學者는 必有師하니 師者는 所以傳道, 授業, 解惑也라 人非生而知之者면 孰能無惑이리오 惑而不從師면 其爲惑也 終不解矣리라

해석 옛날 배우는 자들은 반드시 스승이 있었으니, 스승이란 도를 전하고 학업을 가르쳐주고 의혹을 풀어주는 것이다. 사람이 태어나면서부터 아는 자가 아니면 그 누가 의혹이 없겠는가? 의혹이 있으면서 스승을 따라 배우지 않는다면 그 의혹은 끝내 풀리지 않을 것이다.

生乎吾前하여 其聞道也 固先乎吾면 吾從而師之하고 生乎吾後라도 其聞道也 亦先乎吾면 吾從而師之라 吾師道也니 夫庸知其年之先後生於吾乎리오 是故로 無貴無賤하며 無長無少요 道之所存은 師之所存也니라

해석 나보다 앞에 태어나서 도를 들음이 진실로 나보다 먼저라면 나는 그를 따라서 스승으로 삼을 것이요, 나보다 뒤에 태어났더라도 도를 들음이 또한 나보다 먼저라면 나는 그를 따라서 스승으로 삼을 것이다. 나는 도를 스승으로 삼으니, 그 나이가 나보다 먼저 태어나고 뒤에 태어남을 어찌 따지겠는가? 이렇기 때문에 신분의 귀하고 천함도 없으며 나이의 많고 적음도 없고 도가 있는 곳이 스승이 있는 곳이다.

庸 : 어찌 용

> 嗟乎라 師道之不傳也 久矣니 欲人之無惑也나 難矣라 古之聖人은 其出人也 遠矣로되 猶且從師而問焉이어늘 今之衆人은 其下聖人也 亦遠矣로되 而恥學於師라 是故로 聖益聖하고 愚益愚하니 聖人之所以爲聖과 愚人之所以爲愚가 其皆出於此乎인저

해석 아! 스승의 도가 전해지지 못한 지 오래되었으니, 사람들이 의혹함이 없게 하고자 하나 어려운 것이다. 옛날의 성인은 보통사람보다 훨씬 뛰어났으나 오히려 스승을 좇아 물었는데, 지금의 많은 사람들은 성인에 미치지 못함이 매우 심하나 스승에게 배우기를 부끄러워한다. 이 때문에 성인은 더욱 성스러워지고 어리석은 사람은 더욱 어리석어지니, 성인이 성스러워진 이유와 어리석은 사람이 어리석어진 이유는 모두 여기에서 나온 것이다.

> 愛其子하여는 擇師而敎之로되 於其身也엔 則恥師焉하니 惑矣로다 彼童子之師는 授之書而習其句讀者也니 非吾所謂傳其道解其惑者也라 句讀之不知와 惑之不解에 或師焉하고 或不焉하여 小學而大遺하니 吾未見其明也로라

해석 그 자식을 사랑함에는 스승을 가려 가르치되 자기 자신에게 있어서는 스승삼기를 부끄러워하니, 이는 미혹된 것이다. 저 어린아이의 스승은 책을 가르쳐 주어 읽는 방법을 익히게 하는 자이니, 내가 말하는 도를 전하고 의혹을 풀어준다는 자는 아니다. 읽는 방법을 알지 못함과 의혹을 풀지 못함에 혹은 스승삼고 혹은 스승삼지 아니하여 작은 것은 배우고 큰 것은 버리니, 나는 그 현명함을 보지 못하겠다.

> 巫醫樂師百工之人은 不恥相師어늘 士大夫之族은 曰師, 曰弟子云者를 則群聚而笑之하고 問之則曰 彼與彼年相若也요 道相似也라 位卑則足羞요 官盛則近諛라하나니 嗚呼라 師道之不復을 可知矣로다

諛 : 아첨할 유

해석 　무당과 의원, 악사와 온갖 공인들은 서로 스승삼기를 부끄러워하지 않는데, 사대부의 족속들은 스승이라 하고 제자라고 말하면 여럿이 모여 비웃는다. 그 이유를 물으면 "저와 저는 나이가 서로 비슷하고 도가 서로 비슷하다. 지위가 낮으면 부끄러울 만하고, 벼슬이 높으면 아첨에 가깝다." 하니, 아! 스승의 도를 회복하지 못함을 알 수 있겠다.

> 巫醫百工之人은 君子不齒로되 今其智乃反不能及하니 可怪也歟인저 聖人은 無常師라 孔子師郯子, 萇弘, 師襄, 老聃하시니 郯子之徒는 其賢이 不及孔子라 孔子曰 三人行이면 則必有我師라하시니 是故로 弟子不必不如師요 師不必賢於弟子라 聞道有先後하고 術業有專攻이니 如斯而已라

해석 　무당과 의원, 온갖 공인들은 군자들이 끼워주지 않으나 지금 그들의 지혜는 도리어 미칠 수 없으니, 괴이하구나! 성인은 일정한 스승이 없다. 공자께서는 담자와 장홍과 사양과 노담을 스승으로 삼으셨으니, 담자의 무리는 그 어짊이 공자에 미치지 못하였다. 공자께서 말씀하시기를 "세 사람이 함께 길을 가면 반드시 나의 스승이 있다." 하셨으니, 이러므로 제자가 반드시 스승만 못한 것도 아니요, 스승이 반드시 제자보다 나은 것도 아니다. 도를 들음에 선후가 있고, 학술에 전공이 있어서 이와 같을 뿐이다.

> 李氏子蟠이 年十七에 好古文하여 六藝經傳을 皆通習之하니 不拘於時하고 請學於余어늘 余嘉其能行古道하여 作師說以貽之하노라

해석 　이씨의 아들 반이 열일곱 살에 고문을 좋아하여 육경의 경전을 모두 통달하여 익혔는데, 시속에 구애되지 않고 나에게 배우기를 청하였으므로, 나는 그가 능히 옛 도를 행함을 가상히 여겨 「사설」을 지어 주는 것이다.

齒 : 나란히 설 치　　郯 : 나라이름 담　　萇 : 양도 장

21. 雜說

韓退之

> 잡설(雜說)은 총 네 편인데, 첫 편은 용(龍)에 대해, 둘째 편은 의(醫)에 대해, 셋째 편은 학(鶴)에 대해, 넷째 편은 마(馬)에 대해 이야기 하고 있다. 이 글은 그 중 네 번째 편으로 천리마(千里馬)의 이야기를 빌려 재능 있는 사람이 대우받지 못하고 초야에 묻혀 뜻을 펴지 못함을 탄식한 것이다.

世有伯樂然後에 有千里馬하니 千里馬는 常有로되 而伯樂은 不常有라 故로 雖有名馬나 祇辱於奴隷人之手하여 騈死於槽櫪之間하여 不以千里稱也하나니라

해석 세상에 백락이 있은 연후에 천리마가 있는 것이니, 천리마는 항상 있으나 백락은 항상 있지 않다. 그러므로 비록 명마가 있더라도 다만 노예의 손에 욕을 당하여 말뚝과 말구유의 사이에서 보통 말과 함께 나란히 죽어가 천리마로 알려지지 못하는 것이다.

馬之千里者는 一食에 或盡粟一石이어늘 食(사)馬者不知其能千里而食也하니 是馬雖有千里之能이나 食不飽하여 力不足하여 才美不外見(현)하니 且欲與常馬等이나 不可得이니 安求其能千里也리오

해석 말이 천리를 가는 놈은 한 번 먹을 때에 혹 곡식 한 섬을 다 먹어치우는데, 말을 먹이는 자가 그 말이 능히 천리를 갈 수 있다는 것을 알지 못하고 먹이니, 이 말이 비록 천리를 갈 수 있는 재능이 있으나 먹는 것이 배부르지 못해서 힘이 부족하여 재주의 아름다움이 바깥으로 드러나지 못하니 우선 보통 말과 동등하기를 바라나 될 수가 없으니, 어찌 능히 천리를 가기를 바라겠는가.

策之를 不以其道하며 食之를 不能盡其材하며 鳴之不能通其意하고 執策而臨之曰 天下에 無良馬라하니 嗚呼라 其眞無馬耶아 其眞不識馬耶아

해석 채찍질하기를 그 도로써 하지 않고 먹이기를 그 재능을 다하게 하지 못하며 울어도 그 뜻을 통하지 못하고는 채찍을 잡고 임하여 말하기를 "천하에 좋은 말이 없다." 하니, 아! 참으로 좋은 말이 없는 것인가? 참으로 말을 알아보지 못하는 것인가?

槽 : 말구유 조   櫪 : 말구유 력   石 : 섬 석

22. 獲麟解

韓退之

한유(韓愈)는 당대에 고문운동을 제창하고 유가의 도통(道統)을 회복시킬 것을 주장하면서 자신이 공자(孔子)와 맹자(孟子)의 뒤를 이어 도통을 계승하였다고 자부하였다. 이 글에서는 기린이 나와도 알아보지 못하는 어지러운 세상을 개탄하며 자신을 성인이 제위에 있지 않을 때 나온 기린에 비유하고 있다.

麟之爲靈이 昭昭也라 詠於詩하고 書於春秋하며 雜出於傳記百家之書하니 雖婦人小子라도 皆知其爲祥也라 然이나 麟之爲物이 不畜於家하고 不恒有於天下하며 其爲形也不類하여 非若牛馬犬豕豺狼麋鹿然하니 然則雖有麟이나 不可知其爲麟也라

해석 기린은 영물임이 분명하다. 『시경』에 읊어지고 『춘추』에 기록되었으며 전기와 백가의 책에 섞여 나오니, 비록 부인과 어린아이들이라도 모두 그것이 상서로움을 안다. 그러나 기린이란 동물은 집에서 기르지 않고 천하에 항상 있지 않으며, 그 형체가 보통 것들과 같지 않아, 소와 말, 개와 돼지, 승냥이와 이리, 사슴과 같지 않으니, 그렇다면 비록 기린이 있다 하더라도 그것이 기린임을 알지 못한다.

角者는 吾知其爲牛요 鬣者는 吾知其爲馬요 犬豕豺狼麋鹿은 吾之其爲犬豕豺狼麋鹿이로되 惟麟也는 不可知하니 不可知면 則其謂之不祥也亦宜로다

해석 뿔이 난 것은 나는 그것이 소임을 알고, 갈기가 있는 것은 나는 그것이 말임을 알고, 개·돼지·승냥이·이리·사슴은 나는 그것이 개·돼지·승냥이·이리·사슴임을 알지만 오직 기린은 알 수 없으니, 알 수 없다면 그것을 상서롭지 못하다고 이르는 것 또한 마땅하다.

昭: 밝을 소　豺: 승냥이 시　狼: 이리 랑　麋: 고라니 미　鬣: 갈기 렵

雖然이나 麟之出에 必有聖人在乎位하니 麟은 爲聖人出也라 聖人者는 必知麟이니 麟之果不爲不祥也로다 又曰 麟之所以爲麟者는 以德이요 不以形이니 若麟之出이 不待聖人이면 則其謂之不祥也亦宜哉인저

해석   그러나 기린이 나올 때에는 성인이 반드시 지위에 계시니, 기린은 성인을 위하여 나오는 것이다. 성인은 반드시 기린을 아니 기린은 과연 상서롭지 못한 물건이 아니다. 또 말하건대 기린이 기린인 까닭은 덕 때문이요, 생김새 때문이 아니니, 만일 기린의 나옴이 성인을 기다리지 않았다면 그것을 상서롭지 못하다고 이르는 것도 또한 마땅하겠구나!

23. 諱 辨

韓退之

> 중국에서는 군주나 부모의 사후에 예를 지키고자 생전의 이름자를 쓰지 않는 휘법이 있었다. 그러나 후대로 올수록 그것이 까다로워지고 엄격해져서 본래의 취지를 상실하게 되었다. 한유는 이 글을 통해 자신이 천거했던 이하(李賀)가 휘법과 관련되어 비난 받는 것을 변호하고 동시에 휘법에 맹종하는 세태에 일침을 가했다.

愈與進士李賀書하여 勸賀擧進士러니 賀擧進士有名이라 與賀爭名者毀之曰 賀父名晉肅이니 賀不擧進士爲是요 勸之擧者爲非라하니 聽者不察하고 和而唱之하여 同然一辭라 皇甫湜曰 子與賀且得罪하리라

해석 내가 진사 이하에게 편지를 보내어 이하에게 진사에 응시하도록 권하였는데, 이하가 진사시에 급제하여 명성이 있었다. 이하와 명성을 다투는 자가 그를 훼방하여 이르기를 "이하의 아버지 이름이 진숙이니, 이하는 진사에 응시하지 않는 것이 옳고, 그에게 응시하도록 권한 자도 잘못이다." 하니, 이 말을 들은 자들은 자세히 살피지 못하고 그 말에 부화뇌동하여 떠들어대며 똑같이 한 가지 말을 하였다. 황보식이 말하기를 "선생님과 이하가 장차 죄를 얻을 것입니다." 하였다.

愈曰 然하다 律曰 二名은 不偏諱라하여늘 釋之者曰 謂若言徵不稱在하고 言在不稱徵이 是也라하며 律曰 不諱嫌名이라하여늘 釋之者曰 謂若禹與雨, 丘與蓲之類가 是也라하니라

해석 내가 대답했다. "그렇겠다. 예법에 이르기를 '두 자로 된 이름은 한 자만은 휘하지 않는다.' 하였는데, 이것을 해석하는 자가 말하기를 '예컨대 (공자의 어머니의 이름이 징재(徵在)인 경우 징(徵)은 말하고 在를 언급하지 않거나 在는 말하고 徵을 언급하지 않는 것과 같은 것이 이것이다.' 하였고, 예법에 이르기를 '음이 비슷한 이름인 경우는 휘하지 않는다.' 하였는데, 해석하는 자가 이르기를 '우(禹)와 우(雨), 구(丘)와 구(蓲) 같은 따위가 이것이다' 하였다.

蓲 : 갈대 구

今賀父名晉肅이어늘 賀擧進士하니 爲犯二名律乎아 爲犯嫌名律乎아 父名晉肅이어늘 子不得擧進士인댄 若父名仁이면 子不得爲人乎아

해석 이제 이하의 아버지 이름이 진숙이니, 이하가 진사에 응시하는 것이 두 자인 이름인 경우에 휘하는 법을 범한 것인가? 음이 비슷한 이름인 경우에 휘하는 법을 범한 것인가? 아버지 이름이 진숙이어서 아들이 진사에 응시할 수 없다면 만일 아버지 이름이 인(仁)이라면 자식은 사람(人)이 될 수 없단 말인가?

夫諱는 始於何時오 作法制以敎天下者 非周公孔子歟라 周公이 作詩不諱하시고 孔子不偏諱二名하시고 春秋에 不譏不諱嫌名하며 康王釗之孫이 實爲昭王이요 曾參之父名晳이로되 曾子不諱昔하시고 周之時에 有騏期하고 漢之時에 有杜度하니 此其子宜如何諱오 將諱其嫌하여 遂諱其姓乎아 將不諱其嫌者乎아

해석 휘는 어느 때부터 시작되었는가? 법제를 만들어 천하를 교화시킨 자는 주공과 공자가 아닌가? 주공은 시를 지으실 때에 휘하지 않으셨고, 공자는 이명에 휘하지 않으셨고, 『춘추』에서는 혐명을 휘하지 않음을 비판하지 않았다. 강왕 소(釗)의 손자가 실로 소왕(昭王)이었고, 증자의 아버지 이름은 석(晳)이었는데 증자께서는 석(昔)자를 휘하지 않으셨다. 주나라 때에 기기(騏期)가 있었고 한나라 때에 두도(杜度)가 있었으니, 그 아들이 마땅히 어떻게 휘를 해야 하겠는가? 장차 그 비슷한 음의 글자를 휘하려 한다면 마침내 그 성을 휘해야 하는가? 아니면 그 음이 비슷한 글자를 휘하지 않아야 하는가?

漢諱武帝名徹하여 爲通이어니와 不聞又諱車轍之轍하여 爲某字也며 諱呂后名雉하여 爲野鷄어니와 不聞又諱治天下之治하여 爲某字也며 今上章及詔에 不聞諱滸勢秉饑也요 惟宦官宮妾이 乃不敢言諭及機하여 以爲觸犯이라하니 士君子立言行事를 宜何所法守也오 今考之於經하고 質之於律하며 稽之以國家之典컨대 賀擧進士爲可耶아 爲不可耶아

釗 : 사람이름 소

해석 　한나라에서는 무제의 이름인 철(徹)자를 휘하여 통(通)자로 사용은 하였지만, 또 차철(車轍)이란 철(轍)자를 휘하여 어떤 글자로 대신 했다는 말은 듣지 못하였으며, 여후의 이름인 치(雉)를 휘하여 야계(野鷄)로 사용은 했지만 또 치천하(治天下)의 치(治)자를 휘하여 어떤 글자로 대신 했다는 말은 듣지 못하였으며, 이제 올리는 글과 또는 조서에 호(滸)와 세(勢)와 병(秉)과 기(饑)를 휘하였다는 말을 듣지 못하였고 오직 환관과 궁녀들이 마침내 감히 유(諭)와 기(機)를 말하지 못하여 휘를 범함에 저촉한다고 여기니, 사군자가 글을 쓰고 일을 행함에 마땅히 무엇을 법으로 삼아 지켜야 하겠는가? 이제 경전을 상고해 보고 예법을 참고해 보며 국가의 전고로써 상고해 보건대 이하가 진사에 응시함이 가한가? 불가한가?

* 滸勢秉饑 : 호(滸)는 당태조의 이름인 호(虎)와 같고, 세(勢)는 태종의 이름인 세민(世民)의 세(世)와 같고, 병(秉)은 세조의 이름인 병(昞)과 같고. 기(饑)는 현종의 이름 융기(隆基)의 기(基)와 같다.

凡事父母를 得如曾參이면 可以無譏矣요 作人을 得如周公孔子면 亦可以止矣라 今世之士는 不務行曾參周公孔子之行하고 而諱親之名은 則務勝於曾參周公孔子하니 亦見其惑也로다

해석 　무릇 부모를 섬김을 증자와 같이 한다면 비판이 없을 수 있고, 사람됨을 주공과 공자 같이 한다면 또한 그칠 수 있는 것이다. 지금 세상의 선비들은 증자와 주공과 공자의 행실을 행하기를 힘쓰지 않고, 어버이의 이름을 휘하는 것은 증자와 주공과 공자보다 낫기를 힘쓰니, 또한 그 미혹됨을 볼 수 있다.

夫周公孔子曾參은 卒不可勝이어늘 勝周公孔子曾參하여 乃比於宦官宮妾하니 則是宦官宮妾之孝於其親이 賢於周公孔子曾參者耶아

해석 　주공과 공자와 증자는 끝내 그 분들보다 나을 수가 없거늘 주공과 공자와 증자보다 나으려 하여 마침내 환관과 궁녀에 견주니, 그렇다면 이는 환관과 궁녀들이 그 어버이에게 효도함이 주공과 공자와 증자보다 낫다고 여기는 것인가?

24. 伯夷頌

韓退之

이 글은 백이(伯夷)와 숙제(叔弟)를 칭송하는 글이다. 백이·숙제를 세속적인 시각에서 보면 자신들의 부귀영화를 헌신짝처럼 버린 어리석은 사람일 지도 모르지만, 그들은 고금을 통틀어 누구도 할 수 없는 가장 올바르고 신념에 찬 행동을 한 사람들이기에 두고두고 세인들의 칭송을 받았다.

士之特立獨行하여 適於義而已요 不顧人之是非는 蓋豪傑之士 信道篤而自知明者也라 一家非之라도 力行而不惑者寡矣요 至於一國一州非之라도, 力行而不惑者는 蓋天下一人而已矣요 若至於擧世非之라도 力行而不惑者는 則千百年에 乃一人而已耳라

해석 선비로서 특별히 뜻을 세우고 남달리 행동하여 의에 맞게 할 뿐이요, 남의 옳고 그름을 돌보지 않는 것은 대개 뛰어난 선비가 도에 대한 믿음이 돈독하고 스스로 알기를 밝게 하는 자이다. 한 집안이 비난하더라도 힘써 행하여 의혹하지 않는 사람이 적으며, 한 나라와 한 고을이 비난하더라도 힘써 행하여 의혹하지 않는 사람에 이르러서는 천하에 한 사람 밖에 없으며, 만일 온 세상이 비난하더라도 힘써 행하고 의혹하지 않는 자로 말한다면 천백 년에 한 사람 밖에 없을 뿐이다.

若伯夷者는 窮天地亘萬世而不顧者也라 昭乎日月이 不足爲明이요 崒乎泰山이 不足爲高요 巍乎天地가 不足爲容也로다

해석 백이 같은 사람은 천지를 다하고 만고에 뻗치도록 돌아보지 않을 자이다. 밝은 해와 달도 밝다고 하기 부족하고, 높은 태산도 높다고 하기 부족하고 넓은 천지도 용납하기에 부족하다.

亘 : 뻗칠 긍 崒 : 높을 줄 巍 : 높을 외

當殷之亡, 周之興하여 微子는 賢也라 抱祭器而去之하고 武王周公은 聖也라 率天下之賢士與天下之諸侯而往攻之로되 未嘗聞有非之者也어늘 彼伯夷叔齊者 乃獨以爲不可하고 殷旣滅矣에 天下宗周어늘 彼二子乃獨恥食其粟하여 餓死而不顧하니 繇是而言이면 夫豈有求而爲哉리오 信道篤而自知明也일새라

> **해석** 은나라가 망하고 주나라가 흥할 때를 당하여 미자는 현명한 사람이라 제기를 안고 떠나갔고, 무왕과 주공은 성인이라 천하의 현자와 천하의 제후들을 거느리고 가서 정벌하였는데, 일찍이 이것을 비난하는 자가 있다는 말을 듣지 못하였다. 그런데 저 백이와 숙제는 마침내 홀로 불가하다 하였으며, 은나라가 이미 멸망하자 천하에서는 주나라를 종주로 삼았는데, 저 두 분은 마침내 홀로 그 녹을 먹기를 부끄러워하여 굶어죽으면서도 돌아보지 않았으니, 이로 말미암아 말한다면 어찌 구함이 있어서 한 것이겠는가? 도에 대한 믿음이 돈독하고 스스로 알기를 분명하였기 때문이다.

今世之所謂士者는 一凡人譽之면 則自以爲有餘하고 一凡人沮之면 則自以爲不足이어늘 彼獨非聖人而自是如此하니 夫聖人은 乃萬世之標準也라

> **해석** 지금 세상에 이른바 선비라는 자들은 보통사람 한 명이 칭찬하면 스스로 넉넉하다고 여기고, 보통사람 한 명이 저지하면 스스로 부족하다고 여기는데, 저 두 분은 홀로 성인을 그르다 하고 스스로를 옳다고 여김이 이와 같았으니, 성인은 바로 만세의 표준인 것이다.

余故曰 若伯夷者는 特立獨行하여 窮天地亘萬世而不顧者也라하노라 雖然이나 微二子면 亂臣賊子接跡於後世矣리라

> **해석** 나는 그러므로 말하기를 "백이로 말하면 특별히 뜻을 세우고 남달리 행동하여 천지를 다하고 만고에 뻗치도록 돌아보지 않을 자이다."라고 말하는 것이다. 그러나 두 분이 아니었다면 나라를 어지럽히는 신하와 나쁜 자식들이 후세에 발자취를 이었을 것이다.

25. 昌黎文集序

李漢

이 글은 이한(李漢)이 스승인 창려선생(昌黎先生)의 유문을 한 데 모아 책으로 엮고 서문으로 쓴 것이다. 창려선생은 한유(韓愈)를 가리키는데 한유가 죽은 뒤에 창려백(昌黎伯)에 봉해졌기 때문이다.

文者는 貫道之器也니 不深於斯道요 有至者는 不也라 易繇爻象하고 春秋書事하고 詩詠歌하고 書禮剔其僞하니 皆深矣乎인저 秦漢已前엔 其氣渾然이요 迨乎司馬遷, 相如, 董生, 揚雄, 劉向之徒하여는 尤所謂傑然者也라 至後漢曹魏하여 氣象萎苶하고 司馬氏以來로 規範蕩悉하여 謂易以下爲古文하여 剽掠潛竊爲工耳라 文與道蓁塞하여 固然莫知也로다

해석 문장은 도를 꿰는 기구이니, 도에 심오하지 않고서 문장에 지극함이 있는 자는 없다. 『주역』은 효상을 말하였고, 『춘추』는 일을 기록하였고, 『시경』은 노래를 읊었고, 『서경』과 『예기』는 그 거짓을 도려내었으니, 모두 심오하다 할 것이다. 진나라와 한나라 이전에는 그 기상이 순수하였고, 사마천과 사마상여·동중서·양웅·유향의 무리에 이르러서는 더욱 이른바 걸출하다는 자들이다. 후한과 조위에 이르러서는 기상이 위축되었고 사마씨의 진(晉) 이래로는 규범이 모두 없어져, 『주역』이하를 고문이라 하여 표절하는 것을 잘하는 것으로 여길 뿐이었다. 그리하여 문장과 도가 막혀서 이것을 당연하게 여기고 알지 못하였다.

先生이 生大曆戊申하니 幼孤隨兄하여 播遷韶嶺하고 兄卒에 鞠於嫂氏러니 辛勤來歸하여 自知讀書爲文하여 日記數千百言이러니 比壯에 經書를 通念曉析하고 酷排釋氏하며 諸史百子를 搜抉無隱이라 汗瀾卓踔하고 濬浺澄深하여 詭然而蛟龍翔하고 蔚然而虎鳳躍하며 鏘然而韶鈞發하여 日光玉潔하고 周情孔思하여 千態萬狀이라 卒澤於道德仁義하여 炳如也러라

繇:점괘 주 董:감독할 독 苶:시들 위 茶:고달플 날 蓁:우거질 진 嫂:형수 수 瀾:물결 란 踔:뛰어날 탁
濬:물 출렁할 윤 浺:물 솟아날 현 炳:불꽃 병

해석 선생은 대력 무신년에 탄생하였는데, 어려서 아버지를 잃고 형을 따라 소령으로 옮겨갔고, 형이 돌아가시자 형수에게 양육되었다. 고생스럽게 고향으로 돌아와 스스로 책을 읽고 문장을 지을 줄 알아 하루에 수천백 자의 글을 기록하였으며, 장성해서는 경서를 통달하여 생각하고 분명하게 해석하며, 불교를 혹독히 배척하고 여러 역사책과 제자백가를 남김없이 찾아내었다. 그리하여 너르고 드높으며 깊고 맑아서, 괴이하여 교룡이 나는 듯하고 성대하여 범과 봉황이 뛰는 듯하며, 아름다운 소리는 순임금의 음악과 하늘의 음악이 울리는 듯하여, 태양처럼 빛나고 옥처럼 결백하며 주공의 뜻과 공자의 생각이어서 천태만상이었는데, 마침내 도덕과 인의에 무젖어 찬란하였다.

洞視萬古하고 慇惻當世하여 遂大拯頹風하여 敎人自爲하니 時人이 始而驚하고 中而笑且排호되 先生益堅한대 終而翕然隨以定하니라 嗚呼라 先生於文에 摧陷廓淸之功이 比於武事하면 可謂雄偉不常者矣로다

해석 만고를 꿰뚫어 보고 당세를 근심하고 슬퍼하여 마침내 무너진 문장의 기풍을 크게 구원하여 사람들에게 스스로 짓도록 가르치니, 당시 사람들이 처음에는 놀라고 중간에는 웃고 배척하였으나, 선생이 더욱 견고하자 끝내는 일제히 그를 따라 안정되었다. 아! 선생은 문장에 있어 적진을 무찌르고 깨끗이 청소한 공이 무사의 일에 비한다면 웅장하고 위대하여 보통이 아닌 자라고 이를 만하다.

長慶四年冬에 先生歿하니 門人隴西李漢이 辱知最厚且親일새 遂收拾遺文하여 無所失墜하니 合若干卷이라 目爲昌黎先生集이라하니라

해석 장경 4년 겨울에 선생이 별세하시니, 문인 농서 사람 이한이 욕되이 선생을 앎이 가장 두텁고 또 친하였다. 마침내 남기신 글을 수집하여 실추한 바가 없으니, 모두 합하니 약간의 권수가 되었다. 지목하여 『창려선생집』이라 하였다.

翕: 화할 흡　廓: 둘레 곽　隴: 밭두둑 롱

26. 梓人傳

柳宗元

지금의 건축기사라고 할 수 있는 사람들을 비유하여 정치에 대해 설명하는 글이다. 문장 곳곳에 작자의 천자를 보좌해 이상적인 정치를 하려는 포부가 나타나 있다.

裴封叔之第 在光德里러니 有梓人이 款其門하여 願傭隙宇而處焉하니 所職은 尋引, 規矩, 繩墨이요 家不居礱斲之器라

해석 배봉숙의 집이 광덕리에 있었는데, 어떤 도목수가 그 문을 두드리고 빈 집을 세내어 거처할 것을 원하였다. 그가 하는 일은 길이를 재는 것, 원과 정방형을 그리는 것, 먹줄을 긋는 것인데 집에는 갈고 깎을 때 사용하는 기구를 두지 않았다.

問其能하니 曰 吾善度材하여 視棟宇之制의 高深, 圓方, 短長之宜하여 吾指使而群工役焉하나니 捨我면 衆莫能就一宇라 故로 食官府에 吾受祿이 三倍하고 作於私家에 吾收其直 太半焉이로라

해석 그 잘하는 것을 물으니, 대답하기를 "나는 재목을 잘 헤아려 가옥 규격의 높고 깊음과 방형과 원형, 짧고 긴 것의 적당함을 보아 내 손가락으로 지시하면 여러 공인들이 일하니, 내가 아니면 여러 사람들이 한 채의 집도 완성할 수 없다. 그러므로 관청에서 녹을 먹을 적에는 내가 녹을 받는 것이 3배나 되고, 개인 집에서 일할 적에는 그 값을 받음이 반을 더 받는다."하였다.

他日에 入其室하니 其牀이 闕足이로되 而不能理하고 曰 將求他工이라하여늘 余甚笑之하여 謂其無能而貪祿嗜貨者라호라

款 : 두드릴 관   隙 : 틈 극   礱 : 갈 롱   斲 : 깎을 착

해석 후일에 그 집에 들어가 보니, 상이 다리가 부러져 있었으나 이것을 수리하지 못하고는 "장차 다른 목공을 구하겠다." 하였다. 나는 심히 비웃으며 재능이 없으면서 녹만 탐하고 재물을 좋아하는 자라고 생각했었다.

其後에 京兆尹이 將飾官署할새 余往過焉하니 委群材하고 會衆工하여 或執斧斤하고 或執刀鋸하여 皆環立嚮之라 梓人이 左執引하고 右執杖하여 而中處焉하여 量棟宇之任하고 視木之能擧하여

해석 그 후에 경조윤이 관서를 꾸미려 할 적에 내가 그 곳을 지났는데, 여러 재목을 쌓아놓고 여러 목수들을 모아, 혹은 도끼와 자귀를 잡고 혹은 칼과 톱을 잡고는 모두 둘러서서 그를 향해 있었다. 도목수가 왼쪽에는 자를 잡고, 오른쪽에는 막대기를 잡고는 한가운데 처하여 집에 쓰일 재료를 헤아리고 나무가 능히 지탱할 수 있는가를 살펴보아

揮其杖曰斧하라하면 彼執斧者奔而右하고 顧而指曰鋸하라하면 彼執鋸者趨而左하여 俄而요 斤者斲하고 刀者削하되 皆視其色하고 俟其言하여 莫敢自斷者요 其不勝任者는 怒而退之호되 亦莫敢慍焉이라

해석 막대기를 휘두르며 말하기를 "도끼질을 하라." 하면 저 도끼를 잡은 자가 달려가 오른쪽에 서고, 돌아보면서 가리키기를 "톱질을 하라."하면 저 톱을 잡은 자가 왼쪽으로 달려갔다. 얼마 후 자귀를 잡은 자는 나무를 깎고 칼을 잡은 자는 나무를 자르되 모두 그의 얼굴빛을 살피고 그의 말을 기다려 감히 스스로 결단하는 자가 없었고, 임무를 감당하지 못하는 자는 노하여 물리치되 또한 감히 성내지 못하였다.

畵宮於堵하되 盈尺而曲盡其制하고 計其毫釐而構大廈하여 無進退焉이라 旣成에 書于上棟曰 某年某月某建이라하니 則其姓字也요 凡執用之工은 不在列이러라 余圜視大駭하고 然後에 知其術之工이 大矣로라

鋸 : 톱 거   釐 : 푼 리   廈 : 큰집 하

해석 집의 설계도를 담장에 그려 놓았는데, 한 자 남짓하였는데도 그 규격을 매우 자세하게 기록했고, 그 매우 작은 치수를 계산하여 큰 집을 구성하면서 오차가 없었다. 막 완성되자, 높은 들보에 쓰기를 "모년 모월에 아무개가 건축했다."하였으니, 바로 그의 성명이었고, 명령을 집행했던 목수들은 그 열에 들어 있지 않았다. 나는 둘러보고 크게 놀랐으며 그런 뒤에 그 기술의 공교로움이 큼을 알았노라.

繼而歎曰 彼將捨其手藝하고 專其心智하여 而能知體要者歟인저 吾聞勞心者는 役人하고 勞力者는 役於人이라하니 彼其勞心者歟인저 能者用而智者謀라하니 彼其智者歟인저 是足爲佐天子相天下法矣니 物莫近乎此也로다

해석 이어서 탄식하여 말했다. "저 사람은 장차 손재주를 버리고 마음의 지혜에만 전념하여 능히 핵심을 아는 자일 것이다. 내가 들으니, '마음을 수고롭게 하는 자는 남을 부리고, 힘을 수고롭게 하는 자는 남에게 부림을 당한다.' 하였으니, 저 사람은 아마 마음을 수고롭게 하는 자일 것이다. '능한 자는 쓰임이 되고 지혜로운 자는 도모한다.' 하였으니, 저 사람은 아마 지혜로운 자일 것이다. 이는 족히 천자를 보좌하여 천하에 재상이 된 자의 법이 될 만하니, 일이 이보다 더 가까운 것이 없다.

彼爲天下者는 本於人하니 其執役者는 爲徒隷, 爲鄕師里胥요 其上은 爲下士요 又其上은 爲中士, 爲上士요 又其上은 爲大夫, 爲卿, 爲公하여 離而爲六職이요 判而爲百役이라 外薄四海하여는 有方伯, 連帥하고 郡有守하고 邑有宰로되 皆有佐政하고 其下는 有胥史(吏)하고 又其下는 有嗇夫, 版尹하여 以就役焉하니 猶衆工之各有執伎하여 以食力也라

해석 저 천하를 다스리는 자는 남에게 근본하니, 일을 잡는 자는 도예가 되거나 향사와 이서가 되고, 그 위는 하사가 되고, 또 그 위는 중사가 되고 상사가 되고, 또 그 위는 대부가 되고 경이 되고 공이 되어 나누면 여섯 가지 관직이 되고 더 나누면 백 가지 일이 된다. 밖으로 사해에 이르러서는 방백과 연수가 있고 군에는 수령이 있고 고을에는 현령이 있는데, 모두 좌정(보좌관)이 있고 그 아래는 서리가 있고 또 그 아래에는 색부와 판윤이 있어 일을 이루니, 여러 목수들이 각기 맡은 기능이 있어 노력의 대가로 녹을 먹는 것과 같은 것이다.

隷 : 종 례   胥 : 아전 서

* 徒隷 : 감옥을 지키는 간수나 죄인을 잡기 위해 파견되는 하급 관리
* 鄕師, 里胥 : 지방의 말단 관직
* 連帥 : 고을의 행정직인 태수나 감찰직인 안찰사를 가리킨다.
* 嗇夫 : 지방관청에서 소송이나 직세(職稅)를 관장하던 하급관리
* 版尹 : 향(鄕)에서 호적 등을 관리하던 하급 관리

彼佐天子相天下者 擧而加焉하고 指而使焉하여 條其紀綱而盈縮焉하며 齊其法度而整頓焉하니 猶梓人之有規矩繩墨하여 以定制也요 擇天下之士하여 使稱其職하며 居天下之人하여 使安其業하여 視都知野하고 視野知國하며 視國知天下하여 其遠邇細大를 可手據其圖而究焉하니 猶梓人이 畫宮於堵而績于成也요

해석 저 천자를 보좌하여 천하에 재상이 된 자는 인재를 들어서 높은 자리에 앉히고, 지휘하여 부려서 기강을 조리 있게 하여 융통성 있게 운용하며, 법도를 가지런히 하여 정돈하니, 이는 도목수가 자와 먹줄을 두어 규격을 정하는 것과 같으며, 천하의 선비를 뽑아 그 직책에 걸맞게 하며 천하의 사람들을 편하게 살게 하여 그 직업을 편안히 하여, 도시를 보면 시골을 알고 시골을 보면 서울을 알며 서울을 보면 천하를 알아, 멀고 가까움과 작고 큼을 손으로 그림을 대조하여 규명하듯이 하니, 이는 도목수가 집을 담장에 그려 놓고서 완성의 공적을 이루는 것과 같으며,

能者를 進而由之하되 使無所德하고 不能者를 退而休之호되 亦莫敢慍하며 不衒能하고 不矜名하며 不親小勞하고 不侵衆官하여 日與天下之英才로 討論其大經하니 猶梓人之善運衆工而不伐藝也라 夫然後에 相道得而萬國理矣니라

해석 능한 자를 천거하여 행하게 하되 은덕으로 여기는 바가 없고, 능하지 못한 자를 물리쳐 쉬게 하되 또한 감히 성내지 못하며, 재능을 자랑하지 않고 명예를 자랑하지 않으며 자질구레한 일을 직접 하지 않고 여러 관직의 임무를 침탈하지 않으면서 날마다 천하의 영재들과 대경대법을 토론하니, 이는 도목수가 여러 공인들과 잘 운용하고 자기 재능을 자랑하지 않는 것과 같다. 그런 뒤에야 재상의 도를 얻어 천하가 다스려지는 것이다.

衒 : 자랑할 현

相道旣得하고 萬國旣理어든 天下擧首而望曰 吾相之功也라하고 後之人이 循跡而慕曰 彼相之才也라하니 士或談殷周之理者曰 伊, 傅, 周, 召요 其百執事之勤勞는 而不得紀焉하니 猶梓人이 自名其功而執用者不列也라

해석 재상의 도를 이미 얻고 천하가 이미 다스려지면 천하 사람들이 모두 머리를 들고 바라보면서 말하기를 '우리 재상의 공이다.' 하고, 후대 사람들은 자취를 따르면서 흠모하기를 '저는 재상의 재목이다.' 할 것이니. 선비로서 혹 은나라와 주나라의 잘 다스려졌던 때를 거론하는 자들이, 이윤과 부열과 주공과 소공을 언급하고 나머지 다수의 관리들의 노고는 기록하지 않았으니, 이는 도목수가 직접 자신의 공에 대해 이름을 기록하면서 명령을 집행했던 자들은 열거하지 않은 것과 같다.

大哉라 相乎여 通是道者는 所謂相而已矣니라 其不知體要者는 反此하여 以恪勤爲公하고 簿書爲尊하며 衒能矜名하고 親小勞侵衆官하여 竊取六職百役之事하여 听听於府庭而遺其大者遠者焉하니 所謂不通是道也라 猶梓人而不知繩墨之曲直과 規矩之方圓과 尋引之短長하고 姑奪衆工之斧斤刀鉅하여 以佐其藝하며 又不能備其工하여 以至敗績用而無所成也하니 不亦謬歟아

해석 위대하다! 재상이여. 이 도를 통달한 자는 이른바 재상일 뿐이다. 그 핵심을 알지 못하는 자는 이와 반대여서 조심하고 부지런함을 공적인 것으로 여기고 문서를 잘 기록함을 높음으로 여기며, 재능을 자랑하고 명성을 자랑하며, 자질구레한 일을 직접 하고 여러 관직의 임무를 침탈하여, 여섯 가지 관직과 여러 관리들의 일을 몰래 빼앗아 조정에서 다투면서 큰 것과 원대한 것은 버리니, 이른바 이 재상의 도를 통하지 못한 것이다. 이는 도목수로서 먹줄의 곡직과 규구의 방원과 자의 짧음과 긴 것을 알지 못하고 우선 여러 공인들의 도끼와 자귀와 칼과 톱을 빼앗아 자기의 기술을 돕게 하며, 또 그 작업을 준비하지 못하여 업적을 패함에 이르러 완성하는 바가 없는 것과 같으니, 잘못이 아니겠는가?"

恪 : 삼갈 각 听 : 따질 은

或曰 彼主爲室者 儻或發其私智하여 牽制梓人之慮하며 奪其世守하고 而道謀를 是用이면 雖不能成功이나 豈其罪邪아 亦在任之而已니라

해석 혹자는 말하기를 "저 집 짓는 것을 주관하는 자가 혹시라도 사사로운 지혜를 발휘하여 도목수의 생각을 견제하며, 대대로 지켜온 법을 빼앗아 길가는 사람의 계책을 쓴다면 비록 성공하지 못하더라도 어찌 그의 죄이겠는가? 이는 또한 그 맡김에 달려 있을 뿐이다." 하였다.

余曰 不然하다 夫繩墨을 誠陳하고 規矩를 誠設이면 高者를 不可抑而下也요 狹者를 不可張而廣也니 由我則固하고 不由我則圮어늘 彼將樂去固而就圮也인댄 則卷其術하고 黙其智하여 悠爾而去하여 不屈吾道가 是誠良梓人耳라 其或嗜其貨利하여 忍而不能捨也하며 喪其制量하여 屈而不能守也하고 棟撓屋壞어든 則曰非我罪也라하면 可乎哉아

해석 이에 나는 다음과 같이 대답하였다. "그렇지 않다. 먹줄을 참으로 진열하고 규구를 참으로 설치했다면, 높은 것을 억제하여 낮출 수가 없고 좁은 것을 펴서 넓힐 수가 없으니, 내 방법을 쓰면 견고하고 내 방법을 쓰지 않으면 집이 무너질 터인데, 저 집주인이 장차 견고함을 버리고 무너지는 데로 나아가기를 좋아한다면, 기술을 거두고 아는 것을 말하지 않고서 유유히 떠나가 자신의 도를 굽히지 않는 것이 이것이 참으로 훌륭한 도목수인 것이다. 혹시라도 이익을 좋아하여 차마 버리지 못하며 그 규격과 측량을 잃어 자기의 도를 굽히고 지켜내지 못하고는 들보가 흔들리고 집이 무너지거든 '내 잘못이 아니다.'라고 한다면 말이 되는가?"

余謂梓人之道 類於相이라 故로 書而藏之하니 梓人은 蓋古之審曲面勢者니 今謂之都料匠云이라 余所遇者는 楊氏요 潛其名이라

해석 내가 생각건대, 도목수의 도는 재상과 유사하다. 그러므로 이것을 써서 보관하니, 도목수는 옛날에 곡직과 겉모양을 살피는 자로, 지금에는 도료장이라고 부른다. 내가 만난 사람은 양씨요, 그 이름은 잠이다.

27. 捕蛇者說

柳宗元

이 글은 유종원이 영주로 좌천되었을 때 쓴 것으로, 뱀을 잡아 살아가는 한 인물을 통해 그릇된 정치가 백성들에게 미치는 피해를 고발하고 있다.

永州之野에 産異蛇하니 黑質白章이요 觸草木이면 盡死하고 以齧人이면 無禦之者라 然이나 得而腊之하여 以爲餌면 可以已大風, 攣踠, 瘻癘하고 去死肌, 殺三蟲이라 其始에 太醫以王命聚之하여 歲賦其二호되 募有能捕之者면 當其租入하니 永之人이 爭犇走焉이라 有蔣氏者專其利三世矣라

해석 영주의 들에 특이한 뱀이 나는데, 검정 바탕에 흰 무늬가 있으며 초목에 닿으면 초목이 모두 죽고 사람을 물면 치료할 방법이 없었다. 그러나 이것을 잡아 포를 만들어 약으로 쓰면 문둥병과 팔다리가 굽는 병과 종기를 치료할 수 있고 죽은 살을 제거하며 삼시충을 죽일 수가 있었다. 처음에는 어의가 왕명으로 이것을 모아 1년에 두 마리를 부세로 내게 하되 이것을 잡아오는 자가 있으면 조세 바치는 것을 면제하도록 모집하니, 영주 백성들이 다투어 분주하였는데, 장씨라는 자가 3대에 걸쳐 그 이익을 독점하였다.

問之則曰 吾祖死於是하고 吾父死於是하고 今吾嗣爲之하여 十二年에 幾死者數矣라하고 言之에 貌若甚慼者어늘 余悲之하고 且曰 若毒之乎아 余將告于莅事者하여 更若役하고 復若賦면 則何如오

해석 내가 물어보니, 그는 말하기를 "우리 할아버지도 이에 죽었고 우리 아버지도 이에 죽었으며, 지금 내가 뒤를 이어 한 지 12년 동안에 거의 죽을 뻔한 것이 여러 번이었다." 하고는 이를 말함에 모양이 매우 슬퍼하는 듯하였다. 내 그를 슬퍼하고 또 말하기를 "너는 이것을 고통스럽게 여기느냐? 내 장차 일을 담당한 자에게 말하여 너의 부역을 바꿔주고 부세를 회복 시켜 준다면 어떻겠는가?"하였다.

腊 : 포 석   餌 : 약 이   攣 : 오라질 련   踠 : 굽을 원   瘻 : 부스럼 루   犇 : 달아날 분   莅 : 다스릴 리

蔣氏大慼하여 汪然出涕曰 君將哀而生之乎인댄 則吾斯役之不幸이 未若復吾賦不幸之甚也라 嚮吾不爲斯役이런들 則久已病矣리라 自吾氏三世居是鄕하여 積於今六十歲矣라 而鄕隣之生이 日蹙하여 殫其地之出하고 竭其廬之入하여 號呼而轉徙하고 飢渴而頓踣하며 觸風雨하고 犯寒暑하며 呼噓毒癘하여 往往而死者相藉也라

해석 장씨는 매우 슬퍼하고 주르르 눈물을 흘리면서 다음과 같이 말하였다. "선생께서 장차 나를 가엾게 여겨 살려주려고 하신다면, 내가 이 일을 하는 불행이 내 부세를 회복시키는 불행보다 심하지는 않습니다. 지난번에 내가 이 일을 하지 않았던들 오래전에 이미 병들었을 것입니다. 우리 집안은 3대 동안 이 시골에 거주하여 지금까지 60년이 되었습니다. 그런데 이웃 사람들의 생활이 날로 위축되어 땅에서 난 것을 다하고 집의 수입마저 고갈하여, 울부짖으면서 이사를 다니고 굶주림과 목마름을 이기지 못하여 쓰러지며 비바람을 맞고 추위와 더위를 겪으며 독한 기운을 호흡하여 때때로 죽은 자들이 서로 깔려있기도 했습니다.

囊與吾祖居者 今其室이 十無一焉이요 與吾父居者 今其室이 十無二三焉이여 與吾居十二年者 今其室이 十無四五焉하니 非死則徙耳어늘 而吾以捕蛇獨存이라

해석 지난번에 우리 할아버지와 더불어 거주하던 자들은 지금 그 집이 열에 하나도 없고, 우리 아버지와 더불어 거주하던 자들은 지금 그 집이 열에 두셋도 없으며, 나와 더불어 12년 동안 거주한 자들은 지금 그 집이 열에 네댓도 없으니, 이는 죽지 않으면 이사 간 것입니다. 그런데 나는 뱀 잡는 것으로 홀로 보존 하였습니다.

殫 : 다할 탄   噓 : 내불 허   囊 : 지난번 낭

悍吏之來吾隣에 叫囂乎東西하고 隳突乎南北하여 譁然而駭者면 雖鷄狗라도 不得寧焉이어늘 吾恂恂而起하여 視其缶而吾蛇尚存이어든 則弛然而臥하고 謹食之하여 時而獻焉하고 退而甘食其土之有하여 以盡吾齒하니 蓋一歲之犯死者二焉이요 其餘則熙熙而樂하니 豈若吾鄉隣之旦旦有是哉리오 今雖死于此라도 比吾鄉隣之死면 則已後矣니 又安敢毒耶아

해석 사나운 아전이 우리 고을에 와서 동서로 고함치고 남북으로 뛰어다니며 시끄럽게 하면, 비록 닭과 개라도 편안할 수가 없습니다. 그런데 나는 조심스럽게 일어나 항아리를 보고 내 뱀이 아직 있으면 편안히 눕고 조심히 뱀을 먹여서 제때에 바치고, 물러와서는 그 땅에서 나오는 것을 달게 먹으면서 내 여생을 다하니, 1년에 죽음을 무릅쓰는 것은 두 번이요, 그 나머지는 만족하여 즐겁습니다. 내 어찌 이웃에 아침마다 이런 소동이 있는 것과 같겠습니까? 비록 지금 이 때문에 죽더라도 우리 이웃의 죽은 자에 비하면 이미 늦게 죽는 것이니, 또 어찌 감히 고통으로 여기겠습니까?

余聞而愈悲하노라 孔子曰 苛政이 猛於虎也라하시니 吾嘗疑乎是러니 今以蔣氏觀之하니 尤信이로다 嗚呼라 孰知賦斂之毒이 有甚是蛇者乎아 故爲之說하여 以俟夫觀人風者得焉하노라

해석 나는 그의 말을 듣고 더욱 슬퍼하였다. 공자께서 말씀하시기를 "가혹한 정치는 범보다도 무섭다."고 하셨는데, 나는 일찍이 이 말을 의심했었다. 그런데 이제 장씨를 관찰해보니, 믿게 되었다. 아! 누가 세금을 거두는 혹독함이 뱀보다 심하다는 것을 알겠는가? 그러므로 나는 이에 대한 설을 지어서 백성의 풍속을 관찰하는 자가 알기를 기다리는 바이다.

悍 : 사나울 한　囂 : 시끄러울 효　隳 : 무너질 휴　譁 : 시끄러울 화　恂 : 조심할 순

28. 種樹郭橐駝傳

柳宗元

어떤 일이든 자연에 좋아서 하면 힘들이지 않고 성공할 수 있고, 무리하여 잘하려고 하면 고생할 뿐만 아니라 결과도 나빠진다. 이 글은 나무 심는 비법을 구체적으로 서술하여 단지 나무 심는 일 뿐만 아니라 백성을 다스리는 일 또한 그러하다며 官治에 대해 이야기 하고 있다.

郭橐駝는 不知始何名이요 疾僂하여 隆然伏行하여 有類橐駝者라 故로 鄕人號之曰駝라하니 駝聞之曰 甚善하다 名我固當이로다하고 因捨其名하고 亦自謂橐駝云이러라

해석 곽탁타는 처음에 무슨 이름이었는지 알지 못하고 곱사병을 앓아 등이 높이 솟아 나와 구부리고 다녀 낙타와 유사하였다. 그러므로 마을 사람들이 탁타라고 부르니, 탁타는 이 말을 듣고 "매우 좋다. 나에게 지어준 이름이 진실로 당연하다."하고는 이로 인해 자기의 본명을 버리고 또한 스스로 탁타라고 말하였다.

其鄕曰豊樂鄕이니 在長安西라 駝業種樹하니 凡長安豪家富人이 爲觀遊及賣果者皆爭迎取養이라 視駝所種樹와 或移徙하면 無不活이요 且碩茂蚤實以蕃이라 他植者雖窺伺傚慕나 莫能如也러라

해석 그가 사는 마을은 풍락이라고 하는데 장안의 서쪽에 있었다. 탁타는 나무 심는 것을 직업으로 하여 모든 장안의 부자들이 관상을 위해서 심거나 또는 과실을 팔기 위한 자들이 모두 다투어 맞이하여 나무를 길러달라고 하였는데 탁타가 심은 것과 또는 옮겨놓은 것을 보면 살지 않는 것이 없었고, 또 크고 무성하며 일찍 열매를 맺고 번성하였다. 다른 나무를 심는 자들이 비록 엿보고 따라하였으나 그와 같지 못하였다.

僂 : 곱사등이 루 橐 : 전대 탁

有問之하니 對曰 橐駝非能木壽且孳使也요 以能順木之天하여 以致其性焉爾라 凡植木之性이 其本은 欲舒하고 其培는 欲平하고 其土는 欲故하고 其築는 欲密이니

해석 어떤 사람이 이유를 묻자, 그는 다음과 같이 대답하였다. "내가 나무로 하여금 오래 살고 또 번성하게 한 것이 아니요, 나무의 천성을 거스르지 않고 그 본성을 다 하게 할 뿐이다. 무릇 옮겨 심은 나무의 성질은 그 뿌리는 펴주기를 바라고 북돋움은 고르기를 바라며, 흙은 옛 것을 바라고 흙을 다져주는 것은 꾹꾹 다져주기를 바란다.

旣然已어든 勿動勿慮하고 去不復顧하여 其蒔也若子하고 其置也若棄면 則其天者全而其性得矣라 故로 吾不害其長而已요 非有能碩而茂之也며 不抑耗其實而已요 非有能蚤而蕃之也라

해석 이미 이대로 하였거든 움직이지 말고 염려하지 말고 떠나가서 다시는 돌아보지 아니하여, 심을 때에는 자식처럼 사랑하고 내버려둘 때에는 버린 듯이 해야 한다. 이렇게 하면 그 천성이 온전해져 원래의 본성을 얻게 된다. 그러므로 나는 그 자람을 해치지 않을 뿐이요 능히 크고 무성하게 하는 것이 아니며, 그 열매를 억제하거나 해롭게 하지 않을 뿐이요 일찍 열고 번성하게 하는 것이 아니다.

他植者則不然하여 根拳而土易하며 其培之也 若不過焉이면 則不及焉하고 苟有能反是者는 則又愛之太恩하고 憂之太勤하여 旦視而暮撫하고 已去而復顧하며 甚者는 爪其膚하여 以驗其生枯하고 搖其本하여 以觀其疏密하니 而木之性이 日以離矣라 雖曰愛之나 其實은 害之요 雖曰憂之나 其實은 讐之라 故로 不我若也니 吾又何能爲矣哉리오

해석 다른 나무 심는 자들은 그렇지 않아서, 뿌리는 말라 오그라들고 흙은 새것으로 바꾸며, 흙을 북돋우는 것은 지나치지 않으면 모자라게 한다. 그리고 이와 반대로 하는 자는 또 아끼기를 너무 은혜롭게 하고 걱정하기를 너무 부지런히 하여, 아침마다 가서 보고 저녁마다 가서 어루만지며 이미 떠나가다가 다시 돌아보고, 심한 자는 그 껍질을 손톱으로 긁어 나무가 살았는지 말라죽었는지를 시험하며 그 뿌리를

孳 : 번성할 자   蒔 : 모종할 시   拳 : 주먹 권   枯 : 마를 고

흔들어 심겨진 것이 엉성한지 치밀한지를 관찰하니, 나무의 본성이 날이 갈수록 멀어질 것이니, 비록 아낀다고 하지만 그 실제는 해치는 것이요, 비록 걱정한다고 하나 실제는 원수로 여기는 것이다. 그러므로 내가 심은 것보다 못한 것이니 나 또한 어떻게 할 수 있겠는가?

問者曰 以子之道로 移之官理可乎아 駝曰 我知種樹而已요 <官>理는 非吾業也라 然이나 吾居鄕에 見長人者好煩其令하여 若甚憐焉이로되 而卒以禍라

해석 묻는 자가 말하기를 "그대의 나무 심는 방법으로 관청의 다스림에 옮기는 것이 가능하겠는가?" 하자, 탁타는 다음과 같이 대답하였다. "나는 나무를 심을 줄만 알 뿐, 관청의 다스림은 나의 직업이 아니다. 그러나 내 지방에 살면서 백성들의 우두머리가 된 자들이 명령을 번거롭게 내리기를 좋아하여, 심히 백성을 사랑하는 듯하나, 끝내는 화를 끼침을 보았다.

旦暮에 吏來而呼曰 官命促爾耕하며 勖爾植하며 督爾穫하나니 蚤繰而緒하고 蚤織而縷하며 字而幼孩하고 遂而雞豚이라하여 鳴鼓而聚之하고 擊木而召之하니 吾小人이 具饔飧以勞吏者도 且不得暇어든 又何以蕃吾生而安吾性邪아 故로 病且怠하나니 若是則與吾業者로 其亦有類乎인저

해석 아침저녁으로 관리가 와서 고함치기를 '관청에서 명하여 너의 밭갈이를 재촉하고 너의 심는 것을 힘쓰며 너의 수확을 재촉하니, 빨리 네 실을 켜고 빨리 네 실을 짜며 너의 어린이를 잘 키우고 너의 개와 닭을 잘 길러라' 하여, 북을 울려 모으고 목탁을 쳐 부르니, 우리 소인들은 아침저녁으로 관리들을 위로하기에도 겨를이 없으니, 또 어떻게 우리의 생업을 번창하게 하고 우리의 본성을 편안하게 할 수 있겠는가? 그러므로 병들고 또 태만해지는 것이니, 이와 같다면 나의 직업과 또한 유사함이 있을 것이다."

問者喜曰 不亦善夫아 吾問養樹하여 得養人術이로다 傳其事하여 以爲官戒也하노라

해석 묻는 자가 기뻐하며 "좋지 않은가? 나는 나무를 기르는 방법을 물어 백성을 기르는 방법을 배웠다." 하고는 그 일을 전하여 관원의 경계로 삼았다.

勖 : 힘쓸 욱   繰 : 실켤 소   擊 : 부딪칠 격

29. 桐葉封弟辨

柳宗元

이 글은 劉向의 《설원(說苑)·군도편(君道篇)》과 《사기·진세가(晉世家)》에 있는 설화를 논변한 글이다.

古之傳子有言호되 成王이 以桐葉으로 與小弱弟戲曰 以封汝하리라 周公入賀하니 王曰 戲也로라 周公曰 天子는 不可戲라한대 乃封小弱弟於唐이라하니

해석 옛 기록에 말하기를 "성왕이 오동나무 잎을 가지고 어린 아우에게 주면서 희롱하기를 '이것으로 너를 봉하겠다.' 하자, 주공이 들어가 축하하였다. 성왕이 농담이라고 말하자, 주공은 '천자는 농담을 해서는 안 됩니다.' 하니, 마침내 어린 아우를 당에 봉했다." 하였다.

吾意不然이라 王之弟當封邪인댄 周公이 宜以時言於王이요 不待其戲而賀以成之也며 不當封邪인댄 周公이 乃成其不中之戲하여 以地以人으로 與小弱者爲之主면 其得爲聖乎아

해석 나는 그렇지 않았을 것이라 생각된다. 왕의 아우를 마땅히 봉해야 했다면 주공이 마땅히 적당한 때에 왕에게 말씀하였을 것이요, 그 농담하기를 기다려 축하해서 성사시키지 않았을 것이며, 마땅히 봉해서는 안됐을 경우라면 주공이 마침내 도리에 맞지 않는 농담을 성사시켜 토지와 백성을 어린 자에게 주어 임금을 삼게 했다면 그 성인이 될 수 있겠는가?

且周公이 以王之言不可苟焉而已라하여 必從而成之邪인댄 設有不幸하여 王以桐葉戲婦寺라도 亦將擧而從之乎아 凡王者之德은 在行之何若이니 設未得其當이면 雖十易之라도 不爲病이라

해석 또 주공이 왕의 말씀은 구차해서는 안 된다 하여 반드시 따라 성사시켰다면 설령 불행히도 왕이 오동나무 잎을 부인과 내시에게 주었더라도 또한 장차 들어서 따르겠는가. 무릇 王者의 덕은 행함이 어떠한가에 달려 있을 뿐이니, 설령 그 당위성을 얻지 못했다면 비록 열 번을 바꾸더라도 허물이 되지 않는다.

要於其當에 不可使易也니 而況以其戲乎아 若戲而必行之면 是는 周公이 敎王遂過也니라

해석 요컨대 그 마땅한 것에 있어 바꾸지 않게 할 것이니, 하물며 그 농담으로 한 것에 있어서랴! 만일 농담한 것을 기필코 행하게 했다면 이는 주공이 왕으로 하여금 잘못을 이루게 한 것이다.

吾意周公輔成王에 宜以道從容優樂하여 要歸之大中而已요 必不逢其失而爲之辭하며 又不當束縛之, 馳驟之하여 使若牛馬然이니 急則敗矣라

해석 내 생각에는 주공이 성왕을 보필할 때에 마땅히 도로써 조용하고 침착하며 여유 있고 즐겁게 하면서 커다란 중용의 도에 돌아가게 함을 중요시 했을 뿐, 반드시 그 실수할 때를 만나 이것을 구실로 삼지는 않았을 것이며, 또 마땅히 속박하고 몰아서 소와 말처럼 하지는 않았을 것이니, 급하게 하면 실패하는 것이다.

且家人父子도 尙不能以此自克이어든 況號爲君臣者邪아 是直小丈夫缺缺者之事요 非周公所宜用이라 故로 不可信이라 或曰 封唐叔은 史佚成之라하니라

해석 또한 집안에서 부자간에도 오히려 이것으로는 스스로 이겨낼 수가 없는데, 하물며 군신이라고 이름 한 자에 있어서랴! 이는 다만 소장부로서 얕은 지혜를 쓰는 자들이 하는 일이니, 주공이 마땅히 썼을 바가 아니다. 그러므로 믿을 수 없다. 혹자는 이르기를 "당숙을 봉한 것은 태사 윤일이 이루었다."고 말한다.

30. 連州郡復乳穴記

柳宗元

이 글은 서두에서 석종유(石鐘乳)에 얽힌 객관적인 상황을 서술한 뒤 제삼자의 입을 통해 자신의 정치론을 간결하게 논설하고 있다.

石鍾乳는 餌之最良者也라 楚越之山에 多産焉하되 于連于韶者獨名於世러니 連之人이 告盡焉者五載矣라 以貢則買諸他部러니 今刺史崔公이 至逾月에 穴人來하여 以乳復告라

해석 석종유는 보약 중에 가장 좋은 것이다. 초와 월지방의 산에서 많이 생산되는데, 연주와 소주에서 나오는 것이 특히 세상에 이름났다. 연주의 백성들이 석종유가 바닥났다고 아뢴 지가 5년째이다. 조공으로 바칠 때가 되면 다른 고을에서 사왔는데, 이제 자사 최공이 부임한 지 한 달이 넘었을 무렵 석종유 굴을 지키는 사람이 와서 석종유가 다시 나온다고 아뢰었다.

邦人이 悅是祥也하여 雜然謠曰 岯之熙熙여 崔公之來로다 公化所徹에 土石蒙烈이로다 以爲不信인댄 起視乳穴하라

해석 고을 사람들은 이 상서로움을 기뻐하여 떠들썩하게 노래를 부르기를 "백성들이 기뻐함은 최공이 오셨기 때문이네. 공의 교화가 통하는 바에 흙과 돌도 공덕을 입었네. 못 믿겠다면 일어나 석종유 굴을 보라." 하였다.

穴人이 笑之曰 是惡知所謂祥邪아 嚮吾以刺史之貪戾嗜利하여 徒吾役而不吾貨也일새 吾是以病而給焉이러니 今吾刺史令明而志潔하고 先賴而後力하여 欺誣屛息하고 信順休洽하니 吾以是誠告焉이로다

逾 : 넘을 유　蒙 : 입을 몽

> **해석** 이에 굴을 지키는 사람이 웃으며 다음과 같이 말하였다. "이 어찌 이른바 상서임을 알겠는가? 지난번에 나는 자사가 탐욕스럽고 이익을 좋아하여 다만 나에게 부역을 시키기만 하고 품삯을 주지 않았다. 나는 이 때문에 괴롭게 여겨 석종유가 바닥났다고 거짓말을 하였던 것인데, 이제 우리 자사께서는 명령이 분명하고 뜻이 결백하며 먼저 주고 뒤에 일을 시켜 속이는 자들이 숨을 죽이고 믿음과 순함이 아름답게 무젖으니, 내 이 때문에 사실대로 아뢴 것이다.

且夫乳穴이 必在深山窮林하여 氷雪之所儲요 豺虎之所廬라 由而入者觸昏霧하고 扞龍蛇하여 束火以知其物하고 縻繩以志其返하여 其勤若是어늘 出又不得吾直(値)하니 吾用是라 安得不以盡告리오 今令人而乃誠하니 吾告故也니 何祥之爲리오

> **해석** 또한 석종유 굴은 반드시 깊은 산 궁벽한 숲 속에 있어서 얼음과 눈이 쌓여 있고 승냥이나 호랑이가 사는 곳이다. 굴을 경유하여 들어가는 자는 자욱한 안개를 무릅쓰고 용과 뱀을 막아내면 횃불을 묶어 그 물건을 알아보고 노끈을 묶어 돌아올 길을 표시하여, 그 고생이 이와 같은데도 나와서는 또 나의 품삯을 받지 못했으니, 내 이런 상황에서 어찌 바닥났다고 아뢰지 않을 수 있겠는가? 지금의 자사는 백성들에게 명령하되 진실하게 하니, 내가 석종유가 다시 나온다고 아뢴 이유이니, 어찌 상서 때문이겠는가?"

士聞之曰 謠者之祥也는 乃其所謂怪者也요 笑者之非祥也는 乃其所謂眞祥者也라 君子之祥也는 以政이요 不以怪하나니 誠乎物而信乎道하여 人樂用命하여 熙熙然以效其有하니 斯其爲政也而獨非祥也歟아

> **해석** 선비는 듣고 다음과 같이 말하였다. "노래를 부르는 자들이 상서라는 것은 바로 이른바 괴이한 것이요, 비웃는 사람이 상서가 아니라는 것은 바로 이른바 진짜 상서라는 것이다. 군자의 상서는 정치로써 하고 괴이함으로 하지 않으니, 모든 일에 진실 되고 도리에 믿음을 두어 백성들이 명령에 따르기 좋아해서 기뻐하며 그 가진 것을 바치니, 이러한 정치가 홀로 상서가 아니겠는가?"

扞 : 막을 한   縻 : 맬 미

31. 養竹記

白居易

이 글은 사군자 중 하나인 대나무에 대한 중국 문인들의 의식을 보여주는 글이다.

竹似賢하니 何哉오 竹本固하니 固以樹德이라 君子見其本이면 則思善建不拔者하며 竹性直하니 直以立身이라 君子見其性이면 則思中立不倚者하며

해석 대나무는 현자와 유사하니, 어째서인가? 대나무 뿌리는 견고하니, 견고함으로써 덕을 심으므로 군자는 그 뿌리를 보면 잘 세워 뽑히지 않을 것을 생각하며, 대나무 성질은 곧으니, 곧음으로써 몸을 세우므로 군자는 그 곧은 성질을 보면 중립하여 기울지 않을 것을 생각하며,

竹心空하니 空以體道라 君子見其心이면 則思應用虛受者하며 竹節貞하니 貞以立志라 君子見其節이면 則思砥礪名行하여 夷險一致者하나니 夫如是故로 君子人이 多樹之하여 爲庭實焉하나니라

해석 대나무 속은 비었으니, 빔으로써 도를 체득하므로 군자는 그 속을 보면 응용하여 겸허히 받아들일 것을 생각하며, 대나무 마디는 곧으니, 곧음으로써 뜻을 세우므로 군자는 그 마디를 보면 이름과 행실을 갈고 닦아 평탄하거나 험하거나 일치하게 할 것을 생각한다. 이와 같기 때문에 군자들이 대나무를 많이 심어 뜰에 가득히 한다.

砥 : 숫돌 지   礪 : 숫돌 려

貞元十九年春에 居易以拔萃選及第하여 授校書郎이라 始於長安에 求假居處하여 得常樂里故關相國私第之東亭而處之러니 明日에 履及 于亭之東南隅하여 見叢竹於斯하니 枝葉殄瘁하여 無聲無色이라

해석 정원 19년 봄에 나는 발췌과에 급제하여 교서랑에 제수되었다. 처음 장안에 임시로 거처할 곳을 구하여 상락리에 있는 옛날 관상국의 사저 동쪽 정자를 얻어 거처하였는데, 다음날에 발길이 정자의 동남쪽 구석에 이르러 이곳에서 대나무 숲을 보았는데, 가지와 잎이 시들고 병들어 소리도 없고 색깔도 없었다.

詢乎關氏之老하니 則曰 此相國之手植者라 自相國捐館으로 他人假居하니 繇是로 筐篚者斬焉하고 篲箒者刈焉하여 刑餘之材가 長無尋焉이요 數無百焉이라 又有凡草木이 雜生其中하여 菶蓴薈蔚하여 有無竹之心焉이라

해석 관씨성을 가진 노인들에게 물어보니, 이것은 관상국께서 손수 심은 것이었다. 관상국이 별세하신 뒤로부터 타인들이 빌려 거주하였는데 이때부터 광주리를 만드는 자들이 베어가고 빗자루를 만드는 자들이 베어가서 베어지고 남은 재목이 길이가 한 길이 되는 것이 없고 수가 백 개도 못되며, 또 온갖 초목들이 그 가운데 섞여 자라서 무성하게 우거져 대나무를 없애려는 마음이 있었다.

居易惜其嘗經長者之手로되 而見賤俗人之目하여 翦棄若是나 本性猶存이라 乃刪翳薈하고 除糞壤하며 疏其間하고 封其下하여 不終日而畢하니 於是에 日出에 有清陰하고 風來에 有清聲하여 依依然欣欣然若有情於感遇也러라

해석 나는 그 일찍이 훌륭한 분들의 손을 거쳤으면서도 속인들의 눈에 천대를 받아 베어지고 버려짐이 이와 같았으나 본성이 아직도 그대로 남아 있음을 애석히 여겼다. 이에 가리고 우거진 것들을 베어버리고 흙덩이를 제거하였으며, 그 사이를 소

萃:모을 췌　履:신발 구　殄:다할 진　瘁:파리할 췌　詢:물을 순　篚:비 수　箒:비추　刈:벨 예
菶:우거질 분 준　蓴:무성할 준　薈:우거질 회　蔚:성할 위

통시키고 그 아래를 북돋웠는데, 하루가 못되어 작업이 끝났다. 이에 해가 뜨면 시원한 그늘이 있고 바람이 불면 맑은 소리가 있어, 무성하고 기뻐하듯 하여 마치 감동적인 대우에 감사하는 뜻이 있는 것처럼 보였다.

嗟乎라 竹은 植物也니 於人에 何有哉리오마는 以其有似於賢이라하여 而人猶愛惜之하여 封植之하니 況其眞賢者乎아 然則竹之於草木에 猶賢之於衆庶라

해석 아! 대나무는 식물이니, 인간에 무슨 상관이 있겠는가마는 현자와 유사함이 있다 하여 사람들이 오히려 사랑하고 아까워하여 북돋아 주고 심으니, 하물며 참으로 그 현자에 있어서랴! 그렇다면 대나무가 초목에 있어서는 현자가 보통사람들에게 있어서와 같은 것이다.

嗚呼라 竹不能自異요 惟人異之하며 賢不能自異요 惟用賢者異之라 故로 作養竹記하여 書于亭之壁하여 以貽其後之居斯者하고 亦欲以聞於今之用賢者云이라

해석 아! 대나무는 스스로 특이할 수가 없어 오직 인간이 그를 특이하게 대하고, 현자는 스스로 특이하게 할 수가 없어 오직 현자를 등용하게 하는 자가 특이하게 대한다. 그러므로 나는 '양죽기'를 지어 정자의 벽에 써 붙여서 이후 이 곳에 거하는 자에게 남겨주고, 또한 지금 현자를 등용하는 자에게 알려주고자 하는 것이다.

32. 待漏院記

王禹偁

대루원(待漏院)은 이른 아침에 대궐로 등청한 재상과 조정 대신들이 대궐 문이 열릴 때까지 대기하는 관사이다. 이 글은 왕우칭(王禹偁)이 그 원의 벽에 고관들이 힘써야 할 일을 써서 붙인 것이다.

天道不言而品物亨하고 歲功成者는 何謂也오 四時之吏와 五行之佐가 宣其氣矣요 聖人不言而百姓親하고 萬邦寧者는 何謂也오 三公論道하고 六卿分職하여 張其敎矣니 是知君逸於上하고 臣勞於下는 法乎天也니라

해석 천도는 말하지 않아도 모든 물건이 형통해지고 한해의 수확이 이루어지는 것은 어째서인가? 사계절과 오행(金·木·水·火·土)이 그 기운을 펴기 때문이요, 성인이 말하지 않는데도 백성들이 친애하고 모든 나라가 편안해지는 것은 어째서인가? 삼공이 도를 논하고 육경이 직책을 나누어 맡아서 그 가르침을 베풀기 때문이니, 이를 통해 군주는 위에서 편안하고 신하는 아래에서 수고로움은 하늘을 본받은 것임을 알 수 있다.

古之善相天下者는 自咎夔로 至房魏히 可數也니 是不獨有其德이요 亦皆務于勤爾라 況夙興夜寐하여 以事一人은 卿大夫猶然이어든 況宰相乎아

해석 옛날에 천하를 잘 도운 자는 고요(皐陶)와 기(夔)로부터 방현령(房玄齡)과 위징(魏徵)에 이르기까지 셀 수 있으니, 이들은 다만 그 덕이 있었을 뿐만 아니요, 또한 모두 부지런함에 힘썼기 때문이다. 더구나 일찍 일어나고 밤늦게 자서 한 사람의 군주를 섬김은 경과 대부도 오히려 그러하거늘 하물며 재상에 있어서랴!

夔 : 공경할 기

> 朝廷이 自國初로 因舊制하여 設宰臣待漏院于丹鳳門之右하니 示勤政也라 至若北闕向曙하고 東方未明에 相君啓行하니 煌煌火城이요 相君至止하니 噦噦鑾聲이라 金門未闢하고 玉漏猶滴이어든 撤蓋下車하여 于焉以息하니 待漏之際에 相君이 其有思乎인저

[해석] 우리 조정이 국초부터 옛 제도를 따라 재상의 대루원을 단봉문 오른쪽에 설치하니, 정사에 부지런함을 보인 것이었다. 북쪽 대궐이 밝아오고 동방이 아직 밝기 전에 재상이 길을 나서니 밝기가 횃불과 같고, 재상이 도착하니 딸랑딸랑 방울 소리가 울린다. 궁전의 문은 아직 열리지 않고 옥으로 장식한 물시계의 물방울은 아직 떨어지는데, 일산을 거두고 수레에서 내려 이곳에서 쉬니, 시간을 기다리는 즈음에 재상은 아마도 무언가 생각함이 있을 것이다.

> 其或兆民未安이어든 思所泰之하며 四夷未附어든 思所來之하며 兵革未息이어든 何以弭之하며 田疇多蕪어든 何以闢之하며 賢人在野어든 我將進之하며 佞臣在朝어든 我將斥之하며 六氣不和하며 災眚薦至어든 願避位以禳之하며 五刑未措하여 欺詐日生이어든 請修德以釐之라하여 憂心忡忡하여 待旦而入하면 九門旣啓에 四聰甚邇라

[해석] 혹시라도 백성들이 편안하지 않거든 편안하게 해줄 방법을 생각하며, 사방의 오랑캐가 따르지 않거든 그들을 오게 할 방법을 생각하며, 전쟁이 그치지 않거든 어떻게 하면 이를 그치게 할 것인지, 토지가 황폐해짐이 많거든 어떻게 이를 개간할 것인지를 생각하며, 현인이 초야에 있거든 내 장차 그를 등용하리라 다짐하고, 간신이 조정에 있거든 내 장차 그를 배척하리라 다짐하며, 육기(六氣: 陰·陽·風·雨·晦·明)가 조화롭지 못하여 재앙이 거듭되거든 자리를 피하여 기도할 것을 염원하며, 다섯 가지 형벌이 제대로 쓰이지 못하여 속임수가 날로 생겨나거든 덕을 닦아 바로잡을 것을 청하리라 다짐하여, 근심으로 마음을 졸이다가 아침이 되기를 기다렸다가 들어가면 궁궐의 문이 막 열리면 천자를 매우 가까이 대하게 된다.

* 四聰: 사방에서 듣는 것. 천자는 사방의 소식을 듣고서 정치를 해야 하므로 여기서는 천자를 가리킨다.

蕪: 무성할 무 闢: 열 벽 眚: 눈에 백태낄 생 薦: 거듭 천 禳: 물리칠 양 忡: 근심할 충 邇: 가까울 이

相君言焉에 時君納焉하면 皇風이 於是乎淸夷하고 蒼生이 以之而富庶하리니 若然則總百官, 食萬錢이 非幸也요 宜也니라

해석 이러한 재상이 말을 당시의 군주가 받아들이면 황제의 교화가 이에 맑고 평화로우며 백성들이 이 때문에 부유하고 많아질 것이니, 그렇게 된다면 백관을 총괄하고 녹봉으로 많은 돈을 받더라도 요행이 아니요 당연한 것이다.

其或私讐未復이어든 思所逐之하며 舊恩未報어든 思所榮之하며 子女玉帛을 何以致之하며 車馬器玩을 何以取之하며 姦人附勢어든 我將陟之하며 直士抗言이어든 我將黜之하며 三時告災하여 上有憂色이어든 構巧辭以悅之하며 群吏弄法하여 君聞怨言이어든 進諂容以媚之라하여 私心慆慆하여 假寐而坐라가 九門旣開에 重瞳屢回라

해석 그 혹시라도 사적인 원수를 아직 보복하지 못하였거든 축출할 방법을 생각하며, 옛적에 입은 사적인 은혜를 보답하지 못하였거든 영화롭게 해줄 방법을 생각하며, 노비들과 옥과 비단을 어떻게 하면 얻을 수 있을지, 수레와 말과 온갖 장신구들을 어떻게 하면 가질 수 있을 지를 생각하며, 간사한 사람이 권력에 아부하거든 내 장차 그를 올려 주리라 다짐하고, 정직한 선비가 맞서서 말을 하거든 내 장차 그를 파면하리라 다짐하며, 농사철(봄, 여름, 가을)에 재해를 보고하여 군주가 근심하는 빛이 있거든 교묘한 말을 만들어 기쁘게 하며, 여러 관리들이 법을 농간하여 군주가 원망하는 말을 듣거든 아첨하는 모양을 올려 잘 보이리라 하여, 사사로운 마음이 마음에 일어 졸면서 앉았다가 궁궐의 문이 막 열리면 천자가 자주 돌아본다.

* 重瞳 : 요(堯)임금의 눈에는 두 쌍의 눈동자가 있다는 전설이 있다. 즉 천자를 가리킨다.

相君言焉에 時君惑焉하면 政柄이 於是乎隳哉하고 帝位以之而危矣리니 若然則死下獄, 投遠方이 非不幸也요 亦宜也니라

慆 : 오랠 도 瞳 : 눈동자 동 隳 : 무너질 휴

해석 이러한 재상의 말에 당시의 군주가 미혹되면 정권이 이에 무너지고 황제의 지위가 이 때문에 위태로워질 것이니, 그렇게 된다면 감옥에서 죽거나 먼 지방으로 유배됨이 불행이 아니요 또한 당연한 것이다.

是知一國之政과 萬人之命이 懸於宰相하니 可不愼歟아 復有無毀無譽하며 旅進旅退하여 竊位而苟祿하고 備員而全身者는 亦無所取焉이니라 棘寺小吏王禹偁은 爲文請誌院壁하여 用規于執政者하노라

해석 이것으로 한나라의 정사와 만인의 생명이 재상에게 달려 있음을 알 수 있으니, 삼가지 않을 수 있겠는가. 또한 헐뜯음도 없고 칭찬도 없으며, 떼 지어 나가고 떼 지어 물러나와 지위를 도둑질하고 구차히 녹만 먹으며, 인원수나 채우고 몸을 온전히 하는 자가 있으니, 이는 또한 취할 것이 없다. 극시의 미천한 관리인 왕우칭은 글을 지어 대루원의 벽에 써 붙이기를 청하니 집정자들에게 권고하려 함이다.

* 棘寺 : 대리시(大理寺)를 가리키는 말로 형벌을 관장하는 관청이다. 옛날에는 가시나무아래서 안건을 심사하였기에 극시(棘寺)라고 칭하게 됐다고 전해진다.

33. 岳陽樓記

范仲淹

악양루는 호남성(湖南省) 악양현(岳陽縣)에 있는데, 중국의 가장 큰 호수 중 하나인 洞庭湖가 한눈에 내려다보이는 절승지에 위치하고 있다. 이 樓를 세운 사람이 누구인지는 확실하지 않지만 唐 開元 4년에 中書令 張說이 이곳 태수로 부임해 와서 날마다 제자들과 이 누에 올라 시를 읊었다고 한다.

慶曆四年春에 滕子京이 謫守巴陵郡하니 越明年에 政通人和하여 百廢具興이라 乃重修岳陽樓하여 增其舊制하고 刻唐賢今人詩賦于其上하고 屬予作文以記之라

해석 경력 4년 봄에 등자경이 좌천되어 파릉군을 맡았는데, 다음해에 정사가 소통되고 사람들이 화합하여 온갖 폐지되었던 것들이 모두 일어났다. 이에 악양루를 중수하여 옛 제도를 보태고, 당나라의 현인들과 지금 사람들의 시와 부를 그 위에 새기고는 나에게 부탁하여 기문을 지어 기록하게 하였다.

予觀夫巴陵勝狀이 在洞庭一湖라 銜遠山하고 呑長江하여 浩浩蕩蕩하여 橫無際涯하여 朝暉夕陰에 氣象萬千하니 此則岳陽樓之大觀也니 前人之述에 備矣라 然則北通巫峽하고 南極瀟湘하여 遷客騷人이 多會于此하니 覽物之情이 得無異乎아

해석 내가 보니, 파릉의 훌륭한 경치는 동정호에 있다. 먼 산을 머금고 양자강을 삼켜 넘실거려 가로로 끝이 없어 아침 햇볕과 저녁 황혼에 기상이 만 가지, 천 가지이니, 이는 악양루의 큰 구경거리로 옛사람의 기록에 실려 있다. 그렇다면 북으로 무협을 통하고 남으로 소수와 상수에 까지 이르러 좌천된 나그네와 시인들이 이곳에 많이 모이니, 경치를 감상하는 심정이 다르지 않겠는가?

若夫霪雨霏霏하여 連月不開라 陰風怒號하여 濁浪排空하며 日星隱曜하고 山岳潛形하며 商旅不行하여 檣傾楫摧하며 薄暮冥冥에 虎嘯猿啼하니 登斯樓也면 則有去國懷鄉하고 憂讒畏譏하여 滿目蕭然하여 感極而悲者矣라

蕩: 넓을 탕 暉: 빛 휘 瀟: 강이름 소 霪: 장마 음 霏: 안개 비

해석 장맛비가 계속되어 여러 달 날이 개지 않았다. 음산한 바람이 성내어 울부짖는 듯하여 탁한 물결이 허공으로 치솟고 해와 별이 빛을 숨기고 산악이 형체를 감추며, 장사꾼과 나그네들이 다니지 못하고, 돛대가 기울고 노가 부러지며, 저녁이 되어 날이 어두워짐에 범이 휘파람불고 원숭이가 우니, 이럴 때 이 누각에 오르면 서울을 떠나 고향을 그리워하게 되고, 참소하는 말을 근심하고 비난하는 말을 두려워하게 되어 눈에 보이는 모든 것이 쓸쓸해 보이고 감회가 극에 달하여 슬퍼짐이 있을 것이다.

至若春和景明하고 波瀾不驚하여 上下天光이 一碧萬頃이라 沙鷗翔集하고 錦鱗游泳하며 岸芷汀蘭이 郁郁靑靑하고 而或長煙一空하며 皓月千里라 浮光은 躍金하고 靜影은 沈璧이라 漁歌互答하니 此樂何極가 登斯樓也면 則有心曠神怡하여 寵辱俱忘하고 把酒臨風하여 其喜洋洋者矣라

해석 봄날이 화창하고 경치가 선명하며 파도가 일지 않아 위아래의 하늘빛이 한결같이 온통 푸른빛이다. 모래펄의 갈매기들은 날아와 모이고 비단 같은 물고기들은 헤엄치며 물가에 자란 지초와 난초는 향기롭고 파릇파릇하며, 어떤 때는 긴 물안개가 한번 개이고 밝은 달이 천 리를 비춘다. 호수 위에 떠있는 달빛은 금빛처럼 출렁이고 고요한 달그림자는 구슬이 잠긴 듯한데 고기잡이 노래를 서로 화답하니, 이 즐거움이 어찌 다할까. 이럴 때 이 누각에 오르면 마음이 넓어지고 정신이 화하여 영광과 욕됨을 모두 잊고는 술잔을 잡고 풍광을 임하여 그 기쁨이 가득함이 있을 것이다.

嗟夫라 予嘗求古仁之心하니 或異二者之爲는 何哉오 不以物喜하며 不以己悲하여 居廟堂之高면, 則憂其民하고 處江湖之遠이면 則憂其君하나니 是는 進亦憂, 退亦憂니 然則何時而樂耶아 其必曰 先天下之憂而憂하며 後天下之樂而樂歟인저 噫라 微斯人이면 吾誰與歸리오

해석 슬프다! 내 일찍이 옛 어진 사람의 마음을 찾아보니, 혹 이 두 가지의 행위와 다름은 어째서인가? 자기 외적인 일로 기뻐하지 않고 자기 일로 슬퍼하지 않아, 조정의 높은 지위에 있을 때에는 백성들을 걱정하고 강호의 먼 곳에 처하면 군주를 근심하니, 이는 나가도 또한 근심하고, 물러나도 또한 근심하는 것이다. 그렇다면 어느 때에나 즐거워할 수 있는가? 그 반드시 천하 사람들이 근심하기에 앞서 근심하고 천하 사람들이 즐거워 한 뒤에 즐거워 할 것이다. 아! 이러한 사람이 아니면 내 누구와 더불어 돌아가겠는가?

芷 : 향풀 지   汀 : 물가 정

34. 獨樂園記

司馬光

이 글은 사마광(司馬光)이 낙양(洛陽)으로 물러나서 한직에 근무할 때 동산에서 홀로 소요하며 참된 즐거움을 깨닫고는 그 곳을 獨樂이라 이름 짓고 쓴 것이다. 아래 부분은 <독락원기> 중 앞뒤 부분을 생략하고, 독락이라 이름을 짓게 된 유래를 밝힌 대목만 실은 것이다.

迂叟 平日讀書호되 上師聖人하고 下友群賢하여 窺仁義之原하고 探禮樂之緖하여 自未始有形之前으로 暨四達無窮之外하여 事物之理가 擧集目前하여 可者學之하되 未至夫可하니 何求於人이며 何待於外哉리오

해석 내가 평소 책을 읽되 위로는 성인을 스승삼고 아래로는 여러 현인을 벗 삼아 인의의 근원을 엿보고 예악의 실마리를 더듬어 처음으로 형체가 있기 이전으로부터 사방으로 통달하여 무궁한 밖에 이르기까지 사물의 이치가 모두 눈앞에 모여 가능한 것을 배우되 아직 가능함에 이르지 못하였으니, 어찌 남에게서 구하며, 어찌 밖에 기대하겠는가?

志倦體疲하면 則投竿取魚하고 執袵采藥하며 決渠灌花하고 操斧剖竹하며 濯熱盥水하고 臨高縱目하여 逍遙徜徉하여 惟意所適하니 明月이 時至하고 淸風이 自來라 行無所牽하고 止無所扼하여 耳目肺腸을 卷爲己有하여 踽踽焉, 洋洋焉하니 不知天壤之間에 復有何樂이 可以代此也로다 因合而命之曰獨樂이라하노라

해석 뜻이 게을러지고 몸이 피곤하면 낚싯대를 던져 고기를 잡고, 옷깃을 잡고서 약초를 캐며, 개천을 터놓아 꽃에 물을 주고, 도끼를 잡아 대나무를 쪼개며, 더위를 씻어 물로 세수하고 높은 곳에 임하여 눈길 가는대로 바라보다가 한가로이 거닐며 오직 생각이 닿는 대로 할 뿐이니, 밝은 달이 때마침 뜨고 시원한 바람이 저절로 불어온다. 가도 이끄는 것이 없으며 그쳐도 멈추게 하는 바가 없어, 눈과 귀와 폐와 장도 모두 나의 소유가 되어 홀로 마음대로 걷고 마음이 넓어지니, 하늘과 땅 사이에 다시 어떠한 즐거움이 이것을 대신할 만한 것이 있을지 모르겠다. 따라서 이러한 심정을 합해서 이름 하기를 '독락'이라 하였다.

暨 : 및 기 竿 : 장대 간 渠 : 도랑 거 盥 : 대야 관 徜 : 노닐 상 徉 : 노닐 양 扼 : 그칠 니 踽 : 외로울 우

35. 讀孟嘗君傳

王安石

이 글은 『사기(史記)』의 「맹상군전」을 읽은 감상을 서술한 것이다.

世皆稱孟嘗君이 能得士라 士以故歸之하여 而卒賴其力하여 以脫於虎豹之秦이라하니 嗟乎라 孟嘗君은 特鷄鳴狗吠之雄耳라 豈足以言得士리오

해석 세상 사람들이 모두 "맹상군이 선비들을 잘 얻었는데, 선비가 이 때문에 그에게 귀의하여 마침내 그들의 힘에 도움을 받아 호랑이와 표범 같은 진나라에서 벗어났다."고 말하니, 아! 슬프다. 맹상군은 다만 닭 울음을 하고 개 짖는 소리를 흉내내는 자들의 영웅일 뿐이다. 어찌 선비를 얻었다고 말할 수 있겠는가?

不然이면 擅齊之强하여 得一士焉이라도 宜可以南面而制秦이어니 尚取鷄鳴狗吠之力哉아 鷄鳴狗吠之出其門이라 此士之所以不至也니라

해석 그렇지 않다면 제나라의 강성함을 독점하여 한 선비만 얻어도 왕이 되어 진나라를 제압할 수 있었을 터이니, 오히려 닭 울음소리와 개 짖는 소리를 내는 자의 힘을 취할 것이 있겠는가? 닭 울음소리와 개 짖는 소리를 내는 자가 그 문하에서 나왔다. 이 때문에 훌륭한 선비들이 이르지 않은 것이다.

擅 : 멋대로 할 천

36. 醉翁亭記

歐陽修

구양수는 인종(仁宗) 경력(慶曆) 5년 39세 때에, 저주(滁州)의 지사로 좌천되었다. 그때 낭야(瑯琊)의 계곡에 성심(星心)·취옹(醉翁) 두 정자를 세웠다고 한다. 이 글은 그가 낭야산의 아름다움과 산수를 즐기는 즐거움을 자신의 호를 정자 이름으로 삼은 취옹정에 부쳐 지은 글이다.

環滁는 皆山也라 其西南諸峰이 林壑尤美하여 望之蔚然而深秀者는 瑯琊也요 山行六七里에 漸聞水聲潺潺而瀉出于兩峰之間者는 釀泉也요 峰回路轉에 有亭翼然하여 臨于泉上者는 醉翁亭也라

해석 저주를 둘러싸고 있는 것은 모두 산이다. 그 서남쪽의 여러 산봉우리는 숲과 골짝이 더욱 아름다워 바라봄에 울창하여 깊고 빼어난 것은 낭야산이고, 산길로 6~7리를 감에 점점 들리는 물소리가 잔잔하다가 두 봉우리 사이로 쏟아져 나오는 것은 양천이요, 봉우리가 돌고 길이 굽어 있는데 정자가 우뚝 솟아 물가에 임해 있는 것은 취옹정이다.

作亭者誰오 山之僧智僊也요 名之者誰오 太守自謂也라 太守與客으로 來飮于此할새 飮少輒醉하고 而年又最高라 故로 自號曰 醉翁也라하니 醉翁之意는 不在酒하고 在乎山水之間也니 山水之樂을 得之心而寓之酒也라

해석 정자를 지은 자는 누구인가? 산의 승려인 지선이요, 정자의 이름을 지은 자는 누구인가? 태수가 자신의 호를 딴 것이다. 태수는 빈객들과 이곳에 와서 술을 마실 적에 술을 조금만 마셔도 금방 취하고 나이가 또 가장 높았다. 그러므로 스스로 호를 짓기를 '취한 늙은이'라고 하였으니, 취옹의 뜻은 술에 있지 않고 자연에 있으니, 자연의 즐거움을 마음에 얻어 술에 붙인 것이다.

滁: 물이름 저　瑯: 산이름 랑　琊: 산이름 야　潺: 졸졸 흐를 잔　瀉: 쏟을 사

若夫日出而林霏開하고 雲歸而巖穴暝하여 晦明變化者는 山間之朝暮也요 野芳發而幽香하고 嘉木秀而繁陰하며 風霜高潔하고 水落而石出者는 山間之四時也라 朝而往하고 暮而歸에 四時之景不同而樂亦無窮也라

해석 해가 뜸에 숲의 안개가 개이고 저녁구름이 돌아옴에 바위굴이 어두워져 어둠과 밝음이 변화하는 것은 산속의 아침과 저녁이요, 들꽃이 피어 그윽한 향기가 풍기고, 아름다운 나무가 빼어남에 무성한 녹음이 드리우며, 바람은 높고 서리는 깨끗하며, 냇물이 말라 돌이 드러나는 것은 산속의 사계절이다. 아침에 가고 저녁에 돌아옴에 사계절의 경치가 같지 않으니, 즐거움 또한 무궁하다.

至於負者歌于塗하고 行者休于樹하며 前者呼하고 後者應하여 傴僂提攜하여 往來而不絶者는 滁人遊也요 臨溪而漁하니 溪深而魚肥하고 釀泉爲酒하니 泉洌而酒香이라 山肴野蔌을 雜然而前陳者는 太守宴也니 宴酣之樂은 非絲非竹이라

해석 짐을 진 자가 길에서 노래하고 길을 가는 자가 나무 그늘에서 쉬며, 앞에 가는 자가 부르고 뒤에 따라가는 자가 응답하여 (늙은이는) 허리를 구부리고 (어린이는) 손을 잡고서 왕래하여 끊이지 않는 것은 저주의 사람들이 노는 것이고, 시냇가에 임하여 고기를 잡으니 시내가 깊어 고기가 살찌고, 양천의 물로 술을 만드니 샘물이 시원하여 술이 향기롭다. 산과 들에서 나는 나물 안주를 뒤섞어 앞에 진열한 것은 태수의 잔치이니, 잔치를 베풀어 술 마시며 즐기는 것은 현악기도 아니요 관악기도 아니다.

射者中하고 奕者勝하여 觥籌交錯하여 起坐而諠譁者는 衆賓歡也요 蒼顔白髮이 頹乎其間者는 太守醉也라 已而요 夕陽在山하고 人影散亂은 太守歸而賓客從也요 樹林陰翳하여 鳴聲上下는 遊人去而禽鳥樂也라

傴:곱사등이 구 釀:술빚을 양 蔌:산나물 속 奕:클 혁 觥:뿔잔 굉 籌:산가지 주 諠:시끄러울 훤

해석 활을 쏘는 자는 맞히고 바둑을 두는 자는 이겨서 술잔과 산가지가 이리저리 뒤섞여 일어났다 앉았다 하며 떠드는 것은 여러 손님들이 즐거워하는 것이요, 푸른 얼굴에 흰 머리의 늙은이가 그 사이에 쓰러져 있는 것은 태수가 취한 것이다. 이윽고 석양이 산에 있고 사람의 그림자가 산란함은 태수가 돌아감에 손님들이 따라감이요, 나무 그늘이 어두워짐에 우는 새소리가 오르내리는 것은 놀던 사람들이 돌아감에 산새가 즐거워하는 것이다.

然而禽鳥는 知山林之樂하고 而不知人之樂하며 人은 知從太守遊而樂하고 而不知太守之樂其樂也라 醉能同其樂하고 醒能述以文者는 太守也니 太守는 謂誰오 廬陵歐陽脩也니라

해석 그러나 새들은 자연의 즐거움만 알고 사람의 즐거움은 알지 못하며, 사람들은 태수를 따라 놀면서 즐거워할 줄만 알고 태수가 그 즐거움을 즐거워함을 알지 못한다. 취해서는 그 즐거움을 함께 하고 술이 깨서는 글로 기술하는 자는 태수이니, 태수는 누구인가? 여릉의 구양수이다.

37. 憎蒼蠅賦

歐陽修

조그만 쉬파리가 사람을 괴롭히고 해악을 끼치는 것에 대해 미워함을 참소꾼 소인이 군자를 헐뜯는 것에 빗대어 지은 부(賦)이다. 이 부에는 두 구절 끝마다 각운이 붙어있다.

蒼蠅蒼蠅아 吾嗟爾之爲生하노라 旣無蜂蠆之毒尾하고 又無蚊蝱之利觜라 幸不爲人之畏어니와 胡不爲人之喜오 爾形이 至眇하고 爾欲이 易盈하니 盃盂殘瀝과 砧几餘腥에 所希秒忽이라

해석 쉬파리야! 쉬파리야! 나는 너의 살아감을 서글퍼 하노라. 이미 벌과 전갈처럼 독한 꼬리도 없고 모기나 등에처럼 날카로운 부리도 없다. 다행히 사람들이 두려워하는 존재가 되지 않으나 어찌하여 사람들이 기뻐하는 존재가 되지 못하는가? 네 형체가 지극히 작고 네 욕심이 채워지기 쉽다. 잔에 남은 찌꺼기와 도마 위의 남은 비린 것으로 바라는 바가 매우 적다.

過則難勝이어늘 苦何求而不足하여 乃終日而營營고 逐氣尋香하여 無處不到하여 頃刻而集하니 誰相告報오 其在物也雖微나 其爲害也至要라

해석 지나치면 감당하기 어려운데 괴롭게 무엇을 구하기에 부족해서 마침내 종일토록 앵앵거리는가? 냄새를 쫓고 향기를 찾아 이르지 않는 곳이 없어서 금방 모여드니, 누가 서로 일러주고 보고하는가? 그 몸집에 있어서는 비록 작으나 그 해로움은 매우 크다.

蒼 : 푸를 창 蠅 : 파리 승 蠆 : 전갈 채 蚊 : 모기 문 蝱 : 등에 맹 觜 : 부리 취 砧 : 다듬잇돌 침 營 : 경영할 영

若乃華榱廣廈와 珍簟方牀에 炎風之燠이요 夏日之長이라 神昏氣蹙하고 流汗成漿하여 委四肢而莫擧하고 眊兩目其茫洋하니 惟高枕之一覺하여 冀煩歊之蹔忘이어늘 念於爾而何負완대 乃於吾而見殃고

해석 화려한 서까래와 넓은 집, 값진 대자리와 네모진 평상에 뜨거운 바람이 무덥고 여름 해가 길기도 하다. 정신이 어둡고 기운이 빠지고 땀이 흘러 국물을 이루어 사지를 늘어뜨리고 거동하지 못하며 두 눈이 흐려 가물가물하니, 오직 베개를 높이 베고 한 잠 푹 자고 깨어나 더위를 잠시 잊기를 바랐는데, 생각하건대 내 너에게 무슨 잘못을 저질렀기에 마침내 나에게 이러한 피해를 입히느냐?

尋頭撲面하고 入袖穿裳하며 或集眉端하고 或沿眼眶하여 目欲瞑而復警하고 臂已痺而猶攘하니 於此之時에 孔子何由見周公於髣髴이며 莊生安得與蝴蝶而飛揚가 徒使蒼頭丫髻로 巨扇揮颺이나 或頭垂而腕脫하고 或立寐而顚僵하니 此其爲害者一也

해석 머리로 찾아들고 얼굴에 부딪히며 소매 속으로 들어오고 치마 속으로 뚫고 들어오며 혹은 눈썹 끝에 앉고 혹은 눈두덩을 따라 맴돌아, 눈이 감고자 하다가 다시 놀라 깨고, 팔뚝이 이미 마비되었는데도 오히려 휘두르니, 이러한 때에 공자가 어떻게 주공을 그럴 듯하게 보며, 장자가 어떻게 나비가 되어 날 수 있겠는가? 다만 하인과 계집종들로 하여금 큰 부채를 휘두르게 해보지만 혹은 졸다가 머리를 떨구고 팔이 빠지며, 혹은 서서 졸다가 쓰러지기도 하니, 이는 그 피해의 첫 번째이다.

* 孔子何由~ : 『논어』의 「술이」편에 '나의 쇠약함이 심하구나. 내 다시금 주공을 꿈에서 뵙지 못한지 오래 되었도다.' 라고 한 공자의 말을 인용하여 쉬파리가 잠을 못 이루게 함을 해학적으로 이야기 하고 있다.

* 莊生安得~ : 장자가 꿈에 나비가 되었다는 이야기를 인용한 것이다.

榱:서까래 최 簟:대자리 점 蹙:대지를 축 漿:미음 장 撲:칠 박 沿:가장자리 연 眶:눈두덩 광
丫:두갈래질 아 髻:상투 계 腕:팔 완 僵:쓰러질 강

> 又如峻宇高堂에 嘉賓上客이 沽酒市脯하고 鋪筵設席하여 聊娛一日之餘閑이로되 奈爾衆多之莫敵고 或集器皿하고 或屯几格하며 或醉醇酎하여 因之沒溺하여 或投熱羹하여 遂喪其魄하니 諒雖死而不悔나 亦可戒夫貪得이라

해석 또 높은 지붕 좋은 집에서 반갑고 귀한 손님과 술과 마른 고기 안주를 사다가 자리를 펴고 좌석을 마련하여 애오라지 하루의 여가를 즐기려 하나 너희들의 숫자가 대적할 수 없을 정도로 많아 어찌할 방법이 없다. 혹은 그릇에 모여들고 혹은 도마 위에 진치고 있으며 혹은 진한 술에 취하여 인하여 빠져 죽으며, 혹은 뜨거운 국으로 뛰어들어 마침내 그 넋을 잃으니, 진실로 비록 죽어도 후회하지 않겠지만 또한 얻기를 탐하는 것을 경계할 만하다.

> 尤忌赤頭하니 號爲景迹이라 一有霑汚면 人皆不食하나니 奈何引類呼朋하여 搖頭鼓翼하며 聚散倏忽하여 往來絡繹고 方其賓主獻酬하고 衣冠儼飾에 使吾揮手頓足하여 改容失色하니 於此之時에 王衍이 何暇於淸談이며 賈誼堪爲之太息이니 此其爲害者二也라

해석 머리가 붉은 것을 더욱 꺼리니, 경적(景迹)이라 부르는데, 한번 더럽힘이 있으면 사람들은 모두 먹지 않는다. 어찌하여 동류들을 끌어오고 벗을 불러와 머리를 흔들고 날개를 치며 모이고 흩어짐을 삽시간에 하여 끊임없이 왕래하는가? 손님과 주인이 술잔을 올리고 권하며 의관을 엄숙히 꾸미고 있는데 나로 하여금 손을 휘젓고 발을 굴러 모양을 고치고 얼굴빛을 잃게 만드니, 이러한 때에 왕연이 어느 겨를에 청담을 나누겠으며 가의가 그 때문에 크게 탄식할 만하니, 이는 그 피해의 두 번째이다.

* 景迹 : '景'은 크다는 뜻으로, 곧 커다란 자취를 남기는 대단한 놈이라는 별명이다.
* 王衍 : 진(晉)나라 사람으로 종일 청담(淸談) 세월을 보냈다고 함.
* 賈誼 : 가의는 「上文帝書」에서 문제의 실정에 대하여 상서하기를 지금의 정치에 통곡할 만한 일이 한 가지, 눈물을 흘려야 할 일이 두 가지, 그리고 '크게 한숨지어야 할 일'이 여섯 가지 있다고 하였다. 즉, 가의도 이런 경우에는 크게 한숨지을 것이라는 말이다.

倏 : 빠를 숙

又如醯醢之品과 醬鱁之制를 及時月而收藏하여 謹缾甖之固濟어늘 乃衆力以攻鑽하고 極百端而窺覦하며 至於大胾肥牲과 嘉殽美味에 蓋藏이 稍露而罅隙하고 守者或時而假寐하여 纔少怠於防嚴이면 已輒遺其種類하여 莫不養息蕃滋하여 淋漓敗壞하여 使親朋卒至에 索爾以無歡하고 臧獲懷憂하여 因之而得罪하니 此其爲害者三也라

[해석] 또 젓갈의 물품과 장조림을 만든 것을 제철에 미쳐 담아 보관하여 병과 항아리를 단단히 막아놓았는데도 마침내 여러 마리의 힘으로 공격하며 뚫고 온갖 방법으로 엿보며, 큰 고깃점과 살찐 희생, 좋은 안주와 맛있는 음식에 있어서도 덮고 보관함이 조금이라도 드러나 틈이 있거나 지키는 자가 혹시라도 졸아서 잠시라도 방비하기를 소홀히 하면 이미 그 알들을 남겨 놓아 모두 양식하고 번식시켜 음식물이 질척거리고 부패하여, 친한 벗이 갑자기 올 때에 언짢아 기쁘지 못하고, 노비들이 근심을 품어서 인하여 죄를 얻게 되니, 이는 그 피해의 세 번째이다.

是皆大者니 餘悉難名이로다 嗚呼라 止棘之詩 垂之六經하니 於此에 見詩人之博物과 比興之爲精이니 宜乎以爾刺讒人之亂國이라 誠可嫉而可憎이로다

[해석] 이는 모두 그 큰 것이요 나머지는 다 일일이 거론하기 어렵다. 슬프다! 지극의 시가 육경에 전해지고 있으니, 이에 시인의 물건에 대한 박식함과 비와 흥의 정교함을 볼 수 있다. 마땅히 너로써 참소하는 사람이 국가를 혼란시킴을 풍자할 만하니, 진실로 미워할 만하고 가증스럽도다.

* 止棘 : 『시경』의 「청승(青蠅)」이란 시에 나오는 구절로, 이 시의 내용은 참소꾼 소인을 쉬파리에 비유하여 지금 쉬파리가 임금님 가까이(棘)에 앉았으니(止), 제발 그 윙윙거리는 소리를 듣지 말고 조심하라는 뜻을 편 것이다.
* 比興 : 비(比)는 비슷한 것을 예를 들어 비유하는 것. 흥(興)은 자기의 본뜻을 말하기 전에 다른 사물을 끌어다가 먼저 펴는 것이다.

醯 : 육장 혜   醢 : 육장 해   醬 : 젓갈 장   鱁 : 장조림 니   缾 : 두레박 병   甖 : 항아리 앵   鑽 : 뚫을 찬
覦 : 넘겨볼 기   淋 : 질척거릴 림   漓 : 스밀 리

38. 鳴蟬賦

歐陽修

이 글은 매미의 울음소리를 빙자하여 만물의 울음을 논하며, 동시에 사람들의 울음이라 할 수 있는 문장론에 대해 말하고 있다.

嘉祐元年夏에 大雨水어늘 奉詔祈晴於醴泉宮할새 聞鳴蟬하고 有感而賦云이라 肅祠庭以祗事兮여 瞻玉宇之崢嶸이라 收視聽以淸慮兮여 齋予心以薦誠이라 因以靜而求動兮여 見乎萬物之情이라

해석 가우 원년 여름에 큰 비가 내리자, 왕명을 받들어 예천궁에서 날씨가 개기를 빌었는데, 매미소리를 듣고는 감회가 있어 부를 지었다. 사당의 뜰에서 엄숙히 제사를 지냄이여! 사당이 높이 솟음을 본다. 보고 들음을 거두어 생각을 맑게 함이여! 내 마음을 재계하여 정성을 올린다. 인하여 정적인 것으로써 동적인 것을 구함이여! 만물의 실정을 본다.

於是에 朝雨驟止하고 微風不興하니 四無雲而靑天이욧 雷曳曳其餘聲이라 乃席芳菂하고 臨華軒하니 古木數株 空庭草間이라

해석 이에 아침비가 갑자기 멈추고 미풍도 일지 않으니, 사방에 구름 한 점 없어 푸른 하늘이 나타나고, 우레는 우르릉 여운만 울리고 있었다. 이에 아름다운 향풀에 앉아 화려한 집에 임하니, 고목 몇 그루가 빈 뜰의 풀 사이에 있었다.

爰有一物이 鳴于樹顚하니 引淸風以長嘯하고 抱纖柯而永歎이라 嘒嘒非管이요 泠泠若絃하여 裂方號而復咽하고 凄欲斷而還連이라 吐孤韻以難律하여 含五音之自然하니 吾不知其何物이요 其名曰蟬이라

崢:가파를 쟁   嶸:가파를 영   曳:끌 예   菂:향풀 약   嘒:매미소리 혜   泠:맑은소리 령   絃:악기줄 현

해석 이 때 한 마리의 물체가 나무 위에서 우니, 시원한 바람을 이끌어 길게 휘파람불고 가는 나뭇가지를 안고 길게 탄식한다. 맴맴 우는 소리는 피리소리가 아니요, 시원한 목소리는 현악기와 같았다. 찢어질 듯 막 부르짖다가 다시 오열하고, 처절함은 끊어질 듯하다가 다시 이어졌다. 외로운 운을 토하여 율에 맞추기 어려워 다섯 음계의 자연스러움을 품고 있으니, 나는 무엇인지 알지 못하였는데 바로 그 이름이 매미였다.

豈非因物造形하여 能變化者耶아 出自糞壤하여 慕淸虛者耶아 凌風高飛하여 知所止者耶아 嘉木茂盛에 喜淸陰者耶아 呼吸風露하여 能尸解者耶아 綽約雙鬢이 修嬋娟者耶아 其爲聲也不樂不哀요 非宮非徵(치)라 胡然而鳴이며 亦胡然而止오

해석 어찌 물건에 따라 형체를 만들어 능히 변화하는 놈이 아닌가? 거름에서 나와 맑고 공허함을 사모하는 자인가? 바람을 타고 높이 날아 그칠 곳을 아는 자인가? 아름다운 나무가 무성함에 시원한 그늘을 좋아하는 자인가? 바람과 이슬을 호흡하여 신선이 되려는 자인가? 아리따운 두 갈래 귀밑머리가 길고 아름다운 자인가? 그 소리는 즐겁지도 않고 슬프지도 않으며 궁성(宮聲)도 아니요 치성(徵聲)도 아니었다. 어쩌면 그렇게 울며 어쩌면 그렇게 멈추는가?

吾嘗悲夫萬物이 莫不好鳴이라 若乃四時代謝에 百鳥嚶兮며 一氣候至에 百蟲驚兮라 嬌兒姹女는 語鸝庚兮요 鳴機絡緯는 響蟋蟀兮라 轉喉弄舌이 誠可愛兮요 引腹動股는 豈勉强而爲之兮아

해석 나는 일찍이 만물이 울기를 좋아하지 않음이 없음을 서글퍼한다. 사계절이 번갈아 올 때엔 온갖 새가 지저귀며, 한 계절이 올 때엔 온갖 벌레가 놀란다. 예쁜 아이와 아리따운 계집의 목소리 같은 것은 꾀꼬리의 노래요, 베틀을 울리며 실을 짜는 것 같은 소리는 귀뚜라미의 노래이다. 목청을 굴리고 혀를 놀리는 것이 진실로 사랑스러울 만하여, 배를 당기고 다리를 움직임은 어찌 억지로 힘써서이겠는가?

鸝 : 꾀꼬리 리　蟋 : 귀뚜라미 실　蟀 : 귀뚜라미 솔

> 至於汚池濁水에 得雨而聒兮며 飮泉食土하여 長夜而歌兮라 彼蝦蟆는 固若有欲이어니와 而蚯蚓은 亦何求兮오 其餘大小萬狀을 不可悉名이로되 各有氣類하고 隨其物形하여 不知自止하여 有若爭能이라가 忽時變以物改면 咸漠然而無聲이라

해석 웅덩이와 연못의 탁한 물에서는 (개구리가) 비를 얻어 시끄럽게 울며, (지렁이는) 샘물을 마시고 흙을 먹으면서 긴 밤에 노래한다, 저 개구리는 진실로 욕망이 있는 거 같은데, 지렁이는 또한 무엇을 구하는 것인가? 그 나머지 크고 작은 만 가지 형상을 다 거론할 수 없으나 각각 종류에 따라 타고난 본능이 있고 주어진 환경에 따라 모양을 달리하여 스스로 그칠 줄 몰라 마치 재능을 다투는 듯하다가 갑자기 계절이 변하고 환경이 바뀌면 모두 조용하여 소리를 내지 않는다.

> 嗚呼라 達士所齊는 萬物一類라 人於其間에 所以爲貴는 蓋以巧其語言하며 又能傳於文字라 是以로 窮彼思慮하며 耗其血氣하며 或吟哦其窮愁하고 或發揚其志意하여 雖共盡於萬物이나 乃長鳴於百世하니 予亦安知其然哉리오 聊爲樂以自喜라 方將考得失, 較同異러니 俄而雲陰復興하고 雷電俱擊하여 大雨旣作하니 蟬聲遂息하니라

해석 아! 슬프다. 통달한 선비가 똑같이 여기는 바는 만물을 한 가지로 보는 것이다. 사람이 그 사이에 귀한 까닭은 그 언어를 세련되게 구사하며 게다가 문자로 전달할 수 있기 때문이다. 이 때문에 저 생각을 다하고 그 혈기를 소모하여 혹은 곤궁함과 시름을 읊고, 혹은 그 의지를 피력하여 비록 만물과 함께 생명을 다하지만 마침내 먼 후대까지 길이 울리니, 내 또한 어찌 그 그러함을 알겠는가? 애오라지 즐거워하며 스스로 기뻐할 뿐이다. 바야흐로 득실을 상고하고 같고 다름을 비교하려고 하였는데, 갑자기 캄캄한 구름이 다시 일고 우레와 번개가 함께 쳐서 큰 비가 막 쏟아지니, 매미의 울음소리는 마침내 그치고 말았다.

蝦 : 두꺼비 하 蟆 : 두꺼비 막 蚯 : 지렁이 구 蚓 : 지렁이 인 哦 : 읊을 아

39. 縱囚論

歐陽修

당(唐) 정관(貞觀) 6년, 태종(太宗)은 사형수 390명을 석방하여 귀가시키고 그 다음 해 가을에 돌아와 사형에 임할 것을 지시하는 것으로 은덕을 나타내었다. 사형수들은 모두 때맞춰 돌아왔고, 태종은 그 의로움을 칭찬하며 사면시켜주었는데 세상 사람들이 이를 두고 '은덕(恩德)을 베풀고 신의(信義)를 알았다.'고 칭찬했다. 구양수(歐陽脩)는 이 일에 대해, "윗사람과 아랫사람이 서로의 마음을 훔쳤기 때문에 이런 명예를 이룬 것"이라고 하며 꾸며낸 마음 상태를 비난했다.

信義는 行於君子하고 而刑戮은 施於小人하나니 刑入于死者는 乃罪大惡極이니 此又小人之尤甚者也요 寧以義死언정 不苟幸生하여 而視死如歸는 此又君子之尤難者也라

해석 신의는 군자에게 행해지고 형벌은 소인에게 시행되니, 형벌이 사형에 까지 이른 자는 죄가 크고 악행이 극에 이른 것이니, 이는 또 소인 중에서도 더욱 심한 자요, 차라리 정의를 따라 죽을지언정 구차히 요행으로 살려고 하지 아니하여 죽음을 보기를 자기 집에 돌아가는 것처럼 여기는 자는 이 또한 군자 중에서도 특히 어려운 것이다.

方唐太宗之六年에 錄大辟囚三百餘人하여 縱使還家하고 約其自歸以就死하니 是는 以君子之難能으로 期小人之尤者以必能也라 其囚及期而卒自歸하여 無後者하니 是는 君子之所難이요 而小人之所易也니 此豈近於人情이리오

해석 당태종 6년에 사형수 3백여 명을 기록하여 석방하여 집에 돌아가게 하고는 그들이 스스로 돌아와 죽음에 나아가도록 약속하였으니, 이는 군자도 하기 어려운 것을 소인 중에서도 특히 심한 자에게 반드시 해내기를 기대하는 것이다. 그런데 죄

수들이 약속 날짜에 미쳐 마침내 스스로 돌아와서 뒤늦은 자가 없었으니, 이는 군자는 하기 어려운 바요, 소인은 하기 쉬운 바이다. 이 어찌 인정에 가깝겠는가?

> 或曰 罪大惡極은 誠小人矣나 及施恩德以臨之하여는 可使變而爲君子하니 蓋恩德入人之深而移人之速이 有如是者矣니라

해석 어떤 이는 말하기를 "죄가 크고 악이 극에 이른 것은 진실로 소인이지만 은덕을 베풀어 그들을 대함에 미쳐서는 그들로 하여금 변화하여 군자가 되게 할 수 있으니, 은덕이 사람에게 들어감이 깊고 사람을 변화시킴이 신속함이 이와 같다"고 하였다.

> 曰 太宗之爲此는 所以求此名也라 然이나 安知夫縱之去也에 不意其必來以冀免하여 所以縱之乎며 又安知夫被縱而去也에 不意其自歸而必獲免하여 所以復來乎아

해석 나는 이에 대하여 다음과 같이 말한다. "태종이 이런 일을 한 것은 이러한 명예를 구하려고 한 것이다. 그러나 태종이 그들을 석방하여 보낼 때에 그들이 반드시 돌아와서 사면되기를 바랄 것이라고 생각하여 이 때문에 그들을 놓아준 것이 아님을 어찌 알 것이며, 또 죄수들이 석방되어 떠나갈 때에 스스로 돌아오면 반드시 사면을 받을 것이라고 생각하여 이 때문에 다시 온 것이 아님을 어찌 알겠는가?

> 夫意其必來而縱之면 是는 上賊下之情也요 意其必免而復來면 是는 下賊上之心也니 吾見上下交相賊하여 以成此名也로니 烏有所謂施恩德與夫知信義者哉리오 不然이면 太宗施德於天下 於茲六年矣라 不能使小人不爲極惡大罪하고 而一日之恩이 能使視死如歸而存信義는 此又不通之論也니라

해석 반드시 돌아오리라고 생각하여 놓아주었다면 이는 윗사람이 아랫사람의 마음을 훔친 것이요, 반드시 사면될 것이라고 생각하여 다시 왔다면 이는 아랫사람들이

윗사람의 마음을 훔친 것이니, 내가 보기에는 윗사람과 아랫사람이 서로 훔쳐서 이런 명성을 이룬 것이니, 어디에 이른바 은덕을 베풀고 신의를 앎이 있는가? 그렇지 않다면, 태종이 천하에 덕을 베푼 지가 이때에 6년이었는데 소인으로 하여금 극악대죄를 짓지 않게 하지 못하고, 하루아침의 은혜로 능히 죽음을 보기를 집으로 돌아가는 것처럼 여겨 신의를 보존하게 하였다는 것은 이는 통할 수 없는 논리이다."

然則何爲而可오 曰縱而來歸어든 殺之無赦하고 而又縱之而又來면 則可知爲恩德之致爾라 然이나 此는 必無之事也라 若夫縱而來, 歸而赦之는 可偶一爲之爾니 若屢爲之면 則殺人者皆不死하리니 是可爲天下之常法乎아 不可爲常者 其聖人之法乎아

해석 그러하면 어찌하면 되겠는가? 석방했다가 돌아오거든 죽이고 용서하지 말고, 그 후에 또 석방해도 다시 온다면 이는 은덕의 소치임을 알 수 있다. 그러나 이는 반드시 있을 수 없는 일이다. 놓아주면 돌아오고, 돌아오면 석방해주는 것은, 우연히 어쩌다가 한 번 할 수 있을 뿐이니, 만일 여러 번 이렇게 한다면 사람을 죽인 자가 모두 죽지 않을 것이니, 이것이 천하의 떳떳한 법이 될 수 있겠는가? 떳떳한 법이 될 수 없는 것이 어찌 성인의 법이겠는가?

是以로 堯舜三王之治는 必本於人情하여 不立異以爲高하며 不逆情以干譽하나니라

해석 이러므로 요순과 삼왕의 정치는 반드시 인정에 근본하여 특이한 것을 내세워 높은 체하지 않고, 인정을 미리 헤아려 명예를 구하지 않은 것이다.

40. 朋黨論

歐 陽 修

송(宋) 인종(仁宗) 천성(天聖) 말년에 범중엄(范仲淹)이 정치를 비판하는 상소를 올렸다. 이로 인해 그는 구양수(歐陽脩)를 비롯한 여러 친구들과 함께 좌천되었다. 후에 다시 조정에서 집정하자 그는 구양수를 간관의 영수로 발탁하였다. 이에 대해 남선진(藍先振)은 이들을 붕당이라며 비판하였는데 이 글은 구양수가 벗들을 변호하기 위해 쓴 글이다.

臣聞朋黨之說이 自古有之하니 惟幸人君이 辨其君子小人而已라 大凡君子는 與君子로 以同道爲朋하고 小人은 與小人으로 以同利爲朋하나니 此自然之理也라

해석 신은 들자오니, 붕당에 관한 말은 예로부터 있었으니, 오직 다행히 인군이 그 군자와 소인을 분별할 뿐입니다. 대체로 군자는 군자와 더불어 도를 함께 하여 붕당이 되고, 소인은 소인과 더불어 이익을 함께 하여 붕당이 되니, 이는 자연의 이치입니다.

然이나 臣謂小人無朋이요 惟君子則有之라하노니 其故何哉오 小人은 所好者利祿也요 所貪者財貨也니 當其同利之時하여 暫相黨引以爲朋者는 僞也라 及其見利而爭先하고 或利盡而交疏하여는 甚者反相賊害하여 雖其兄弟親戚이라도 不能相保라 故臣謂小人無朋이요 其暫爲朋者는 僞也라하노이다

해석 그러나 신은 '소인은 붕당이 없고 오직 군자만이 있다.'고 생각합니다. 그 이유는 어째서인가? 소인은 좋아하는 것이 이익과 녹봉이요 탐하는 것이 재화입니다. 이익을 함께 할 때를 당하여 잠시 서로 당을 만들어 끌어들여서 붕당을 하는 것은 거짓입니다. 그 이익을 봄에 미쳐서는 앞을 다투고 혹 이익이 다하면 교분이 소원해져서 심한 자는 도리어 서로 해쳐 비록 형제간과 친척이라도 서로 보존하지 못합니다. 그러므로 신은 이르기를 '소인은 붕당이 없고, 잠시 붕당을 하는 것은 거짓이다.' 라고 하는 것입니다.

君子則不然하여 所守者道義요 所行者忠信이요 所惜者名節이라 以之修身이면 則同道而相益하고 以之事國이면 則同心而共濟하여 終始如一하니 此君子之朋也라 故로 爲人君者는 但當退小人之僞朋하고 用君子之眞朋이면 則天下治矣리이다

해석 군자는 그렇지 않아, 지키는 것은 도의요 행하는 것은 충신이며 아끼는 것은 명예와 절개입니다. 이로써 몸을 닦으면 도를 함께 하여 서로 유익하고, 이로써 나라를 섬기면 마음을 함께 하여 서로 도와 시종여일하니, 이는 군자의 붕당입니다. 그러므로 군주가 된 자가 마땅히 소인의 거짓된 붕당을 물리치고 군자의 참된 붕당을 쓴다면 천하가 다스려질 것입니다.

堯之時에 小人共工驩兜等四人이 爲一朋하고 君子八元八愷十六人이 爲一朋이어늘 舜佐堯하사 退四凶小人之朋하시고 而進元愷君子之朋하시니 堯之天下大治하고 及舜自爲天子하여는 而皐夔稷契等二十二人이 幷列于朝하여 更相稱美하며 更相推讓하여 凡二十二人이 爲一朋이어늘 而舜皆用之하사 天下亦大治하니이다

해석 요임금 때에 소인인 공공·환두 등 네 사람이 한 붕당이 되었고, 군자인 여덟 명의 선한 사람과 여덟 명의 훌륭한 사람 16명이 한 붕당이 되었었는데, 순임금은 요임금을 도와 네 명의 흉악한 소인의 붕당을 물리치고 팔원·팔개 등 군자의 붕당을 등용하여 요임금의 천하가 크게 다스려졌으며, 순임금이 스스로 천자가 됨에 이르러서는 고요·기·직·설 등 22명이 함께 조정에 나란히 배석하여 서로 함께 아름다움을 칭찬하고 서로 추대하고 사양하여, 22명이 한 붕당이 되었는데 순임금은 이들을 모두 등용하여 천하가 또한 크게 다스려졌습니다.

書曰 紂有臣億萬호되 惟億萬心이어니와 周有臣三千하니 惟一心이라하니 紂之時에 億萬人이 各異心하니 可謂不爲朋矣로되 然紂以此亡國하고 周武王之臣은 三千人이 爲一大朋하여 而周用以興하니이다

해석　『서경』에 이르기를 '주(紂)임금은 억만 명의 신하를 두었으나 억만 개의 마음이었고, 주나라는 신하 3천 명이 있는데 오직 한 마음이었다.' 하였습니다. 주임금의 시절에 억만 사람이 각기 마음을 달리 하였으니, 붕당을 하지 않았다고 말할 만하지만 주임금은 이 때문에 나라가 망하였고, 주나라 무왕의 신하는 3천명이 하나의 커다란 붕당이 되었으나 주나라는 이들을 등용하여 흥하였습니다.

> 後漢獻帝時에 盡取天下名士하여 囚禁之하고 目爲黨人이러니 及黃巾賊起하여 漢室大亂일새 後方悔悟하여 盡解黨人而釋之나 然已無救矣요 唐之晚年에 漸起朋黨之論이러니 及昭宗時에 盡殺朝之名士하여 或投之黃河曰 此輩는 淸流라 可投濁流라하니 而唐遂亡矣니이다

해석　후한 헌제 때에 천하의 이름난 선비들을 모두 잡아 감금시키고 당인이라 지목하였는데, 황건적이 일어남에 이르러 한나라 황실이 크게 혼란하자, 뒤늦게 비로소 뉘우치고 깨달아 당인들을 모두 풀어 석방하였으나 이미 구원할 수가 없었으며, 당나라 말년에 점점 붕당에 관한 논의가 일어나기 시작하여 소종 때에 이르러 조정의 명사들을 모두 죽이고 혹은 이들을 황하에 던지며 말하기를 '이들은 청류이니 탁류에 던질 만하다.'하였는데, 당나라는 마침내 망하였습니다.

> 夫前世之主 能使人人異心하여 不爲朋이 莫如紂요 能禁絶善人爲朋이 莫如漢獻帝요 能誅戮淸流之朋이 莫如唐昭宗之世나 然皆亂亡其國하고 更相稱美推讓而不自疑가 莫如舜之二十二人이요 舜亦不疑而皆用之나 然而後世에 不誚舜爲二十二人朋黨所欺하고 而稱舜爲聰明之聖者는 以其能辨君子與小人也라

해석　전대의 군주 중에 사람마다 마음을 달리하여 붕당을 하지 못하게 함은 주임금 만한 이가 없고, 선인이 붕당을 하는 것을 금한 것은 후한의 헌제만한 이가 없고, 청류의 붕당을 주륙함은 당나라 소종의 시대만한 적이 없습니다. 그러나 모두 그 나라를 혼란시키고 멸망하였으며, 서로 찬미하고 추대하고 사양하여 서로 의심하지 않음은 순임금의 22명 만한 이가 없고, 순임금도 또한 이들을 의심하지 않고 모두 썼으나 후세에서는 순임금이 22명의 붕당에게 속임을 당하였다고 꾸짖지 않고, 순임금을 총명한 성군이라고 칭찬하는 것은 군자와 소인을 분별하였기 때문입니다.

> 周武之世에 擧其國之臣三千人이 共爲一朋하니 自古爲朋之多且大가 莫如周나 然周用此以興者는 善人雖多而不厭也일새니 夫興亡治亂之迹을 爲人君者 可以鑑矣니이다

해석 주나라 무왕의 시대에 온 나라의 신하 3천명이 함께 하나의 붕당이 되었으니, 예부터 붕당을 함에 많고 또 큼은 주나라만한 나라가 없었으나, 주나라가 이들을 등용하여 흥한 것은 선인은 비록 많더라도 싫지 않기 때문입니다. 흥망과 치란의 자취를 군주가 된 자는 거울로 삼아야 할 것입니다.

41. 名二子說

蘇洵

소순은 두 아들을 두었는데 큰 아들은 소식(蘇軾), 작은 아들은 소철(蘇轍)이다. 이 글은 소순이 두 아들의 이름을 설명한 것이다.

輪輻蓋軫이 皆有職乎車로되 而軾은 獨若無所爲者라 雖然이나 去軾則吾未見其爲完車也로니 軾乎아 吾懼汝之不外飾也하노라

해석 바퀴·바퀴살·덮개·수레 뒤턱나무는 모두 수레에 맡은 기능이 있으나 수레 앞 가로막이 나무만 유독 하는 것이 없는 듯하다. 그러나 수레 앞 가로막이 나무를 빼고 나서는 그 완전한 수레가 된 것을 보지 못했으니, 식(軾)아! 나는 네가 겉치장을 하지 않을까 걱정이 된다.

天下之車 莫不由轍이로되 而言車之功에 轍不與焉이라 雖然이나 車仆馬斃라도 而患不及轍하나니 是轍者는 禍福之間이니 轍乎아 吾知免矣로라

해석 천하의 수레가 바퀴자국을 따르지 않음이 없으나 수레의 공로를 말할 때에 바퀴자국은 포함하지 않는다. 그러나 수레가 넘어지고 말이 죽더라도 후환이 바퀴자국에게는 미치지 않으니, 이 바퀴자국은 화와 복의 중간인 것이다. 철(轍)아! 나는 네가 화를 면할 것을 알 수 있다.

輪 : 바퀴 륜 輻 : 바퀴살 복 軫 : 수레 뒤 가로나무 진 軾 : 수레 앞턱 가로나무 식 仆 : 엎드릴 부 斃 : 넘어질 폐

42. 前赤壁賦

蘇軾

이 글은 소동파(蘇東坡)가 47세 때 달 밝은 밤에 적벽강에 배를 띄워 노닐면서 지은 글이다. 적벽은 두 곳이 있는데, 하나는 호북성(湖北省) 황주(黃州)에 있는 명승지로 바로 동파가 적벽부를 지은 곳이다. 다른 하나는 삼국시대 오나라 손권(孫權)의 장군 주유(周瑜)가 조조(曹操)의 백만 대군을 대파했던, 적벽대전이 있었던 곳을 말한다. 동파가 적벽에서 노닐면서 옛 영웅호걸의 고사를 회고한 것은 오로지 같은 이름에서 연유한 것이다.

壬戌之秋七月旣望에 蘇子與客泛舟하여 遊於赤壁之下하니 淸風은 徐來하고 水波는 不興이라 擧酒屬客하여 誦明月之詩하고 歌窈窕之章이러니 少焉에 月出於東山之上하여 徘徊於斗牛之間하니 白露는 橫江하고 水光은 接天이라

해석 임술년 가을 7월 16일에 내가 객과 함께 배를 띄워 적벽강 아래에서 놀았는데, 맑은 바람은 서서히 불어오고 물결은 일지 않았다. 술잔을 들어 객에게 권하고 명월의 시를 외우며 요조의 구절을 노래하였는데, 조금 있다가 달이 동산의 위로 떠올라 두와 우 두 별자리 사이에서 배회하니, 흰 이슬은 강을 가로질러 있고 물빛은 하늘을 접해 있었다.

* 明月, 窈窕 : 『시경』「월출」의 시에 나온 '月出皎兮 佼人僚兮 舒窈糾兮 勞心悄兮'라는 구절을 말한다.

縱一葦之所如하여 凌萬頃之茫然하니 浩浩乎如憑虛御風而不知其所止하고 飄飄乎如遺世獨立하여 羽化而登仙이라 於是飮酒樂甚하여 扣舷而歌之하니 歌曰 桂棹兮蘭槳으로 擊空明兮泝流光이로다 渺渺兮余懷여 望美人兮天一方이로다

葦 : 갈대 위　凌 : 능가할 릉　飄 : 회오리바람 표　舷 : 뱃전 현

해석   갈대만한 작은 배가 가는 데로 놔두어 만경의 아득한 물결을 타고 가니, 매우 넓어서 마치 허공에 의지하고 바람을 타고 가는 듯하여 그칠 바를 모르겠고, 두둥실 떠 있는 떠다님이 세상을 버리고 홀로 서서 날개가 돋아 신선으로 오르는 듯하였다. 이에 술을 마시며 몹시 즐거워 뱃전을 두드리고 노래하니, 그 노래에 이르기를 "계수나무 노와 목란 상앗대로 물속에 비치는 달그림자를 치며 흐르는 달빛을 거슬러 올라간다. 아득하고 아득한 내 마음이여! 미인을 바라보니 하늘 한 쪽에 있도다!" 하였다.

客有吹洞簫者하여 倚歌而和之하니 其聲이 嗚嗚然하여 如怨如慕하며 如泣如訴하고 餘音嫋嫋하여 不絶如縷하니 舞幽壑之潛蛟하고 泣孤舟之嫠婦라 蘇子愀然正襟危坐而問客曰 何爲其然也오

해석   객중에 퉁소를 부는 자가 있어 노래에 맞추어 부니, 그 소리가 오열하는 듯하여 원망하는 듯, 사모하는 듯, 우는 듯, 하소연하는 듯하고, 여운이 가냘프고 길게 이어져 끊이지 않음이 실 끝과 같으니, 그윽한 골짜기에 잠겨 있는 교룡을 춤추게 하고, 외로운 배의 과부를 울릴 만하였다. 내가 애처로이 옷깃을 여미고 바르게 앉아 객에게 묻기를 "어찌하여 그렇게 슬피 퉁소를 부는가?"

客曰 月明星稀에 烏鵲南飛는 此非曹孟德之詩乎아 西望夏口하고 東望武昌이라 山川相繆하여 鬱乎蒼蒼하니 此非孟德之困於周郎者乎아 方其破荊州, 下江陵하여 順流而東也에 舳艫千里요 旌旗蔽空이라 釃酒臨江하고 橫槊賦詩하니 固一世之雄也러니 而今安在哉오

해석   객은 다음과 같이 말하였다. "달이 밝고 별이 드문데 까막까치가 남쪽으로 날아간다는 것이 조조의 시가 아닌가? 서쪽으로 하구를 바라보고 동쪽으로 무창을 바라보니, 산천이 서로 엉켜 울창하니 이는 조조가 주유에게 곤욕을 당한 곳이 아닌가? 그가 형주를 격파하고 강릉으로 내려와 물결을 따라 동쪽으로 진출할 때에 배끼리 서로 맞닿아 천 리에 뻗쳐 있고 깃발이 공중을 가렸다. 술을 걸러 강에 임하고 창을 비껴들고 시를 읊으니, 진실로 한 세상의 영웅이었는데 지금은 어디에 있는가?

愀 : 근심할 초   舳 : 고물 축   艫 : 배 로   旌 : 기 정   蔽 : 덮을 폐   釃 : 거를 시   槊 : 창 삭

況吾與子는 漁樵於江渚之上하여 侶魚鰕而友麋鹿이라 駕一葉之扁舟하여 擧匏樽以相屬하니 寄蜉蝣於天地요 渺滄海之一粟이라 哀吾生之須臾하고 羨長江之無窮이라 挾飛仙以遨遊하며 抱明月而長終이나 知不可乎驟得일새 託遺響於悲風하노라

해석 하물며 나와 그대는 강가에서 고기 잡고 나무하면서 물고기와 새우들과 짝하고 고라니와 사슴들과 벗하고 있다. 한 조각 작은 배를 타고서 술 바가지와 술동이를 들어 서로 권하니, 천지에 하루살이가 붙어있는 것이요 창해에 한 좁쌀처럼 보잘 것 없다. 우리 인생이 덧없이 짧음을 슬퍼하고 장강의 무궁함을 부러워하여, 나는 신선을 끼고 한가로이 놀며 밝은 달을 안고, 오래 살다 생을 마치고 싶지만 이것을 갑자기 얻을 수 없음을 알기에 퉁소소리의 여운을 슬픈 바람에 의탁하는 것이다."

蘇子曰 客亦知夫水與月乎아 逝者如斯로되 而未嘗往也며 盈虛者如彼로되 而卒莫消長也니 蓋將自其變者而觀之면 則天地曾不能以一瞬이요 自其不變者而觀之면 則物與我皆無盡也니 而又何羨乎리오

해석 내가 말하였다. "객은 또한 저 물과 달을 아는가? 흘러가는 것이 이와 같지만 일찍이 아주 가버리지 않으며, 찼다 기울었다 하기를 저처럼 하나 끝내 사라져 없어지거나 자라서 커지지 않는다. 그 변하는 입장에서 본다면 천지도 일찍이 한 순간도 가만히 있지 못하고, 변하지 않는 입장에서 본다면 만물과 내가 모두 무궁무진한 것이니, 또 어찌 부러워할 것이 있겠는가?

且夫天地之間에 物各有主하니 苟非吾之所有인댄 雖一毫而莫取어니와 惟江上之淸風과 與山間之明月은 耳得之而爲聲하고 目寓之而成色하여 取之無禁하고 用之不竭하니 是는 造物者之無盡藏也요 而吾與子之所共樂이니라

侶:짝 려 匏:박 포 蜉:하루살이 부 渺:아득할 묘 臾:잠간 유

해석   또 천지의 사이에 만물은 각기 주인이 있으니, 만일 나의 소유가 아닐진댄 비록 한 털 끝만큼도 취하지 말아야 하거니와 오직 강 위에서 불어오는 맑은 바람과 산 사이의 밝은 달은 귀로 들으면 소리가 되고 눈을 붙이면 색을 이루어, 취하여도 금하는 이가 없고 써도 다하지 않으니, 이는 조물주의 무궁무진한 보고요 나와 그대가 함께 즐거워해야 할 것이다."

客이 喜而笑하고 洗盞更酌하니 肴核이 旣盡이요 盃盤이 狼藉라 相與枕藉乎舟中하여 不知東方之旣白이러라

해석   객은 기뻐하여 웃고 잔을 씻어 번갈아 술을 따르니, 안주와 과일이 이미 다하고 술잔과 소반이 낭자하였다. 서로 배 가운데 베고 깔고 누워서 동쪽하늘이 이미 훤하게 날이 샌 줄을 몰랐다.

43. 後赤壁賦

蘇軾

是歲十月之望에 步自雪堂하여 將歸于臨皐할새 二客이 從予라 過黃泥之坂하니 霜露旣降하고 木葉盡脫이라 人影在地어늘 仰見明月이라 顧而樂之하여 行歌相答이러니

해석 이 해 10월 보름에 설당으로부터 걸어서 장차 임고로 돌아가려 할 적에 두 객이 나를 따라왔다. 黃泥坂을 지나니, 서리와 이슬이 이미 내리고 나뭇잎이 다 떨어졌으므로 사람의 그림자가 비쳐 땅에 있기에 우러러 명월을 보았다. 돌아보고 즐거워하여 길을 걸으며 노래 부르면서 서로 화답하였는데,

已而요 歎曰 有客無酒요 有酒無肴로다 月白風淸하니 如此良夜何오 客曰 今者薄暮에 擧網得魚하니 巨口細鱗이 狀如松江之鱸라 顧安所得酒乎아 歸而謀諸婦하니 婦曰 我有斗酒하여 藏之久矣라 以待子不時之需로라

해석 이윽고 탄식하기를 "손님이 있으면 술이 없고 술이 있으면 안주가 없도다. 달이 밝고 바람이 시원하니, 이처럼 좋은 밤에 어찌 한단 말인가?" 하자, 객이 말하기를 "오늘 저녁 무렵에 그물을 들어 고기를 잡았는데, 입이 크고 비늘이 가늘어 모양이 송강의 농어와 같습니다. 다만 어느 곳에서 술을 구하겠습니까?" 하였다. 내가 돌아와서 아내에게 상의하자, 아내가 말하기를 "내가 한 말 술을 두어 보관한 지가 오래되었는데, 당신이 불시에 찾을 때를 기다린 것입니다." 하였다.

於是에 携酒與魚하고 復遊於赤壁之下하니 江流有聲하고 斷岸千尺이라 山高月小하고 水落石出하니 曾日月之幾何완대 而江山을 不可復識矣라 予乃攝衣而上하여 履巉巖하고 披蒙茸하여 踞虎豹하고 登虯龍하여 攀棲鶻之危巢하고 俯馮夷之幽宮하니 蓋二客之不能從焉이라

薄: 엷을 박   鱸: 농어 로   攝: 당길 섭   巉: 가파를 참   茸: 우거질 용   攀: 더위잡을 반   棲: 살 서   鶻: 송골매 골

해석 이에 술과 고기를 가지고 다시 적벽강 아래에서 노니, 흐르는 강물 소리가 들려오고 깎아지른 언덕은 천 척이나 되었다. 산이 높고 달이 작으며 물이 줄어 돌이 드러나니, 일찍이 세월이 얼마나 지났기에 강산을 다시 기억할 수가 없었다. 나는 마침내 옷자락을 걷어잡고 올라가서 높은 바위를 밟고 우거진 풀속을 헤치고, 호랑이와 표범 모양의 바위에 걸터앉고 뱀과 용 모양의 나무에 올라가, 새매가 살고 있는 높은 둥지에 올라가고 풍이의 깊숙한 수궁을 굽어보니, 두 객은 따라오지 못하였다.

> 劃然長嘯하니 草木震動이라 山鳴谷應하고 風起水涌하니 予亦悄然而悲하고 肅然而恐하여 凜乎其不可留也라 反而登舟하여 放乎中流하여 聽其所止而休焉이러니 時夜將半에 四顧寂寥한대 適有孤鶴이 橫江東來하니 翅如車輪이요 玄裳縞衣로 戞然長鳴하여 掠予舟而西也라

해석 갑자기 큰 소리를 지르니, 초목이 진동하고 산이 울림에 골짜기가 메아리치며 바람이 일고 물이 솟는 듯하였다. 내 또한 조용하다가 슬퍼지고 숙연히 두려워져 오래 머물 수가 없었다. 돌아와 배에 올라 중류에 이르러 배가 멈추는 대로 내버려두고 쉬었다. 때는 밤이 막 깊어지려 하여 사방을 돌아보아도 조용하기만 하였는데, 마침 외로운 학 한 마리가 강을 가로질러 동쪽으로 오니, 나래가 수레바퀴만 하며, 검은 치마에 흰 옷을 입고는 끼륵끼륵 길게 울면서 내 배를 스쳐 서쪽으로 지나갔다.

> 須臾에 客去하고 予亦就睡러니 夢에 一道士羽衣翩躚하여 過臨皐之下라가 揖予而言曰 赤壁之遊樂乎아 問其姓名하니 俛而不答이라 嗚呼噫嘻라 我知之矣로라 疇昔之夜에 飛鳴而過我者 非子也耶아 道士顧笑하고 予亦驚悟하여 開戶視之하니 不見其處라

해석 조금 후에 객이 떠나가고 나 또한 잠을 자고 있었는데, 꿈에 한 도사가 깃으로 만든 옷을 펄럭이면서 임고정 아래를 지나다가 나에게 읍하고 말하기를 "적벽강의 뱃놀이가 즐거웠는가?" 하였다. 나는 그의 성명을 물었으나 굽어보고 대답하지 않았다. "아! 슬프다. 내 그대를 알겠노라. 어젯밤에 울면서 내 배를 스쳐 지나간 것이 그대가 아닌가?" 하니, 도사는 돌아보고 웃었으며, 나 또한 놀래서 잠을 깨어 창문을 열고 보니, 그가 간 곳을 알 수 없었다.

翅 : 날개 시   戞 : 학 울음소리 알   翅 : 날개 시   躚 : 춤출 선   疇 : 지난번 주

44. 六一居士集序

蘇軾

소식이 스승 구양수의 문집을 편찬하고 그 앞에 쓴 서문이다. 스승에 대한 존경이 잘 드러나며 동시에 唐代 한유, 유종원을 중심으로 전개 되었던 고문운동을 宋代에 이르러 구양수가 다시 계승 발전시킨 점에 대해 구양수를 크게 칭송한 글이다.

夫言有大而非誇하니 達者는 信之하고 衆人은 疑焉하나니라 孔子曰 天之將喪斯文也인댄 後死者不得與於斯文也라하시고 孟子曰 禹抑洪水하시고 孔子作春秋하시고 而余距楊墨이라하시니 蓋以是配禹也라 文章之得喪이 何與於天이완대 而禹之功이 與天之幷이어늘 孔子孟子以空言配之하시니 不已誇乎아

해석 말에는 크지만 과장이 아닌 것이 있으니, 이치를 통달한 자는 이를 믿고 평범한 사람들은 이를 의심한다. 공자께서 말씀하시기를 "하늘이 장차 이 文을 망하게 하려고 하셨다면 뒤에 죽는 내가 이 文에 참여할 수 없었을 것이다." 하셨고, 맹자께서 말씀하시기를 "우임금은 홍수를 억제하였고, 공자께서는 『춘추』를 지으셨고, 나는 양자와 묵자를 막았다." 하셨으니, 이로써 우임금과 나란히 한 것이다. 문장의 얻고 잃음이 하늘과 무슨 상관이기에 우임금의 공적이 하늘과 나란히 놓일 만하지만 공자와 맹자가 빈 말로써 우임금과 나란히 하고 있으니, 너무 과장된 것이 아니겠는가?

自春秋作而亂臣賊子懼하고 孟子之言行에 而楊墨之道廢하니 天下以爲是固然이요 而不知大其功이러니 孟子旣沒에 有申商韓非之學이 違道而趨利하고 殘民以厚生〔主〕하여 其說이 至陋也어늘 而士以是로 罔其上이어든 上之人인 僥倖一切之功하여 靡然從之호되 而世無大人先生如孔子孟子者 推其本末하고 權其禍福之輕重하여 以救其惑이라

해석 『춘추』가 지어진 뒤로 난신적자들이 두려워하였고, 맹자의 말씀이 행해지자 양자와 묵자의 도가 폐지되었으니, 천하가 이것을 당연하다고 여기고 그 공을 위대하게 여길 줄을 알지 못하였다. 그런데 맹자가 별세하신 뒤에 신불해·상앙·한비자의 학술이 도를 어기고 이익을 따르며 백성을 해치고 군주를 후하게 하여 그 말이 지극히 비루한 것인데도 선비들은 이로써 그 윗사람을 속이고, 윗사람들은 모든 공을 요행으로 바라서 모두가 이를 따랐으나 이때 세상에 위대한 선생으로서 공자와 맹자처럼 그 본말을 미루고 화복의 경중을 잘 헤아려 그 의혹을 바로잡아주는 이가 없었다.

故로 其學이 遂行하여 秦以是喪天下하고 陵夷至於勝廣劉項之禍하여 死者十八九라 天下蕭然하니 洪水之患이 蓋不之此也라 方秦之未得志也에 使復有一孟子런들 則申韓爲空言이니 作於其心하여 害於其事하며 作於其事하여 害於其政者 必不至若是烈也리라 使楊墨得志於天下런들 其禍豈減於申韓哉리오 由此言之컨대 雖以孟子配禹라도 可也니라

해석 그러므로 그들의 학설이 마침내 행해져서 진나라는 이로써 천하를 잃었고, 침체하여 진승·오광·유방·항우의 화에 이르러서는 죽은 자가 열에 여덟·아홉이 되어 천하가 쓸쓸해졌으니, 홍수의 재앙도 이처럼 심하지는 않았다. 진나라가 천하를 정복하지 않았을 때에 가령 다시 맹자 한 사람만 있었더라면 신불해와 한비자의 학설은 헛소리가 되었을 것이요, 그 마음에서 나와 일에 해를 끼치며 일에 나와 정사를 해치는 자들이 이처럼 심하지는 않았을 것이다. 그리고 가령 양자와 묵자가 천하에 뜻을 얻었다 하더라도 그 화가 어찌 신불해와 한비자보다 적었겠는가? 이로 말미암아 말한다면 비록 맹자를 우임금과 나란히 해도 가한 것이다.

太史公曰 蓋(합)公은 言黃老하고 賈誼晁錯는 明申韓이라하니 錯는 不足道也어니와 而誼亦爲之하니 余以是로 知邪說之移人이 雖豪傑之士라도 有不免者하니 況衆人乎아

해석 태사공이 말하기를 "합공은 황로의 학설을 말하였고 가의와 조조는 신불해와 한비자의 학설을 밝혔다." 하였으니, 조조는 굳이 말할 것이 없거니와 가의도 또한 이것을 하였으니, 나는 이 때문에 부정한 학설이 사람을 변화시킴은 비록 호걸스런 선비라도 면할 수 없음을 알게 되었으니, 하물며 보통사람에 있어서랴!

晁 : 아침 조

自漢以來로 道術이 不出於孔氏하여 而亂天下者多矣라 晉以老莊亡하고 梁以佛亡하되 莫或正之러니 五百餘年而後에 得韓愈하니 學者以愈配孟子하니 或庶幾焉이라

해석 한나라 이래로 나라의 도리와 정치의 방법이 공자의 도에서 나오지 아니하여 천하를 어지럽힌 적이 많았다. 진나라는 노장학으로 망하였고, 양나라는 불교로 망하였으나 이것을 혹시라도 바로잡는 이가 없었는데, 5백여 년이 지난 뒤에 한유를 얻으니, 배우는 자들은 한유를 맹자와 나란히 하니 아마 거의 근접할 것이다.

愈之後三百有餘年而後에 得歐陽子하니 其學이 推韓愈孟子하여 以達於孔氏하고 著禮樂仁義之實하여 以合於大道라 其言이 簡而明하고 信而通하여 引物連類하여 折之於至理하여 以服人心이라

해석 한유의 뒤 3백여 년 만에 구양자를 얻으니, 그 학문은 한유와 맹자를 미루어 공자에 도달하였으며, 인의와 예악의 실제를 드러내어 대도에 합하였으니, 그 말이 간략하면서도 분명하고 신실하면서도 통달하여, 만물을 끌어들여 종류를 연결하여 지극한 이치에 절충하여 사람들의 마음을 감동시켰다.

故天下翕然師尊之라 自歐陽子之存으로 世之不悅者 譁而攻之하여 能折困其身이로되 而不能屈其言이라 士無賢不肖히 不謀而同曰 歐陽子는 今之韓愈也라하나니라

해석 그러므로 천하에서는 일제히 그를 스승으로 삼고 높였다. 구양자가 생존하였을 때부터 세상에서 그를 좋아하지 않는 자들이 시끄럽게 공격하여 그 몸을 좌절시키고 곤궁하게 할 수는 있었지만 그의 말을 굽힐 수는 없었다. 선비 중에 어진 이나 불초한 이를 막론하고 상의하지 않았는데도 똑같이 "구양자는 지금의 한유다." 라고 말하고 있다.

譁 : 떠들 화

> 宋興七十餘年에 民不知兵하고 富而敎之하여 至天聖景祐에 極矣로되 而斯文이 終有愧於古하고 士亦因陋守舊하여 論卑而氣弱이러니 自歐陽子出로 天下爭自濯磨하여 以通經學古爲高하고 以救時行道爲賢하고 以犯顔敢諫爲忠하여 長育成就하여 至嘉祐末하여 號稱多士하니 歐陽子之功이 爲多라 嗚呼라 此豈人力也哉아 非天이면 其孰能使之리오

해석 송나라가 일어난 지 70여 년에 백성들은 병란을 몰랐으며 부유하게 하고 잘 가르쳐서 인종의 천성·경우 연간에 이르러 극에 달하였으나 이 文은 끝내 옛날에 비해 부끄러움이 있었고, 선비들 또한 고루함을 따르고 옛것을 지켜서 의론이 낮고 기개가 약하였다. 그런데 구양자가 나온 뒤로 천하가 다투어 스스로 갈고 닦아, 경서를 통달하고 옛것을 배움을 고상한 것으로 여기며, 세상을 구제하고 도를 행함을 현명한 것으로 여기며, 면전에서 얼굴을 범하고 용감히 간하는 것을 충성으로 여겨, 발전하고 성취하여 가우 말년에 이르러는 선비가 많다고 알려졌으니, 이는 구양자의 공로가 많다. 아! 이 어찌 사람의 힘이겠는가? 하늘이 아니면 그 누가 이렇게 할 수 있겠는가?

> 歐陽子歿十有餘年에 士始爲新學하여 以佛老之似로 亂周孔之實하니 識者憂之러니 賴天子明聖하사 詔修取士法하여 風厲學者하여 專治孔氏하고 黜異端하니 然後風俗一變하여 考論師友淵源所自하여 復知誦習歐陽子之書라

해석 구양자가 별세한 지 10여 년 만에 선비들은 비로소 새로운 학문을 하여 불교나 노자의 학문과 유사한 것을 가지고 주공과 공자의 실제를 혼란시켜, 유식한 자들이 근심하고 있었는데, 천자의 밝고 성스러움을 힘입어 조서를 내려 선비들을 뽑는 법을 닦아. 배우는 자들을 격려하여 오로지 공자의 학문을 공부하고 이단을 배척하게 하시니, 그런 뒤에 풍속이 한번 변하여 스승과 학우들의 연원이 어디서부터 시작됐는지를 상고하고 논하여 다시 구양자의 글을 외고 익힐 줄 알게 되었다.

祐 : 도울 우 詔 : 고할 조 厲 : 권장할 려

予得其詩文七百六十六篇於其子棐하고 乃次而論之曰 歐陽子論大道는 似韓愈하고 論事는 似陸贄하고 記事는 似司馬遷하고 詩賦는 似李白이라하노니 此非予言也요 天下之言也니라 歐陽子는 諱脩요 字永叔이니 旣老에 自謂六一居士云이라

> **해석** 　내가 그의 시문 7백 66편을 그의 아들 비에게 얻어 차례로 엮고 논하기를 "구양자가 대도를 논함은 한유와 같고, 일을 논함은 육지와 같고, 일을 기록함은 사마천과 같고, 시부는 이백과 같다."고 하였으니, 이는 나의 말이 아니라 천하의 말이다. 구양자는 이름은 수요 자는 영숙이니, 이미 늙어서는 스스로를 '육일거사'라 불렀다.

棐 : 도울 비

45. 喜雨亭記

蘇 軾

송(宋)나라 인종(仁宗) 가우(嘉祐) 7년 동파(東坡) 27세 때, 오랜 가뭄으로 관민이 시름에 잠겨있던 차에 비가 내려 온 백성이 크게 기뻐하였다. 바로 그때 동파가 짓고 있던 정자가 완성되었으므로, 가뭄 끝에 내린 단비의 기쁨을 잊지 아니하고자 동파가 정자의 이름을 '희우정(喜雨亭)'이라 하고 희우정기를 지었다.

亭以雨名은 志喜也라 古者有喜면 卽以名物하니 示不忘也라 周公得禾하여 以名其書하시고 漢武得鼎하여 以名其年하고 叔孫勝敵하여 以名其子하니 其喜之大小不齊나 其示不忘은 一也라

해석 정자를 '雨'로 이름 지은 것은 기쁨을 기념하기 위한 것이다. 옛날에 기쁜 일이 있으면 그것을 가지고 물건에 이름을 붙였으니, 잊지 않기를 나타낸 것이다. 주공은 벼를 얻고서는 그것으로 책의 이름을 지었고, 한무제는 솥을 얻고는 그것으로 연호의 이름을 땄고, 숙손은 적을 이기고는 그것으로 그의 아들에게 이름을 붙였으니, 그 기쁨의 크고 작음은 같지 않으나 그 잊지 않음을 나타냄은 똑같다.

予至扶風之明年에 始治官舍하여 爲亭於堂之北而鑿池其南하고 引流種樹하여 以爲休息之所러니 是歲之春에 雨麥於岐山之陽하니 其占이 爲有年이라

해석 내가 부풍에 부임한 다음 해에 비로소 관사를 수리하여 동헌의 북쪽에 정자를 만들고 그 남쪽에 못을 파고는 흐르는 물을 끌어오고 나무를 심어 휴식하는 장소로 삼았다. 이 해 봄에 기산의 남쪽에 보리 비가 내렸는데, 그 점괘가 풍년이었다.

鑿 : 팔 착

旣而요 彌月不雨하니 民方以爲憂러니 越三日乙卯에 乃雨하고 甲子에 又雨호되 民以爲未足이러니 丁卯에 大雨하여 三日乃止라 官吏相與慶於庭하고 商賈相與歌於市하고 農夫相與抃於野하여 憂者以樂하고 病者以喜어늘 而吾亭이 適成이라

해석 그런데 이윽고 한 달이 넘도록 비가 오지 않아 백성들이 막 걱정을 하고 있었는데, 3일이 지난 을묘일에 비가 왔고, 또 갑자일에 다시 비가 내렸다. 그러나 백성들은 아직도 부족하게 여겼었는데, 정묘일에 큰비가 내려 3일 동안 오고 비가 그치니, 관리들은 서로 뜰에서 경하하고, 상인들은 서로 시장에서 노래를 부르고, 농부들은 서로 들에서 손뼉을 쳐서 근심하던 자들이 즐거워하고 병든 자들이 기뻐하였는데, 내 정자가 이때 마침 완성되었다.

於是에 擧酒於亭上하여 以屬客而告之曰 五日不雨可乎아 曰五日不雨則無麥하리라 十日不雨可乎아 曰十日不雨則無禾하리라 無麥無禾하면 歲且荐饑하여 獄訟繁興하고 而盜賊滋熾하리니 則吾與二三子로 雖欲優游以樂於此亭이나 其可得耶아

해석 이에 나는 정자 위에서 술잔을 들어 손님들에게 권하며 이렇게 말하였다. "5일 동안 비가 내리지 않았어도 되었겠는가?" 하자, 대답하기를, "5일 동안 비가 내리지 않으면 보리농사가 안 될 것이다." 하고, 묻기를, "10일 동안 비가 내리지 않아도 되었겠는가?" 하자, 대답하기를, "10일 동안 비가 내리지 않으면 벼농사가 안 될 것이다." 라고 하였다. "보리가 없고 벼가 없으면 한 해의 농사가 또한 거듭 흉년 들어 소송이 크게 일어나고 도적이 더욱 성할 것이니, 내 여러분과 더불어 비록 한가히 놀면서 이 정자에서 즐기려 해도 가능이나 하겠는가?

今天이 不遺斯民하사 始旱而賜之以雨하여 使吾與二三子로 得相與優游以樂於此亭者는 皆雨之賜也니 其又可忘耶아

屬 : 권할 촉 荐 : 거듭 천 饑 : 주릴 기

해석 이제 하늘이 이 백성들을 버리지 않으시어 처음에 가물다가 비를 내려주셔서 나와 여러분들로 하여금 서로 더불어 한가히 놀며 이 정자에서 즐기게 하였으니, 이는 모두 비의 은혜이니, 이것을 잊을 수 있겠는가?"

旣以名亭하고 又從而歌之曰 使天而雨珠라도 寒者不得以爲襦요 使天而雨玉이라도 飢者不得以爲粟이니 一雨三日이 伊誰之力고 民曰太守라하니 太守不有하고 歸之天子라 天子曰不然하다하시고 歸之造物하시니 造物이 不自以爲功하고 歸之太空하니 太空은 冥冥하여 不可得而名이라 吾以名吾亭하노라

해석 이윽고 이것으로 정자의 이름을 붙이고 또 따라서 노래하기를, "가령 하늘에서 진주가 쏟아지더라도 추운 자가 저고리로 삼지 못할 것이요, 가령 하늘에서 옥이 쏟아지더라도 굶주린 자가 곡식으로 삼을 수 없을 것이니, 한번 비가 내려 3일 동안 쏟아진 것은 누구의 덕인가? 백성들은 태수라고 하였지만 태수는 이를 차지하지 않고 천자에게 돌렸고, 천자는 그렇지 않다 하시고는 조물주에게 돌리니, 조물주도 스스로 공으로 여기지 않고 하늘에 돌리니, 하늘은 아득하고 아득하여 이름을 붙일 수가 없어서. 나는 이것으로 내 정자에 이름을 붙였다."

襦 : 저고리 유

46. 范增論

蘇軾

이 글은 소식이 지은 여러 인물론 중 하나이다. 소식은 범증을 한나라 고조도 두려워했던 위대한 인물임은 인정하지만 그가 항우를 섬긴 태도 즉, 항우 곁을 떠나는 시기가 너무 늦었다는 것을 비판하였다.

漢用陳平計하여 間疏楚君臣하니 項羽疑范增與漢有私하여 稍奪其權한대 增이 大怒曰 天下事大定矣니 君王은 自爲之하라 願賜骸骨歸卒伍라하더니 未至彭城하여 疽發背死하니라

해석 한나라가 진평의 계책을 따라 초나라의 군신들을 이간시켜 소원하게 하니, 항우는 범증이 한나라와 내통함이 있는지 의심하여 차츰 그의 권한을 빼앗았다. 이에 범증은 크게 노하여 말하기를 "천하의 판도가 대략 결정되었으니, 군왕은 알아서 하소서. 벼슬을 그만두고 평민으로 돌아가기를 원합니다." 하고, 팽성에 이르기 전에 등창이 나서 죽었다.

蘇子曰 增之去 善矣라 不去면 羽必殺增하리니 獨恨其不蚤耳로라 然則當以何事去오 增勸羽殺沛公이어늘 羽不聽하여 終以此失天下하니 當於是去邪아

해석 나는 이렇게 말한다. 범증이 떠나간 것은 잘한 일이다. 떠나가지 않았으면 항우는 반드시 범증을 죽였을 것이니, 다만 일찍 떠나가지 않았음이 한스러울 뿐이다. 그렇다면 어떤 일이 벌어졌을 때 떠났어야 하는가? 범증이 항우에게 패공을 죽이도록 말하였으나 항우가 듣지 아니하여 마침내 이 때문에 천하를 잃었으니, 마땅히 이때에 떠났어야 하는가?

曰否라 增之欲殺沛公은 人臣之分也요 羽之不殺은 猶有君人之度也니 增이 曷爲以此去哉리오 易曰 知幾其神乎인저하고 詩曰 相彼雨雪한대 先集維霰이라하니 增之去는 當於羽殺卿子冠軍時也라

稍: 점점 초　疽: 등창 저　曷: 어찌 갈　霰: 싸락눈 산

해석　아니다. 범증이 패공을 죽이려고 한 것은 신하의 직분이요, 항우가 죽이지 않은 것은 그래도 군주의 도량이 있는 것이니, 범증이 어찌 이 때문에 떠나가겠는가? 『주역』에 이르기를 '기미를 아는 것은 그 신일 것이다.' 하였으며, 『시경』에 이르기를 '저 눈이 내리는 것을 보건대 먼저 싸락눈이 모인다.' 하였으니, 범증이 떠났어야 할 때는 마땅히 항우가 경자관군을 죽였을 때였다.

*卿子冠軍 : 초나라 의제(義帝)의 장군 송의(宋義)를 말함

陳涉之得民也는 以項燕扶蘇요 項氏之興也는 以立楚懷王孫心이며 而諸侯叛之也는 以弑義帝라 且義帝之立에 增爲謀主矣니 義帝之存亡이 豈獨爲楚之盛衰리오 亦增之所與同禍福也니 未有義帝亡而增獨能久存者也라

해석　진섭(陳勝)이 민심을 얻은 것은 항연과 부소를 칭하였기 때문이요, 항씨가 세력을 떨친 것은 초회왕의 손자인 심을 옹립하였기 때문이요, 제후들이 항우를 배반한 것은 의제를 시해하였기 때문이었다. 또한 의제를 옹립할 때에 범증이 모주가 되었으니, 의제의 존망은 어찌 다만 초나라의 성쇠일 뿐이었겠는가? 또한 범증도 그와 더불어 화복을 함께 하고 있었으니 의제가 죽었는데 범증만이 홀로 오래 생존할 수는 없었다.

羽之殺卿子冠軍也는 是弑義帝之兆也요 其弑義帝는 則疑增之本也니 豈必待陳平哉아 物必先腐也而後에 蟲生之하고 人必先疑也而後에 讒入之하나니 陳平이 雖智나 安能間無疑之主哉리오

해석　항우가 경자관군을 죽인 것은 이는 의제를 시해할 조짐이요, 의제를 시해함은 범증을 의심하게 된 근본이니, 어찌 반드시 진평의 이간을 기다리겠는가? 물건은 반드시 먼저 썩은 뒤에 벌레가 생기고, 사람은 반드시 먼저 의심한 뒤에 참소가 먹혀드는 것이다. 진평이 비록 지혜로우나 어찌 의심이 없는 임금을 이간질할 수 있었겠는가?

吾嘗論 義帝는 天下之賢主也라 獨遣沛公入關而不遣項羽하고 識卿子冠軍於稠人之中하여 而擢以爲上將하니 不賢而能如是乎아 羽旣矯殺卿子冠軍하니 義帝必不能堪하리니 非羽弑帝면 則帝殺羽는 不待智者而後知也라

해석　내 일찍이 논하건대 의제는 천하의 어진 군주였다. 홀로 패공을 보내어 함곡관에 들어가게 하고 항우를 보내지 않았으며, 경자관군을 여러 사람들 가운데서 알아보고 발탁하여 상장군으로 삼았으니, 현명하지 않고서 이와 같을 수 있었겠는가? 항우가 일찍이 거짓으로 모함하여 경자관군을 죽였으니, 의제는 반드시 견뎌내지 못할 것이니, 항우가 의제를 시해하지 않았으면 의제가 항우를 죽였을 것은 지혜로운 자를 기다린 뒤에라야 알 수 있는 것이 아니다.

> 增이 始勸項梁立義帝하여 諸侯以此服從하니 中道而弑之는 非增之意也라 夫豈獨非其意리오 將必力爭而不聽也리라 不用其言而殺其所立하니 羽之疑增이 必自此始矣라

해석　범증이 처음 항량에게 의제를 옹립할 것을 권하여 제후들이 이 때문에 복종하였으니, 중도에 의제를 시해함은 범증의 본의가 아니다. 어찌 다만 본의가 아닐 뿐이겠는가? 장차 반드시 강력히 간쟁하여도 듣지 않았을 것이다. 그의 말을 따르지 않고 그가 세운 임금을 시해하였으니, 항우가 범증을 의심함은 반드시 이로부터 비롯되었을 것이다.

> 方羽殺卿子冠軍에 增與羽比肩而事義帝하여 君臣之分이 未定也하니 爲增計者컨대 力能誅羽則誅之요 不能則去之면 豈不毅然大丈夫也哉아 增이 年已七十이라 合則留요 不合則去어늘 不以此時明去就之分하고 而欲依羽以成功名하니 陋矣로다 雖然이나 增은 高帝之所畏也라 增不去면 項羽不亡하리니 嗚呼라 增亦人傑也哉인저

해석　항우가 경자군관을 막 죽였을 때에는 범증은 항우와 더불어 어깨를 나란히 하고 의제를 섬겼으므로 (둘 사이에) 군주와 신하의 분수가 아직 정해지지 않았으니, 범증을 위한 계책으로는 힘이 항우를 처형할 만하면 처형하고, 그렇지 않으면 떠나가는 것이 어찌 의연한 대장부가 아니겠는가? 범증은 나이가 이미 70세였다. 뜻이 맞으면 머물고, 맞지 않으면 떠나갔어야 하는데, 이때에 거취의 구분을 명확히 하지 않고 항우에 의지하여 공명을 이루려 하였으니, 비루하도다! 그러나 범증은 고제(패공)가 두려워하는 존재였다. 범증이 떠나가지 않았으면 항우가 망하지 않았을 것이니, 아! 슬프다. 범증 또한 인걸이구나!

肩:어깨 견　　毅:굳셀 의

47. 愛蓮說

周敦頤

연꽃의 이모저모를 군자의 덕에 비유한 글이다.

水陸草木之花가 可愛者甚蕃이로되 晉陶淵明은 獨愛菊하고 自李唐來로 世人이 甚愛牡丹하되 予獨愛蓮之出於淤泥而不染하고 濯淸漣而不夭하며 中通外直, 不蔓不枝하고 香遠益淸하여 亭亭淨植하여 可遠觀而不可褻翫焉이라

해석 물이나 육지의 풀과 나무의 꽃으로서 사랑스러울 만한 것이 매우 많은데, 진나라의 도연명은 오직 국화를 좋아하였고, 당나라 이래로 세상 사람들은 모란을 매우 좋아하였지만, 나는 홀로 연꽃이 진흙에서 나왔으면서도 물들지 않고 맑은 물결에 씻기면서도 요염하지 않으며, 속이 비어 있고 겉이 곧으며 덩굴 뻗지 않고 가지 치지 않으며, 향기가 멀수록 더욱 맑고 우뚝하고 깨끗하게 서 있어, 멀리서 바라볼 수는 있으나 함부로 가지고 놀 수 없는 점을 사랑한다.

予謂菊은 花之隱逸者也요 牡丹은 花之富貴者也요 蓮은 花之君子者也라하노니 噫라 菊之愛는 陶後에 鮮有聞이요 蓮之愛는 同予者何人고 牡丹之愛는 宜乎衆矣로다

해석 나는 생각건대, 국화는 꽃 중에 은일하는 자이고 모란은 꽃 중에 부귀한 자이며, 연꽃은 꽃 중의 군자라고 여겨진다. 아! 국화를 사랑하는 이는 도연명 이후에 들은 적이 적고, 연꽃을 사랑하는 이는 나와 같은 자가 몇이나 되는가? 모란을 사랑하는 이는 당연히 많을 것이다.

淤: 진흙 어 泥: 진흙 니 漣: 잔물결 련 蔓: 덩굴 만 褻: 설만할 설 翫: 장난할 완

48. 太極圖說

周敦頤

易의 원리를 圖解하고 설명을 붙인 글인데, 《易經》의 기본 원리가 잘 요약되어 있다. 태극이란 천지만물이 생성되는 근본을 뜻하며 이는 無에 가까운 것이어서 無極이라고도 하는데 거기에서 음양과 오행이 생겨나고 다시 만물이 생겨났다고 보았다.

無極而太極이니 太極動而生陽하여 動極而靜하고 靜而生陰하여 靜極復動이라 一動一靜이 互爲其根하여 分陰分陽에 兩儀立焉이니라 陽變陰合하여 而生水火木金土하여 五氣順布에 四時行焉하나니

해석 무극이면서, 태극이니, 태극이 움직여 양을 낳아 움직임이 극에 달하면 고요해지고, 고요하게 되면 음을 낳아 고요함이 극에 달하면 다시 움직인다. 한번 움직이고 한번 고요함이 서로 그 뿌리가 되어, 음으로 나뉘고 양으로 나눔에 양의가 서게 되었다. 양이 변하고 음이 합하여 水·火·木·金·土를 낳아 다섯 가지의 기운이 순차적으로 퍼짐에 사계절이 운행되나니,

五行은 一陰陽也요 陰陽은 一太極也니 太極은 本無極也라 五行之生也에 各一其性이니 無極之眞과 二五之精이 妙合而凝하여 乾道成男하고 坤道成女하여 二氣交感하여 化生萬物하니 萬物生生而變化無窮焉이니라

해석 오행은 하나의 음양이요 음양은 하나의 태극이니, 태극은 본래 무극이었다. 오행이 생겨남에 각기 그 성질을 하나씩 간직하니, 무극의 진리와 음양오행의 정기가 묘하게 합하고 엉기어, 건도는 남성을 이루고 곤도는 여성을 이루어, 두 기운이 교감하여 만물을 변화 생성하니, 만물이 낳고 낳아 변화가 무궁하게 된다.

惟人也得其秀而最靈하니 形旣生矣에 神發知矣라 五性感動하여 而善惡分하고 萬事出矣니라 聖人이 定之以中正仁義而主靜하사 立人極焉하시니 故로 聖人은 與天地合其德하며 日月合其明하며 四時合其序하며 鬼神合其吉凶하나니 君子는 修之라 吉하고 小人은 悖之라 凶이니라

해석 오직 인간은 그 빼어난 기운을 얻어 가장 영특하니, 형체가 이미 생김에 정신이 지혜를 발한다. 그리하여 다섯 가지 성품이 감동하여 선악이 나뉘고, 만사가 나온다. 성인은 中·正·仁·義로써 정하되 고요함을 주장하시어 사람의 법도를 세우셨다. 그러므로 성인은 천지와 더불어 덕이 합하며, 일월과 더불어 밝음이 합하며, 사계절과 더불어 차례가 합하며, 귀신과 더불어 길흉이 합하는 것이니, 군자는 이것을 닦기 때문에 길하고, 소인은 어기기 때문에 흉하다.

故로 曰 立天之道는 曰陰與陽이요 立地之道는 曰柔與剛이요 立人之道는 曰仁與義라하고 又曰 原始反終이라 故로 知死生之說이라하니 大哉라 易也여 斯其至矣로다

해석 그러므로 말하기를 '하늘의 도를 세움은 음과 양이요, 땅의 도를 세움은 부드러움과 강함이요, 사람의 도를 세움은 인과 의라' 하였고, 또 말하기를 '처음을 근원하면 마침으로 돌아간다. 그러므로 죽고 사는 원리를 안다' 하였으니, 위대하다. 주역이여! 이처럼 지극하도다.

49. 四勿箴

程頤

잠(箴)은 '대나무로 만든 '침(針)'이라는 뜻이다. 침이 질병을 치료하듯 잘못되기 쉬운 습관을 경계하려는 글이다. 이 글은 『논어』, 「안연편」에 나오는 '사물(四勿)'을 자신을 경계하는 좌우명 형식으로 쓴 것이다. 4언구로 매 구 또는 한 구씩 건너 운자를 달았다.

<視箴>

心兮本虛하니 應物無迹이라 操之有要하니 視爲之則(칙)이라 蔽交於前하면 其中則遷하나니 制之於外하여 以安其內니라 克己復禮하면 久而誠矣리라

해석 마음은 본래 비어 있어, 외물을 대함에 흔적이 없다. 마음을 단속함에 요령이 있으니 보는 것이 법이 된다. 앞에서 가려지면 마음이 옮겨가니, 밖에서 제어하여 안을 편안하게 하여야 한다. 사욕을 이겨 예로 돌아가면, 오래도록 참될 것이다.

<聽箴>

人有秉彛는 本乎天性이언마는 知誘物化하여 遂亡其正하나니라 卓彼先覺은 知止有定이라 閑邪存誠하여 非禮勿聽하나니라

해석 사람의 본성은 천성에 근본하지만 지각이 사물에 유혹되어 마침내 올바름을 잃게 된다. 탁월했던 저 선각자들은 그칠 곳을 알아 안정함이 있다. 사특함을 막아 성실함을 간직하여 예가 아니면 듣지 않는다.

秉 : 잡을 병   彛 : 떳떳할 이   誘 : 꾈 유

<言箴>

人心之動이 因言以宣하나니 發禁躁妄이라야 內斯靜專하나니라 矧是樞機라 興戎出好하나니 吉凶榮辱이 惟其所召니라 傷易則誕하고 傷煩則支하며 己肆物忤하고 出悖來違하나니 非法不道하여 欽哉訓辭하라

해석 사람마음의 움직임은 말을 통해 나타나게 되니, 말을 할 때에 조급하고 경망함을 금지해야 마음이 고요하고 전일하게 된다. 하물며 말은 가장 중요한 것으로 전쟁을 일으키기도 하고 우호를 만들기도 하니, 길흉과 영욕이 오직 말이 초래하는 것이다. 지나치게 쉽게 하면 허탄하고, 지나치게 번거로우면 지루하며, 자기가 함부로 하면 남도 거슬리고, 나가는 말이 거칠면 돌아오는 말도 도리에 어그러지니, 법이 아니면 말하지 말아서 가르치는 말을 공경히 받들지어다.

<動箴>

哲人은 知幾하여 誠之於思하고 志士는 勵行하여 守之於爲하나니 順理則裕요 從欲惟危니 造次克念하여 戰兢自持하라 習與性成하면 聖賢同歸하리라

해석 철인은 조짐을 알아 생각을 성실히 하고, 지사는 행동에 힘써서 하는 일을 지키니, 이치를 따르면 여유가 있고, 욕심을 따르면 위태롭다. 순간이라도 능히 생각하여, 전전긍긍하여 스스로 단속하라. 습관이 본성과 이루어지면 성현과 함께 돌아가리라.

矧 : 하물며 인 樞 : 지도리 추 忤 : 거스를 오 悖 : 어그러질 패 欽 : 공경할 흠

50. 西銘

張載

'명(銘)'은 '새긴다'는 뜻으로 신변에 있는 기물(器物)에 스스로 경계로 삼을 만한 글을 새겨두고 항상 보고 각성하는 자료로 삼기 위한 것이다. 장재(張載)가 그 서실의 두 쪽 창에 명을 지어 붙여놓았는데, 어리석은 마음에 침을 놓아 그것을 치료한다는 의미로 동쪽 창을 '폄우(貶愚)'라 하고, 자신의 완고함을 고치겠다는 의미로 서쪽 창을 '정완(訂頑)'이라 하였다. 그런데 정이(程頤)가 이를 보고 논쟁의 실마리가 될 수 있으니 '동명(東銘)', '서명(西銘)'이 좋겠다 하였기에 작자가 이름을 바꾸었다고 한다.

乾稱父요 坤稱母라 予茲藐焉이 乃混然中處로다 故로 天地之塞이 吾其體요 天地之帥 吾其性이니 民吾同胞요 物吾與也라 大君者는 吾父母宗子요 其大臣은 宗子之家相也니라

해석 건을 아버지라 칭하고, 곤을 어머니라 칭하니, 내 이 작은 몸이 천지의 중간에 섞여 있도다. 그러므로 천지의 사이에 가득한 것은 나의 형체가 되었고, 천지를 거느리는 것은 나의 본성이 되었으니, 백성들은 나의 동포요, 만물은 나와 함께 있는 자들이다. 군주는 우리 부모의 종손이요, 대신들은 종손의 가신들이다.

尊高年은 所以長其長이요 慈孤弱은 所以幼吾幼니 聖其合德이요 賢其秀者也며 凡天下疲癃殘疾惸獨鰥寡는 皆吾兄弟之顚連而無告者也니라

해석 연세가 높은 분을 존경함은 어른을 어른으로 섬기는 것이요, 고아와 약한 자를 사랑함은 나의 어린이를 사랑하는 것이니, 성인은 천지와 덕이 합하고 현인은 그 빼어난 자이며, 무릇 천하에 쇠약한 자와 병든 자와 외로운 자와 홀아비·과부는 모두 우리 형제 중에 어려운 처지에 놓여 하소연할 곳이 없는 자들이다.

癃 : 파리할 륭   惸 : 외로울 경   鰥 : 홀아비 환

> 于時保之는 子之翼也요 樂且不憂는 純乎孝者也라 違曰悖德이요 害仁曰賊이며 濟惡者는 不才요 其踐形는 惟肖者也라 知化則善述其事요 窮神則善繼其志라 不愧屋漏爲無忝이요 存心養性이 爲匪懈라

해석 이에 잘 보전함은 자식이 공경함이요, 즐거워하고 근심하지 않음은 효도에 순실한 자이다. 이것을 어기는 것을 패덕이라 하고 인을 해치는 것을 적이라 하며, 악을 이루는 자는 인재가 아니요, 천성을 잘 실천함이 오직 어진 자이다. 천지의 조화를 알면 그 일을 잘 잇고, 신을 연구하면 그 뜻을 잘 계승할 것이니, 방의 귀퉁이에서도 부끄럽지 않게 함이 욕되지 않는 것이요, 마음을 보존하여 본성을 기름이 게을리 하지 않는 것이다.

> 惡旨酒는 崇伯子之顧養이요 育英才는 穎封人之錫類라 不弛勞而底豫는 舜其功也요 無所逃而待烹은 申生其恭也라 體其受而歸全者는 參乎요 勇於從而順令者는 伯奇也라 富貴福澤은 將以厚吾之生也요 貧賤憂戚은 庸玉汝於成也니 存吾順事요 沒吾寧也니라

해석 맛있는 술을 싫어함은 숭백의 아들이 부모의 봉양을 돌아봄이요, 영재를 기름은 영봉인이 선을 남에게 준 것이다. 수고로움을 게을리 하지 않아 기쁨을 이룬 것은 순임금의 공이요, 도망하지 않고 팽형을 기다린 것은 신생의 공손함이다. 부모에게서 받은 몸을 온전히 하여 돌아간 자는 증자요, 부모의 뜻을 따름에 용감하고 명령에 순종한 자는 백기이다. 부귀와 복택은 하늘이 장차 나의 삶을 풍부하게 해 주는 것이요, 빈천과 걱정은 너를 옥처럼 갈고 연마하여 완성시키는 것이다. 생존은 내가 주어진 일에 순종함이요, 죽음은 내 편안해 지는 것이다.

* 崇伯 : 우(禹)의 아버지인 곤(鯀)이다. 의적(儀狄)이 술을 만들자 우임금은 '후세에 반드시 술 때문에 나라를 망칠 사람이 나올 것이다.' 라하고, 숭백을 봉양하지 못할 것을 두려워하여 의적을 멀리했을 뿐만 아니라 단숨에 마시지 않았다.

* 穎封人 : 효로써 이름난 영고숙(穎考叔)을 가리킨다. 춘추시대의 장공(莊公)은 어머니와 사이가 좋지 않았는데 영고숙이 장공을 설득하여 어머니를 잘 받들도록 하였다.

* 申生 : 춘추시대 진헌공(晉獻公)의 태자로 후모(後母)인 여희(驪姬)의 참소로 사형을 당하게 되었다. 신생은 자신의 무죄를 밝히면 아버지가 사랑하는 여희가 해를 입어 아버지의 마음을 상할 것을 걱정하여 주위의 도망하라는 권고를 물리치고 그대로 팽형을 당했다.

51. 東銘

張載

전편 '서명(西銘)'이 천지를 부모로, 만물을 일체시하는 철학적인 신조를 서술한 것에 비하여, '동명(東銘)'은 자기 자신의 수양방법을 서술한 것이다.

戲言은 出於思也요 戲動은 作於謀也라 發於聲하며 見乎四肢어늘 謂非己心이면 不明也요 欲人無己疑면 不能也니라

해석 희롱하는 말은 생각에서 나오고 희롱하는 행동은 꾀에서 나온다. 소리에서 나오고 사지에 나타나는데, 자기 마음이 아니라고 하면 지혜가 밝지 못한 것이요, 남이 자기를 의심하지 않기를 바란다면 될 수 없는 것이다.

過言은 非心也요 過動은 非誠也라 失於聲하며 繆迷其四體어늘 謂己當然이면 自誣也요 欲他人己從이면 誣人也니라

해석 잘못된 말은 진심이 아니며, 잘못된 행동은 성심이 아니다. 소리에 잘못되며, 사체를 그르치고 잘못하였는데, 자기가 당연하다고 한다면 자신을 속이는 것이요, 타인이 자기를 따르게 하고자 한다면 남을 속이는 것이다.

或者謂出於心者를 歸咎爲己戲하고 失於思者를 自誣爲己誠하여 不知戒其出汝者하고 反歸咎其不出汝者하여 長傲且遂非하니 不知孰甚焉고

해석 혹자는 이르기를 마음에서 나온 것을 허물을 돌려 자기의 희롱이라 하고, 생각에 잘못된 것을 스스로 속여 자기의 진심에서 나온 것이라 하여, 자신에게서 나온 것을 경계할 줄 모르고, 도리어 자신에게서 나오지 않은 것에 허물을 돌려, 오만함을 자라게 하고 또 그릇된 행동을 이루니, 지혜롭지 못함이 무엇이 이보다 심하겠는가.

繆 : 그릇될 류

V. 教師論

1. 교직관

가. 교직의 특성

학생을 가르치고 지도하는 일을 담당하는 교직은 많은 직업중의 하나이다. 그러나 교직은 성장기의 아동을 바람직한 방향으로 변화시키는 일이라는 점에서 일반직과는 다른 특성을 지니고 있다.

1) 인간을 대상으로 하는 직업
   가) 기술자와 목공은 기계나 나무를 대상으로 하고 농부는 땅을 경작하여 곡식을 가꾸지만 교사는 인간을 대상으로 하는 직업이다.
   나) 인간을 대상으로 하는 직업에는 의사나 법률가도 있지만 그들의 대상은 신체적인 혹은 정신적인 기능 일부만 그 대상으로 한다. 그러나 교사는 전인으로서의 인간을 대상으로 한다.

2) 미성숙자를 대상
   가) 법률가는 사람을 대상으로 하는 직업이지만 주로 성인의 주변에서 일어나는 일을 다룬다. 반면 교사는 아직 장성하지 않은 어린이를 대상으로 한다.
   나) 듀이는 아동의 미성숙함을 부족이나 미숙함으로 보기 보다는 가소성(可塑性, plasticity)을 나타내는 것으로 파악했다.

3) 봉사직
   가) 교직은 여러 종류의 전문직에 비하여 봉사직으로서의 사명을 더욱 필요로 하는 전문직이다.
   나) 이는 교사가 물질적·경제적 측면을 무시하여야 한다는 의미가 아니라 이보다는 봉사와 소명의식을 더 중시해야 한다는 의미이다.

4) 국가와 민족에 큰 영향
   가) 교직은 국가와 민족에 대하여 지대한 영향을 주는 공공기업이다.
   나) 이는 어린이를 통해 그들이 구성원이 될 사회에 영향을 미치기 때문이다.

5) 사회발전에 중대한 역할 수행
   가) 교육의 중요한 기능은 인류가 쌓아 온 문화유산을 보존하고 계승하여 새로운 문화를 창출하는 것이라고 할 수 있다.
   나) 따라서 교사는 인류가 축적해 놓은 문화유산을 다음 세대에 전달하는 동시에 현재를 출발점으로 하여 보다 나은 문화를 창조하고 희망찬 미래를 건설하는 일에 주역이 되어야 한다.

나. 성직관

1) 성직관의 입장

   가) 교직을 성직이라 일컫게 된 연유는 서양의 중세에 교사가 하나의 독립된 직업으로 취급되지 않고 종교가가 겸직한 데서 비롯된다.

   나) 성직관에서는 교육이 인간의 영혼과 정신을 다루는 것이어서, 교직은 세속적인 것과는 거리가 먼 고도의 정신적 봉사활동이 되어야 한다고 주장한다.

   다) 교직을 하나의 성스런 정신적 활동으로 보는 관점은 오랜 전통을 이루어 왔으며 오늘날에도 상당한 호응을 얻고 있다.

2) 성직관의 특징

   가) 성인·군자가 이상적인 교사상

   교직은 성스런 정신적 봉사활동이므로 교사가 성인군자와 같은 존재여야 한다고 보는 입장이다. 때문에 교사는 한없는 사랑과 헌신, 희생과 봉사를 하며 세속적인 일에는 그다지 관여하지 않아야 한다고 주장한다.

   나) 교사의 교직 기술 경시

   성직관은 '학문이 곧 교육'이라는 전통적인 교육관을 토대로 형성되어 왔기 때문에 교사의 교직 기술을 매우 경시하는 경향이 있다. 즉 교사로서 적합한 인격을 갖추고 교육과목에 대한 지식만 가지고 있으면 누구나 교사가 될 수 있다고 생각한다.

   다) 교사의 정치성 부인

   성직관에서는 정치에 참여하는 것을 세속적인 것으로 보기 때문에 교사의 정치 참여를 전면 부정한다.

   라) 교사의 낮은 경제적 지위

   교직을 성직으로 보고 있기 때문에 교사의 낮은 경제적 지위를 숙명으로 받아들인다. 교사는 정신적인 만족감과 정신적인 보상을 받는 존재이므로 주어진 경제적 지위에 순종해야 한다고 본다.

3) 성직관에 대한 비판

   가) 성직관의 불순한 의도

   과거 역사에 비추어 볼 때 성직관을 교직관으로 내세운 데에는 불순한 의도가 숨어 있었다고 본다. 성직관이라는 미명하에 지식인 집단인 교사를 현실에 순종하도록 만들어 정치에 종속시키고 권력의 도구로 이용했다고 인식하기 때문이다.

   나) 올바른 직업관의 형성을 방해 하는 일이 사회적으로 중요하다고 해서 모두다 세속적인 것과는 거리가 먼 숭고한 것으로 규정하게 되면 현대사회의 수많은 직업은 설자리가 없어진다.

다. 노동직관

1) 노동직관의 기본입장

　가) 교사도 노동자

　　교사가 아무리 인간형성이라는 중요한 업무에 종사하고 있다고 하더라도 교사도 학교라는 직장에서 일정한 근무조건에 따라 보수를 받고 있기 때문에 노동자의 근무구조를 가지고 있다고 주장한다.

　나) 교직의 노동 3권 보장은 당연

　　교사도 노동자의 범주에 속하므로 다른 노동직과 마찬가지로 노동에 대한 정당한 보수와 처우개선 및 근무조건의 향상을 위해 단체교섭, 단체행동, 단결권의 노동 3권이 보장되어야 한다고 주장한다.

2) 노동직관의 특징

　가) 세속적이고 투쟁적이며 실리적인 교사관

　　교사가 그들의 처우와 근무조건의 개선을 위해 투쟁하는 것을 당연시하며 경우에 따라서는 동맹파업도 정당화 될 수 있다고 본다.

　나) 교사의 정치적 활동 중시

　　노동직관에서는 교육이 정치의 영향을 받기 때문에 교사의 정치적 활동을 당연시하고, 교사는 자신의 정치적 입장을 분명히 해야 한다고 본다.

라. 전문직관

1) 전문직관의 발전

　가) 교직의 전문성에 대한 논의가 시작된 것은 20세기 중엽에 들어와서 이다.

　나) 교직의 전문성을 보다 구체적이고 명확하게 제창한 것은 1966년 10월 5일 파리에서 유네스코와 ILO가 공동으로 채택한 "교원의 지위에 대한 권고"이다.

2) 전문직관의 관점

　가) 현대의 보편적인 교직관으로 자리 잡고 있는 전문직관은 성직관과 노동직관을 변증법적으로 통합하려는 관점이다.

　나) 그래서 전문직관은 성직관에 접근하는 면도 있고 노동직관과 상통하는 면을 갖고 있기도 하다.

2. 교직의 전문성

가. 전문직의 특성

1) 고도의 지적 능력이 요구되는 서비스

전문직은 전문가들만이 제공할 수 있는 특수한 서비스 분야를 지니고 있으며 이는 고도의 지적 능력을 요한다.

예) 법률가의 법률서비스, 의사의 의료서비스

2) 장기간의 전문교육

고도의 지적서비스를 제공하기 위해서는 장기간의 전문교육이 필요하고 전문성의 계속적인 성장을 위해 현직연수 또한 요구된다.

3) 엄격한 자격기준

전문직은 고도의 특수한 서비스를 제공하므로 자질과 능력을 갖춘 제한된 사람만이 서비스를 제공할 수 있도록 엄격한 자격 기준을 둔다.

4) 전문적 자율성

장기간의 전문교육과 엄격한 자격 기준을 통과한 전문가는 자신들의 최선의 판단에 따라 자유롭게 행동할 수 있는 자율성을 가지고 있다.

5) 자율에 따른 책무성

전문적인 자율성 하에서 이루어진 판단과 행동에 대해서는 철저하게 책임을 져야 한다.

6) 전문단체의 구성

직업의 입문과 해임의 기준을 정하고, 직무에 대한 높은 수준의 표준을 정하고 강제하며, 직업의 사회·경제적 지위 향상에 노력하는 전문 단체가 필요하다.

7) 윤리강령의 제정

직무의 높은 표준을 유지하고, 사회적 책임을 강조하기 위해 윤리강령이 제정된다.

나. 전문직으로서의 교직

교직은 전문직으로서의 가치가 충분하고 반드시 전문직이 되어야 할 직업이나 현재의 위상은 완전한 전문직으로 보기는 어렵다. 그러나 교직은 여러 면에서 전문직으로서의 특성을 지니고 있다.

1) 고도의 특수한 지적 능력

교과 지식 및 학생에 대한 이해 및 지도에 대한 지적 능력은 오직 교원에게만 요구되는 특수한 지적 능력이다.

2) 사회적 봉사의 중시

교직은 가소성이 높은 아동을 대상으로 하는 것이므로 자신에게 돌아오는 경제적 보상보다는 사회적으로 의미 있는 봉사활동을 하는 것 자체에 높은 가치를 둔다.
3) 엄격한 자격 기준
교육은 특수한 지적 능력이 요구되므로 교원자격제도를 실시하고 있다.
4) 장기간의 직전 및 현직 교육
현재 우리나라의 경우 초·중등교원의 경우 4년제 대학에서 양성하고 있는데 다른 전문직에 비해 비교적 쉬운 관문으로 인식되고 있다. 이런 한계는 교직에 입문한 후 지속적인 능력 개발로 보완되어야 한다.
5) 자율성과 교사의 권한
초·중등교육법에서는 "교사는 법률이 정하는 바에 의해 학생을 지도한다."라고 규정하여 학생의 지도에 있어서 교사의 자율성을 인정하고 있다.
6) 사회적 책임과 교원 윤리
교원의 사회적 책임과 교원 윤리를 확립하기 위해 사도강령(1983)을 공표했는데, 이는 교직자로서의 전문적 책임을 수행하고 학생·동료교직자·사회와의 관계에 있어서 지켜야 할 윤리의 틀을 규정하고 있어 교직의 전문성을 잘 나타내고 있다.
7) 전문적 단체의 결성
한국교원단체총연합회(교총)와 최근에 합법화된 전국교직원노동조합 등 전문단체가 있어 교원의 자질과 지위 향상을 위해 노력하고, 교육정책에 참여하려 애쓰고 있다.

다. 교직 전문성 신장의 필요성
1) 사회와 기술의 급격한 변화
  가) 후기 산업사회로 치닫고 있는 현재의 사회는 정보통신 분야 등의 발달로 인해 급격한 변화를 겪고 있다.
  나) 이러한 변화에 능동적으로 대처할 수 있는 사람을 길러내기 위해서는 이를 주도하는 교사의 전문성이 크게 신장되어야 한다.
2) 새로운 교육방법 도입의 필요성 증대
  가) 지식기반 사회로 나아가고 있는 지금, 종전의 단편적인 지식은 점차 효용성이 떨어지고 있다.
  나) 창의력과 실제 상황에 적용될 수 있는 지식의 교육을 위해서는 이를 주도하는 교사의 전문성이 크게 신장되어야 한다.
3) 사회변화에 따른 아동에 대한 이해
  가) 사회의 급격한 변화 속에 있는 아동들 또한 이전과는 다른 모습으로 변해가고 있다.

나) 이러한 아동의 변화를 정확하게 파악하고 이를 교육에 반영하기 위해서는 아동의 특성에 대한 보다 전문화된 이해가 필요하다.

4) 교원에 대한 자율성과 책무성 증대

가) 최근에는 수요자 중심의 교육이 강조되어 교육운영의 지방분권화가 이루어지고 있으며, 이를 위해 단위학교 책임경영제가 도입되고 있다.

나) 이를 통해 교육과정의 편성과 운영에 학교와 교사의 자율성이 확대되고 있는데, 이의 효율적인 운영을 위해서는 교사의 높은 전문성이 요구된다.

3. 교사의 역할

가. 교사의 기본적 역할

1) 교수

가) 학생들에게 필요한 지식과 기술을 전달하는 것은 교사의 제일의 의무이며, 예로부터 지금까지 가장 보편적인 교사의 역할이다.

나) 오늘날의 교수는 단순히 지식을 전달하기보다는 전이가 높은 지식의 이해에 중점을 두고, 어떤 사물과 현상을 바르게 이해하고 해석하는 안목을 기르는 것을 주요 목적으로 삼고 있다.

2) 사회화

가) 교사는 학생과의 상호작용과정을 통해 사회의 가치나 규범을 전달하여 아동의 건전한 사회활동을 영위하도록 도와주는 역할을 한다. 이러한 것이 사회화과정이다.

나) 교사는 양식 있는 시민의 행동을 보여 줌으로써 아동이 이를 보고 따르는 모델로서의 역할을 한다.

3) 평가

가) 교사의 평가는 매우 중요하다. 아동들이 교사가 그들에 대해 갖고 있는 기대에 부응하려고 하기 때문에 교사의 평가에 따라 그들의 행동을 결정하는 경우가 많기 때문이다.

나) 교사는 아동의 지적 능력이나 사회적 능력을 기초로 아동을 판정하여 아동의 학업이나 진로의 방향을 정하는데 도움을 주는데 이 역할이 판정자로서의 역할이다.

4) 생활지도 및 상담

가) 교사는 학생 개개인에 대한 주의 깊은 이해와 연구를 통해 학생의 문제나 고민을 해결할 수 있도록 조력하는 '상담자의 역할'을 한다.

나) 교사는 또한 학생들이 자신의 특성과 잠재력을 발견하고 이해하도록 함으로써 최대한의 자아실현을 가능하게 하고, 일상생활에서 부딪치는 여러 가지 문제들을 해결하도록 도와줌으로써 사회에 보다 잘 적응할 수 있도록 하는 '생활지도자의 역할'을 한다.

나. 교사의 심리적 역할과 사회적 역할

1) 교사의 심리적 역할

리들(F. Redle)과 바텐버그(W.W. Watenberg)는 교사의 심리적 역할을 14개 항목으로 나누어 다음과 같이 제시하고 있다.

가) 지식과 기술자원으로서의 역할 : 교사는 교육에 필요한 지식과 기술을 가지고 있는 살아있는 교과서의 역할을 한다.

나) 사회의 대표자로서의 역할 : 학생이 사회화되어 가는 과정에서 교사는 사회의 가치와 규범, 생활양식을 대표하는 위치에 서게 된다.

다) 동일시 대상으로서의 역할 : 학생의 교과 성적이나 행동발달 상황 등을 평가하는데, 교사의 판단은 학생의 자아개념 형성과 학습과정에 큰 영향을 준다.

라) 심판자로서의 역할 : 교사는 학교나 학급 내에서 학생들의 의견이 일치하지 않아 대립과 갈등이 발생할 때, 공정하고 타당하게 시비를 가려내는 역할을 한다.

마) 훈육자로서의 역할 : 학교의 집단생활에 적응해 가는데 필요한 습관을 길러준다.

사) 불안제거자로서의 역할 : 학생이 성장과정에서 느끼는 불안을 극복할 수 있도록 도와주는 역할이다.

아) 자아의 보존자로서의 역할 : 학생들이 자신감을 잃거나 자기 부족을 느끼고 열등감을 느낄 때, 인정을 받도록 하고 성공감을 맛보게 함으로써 자아를 옹호하고 자신감을 가지게 한다.

자) 집단의 지도자 : 학급 집단이나 소집단의 사기를 높이고 응집력을 향상시키기 위한 지도자로서의 역할을 담당한다.

차) 부모의 대리인 : 학생들 중에는 부모에게서 받을 수 없었던 만족을 교사에게 구하는 경우가 많다.

카) 적대감정의 표정 : 교사는 성인들 때문에 생긴 좌절감으로 인해 형성된 적대감의 대상이 되기도 한다.

타) 친구로서의 역할 : 교사는 교권을 내세우는 형식적 관계만이 아니라, 친구로서 언제나 마음속을 털어놓을 수 있는 비형식적인 관계 또한 중시해야 한다.

파) 애정의 대상자로서의 역할 : 교사가 학생의 애정 상대가 되는 경우 학생이 감정을 합당한 방법으로 처리할 수 있도록 도와야 한다.

2) 교사의 사회적 역할

교사도 사회의 한 구성원으로서 수행해야 하고 수행할 것으로 기대되는 역할이 있다. 이는 교사가 인간의 형성을 담당하는 사회의 지도층이기 때문에 생기는 역할이기도 하다.

가) 사회모범으로서의 역할

과거 사회의 지적·도덕적 모범 또는 성직자로서의 교사에 대한 역할 기대는 오늘날까지 어느 정도 지속되고 있다. 특히 규모가 작은 지역사회일수록 그 지역의 지적·도덕적 사표로서의 교사에 대한 지역 주민의 기대는 크다.

나) 변화 촉진자로서의 역할

교사는 사회와 문화를 유지할 뿐만 아니라 사회를 자극하여 변화를 유도하고 개혁을 이루는데 선도적 역할을 해야 한다. 평생교육의 이념적 차원에서나 학습사회 건설을 위해서도 교사의 사회적 역할은 크게 기대되고 있다.

다) 교권 신장의 주체로서의 역할

교권은 교사의 권리와 권위를 포괄하는 개념으로서 국가와 사회에 의해 어느 정도 보장되어 있으나 기대 수준에 못 미친다. 교권이 확립되어야 교육이 제대로 행해질 수 있으므로 이의 신장을 위해 노력해야 한다.

4. 교사의 자질

가. 교육관에 따른 교사의 자질

1) 전통주의에서 본 자질

인간의 문화유산 중 본질적인 요소를 추출하여, 이를 다음 세대에 전달하는 것을 교육의 본질로 보는 본질주의와 영원히 변하지 않는 절대적 진리를 알게 하는 것을 교육이라고 보는 항존주의의 입장에서 본 교사의 자질이다.

가) 문화유산 전달자로서의 자질 : 교사는 가치 있는 문화유산을 논리적으로 체계화한 교과에 대해 깊은 지식을 갖추어야 한다.

나) 인격적 감화자로서의 자질 : 교육은 성숙자가 미성숙자에게 영향을 주는 것이므로 교사는 다른 직업인보다 높은 인격이 요구된다.

다) 사회적 통제자로서의 자질 : 아동이 올바르게 성장할 수 있도록 하기 위해서 충동성이 강한 아동들의 행동을 사회에서 기대하고 요구하는 바에 따라 엄격하게 통제하는 능력이 필요하다.

라) 권위자로서의 자질 : 전통적 교육관에서는 교사 중심의 교육을 강조하므로 교사의 권위를 매우 중요시한다. 권위를 가지기 위해서는 도덕적 품성을 높이고 지

식과 기술을 연마하며, 솔선수범해야 한다.

2) 진보주의에서 본 자질

아동의 흥미와 욕구를 존중하며, 생활·경험중심 교육을 표방하는 진보주의는 문제해결과정의 민주적 리더로서 교사의 자질을 강조했다.

가) 아동의 흥미와 욕구를 발견하여 이것을 학습활동의 동기로 활용하는 능력이 필요하다.

나) 아동이 스스로 학습할 수 있도록 도와주며 아동의 개인차를 존중하여 이에 맞는 교육방법을 운영할 수 있는 능력이 필요하다.

다) 아동들의 생활적응 교육을 위해서는 교과뿐만 아니라 다방면의 지식과 기술을 지녀야 한다.

라) 아동의 자유를 최대한 보장하고 학급을 민주적 문제해결 집단으로 조직·운영할 수 있어야 한다.

3) 학문중심에서 본 자질

단순한 지식의 전달보다 지식의 구조, 즉 학문의 기본적 아이디어를 이해시키는 것을 중요시하는 학문중심주의에서 보는 교사의 자질이다.

가) 교사는 가르칠 교과의 기본 구조에 정통하여 기본 아이디어에 중점을 두고 가르쳐야 한다.

나) 발견, 앎 등에서 오는 내적 보상으로 학습 동기를 자극하고, 지적 흥분을 유발시킬 능력이 필요하다.

다) 탐구 방법을 통해 학생들 스스로 학습하는 방법을 기르도록 하고 아동을 학문의 세계로 유도할 수 있어야 한다.

4) 인간중심주의에서 본 자질

인간성 회복, 인간성의 계발에 중점을 두는 인간 중심주의에서 본 교사의 자질로 패터슨(Patterson)은 다음과 같이 제시했다.

가) 진실된 교사 : 진실된 교사는 감정을 있는 그대로 시인하고 그것을 감추려하지 않으며 표리부동한 태도를 보이지 않는다.

나) 한 개인으로서의 아동에 대한 존중 : 아동을 하나의 고유한 인간 그대로 시인하고 그것을 감추려 하지 않으며 표리부동한 태도를 보이지 않는다.

다) 공감적 이해 : 교사가 아동의 입장에서 느끼고 지각할 수 있어야 한다.

라) 애정 : 진정한 애정이란, 아동을 존중하고, 아동이 그 나름의 방식으로 성장하기를 바라며, 주어진 환경 하에서 그렇게 될 것이라고 믿는 것으로 교사에게 기본적으로 요구하는 것이다.

附 錄

- 漢字成語
- 選定漢字(5,000字) 一覽表
- 旣出問題(第29回)

漢 字 成 語

苛斂誅求	가렴주구	가혹하게 세금을 거두어들이며, 재물을 빼앗음.
佳人薄命	가인박명	아름다운 여자는 수명이 짧음. 소식(蘇軾)이 지은 시에서 유래함. (=美人薄命)
刻苦勉勵	각고면려	어떤 일에 고생을 무릅쓰고 몸과 마음을 다하여, 무척 애를 쓰면서 부지런히 노력함.
刻骨難忘	각골난망	남에게 입은 은혜가 뼈에 새길 만큼 커서 잊혀지지 아니함. (=白骨難忘)
刻骨之痛	각골지통	뼈를 깎는 아픔. 뼈에 사무칠 만큼 원통한 일.
角者無齒	각자무치	'뿔이 달린 놈은 날카로운 이가 없다.'는 뜻으로, 한 사람이 여러 가지 복이나 재주를 갖출 수는 없음을 의미함.
刻舟求劍	각주구검	융통성 없이 현실에 맞지 않는 낡은 생각을 고집하는 어리석음을 이르는 말.
肝膽相照	간담상조	'간과 쓸개를 서로 비춘다.'는 뜻으로, 간과 쓸개를 꺼내어 보이듯 친구 간에 서로 속마음을 터놓고 허물없이 사귐을 뜻함. 곧 마음이 잘 맞는 매우 친한 사이를 이르는 말.
竿頭之勢	간두지세	'장대 끝에 서 있는 형세'라는 뜻으로, 아주 위태로운 상황을 이르는 말.
甘言利說	감언이설	'달콤한 말과 이로운 말'이라는 뜻으로, 남의 비위를 맞추어 그럴듯하게 꾸미는 말.
甘呑苦吐	감탄고토	'달면 삼키고 쓰면 뱉는다.'는 뜻으로, 자신의 비위에 따라서 사리의 옳고 그름을 판단함을 이르는 말.
甲男乙女	갑남을녀	'갑이라는 남자와 을이라는 여자'라는 뜻으로, 평범한 보통 사람을 일컫는 말.
甲論乙駁	갑론을박	'갑이 주장을 펴고 을이 이를 반박한다.'는 뜻으로, 여러 사람이 자기 의견을 내세워 남의 의견을 반박함을 이르는 말.
康衢煙月	강구연월	'한가한 거리와 흐릿한 달'이라는 뜻으로, 태평한 시대의 평화스러운 길거리의 모습을 이르는 말. 태평한 세월, 편안한 시대를 뜻하는 말. (=太平聖代)
江湖煙波	강호연파	강이나 호수 위에 안개처럼 보얗게 이는 기운. 또는 그 수면의 잔물결. 대자연의 풍경.

改過遷善	개과천선	지난날의 잘못이나 허물을 고쳐 올바르고 착하게 됨.
蓋世之才	개세지재	세상을 뒤덮을 만큼 뛰어난 재주, 또는 그 재주를 가진 사람.
去頭截尾	거두절미	'머리와 꼬리를 잘라 버린다.'는 뜻으로, 앞뒤의 사설을 빼어 버리고 요점만을 말한다는 뜻.
居安思危	거안사위	평안할 때에도 위험과 곤란이 닥칠 것을 생각하며 잊지 말고 미리 대비해야 함. (=有備無患)
擧案齊眉	거안제미	'밥상을 들어 눈썹과 나란히 한다.'는 뜻으로, 아내가 남편을 극진히 공경함을 이르는 말.
乾坤一擲	건곤일척	'주사위를 던져 승패를 건다.'는 뜻으로, 운명을 걸고 단판걸이로 승부를 겨룸을 이르는 말.
乞人憐天	걸인연천	'거지가 하늘을 불쌍히 여긴다.'는 뜻으로, 불행한 처지에 놓여 있는 사람이 부질없이 행복한 사람을 동정함을 이르는 말.
格物致知	격물치지	'사물을 연구하여 앎에 이른다.'는 뜻으로, 사물의 이치를 연구하여 지식과 지혜를 얻고 올바른 판단력을 기른다는 뜻.
隔世之感	격세지감	'세대가 멀리 떨어진 느낌'이라는 뜻으로, 세대를 뛰어넘은 것 같은 느낌. 세상이 많이 바뀌어서 딴 세대가 된 것 같은 느낌을 이름.
隔靴搔癢	격화소양	'신을 신고 발바닥을 긁는다.'는 뜻으로, 어떤 일을 하느라고 열심히 노력하지만 그 핵심을 찌르지 못하고 겉돌기만 하여 답답하고 안타깝다. 또는 애써 노력은 하나 얻는 성과가 없음을 이르는 말.
牽强附會	견강부회	'이치에 맞지 않는 말을 억지로 끌어다가 둘러 붙인다.'는 뜻으로, 사리에 닿지 않는 일을 자신에게 유리하도록 끌어다 붙임.
見利思義	견리사의	'이익을 보면 그것이 의리에 맞는가 맞지 않는가를 먼저 생각해야 한다.' 는 말.
犬馬之勞	견마지로	'개와 말의 수고'라는 뜻으로, 윗사람에 대해 바치는 자기의 노력을 겸손하게 이르는 말.
見蚊拔劍	견문발검	'모기를 보고 칼을 뽑는다.'는 뜻으로, 하찮은 일에 너무 크게 덤빈다는 말.
見物生心	견물생심	'물건을 보면 그것을 갖고 싶은 욕심이 생긴다.' 는 말.

犬齧枯骨	견설고골	'개가 말라빠진 뼈를 핥는다.'는 뜻으로, 음식이 아무 맛도 없음을 이르는 말.
犬猿之間	견원지간	'개와 원숭이의 사이'라는 뜻으로, 서로 사이가 나쁜 두 사람의 관계를 비유하여 이르는 말.
見危授命	견위수명	'(나라가) 위태로움을 보면 목숨을 바친다.'는 뜻. (=見危致命)
堅忍不拔	견인불발	굳게 참고 견디어 마음이 흔들리지 않음.
結者解之	결자해지	'맺은 사람이 그것을 풀어야 한다.'는 뜻으로, 일을 벌인 사람이 그 일을 마무리해야 한다는 말.
結草報恩	결초보은	'풀을 묶어 은혜를 갚는다.'는 뜻으로, 은혜가 매우 깊어 죽어서도 은혜를 잊지 않고 갚음.
箝口勿說	겸구물설	입을 다물고 말을 하지 않음.
謙讓之德	겸양지덕	'겸손하여 사양하는 덕성'이라는 뜻.
兼人之勇	겸인지용	혼자서 능히 몇 사람을 당해 낼만한 용기.
輕擧妄動	경거망동	경솔하여 생각 없이 망령되게 행동함. 또는 그런 행동. '경망한 행동'으로 순화.
傾國之色	경국지색	임금을 혹하게 하여 나라를 기울어지게 할 만큼의 뛰어난 미인.
敬老孝親	경로효친	늙은이를 공경하고 어버이에게 효도함.
經世濟民	경세제민	세상을 다스리고 백성을 구제함. ≒經濟
敬而遠之	경이원지	'공경하나 그를 멀리한다.'는 뜻으로, 겉으로는 공경하는 체하면서 실제로는 꺼리어 멀리함.
耕田鑿井	경전착정	'밭을 갈고 우물을 판다.'는 뜻으로, 국민들이 생업에 종사하며 평화롭게 삶을 비유적으로 이르는 말.

驚天動地	경천동지	'하늘을 놀라게 하고 땅을 뒤흔든다.'는 뜻으로, 세상을 몹시 놀라게 함을 비유적으로 이르는 말.
敬天愛人	경천애인	하늘을 숭배하고 인간을 사랑함.
鷄卵有骨	계란유골	'계란에 뼈가 있다.'는 뜻으로 '운이 나쁜 사람은 모처럼 좋은 기회가 와도 일이 잘 안 풀린다.'는 말.
鷄肋	계륵	'닭의 갈비'라는 뜻으로, 그다지 큰 소용은 없으나 버리기에는 아까운 것을 이르는 말. 《후한서(後漢書)》의 〈양수전(楊修傳)〉에 나오는 말.
鷄鳴狗盜	계명구도	'닭의 울음소리를 내거나 개처럼 기어들어가 도둑질을 한다.'는 뜻으로, 얕은 꾀로 남을 속이거나 학자가 배워서는 안 되는 하찮은 재주를 뜻함.
鼓角喊聲	고각함성	전투에서 돌격 태세로 들어갈 때, 사기를 북돋우기 위하여, 북을 치고 나발을 불며 아우성치는 소리.
股肱之臣	고굉지신	'허벅지와 팔꿈치처럼 보필하는 나라의 중신(重臣)'이라는 뜻으로, 임금이 팔 다리 같이 믿고 중히 여기는 신하를 비유함.
孤軍奮鬪	고군분투	'외로운 군대로 힘껏 싸운다.'는 뜻으로, 도와주는 사람 없이 혼자 힘으로 일을 힘겹게 해나감, 홀로 여럿을 상대로 싸움을 이르는 말.
膏粱珍味	고량진미	기름진 고기와 좋은 곡식으로 만든 맛있는 음식.
孤立無援	고립무원	'고립되어 도움을 받을 데가 없다.'는 뜻.
鼓腹擊壤	고복격양	'배를 두드리고 땅을 치며 태평을 노래한다.'는 뜻으로, 정치가 잘 되어 백성들이 평안을 누리는 태평성대를 이름.
姑息之計	고식지계	'당장의 편한 것만을 취하는 계책'이라는 뜻으로, 임시방편으로 내는 즉흥적인 계책을 뜻함.
苦肉之策	고육지책	'자기의 살을 괴롭게 하는 꾀'라는 뜻으로, 어쩔 수가 없어서 자신을 희생시키면서까지 내는 꾀. (=苦肉之計)
孤掌難鳴	고장난명	'한 쪽 손으로 소리내기가 어렵다.'는 뜻으로, 혼자 힘으로 일을 하기 어렵다는 뜻.
苦盡甘來	고진감래	'고통이 다하면 기쁨이 온다.'는 뜻.

高枕安眠	고침안면	'베개를 높이 하여 편안히 잔다.'는 뜻으로, 근심 없이 편안히 지냄을 이르는 말.
曲學阿世	곡학아세	바른 길에서 벗어난 학문으로 세상 사람에게 아첨함.
閫外之臣	곤외지신	'대궐 밖의 신하'라는 뜻으로, '장군'을 이르는 말.
骨肉相爭	골육상쟁	'뼈와 살이 서로 다툰다.'는 뜻으로, 같은 민족끼리 서로 싸우는 경우를 이름. (=骨肉相殘)
公明正大	공명정대	마음이 공명하며, 조금도 사사로움이 없이 바름.
空前絕後	공전절후	이전에도 없었고 앞으로도 없음. (=前無後無)
空中樓閣	공중누각	'공중에 떠 있는 누각'이라는 뜻으로, 근거가 없는 사물이나 일을 이르는 말
公平無私	공평무사	공평하여 사사로움이 없음.
誇大妄想	과대망상	자신의 능력, 재산, 용모 따위의 현재 상태를 실제보다 턱없이 크게 과장하여 그것을 사실인 것처럼 믿는 일. 또는 그런 생각.
過猶不及	과유불급	'지나침은 미치지 못함과 같다.'는 뜻으로, 중용(中庸)의 중요성을 이르는 말.
管鮑之交	관포지교	'관중과 포숙아의 사귐'이라는 뜻으로, 관중과 포숙아의 가난할 적 사귐이 후에 다시 출세하여 이어지듯이 '서로 믿고 이해하는 진실한 친구 사이'를 뜻함.
冠婚喪祭	관혼상제	관례(冠禮), 혼례(婚禮), 상례(喪禮), 제례(祭禮)를 아울러 이르는 말.
刮目相對	괄목상대	'상대방이 크게 발전하여 눈을 크게 뜨고 바라보게 된다.'는 뜻으로, 학식이나 재주가 매우 늘어 눈을 비비고 다시 볼 정도라는 뜻.
光風霽月	광풍제월	①비가 갠 뒤의 맑게 부는 바람과 밝은 달. ②마음이 넓고 쾌활하여 아무 거리낌이 없는 인품을 비유적으로 이르는 말.
矯角殺牛	교각살우	'소의 뿔을 바로 잡으려다가 소를 죽인다.'는 뜻으로, 결점이나 흠을 고치려다가 수단이 지나쳐 도리어 일을 그르침을 이르는 말.

巧言令色	교언영색	'말을 교묘하게 하고 안색을 예쁘게 꾸민다.'는 뜻으로, 다른 사람의 환심을 사기 위해 말을 교묘하게 하고 표정을 좋게 꾸민다는 뜻.
膠柱鼓瑟	교주고슬	'기러기발을 아교로 고정시켜 놓고 거문고를 탄다.'는 뜻으로, 융통성 없이 어리석고 고지식한 경우를 이름.
敎學相長	교학상장	가르치고 배우면서 서로 성장함.
九曲肝腸	구곡간장	'굽이굽이 서린 창자'라는 뜻으로, 깊은 마음속 또는 시름이 쌓인 마음속을 비유적으로 이르는 말.
狗尾續貂	구미속초	'개 꼬리를 담비 꼬리에 잇는다.'는 뜻으로, 좋은 것 다음에 나쁜 것을 잇는 것 또는 벼슬을 함부로 줌을 이르는 말.
口蜜腹劍	구밀복검	'입에는 꿀이 있지만 뱃속에는 칼이 있다.'는 뜻으로, 겉으로는 친한 척하나 속으로는 해칠 생각을 가지고 있음.
九死一生	구사일생	아홉 번(여러 차례) 죽을 고비를 넘기고 겨우 살아남.
口尙乳臭	구상유취	'입에서 아직 젖내가 난다.'는 뜻으로, 언행이 유치함을 이르는 말.
苟安偸生	구안투생	일시적인 안락을 탐하여 헛되이 살아감.
九牛一毛	구우일모	'아홉 마리 소 가운데 한 개의 털'이라는 뜻으로, 많은 것 가운데 아주 적은 것을 이르는 말.
九折羊腸	구절양장	'아홉 번 꼬부라진 양의 창자'라는 뜻으로, ①꼬불꼬불한 험한 길 ②세상이 복잡하여 살아가기 어렵다는 말.
群鷄一鶴	군계일학	'닭 무리 속에 한 마리의 학'이라는 뜻으로, 평범한 여러 사람들 가운데서 뛰어난 사람을 뜻함.
群盲評象	군맹평상	'여러 맹인들이 코끼리를 평한다.'는 뜻으로, 사물을 전체적으로 보지 못하고 일부분만 보고 잘못 판단하는 것을 비유하는 말. '장님 코끼리 더듬기'(=群盲撫象)
群雄割據	군웅할거	'많은 영웅들이 땅을 나누어 차지한다.'는 뜻으로, 혼란한 시대에 많은 영웅들이 서로 세력을 다툰다는 뜻.
窮餘之策	궁여지책	궁한 나머지 생각다 못하여 짜낸 계책.

權謀術數	권모술수	상대방을 교묘하게 속이거나 곤경에 빠뜨리는 술책을 의미.
權不十年	권불십년	'권세가 십년을 가지 못한다.'는 뜻으로, 권력은 영원하지 못함을 이름.
勸善懲惡	권선징악	'선을 권하고 악을 징계한다.'는 뜻으로, 선한 일을 권하고 악한 일을 경계함을 이르는 말.
捲土重來	권토중래	'흙먼지를 말아 일으키며 다시 쳐들어온다.'는 뜻으로, 실패한 사람이 세력을 길러 대단한 기세로 다시 공격해 온다는 뜻.
龜鑑	귀감	'점복(占卜)과 거울'이라는 뜻으로, 본보기라는 의미.
龜背刮毛	귀배괄모	'거북의 등에서 털을 깎는다.'는 뜻으로, 불가능한 일을 무리하게 하려고 함을 이르는 말.
橘化爲枳	귤화위지	'귤이 변하여 탱자가 된다.'는 뜻으로, 사람이 처한 환경에 따라 그 성질이 변함을 뜻함.
克己復禮	극기복례	'자신을 이기고 예로 돌아감'이라는 뜻으로, 자신의 지나친 욕심을 누르고 예의범절을 좇음.
極邊遠竄	극변원찬	중심이 되는 곳에서 아주 멀리 떨어져 있는 변경으로 귀양을 보냄.
近墨者黑	근묵자흑	'먹을 가까이 하는 사람은 검게 된다.'는 뜻으로, 나쁜 사람을 가까이하면 자신도 모르게 물들기 쉽다는 말.
金科玉條	금과옥조	금이나 옥처럼 귀중히 여겨 꼭 지켜야 할 법칙이나 규정.
金蘭之交	금란지교	'둘이 합심하면 그 단단하기가 능히 쇠를 자를 수 있고, 우정의 아름다움은 난의 향기와 같다.'는 뜻으로, 친구 사이의 매우 도타운 사귐을 이름.
錦上添花	금상첨화	'비단 위에 꽃을 더한다.'는 뜻으로, 좋은 일에 또 좋은 일이 더해짐을 이르는 말.
金石盟約	금석맹약	'쇠나 돌처럼 단단하고 굳은 맹세와 약속'이라는 뜻.
今昔之感	금석지감	지금과 옛날의 차이가 너무 심하여 생기는 느낌.

金城湯池	금성탕지	'쇠로 만든 성과, 그 둘레에 파 놓은 뜨거운 물로 가득 찬 못'이라는 뜻으로, 방어 시설이 잘되어 있는 성을 이르는 말.
錦繡江山	금수강산	'비단에 수놓은 것 같은 강과 산'이라는 뜻으로, 아름다운 자연을 이르는 말. 우리나라를 비유하는 말로도 쓰임.
琴瑟之樂	금슬지락	'거문고와 비파의 조화로운 소리'라는 뜻으로, 부부 사이의 다정하고 화목한 즐거움. (=琴瑟)
今時初聞	금시초문	듣느니 처음. 이제야 비로소 처음 들음.
錦衣夜行	금의야행	'비단옷을 입고 밤길을 다닌다.'는 뜻으로, ①자랑삼아 하지 않으면 생색이 나지 않음을 이르는 말. ②아무 보람이 없는 일을 함을 이르는 말.
錦衣還鄕	금의환향	'비단 옷을 입고 고향으로 돌아간다.'는 뜻으로, 출세하여 고향에 돌아가는 경우를 이름.
金字塔	금자탑	'金' 자 모양의 탑이라는 뜻으로, 피라미드를 이르던 말. 길이 후세에 남을 뛰어난 업적을 비유적으로 이르는 말.
金枝玉葉	금지옥엽	'황금으로 된 나뭇가지와 옥으로 만든 나뭇잎'이란 뜻으로, 왕이나 귀한 집안의 자손, 귀여운 자손을 이르는 말.
氣高萬丈	기고만장	'기운의 높이가 매우 높다.'는 뜻으로, 일이 뜻대로 잘 되어 기세가 대단함, 또는 펄펄 뛸 만큼 몹시 성이 남.
綺羅星	기라성	'밤하늘에 반짝이는 무수한 별'이라는 뜻으로, 신분이 높거나 권력이나 명예 따위를 가지고 있는 사람이 모여 있는 것을 비유적으로 이르는 말. '빛나는 별'로 순화.
起死回生	기사회생	거의 죽을 뻔 하다가 도로 살아남.
奇想天外	기상천외	'기이한 생각이 하늘의 바깥에까지 미친다.'는 뜻으로, 생각이 기발하고 엉뚱한 경우를 이름.
欺世盜名	기세도명	세상 사람을 속이고 헛된 명예를 탐함.
杞憂	기우	'기(杞)나라 사람의 걱정'이라는 뜻으로, 쓸데없는 걱정을 뜻함.
氣盡脈盡	기진맥진	'기력이 다하고 맥이 다하여 풀림'이라는 뜻으로, 몹시 피곤하여 지친 상태를 이르는 말.

騎虎之勢	기호지세	'호랑이를 타고 달리는 형세'라는 뜻으로, 이미 시작한 일을 중도에서 그만둘 수 없는 경우를 비유적으로 이르는 말.
洛陽紙價	낙양지가	훌륭한 글을 다투어 베끼느라고 종이의 수요가 늘어서 값이 등귀한 것을 말함이니 문장의 장려함을 칭송하는 데 쓰이는 말.
落花流水	낙화유수	'떨어지는 꽃과 흐르는 물'이라는 뜻으로, ①가는 봄의 경치 ②남녀 간 서로 그리워하는 애틋한 정을 이르는 말 ③힘과 세력이 약해져 아주 보잘것없이 됨.
難攻不落	난공불락	'공격하기 어려워 함락되지 않는다.'는 뜻으로, 장애물이 견고해서 일을 이루기 어려움을 이름.
亂臣賊子	난신적자	나라를 어지럽히는 불충한 무리.
難兄難弟	난형난제	'형인지 아우인지 알기 어렵다.'는 뜻으로, 우열을 가리기가 어려운 비슷비슷함을 뜻함.
南柯一夢	남가일몽	'남쪽 가지에서의 꿈'이란 뜻으로, 덧없는 꿈이나 한때의 헛된 부귀영화를 이르는 말.
南橘北枳	남귤북지	'강남의 귤을 강북에 심으면 탱자가 된다.'는 뜻으로, 사람은 사는 곳의 환경에 따라 착하게도 되고 악하게도 됨을 비유적으로 이르는 말.
南男北女	남남북녀	'남쪽의 남자와 북쪽의 여자'라는 뜻으로, 우리나라의 남쪽지방에서는 남자가 북쪽지방에서는 여자가 잘난 사람이 많다는 말.
男負女戴	남부여대	'남자는 짐을 등에 지고, 여자는 짐을 머리에 인다.'는 뜻으로, 가난한 사람이나 재난을 당한 사람들이 살 곳을 찾아 이리저리 떠돌아다닌다는 것을 이르는 말.
濫觴	남상	'술잔이 넘친다.'는 뜻으로, 겨우 술잔에 넘칠 정도로 적은 물이란 뜻. 나아가 일의 처음이나 시작을 이름.
囊中之錐	낭중지추	'주머니 속의 송곳'이라는 뜻으로, 재능이 뛰어난 사람은 숨어 있어도 그 가치가 자연히 드러나게 됨을 의미함.
內憂外患	내우외환	나라 안팎의 근심거리.
內助之功	내조지공	안에서 돕는 공. 아내가 남편이 바깥일을 잘 할 수 있도록 도와주는 것.
路柳墻花	노류장화	'아무나 쉽게 꺾을 수 있는 길가의 버들과 담 밑의 꽃'이라는 뜻으로, 창녀나 기생을 비유적으로 이르는 말.

駑馬十駕	노마십가	'느리고 둔한 말도 준마의 하룻길을 열흘에는 갈 수 있다.'는 뜻으로, 둔하고 재능이 모자라는 사람도 열심히 하면 훌륭한 사람이 될 수 있음을 비유적으로 이르는 말.
老馬之智	노마지지	'늙은 말의 지혜'라는 뜻으로, 아무리 하찮은 것일지라도 저마다 장기(長技)나 장점을 지니고 있음, 또는 경험을 쌓은 사람이 갖춘 지혜.
怒髮衝冠	노발충관	'노하여 일어선 머리카락이 관을 추켜올린다'는 뜻으로, 몹시 성이 난 모양을 이르는 말.
怒蠅拔劍	노승발검	'성가시게 구는 파리를 보고 화가 나서 칼을 뺀다.'는 뜻으로, 사소한 일에 화를 내거나 또는 작은 일에 어울리지 않게 커다란 대책을 세움을 비유적으로 이르는 말.
勞心焦思	노심초사	마음을 수고롭게 하고 생각을 너무 깊게 함, 또는 애쓰면서 속을 태움.
老益壯	노익장	'늙을수록 더욱 씩씩하다.'는 뜻으로, 나이가 들었어도 결코 젊은이다운 패기가 변하지 않고 오히려 씩씩한 경우.
綠陰芳草	녹음방초	'푸르게 우거진 나무와 향기로운 풀'이라는 뜻으로, 여름철의 자연경관을 이르는 말.
綠衣紅裳	녹의홍상	'연두저고리에 다홍치마'라는 뜻으로, 젊은 여자의 고운 옷차림을 이르는 말.
論功行賞	논공행상	공적의 크고 작음 따위를 논의하여 그에 알맞은 상을 줌.
壟斷	농단	'가파른 언덕'이라는 뜻으로, 가장 유리한 입지에서 이익과 권력을 독점함을 이르는 말.
弄瓦之慶	농와지경	옛날 중국에서 딸을 낳으면 장난감으로 실패를 주었다는 데서 '딸을 낳은 경사'를 뜻함.
弄璋之慶	농장지경	옛날 중국에서 아들을 낳으면 구슬을 주었다는 데서 '아들을 낳은 경사'를 뜻함.
累卵之危	누란지위	'알을 쌓아 놓은 듯이 위태로움'이란 뜻으로, 조금만 건드려도 쓰러질 것 같은 매우 위급한 상황을 이름. (=累卵之勢)
訥言敏行	눌언민행	말은 느려도 실제 행동은 재빠르고 능란함.
能小能大	능소능대	모든 일에 두루 능함.

多岐亡羊	다기망양	'여러 갈래로 갈린 길에서 양을 잃는다.'는 뜻으로, 학문의 길이 많아 진리를 찾기 어려움, 방침이 많아서 어쩔할 바를 모름.
多多益善	다다익선	많으면 많을수록 더욱 좋음.
多事多難	다사다난	여러 가지로 일도 많고 어려움도 많음.
斷金之交	단금지교	'쇠를 자를 만큼의 굳고 두터운 사귐'이라는 뜻으로, 정의가 두터운 친구간의 우정. (=金蘭之契)
斷機之戒	단기지계	학문을 중도에서 그만두면 짜던 베의 날을 끊는 것처럼 아무 쓸모없음을 경계한 말. 맹자가 공부하던 도중에 집에 돌아오자, 그의 어머니가 짜던 베를 끊어 그를 훈계하였다는 데서 유래함.
單刀直入	단도직입	'혼자서 칼을 들고 곧장 적진으로 쳐들어간다.'는 뜻으로, 말을 하거나 글을 쓸 때, 군말을 빼고 곧장 본론으로 들어감.
簞食瓢飮	단사표음	'한 그릇의 밥과 한 표주박의 물'이라는 뜻으로, 변변치 못한 살림으로 가난하게 살아간다는 뜻. 소박하고 청빈한 생활을 뜻함. (=簞瓢陋巷)
丹脣皓齒	단순호치	'붉은 입술과 하얀 이'라는 뜻으로, 여인의 아름다운 모습을 의미함.
堂狗風月	당구풍월	'서당 개 삼년이면 풍월을 읊는다.'는 뜻으로, 어떤 일을 잘 모르는 사람이라도 오랫동안 종사하여 보고 들으면 쉽게 해낼 수 있음을 이르는 말.
螳螂拒轍	당랑거철	'사마귀가 수레바퀴에 항거한다.'는 뜻으로, 자기 힘은 모르고 무모하게 덤벼드는 어리석음을 뜻함.
大驚失色	대경실색	'크게 놀라 원래의 얼굴빛을 잃어버리고 하얗게 변함'이라는 뜻으로, 몹시 놀람을 이르는 말.
大器晩成	대기만성	'큰 그릇은 늦게 이루어진다.'는 뜻으로 크게 될 사람은 늦게 이루어짐을 이르는 말.
大同小異	대동소이	'거의 같고 조금 다르다.'는 뜻으로, 비슷비슷한 경우를 이르는 말.
道聽塗說	도청도설	'길에서 들은 이야기를 길에서 말한다.'는 뜻으로, 근거 없이 나도는 소문을 이름.
塗炭之苦	도탄지고	'진흙탕이나 숯불에 빠진 괴로움'이라는 뜻으로, 임금의 포악한 학정으로 백성들이 심한 고통으로 몹시 고생스러움을 뜻함.

獨不將軍	독불장군	'혼자서는 장군을 할 수 없다.'는 뜻으로, 남의 의견은 무시하고 모든 일을 자신의 마음대로만 처리하는 사람.
東家食西家宿	동가식 서가숙	'동쪽 집에서 밥 먹고 서쪽 집에서 잠잔다.'는 뜻으로, 일정한 거처가 없이 떠돌아다니며 지냄을 이르는 말.
同價紅裳	동가홍상	'같은 값이라면 보기 좋은 다홍치마'라는 뜻으로, 같은 조건이면 품질이 좋은 것을 선택한다는 뜻.
同苦同樂	동고동락	괴로움과 즐거움을 같이함.
東塗西抹	동도서말	'동쪽에서 바르고 서쪽에서 지운다.'는 뜻으로, 이리저리 간신히 꾸며 대어 맞춤을 이르는 말.
棟梁之材	동량지재	'기둥과 대들보 같은 재목'이라는 뜻으로, 큰 쓸모 있는 인물을 뜻함.
同名異人	동명이인	이름은 같으나 사람이 다름.
東問西答	동문서답	'동쪽을 물으니 서쪽을 대답한다.'는 뜻으로, 묻는 말에 대하여 엉뚱한 대답을 하는 경우를 이르는 말.
同病相憐	동병상련	'같은 병을 앓는 이끼리 서로 불쌍히 여긴다.'는 뜻으로, 입장과 처지가 같은 사람이 서로 형편을 위로한다는 뜻.
東奔西走	동분서주	'동쪽으로 달리고 서쪽으로 달리다.'라는 뜻으로, 여기저기 바쁘게 돌아다니는 경우를 이르는 말.
凍氷寒雪	동빙한설	'찬 얼음과 차가운 눈'이라는 뜻으로, 몹시 추운 겨울을 이르는 말.
同床異夢	동상이몽	'같은 잠자리에서 다른 꿈을 꾼다.'는 뜻으로, 겉으로는 같은 행동을 하면서도 속으로는 각각 다른 생각을 하는 경우를 이르는 말.
東西古今	동서고금	'동양과 서양, 옛날과 오늘날'이라는 뜻으로, 곧 인간사회의 모든 시대와 모든 곳을 뜻함.
東征西伐	동정서벌	'동쪽을 정복하고 서쪽을 친다.'는 뜻으로, 이리저리로 여러 나라를 정벌함을 이르는 말.
凍足放尿	동족방뇨	'언 발에 오줌누기'라는 뜻으로, 한때 도움이 될 뿐 곧 효력이 없어져 더 나쁘게 되는 일을 이르는 말.

杜門不出	두문불출	문을 닫고 세상 밖으로 나가지 아니함.
得隴望蜀	득롱망촉	'농(隴)을 얻고 나니 촉(蜀)을 얻고 싶어한다.'는 뜻으로, 사람의 욕심이 끝이 없음을 이르는 말.
得意揚揚	득의양양	'뜻을 얻어 기분이 썩 좋다.'는 뜻.
登高自卑	등고자비	'높은 곳에 오르려면 낮은 곳에서부터 오른다.'는 뜻으로, ①일을 순서대로 하여야 함을 이르는 말. ②지위가 높아질수록 자신을 낮춤을 이르는 말.
登龍門	등용문	'용문(龍門)에 오른다.'는 뜻으로, 입신출세의 관문을 일컫는 말.
燈下不明	등하불명	'등잔 밑이 어둡다.'는 뜻으로, 가까이에 있는 것을 오히려 더 잘 모름을 이르는 말.
燈火可親	등화가친	'등불을 가까이할 만하다.'는 뜻으로, 글 읽기에 좋은 시절인 가을을 이르는 말.
馬頭納采	마두납채	혼인날 가지고 가는 납채(納采), 또는 그 채단. 요즘은 보통 혼인날 전에 보낸다.
磨斧作針	마부작침	'도끼를 갈아서 바늘을 만든다.'는 뜻으로, 꾸준히 노력하면 이루지 못할 일이 없다는 뜻. (=磨斧爲針)
馬耳東風	마이동풍	'말의 귀에 동풍이 불어도 아랑곳하지 아니한다.'는 뜻으로, 남의 말을 귀담아듣지 아니하고 지나쳐 흘려버림을 이르는 말.
麻中之蓬	마중지봉	'삼밭에 난 쑥'이라는 뜻으로, 곧은 삼속에서 자란 쑥은 저절로 곧게 자라게 된다는 데서, 좋은 환경에 있는 사람은 주위의 감화를 받아 선량해진다는 뜻.
莫無可奈	막무가내	도무지 융통성이 없고 고집이 세어 어쩌할 수 없음.
莫上莫下	막상막하	'위도 없고 아래도 없다.'는 뜻으로, 실력의 차이가 거의 없는 경우를 이르는 말.
莫逆之友	막역지우	허물이 없이 아주 친한 친구.
萬頃蒼波	만경창파	'만 이랑이나 되는 바다의 파도'라는 뜻으로, 한없이 넓은 바다를 뜻함.

萬古江山	만고강산	오랜 세월을 통하여 변함이 없는 산천.
萬事亨通	만사형통	'모든 일이 두루 잘된다.'는 뜻.
萬壽無疆	만수무강	수명이 끝이 없음을 이르는 말로, 장수를 빌 때 쓰는 표현임.
晩時之歎	만시지탄	시기에 늦어 기회를 놓쳤음을 안타까워하는 탄식.
滿身瘡痍	만신창이	'온 몸에 상처가 많다.'는 뜻으로, 사람의 몸이나 어떠한 단체가 걷잡을 수 없이 비참한 지경에 빠짐을 이름.
亡羊補牢	망양보뢰	'양을 잃고 난 후 우리를 고친다.'는 뜻으로, 일을 그르친 뒤에 뉘우쳐도 소용없다는 뜻.
亡羊之歎	망양지탄	'갈림길이 매우 많아 잃어버린 양을 찾을 길이 없음을 탄식한다.'는 뜻으로, 학문의 길이 여러 갈래여서 한 갈래의 진리도 얻기 어려움을 이르는 말.
茫然自失	망연자실	'정신을 잃고 어리둥절하다. 넋이 나간 듯 멍하다.'는 뜻.
望雲之情	망운지정	자식이 객지에서 고향에 계신 어버이를 생각하는 마음.
忙中偸閑	망중투한	바쁜 가운데서도 한가한 겨를을 얻어 즐김.
麥秀之嘆	맥수지탄	'보리 이삭의 탄식'이라는 뜻으로, 멸망한 고국에 대한 한탄. 기자(箕子)가 은나라가 망한 후에, 폐허가 된 그 도읍지에 보리만 부질없이 자라는 것을 보고 한탄했다는 고사에서 유래함.
孟母斷機	맹모단기	'맹자의 어머니가 베를 끊었다.'는 뜻으로, 학업을 중도에서 그만둠을 훈계하는 말.
孟母三遷	맹모삼천	'맹자의 어머니가 맹자의 교육을 위해 세 번이나 이사를 한 가르침'이라는 뜻으로, 교육에는 주위 환경이 중요하다는 가르침을 이르는 말. (=三遷之敎, 孟母三遷之敎)
面從腹背	면종복배	'앞에서는 복종하나 속마음은 배반한다.'는 뜻으로, 겉과 속이 다름을 의미함.
明鏡止水	명경지수	'맑은 거울과 고요한 물'이라는 뜻으로, 잡념과 가식과 헛된 욕심 없이 맑고 깨끗한 마음.

明眸皓齒	명모호치	'맑은 눈동자와 흰 이'라는 뜻으로, 미인의 모습을 이르는 말.
名實相符	명실상부	'이름과 실상이 서로 들어맞는다.'라는 뜻으로, 밖으로 알려진 것과 실제의 상황이 서로 일치하는 경우를 이르는 말.
明若觀火	명약관화	'밝기가 불을 보는 것과 같다.'는 뜻으로, 어떤 일이 분명하고 명백하다는 뜻.
命在頃刻	명재경각	거의 죽게 되어 곧 숨이 끊어질 지경에 이름.
毛遂自薦	모수자천	'모수가 스스로를 천거한다.'는 뜻으로, 자기가 자기 자신을 추천한다는 뜻.
矛盾	모순	말이나 행동의 앞뒤가 서로 맞지 않음. 중국 초나라의 상인이 창과 방패를 팔면서 창은 어떤 방패도 뚫을 수 있다고 하고 방패는 어떤 창으로도 뚫지 못한다는 말을 한 데서 유래함.
目不識丁	목불식정	'고무래(丁자 모양의 농기구)를 보고도 '丁'자를 알지 못한다.'라는 뜻으로, 글자를 전혀 모르거나 무식한 사람에게 쓰는 말.
目不忍見	목불인견	눈앞에 벌어진 상황 따위를 눈뜨고는 차마 볼 수 없음.
眇視跛履	묘시파리	'애꾸가 환히 보려 하고 절름발이가 먼 길을 걸으려 한다.'는 뜻으로, 분에 넘치는 일을 하다가는 오히려 화를 자초함을 이르는 말.
猫項懸鈴	묘항현령	'고양이 목에 방울 달기'라는 뜻으로, 쥐들이 고양이 목에 방울을 단다는 이야기에서 나온 말로 듣기에는 좋으나 실현 가능성이 없는 헛된 말을 이름.
無骨好人	무골호인	줏대가 없이 두루뭉술하고 순하여 남의 비위를 다 맞추는 사람.
武陵桃源	무릉도원	'무릉지방의 복숭아꽃이 떠내려 오는 강물의 근원지'라는 뜻으로, 별천지(別天地), 이상향을 비유하는 말.
無病長壽	무병장수	'병 없이 오래 살다.'라는 뜻으로, 보통 나이 드신 어른에게 기원의 말로 쓰임.
無爲徒食	무위도식	하는 일도 없이 먹고 놀기만 함.
刎頸之交	문경지교	목을 베어 줄 수 있을 정도로 절친한 사귐, 친구를 뜻함.

文房四友	문방사우	'서재에 있어야 할 네 가지 벗'으로, 종이, 붓, 벼루, 먹을 일컫는 말.
門外漢	문외한	어떤 일에 직접 관계가 없거나 전문적인 지식이 없는 사람.
聞一知十	문일지십	'하나를 들으면 열을 안다.'는 뜻으로, 매우 총명함을 이르는 말.
門前成市	문전성시	'문 앞에 마치 시장이 선 것 같다.'는 뜻으로, 찾아오는 사람이 매우 많음을 나타내는 말.
勿失好機	물실호기	좋은 기회를 놓치지 아니함.
物我一體	물아일체	외물(外物)과 자아, 객관과 주관, 또는 물질계와 정신계가 어울려 하나가 됨.
尾大難掉	미대난도	'꼬리가 커서 흔들기가 어렵다.'는 뜻으로, 일의 끝이 크게 벌어져서 처리하기가 어려움을 이르는 말.
彌縫策	미봉책	'깁고 꿰매는 일시적인 계책'이라는 뜻으로, 임시변통의 일시적인 계책.
尾生之信	미생지신	'미생의 믿음'이라는 뜻으로, 미련하도록 약속을 굳게 지키는 것이나 고지식하여 융통성이 없음을 가리키는 말.
未曾有	미증유	지금까지 한 번도 있어 본 적이 없음.
博覽强記	박람강기	'넓게 보고 잘 기억한다.'는 뜻으로, 넓은 학식과 좋은 기억력을 갖춤을 의미함.
薄利多賣	박리다매	이익을 적게 보고 많이 파는 것.
博而不精	박이부정	널리 알지만 정밀하지는 못함.
拍掌大笑	박장대소	손뼉을 치며 크게 웃음.
博學多識	박학다식	'학문이 넓고 아는 것이 많다.'는 뜻.

攀龍附鳳	반룡부봉	훌륭한 임금을 좇아서 공명을 세움. 용과 봉은 임금을 비유적으로 이르는 말임.
反面敎師	반면교사	'극히 나쁜 면만을 가르쳐 주는 선생'이란 뜻으로, 다른 사람이나 사물의 부정적인 측면에서 가르침을 얻음을 이르는 말.
泮蛙	반와	'성균관 개구리'라는 뜻으로, 자나 깨나 책만 읽는 사람을 놀림조로 이르는 말.
斑衣之戲	반의지희	'색동옷을 입고 한 재롱'이라는 뜻으로, 늙어서도 부모에게 효양함을 이르는 말. 부모를 위로하려고 색동저고리를 입고 기어가 보임.
反哺之孝	반포지효	'(어미에게) 되먹이는 (까마귀의) 효성'이라는 뜻으로, 어버이의 은혜에 대한 자식의 지극한 효도를 이르는 말.
拔群	발군	여럿 가운데에서 특별히 뛰어남.
拔本塞源	발본색원	'(폐단의) 근본을 뿌리 뽑고 그 근원을 막는다.'는 뜻으로, 악의 근원을 송두리째 없앰을 뜻함.
發憤忘食	발분망식	끼니까지도 잊을 정도로 어떤 일에 열중하여 노력함.
拔山蓋世	발산개세	힘은 산을 뽑을 만큼 매우 세고 기개는 세상을 덮을 만큼 웅대함을 이르는 말.
傍若無人	방약무인	'곁에 사람이 없는 것 같다.'는 뜻으로, 남을 의식하지 않고 거리낌 없이 함부로 행동하는 경우를 이르는 말.
蚌鷸之爭	방휼지쟁	'조개와 도요새의 다툼'이라는 뜻으로, 대립하는 두 세력이 다투다가 결국은 구경하는 다른 사람에게 득을 주는 싸움을 비유적으로 이르는 말
背水之陣	배수지진	'물을 등지고 진을 친다.'는 뜻으로, ①물러설 곳이 없으니 목숨을 걸고 싸울 수 밖에 없는 지경을 이르는 말 ②물을 등지고 적과 싸울 진을 치는 진법.
背恩忘德	배은망덕	'입은 은덕을 잊어버리고 배신함'이라는 뜻으로, 은혜를 모르는 경우를 이름.
百家爭鳴	백가쟁명	많은 학자나 문화인 등이 자기의 학설이나 주장을 자유롭게 발표하여, 논쟁하고 토론하는 일.
白骨難忘	백골난망	죽어 백골이 되어서도 은혜를 잊을 수가 없음을 뜻함.

百年大計	백년대계	'백년의 큰 계획'이라는 뜻으로, 먼 장래를 내다보고 세우는 계획.
百年河淸	백년하청	'백 년 동안 황하강의 물이 맑기를 기다린다.'는 뜻으로, 아무리 바라고 기다려도 실현될 가망이 없음을 이르는 말.
百年偕老	백년해로	'백년을 함께 늙음'이라는 뜻으로, 부부가 되어 서로 늙을 때까지 화평하게 즐김을 뜻함.
白面書生	백면서생	'글만 읽어 얼굴이 창백한 사람'이라는 뜻으로, 공부만 하여 세상 물정에 어둡고 경험이 없는 사람을 이르는 말.
白眉	백미	'흰 눈썹'이란 뜻으로, 여럿 중에 가장 훌륭하다는 뜻. 중국 촉나라 마량(馬良)의 5형제 중 흰 눈썹이 섞인 良(양)의 재주가 가장 뛰어나다는 데서 온 말.
白飯葱湯	백반총탕	'흰밥과 파로 끓인 국'이라는 뜻으로, 반찬이 없는 검소한 음식을 비유적으로 이르는 말.
百發百中	백발백중	'백 번 쏘아서 백 번 맞춘다.'는 뜻으로, 계획이나 예상이 꼭꼭 들어맞는 경우를 이름.
伯牙絶絃	백아절현	'백아가 거문고 줄을 끊어 버렸다.'는 뜻으로, 자기를 알아주는 절친한 벗의 죽음을 슬퍼함을 이르는 말.
百戰老將	백전노장	'수없이 많은 전쟁을 치른 늙은 장수'라는 뜻으로, 세상의 많은 경험을 다 겪은 사람을 이르는 말.
百折不屈	백절불굴	어떠한 난관에도 결코 굽히지 않음.
百尺竿頭	백척간두	'백 척의 긴 장대 끝에 선다.'는 뜻으로, 매우 위태로운 경지를 이르는 말.
百害無益	백해무익	모든 면에서 해롭고 이로움이 전혀 없음.
碧眼紫髥	벽안자염	'파란 눈과 검붉은 수염'이라는 뜻으로, 서양 사람의 모습을 이르는 말.
兵家常事	병가상사	'이기고 지는 일은 전쟁에서 흔히 있는 일'이라는 뜻으로, 한 번의 실패에 절망하지 말라는 뜻.
鴇羽之嗟	보우지차	'너새 날개의 탄식'이라는 뜻으로, 백성이 난리나 부역으로 부모를 봉양할 수 없음을 탄식함.

封庫罷職	봉고파직	어사나 감사가 못된 짓을 많이 한 고을의 원을 파면하고 관가의 창고를 봉하여 잠그던 일.
蜂蟻君臣	봉의군신	'벌과 개미에게도 임금과 신하의 구별이 있다.'는 뜻으로, 신분 관계의 질서가 중요함을 이르는 말.
鳳雛	봉추	①'봉황의 새끼'라는 뜻으로, 지략이 뛰어난 젊은이를 비유적으로 이르는 말. ②아직 세상에 드러나지 아니한 영웅을 비유적으로 이르는 말.
富貴榮華	부귀영화	'부귀와 권력을 마음껏 누린다.'는 말.
斧鉞之下	부월지하	'작은 도끼와 큰 도끼의 아래'라는 뜻으로, 제왕의 위엄을 비유적으로 이르는 말.
父傳子傳	부전자전	'아버지가 전하고 아들이 전하다.'는 뜻으로, 대대로 아버지에게서 아들로 전해짐. 그 아버지에 그 아들.
夫唱婦隨	부창부수	'남편이 창을 하면 아내도 따라 한다.'는 뜻으로, 남편의 주장에 아내가 따르는 것이 부부 화합의 도리라는 뜻.
附和雷同	부화뇌동	'천둥이 치면 모든 사물이 같이 울린다.'는 뜻으로, 자기의 주관 없이 남의 의견을 쉽게 따르고 남의 행동을 덩달아 따라한다는 뜻.
北窓三友	북창삼우	'북쪽 창가의 세 명의 벗'이라는 뜻으로, 거문고, 술, 시(詩)를 일컫는 말.
粉骨碎身	분골쇄신	'뼈를 가루로 만들고 몸을 부순다.'는 뜻으로, 정성으로 노력함을 이르는 말. 또는 그렇게 하여 뼈가 가루가 되고 몸이 부서짐.
焚書坑儒	분서갱유	'책을 불태우고 선비를 생매장하여 죽인다.'는 뜻으로, 진시황제가 학자들의 정치비평을 금하기 위하여 경서를 태우고 학자들을 구덩이에 생매장하여 베푼 가혹한 정치를 이르는 말.
不可思議	불가사의	생각하거나 의논해 볼 수조차 없는 신기한 일을 뜻함.
不俱戴天	불구대천	'하늘을 함께 이지 못한다.'는 뜻으로, 이 세상에서 같이 살 수 없을 만큼 큰 원한을 가짐을 비유적으로 이르는 말.
不立文字	불립문자	'문자로써 세우지 않는다.'는 뜻으로, 깨달음은 마음에서 마음으로 전해지는 것이지 말이나 문자로 전해지는 것이 아니라는 뜻.
不問可知	불문가지	묻지 않아도 알 수 있는 확실한 사실.

不食自逋	불식자포	사사로이 떼어먹지 않았는데도 공금 따위가 저절로 축남.
不撤晝夜	불철주야	어떤 일에 몰두하여 조금도 쉴 사이 없이 밤낮을 가리지 아니함.
不恥下問	불치하문	아랫사람에게 묻기를 부끄러워하지 않는다는 뜻.
不偏不黨	불편부당	아주 공평하여 어느 한쪽으로 치우치지 아니함. '공정함', '편들지 않음'으로 순화함.
鵬程萬里	붕정만리	'붕새가 날아갈 길이 만리'라는 뜻으로, 머나먼 노정, 또는 사람의 앞날이 매우 요원함을 뜻함.
非夢似夢	비몽사몽	완전히 잠이 들지도 잠에서 깨어나지도 않은 어렴풋한 상태.
悲憤慷慨	비분강개	슬프고 분하여 의분이 북받침.
髀肉之嘆	비육지탄	'넓적다리에 살이 찜을 탄식한다.'는 뜻으로, 영웅이 재능을 발휘하지 못하고 헛되이 세월을 보냄을 탄식한다는 뜻.
非一非再	비일비재	한 둘이 아니고 많다는 뜻.
鼻祖	비조	한 겨레나 가계의 맨 처음이 되는 조상. (=始祖)
貧者一燈	빈자일등	'가난한 사람이 바치는 하나의 등'이라는 뜻으로, 물질의 많고 적음보다 정성이 중요함을 비유적으로 이르는 말.
氷肌玉骨	빙기옥골	①살결이 맑고 깨끗한 미인을 비유적으로 이르는 말. ②매화의 곱고 깨끗함을 비유적으로 이르는 말.
氷姿玉質	빙자옥질	'얼음같이 맑고 고운 모습과 옥같은 자질'이라는 뜻으로, 매화를 상징하는 말.
氷炭之間	빙탄지간	'얼음과 숯불 사이'라는 뜻으로, 얼음과 숯불처럼 그 성질이 상반되어 서로 조화를 이루어 함께 할 수 없는 경우.
四顧無親	사고무친	'사방을 돌아보아도 친한 사람(친척)이 없음'이라는 뜻으로, 사방을 돌아보아도 의지할 사람 없이 혼자라는 뜻.

士氣衝天	사기충천	사기가 하늘을 찌를 듯이 높음.
士農工商	사농공상	선비·농부·장인(匠人)·상인의 네 가지 신분을 아울러 이르던 말.
四面楚歌	사면초가	사방이 적으로 둘러싸인 고립무원(孤立無援)의 상태.
四面春風	사면춘풍	누구에게나 좋게 대하는 일. 또는 그런 사람을 비유적으로 이르는 말.
駟不及舌	사불급설	'아무리 빠른 사마(駟馬)라도 혀를 놀려서 하는 말을 따르지 못한다.'는 뜻으로, 소문은 순식간에 퍼지는 것이므로 말을 조심하여야 함을 이르는 말.
死不瞑目	사불명목	근심이나 한이 남아 있어 죽어서도 눈을 편히 감지 못함.
沙上樓閣	사상누각	'모래 위에 세운 누각'이라는 뜻으로, 기초가 튼튼하지 못하여 무너지기 쉬운 헛된 것이라는 뜻.
死生決斷	사생결단	죽고 삶을 돌보지 않고 끝장을 내려고 함.
捨生取義	사생취의	'삶을 버리고 옳은 것을 취한다.'는 뜻으로, 정의와 진리를 위해서는 자신의 목숨도 아끼지 않고 의로운 일을 한다는 뜻.
獅子吼	사자후	'사자의 울부짖음'이라는 뜻으로, ①석가모니의 위엄있는 설법을 사자의 우는 소리에 비유함. ②크게 열변을 토함.
事必歸正	사필귀정	'일은 반드시 바른 곳으로 돌아간다.'는 뜻으로, 모든 잘잘못은 반드시 그 원인에 따라서 바른 결과를 얻게 된다는 뜻.
死後藥方文	사후약방문	'죽은 뒤에 약방문을 쓴다.'는 뜻으로, 이미 때가 지난 후에 대책을 세우거나 후회해도 소용없다는 말. ※ 약방문(藥方文) : 약을 짓기 위해 약의 이름과 분량을 쓴 종이
山鷄野鶩	산계야목	'산 꿩과 들오리'라는 뜻으로, 성질이 사납고 거칠어서 제 마음대로만 하며 다잡을 수 없는 사람을 비유적으로 이르는 말.
山紫水明	산자수명	'산은 자줏빛으로 선명하고 물은 맑다.'는 뜻으로, 경치가 아름다움을 이르는 말.
山戰水戰	산전수전	'산에서의 싸움 물에서의 싸움'이란 뜻으로, 세상의 온갖 고난과 어려움을 다 겪어 경험이 많음을 이름.

山海珍味	산해진미	산과 바다에서 나오는 온갖 재료로 만든 진기한 음식.
殺身成仁	살신성인	'몸을 죽여 인(仁)을 이룬다.'는 뜻으로, 자기의 몸을 희생하여 인(仁)을 이룸을 이르는 말.
三顧草廬	삼고초려	유비가 제갈공명을 세 번이나 찾아가 군사(軍師)로 초빙한 데서 유래한 말로, ①임금의 두터운 사랑을 입음. ②인재를 얻기 위해 참을성 있게 힘씀.
三年不蜚	삼년불비	'삼 년 동안 한 번도 날지 않는다.'는 뜻으로, 훗날 웅비할 기회를 기다림을 이르는 말.
森羅萬象	삼라만상	'빽빽하게 펼쳐져 있는 온갖 존재들'이라는 뜻으로, 세상의 모든 것을 뜻함.
三旬九食	삼순구식	'삼십 일 동안 아홉 끼니밖에 먹지 못한다.'는 뜻으로, 몹시 가난함을 이르는 말.
三十六計	삼십육계	'서른여섯 가지의 병법 가운데 36번째에 해당하는 계책'으로 상황이 불리할 때는 달아나는 것이 가장 좋다는 말.
三人成虎	삼인성호	'세 사람이면 없는 호랑이도 만들어 낸다.'는 뜻으로, 거짓말이라도 여러 사람이 하면 참말로 듣는다는 뜻.
三日天下	삼일천하	삼일 동안 세상을 다스림. 짧은 기간의 영화.
三尺童子	삼척동자	'키가 석 자인 아이'라는 뜻으로 어린아이.
三寒四溫	삼한사온	'삼일은 춥고 사일은 따뜻하다.'는 뜻으로, 겨울철 우리나라 기후의 특징적 현상.
傷弓之鳥	상궁지조	'한 번 화살에 맞은 새는 구부러진 나무만 보아도 놀란다.'는 뜻으로, 한 번 혼이 난 일로 늘 의심과 두려운 마음을 품는 것을 이르는 말. (≒驚弓之鳥)
桑田碧海	상전벽해	'뽕나무 밭이 푸른 바다가 된다.'는 뜻으로, 세상의 변화가 심하거나 인생이 덧없음을 뜻함.
賽神萬明	새신만명	①굿이나 푸닥거리를 하는 무당. ②경망스럽고 방정맞은 사람을 비유적으로 이르는 말.
塞翁之馬	새옹지마	'변방 늙은이의 말'이라는 뜻으로, 인생에 있어서 길흉화복은 항상 바뀌어 미리 헤아릴 수가 없다는 뜻.

生者必滅	생자필멸	생겨난 것은 반드시 죽어 없어지기 마련이라는 뜻.
鼠肝蟲臂	서간충비	'쥐의 간과 벌레의 팔'이라는 뜻으로, 쓸모없고 하찮은 사람이나 물건을 이르는 말.
胥動浮言	서동부언	거짓말을 퍼뜨려 인심을 소란하게 함.
黍離之歎	서리지탄	'나라가 멸망하여 옛 궁궐터에는 기장만이 무성한 것을 탄식한다.'는 뜻으로, 세상의 영고성쇠가 무상함을 탄식하며 이르는 말. (=麥秀之嘆)
鼠竊狗偸	서절구투	'쥐나 개처럼 몰래 물건을 훔친다.'는 뜻으로, '좀도둑'을 이르는 말.
噬臍莫及	서제막급	'이미 저지른 잘못에 대하여 후회하여도 소용이 없음'을 이르는 말. 사람에게 잡힌 사향노루가 배꼽의 향내 때문에 잡혔다고 제 배꼽을 물어 뜯었다는 데서 유래한다.
席藁待罪	석고대죄	거적을 깔고 엎드려서 임금의 처분이나 명령을 기다리던 일.
先見之明	선견지명	어떤 일이 일어나기 전에 미리 앞을 내다보고 아는 지혜.
先公後私	선공후사	사사로운 일이나 이익보다 공사(公事)나 공익(公益)을 앞세움을 이르는 말.
雪上加霜	설상가상	'눈 위에 서리가 더해진다.'라는 뜻으로, 나쁜 일이 연달아 생겨나는 경우를 이르는 말.
說往說來	설왕설래	'말이 오고 간다.'는 뜻으로, 어떤 일의 시비를 따지느라고 말로 옥신각신하는 경우를 이르는 말.
纖纖玉手	섬섬옥수	'가늘고 옥 같은 손'이라는 뜻으로, 미인의 고운 손을 뜻함.
歲寒三友	세한삼우	'추운 겨울철의 세 벗'이라는 뜻으로, 추위에 잘 견디는 소나무·대나무·매화나무를 통틀어 이르는 말. 흔히 한 폭의 그림에 그려서 '송죽매'라고 함.
宵衣旰食	소의한(간)식	'날이 채 밝기 전에 옷을 입고 해가 진 후에 저녁밥을 먹는다.'는 뜻으로, 임금이 정사에 바빠 겨를이 없음을 비유적으로 이르는 말.
騷人墨客	소인묵객	'시문(詩文)·서화(書畵)를 일삼는 사람'이란 뜻으로, 문사, 시인과 서예가, 화가 등 풍류를 아는 사람을 이르는 말.

蕭牆之變	소장지변	①밖에서 남이 들어와 일으킨 것이 아니라 내부에서 일어난 변란. ②형제들 사이의 싸움.
小貪大失	소탐대실	작은 것을 탐내다가 큰 것을 잃음.
束手無策	속수무책	'손이 묶이어 아무런 대책이 없다.'는 뜻으로, 어쩔 도리 없이 꼼짝할 수 없다는 뜻.
送舊迎新	송구영신	'묵은 것을 보내고 새것을 맞이함'이라는 뜻으로, 한 해를 보내고 새해를 맞이할 때 쓰는 말.
宋襄之仁	송양지인	너무 착하기만 하여 쓸데없는 아량을 베풀어 실속이 없음을 비유적으로 이르는 말. 중국 춘추 시대에, 송나라의 양공이 적을 불쌍히 여기다 초나라에 패배하여 세상 사람들이 비웃었다는 데서 유래함.
首丘初心	수구초심	'(여우는 죽을 때) 머리를 자기가 살던 언덕 쪽으로 두고 죽는다.'는 뜻으로, 고향을 그리워하는 마음, 또는 근본을 잊지 않는 마음.
垂簾聽政	수렴청정	'발을 드리우고 정치를 듣는다.'는 뜻으로, 나이 어린 왕이 즉위했을 때 성인이 될 일정기간 동안 왕대비나 대왕대비가 국정을 대리로 처리하던 일을 이르는 말.
壽福康寧	수복강녕	'오래 살고 복되며 건강하고 평안하다'는 뜻.
手不釋卷	수불석권	'손에서 책을 놓지 않는다.'의 뜻으로, 부지런히 공부하는 것을 뜻함.
首鼠兩端	수서양단	'쥐가 구멍에서 머리를 내밀고 나갈까 말까 망설인다.'는 뜻으로, 머뭇거리며 진퇴나 거취를 정하지 못하는 상태를 이르는 말.
袖手傍觀	수수방관	'소매에 손을 끼고 곁에서 보기만 한다.'는 뜻으로, 남의 일 보듯이 그냥 그대로 내버려 둠을 뜻함.
水魚之交	수어지교	'물과 물고기의 사귐'이라는 뜻으로, 물과 물고기처럼 매우 친밀하여 떨어질 수 없는 사이를 비유함.
誰怨誰咎	수원수구	'누구를 원망하고 누구를 탓하겠냐.'는 뜻으로, 남을 원망하거나 탓할 것이 없음을 이르는 말.
水滴穿石	수적천석	'물방울이 바위를 뚫는다.'는 뜻으로, 작은 노력이라도 끈기 있게 계속하면 큰일을 이룰 수 있음.
守株待兔	수주대토	'나무 그루터기를 지키며 토끼를 기다린다.'는 뜻으로, 융통성이 없거나 어리석은 경우.

壽則多辱	수즉다욕	오래 살수록 그만큼 욕됨이 많음을 이르는 말.
菽麥不辨	숙맥불변	'콩과 보리를 판별하지 못한다.'는 뜻으로, 사리 분별력이 없는 사람을 비유함.
菽水之供	숙수지공	'콩과 물로 드리는 공'이라는 뜻으로, 가난한 중에도 검소한 음식으로 정성을 다하여 부모를 봉양하는 일을 이르는 말.
宿虎衝鼻	숙호충비	'자는 호랑이의 코를 찌른다.'는 뜻으로, 가만히 있는 사람을 공연히 건드려서 화를 입거나 일을 불리하게 만듦을 이르는 말.
脣亡齒寒	순망치한	'입술이 없으면 이가 시리다.'는 뜻으로, 서로 돕던 사람이 없어지면 다른 한쪽 사람도 함께 위험해 진다는 뜻. 서로 도우며 떨어질 수 없는 밀접한 관계를 비유함.
升斗之利	승두지리	'됫박만 한 이익'이라는 뜻으로, 얼마 되지 않는 이익을 이르는 말.
乘勝長驅	승승장구	싸움에 이긴 형세를 타고 계속 몰아침.
始終如一	시종여일	'처음과 끝이 한결 같다.'는 뜻으로, 변함없이 한결 같은 경우를 이르는 말. (=始終一貫)
食少事煩	식소사번	'먹을 것은 적은데 일은 번거롭다.'는 뜻으로, 수고는 많이 하지만 소득은 적은 경우를 말함.
識字憂患	식자우환	글자를 안다는 것이 오히려 근심거리가 됨. 아는 것이 탈이라는 말로 학식이 있는 것이 오히려 근심을 사게 됨을 뜻함.
信賞必罰	신상필벌	'(상을 받을 만한 사람에게는) 반드시 상을 주고, (벌을 받을 만한 사람에게는) 반드시 벌을 준다.'는 뜻으로, 상벌을 규정대로 분명하게 하는 경우.
身言書判	신언서판	중국 당나라 때 관리를 등용하는 기준으로 삼았던 '몸·말씨·글씨·판단력'의 네 가지를 이르는 말.
神出鬼沒	신출귀몰	'귀신처럼 나타나고 없어진다.'는 뜻으로, 귀신이 나타났다 사라지듯 홀연히 드나듦을 이름.
身土不二	신토불이	'몸과 땅은 둘이 아니고 하나'라는 뜻으로, 자기가 사는 땅에서 산출한 농산물이라야 체질에 잘 맞음을 이르는 말.
實事求是	실사구시	사실에 토대하여 진리를 탐구하는 일이란 뜻으로, 공론(空論)만 일삼는 양명학에 대한 반동으로서 청조의 고증학파가 내세운 표어를 말함.

心機一轉	심기일전	(어떤 동기에 의하여) 지금까지 품었던 생각과 마음의 자세를 완전히 바꿈.
深思熟考	심사숙고	'깊이 생각하고 오래 살핀다.'는 뜻으로, 곰곰이 따져 사려깊이 처신함을 뜻함.
十年減壽	십년감수	수명이 십 년이나 줄 정도로 위험한 고비를 겪음.
十匙一飯	십시일반	'열 사람이 한 숟가락씩 모아서 한 사람의 먹을 끼니가 된다.'는 뜻으로, 작은 힘을 모아 큰일을 한다는 뜻.
雙璧	쌍벽	'한 쌍의 구슬'이라는 뜻으로, 여럿 중에 우열을 가릴 수 없이 뛰어난 인물을 말함.
阿鼻叫喚	아비규환	아우성치고 소리 질러 참혹한 상태로, 극심한 재난으로 살려달라고 아수라장이 된 모습.
啞然失色	아연실색	'몹시 놀라서 얼굴빛이 변한다.'는 뜻.
我田引水	아전인수	'제 논에 물 대기'라는 뜻으로, 자기에게만 유리하게 행동하거나 생각하는 이기적인 경우.
鴉鬟蟬鬢	아환선빈	부녀자의 머리가 검고 아름다움을 이르는 말.
安貧樂道	안빈낙도	가난한 생활을 하면서도 편안한 마음으로 도를 즐겨 지킴.
安心立命	안심입명	선원에서, 자신의 불성(佛性)을 깨닫고 삶과 죽음을 초월함으로써 마음의 편안함을 얻는 것을 이르는 말.
眼下無人	안하무인	'눈 아래에 사람이 없다.'는 뜻으로, 사람됨이 교만하여 남을 업신여기는 경우.
揠苗助長	알묘조장	'싹을 뽑아 올려 자라는 것을 돕는다.'는 뜻으로, 일을 절차와 순리대로 차근히 하지 않고 억지로 하다가 도리어 일을 망침을 뜻함.
暗中摸索	암중모색	'어두운 데서 무엇을 더듬어 찾는다.'는 뜻으로, 무슨 일을 은밀한 가운데 도모함을 뜻함.
壓卷	압권	①여러 책 가운데 제일 잘 된 책. ②같은 책 가운데에 특별히 잘 지은 글. ③여럿 중에서 가장 뛰어난 것의 뜻으로, 고대 중국의 관리 등용 시험에서 가장 뛰어난 답안지를 다른 답안지 위에 얹어 놓았다는 데서 유래함.

哀乞伏乞	애걸복걸	소원이나 요구 따위를 들어 달라고 애처롭게 사정하며 간절히 빎.
哀而不傷	애이불상	슬퍼하되 정도를 넘지 아니함.
藥房甘草	약방감초	'약방의 감초'라는 뜻으로, 모든 한약에 감초가 들어간다는 데에서 어떤 일에나 빠지지 않고 끼는 사람.
弱肉强食	약육강식	'약한 자가 강한 자에게 먹힌다.'는 뜻으로, 강한 자가 약한 자를 희생시켜서 번영하거나, 약한 자가 강한 자에게 끝내는 멸망됨을 이르는 말.
羊頭狗肉	양두구육	'양의 머리를 내걸고 개고기를 판다.'는 뜻으로, 겉모양은 훌륭하지만 속은 형편없음을 이름.
梁上君子	양상군자	'대들보 위의 군자'라는 뜻으로, 도둑이나 쥐를 달리 일컫는 말.
良藥苦口	양약고구	'좋은 약은 입에 쓰다.'라는 뜻으로, 바르게 충고하는 말은 귀에 거슬리지만 자신을 이롭게 함을 비유하여 이르는 말.
兩者擇一	양자택일	둘 중에서 하나를 고름.
養虎遺患	양호유환	'호랑이를 길러서 근심을 남긴다.'는 뜻으로, 화근이 될 만한 일을 시작하여 걱정거리가 생김을 뜻함.
禳禍求福	양화구복	재앙을 물리치고 복(福)을 구함.
魚頭肉尾	어두육미	물고기는 머리 쪽이 맛이 있고 짐승 고기는 꼬리 쪽이 맛이 있다는 말.
漁父之利	어부지리	'어부의 이익'이라는 뜻으로, 두 사람이 다투고 있는 사이에 엉뚱한 제3자가 이익을 얻게 되는 경우.
語不成說	어불성설	'말이 이야기가 되지 않다.'는 뜻으로, 말에 논리성이나 사실성이 결여되었다는 뜻.
億兆蒼生	억조창생	'무성하게 우거진 초목처럼 무수히 많은 백성'이라는 뜻으로, 모든 백성 또는 세상의 모든 생명 있는 것들을 뜻함.
焉敢生心	언감생심	감히 그런 마음을 품을 수 없음.

한자	독음	뜻
偃旗息鼓	언기식고	'전쟁터에서 군기를 누이고 북을 쉰다.'는 뜻으로, 휴전함을 이르는 말.
言語道斷	언어도단	'말할 길이 끊어졌다.'는 뜻으로, 어이가 없어서 말하려 해도 말할 수 없음을 이르는 말.
言中有骨	언중유골	'말 속에 뼈가 있다.'는 뜻으로, 예사로운 말 속에 단단한 속뜻이 들어 있음을 이르는 말.
如履薄氷	여리박빙	'마치 엷은 얼음을 밟는 듯하다.'는 뜻으로, 살얼음 밟듯이 위태로운 일을 매우 조심조심함, 또는 매우 위험하고 위태로운 상황을 뜻함.
蠡測	여측	'표주박으로 바다를 잰다.'는 뜻으로, 얕은 식견으로 심대한 사리를 헤아리려는 소견의 천박함을 비유적으로 이르는 말. (=以蠡測海)
易地思之	역지사지	'처지를 바꾸어 그 일에 대해 생각한다.'는 뜻으로, 어떤 일을 상대편의 입장이 되어 생각해 보는 것을 이르는 말.
緣木求魚	연목구어	'나무에 올라가서 물고기를 구한다.'는 뜻으로, 도저히 불가능한 일을 하려 하는 경우, 또는 목적을 달성할 수단이 알맞지 않은 경우를 이름.
吮癰舐痔	연옹지치	'종기의 고름을 빨고 치질 앓는 밑을 핥는다.'는 뜻으로, 남에게 지나치게 아첨함을 이르는 말.
煙霞痼疾	연하고질	산수의 좋은 경치를 깊이 사랑하는 마음이 대단히 강해 마치 고치지 못할 병이 든 것 같음을 비유해 이르는 말.
炎凉世態	염량세태	'따뜻하면 붙고 서늘하면 버리는 세상의 태도'라는 뜻으로, 세력이 있을 때는 좇고 세력이 없어지면 버리는 세상의 인심을 비유함.
拈花微笑	염화미소	'꽃을 집자 미소를 띄운다.'는 뜻으로, 마음으로써 마음을 전함을 뜻함. (=以心傳心)
榮枯盛衰	영고성쇠	'흥성하고 번영하였다가 쇠퇴한다.'는 뜻으로, 인생이나 사물이 번성함과 쇠함이 번갈아 이어짐을 뜻함.
五車之書	오거지서	'다섯 수레에 실을 만한 책'이란 뜻으로, 많은 장서(藏書)를 이르는 말.
五里霧中	오리무중	'오리나 되는 짙은 안개 속에 있다.'는 뜻으로, 무슨 일에 대하여 방향이나 갈피를 잡을 수 없음을 이르는 말.
寤寐不忘	오매불망	자나 깨나 잊지 못함.

吾鼻三尺	오비삼척	'내 코가 석자'라는 뜻으로, 자기 사정이 급하여 남을 돌볼 겨를이 없음을 이르는 말.
烏飛梨落	오비이락	'까마귀가 날자마자 배가 떨어진다.'는 뜻으로, 공교롭게 어떤 일이 우연히 같은 때에 일어나 공연히 남의 의심을 받게 된다는 뜻.
傲霜孤節	오상고절	'서리를 우습게 여길 만한 고고한 절개'라는 뜻으로, 국화의 덕성을 칭송한 말로 고고한 기품과 절개를 지키는 선비의 기상과 통한다는 뜻.
五十步百步	오십보백보	조금 낫고 못한 정도의 차이는 있으나 본질적으로는 차이가 없음을 이르는 말.
吳越同舟	오월동주	'오나라와 월나라가 같은 배를 타고 간다.'는 뜻으로, 원수끼리 같은 처지에 있을 때 서로 돕게 된다는 뜻, 또는 원수끼리 같은 자리에서 만나는 것을 뜻함.
烏合之卒	오합지졸	'까마귀 떼처럼 (아무런 질서도 없이) 모여 있는 군사'라는 뜻으로, 아무런 규율도 없고 보잘 것도 없는 사람들의 무리.
屋上架屋	옥상가옥	'지붕 위에 거듭 집을 세운다.'는 뜻으로, 물건이나 일을 부질없이 거듭하는 것의 비유함.
玉石俱焚	옥석구분	'옥이나 돌이 모두 다 불에 탄다.'는 뜻으로, 옳은 사람이나 그른 사람이 구별 없이 모두 재앙을 받음을 이르는 말.
玉石混淆	옥석혼효	'옥과 돌이 뒤섞여 있다.'는 뜻으로, 훌륭한 것과 그렇지 못한 것, 어진 사람과 어리석은 사람이 섞여 있음을 이르는 말.
溫故知新	온고지신	옛것을 익혀서 (그것을 토대로) 새것을 앎.
蝸角之爭	와각지쟁	'달팽이의 더듬이 위에서 싸운다.'는 뜻으로, 하찮은 일로 벌이는 싸움을 비유적으로 이르는 말.
臥薪嘗膽	와신상담	'땔나무 위에 누워 쓸개를 맛본다.'는 뜻으로, 어떤 목적을 달성하기 위해 온갖 고뇌를 참고 견딘다는 뜻.
蝸牛角上	와우각상	'달팽이의 뿔'위라는 뜻으로, 세상이 좁음을 비유적으로 이르는 말.
完璧	완벽	'(한 점의 흠도 없는) 완전한 구슬'이라는 뜻으로, 조금의 결점도 없이 훌륭한 것을 이르는 말.
矮子看戲	왜자간희	'키가 작은 사람이 큰 사람 틈에 끼여 구경은 못하고서 앞사람의 이야기만 듣고 자기가 본 체 또는 아는 체한다.'는 뜻으로, 자신은 아무것도 모르면서 남이 그렇다고 하니까 덩달아서 그렇다고 하는 것.

外柔內剛	외유내강	겉(외양과 언행)은 부드러우나 마음속(신념과 의지)은 꿋꿋하고 굳셈.
遼東豕	요동시	견문이 좁아 세상일을 모르고 저 혼자 득의양양함을 이르는 말.
樂山樂水	요산요수	산수(山水)의 자연을 즐기고 좋아함.
窈窕淑女	요조숙녀	'얌전하고 아리따운 숙녀'라는 뜻으로, 말과 행동이 얌전하고 아름다운 여자.
欲速不達	욕속부달	일을 빨리 하려고 하면 도리어 이루지 못함.
龍頭蛇尾	용두사미	'용의 머리와 뱀의 꼬리'라는 뜻으로, 처음은 왕성하나 끝이 부진한 현상을 이르는 말.
龍尾鳳湯	용미봉탕	맛이 매우 좋은 음식을 비유적으로 이르는 말.
龍蟠虎踞	용반호거	'용이 서리고 범이 걸터앉은 듯한 웅장한 산세'를 비유적으로 이르는 말.
龍蛇飛騰	용사비등	용이 살아 움직이는 것같이 아주 활기 있는 필력을 비유적으로 이르는 말.
龍虎相搏	용호상박	'용과 호랑이가 서로 싸운다.'는 뜻으로, 서로 만만치 않은 상대끼리 맞붙어 겨루는 모습을 비유.
愚公移山	우공이산	'우공이 산을 옮긴다.'는 뜻으로, 어떤 일이라도 끊임없이 노력하면 마침내 이룰 수 있다는 뜻.
憂國衷情	우국충정	나랏일을 근심하고 염려하는 참된 마음.
愚夫愚氓	우부우맹	어리석은 백성을 이르는 말.
迂餘曲折	우여곡절	'길이 쭉 바로 뻗지 못하고 이리저리 굽고 꺾였다.'는 뜻으로, 일이 굴곡이 많고 변화가 많음을 뜻함.
矮子看戲	왜자간희	'키가 작은 사람이 큰 사람 틈에 끼여 구경은 못하고서 앞사람의 이야기만 듣고 자기가 본 체 또는 아는 체한다.'는 뜻으로, 자신은 아무것도 모르면서 남이 그렇다고 하니까 덩달아서 그렇다고 하는 것.

右往左往	우왕좌왕	이리저리 오락가락하며 일이나 나아갈 방향을 결정짓지 못하고 망설임.
優柔不斷	우유부단	마음이 모질지 못하여 우물쭈물하고 결단을 내리지 못함.
牛耳讀經	우이독경	'소귀에 경 읽기'라는 뜻으로, 아무리 가르치고 일러 주어도 알아듣지 못함을 이르는 말.
雨後竹筍	우후죽순	비 온 뒤에 대나무 순이 쑥쑥 나오듯이 어떤 일이 한 때에 많이 일어남을 뜻함.
雲捲天晴	운권천청	①구름이 걷히고 하늘이 맑게 갬. ②병이나 근심 따위가 씻은 듯이 없어짐을 비유적으로 이르는 말.
遠禍召福	원화소복	'재앙을 멀리하고 복을 부른다.'는 뜻.
危機一髮	위기일발	여유가 조금도 없이 몹시 절박한 순간.
萎靡不振	위미부진	시들고 약해져서 떨치고 일어나지 못함.
韋編三絶	위편삼절	'책을 맨 가죽 끈이 세 번이나 끊어졌다.'는 뜻으로, 가죽 끈이 세 번이나 끊어질 만큼 열심히 독서 한다는 뜻.
威風堂堂	위풍당당	풍채나 기세가 위엄 있고 떳떳함.
有口無言	유구무언	'입은 있으나 할 말이 없다.'는 뜻으로, 변명할 말이 없음.
類萬不同	유만부동	①비슷한 것이 많으나 서로 같지는 아니함. ②정도에 넘침. 또는 분수에 맞지 아니함.
有名無實	유명무실	'이름만 있고 실제 내용은 없다.'는 뜻으로, 알려진 이름만큼 실제 내용이 미치지 못하는 경우를 이르는 말.
流芳百世	유방백세	'꽃다운 향기가 백세에 널리 알려진다.'는 뜻으로, 명예로운 이름을 후세에 길이 남김을 뜻함.
有備無患	유비무환	'준비가 있으면 근심이 없음'이라는 뜻으로, 어떤 일에 미리 대비하면 걱정할 것이 없다는 말.

流水不腐	유수불부	'흐르는 물은 썩지 않는다.'는 뜻으로, 항상 끊임없이 노력하면 정체되거나 쇠퇴하지 않음을 이름.
唯我獨尊	유아독존	세상에서 자기 혼자 잘났다고 뽐내는 태도.
流言蜚語	유언비어	아무 근거 없이 널리 퍼진 소문. 터무니없이 떠도는 말. 뜬소문.
類類相從	유유상종	비슷한 사람끼리 서로 오가며 사귐.
悠悠自適	유유자적	속세를 떠나 아무 속박 없이 조용하고 편안하게 삶.
唯一無二	유일무이	오직 하나뿐이고 둘도 없음.
有終之美	유종지미	한번 시작한 일을 끝까지 잘하여 끝맺음이 좋음.
癒着	유착	사물들이 서로 깊은 관계를 가지고 결합하여 있음. '엉겨붙기'로 순화.
遺臭萬年	유취만년	더러운 이름을 후세에 오래도록 남김.
肉袒負荊	육단부형	'윗옷 한쪽을 벗고 등에 형장을 지고 간다.'는 뜻으로, 형장으로 맞아 사죄하겠다는 뜻을 나타냄을 이르는 말.
隱忍自重	은인자중	마음속에 감추어 참고 견디면서 몸가짐을 신중하게 행동함.
陰德陽報	음덕양보	남이 모르게 덕행을 쌓은 사람은 뒤에 그 보답을 받게 됨을 이르는 말.
吟風弄月	음풍농월	맑은 바람과 밝은 달을 대상으로 시를 짓고 흥취를 자아내어 즐겁게 놂.
泣斬馬謖	읍참마속	'제갈량이 눈물을 머금고 마속의 목을 벤다.'는 뜻으로, 사랑하는 신하를 법대로 처단하여 질서를 바로잡음을 이르는 말.
異口同聲	이구동성	'입은 다르나 목소리는 같다.'는 뜻으로, 여러 사람의 말이 한결같음을 이르는 말.

以卵投石	이란투석	'계란으로 바위치기'라는 뜻으로, 약한 것으로 강한 것을 당해 내려는 무모하고 어리석은 짓을 말함. (=以卵擊石)
以心傳心	이심전심	'석가와 가섭이 마음으로 마음에 전한다.'는 뜻으로, ①말로써 설명할 수 없는 심오한 뜻은 마음으로 깨닫는 수밖에 없다는 말. ②마음과 마음이 통하고, 말을 하지 않아도 의사가 전달됨.
以熱治熱	이열치열	'열은 열로써 다스린다.'는 뜻으로, 힘에는 힘으로 또는 강한 것에는 강한 것으로 상대함을 이르는 말.
利用厚生	이용후생	(편리한 기구 등을) 이용하여 생활에 부족함이 없게 하자는 생각 또는 그런 일을 이르는 말.
二律背反	이율배반	서로 모순되어 양립할 수 없는 두 개의 명제.
泥田鬪狗	이전투구	'진흙 밭의 개싸움'이라는 뜻으로, 명분이 서지 않는 일로 몰골사납게 싸움.
因果應報	인과응보	'원인과 결과가 서로 대응하여 보답함'이라는 뜻으로, 좋은 행동에는 좋은 결과를 나쁜 행동에는 나쁜 결과를 받게 된다는 뜻.
人乃天	인내천	'사람이 곧 한울'이라는 천도교의 기본 사상.
人面獸心	인면수심	'사람의 얼굴을 하였으나 마음은 짐승과 같다.'는 뜻으로, 사람의 도리를 지키지 못하고 배은망덕하거나 행동이 흉악하고 음탕한 사람을 이르는 말.
人死留名	인사유명	사람은 죽어서 이름을 남김
人山人海	인산인해	'사람으로 이루어진 산과 바다'라는 뜻으로, 많은 사람이 모인 상태를 이르는 말.
仁義禮智	인의예지	유학에서, 사람이 마땅히 갖추어야 할 네 가지 성품. 곧 어질고, 의롭고, 예의 바르고, 지혜로움을 이름.
仁者無敵	인자무적	'어진 사람에게는 적이 없다.'뜻으로, 어진 사람은 모든 사람을 사랑하므로 천하에 적이 없다는 말.
人之常情	인지상정	사람이라면 누구나 가지는 보통의 마음 또는 생각.
一刻千金	일각천금	'일각(15분)이 천금'이라는 뜻으로, 매우 짧은 시간도 천금처럼 아깝고 귀중하다는 말.

一擧兩得	일거양득	'하나를 들어서 둘을 얻다.'는 뜻으로, 한 가지 일로 두 가지의 이익을 얻는 경우. (=一石二鳥)
日久月深	일구월심	'날이 오래고 달이 깊어 간다.'는 뜻으로, 세월이 흐를수록 더함을 이르는 말.
一刀兩斷	일도양단	'한 칼로 두 동강이를 낸다.'는 뜻으로, 일이나 행동을 머뭇거리지 않고 과감히 처리함을 이르는 말.
一蓮托生	일련탁생	죽은 뒤에도 함께 극락정토에서 같은 연꽃 위에 왕생함.
一網打盡	일망타진	'한 번 그물을 쳐서 고기떼를 모두 잡는다.'는 뜻으로, 어떤 무리를 한꺼번에 모조리 다 잡음을 뜻함.
一脈相通	일맥상통	사고방식, 상태, 성질 따위가 서로 통하거나 비슷해짐.
一面如舊	일면여구	처음 만났으나 안 지 오래된 친구처럼 친밀함.
一目瞭然	일목요연	한 번 보고 대번에 알 수 있을 만큼 분명하고 뚜렷함.
一罰百戒	일벌백계	'한 사람을 벌주어 백 사람을 경계한다.'는 뜻으로, 다른 사람들에게 경각심을 불러일으키기 위하여 본보기로 한 사람에게 엄한 처벌을 하는 일을 이르는 말.
一嚬一笑	일빈일소	'한 번 찡그리고 한 번 웃는다.'는 뜻으로, 성내기도 하고 기뻐하기도 하는 감정이나 표정의 변화를 이르는 말.
一絲不亂	일사불란	'한 오리 실도 엉키지 아니함'이란 뜻으로, 질서가 정연하여 조금도 흐트러지지 아니함을 이르는 말.
一石二鳥	일석이조	'돌 한 개를 던져 새 두 마리를 잡는다.'는 뜻으로, 동시에 두 가지 이득을 봄을 이르는 말.
日新又日新	일신우일신	날로 새롭고 또, 날로 새로워짐.
一心同體	일심동체	'한마음 한 몸'이라는 뜻으로, 서로 굳게 결합함을 이르는 말.
一魚濁水	일어탁수	'물고기 한 마리가 큰물을 흐리게 한다.'는 뜻으로, 한 사람의 악행으로 인하여 여러 사람이 그 해를 받게 되는 것을 비유하는 말로 쓰임.

一衣帶水	일의대수	'옷의 띠와 같은 물'이라는 뜻으로, ①한 줄기 좁은 강물이나 바닷물. ②겨우 냇물 하나를 사이에 둔 가까운 이웃.
一以貫之	일이관지	모든 것을 하나의 원리로 꿰뚫어 이야기함.
一日如三秋	일일여삼추	'하루가 3년'이라는 뜻으로, 몹시 지루하게 애태우며 기다리는 경우 (=一日三秋)
一字千金	일자천금	'글자 한 자에 천금'이라는 뜻으로, 매우 빼어난 글자나 시문을 비유한 말.
一場春夢	일장춘몽	'한바탕의 봄꿈'처럼 헛된 영화나 덧없는 일이란 뜻으로, 인생의 허무함을 비유하여 이르는 말.
一觸卽發	일촉즉발	'한 번 닿기만 해도 곧 폭발한다.'는 뜻으로, 금방이라도 일이 터질 듯하게 위험하고 아슬아슬한 상태. (=危機一髮)
一寸光陰	일촌광음	아주 짧은 시간.
日就月將	일취월장	'날로 나아가고 달로 나아가다.'는 뜻으로, 학문이나 기술이 나날이 발전하는 경우.
一敗塗地	일패도지	'싸움에서 패하여 몸뚱이가 땅에 깔린다.'는 뜻으로, 완전히 패함을 이르는 말.
一片丹心	일편단심	'한 조각 정성스런 마음'이라는 뜻으로, 변치 않는 참된 마음을 이르는 말.
一筆揮之	일필휘지	글씨를 단숨에 죽 내리 씀.
一攫千金	일확천금	'단번에 천금을 움켜쥔다.'는 뜻으로, 힘들이지 아니하고 단번에 많은 재물을 얻음을 이르는 말.
臨渴掘井	임갈굴정	'목마른 자가 우물 판다.'라는 뜻으로, 준비 없이 일을 당하여 허둥지둥하고 애씀.
臨機應變	임기응변	'그때그때 시기에 임해 변화에 대응한다.'는 뜻으로, 그때그때 상황을 보아 알맞게 대처함을 뜻함.
臨戰無退	임전무퇴	'전쟁에 임하여 물러나지 아니하여야 한다.'는 계율로 세속오계의 하나.

立身揚名	입신양명	출세하여 이름을 세상에 떨침.
自家撞着	자가당착	'자기의 언행이 앞뒤가 맞지 않아 부딪힌다.'는 뜻으로, 자기 스스로의 언행이 모순됨을 이름.
自彊(强)不息	자강불식	스스로 힘써 몸과 마음을 가다듬어 쉬지 아니함.
自激之心	자격지심	자기가 한 일에 대하여 스스로 미흡하게 여기는 마음.
自手成家	자수성가	물려받은 재산이 없이 자기 혼자의 힘으로 집안을 일으키고 재산을 모음.
自繩自縛	자승자박	'자기가 가진 새끼줄로 스스로를 묶는다.'는 뜻으로, 자기가 한 말과 행동으로 자기 자신이 구속되어 괴로움을 당함을 뜻함.
自業自得	자업자득	'스스로의 업을 스스로 얻음'이라는 뜻으로, 자기가 벌인 일의 결과를 자신이 받는다는 말.
自中之亂	자중지란	같은 편끼리 하는 싸움.
自初至終	자초지종	'처음부터 끝까지'라는 뜻으로, 처음부터 끝까지의 동안이나 과정을 이르는 말.
自暴自棄	자포자기	절망에 빠져 자신을 스스로 포기하고 돌아보지 아니함.
自畵自讚	자화자찬	'자기가 그린 그림을 제가 칭찬한다.'는 뜻으로, 자기가 한 일을 스스로 칭찬함을 뜻함.
勺水不入	작수불입	'한 모금의 물도 넘기지 못한다.'는 뜻으로, 음식을 조금도 먹지 못함을 이르는 말.
作心三日	작심삼일	'마음을 먹은 것이 삼일을 못 간다.'는 뜻으로, 결심이 굳지 못함을 빗대어 이르는 말.
棧豆之戀	잔두지련	'말이 얼마 되지 아니하는 콩을 탐내어 마구간을 떠나지 못한다.'는 뜻으로, 하잘것없는 작은 이익을 단념하지 못함을 비유적으로 이르는 말.
殘杯冷肴	잔배냉효	'마시다 남은 술과 다 식은 구운 고기'라는 뜻으로, 보잘것없는 음식을 비유적으로 이르는 말.

張三李四	장삼이사	'장씨 집의 셋째 아들과 이씨 집의 넷째 아들'이라는 뜻으로, 평범한 보통 사람.
才勝薄德	재승박덕	재주는 뛰어나지만 덕이 적음.
杵臼之交	저구지교	'절굿공이와 확의 사귐'이라는 뜻으로, 귀천을 가리지 아니하고 사귐을 이르는 말.
豬突豨勇	저돌희용	앞뒤를 가리지 아니하고 함부로 날뜀.
樗櫟之材	저력지재	'참나무와 가죽나무 재목'이라는 뜻으로, 아무 데도 쓸모없는 사람을 비유적으로 이르는 말.
賊反荷杖	적반하장	'도둑이 오히려 몽둥이를 메고 달려든다.'는 뜻으로, 잘못한 자가 도리어 큰 소리를 낸다는 뜻.
赤手空拳	적수공권	'맨손과 맨주먹'이란 뜻으로, 곧 아무 것도 가진 것이 없음.
適材適所	적재적소	'적당한 인재를 적당한 자리에 둔다.'는 뜻으로, 알맞은 재주꾼을 적당한 자리에 씀.
積塵成山	적진성산	작은 것도 쌓이면 많아짐.
電光石火	전광석화	'번갯불과 부싯돌의 불꽃'처럼 몹시 짧은 시간이나 매우 재빠른 동작을 일컫는 말.
前代未聞	전대미문	'이전 시대에는 들어 본 적이 없다.'는 뜻으로, 매우 놀라운 일이나 새로운 것을 두고 이르는 말.
前無後無	전무후무	'이전에도 없었고 이후에도 없다.'는 뜻.
戰戰兢兢	전전긍긍	벌벌 떨면서 몸을 움츠리고 조심하는 모습.
輾轉反側	전전반측	누워서 몸을 이리저리 뒤척이며 잠을 이루지 못함.
轉禍爲福	전화위복	'재앙이 바뀌어 복이 된다.'는 뜻으로, 나쁜 일이 오히려 좋은 일로 바뀌는 경우.

絶世佳人	절세가인	세상에서 뛰어나게 아름다운 사람.
切磋琢磨	절차탁마	'옥돌을 자르고 줄로 쓸고 끌로 쪼고 갈아 빛을 내다.'라는 뜻으로, 학문이나 인격을 갈고 닦음.
切齒腐心	절치부심	'몹시 분하여 이를 갈고 속을 썩인다.'는 뜻으로, 원통하고 분한 정도가 심함을 비유.
切齒扼腕	절치액완	이를 갈고 팔을 걷어붙이며 몹시 분해함.
漸入佳境	점입가경	'가면 갈수록 경치가 아름다워진다.'는 뜻으로, 일이 점점 더 재미있는 지경으로 돌아가는 것을 비유하는 말로 쓰임.
井臼之役	정구지역	'물을 긷고 절구질하는 일'이라는 뜻으로, 살림살이의 수고로움을 이르는 말.
頂門一鍼	정문일침	'정수리에 한 대의 침을 놓는다.'는 뜻으로, 남의 잘못을 따끔하게 충고하거나 비판하는 경우. (=頂門一針)
井底之蛙	정저지와	'우물 안의 개구리'라는 뜻으로, 소견이나 견문이 몹시 좁은 것.
正正堂堂	정정당당	태도나 처지가 바르고 떳떳함.
鼎足之勢	정족지세	솥발처럼 셋이 맞서 대립한 형세.
堤潰蟻穴	제궤의혈	'개미구멍으로 마침내 큰 둑이 무너진다.'는 뜻으로, 소홀히 한 작은 일이 큰 화를 불러옴을 이르는 말.
糟糠之妻	조강지처	'술지게미와 겨로 끼니를 이으며 같이 고생한 아내'란 뜻으로, 힘들 때 고생을 같이 해온 아내. 본부인을 뜻함.
朝令暮改	조령모개	'아침에 명령을 내렸다가 저녁에 다시 고친다.'는 뜻으로, 법령이나 명령이 자주 바뀌는 경우.
朝飯夕粥	조반석죽	'아침에는 밥을 먹고, 저녁에는 죽을 먹는다.'는 뜻으로, 몹시 가난한 살림을 이르는 말.
朝三暮四	조삼모사	간사한 꾀로 남을 속여 희롱함을 이르는 말.

彫心鏤骨	조심누골	'마음에 새기고 뼈에 사무치도록 고심한다.'는 뜻으로, 흔히 시문 따위를 애를 써서 다듬음을 비유적으로 이르는 말.
爪牙之士	조아지사	믿을 만하고 도움이 되는 신하.
粗衣粗食	조의조식	너절하고 조잡한 옷을 입고 맛없는 음식을 먹음. 또는 그 옷이나 음식.
助長	조장	'도와서 자라나게 한다.'는 뜻이지만, 흔히 어떤 경향이 더 심해지도록 부추긴다는 뜻으로 쓰임.
鳥足之血	조족지혈	'새 발의 피'라는 뜻으로, 아주 적은 양을 이르는 말.
彫蟲篆刻	조충전각	'벌레를 새기는 보잘것없는 솜씨'라는 뜻으로, 남의 글귀를 토막토막 따다가 맞추는 서투른 재간을 이르는 말.
足脫不及	족탈불급	'맨발로 뛰어도 따라가지 못한다.'는 뜻으로, 능력이나 재질·역량 따위가 뚜렷한 차이가 있음을 이르는 말.
存亡之秋	존망지추	존속과 멸망, 또는 생존과 사망이 결정되는 아주 절박한 경우나 시기.
種豆得豆	종두득두	'콩을 심으면 콩을 얻는다.'는 뜻으로, 어떤 원인이 있으면 그에 따른 결과가 온다는 말.
縱橫無盡	종횡무진	자유자재로 행동하여 거침이 없는 상태.
左顧右眄	좌고우면	'이쪽저쪽을 돌아본다'는 뜻으로, 앞뒤를 재고 망설임을 이르는 말. (=左右顧眄)
左袒	좌단	'왼쪽 소매를 벗는다.'는 뜻으로, 남을 편들어 동의함을 이르는 말.
坐不安席	좌불안석	'앉아도 자리가 편안하지 않다.'는 뜻으로, 마음이 불안하거나 걱정스러워서 한군데에 가만히 앉아 있지 못하고 안절부절못하는 모양을 이르는 말.
坐席未暖	좌석미난	'앉는 자리가 따뜻해질 겨를이 없다.'는 뜻으로, 한군데에 오래 살지 못하고 이사를 자주 다님을 이르는 말.
坐井觀天	좌정관천	'우물 속에 앉아서 하늘을 본다.'는 뜻으로, 사람의 견문이 매우 좁음을 이르는 말.

左之右之	좌지우지	이리저리 제 마음대로 휘두르거나 다룸.
主客顚倒	주객전도	'주인과 손의 위치가 서로 뒤바뀐다.'는 뜻으로, 사물의 경중·선후·완급 따위가 서로 뒤바뀜을 이르는 말.
晝耕夜讀	주경야독	'낮에는 농사짓고 밤에는 공부한다.'는 뜻으로, 어렵게 공부함을 이르는 말.
酒果脯醯	주과포혜	술·과일·육포·식혜라는 뜻으로, 간략한 제물(祭物)을 이르는 말.
走馬加鞭	주마가편	'달리는 말에 채찍질을 더한다.'는 뜻으로, 잘하는 사람을 더 잘하도록 격려함을 이름.
走馬看山	주마간산	'달리는 말 위에서 산천을 구경한다.'는 뜻으로, 이것저것을 천천히 살펴볼 틈이 없이 바삐 서둘러 대강대강 보고 지나침을 이르는 말.
晝夜汨沒	주야골몰	밤낮을 가리지 아니하고 열중함.
走獐落兎	주장낙토	'노루를 쫓다가 생각지도 아니한 토끼가 걸려들었다.'는 뜻으로, 뜻밖의 이익이 생김을 이르는 말.
酒池肉林	주지육림	'술로 연못을 이루고 고기로 숲을 이룬다.'는 뜻으로, 호사스러운 술잔치를 이르는 말.
晝寢夜梳	주침야소	'낮잠 자는 일과 밤에 하는 빗질'이라는 뜻으로, 위생에 해로운 일을 비유적으로 이르는 말.
竹頭木屑	죽두목설	'대나무 조각과 나무 부스러기'라는 뜻으로, 쓸모가 적은 물건을 이르는 말.
竹馬故友	죽마고우	'대말을 타고 함께 놀던 친구'라는 뜻으로, 어릴 때부터 같이 놀며 자란 오랜 벗을 이름.
竹杖芒鞋	죽장망혜	'대지팡이와 짚신'이란 뜻으로, 먼 길을 떠날 때의 아주 간편한 차림새를 이르는 말.
衆寡不敵	중과부적	'많은 무리는 소수의 사람에게 대적이 되지 못한다.'는 뜻으로, 적은 수로 많은 수를 당할 수 없음을 뜻함.
衆口難防	중구난방	'여러 사람의 입은 막기가 어렵다.'는 뜻으로, 많은 사람이 마구 떠들어 대는 소리는 감당하기 어렵다는 뜻.

衆口鑠金	중구삭금	'뭇사람의 말은 쇠도 녹인다.'는 뜻으로, 여론의 힘이 큼을 이르는 말.
重言復言	중언부언	한 말을 자꾸 되풀이 함.
指鹿爲馬	지록위마	'사슴을 가리켜 말이라고 한다.'는 뜻으로 꾀를 부려 다른 사람을 농락하거나 권세를 휘두름을 뜻함.
支離滅裂	지리멸렬	갈갈이 흩어지고 찢어져 종잡을 수가 없음을 뜻함.
至誠感天	지성감천	'지극한 정성에는 하늘도 감동한다.'라는 뜻으로, 무엇이든 정성껏 하면 하늘이 움직여 좋은 결과를 맺는다는 뜻.
池魚之殃	지어지앙	'못에 사는 물고기의 재앙'이라는 뜻으로, 이유도 없이 뜻하지 않게 당하는 재앙이라는 뜻.
知音	지음	'소리를 알아주다.'는 뜻으로, 말하지 않아도 자신의 속마음까지 알아주는 친구를 이르는 말. (=知己之友)
知彼知己	지피지기	적의 사정과 나의 사정을 자세히 앎.
指呼之間	지호지간	손짓으로 부를 만한 가까운 거리.
珍羞盛饌	진수성찬	보배처럼 좋은 음식과 가득 차려진 음식.
盡忠竭力	진충갈력	'충성을 다하고 힘을 다 바친다.'는 뜻으로, 온 힘을 다해 노력함을 이르는 말.
進退兩難	진퇴양난	'(앞으로) 나아가거나 (뒤로) 물러나는 것 두 가지가 모두 어려움'이라는 뜻으로, 이러기도 어렵고 저러기도 어려운 매우 난처한 처지에 놓여 있음을 이르는 말. (=進退維谷)
疾風怒濤	질풍노도	'빠른 바람과 성난 파도'란 뜻으로, 불안정한 상태의 청소년기를 비유하기도 함.
此日彼日	차일피일	'이 날이다 저 날이다.'하며 약속이나 기한을 자꾸 미룸.
着枷嚴囚	착가엄수	죄인에게 칼을 씌워 가두던 일.

滄海一粟	창해일속	'넓은 바다에 좁쌀 한 알'의 뜻으로, 아주 큰 것 중에 아주 작은 것으로 미미하고 하찮은 것을 의미함.
倜儻不羈	척당불기	뜻이 크고 기개가 있어서 남에게 얽매이거나 굽히지 않음.
川渠漲溢	천거창일	비가 많이 와서 개천물이 넘쳐 흐름.
天高馬肥	천고마비	'하늘은 높고 말은 살찐다.'는 뜻으로, '가을'을 말함.
千慮一失	천려일실	'천 번 생각에 한 번 실수'라는 뜻으로, 슬기로운 사람이라도 여러 가지 생각 가운데에는 잘못되는 것이 있을 수 있음을 이르는 말.
天方地軸	천방지축	어리석은 사람이 갈피를 못 잡고 덤벙대는 모양.
天生緣分	천생연분	하늘이 이어 준 연분.
泉石膏肓	천석고황	자연을 깊이 사랑하여 헤어나지 못하는 고질병을 뜻함.
千辛萬苦	천신만고	'여러 가지 맵고 쓴 맛'이라는 뜻으로, 온갖 고생을 겪은 경우.
天壤之差	천양지차	'하늘과 땅의 엄청난 차이'라는 뜻으로, 차이가 많이 난다는 것을 뜻함.
天佑神助	천우신조	'하늘이 돕고 신이 돕는다.'는 뜻.
天衣無縫	천의무봉	'하늘의 옷에는 꿰맨 자국이 없다.'는 뜻으로, 시나 문장 따위가 꾸밈이 없이 자연스러움을 이르는 말, 또는 사물이 완전무결함을 이르는 말.
千載一遇	천재일우	'천 년에 한 번 만난다.'는 뜻으로, 다시 만나기 힘든 좋은 기회.
天眞爛漫	천진난만	'꾸밈없는 그대로의 참됨이 빛을 발하며 넘쳐난다.'는 뜻으로, 원래 태어난 모습 그대로 순수하고 고움을 뜻함.
穿鑿之學	천착지학	'깊게 파고 들어가는 학문'이라는 뜻.

千態萬象	천태만상	'천 가지 모습과 만 가지 형상'이라는 뜻으로, 세상 사물이 한결같지 아니하고 각각 모습·모양이 다름을 이르는 말. '온갖 모양'으로 순화.
千篇一律	천편일률	①'여러 시문의 격조가 모두 비슷하여 개별적 특성이 없음.' ②여럿이 개별적 특성이 없이 모두 엇비슷한 현상을 비유적으로 이르는 말.
淺學菲才	천학비재	'학문이 얕고 재주가 변변치 않다.'는 뜻으로, 자기 학식을 겸손하게 이르는 말.
徹頭徹尾	철두철미	처음부터 끝까지 철저하게.
鐵面皮	철면피	'쇠로 만든 얼굴가죽'이라는 뜻으로, 뻔뻔스럽고 염치없는 사람을 이르는 말.
鐵石肝腸	철석간장	'쇠나 돌같이 굳은 마음'이라는 뜻으로, 굳센 의지를 이르는 말.
清廉潔白	청렴결백	'맑고 검소하며 깨끗하고 희다.'는 뜻으로, 개인적 이익이나 욕심에 끌리지 않고 곧고 깨끗하다는 뜻.
青山流水	청산유수	'푸른 산에 맑은 물'이라는 뜻으로, 막힘없이 썩 잘하는 말을 비유적으로 이르는 말.
青雲之士	청운지사	①학문과 덕행을 함께 갖춘 고결한 사람. ②높은 지위나 벼슬에 오른 사람.
青氈舊物	청전구물	대대로 전하여 오는 오래된 물건
青天霹靂	청천벽력	'푸른 하늘에 치는 벼락'이라는 뜻으로, 푸른 하늘 맑은 날에 갑자기 천둥 번개가 치듯 별안간 엄청난 일이 벌어짐을 뜻함.
青出於藍	청출어람	'푸른 색은 쪽풀에서 나왔지만 쪽풀보다 푸르다.'는 뜻으로, 제자가 스승보다 뛰어남을 뜻함.
樵童汲婦	초동급부	'땔나무를 하는 아이와 물을 긷는 아낙네'라는 뜻으로, 평범한 사람을 이르는 말.
草綠同色	초록동색	'풀색과 녹색은 같은 색'이라는 뜻으로, 같은 처지에 있는 사람들끼리 같이 어울리게 마련이라는 뜻.
焦眉之急	초미지급	눈썹에 불이 붙는 것과 같이 몹시 위급함.

稍蠶食之	초잠식지	누에가 뽕잎을 먹듯이 점차 조금씩 침략하여 먹어 들어감. (=蠶食)
初志一貫	초지일관	처음 품은 뜻을 한결같이 꿰뚫음.
寸鐵殺人	촌철살인	'한 치의 짧은 칼로 사람을 죽인다.'는 뜻으로, 짧은 말로 사람의 마음을 찔러 감동시킨다는 뜻.
塚中枯骨	총중고골	'무덤 속의 마른 뼈'라는 뜻으로, 몹시 여윈 사람을 비유적으로 이르는 말.
秋風落葉	추풍낙엽	가을에 떨어지는 낙엽과 같이 덧없음을 일컬음.
春秋筆法	춘추필법	공자가 저술한 '춘추'에 쓰인 필법처럼 비판적이고 엄정한 필법, 대의명분을 밝혀 세우는 논조.
出將入相	출장입상	'나가서는 장수가 되고 들어와서는 재상이 된다.'는 뜻으로, 문무를 다 갖추어 장상(將相)의 벼슬을 모두 지냄을 이르는 말.
忠言逆耳	충언역이	충직한 말은 귀에 거슬림.
吹毛覓疵	취모멱자	'터럭을 불어 헤쳐 그 속의 허물을 찾으려 한다.'는 뜻으로, 남의 조그만 잘못도 샅샅이 찾아냄을 이르는 말.
取捨選擇	취사선택	여럿 가운데서 쓸 것은 쓰고 버릴 것은 버림.
醉生夢死	취생몽사	'술에 취하여 자는 동안에 꾸는 꿈 속에 살고 죽는다.'는 뜻으로, 한평생을 아무 하는 일 없이 흐리멍덩하게 살아감을 비유적으로 이르는 말.
惻隱之心	측은지심	사단(四端)의 하나. 불쌍히 여겨 언짢아하는 마음을 이름.
置之度外	치지도외	내버려 두어 문제로 삼지 아니함.
七寶丹粧	칠보단장	'일곱 가지 보물로 붉게 단장한다.'는 뜻으로, 갖가지 보석으로 곱게 치장한다는 뜻.
七顚八起	칠전팔기	'일곱 번 넘어지고 여덟 번 일어난다.'는 뜻으로, 여러 번 실패하여도 굴하지 아니하고 꾸준히 노력함을 이르는 말.

七縱七擒	칠종칠금	'일곱 번 놓아주고 일곱 번 사로잡는다.'는 뜻으로, 제갈량이 남만의 맹획을 일곱 번이나 잡았다가 풀어주어 스스로 굴복하게 한 전략에서 '마음대로 잡았다 놓았다 한다.'는 뜻.
針小棒大	침소봉대	'바늘만한 것을 몽둥이 만하다고 말함'이란 뜻으로, 곧, 작은 일을 크게 과장하여 말함을 이름.
快刀亂麻	쾌도난마	'경쾌한 칼놀림으로 어지러운 삼대를 잘라낸다.'는 뜻으로, 일을 시원스럽게 척척 해냄을 의미함.
他山之石	타산지석	다른 산의 돌도 자신의 옥을 가는데 도움이 될 수 있는 것처럼, 다른 사람의 하찮은 언행도 나의 지덕을 닦는 데 도움이 될 수 있다는 말.
卓上空論	탁상공론	실제적인 이용 가치도 없는 것을 둘러 앉아 의논한다는 뜻.
貪官汚吏	탐관오리	백성의 재물을 탐내어 빼앗는, 행실이 깨끗하지 못한 관리.
泰山北斗	태산북두	'태산과 북두칠성'이라는 뜻으로, 세상 사람들로부터 존경받는 사람, 어떤 전문 분야에서의 권위자를 일컫는 말.
泰然自若	태연자약	(마음에 무슨 충격을 받을 만한 일이 있어도) 태연하고 침착하여 조금도 마음이 동요되지 아니하는 모양을 이르는 말.
太平聖代	태평성대	어진 임금이 다스리는 태평한 시대.
兎死狗烹	토사구팽	'토끼가 죽으면 개를 삶아 먹는다.'는 뜻으로, 쓸모가 있을 때는 이용하다가 가치가 없으면 냉정하게 버린다는 뜻.
吐哺握髮	토포악발	'먹던 것을 뱉고 감던 머리채를 잡고 손님을 맞이한다.'는 뜻으로, 널리 인재를 구하고 어진 선비를 잘 대접한다는 뜻.
推敲	퇴고	'미느냐 두드리느냐'라는 뜻으로, 시문의 자구를 여러 번 고침을 이르는 말.
波瀾萬丈	파란만장	'물결의 길이가 만장이나 된다.'는 뜻으로, 일의 진행에 변화가 심함을 비유함.
波瀾重疊	파란중첩	사람의 생활이나 일의 진행에 여러 가지 곤란이나 시련이 많음.
破邪顯正	파사현정	'사악한 것을 깨트리고 바른 것을 나타낸다.'는 뜻.

破顔大笑	파안대소	매우 즐거운 표정으로 활짝 웃음.
破竹之勢	파죽지세	'대나무를 쪼갤 때의 기세'라는 뜻으로, 거침없이 맹렬한 기세.
破天荒	파천황	이전에 아무도 하지 못한 일을 처음으로 해냄을 이르는 말.
八方美人	팔방미인	'여덟 방위로 살펴보아도 (어느 쪽으로 보아도) 아름다운 사람'이라는 뜻으로, 여러 방면에 능통한 사람을 이르는 말.
敗家亡身	패가망신	집안의 재산을 모두 탕진하고 자신의 몸을 망침.
佩瓢捉風	패포착풍	'바가지를 차고 바람을 잡는다.'는 뜻으로, 일이 이루어지지 아니할 것을 뻔히 알면서도 헛되이 하려 함을 비유적으로 이르는 말.
平地風波	평지풍파	'평지에 풍파가 인다.'는 뜻으로, 뜻밖에 분쟁이 일어남을 비유하여 이르는 말.
弊袍破笠	폐포파립	'누더기 도포와 찌그러진 갓'이라는 뜻으로, 초라한 행색을 뜻함.
抱頭鼠竄	포두서찬	무서워서 머리를 싸쥐고 얼른 숨음.
炮烙之刑	포락지형	①뜨겁게 달군 쇠로 살을 지지는 형벌. ②중국 은나라 주왕(紂王) 때, 기름칠한 구리 기둥을 숯불 위에 걸쳐 놓고 죄인을 그 위로 건너가게 하던 형벌.
抱腹絶倒	포복절도	'배를 안고 기절하여 넘어진다.'는 뜻으로, 배를 움켜쥐고 엎드려질 정도로 우스움을 뜻함.
庖丁解牛	포정해우	'솜씨가 뛰어난 포정(庖丁)이 소의 뼈와 살을 발라낸다.'는 뜻으로, 기술이 매우 뛰어남을 비유하는 말.
輻輳幷臻	폭주병진	'수레의 바퀴통에 바퀴살이 모이듯 한다.'는 뜻으로, 한곳으로 많이 몰려듦을 이르는 말.
表裏不同	표리부동	'겉과 속이 같지 않다.'는 뜻으로, 겉모습과 속마음이 다름을 이름.
風飛雹散	풍비박산	사방으로 날아 흩어짐.

風樹之嘆	풍수지탄	'바람과 나무의 탄식'이라는 뜻으로, 어버이가 돌아가시어 효도를 하고 싶어도 할 수 없는 슬픔을 이르는 말.
風前燈火	풍전등화	'바람 앞의 등불'이라는 뜻으로, 존망(存亡)이 달린 매우 위급한 상태를 이르는 말.
被髮徒跣	피발도선	예전에, 부모가 돌아갔을 때 여자가 머리를 풀고 버선을 벗음.
匹夫之勇	필부지용	'한 사나이(대수롭지 않은 평범한 남자)의 용기'라는 뜻으로, 혈기만 믿고 함부로 덤비는 소인(小人)의 용기를 이르는 말.
匹夫匹婦	필부필부	'평범한 남자와 여자'라는 뜻으로, 평범한 보통사람. (=甲男乙女)
何待明年	하대명년	'어떻게 명년을 기다리냐'는 뜻으로, 기다리기가 몹시 지루함을 이르는 말.
夏爐冬扇	하로동선	'여름의 화로와 겨울의 부채'라는 뜻으로, 아무 소용없는 말이나 재주를 비유하여 이르는 말, 또는 철에 맞지 않거나 쓸모없는 사물을 비유하여 이르는 말.
下石上臺	하석상대	'아랫돌을 빼서 윗돌을 괸다.'는 뜻으로, 임시변통으로 이리저리 둘러맞춘다는 뜻.
鶴首苦待	학수고대	'학처럼 목을 빼고 괴로울 정도로 기다린다.'는 뜻으로, 몹시 기다림을 뜻하는 말.
涸轍鮒魚	학철부어	'수레바퀴 자국에 괸 물에 있는 붕어'라는 뜻으로, 매우 위급한 처지에 있거나 몹시 고단하고 옹색한 사람을 이르는 말.
漢江投石	한강투석	'한강에 돌을 던진다.'는 뜻으로, 아무리 해도 헛될 일을 하는 어리석은 행동을 이르는 말.
邯鄲之夢	한단지몽	'옛 조(趙)나라 한단에서 여옹(呂翁)이 잠시 베개를 베고 누워 꾼 꿈'이라는 데서 한바탕의 꿈, 헛된 영화나 덧없는 일을 비유하는 말.
邯鄲之步	한단지보	'한단에서 걸음걸이를 배운다.'는 뜻으로, 함부로 자기 본분을 버리고 남의 행위를 따라 하면 두 가지 모두 잃는다는 것을 이르는 말.
汗牛充棟	한우충동	'수레에 실으면 소가 땀을 뻘뻘 흘리고, 집안에 쌓으면 마룻대까지 가득 채워진다.'는 뜻으로, 읽어야 할 많은 책을 뜻함.
閑雲野鶴	한운야학	'한가로이 떠도는 구름과 들에 노니는 학'이라는 뜻으로, 아무 매인 데 없는 한가로운 생활로 유유자적하는 경지를 이르는 말.

汗出沾背	한출첨배	몹시 부끄럽거나 무서워서 흐르는 땀이 등을 적심.
緘口無言	함구무언	입을 다물고 아무 말도 하지 아니함.
含憤蓄怨	함분축원	'분을 머금으며 원한을 쌓는다.'는 뜻으로, 원통하고 분한 일이 많음을 뜻함.
含哺鼓腹	함포고복	'입에 먹을 것을 가득 씹으며 배를 두드린다.'는 뜻으로, 백성이 배불리 먹고 즐겁게 지내는 평화로운 모습.
咸興差使	함흥차사	함흥 별궁의 이성계에게 옥새를 가지러 간 차사들이 돌아오지 않음에서 연유한 것으로 '심부름을 간 사람이 아무리 기다려도 소식이 감감할 때, 한번 가기만 하면 무소식'의 뜻을 지님.
合縱連橫	합종연횡	'세로로 합하고 가로로 연결한다.'는 뜻으로, 강국 진나라에 대항하기 위한 소진과 장의의 외교 전술. 합종은 강한 자에 대항하여 약한 자들이 협력하는 것이고, 연횡은 강한 자와 약한 자가 결탁하는 것을 뜻함.
偕老同穴	해로동혈	'살아서는 같이 늙고 죽어서는 한 무덤에 묻힌다.'는 뜻으로, 생사를 같이하자는 부부의 굳은 맹세를 이르는 말.
蟹網俱失	해망구실	'게와 그물을 모두 잃었다.'는 뜻으로, 이익을 보려다가 도리어 밑천까지 잃음을 이르는 말.
虛心坦懷	허심탄회	품은 생각을 터놓고 말할 만큼 아무 거리낌이 없고 솔직함.
虛張聲勢	허장성세	실력이 없으면서 허풍스런 언행으로 과장함. 허세를 부림.
獻芹之誠	헌근지성	정성을 다하여 남에게 선물이나 의견을 올리는 마음. 옛날에 미나리를 임금에게 바쳤다는 데서 유래함.
軒軒丈夫	헌헌장부	외모가 준수하고 풍채가 당당한 남자.
懸河之辯	현하지변	'큰 강물이 쏟아져 내리는 듯한 말솜씨'라는 뜻으로, 거침없이 말을 잘함을 뜻함.
孑孑單身	혈혈단신	'아무에게도 의지할 곳 없는 외로운 홀몸'이라는 뜻.
孑孑無依	혈혈무의	'오직 하나뿐인 몸이어서 의지할 곳이 없이 외롭다'는 뜻. (=孑孑單身)

螢雪之功	형설지공	'반딧불과 눈의 공로'라는 뜻으로, 반딧불을 모아 등불삼아 공부하고 눈빛에 달빛을 반사시켜 책을 보며 이룬 공이라는 데서 어려운 여건을 이겨내고 열심히 공부하여 얻은 보람을 뜻함. (=螢窓雪案)
狐假虎威	호가호위	'여우가 호랑이의 위세를 빌리다.'는 뜻으로, 남의 권세에 붙어 위세를 부리는 경우를 비유함.
糊口之策	호구지책	'입에 풀칠하다.'라는 뜻으로, 겨우 먹고 살아가는 방책.
毫釐之差	호리지차	아주 근소한 차이.
好事多魔	호사다마	'좋은 일에는 나쁜 일이 많이 낀다.'는 뜻으로, 좋은 일이 있을 땐 이상하게도 이를 방해하는 궂은 일이 많이 생긴다는 뜻.
虎死留皮	호사유피	'호랑이는 죽어서 가죽을 남긴다.'는 뜻으로, 사람은 죽어서 명예를 남겨야 함을 이르는 말.
虎視眈眈	호시탐탐	'호랑이가 매섭게 노려본다.'는 뜻으로, 호랑이가 노리고 엿보듯이 기회를 엿본다는 말.
豪言壯談	호언장담	호기롭고 자신 있게 말함. 또는 그 말.
浩然之氣	호연지기	①하늘과 땅 사이에 가득 찬 넓고 큰 원기. ②거침없이 넓고 큰 기개.
縞衣玄裳	호의현상	①흰 비단 저고리와 검은 치마 차림. ②두루미의 깨끗하고 아름다운 모습을 비유적으로 이르는 말. 소동파의 〈적벽부〉에서 나온 말.
好衣好食	호의호식	잘 입고 잘 먹음, 또는 그런 생활.
胡蝶之夢	호접지몽	'나비에 관한 꿈'이라는 뜻으로, 인생의 덧없음을 이르는 말. 중국의 장자(莊子)가 꿈에 나비가 되어 즐겁게 놀았다는 데서 유래함.
呼兄呼弟	호형호제	썩 가까운 벗의 사이에 형이니 아우니 하고 서로 부름.
惑世誣民	혹세무민	'세상을 현혹시키고 백성을 속인다.'는 뜻.
魂飛魄散	혼비백산	'혼이 날아가고 넋이 흩어진다.'는 뜻으로, 크게 놀라 정신이 없음을 이름.

渾然一體	혼연일체	생각, 행동, 의지 따위가 완전히 하나가 됨.
昏定晨省	혼정신성	'저녁에 잠자리를 정해 드리고 새벽에 문안하며 안부를 살핀다.'는 뜻으로, 극진한 효성을 뜻함.
忽顯忽沒	홀현홀몰	'갑자기 나타났다가 홀연히 사라진다.'는 뜻.
鴻鵠之志	홍곡지지	'큰 기러기와 고니의 뜻'이라는 뜻으로, 영웅호걸의 뜻이나 원대한 포부를 비유해 이르는 말.
紅爐點雪	홍로점설	'벌겋게 된 화로 위에 한 점 눈'이라는 뜻으로, 풀리지 않았던 사욕이나 의혹이 눈 녹듯 문득 깨쳐짐, 또는 크나큰 일 앞에 작은 힘이 효과가 없음을 이름.
弘益人間	홍익인간	'널리 인간세계를 이롭게 한다.'는 뜻으로, 단군왕검이 우리나라를 세울 때의 건국이념임.
畵龍點睛	화룡점정	'(장승요가 벽에 그린) 용에 눈동자를 그려 넣은 즉시 용이 하늘로 올라갔다.'는 뜻으로, 무슨 일을 하는 데에 가장 중요한 부분을 완성함을 비유적으로 이르는 말.
畵蛇添足	화사첨족	'뱀을 다 그리고 나서 있지도 아니한 발을 덧붙여 그려 넣는다.'는 뜻으로, 쓸데없는 군짓을 하여 도리어 잘못되게 함을 이르는 말.
華胥之夢	화서지몽	'낮잠 또는 좋은 꿈'을 이르는 말. 고대 중국의 황제가 낮잠을 자다 꿈을 꾸었는데 화서라는 나라에 가서 그 나라의 어진 정치를 보고 깨어나 깊이 깨달았다는 데서 유래함.
花容月態	화용월태	'꽃같이 예쁜 얼굴과 달같이 고운 맵시'라는 뜻으로, 아름다운 여인의 용모와 자태를 의미.
花朝月夕	화조월석	'꽃이 피는 아침과 달이 뜨는 저녁'이라는 뜻으로, 경치가 좋을 때를 이르는 말.
畵中之餠	화중지병	'그림의 떡'이라는 뜻으로, 탐이 나도 아무 소용이 없고 실속이 없음을 뜻함.
換骨奪胎	환골탈태	'뼈를 바꾸고 태(胎)를 빼앗는다.'는 뜻으로, 선인의 시나 문장을 살리되, 자기 나름의 새로움을 보태어 자기 작품으로 삼는 일, 또는 '얼굴이나 모습이 이전에 비하여 몰라보게 좋아졌음'을 비유함.
患難相恤	환난상휼	향약의 네 가지 덕목 가운데 하나. 어려운 일이 생겼을 때 서로 도와야 함을 이름.
宦海風波	환해풍파	벼슬살이에서 겪는 온갖 험한 일.

荒唐無稽	황당무계	말이나 행동이 허황되고 터무니 없음.
會者定離	회자정리	'만난 사람은 헤어짐이 정해져 있다.'는 뜻으로, 만난 사람은 반드시 헤어지기 마련이라는 뜻.
橫說竪說	횡설수설	'가로로 말하고 세로로 말한다.'는 뜻으로, 말을 이랬다저랬다 하여 종잡을 수가 없음.
效顰	효빈	'찡그리는 것을 본받다.'는 뜻으로, 옳고 그름을 생각하지 않고 무조건 남을 따라함을 이르는 말.
嚆矢	효시	'전쟁터에서 우는 화살을 쏘아 개전의 신호로 삼다.'라는 뜻으로, 모든 일의 시초.
孝悌忠信	효제충신	어버이에 대한 효도, 형제끼리의 우애, 임금에 대한 충성과 벗 사이의 믿음을 통틀어 이르는 말.
朽木糞牆	후목분장	'썩은 나무는 조각할 수 없고 썩은 벽은 다시 칠할 수 없다.'는 뜻으로, 어떤 일을 하고자 하는 의지와 기개가 없는 사람은 가르칠 수 없다는 말.
後生可畏	후생가외	후진들이 선배들보다 젊고 기력이 좋아, 학문을 닦음에 따라 큰 인물이 될 수 있으므로 오히려 두렵게 여김.
厚顔無恥	후안무치	'얼굴이 두꺼워 부끄러움이 없다.'는 뜻으로, 부끄러운 행동을 하고도 뻔뻔스러워 부끄러워할 줄을 모른다는 뜻.
喙長三尺	훼장삼척	'부리의 길이가 석 자'라는 뜻으로, ①허물이 드러나서 숨겨 감출 수가 없음을 이르는 말. ②말을 거침없이 잘함을 이르는 말.
興亡盛衰	흥망성쇠	흥하고 망함과 성하고 쇠함.
興盡悲來	흥진비래	'즐거운 일이 다하면 슬픈 일이 온다.'는 뜻으로, 세상 일이 돌고 돈다는 것을 이름. (=苦盡甘來)

選定漢字 (5,000字) 一覽表

※ ( ) 안의 한자(漢字)는 간체자(簡體字)

가	歌	노래			脚	다리		갈	旰	해질	
	家	집			刻	새길			渴	목마를	
	價	값	(价)		閣	누각	(阁)		葛	칡	
	加	더할			却	물리칠			竭	다할	
	可	옳을			珏	쌍옥			碣	비석	
	街	거리			殼	껍질	(壳)		鞨	오랑캐	
	假	거짓			恪	조심할			喝	외칠	
	佳	아름다울			咯	꿩소리/토할			岇	땅이름	
	暇	겨를			慤	성실할	(悫)		曷	어찌	
	架	시렁		간	間	사이	(间)		蝎	전갈	
	賈	성(장사고)	(贾)		干	방패			褐	털옷	
	嘉	아름다울			看	볼		감	感	느낄	
	伽	절			姦	간사할	(奸)		甘	달	
	傢	가구	(家)		刊	책펴낼			減	덜	(减)
	駕	가마	(驾)		肝	간			敢	감히	
	袈	가사			諫	간할	(谏)		監	볼	(监)
	柯	가지			簡	대쪽	(简)		鑑	거울	(鉴)
	苛	매울			奸	범할			憾	한할	
	迦	부처이름			懇	정성	(恳)		柑	감귤	
	軻	수레	(轲)		幹	줄기	(干)		堪	견딜	
	嫁	시집갈			揀	가릴	(拣)		瞰	내려다볼	
	稼	심을			墾	개간할	(垦)		邯	사람이름	
	呵	꾸짖을			艮	괘이름			勘	헤아릴	
	椵	나무이름			侃	굳셀			橄	감람나무	
	枷	도리깨			杆	몽둥이			紺	감색	(绀)
	跏	책상다리할			澗	산골물	(涧)		龕	감실	(龛)
	茄	연줄기			磵	석간수(=澗)	(硐)		疳	감적	
	珂	옥이름			艱	어려울	(艰)		苷	감초	
	咖	커피			玕	옥돌			坎	구덩이	
	痂	헌데딱지			竿	장대			歛	바랄	
	哥	형			柬	가릴			砍	벨	
각	各	각각			癎	간질	(痫)		嵌	산깊을	
	角	뿔			齦	깨물	(龈)		瑊	옥돌	
	覺	깨달을	(觉)		稈	박달	(杆)		酣	즐길	
					秸	짚	(秸)		戡	칠	

갑	甲	껍질	
	鉀	갑옷	(钾)
	岬	산허리	
	匣	갑	
	閘	수문	(闸)
	胛	어깨	
강	江	강	
	強	강할	
	鋼	강철	(钢)
	降	내릴	
	講	익힐	(讲)
	康	편안할	
	剛	굳셀	(刚)
	綱	벼리	(纲)
	腔	빈 속	
	姜	성	
	岡	언덕(=崗)	(冈)
	疆	지경	
	慷	강개할	
	彊	굳셀	(强)
	扛	마주들	
	薑	생강	(姜)
	糠	쌀겨	
	鱇	아귀	(鱇)
	堈	언덕	
	舡	오나라배	
	羌	오랑캐	
	絳	진홍색	(绛)
	襁	포대기	
	杠	깃대	
	畺	지경	
개	開	열	(开)
	改	고칠	
	個	낱	(个)
	介	낄	
	皆	다	
	凱	개선할	(凯)
	箇	낱	(个)
	概	대개	(概)
	蓋	덮을	(盖)

	慨	슬퍼할	(慨)
	芥	겨자	
	塏	높은땅	(垲)
	漑	물댈	(溉)
	疥	옴	
	愷	즐거울	(恺)
	价	클	
	鎧	갑옷	(铠)
	喈	새소리	
	愾	성낼	(忾)
객	客	손님	
	喀	토할	
갱	更	다시	(更)
	坑	구덩이	
	羹	국	
	粳	메벼	
	賡	이을	(赓)
거	車	수레	(车)
	去	갈	
	舉	들	(举)
	巨	클	
	距	떨어질	
	拒	막을	
	居	살	
	據	의지할	
	遽	갑자기	
	渠	도랑	
	醵	추렴할	
	鉅	클	(钜)
	倨	거만할	
	祛	떨어없앨	
	裾	옷자락	
	踞	웅크릴	
	据	일할	
	鋸	톱	(锯)
	炬	횃불	
건	巾	수건	
	建	세울	
	乾	하늘	
	健	건강할	

	件	사건	
	鍵	열쇠	(键)
	楗	문빗장	
	虔	정성	
	愆	허물	
	褰	옷걷을	
	騫	이지러질	(骞)
	蹇	절	
	腱	힘줄밑동	
걸	傑	뛰어날	
	乞	빌	
	桀	홰/걸왕	
검	檢	검사할	(检)
	儉	검소할	(俭)
	劍	칼	(剑)
	黔	검을	
	瞼	눈꺼풀	(睑)
	鈐	비녀장	(钤)
겁	劫	위협할	
	怯	겁낼	
	迲	갈	
게	揭	높이들	
	憩	쉴	
	偈	쉴/송(頌)	
격	格	격식	
	激	부딪칠	
	隔	막힐	
	擊	칠	(击)
	檄	격문	
	覡	박수	(觋)
견	犬	개	
	見	볼	(见)
	堅	굳을	(坚)
	牽	끌	(牵)
	遣	보낼	
	絹	비단	(绢)
	肩	어깨	
	譴	꾸짖을	(谴)
	鵑	두견이	(鹃)
	甄	질그릇	

	繭	고치	(茧)		鯨	고래	(鲸)		誡	경계할	(诫)
	皛	밝을/맑을			倞	굳셀			稽	상고할	
결	決	결단할	(决)		勁	굳셀	(劲)		磎	시내	(溪)
	結	맺을	(结)		憬	깨달을			悸	두근거릴	
	潔	깨끗할	(洁)		梗	대개			髻	상투/부엌귀신	
	缺	이지러질			坰	들			薊	엉겅퀴	(蓟)
	訣	이별할	(诀)		擎	들어올릴			堺	지경	
	抉	도려낼			頸	목	(颈)		榮	창	
겸	兼	겸할			暻	밝을		고	古	예	
	謙	겸손할	(谦)		耿	빛날			苦	괴로울	
	鎌	낫	(镰)		冏	빛날			高	높을	
	箝	재갈먹일			逕	소로	(迳)		固	굳을	
	慊	찐덥지않을			莖	줄기	(茎)		考	상고할	
	鉗	칼	(钳)		俓	지름길	(径)		告	알릴	
	歉	흉년들/부족할			涇	통할	(泾)		故	연고	
겹	袷	겹옷			絅	홑옷	(䌹)		庫	곳집	(库)
경	京	서울			痙	힘줄당길	(痉)		姑	시어미	
	輕	가벼울	(轻)		璥	경옥			孤	외로울	
	敬	공경할			檠	도지개			稿	원고	
	慶	경사	(庆)		磬	빌/공허할/다할			膏	기름	
	競	다툴	(竞)		熲	빛날/불빛			顧	돌아볼	(顾)
	耕	밭갈			勍	셀			枯	마를	
	景	볕			脛	정강이	(胫)		鼓	북	
	經	지날	(经)	계	計	셀	(计)		雇	품팔이	
	庚	천간			界	지경	(界)		痼	고질병	
	鏡	거울	(镜)		季	철			股	넓적다리	
	警	경계할			溪	시내			叩	두드릴	
	硬	굳을			癸	천간			袴	바지	(裤)
	傾	기울	(倾)		戒	경계할			敲	북	
	驚	놀랄	(惊)		械	기계			睾	불알	
	境	지경			鷄	닭	(鸡)		羔	새끼양	
	竟	마침내			係	맬	(系)		皐	언덕	(皋)
	卿	벼슬	(卿)		契	맺을			拷	칠	
	瓊	붉은옥	(琼)		階	섬돌	(阶)		誥	고할/경계	(诰)
	炅	빛날			系	이어 맬			暠	밝을	
	璟	옥빛			繼	이을	(继)		尻	꽁무니	
	頃	잠깐	(顷)		桂	계수나무			翶	날	(翱)
	徑	지름길	(径)		繫	얽어맬	(系)		蠱	독	(蛊)
	儆	경계할			啓	열	(启)		錮	땜질할	(锢)
	磬	경쇠			届	이를	(届)		餻	떡/가루떡(=糕)	

	한자	뜻	(간체)		한자	뜻	(간체)		한자	뜻	(간체)
	藁	마른나무			供	이바지할			棺	널	
	栲	북나무			攻	칠			罐	두레박	
	攷	상고할	(考)		恐	두려울			灌	물댈	
	呱	울			控	당길			瓘	옥이름	
	苽	줄			拱	두손맞잡을			琯	옥피리	
	沽	팔			鞏	묶을	(巩)		盥	씻을/대야	
	菰	향초			珙	큰옥			綰	얽을	(绾)
	辜	허물			箜	공후			菅	왕골	
곡	曲	굽을			蚣	지네			錧	쟁기/비녀장	
	谷	골			栱	큰말뚝/두공		괄	括	묶을	
	穀	곡식	(谷)	곶	串	곶			恝	여유 없을	
	哭	울		과	科	과목			刮	깎을/비빌	
	梏	쇠고랑			果	과실			适	빠를	
	鵠	고니/과녁	(鹄)		課	매길	(课)	광	光	빛	
	嚳	고할	(嚳)		過	지날	(过)		廣	넓을	(广)
	斛	열(十)말/휘			菓	과자			狂	미칠	
곤	困	곤할			瓜	오이			鑛	쇳돌	(矿)
	坤	땅			誇	자랑할	(夸)		壙	광	(圹)
	袞	곤룡포	(衮)		寡	적을			洸	물용솟음할	
	鯤	곤이	(鲲)		戈	창			匡	바로잡을	
	昆	맏			顆	낱알	(颗)		昤	빛	
	棍	몽둥이			鍋	노구솥	(锅)		侊	성한모양	
	崑	산이름	(昆)		窠	보금자리			胱	오줌통	
	琨	옥돌			裹	쌀			珖	옥피리	
	閫	문지방	(阃)		跨	타넘을			曠	휑할	(旷)
	褌	잠방이		곽	郭	성곽			桄	광나무	
	錕	붉은금	(锟)		廓	둘레			筐	광주리	
	滾	흐를	(滚)		藿	콩잎			誆	속일	(诳)
골	骨	뼈			槨	덧널	(椁)	괘	掛	걸	(挂)
	鶻	송골매	(鹘)		霍	빠를/갑자기			卦	점괘	
	汨	잠길		관	關	관계할	(关)		罫	줄	
	搰	힘쓸			觀	볼	(观)	괴	怪	기이할	
공	工	장인			官	벼슬			傀	꼭두각시	
	空	빌			冠	갓			壞	무너질	(坏)
	功	공			貫	꿸	(贯)		愧	부끄러울	
	共	함께			管	대롱			塊	흙덩이	(块)
	公	공변될			慣	버릇	(惯)		拐	속일	
	恭	공손			寬	너그러울	(宽)		魁	우두머리	
	孔	구멍			款	정성			槐	홰나무	
	貢	바칠	(贡)		館	집	(馆)		乖	어그러질	

괵	虢	범발톱자국			久	오랠			謳	노래할	(讴)
굉	轟	수레소리	(轰)		具	갖출			扣	두드릴/뺄	
	宏	클			球	공			廐	마구(=廏)	(厩)
	肱	팔뚝			區	나눌	(区)		瞿	놀라서볼	
	紘	갓끈			構	얽을	(构)		韭	부추	
교	敎	가르칠	(教)		苟	진실로			劬	수고로울	
	校	학교			鷗	갈매기	(鸥)		呴	숨내쉴	
	交	사귈			狗	개			屨	신/신을	(屦)
	橋	다리	(桥)		懼	두려울	(惧)		璆	아름다운옥	
	較	견줄	(较)		邱	땅이름			搆	이해못할/이끌	(构)
	僑	객지에살	(侨)		灸	뜸			臼	절구/방아확	
	巧	공교할			驅	몰	(驱)		逑	짝	
	狡	교활할			鳩	비둘기	(鸠)		嶇	험할	(岖)
	郊	들			購	살	(购)	국	國	나라	(国)
	絞	목맬	(绞)		丘	언덕(=坵)			局	판	
	矯	바로잡을	(矫)		玖	옥돌			菊	국화	
	膠	아교	(胶)		仇	원수			鞠	기를	
	鉸	가위	(铰)		拘	잡을			鞫	국문할	
	驕	교만할	(骄)		嘔	토할	(呕)		麴	누룩	
	喬	높을	(乔)		俱	함께			掬	움킬	
	嬌	아리따울	(娇)		矩	곱자		군	軍	군사	(军)
	攪	어지러울	(搅)		枸	구기자			郡	고을	
	轎	가마	(轿)		鍒	끌			君	임금	
	餃	경단	(饺)		柩	널			群	무리	
	蛟	공룡			耆	늙을			窘	막힐/군색할	
	翹	꼬리깃털	(翘)		寇	도둑			裙	치마	
	皎	달빛			溝	도랑	(沟)	굴	窟	굴(=堀)	
	蕎	메밀	(荞)		垢	때			屈	굽힐	
	嶠	산길	(峤)		毆	때릴	(殴)		掘	팔	
	鮫	상어	(鲛)		駒	망아지	(驹)	궁	弓	활	
	咬	새소리			軀	몸	(躯)		窮	다할	(穷)
	姣	예쁠			舅	시아비			宮	집	(宫)
	憍	유쾌할			咎	허물			躬	몸	
구	九	아홉			鉤	갈고랑이(=佼)	(钩)		芎	궁궁이/천궁	
	口	입			裘	갖옷			穹	하늘	
	求	구할			毬	공/둥근물체	(球)	권	權	권세	(权)
	救	구원할			勾	굽을			勸	권할	(劝)
	究	궁구할			晷	그림자			券	문서	
	句	글귀			綠	급박할			拳	주먹	
	舊	옛	(旧)		衢	네거리			卷	책	

	倦	게으를			刲	찌를/벨			禽	날짐승
	圈	둘레			赳	헌걸찰/용맹			錦	비단	(锦)
	眷	돌아볼		균	均	고를			昑	밝을
	捲	말	(卷)		菌	버섯			衿	옷깃
	淃	물도는모양			畇	밭일굴			襟	옷깃
궐	厥	그			鈞	서른근	(钧)		衾	이불
	闕	집	(阙)		筠	대나무			檎	능금나무
	蹶	넘어질			勻	적을			擒	사로잡을
	蕨	고사리		귤	橘	감귤나무			妗	외숙모
	獗	날뛸		극	極	다할	(极)		笒	첨대
궤	軌	바퀴사이	(轨)		克	이길			芩	풀이름
	潰	무너질	(溃)		劇	심할	(剧)	급	急	급할
	詭	속일	(诡)		棘	맷대추나무			給	줄
	机	책상			尅	이길	(克)		及	미칠
	跪	꿇어앉을			戟	창자루			級	등급	(级)
	饋	먹일	(馈)		隙	틈			扱	다룰
	簣	삼태기	(篑)		亟	빠를			汲	물길을
	几	안석/책상			郤	틈/고을이름			岌	위태할
	簋	제기이름		근	近	가까울			伋	속일
	櫃	함	(柜)		根	뿌리		긍	兢	삼가할
	匱	함/삼태기	(匮)		斤	도끼			矜	자랑할
귀	貴	귀할	(贵)		勤	부지런할			肯	즐길
	歸	돌아갈	(归)		謹	삼갈	(谨)		亘	뻗칠
	龜	거북	(龟)		僅	겨우	(仅)	기	記	기록할	(记)
	鬼	귀신			瑾	구슬			氣	기운	(气)
규	規	법	(规)		槿	무궁화			己	몸
	糾	바로잡을	(纠)		筋	힘줄			期	기약할
	奎	별이름			漌	맑을			技	재주
	叫	부르짖을			覲	뵈올	(觐)		基	터
	珪	서옥	(圭)		墐	진흙			其	그
	閨	안방	(闺)		饉	흉년들	(馑)		起	일어날
	揆	헤아릴			劤	힘셀			畿	경기
	圭	홀			芹	미나리			器	그릇
	窺	엿볼	(窥)		懃	은근할			旗	기
	逵	큰길			菫	제비꽃			奇	기이할
	葵	해바라기			劜	힘줄/근			企	꾀할
	竅	구멍	(窍)	금	金	쇠			幾	몇	(几)
	硅	규소			今	이제			機	베틀	(机)
	槻	물푸레나무			禁	금할			紀	벼리	(纪)
	頍	반걸음			琴	거문고			寄	부칠

	祈	빌			鱀	등지느러미	(鳍)		喃	재잘거릴	
	欺	속일			畸	떼기밭		납	納	드릴	(纳)
	旣	이미	(既)		羈	말굴레	(羁)		衲	기울	
	岐	갈림길			覬	바랄	(觊)	낭	娘	아가씨	
	麒	기린			耭	밭갈	(耛)		囊	주머니	
	忌	꺼릴			曥	볕기운			曩	접때/앞서	
	耆	늙을			肌	살		내	內	안	
	騎	말탈	(骑)		祁	성할			乃	이에	
	棋	바둑			跂	육발/기어갈(=歧)			耐	견딜	(耐)
	棄	버릴	(弃)		夔	조심할			奈	어찌	
	豈	어찌			祇	토지신			柰	능금나무	
	琪	옥		긴	緊	굳게얽을	(紧)		廼	이에/너	(乃)
	琦	옥이름		길	吉	길할		녀	女	계집	
	飢	주릴(=饑)	(饥)		佶	건장할		년	年	해(=秊)	
	騏	준마	(骐)		桔	도라지			撚	비틀	(捻)
	汽	증기			拮	일할		녈	涅	개흙/검을	
	埼	갑			姞	성		념	念	생각	
	圻	경기			恄	두려워할			恬	편안할	
	杞	구기자나무		끽	喫	마실	(吃)		捻	비틀	
	璣	구슬	(玑)						拈	집을	
	伎	기량			**【ㄴ】**			녕	寧	편안할	(宁)
	妓	기생							佞	아첨할	
	譏	나무랄	(讥)	나	那	어찌			獰	모질	(狞)
	磯	물가돌	(矶)		懦	나약할			濘	진흙	(泞)
	沂	물이름			拏	붙잡을	(拿)		甯	편안할	(甯)
	淇	물이름			娜	아리따울		노	怒	성낼	
	碁	바둑			拿	붙잡을			奴	종	
	冀	바랄			儺	역귀쫓을	(傩)		努	힘쓸	
	祺	복			糯	찰벼			駑	둔할	(驽)
	綺	비단	(绮)	낙	諾	허락할	(诺)		瑙	마노	
	錡	솥	(锜)	난	暖	따뜻할			弩	쇠뇌	
	嗜	즐길			難	어려울	(难)		孥	자식/종	
	驥	천리마	(骥)		煖	따뜻할	(暖)	농	農	농사	(农)
	箕	키			赧	얼굴붉힐			濃	짙을	(浓)
	玘	패옥		날	捺	누를			膿	고름	(脓)
	璂	피변꾸미개			捏	반죽할		뇌	腦	뇌	(脑)
	崎	험할		남	男	사내			惱	괴로워할	(恼)
	錤	호미			南	남녘		뇨	尿	오줌	
	鬐	갈기			湳	강이름			鬧	시끄러울	(闹)
	碁	돌			楠	녹나무			撓	어지러울	(挠)
					枏	녹나무	(楠)				

누	嫋	예쁠			撻	매질할	(挞)		幢	기	
	耨	김맬/없앨			疸	황달			鐺	북소리	(铛)
눈	嫩	어릴/예쁠			闥	문	(闼)		螳	사마귀	
눌	訥	말더듬을	(讷)		澾	미끄러울	(达)		撞	칠	
뉴	紐	맬	(纽)		躂	미끄러질			棠	팥배나무	
	鈕	인꼭지	(钮)		獺	수달			儻	빼어날/갑자기	(傥)
	杻	감탕나무			怛	슬플			鐺	쇠사슬/북소리	(铛)
능	能	능할			韃	종족이름/매질할	(鞑)		戇	어리석을	(戆)
니	尼	여승		담	談	말씀	(谈)		檔	의자	(档)
	泥	진흙			淡	맑을			醣	탄수화물	
	你	너			擔	멜	(担)		倘	혹시	
닉	溺	빠질			毯	담요		대	代	대신할	
	匿	숨을			潭	못			大	큰	
닐	昵	친할			膽	쓸개	(胆)		對	대답할	(对)
					痰	가래			待	기다릴	
【 ㄷ 】					澹	담박할			帶	띠	(带)
					覃	미칠			隊	무리	(队)
다	多	많을			譚	이야기	(谭)		貸	빌릴	(贷)
	茶	차			曇	흐릴	(昙)		臺	대	(台)
	爹	아비			聃	귀바퀴없을/나라			戴	일	
단	短	짧을			郯	나라이름/성			袋	자루	
	端	바를			禫	담제			垈	터	
	丹	붉을			啖	먹을			玳	대모	
	單	홑	(单)		坍	물이언덕칠			岱	대산	
	斷	끊을	(断)		湛	즐길			擡	들	(抬)
	但	다만			蕁	지모	(荨)		黛	눈썹먹	
	團	둥글	(团)		氮	질소			垈	집	
	壇	제단	(坛)		錟	창	(锬)	덕	德	덕	
	段	층계			憺	편안할		도	道	길	
	鍛	단련할	(锻)	답	答	대답			圖	그림	(图)
	檀	박달나무			畓	논			度	법도	
	旦	아침			踏	밟을			刀	칼	
	緞	비단	(缎)		遝	몰릴			都	도읍	(都)
	湍	여울			沓	유창할			島	섬	(岛)
	彖	단		당	當	마땅할	(当)		到	이를	
	簞	대광주리	(箪)		堂	집			徒	무리	
	亶	믿음			黨	무리	(党)		倒	넘어질	
	蛋	새알			唐	당나라			逃	달아날	
	袒	웃통벗을			塘	못			盜	도둑	(盗)
	鄲	조나라서울	(郸)		糖	엿			導	인도할	(导)
달	達	통달할	(达)								

	渡	건널			纛	둑			痘	천연두	
	途	길			牘	편지	(牍)		竇	구멍	(窦)
	挑	돋울			櫝	함/관	(椟)		逗	머무를	
	跳	뛸		돈	豚	돼지			蠹	좀	
	塗	바를	(涂)		敦	도타울			荳	콩	(豆)
	稻	벼			頓	조아릴	(顿)		兜	투구	
	桃	복숭아			惇	도타울		둔	鈍	무딜	(钝)
	燾	비출	(焘)		墩	돈대			屯	진칠	
	禱	빌	(祷)		焞	밝을			遁	달아날	
	悼	슬퍼할			燉	불빛	(炖)		遯	달아날/둔괘	(遁)
	陶	질그릇			暾	아침해			臀	볼기	
	萄	포도			旽	밝을			芚	채소이름	
	棹	노			沌	어두울		득	得	얻을	
	堵	담		돌	突	갑자기		등	登	오를	
	鍍	도금할	(镀)		乭	이름			等	무리	
	蹈	밟을			咄	꾸짖을			燈	등잔	(灯)
	荼	씀바귀		동	東	동녘	(东)		藤	등나무	
	屠	죽일			同	한가지			謄	베낄	(誊)
	擣	찧을	(捣)		洞	골			騰	오를	(腾)
	濤	큰물결	(涛)		冬	겨울			鄧	나라이름	(邓)
	韜	감출	(韬)		童	아이			嶝	고개	
	賭	걸	(赌)		動	움직일	(动)		滕	나라이름/물솟을	
	櫂	노	(棹)		銅	구리	(铜)		橙	등자나무	
	闍	망루			棟	마룻대	(栋)				
	滔	물넘칠			凍	얼	(冻)		**【 ㄹ 】**		
	巢	벼가릴			桐	오동나무		라	羅	벌릴	(罗)
	覩	볼(=睹)	(睹)		潼	강이름			裸	벌거벗을	
	嶋	섬	(岛)		憧	그리워할			懶	게으를	(懒)
	謟	의심할			瞳	눈동자			癩	문둥병	(癞)
	淘	일			董	바를			螺	소라	
	叨	탐낼/함부로			疼	아플			喇	나팔	
	掉	흔들			仝	한가지			蘿	담쟁이덩굴/무	(萝)
독	讀	읽을	(读)		僮	아이/하인			邏	순행할	(逻)
	獨	홀로	(独)		胴	큰창자		락	樂	즐거울	(乐)
	督	감독할			垌	항아리			落	떨어질	
	毒	독		두	頭	머리	(头)		洛	강이름	
	篤	도타울	(笃)		斗	말			絡	맥락	(络)
	瀆	더럽힐	(渎)		豆	콩			珞	구슬목걸이	
	犢	송아지	(犊)		杜	막을			酪	유즙	
	禿	대머리			枓	두공			烙	지질	

	駱	낙타	(骆)	랭	冷	찰			轢	삐걱거릴	(轹)
란	卵	알		략	略	간략할			瀝	거를	(沥)
	亂	어지러울	(乱)		掠	노략질할			櫟	상수리나무	(栎)
	欄	난간	(栏)	량	兩	두	(两)		礫	조약돌	(砾)
	蘭	난초	(兰)		良	어질		련	連	이을	(连)
	爛	빛날	(烂)		量	헤아릴			練	익힐	(练)
	瀾	물결	(澜)		凉	서늘할			戀	사모할	(恋)
	瓓	옥무늬			糧	양식	(粮)		蓮	연꽃	(莲)
	闌	가로막을	(阑)		梁	들보			聯	잇닿을	(联)
	欒	나무이름	(栾)		亮	밝을			鍊	단련할	(炼)
	鸞	난새	(鸾)		諒	살필	(谅)		煉	달굴	(炼)
	鑾	방울	(銮)		輛	수레	(辆)		憐	불쌍할	(怜)
랄	剌	어그러질			倆	재주	(俩)		攣	걸릴	(挛)
	辣	매울			粱	기장			輦	손수레	(辇)
람	覽	볼	(览)	려	旅	나그네			漣	잔물결	(涟)
	濫	넘칠	(滥)		慮	생각	(虑)		璉	호련	
	藍	쪽	(蓝)		麗	고울	(丽)	렬	烈	뜨거울	
	襤	누더기	(褴)		廬	오두막집	(庐)		列	벌릴	
	籃	바구니	(篮)		呂	음률	(吕)		劣	못할	
	欖	감람나무	(榄)		侶	짝	(侣)		裂	찢을	
	纜	닻줄	(缆)		勵	힘쓸	(励)		冽	맑을	
	擥	모을(=攬)	(揽)		驪	검은말	(骊)		洌	찰	
	嵐	아지랑이	(岚)		黎	검을		렴	廉	청렴할	
	攬	잡을	(揽)		礪	숫돌	(砺)		斂	거둘	(敛)
랍	拉	꺾을			戾	어그러질			濂	물이름	(濂)
	臘	납향	(腊)		閭	이문	(闾)		簾	발	(帘)
	蠟	밀	(蜡)		厲	갈	(厉)		殮	염할	(殓)
랑	浪	물결			濾	거를	(滤)	렵	獵	사냥할	(猎)
	郎	사내			蠣	굴	(蛎)		鬣	말갈기	
	朗	밝을			驢	나귀	(驴)	령	領	옷깃	(领)
	廊	행랑			藜	명아주			令	하여금	(令)
	琅	옥이름			癘	염병	(疠)		嶺	고개	(岭)
	狼	이리			蠡	좀먹을			齡	나이	(龄)
	瑯	고을이름/옥이름	(琅)		櫚	종려나무	(榈)		零	떨어질	(零)
	螂	버마재비			儷	짝	(俪)		靈	신령	(灵)
래	來	올	(来)		荔	타래붓꽃			玲	옥소리	(玲)
	萊	명아주	(莱)	력	力	힘			鈴	방울	(铃)
	崍	산이름			歷	지낼	(历)		伶	영리할	
	徠	올/위로할			曆	책력	(历)		怜	영리할	
	勑	위로할			靂	벼락	(雳)		囹	옥	

	昤	햇빛			聾	귀먹을	(聋)		瘻	부스럼	(瘘)
	翎	깃			瀧	비올	(泷)		鏤	새길	(镂)
	苓	도꼬마리			瓏	옥소리	(珑)		縷	실	(缕)
	聆	들을			隴	고개이름	(陇)		蔞	쑥	(蒌)
	岺	산으슥할	(岭)		壟	언덕	(垄)	류	流	흐를	
	羚	영양			朧	흐릿할	(胧)		留	머무를	
	玲	좋은개		뢰	賂	뇌물 줄	(赂)		類	무리	(类)
례	禮	예도	(礼)		雷	우레			柳	버들	
	例	법식			賴	힘입을	(赖)		謬	그릇될	(谬)
	隸	종	(隶)		儡	꼭두각시			劉	죽일	(刘)
	醴	단술			誄	뇌사/조문	(诔)		琉	유리(=瑠)	
	澧	강이름			磊	돌무더기			硫	유황	
로	老	늙을			罍	술독/대야			旒	깃발	
	路	길			瀨	여울	(濑)		瀏	맑을	(浏)
	勞	수고로울	(劳)		耒	쟁기			鎏	면류관드리움	
	露	이슬			賚	줄/하사품	(赉)		榴	석류나무	
	蘆	갈대	(芦)		牢	짐승우리			溜	처마물	
	盧	검을	(卢)	료	料	헤아릴			瘤	혹	
	魯	노나라	(鲁)		了	마칠		륙	六	여섯	
	虜	사로잡을	(虏)		僚	동료			陸	뭍	(陆)
	爐	화로	(炉)		療	병고칠	(疗)		戮	죽일	
	撈	잡을	(捞)		遼	멀	(辽)	륜	倫	인륜	(伦)
	鷺	해오라기	(鹭)		瞭	밝을	(了)		輪	바퀴	(轮)
	瀘	강이름	(泸)		寥	쓸쓸할	(寥)		綸	낚싯줄	(纶)
	潞	강이름/고을이름			廖	공허할			侖	둥글	(仑)
	櫓	방패	(橹)		寮	벼슬아치			淪	빠질	(沦)
	鹵	소금/염전	(卤)		蓼	여뀌			崙	산이름	(仑)
	輅	수레	(辂)		聊	즐길/애오라지		률	律	법	
록	綠	푸를	(绿)		燎	화톳불			栗	밤	
	錄	기록할	(录)	룡	龍	용	(龙)		率	비율	
	鹿	사슴		루	淚	눈물	(泪)		慄	두려울	(栗)
	祿	녹	(禄)		樓	다락	(楼)	륭	隆	높을	
	麓	산기슭			漏	샐		륵	肋	갈빗대	
	录	나무새길			累	여러			勒	굴레	
	碌	돌모양	(碌)		屢	자주	(屡)	름	凜	찰	
	菉	조개풀			褸	남루할	(褛)		廩	곳집/녹미	
	籙	책상자			陋	좁을		릉	陵	언덕	
론	論	논할	(论)		壘	진	(垒)		凌	능가할	
롱	籠	새장	(笼)		摟	끌어모을	(搂)		菱	마름	
	弄	희롱할			婁	별이름	(娄)		楞	모	

	한자	뜻	(약자)		한자	뜻	(약자)		한자	뜻	(약자)
	綾	비단	(绫)		燐	도깨비불(=磷)	(磷)		卍	만자	(卐)
	稜	밭두둑/모		림	林	수풀			彎	굽을	(弯)
리	里	마을			臨	임할	(临)		鏋	금	
	理	다스릴			淋	물뿌릴			饅	만두	(馒)
	李	오얏			琳	아름다운옥			蠻	메	(峦)
	利	이로울			霖	장마			鰻	뱀장어	(鳗)
	離	떠날	(离)	립	立	설			輓	끌	(挽)
	履	밟을			粒	낟알		말	末	끝	
	梨	배			笠	삿갓			沫	거품	
	吏	아전			砬	돌소리			茉	말리	
	裏	속(=裡)	(里)						靺	종족이름	
	罹	걸릴							抹	바를/지울	
	俐	똑똑할			**【ㅁ】**				襪	버선	(袜)
	痢	설사						망	亡	망할	
	俚	속될		마	馬	말	(马)		望	바랄	
	悧	영리할			麻	삼			忘	잊을	
	籬	울타리	(篱)		磨	갈			妄	망령될	
	璃	유리			魔	마귀			忙	바쁠	
	纚	갓끈			摩	문지를			網	그물	(网)
	螭	교룡			痲	저릴			茫	망망할	
	詈	꾸짖을			瑪	마노(=碼)	(玛)		罔	없을	
	狸	너구리			媽	어미	(妈)		輞	바퀴테	(辋)
	浬	다다를/물소리			麼	잘/어찌	(麽)		邙	산이름	
	釐	다스릴	(厘)	막	莫	없을			莽	우거질	
	醨	삼삼한술			寞	고요할			芒	까끄라기	
	唎	소리			漠	사막		매	每	매양	
	漓	스며들			幕	장막			買	살	(买)
	羸	여윌			膜	홀떼기			妹	아랫누이	
	鯉	잉어	(鲤)		邈	멀			賣	팔	(卖)
	犁	쟁기/얼룩소			瘼	병들			梅	매화	
	厘	티끌		만	萬	일만	(万)		枚	낱	
	浬	해리	(里)		滿	찰	(满)		埋	묻을	
린	隣	이웃	(邻)		晚	늦을			昧	어두울	
	麟	기린			慢	거만할			寐	잠잘	
	潾	물맑을			灣	물굽이			媒	중매	
	鱗	비늘	(鳞)		漫	물질펀할			邁	갈	(迈)
	吝	아낄			瞞	속일	(瞒)		煤	그을음	
	璘	옥빛			蠻	오랑캐	(蛮)		魅	매혹할	
	躪	짓밟을	(躏)		娩	해산할			罵	욕할	(骂)
	藺	골풀	(蔺)		曼	끌		맥	麥	보리	(麦)
					挽	당길					
					蔓	덩굴					

	脈	맥	(脉)		茗	차싹			矇	소경
	貊	북방종족			楙	홈통			朦	풍부할
	陌	두렁		메	袂	소매		묘	妙	묘할
	驀	말탈	(蓦)	모	母	어머니			卯	토끼
맹	孟	맏			毛	털			墓	무덤
	盟	맹세			募	모을			廟	사당	(庙)
	盲	소경			模	법			苗	싹
	猛	사나울			慕	사모할			猫	고양이
	萌	싹			某	아무			描	그릴
	氓	백성			暮	저물			錨	닻	(锚)
멱	覓	찾을	(觅)		謨	꾀	(谟)		昴	별이름
	冪	덮을(=羃)	(幂)		謀	꾀할	(谋)		渺	아득할
면	面	낯			茅	띠			玅	아름다울
	免	면할			貌	모양			眇	애꾸눈
	眠	잠잘			帽	모자			杳	어두울
	勉	힘쓸			冒	무릅쓸		무	無	없을	(无)
	綿	솜	(绵)		牡	수컷			武	굳셀
	俛	구부릴			侮	업신여길			務	힘쓸	(务)
	冕	면류관			耗	줄일			茂	무성할
	棉	목화			矛	창			貿	무역할	(贸)
	沔	물이름			牟	클			戊	천간
	麵	밀가루	(面)		摸	찾을			舞	춤출
	緬	가는실/멀	(缅)		眸	눈동자			毋	말
	沔	물넘칠			耄	늙은이			巫	무당
	眄	애꾸눈			摹	베낄			霧	안개	(雾)
멸	滅	멸망할	(灭)		麰	보리			憮	멍할	(怃)
	蔑	업신여길			瑁	서옥			畝	밭이랑	(亩)
명	名	이름			姆	여스승			鵡	앵무새	(鹉)
	命	목숨			芼	풀우거질			撫	어루만질	(抚)
	明	밝을		목	木	나무			拇	엄지손가락
	銘	새길	(铭)		目	눈			珷	옥돌
	鳴	울	(鸣)		牧	칠			懋	힘쓸
	冥	어두울			睦	화목할			蕪	거칠어질	(芜)
	酩	술취할			沐	목욕할			楙	무성할/모과나무
	溟	어두울			穆	화목할			誣	속일/무고할	(诬)
	皿	그릇			鶩	집오리	(鹜)		繆	얽을	(缪)
	瞑	눈감을		몰	沒	빠질	(没)		无	없을
	螟	마디충			歿	죽을			廡	집/처마	(庑)
	蓂	명협		몽	夢	꿈	(梦)	묵	墨	먹
	瞑	어두울			蒙	어릴			默	잠잠할

문	門	문	(门)
	文	글월	
	問	물을	(问)
	聞	들을	(闻)
	汶	물이름	
	紊	어지러울	
	蚊	모기	
	刎	목벨	
	紋	무늬	(纹)
	雯	구름무늬	
	們	들/무리	(们)
	忟	어지러워질	
	吻	입술	
물	物	물건	
	勿	말	
	沕	아득할	
미	米	쌀	
	美	아름다울	
	味	맛	
	未	아닐	
	尾	꼬리	
	眉	눈썹	
	迷	미혹할	
	微	작을	
	渼	물놀이	
	彌	미륵	(弥)
	嵋	산이름	
	謎	수수께끼	(谜)
	靡	쓰러질	
	薇	장미	
	縻	고삐	
	黴	곰팡이	(霉)
	梶	나무끝	
	楣	문미	
	湄	물가	
	媚	아첨할	(媚)
	糜	죽	
	弭	활고자	
민	民	백성	
	敏	재빠를	

	旻	가을하늘	
	閔	근심할	(闵)
	悶	민망할	(闷)
	憫	불쌍히 여길	(悯)
	玟	옥돌	
	珉	옥돌(=瑉)	
	旼	온화할	
	忞	근심할	
	泯	망할	
	岷	산이름	
	緡	낚싯줄	(缗)
	忞	힘쓸	
	敃	힘쓸	
밀	密	빽빽할	
	蜜	꿀	
	謐	고요할	(谧)

【ㅂ】

박	朴	순박할	
	博	넓을	
	薄	얇을	
	泊	배댈	
	拍	칠	
	舶	큰배	
	迫	핍박할	
	鉑	금박	(铂)
	駁	논박할	(驳)
	撲	때릴	(扑)
	縛	묶을	(缚)
	剝	벗길	(剥)
	璞	옥돌	
	珀	호박	
	亳	땅이름	
	箔	발	
	雹	우박	
	搏	잡을/칠	
	粕	지게미	
	樸	통나무	(朴)
	膊	포	
반	反	돌이킬	

	半	절반	
	飯	밥	(饭)
	班	나눌	
	返	돌아올	
	般	일반	
	叛	배반할	
	盤	소반	(盘)
	搬	운반할	
	伴	짝	
	磻	강이름	
	頒	나눌	(颁)
	磐	너럭바위	
	畔	두둑	
	潘	뜨물	
	盼	눈예쁠	
	攀	더위잡을	
	礬	명반	(矾)
	拌	섞을/버릴	
	蟠	서릴	
	斑	얼룩	
	槃	쟁반	(盘)
	絆	줄	(绊)
	泮	학교	
	瘢	흉터	
	胖	희생반쪽/갈비살	
발	發	필	(发)
	髮	터럭	(发)
	拔	뺄	
	渤	바다이름	
	鉢	바리때	(钵)
	勃	발끈할	
	跋	밟을	
	潑	활발할	(泼)
	魃	가물귀신	
	撥	다스릴	(拨)
	醱	술괼/빚을	(酦)
방	方	모	
	放	놓을	
	防	막을	
	房	방	

선정한자(5,000자) 일람표 477

	訪	찾을	(访)		焙	불에쬘			霹	벼락	
	芳	꽃다울			褙	속적삼			闢	열	(辟)
	邦	나라이름			胚	아이밸			甓	벽돌	
	妨	방해할		백	白	흰			擘	엄지손가락	
	傍	곁			百	일백			辟	임금/법	
	紡	길쌈	(纺)		魄	넋			癖	적병	
	旁	두루			伯	맏			劈	쪼갤	
	倣	본받을	(仿)		帛	비단			蘗	황경나무	
	肪	비계			柏	잣나무			檗	황벽나무	
	龐	클	(庞)		佰	일백		변	變	변할	(变)
	謗	헐뜯을	(谤)	번	番	차례			邊	가	(边)
	彷	거닐			繁	번성할			辯	말잘할	(辩)
	坊	동네			飜	뒤칠	(翻)		弁	고깔	
	昉	마침			煩	번거로울	(烦)		辨	분별할(=釆)	
	滂	비퍼부울			蕃	우거질			卞	성	
	膀	오줌통			燔	구울			抃	손뼉칠	
	幇	곁들/도울	(帮)		幡	기			籩	제기이름	(笾)
	枋	다목			藩	덮을		별	別	다를	
	磅	돌떨어지는 소리			樊	울			鱉	자라	(鳖)
	榜	매/방		벌	伐	칠			瞥	언뜻볼	
	蚌	방합			罰	벌할	(罚)		鼈	자라	(鳖)
	舫	배			閥	문벌	(阀)	병	病	병	
	髣	비슷할			筏	뗏목			兵	군사	
	尨	삽살개		범	凡	무릇			丙	남녘	
	蒡	인동덩굴			犯	범할			竝	나란히할	(并)
	膀	패			範	법	(范)		屛	병풍	(屏)
배	拜	절			汎	뜰	(泛)		炳	불꽃	
	倍	갑절			氾	넘칠	(泛)		幷	아우를(=倂)	(并)
	背	등			帆	돛			柄	자루	
	輩	무리	(辈)		泛	뜰			秉	잡을	
	杯	잔			笵	법			軿	거마소리	(𫟼)
	配	짝			范	성			餠	떡	(饼)
	俳	광대			机	나무이름			昺	밝을	
	排	물리칠			梵	범어			瓶	병	
	賠	배상할	(赔)	법	法	법			倂	아우를	(并)
	培	북돋을			琺	법랑	(珐)		棅	자루	(柄)
	裵	성	(裴)	벽	壁	벽			浜	갯고랑	
	徘	노닐			碧	푸를			騈	두필나란히할	(骈)
	陪	도울			僻	후미질			鉼	판금/가마솥	
	湃	물결칠			璧	둥근옥		보	步	걸음	

	報	갚을	(报)		俸	녹		阜	언덕
	保	지킬			蜂	벌		芙	연꽃
	補	기울	(补)		封	봉할		腑	장부
	普	넓을			鳳	봉황새	(凤)	敷	펼
	寶	보배	(宝)		棒	몽둥이		溥	펼
	譜	족보	(谱)		捧	받들		駙	곁마	(驸)
	輔	도울	(辅)		烽	봉화		埠	부두
	甫	클			蓬	쑥		咐	분부할
	潽	물이름			鋒	칼끝	(锋)	鮒	붕어	(鲋)
	菩	보리수			琫	칼집장식		俘	사로잡을/포로
	堡	작은성			熢	연기자욱할		仆	엎드릴
	褓	포대기		부	父	아버지		鳧	오리	(凫)
	洑	나루			夫	지아비		艀	작은배
	黼	무늬/수놓은옷			部	거느릴		缶	장군
	洑	물막을			富	부자		趺	책상다리할
	瑤	보배			否	아닐		莩	풀이름
	簠	제기이름			婦	지어미	(妇)	祔	합사(合祀)할
복	服	옷			府	관청		북	北	북녘
	福	복			扶	도울		분	分	나눌
	復	돌아올	复		浮	뜰		粉	가루
	複	겹칠	(复)		副	버금		奔	달릴
	腹	배			付	부칠		紛	어지러울	(纷)
	伏	엎드릴			負	질	(负)	盆	동이
	卜	점			釜	가마		奮	떨칠	(奋)
	鰒	전복	(鳆)		賦	구실	(赋)	墳	무덤	(坟)
	僕	종	(仆)		赴	다다를		憤	분할	(愤)
	馥	향기			覆	덮을		噴	뿜을	(喷)
	匐	길			簿	문서		糞	똥
	幞	두건			訃	부고	(讣)	焚	불사를
	蔔	무	(卜)		符	부신		忿	성낼
	輻	바퀴살	(辐)		賻	부의	(赗)	雰	안개
	茯	복령			附	붙을		汾	클
	鞴	복토			膚	살갗	(肤)	芬	향기
	宓	성			腐	썩을		扮	꾸밀
	鍑	아가리큰솥			剖	쪼갤		吩	뿜을/분부할
본	本	근본			俯	구부릴(=頫)		賁	클	(贲)
봉	奉	받들			斧	도끼		苯	풀떨기로날
	逢	만날			孚	미쁠		盼	햇빛
	峰	봉우리			傅	스승		불	不	아니
	縫	꿰맬	(缝)		孵	알 낳을		佛	부처

	拂	떨			誹	헐뜯을	(诽)		騁	달릴	(骋)
	弗	아니			睥	흘겨볼			娉	장가들
	彿	비슷할			沘	강이름	
	黻	수			憊	고달플	(惫)	**【ㅅ】**
	市	슬갑			轡	고삐	(辔)	사	四	넉
붕	朋	벗			沸	끓을			士	선비
	崩	무너질			蜚	날/메뚜기			事	일
	鵬	큰새	(鹏)		髀	넓적다리			死	죽을
	繃	묶을	(绷)		霏	눈펄펄내릴			仕	벼슬할
	硼	붕사			篚	대광주리			思	생각
	棚	시렁			俾	더할			師	스승	(师)
비	備	갖출	(备)		毗	도울			史	역사
	比	견줄			裨	도울			使	하여금
	悲	슬플			圮	무너질			巳	뱀
	非	아닐			翡	물총새			謝	사례할	(谢)
	鼻	코			砒	비상			私	사사로울
	飛	날	(飞)		榧	비자나무			絲	실(=糸)	(丝)
	批	비평할			痺	암메추라기	(痹)		寺	절
	肥	살찔			菲	엷을/무성할			舍	집
	祕	숨길	(秘)		斐	오락가락할			司	맡을
	費	쓸	(费)		妣	죽은어미			社	모일
	婢	계집종			秕	쭉정이			捨	버릴	(舍)
	卑	낮을			粃	쭉정이	(秕)		寫	베낄	(写)
	匪	도둑		빈	貧	가난할	(贫)		詐	속일	(诈)
	毘	도울	(毗)		彬	빛날			射	쏠
	碑	비석			賓	손님	(宾)		斯	이
	匕	비수			頻	자주	(频)		祀	제사
	妃	왕비			濱	물가	(滨)		査	조사할	(查)
	鄙	더러울			斌	빛날			邪	간사할
	庇	덮을			嬪	아내			似	같을
	扉	문짝			牝	암컷			詞	말	(词)
	緋	비단	(绯)		玭	구슬이름			辭	말씀	(辞)
	譬	비유할			瀕	물가/임박할	(濒)		飼	먹일	(饲)
	琵	비파			檳	빈랑나무	(槟)		沙	모래(=砂)
	枇	비파나무			鬢	살쩍/귀밑털	(鬓)		蛇	뱀
	毖	삼갈			殯	염할	(殡)		唆	부추길
	痺	저릴			嚬	찡그릴			斜	비낄
	脾	지라		빙	氷	얼음			祠	사당
	丕	클			聘	부를			奢	사치할
	臂	팔			憑	기댈	(凭)		徙	옮길

	赦	용서할			刪	깎을		箱	상자	
	賜	줄	(赐)		蒜	달래		詳	자세할	(详)
	裟	가사			疝	산증		裳	치마	
	紗	깁	(纱)		霰	싸라기눈		翔	날개	
	嗣	대이을			汕	오구		湘	물이름	
	砂	모래			繖	일산		觴	술잔	(觞)
	泗	물이름		살	殺	죽일	(杀)	爽	시원할	
	肆	방자할			撒	뿌릴		牀	평상	(床)
	獅	사자	(狮)		薩	보살	(萨)	庠	학교	
	瀉	쏟을	(泻)		乷	땅이름		孀	과부	
	娑	춤출			煞	죽일/총괄할		塽	땅높고밝은곳	
	俟	기다릴(=竢)		삼	三	석		橡	상수리나무	
	蓑	도롱이(=簑)			森	빽빽할		顙	이마	(颡)
	姒	동서			蔘	삼		殤	일찍죽을	(殇)
	槎	떼			杉	삼나무		廂	행랑	(厢)
	耜	보습			芟	벨		새	塞	변방	
	梭	북			滲	스밀		璽	도장	(玺)
	駟	사마	(驷)		衫	적삼		賽	굿할	(赛)
	麝	사향노루		삽	插	꽂을		鰓	아가미	(鳃)
	畬	산이름			澁	떫을	(涩)	색	色	빛	
	柶	수저			颯	바람소리	(飒)	索	찾을	
	伺	엿볼			鈒	창		穡	거둘	(穑)
	簁	잘게부술		상	上	위		嗇	아낄	(啬)
	乍	잠깐			賞	상줄	(赏)	棶	가시목	
	些	적을			相	서로		嗦	핥을	
	渣	찌끼			商	장사		생	生	날	
	篩	체	(筛)		常	항상		甥	생질	
	莎	향부자			想	생각		笙	생황	
삭	削	깎을			償	갚을	(偿)	牲	희생	
	朔	초하루			狀	모양	(状)	서	西	서녘	
	鑠	녹일/빛날	(铄)		祥	상서로울		書	글	(书)
	蒴	말오줌때			傷	상할	(伤)	序	차례	
	槊	창			霜	서리		署	관청	(署)
산	山	메			尙	오히려		暑	더울	(暑)
	産	낳을	(产)		喪	초상	(丧)	庶	여러	
	算	셈			象	코끼리		恕	용서할	
	散	흩어질			牀	평상(=牀)		逝	갈	
	酸	실			像	형상		誓	맹세할	
	傘	우산	(伞)		嘗	맛볼	(尝)	瑞	상서로울	
	珊	산호			桑	뽕나무		緖	실마리	(绪)

	敍	차례			善	착할			楔	쐐기
	徐	천천히			選	가릴	(选)		渫	치울
	舒	펼			鮮	고울	(鲜)		屑	가루
	棲	깃들	(栖)		宣	베풀			媟	깔볼/친압할
	壻	사위(=婿)	(婿)		禪	고요할	(禅)		偰	맑을
	曙	새벽			繕	기울	(缮)		齧	물	(啮)
	嶼	작은섬	(屿)		旋	돌			挈	손에들
	惛	지혜			膳	반찬		섬	纖	가늘	(纤)
	抒	토로할			鍹	가래			閃	번쩍할	(闪)
	黍	기장			嬋	고울	(婵)		殲	다죽일	(歼)
	墅	농막			璿	구슬	(璇)		蟾	두꺼비
	犀	무소			瑄	도리옥			陝	땅이름	(陕)
	胥	서로			詵	많을	(诜)		暹	해돋을
	絮	솜			蟬	매미	(蝉)		贍	넉넉할	(赡)
	噬	씹을			銑	무쇠	(铣)	섭	涉	건널
	筮	점대			渲	바림			攝	끌어잡을	(摄)
	鼠	쥐			羨	부러울			燮	불꽃
	薯	참마			扇	부채			躡	밟을/이를	(蹑)
	鋤	호미(=鉏)	(锄)		煽	부추길		성	姓	성씨
석	石	돌			腺	샘			省	살필
	夕	저녁			琔	옥			性	성품
	席	자리			璇	옥			成	이룰
	惜	아낄			珗	옥돌			星	별
	昔	옛			跣	맨발			城	재
	析	가를			饍	반찬	(膳)		誠	정성	(诚)
	錫	주석	(锡)		墡	백토	(墡)		聖	성스러울	(圣)
	奭	클			鐥	복자	(钐)		盛	성할
	碩	클	(硕)		癬	옴			聲	소리	(声)
	釋	풀	(释)		蘚	이끼			晟	밝을
	潟	개펄	(舄)		敾	이름			醒	깰
	晳	밝을	(晰)		僊	춤출	(仙)		筬	바디
	淅	쌀일		설	雪	눈			宬	서고
	蓆	자리	(席)		說	말씀	(说)		猩	성성이
	汐	조수			舌	혀			惺	영리할
	鉐	놋쇠			設	베풀	(设)		珹	옥이름
	秙	섬			薛	성씨			腥	비릴
선	先	먼저			褻	더러울	(亵)		娍	아름다울/헌걸찰
	線	줄	(线)		卨	사람이름	(卨)		瑆	옥빛
	船	배			泄	샐		세	世	세상
	仙	신선			洩	샐	(泄)		洗	씻을

	歲	해	(岁)		宵	밤		數	셈	(数)
	細	가늘	(细)		艘	배		守	지킬	
	勢	권세	(势)		梳	빗		收	거둘	
	稅	세금			瘙	종기	(瘙)	修	닦을	
	貰	세낼	(贳)		塑	토우		受	받을	
	笹	가는대나무			簫	퉁소	(箫)	授	줄	
소	小	작을		속	速	빠를		囚	가둘	
	少	적을			續	이을	(续)	愁	근심	
	所	바			俗	풍속		誰	누구	(谁)
	消	사라질			束	묶을		須	모름지기	(须)
	笑	웃음			屬	무리	(属)	壽	목숨	(寿)
	蔬	나물			粟	조		輸	보낼	(输)
	掃	쓸	(扫)		贖	속바칠	(赎)	雖	비록	(虽)
	素	흴			謖	일어날	(谡)	秀	빼어날	
	蘇	되살아날	(苏)		涑	헹굴		需	구할	
	沼	늪		손	孫	손자	(孙)	殊	다를	
	昭	밝을			損	덜	(损)	垂	드리울	
	召	부를			遜	겸손할	(逊)	隨	따를	(随)
	燒	불사를	(烧)		巽	괘이름		銖	무게이름	(铢)
	巢	새집			飧	저녁밥		洙	물이름	
	騷	시끄러울	(骚)		飡	저녁밥(=餐)	(餐)	羞	부끄러울	
	紹	이을	(绍)		蓀	향풀이름	(荪)	隋	수나라	
	疏	트일		송	送	보낼		戍	수자리	
	訴	하소연할	(诉)		松	소나무		粹	순수할	
	逍	거닐			頌	기릴	(颂)	遂	이룰	
	遡	거스를(=溯/泝)			訟	송사할	(讼)	帥	장수	(帅)
	搔	긁을	(搔)		宋	나라이름		睡	졸	
	卲	높을			誦	욀	(诵)	獸	짐승	(兽)
	炤	밝을			淞	강이름		搜	찾을	
	邵	성(姓)			悚	두려울		酬	갚을	
	韶	풍류이름		쇄	刷	인쇄할		髓	골수	
	霄	하늘			碎	부술		隧	따를	
	嘯	휘파람	(啸)		鎖	쇠사슬	(锁)	蒐	모을	(搜)
	剿	힘쓸	(剿)		灑	물뿌릴	(洒)	狩	사냥	
	篠	조릿대	(筱)		瑣	자질구레할	(琐)	岫	산굴(=峀)	
	瀟	강이름	(潇)	쇠	衰	쇠약할		竪	세울	(竖)
	甦	깨어날/되살아날	(苏)	수	水	물		袖	소매	
	招	나무흔들릴			手	손		繡	수놓을	(绣)
	銷	녹일	(销)		樹	나무	(树)	琇	옥돌	
	蕭	맑은대쑥/쓸쓸할	(萧)		首	머리		讐	원수	(雠)

	穗	이삭			循	돌			升	되	
	綏	인끈	(绥)		殉	따라죽을			昇	오를	(升)
	瘦	파리할			盾	방패			僧	중	
	綏	편안할	(绥)		淳	순박할			繩	노끈	(绳)
	嫂	형수			舜	순임금			丞	도울	
	嗽	기침할			珣	옥그릇			陞	오를	(升)
	邃	깊을			脣	입술	(唇)		蠅	파리	(蝇)
	銹	녹슬	(锈)		筍	죽순	(笋)	시	時	때	(时)
	叟	늙은이			荀	풀이름			市	저자	
	藪	늪	(薮)		馴	길들	(驯)		詩	글	(诗)
	晬	돌			詢	물을	(询)		示	보일	
	睟	바로볼			錞	악기이름	(镎)		始	처음	
	燧	부싯돌/횃불			醇	진한술			視	볼	(视)
	蓚	수산			洵	참으로			試	시험	(试)
	鬚	수염	(须)		諄	타이를	(谆)		是	옳을	
	茱	수유			栒	가름대나무			施	베풀	
	漱	양치질할			楯	난간			侍	모실	
	溲	오줌/반죽할			橓	무궁화(=蕣)			柴	섶	
	璲	패옥			蓴	순채	(莼)		媤	시집	
	脩	포			恂	정성			尸	주검	
숙	宿	잠잘			徇	주창할			屍	주검	(尸)
	淑	맑을		술	戌	개			弑	죽일	
	叔	아재비			術	재주	(术)		矢	화살	
	熟	익을			述	지을	(述)		柿	감나무	
	孰	누구			銖	돗바늘	(铢)		恃	믿을	
	肅	엄숙할	(肃)	숭	崇	높일			猜	시기할	(猜)
	塾	글방			嵩	높을			偲	굳셀/똑똑할	
	俶	비롯할			崧	우뚝솟을			翅	날개	
	璹	옥그릇	(璹)	슬	膝	무릎			豕	돼지	
	琡	옥이름			蝨	이	(虱)		屎	똥	
	夙	일찍			瑟	큰거문고			枲	모시풀/삼	
	倐	갑자기/빛날			璱	푸른진주			蒔	모종낼	(莳)
	橚	나무줄지어설		습	習	익힐	(习)		匙	숟가락	
	珛	옥다듬는 장인			拾	주울			豺	승냥이	
	菽	콩			襲	엄습할	(袭)		緦	시마복	(缌)
순	順	순할	(顺)		濕	젖을	(湿)		蓍	시초	
	純	순수할	(纯)		褶	주름			諡	시호	(谥)
	巡	순행할		승	勝	이길	(胜)		嘶	울	
	旬	열흘			承	이을			塒	홰	
	瞬	눈깜짝할			乘	탈		식	食	먹을	

	植	심을	(植)		失	잃을			愕	놀랄	
	式	법			實	열매	(实)		堊	백토	(垩)
	識	알	(识)		悉	다			嶽	큰산	(岳)
	息	숨쉴			蟋	귀뚜라미			喔	닭소리	
	飾	꾸밀	(饰)	심	心	마음			渥	두터울	
	湜	맑을			深	깊을			鄂	땅이름	
	殖	번식할	(殖)		甚	심할			鰐	악어	(鳄)
	熄	꺼질			審	살필	(审)		齷	악착할	(龌)
	拭	닦을			尋	찾을	(寻)		顎	얼굴높을	(颚)
	軾	수레앞턱가로나무	(轼)		潯	물이름	(浔)		鍔	칼날	(锷)
	寔	이			沁	스며들			幄	휘장	
	蝕	좀먹을	(蚀)		芯	등심초		안	安	편안할	
	埴	찰흙			諶	참	(谌)		案	책상	
	簽	대밥그릇		십	十	열			眼	눈	
	栻	점판			什	열사람			岸	언덕	
신	神	귀신		쌍	雙	쌍	(双)		顔	얼굴	(颜)
	身	몸		씨	氏	성씨			雁	기러기	
	信	믿을							晏	늦을	
	新	새로울			【 ㅇ 】				按	살필	
	臣	신하							鞍	안장	
	辛	매울		아	兒	아이	(儿)		鮟	아귀	(鮟)
	申	납			我	나		알	斡	돌	
	迅	빠를			雅	바를			謁	뵐	(谒)
	愼	삼갈	(慎)		亞	버금	(亚)		閼	막을	(阏)
	晨	새벽			餓	주릴	(饿)		軋	삐걱거릴	(轧)
	娠	아이밸			芽	싹			遏	막을	
	腎	콩팥	(肾)		牙	어금니			歹	부서진뼈	
	紳	큰띠	(绅)		阿	언덕			擖	뽑을	
	伸	펼			峨	높을		암	暗	어두울	
	莘	긴모양			衙	마을			巖	바위	(岩)
	薪	섶나무			訝	맞을	(讶)		癌	암	
	訊	캐물을	(讯)		啞	벙어리	(哑)		庵	암자	
	侁	걷는모양			娥	예쁠			闇	닫힌문	(暗)
	燼	깜부기불	(烬)		鴉	갈까마귀	(鸦)		菴	풀이름	(庵)
	呻	끙끙거릴			俄	갑자기			唵	머금을	
	蜃	무명조개			鵝	거위	(鹅)		嵒	바위/가파를	(岩)
	藎	조개풀	(荩)		蛾	나방			黯	어두울/검을	
	宸	집			莪	지칭개			諳	욀	(谙)
	矧	하물며		악	惡	악할	(恶)	압	壓	누를	(压)
실	室	집			握	잡을			押	누를	
					岳	큰산					

선정한자(5,000자) 일람표 **485**

	鴨	오리	(鸭)
	狎	익숙할	
앙	央	가운데	
	仰	우러를	
	殃	재앙	
	昂	오를	(昂)
	鴦	원앙새	(鸯)
	盎	동이	
	秧	모	
	怏	원망할	
애	愛	사랑	(爱)
	涯	물가	
	哀	슬플	
	碍	막을(=礙)	
	隘	좁을	
	曖	가릴	(暧)
	崖	벼랑	
	艾	쑥	
	厓	언덕	(崖)
	埃	티끌	
	靄	아지랑이	(霭)
액	額	이마	(额)
	厄	재앙	
	液	진액	
	腋	겨드랑이	
	掖	겨드랑이/부축할	
	扼	누를	
	縊	목맬	(缢)
	阨	좁을/막힐	(厄)
앵	鶯	꾀꼬리	(莺)
	櫻	앵두나무	(樱)
	鸚	앵무새	(鹦)
	罌	양병	(罂)
야	野	들	
	夜	밤	
	也	어조사	
	耶	어조사	
	惹	이끌	
	倻	가야	
	冶	불릴	

	爺	아비	(爷)
	椰	야자나무	
	揶	희롱할	
약	藥	약	(药)
	弱	약할	
	約	맺을	(约)
	若	같을	
	躍	뛸	(跃)
	篛	구릿대잎	(䔡)
	蒻	부들	
	鑰	자물쇠	(钥)
양	羊	양	
	陽	볕	(阳)
	洋	큰바다	
	養	기를	(养)
	揚	떨칠	(扬)
	樣	모양	(样)
	讓	사양할	(让)
	壤	흙	
	楊	버들	(杨)
	孃	아가씨	(娘)
	佯	거짓	
	襄	도울	
	攘	물리칠	
	釀	술빚을	(酿)
	瘍	종기	(疡)
	恙	근심	
	瀁	내이름	
	驤	머리들/달릴	(骧)
	穰	볏대	
	痒	앓을	
	敭	오를	(扬)
	禳	제사이름	
	煬	쬘	(炀)
	漾	출렁거릴	
	暘	해돋이	(旸)
	颺	흩날릴	(飏)
어	語	말씀	(语)
	魚	물고기	(鱼)
	漁	고기잡을	(渔)

	於	어조사	
	禦	막을	(御)
	御	어거할	
	馭	부릴	(驭)
	圄	옥	
	齬	어긋날	(龉)
	瘀	어혈질	
	飫	포식할/물릴	(饫)
억	億	억	(亿)
	憶	생각할	(忆)
	抑	누를	
	檍	감탕나무	
	臆	가슴	
언	言	말씀	
	彦	선비	
	焉	어조사	
	諺	속담	(谚)
	堰	방죽	
	嫣	상긋웃을	
	偃	쓰러질	
얼	蘖	그루터기	
	孽	서자	
엄	嚴	엄할	(严)
	掩	가릴	
	俺	나	
	奄	문득	
	儼	근엄할	(俨)
	淹	담글	
	渰	비구름일	
업	業	일	(业)
	嶪	높고험할	
여	如	같을	
	餘	남을	(馀)
	與	더불	(与)
	余	나	
	汝	너	
	予	나	
	輿	수레	(舆)
	茹	먹을/기를	
	艅	배이름	

	碘	비상섞인돌			吮	빨/핥을			鍈	방울소리	(锳)
	轝	수레바탕	(舉)		嚥	삼킬	(咽)		煐	빛날	
	歟	어조사	(欤)		椽	서까래			瑛	옥빛	
	璵	옥	(玙)		鳶	솔개	(鸢)		穎	이삭	(颖)
역	逆	거스를			涎	침/물흐를			盈	찰	
	亦	또		열	熱	더울	(热)		嶸	가파를	(嵘)
	役	부릴			悅	기쁠			潁	강이름	(颍)
	驛	역마	(驿)		閱	검열할	(阅)		籯	광주리	
	域	지경		염	炎	불꽃			濴	물돌아나갈	
	譯	번역할	(译)		染	물들일			瀛	바다	
	疫	염병			鹽	소금	(盐)		霙	진눈깨비	
	睪	엿볼	(睪)		厭	싫을	(厌)	예	藝	재주	(艺)
	暘	해반짝날			艶	고울	艳		銳	날카로울	(锐)
	閾	문지방	(阈)		閻	마을	(阎)		譽	기릴	(誉)
	繹	풀어낼/실마리	(绎)		琰	옥갈			豫	미리	
연	然	그럴			髥	구레나룻			預	미리	(预)
	硏	갈	(研)		冉	나아갈			曳	끌	
	延	끌			剡	날카로울			叡	밝을(=睿)	(睿)
	鉛	납	(铅)		焰	불당길(=燄)			刈	벨	
	沿	물따라 내려갈			苒	풀우거질			芮	성(姓)	
	煙	연기	(烟)	엽	葉	잎	(叶)		濊	종족이름	
	緣	인연	(缘)		燁	빛날	(烨)		乂	풀벨	
	宴	잔치			曄	빛날	(晔)		裔	후손	
	演	펼		영	永	길			蕊	꽃술	
	淵	못	(渊)		英	꽃부리			穢	더러울/거칠	(秽)
	捐	버릴			榮	영화	(荣)		霓	무지개	
	硯	벼루	(砚)		營	경영할	(营)		瘞	묻을/제터	(瘗)
	燃	불탈			迎	맞이할			汭	물굽이	
	軟	연할	(软)		映	비칠			猊	사자	
	姸	예쁠	(妍)		泳	헤엄칠			呭	수다스러울	
	燕	제비			瑩	귀막이 옥	(莹)		倪	어린이	
	衍	퍼질			影	그림자			詣	이를	(诣)
	沇	강이름			詠	읊을	(咏)		翳	일산/가릴	
	筵	대자리			纓	갓끈	(缨)	오	五	다섯	
	堧	빈터			嬰	갓난아이	(婴)		午	낮	
	涓	시내			瀯	강이름			誤	그릇될	(误)
	娟	예쁠			瓔	구슬목걸이	(璎)		烏	까마귀	(乌)
	醼	잔치			楹	기둥			悟	깨달을	
	縯	길	(缜)		塋	무덤	(茔)		吾	나	
	挻	늘일			濚	물흐를			傲	거만할	

	伍	대오			縕	헌솜	(缊)		往	갈	
	汚	더러울	(污)	올	兀	우뚝할			汪	넓을	
	吳	성	(吴)	옹	翁	늙은이			旺	성할	
	梧	오동나무			擁	안을	(拥)		枉	굽을	
	娛	즐거워할	(娱)		雍	누구러질		왜	歪	비뚤	
	嗚	탄식할	(呜)		甕	독	(瓮)		倭	왜나라	
	獒	개			壅	막힐			娃	아름다울	
	寤	깰			邕	화할			矮	키작을	
	墺	물가			顒	공경할		외	外	바깥	
	旿	밝을			嗈	기러기짝지어울			畏	두려울	
	晤	밝을			饔	아침밥			猥	함부로	
	奧	속	(奥)		癰	악창	(痈)		嵬	높을	
	忤	거스를		와	瓦	기와			巍	높을	
	澳	깊을	(澳)		臥	누울	(卧)	요	要	구할	
	敖	놀			訛	그릇될	(讹)		謠	노래	(谣)
	鼯	다람쥐			渦	소용돌이	(涡)		遙	멀	(遥)
	襖	도포/웃옷	(袄)		蛙	개구리			曜	빛날	
	塢	둑/언덕/마을	(坞)		蝸	달팽이	(蜗)		耀	빛날(=燿)	
	俉	맞이할			窩	보금자리/숨길	(窝)		姚	예쁠	
	筽	버들고리	(筽)		窪	웅덩이	(洼)		妖	요망할	
	熬	볶을		완	完	완전할			堯	요임금	(尧)
	珸	옥돌			緩	느릴	(缓)		夭	일찍죽을	
	鼇	자라(=鰲)	(鳌)		翫	가지고놀			腰	허리	
	蜈	지네	(蜈)		梡	도마			搖	흔들	(摇)
	螯	집게발/차오			浣	빨			窯	가마	(窑)
	懊	한할	(懊)		阮	성(姓)	(阮)		窈	그윽할	
	圬	흙손			婉	순할			饒	넉넉할	(饶)
옥	玉	구슬			頑	완고할	(顽)		僥	바랄	(侥)
	屋	집			莞	왕골			瑤	아름다운옥	(瑶)
	沃	기름질			椀	주발	(碗)		擾	어지러울	(扰)
	鈺	단단한쇠	(钰)		腕	팔			凹	오목할	
	獄	옥	(狱)		琬	홀			徭	구실	(徭)
온	溫	따뜻할	(温)		玩	희롱할			橈	굽을	(桡)
	瑥	사람이름			宛	굽을			拗	꺾을	
	蘊	쌓을	(蕴)		碗	그릇			嶢	높을	(峣)
	穩	편안할	(稳)		琓	나라이름			繞	두를	(绕)
	媼	할미	(媪)		脘	밥통			邀	맞을	
	醞	빚을	(酝)		豌	완두			繇	역사	
	慍	성낼	(愠)	왈	曰	가로			蟯	요충	(蛲)
	瘟	염병	(瘟)	왕	王	임금		욕	浴	목욕할	

	辱	욕될			宇	집			隕	떨어질	(陨)
	慾	욕심	(欲)		佑	도울			蕓	평지	(芸)
	欲	하고자할			祐	복		울	鬱	답답할	(郁)
	褥	요			寓	붙어 살			亐	땅이름	(亐)
	縟	화문놓을	(缛)		禹	우임금			雄	수컷	
용	勇	날쌜			偶	짝		웅	熊	곰	
	用	쓸			迂	멀			遠	멀	(远)
	容	얼굴			隅	모퉁이		원	原	언덕	
	鎔	녹일	(熔)		盂	바리때			元	으뜸	
	庸	떳떳할			虞	염려할	(虞)		園	동산	(园)
	踊	뛸			玗	옥돌			願	원할	(愿)
	溶	질펀히 흐를			芋	토란			援	구원할	
	瑢	패옥소리			瑀	패옥			源	근원	
	傭	품팔이	(佣)		紆	굽을	(纡)		圓	둥글	(圆)
	埇	길돋울			雩	기우제			怨	원망할	
	墉	담			沽	물이름			員	인원	(员)
	茸	무성할			盂	바리			院	집	
	榕	뱅골보리수			禑	복			苑	나라동산	
	湧	샘솟을	(涌)		藕	연뿌리			媛	미인	
	鏞	쇠북	(镛)		旴	클			袁	옷/성씨	
	蓉	연꽃			煜	불꽃			沅	강이름	
	慵	게으를		욱	旭	해뜰			洹	강이름	
	慂	권할			彧	문채			瑗	구슬	
	冗	번잡할			頊	삼갈	(顼)		轅	끌채	(辕)
	聳	솟을	(耸)		郁	성할			垣	담	
	俑	허수아비			昱	햇빛밝을			嫄	사람이름	
	甬	휘			栯	산앵두			愿	삼갈	
우	牛	소			稶	서직무성할			猿	원숭이	
	右	오른			勖	힘쓸			鴛	원앙새	(鸳)
	友	벗		운	運	움직일	(运)		寃	원통할	
	雨	비			雲	구름	(云)		湲	물흐를	
	遇	만날			云	이를			爰	이에	
	憂	근심	(忧)		韻	운	(韵)		黿	자라	(鼋)
	羽	깃			耘	김맬		월	月	달	
	優	넉넉할	(优)		暈	무리 훈	(晕)		越	넘을	
	尤	더욱			殞	죽을	(殒)		粵	어조사	
	又	또			澐	큰물결	(沄)		鉞	도끼	(钺)
	愚	어리석을			芸	향풀		위	位	자리	
	于	어조사			橒	나무무늬			危	위태할	
	郵	우편	(邮)		熉	노란모양			偉	클	(伟)

	爲	할	(为)		幽	그윽할		윤	尹	다스릴	
	圍	둘레	(围)		喩	깨우칠	(喻)		胤	맏아들	
	委	맡길			誘	꾈	(诱)		鈗	병기	(铳)
	胃	밥통			踰	넘을	(踰)		閏	윤달	(闰)
	威	위엄			楡	느릅나무	(榆)		潤	윤택할	(润)
	衛	지킬	(卫)		愈	더욱	(愈)		允	진실로	
	韋	가죽	(韦)		惟	생각할			玧	귀막이옥	
	僞	거짓	(伪)		兪	성	(俞)		霱	물깊고넓을	
	渭	물이름			洧	강이름			贇	예쁠	(赟)
	尉	벼슬이름			庾	곳집		율	聿	붓	
	蔚	성할			侑	권할		융	融	녹을	
	緯	씨줄	(纬)		諭	깨우칠	(谕)		戎	되	
	違	어긋날	(违)		猷	꾀할			瀜	물이깊고넓은모양	
	慰	위로할			游	헤엄칠			絨	융	(绒)
	謂	이를	(谓)		攸	바		은	銀	은	(银)
	魏	나라이름			癒	병나을	(愈)		恩	은혜	
	瑋	옥이름	(玮)		瑜	아름다운옥			隱	숨을	(隐)
	暐	햇빛	(昹)		宥	용서할			垠	언덕	
	褘	향낭	(袆)		柚	유자			殷	은나라	
	葦	갈대	(苇)		臾	잠깐			誾	향기	(訚)
	蝟	고슴도치	(猬)		帷	장막			慇	괴로워할	(殷)
	闈	대궐작은문	(闱)		孺	젖먹이			訔	논쟁할	
	萎	마를			濡	젖을			嚚	어리석을	
	蔿	애기풀	(茐)		愉	즐거울			听	웃을	
	葳	초목무성한모양			蹂	짓밟을			狺	으르렁거릴	
유	有	있을			揄	끌		을	乙	새	
	油	기름			踰	넘을		음	飮	마실	(饮)
	由	말미암을			鍮	놋쇠	(输)		音	소리	
	遺	남길	(遗)		囿	동산			陰	그늘	(阴)
	酉	닭			萸	수유			吟	읊을	
	猶	같을	(犹)		諛	아첨할	(谀)		淫	음란할	
	裕	넉넉할			呦	울			蔭	풀그늘/덮을	(荫)
	遊	놀			釉	윤		읍	邑	고을	
	悠	멀			襦	저고리			泣	울	
	維	벼리	(维)		壝	제단			挹	뜰	
	柔	부드러울			楢	졸참나무			揖	읍	
	儒	선비		육	育	기를		응	應	응할	(应)
	幼	어릴			肉	고기			凝	엉길	
	唯	오직			堉	기름진땅			膺	가슴	
	乳	젖			毓	기를			鷹	매	(鹰)

의	衣	옷			蕿	흰비름			佚	편안할	
	意	뜻			餌	먹이	(饵)	임	壬	천간	
	義	옳을	(义)		迤	비스듬할(=迆)			任	맡길	
	醫	의원	(医)		痍	상처			姙	아이밸	
	依	의지할			飴	엿	(饴)		賃	품팔이	(赁)
	儀	거동	(仪)		肄	익힐			稔	곡식익을	
	宜	마땅			苡	율무			荏	들깨	
	矣	어조사		익	益	더할			恁	생각할	
	議	의논할	(议)		翼	날개		입	入	들	
	疑	의심			翌	다음날			廿	스물	(廾)
	毅	굳셀			翊	도울		잉	剩	남을	
	懿	아름다울			瀷	물이름			扔	당길	
	椅	의나무			謚	웃을	(谥)		孕	아이밸	
	誼	의좋을	(谊)	인	人	사람			仍	인할	
	倚	의지할			因	인할			芿	새풀싹	
	擬	흉내낼	(拟)		引	끌					
	蟻	개미	(蚁)		印	도장			**【ㅈ】**		
	螾	도롱이벌레			寅	범		자	子	아들	
	艤	배댈	(舣)		認	알	(认)		自	스스로	
	饐	쉴/밥썩을			仁	어질			字	글자	
	薏	율무			忍	참을			者	놈	(者)
이	二	두			姻	혼인할			姊	맏누이	
	耳	귀			刃	칼날			姿	맵시	
	以	써			咽	목구멍			慈	사랑	
	異	다를	(异)		靷	가슴걸이			資	재물	(资)
	移	옮길			絪	기운	(絪)		炙	고기구울	
	而	말이을			茵	자리			諮	물을	(谘)
	易	쉬울			湮	잠길			恣	방자할	
	已	이미			蚓	지렁이			滋	불을	
	貳	두	(貳)		靭	질길	(韧)		雌	암컷	
	夷	오랑캐			婣	화할			玆	이	(兹)
	姨	이모		일	日	날			磁	자석	
	伊	저			一	한			紫	자주빛	
	怡	화할			逸	편안			刺	찌를	
	邇	가까울	(迩)		鎰	스물넉냥	(镒)		疵	흠	
	珥	귀고리			壹	하나			藉	깔개	
	貽	끼칠	(贻)		溢	넘칠			咨	물을	
	爾	너	(尔)		馹	역말	(驲)		瓷	사기그릇	
	弛	늦출			佾	춤출			煮	삶을	
	彛	떳떳할			釰	둔할/무딜			仔	자세할	

	茨	가시나무			丈	어른			裁	옷마를	
	粢	기장/사곡식			腸	창자	(肠)		宰	재상	
	觜	별이름/털뿔			帳	휘장	(帐)		梓	가래나무	
	赭	붉은흙			藏	감출			縡	일	
	蔗	사탕수수			樟	녹나무			齋	재계할	(斋)
	孜	힘쓸			粧	단장할	(妆)		齎	가져올	(赍)
작	昨	어제			墻	담			纔	겨우/비로소	(才)
	作	지을			璋	반쪽홀			賮	집어줄	
	酌	따를			掌	손바닥			滓	찌끼	
	爵	벼슬			臟	오장	(脏)	쟁	爭	다툴	(争)
	雀	참새			葬	장사지낼			錚	쇳소리	(铮)
	鵲	까치	(鹊)		莊	장엄할	(庄)		諍	간할	(诤)
	灼	사를			匠	장인			箏	쟁	
	炸	사를			蔣	줄	(蒋)	저	低	낮을	
	芍	함박꽃			杖	지팡이			貯	쌓을	(贮)
	勺	구기			漳	강이름			抵	거스를	
	綽	너그러울	(绰)		暲	밝을			著	나타날	
	斫	벨/쪼갤			薔	장미			底	밑	
	嚼	씹을			庄	장전			箸	젓가락	
잔	殘	남을	(残)		奘	클			楮	닥나무	
	盞	잔	(盏)		醬	간장	(酱)		沮	막을	
	潺	물흐르는소리			萇	장초	(苌)		躇	머뭇거릴	
	棧	잔도	(栈)		獐	노루			咀	씹을	
	孱	잔약할			檣	돛대			邸	큰집	
잠	蠶	누에	(蚕)		仗	무기			樗	가죽나무	
	潛	잠길	(潜)		漿	미음	(浆)		氐	근본	
	暫	잠깐	(暂)		槳	상앗대	(桨)		詆	꾸짖을	(诋)
	箴	바늘			瘴	장기			猪	돼지(=豬)	
	岑	봉우리			欌	장롱	(桩)		疽	등창	
	簪	비녀			贓	장물	(赃)		姐	맏누이	
잡	雜	섞일	(杂)		臧	착할			苧	모시(=紵)	(苎)
장	長	긴	(长)	재	在	있을			渚	물가	
	場	마당	(场)		才	재주			雎	물수리	
	章	글			再	두			杵	방망이	
	將	장수	(将)		材	재목			杼	북/베틀북	
	獎	권면할(=奬)	(奖)		財	재물	(财)		藷	사탕수수(=薯)	(薯)
	裝	꾸밀	(装)		栽	심을			儲	쌓을	(储)
	障	막을			哉	어조사			齟	어긋날	(龃)
	張	베풀	(张)		災	재앙	(灾)		佇	우두커니	(伫)
	壯	씩씩할	(壮)		載	실을	(载)		狙	원숭이	

	這	이	(这)		顚	이마	(颠)		浙	강이름	
	詛	저주할	(诅)		廛	가게			截	끊을	
	菹	채소절임			剪	가위			癤	부스럼	(疖)
적	的	과녁			甸	경기		점	店	가게	
	赤	붉을			悛	고칠			點	점(=点)	(点)
	適	맞을	(适)		瑱	귀막이옥			占	점칠	
	敵	원수	(敌)		箋	글	(笺)		漸	점차	(渐)
	績	길쌈	(绩)		栓	나무못			粘	끈끈할	
	賊	도둑	(贼)		塡	메울	(填)		坫	경계	
	籍	문서			奠	바칠			鮎	메기	(鲇)
	積	쌓을	(积)		詮	설명할	(诠)		岾	재	
	寂	고요할			佺	신선이름			霑	젖을	(沾)
	摘	딸			銓	저울질할	(铨)	접	接	이을	
	滴	물방울			輾	구를	(辗)		蝶	나비	
	跡	발자취	(迹)		煎	달일			椄	접붙일	
	蹟	사적	(迹)		腆	두터울			摺	접을	
	迹	자취			顫	떨릴	(颤)		楪	평상	
	笛	피리			氈	모전	(毡)	정	正	바를	
	迪	나아갈			癲	미칠	(癫)		庭	뜰	
	嫡	정실			佃	밭갈			情	뜻	
	勣	공적/사업	(绩)		畋	밭갈/사냥할			定	정할	
	謫	귀양갈	(谪)		塼	벽돌	(砖)		停	머무를	
	翟	꿩/꽁지긴꿩			痊	병나을			井	우물	
	荻	물억새			鈿	비녀	(钿)		精	정기	
	鏑	살촉	(镝)		鐫	새길/송곳	(镌)		政	정사	
	糴	쌀사들일	(籴)		澱	앙금	(淀)		整	가지런할	
	靦	아름다울			纏	얽힐	(缠)		靜	고요할	(静)
	狄	오랑캐			顓	전단할/마음대로할	(颛)		貞	곧을	(贞)
전	電	번개	(电)		餞	전별할	(饯)		淨	깨끗할	(净)
	前	앞			篆	전자			訂	바로잡을	(订)
	全	온전할			囀	지저귈	(啭)		丁	장정	
	田	밭			筌	통발			頂	정수리	(顶)
	典	법			箭	화살			亭	정자	
	戰	싸움	(战)		畑	화전			廷	조정	
	傳	전할	(传)	절	節	마디	(节)		征	칠	
	展	펼			切	끊을			艇	거룻배	
	轉	구를	(转)		絶	끊을	(绝)		楨	광나무	(桢)
	錢	돈	(钱)		折	꺾을			旌	기	
	專	오로지	(专)		竊	훔칠	(窃)		程	길	
	殿	대궐			晢	밝을			鄭	나라이름	(郑)

	晶	맑을			齊	가지런할	(齐)	燥	마를
	汀	물가			濟	건널	(济)	曹	마을	(曹)
	町	밭두둑			提	끌		彫	새길	(雕)
	呈	보일			堤	둑		爪	손톱
	鼎	솥			制	마를		詔	고할	(诏)
	珽	옥홀			諸	모든	(诸)	槽	구유
	偵	정탐할	(侦)		際	사이	(际)	棗	대추나무	(枣)
	穽	함정	(阱)		帝	임금		俎	도마
	湞	강이름	(浈)		劑	약지을	(剂)	遭	만날
	幀	그림	(帧)		悌	공손할		眺	바라볼
	姃	단정할			蹄	굽		祚	복(福)
	碇	닻			梯	사다리		嘲	비웃을
	錠	덩이	(锭)		瑅	옥이름		凋	시들
	綎	띳술			霽	갤	(霁)	肇	시작할
	釘	못	(钉)		碲	검은 돌		窕	정숙할
	柾	바른나무			薺	냉이	(荠)	糟	지게미
	烶	빛날			醍	맑은술		徂	갈/비롯할
	挺	뺄			臍	배꼽	(脐)	粗	거칠
	禎	상서로울	(祯)		娣	여동생		繰	고치켤	(缲)
	鋌	쇳덩이	(铤)		躋	오를	(跻)	雕	독수리(=鵰)
	酊	술취할			啼	울		藻	마름
	淀	얕은물			禔	편안할		璪	면류관드림옥
	玎	옥소리		조	祖	할아비		漕	배로실어나를
	諪	조정할	(谞)		朝	아침(=晁)		蚤	벼룩/일찍/손톱	(蚤)
	鉦	징	(钲)		調	고를	(调)	竈	부엌	(灶)
	霆	천둥소리			助	도울		稠	빽빽할
	靖	편안할			鳥	새	(鸟)	躁	성급할
	晸	해뜨는모양			早	이를		糶	쌀내어팔	(粜)
	鞓	가죽띠			兆	조		胙	제지낸고기/복
	睛	눈동자			造	지을		殂	죽을
	瀞	맑을			照	비칠		皁	하인/마굿간
	渟	물괼			操	잡을		阻	험할
	菁	부추꽃/순무			條	조목	(条)	족	足	발
	檉	위성류	(柽)		弔	조상할(=吊)	(吊)	族	겨레
제	弟	아우			租	조세		簇	모일/조릿대
	題	제목	(题)		潮	조수		존	存	있을
	第	차례			組	짤	(组)	尊	높을
	除	덜			趙	나라이름	(赵)	졸	卒	군사
	祭	제사			釣	낚을	(钓)	拙	못날
	製	지을	(制)		措	둘		猝	갑자기

종	終	마칠	(终)		鑄	부어만들	(铸)		晙	밝을	
	種	씨	(种)		奏	아뢸			准	비준	
	宗	마루			註	주낼	(注)		樽	술통	
	鐘	쇠북	(钟)		週	주일	(周)		儁	준걸	(俊)
	從	좇을	(从)		澍	단비			焌	태울	
	綜	모을	(综)		躊	머뭇거릴	(踌)		逡	뒷걸음질칠	
	縱	세로	(纵)		湊	모일			寯	모일	(俊)
	琮	옥홀			輳	모일	(辏)		蹲	웅크릴	
	淙	물소리			誅	벨	(诛)		皴	주름/살틀	
	腫	부스럼	(肿)		廚	부엌	(厨)	줄	茁	싹틀	
	倧	상고신인			喉	부추길		중	中	가운데	
	鍾	술잔	(锺)		呪	빌	(咒)		重	무거울	
	踪	자취			炷	심지			衆	무리	(众)
	棕	종려나무			姝	예쁠			仲	버금	
	悰	즐길			疇	이랑	(畴)	즉	卽	곧	(即)
	慫	권할	(怂)		紂	임금이름	(纣)		喞	두런거릴	(唧)
	踵	발꿈치			做	지을		즐	櫛	빗	(栉)
	蹤	자취/뒤좇을	(踪)		酎	진한술		즙	楫	노	
좌	左	왼			胄	투구			汁	즙	
	坐	앉을			蛛	거미			葺	지붕일	
	座	자리			侏	난쟁이		증	增	더할	
	佐	도울			紬	명주	(紬)		曾	일찍	
	挫	꺾을			綢	얽을	(绸)		證	증거	(证)
죄	罪	허물			霪	장마			症	증세	
주	主	주인			籌	투호살	(筹)		憎	미워할	
	住	살		죽	竹	대			贈	줄	(赠)
	晝	낮	(昼)		粥	죽			蒸	찔	
	注	물댈			鬻	죽			拯	건질	
	走	달릴		준	準	법도	(准)		璔	옥모양	
	朱	붉을			俊	준걸			繒	비단	(缯)
	州	고을			埈	높을			甑	시루	
	株	그루			峻	높을		지	地	땅	
	柱	기둥			遵	좇을			止	그칠	
	周	두루			駿	준마	(骏)		志	뜻	
	舟	배			浚	깊게할			知	알	
	酒	술			濬	깊을	(浚)		至	이를	
	宙	집			蠢	꿈틀거릴			紙	종이	(纸)
	珠	구슬			畯	농부			支	지탱할	
	駐	머무를	(驻)		竣	마칠			持	가질	
	洲	물가			雋	모을	(隽)		指	손가락	

	枝	가지	
	之	갈	
	誌	기록할	(志)
	只	다만	
	池	못	
	智	지혜	
	脂	기름	
	遲	더딜	(迟)
	旨	뜻	
	祉	복	
	肢	사지	
	芝	지초	
	址	터(=阯)	
	蜘	거미	
	祇	공경할, 존경할	
	咫	길이	
	沚	물가	
	趾	발가락	
	摯	지극할	
	芷	구릿대	
	漬	담글	(渍)
	砥	숫돌	
	枳	탱자나무	
	贄	폐백	(贽)
직	直	곧을	(直)
	職	벼슬	(职)
	織	짤	(织)
	稙	올벼	(稙)
	稷	피	
진	進	나아갈	(进)
	眞	참	(真)
	辰	별	
	陳	늘어놓을	(陈)
	盡	다할	(尽)
	珍	보배	
	鎭	진압할	(镇)
	陣	진칠	(阵)
	秦	나라이름	
	津	나루	
	振	떨칠	

	診	볼	(诊)
	震	진동할	
	塵	티끌	(尘)
	賑	구휼할	(赈)
	搢	꽂을	
	晉	나아갈	(晋)
	唇	놀랄	
	縝	삼실	(缜)
	軫	수레뒤턱나무	(轸)
	瑨	옥돌	
	璡	옥돌	(班)
	榛	개암나무	
	殄	다할/죽을	
	嗔	더워지기	(薛)
	畛	두렁길	
	溱	많을	
	瞋	부릅뜰	(瞪)
	縉	붉은비단/꽂을	(缙)
	嗔	성낼	(嗔)
	臻	이를	
	桭	평고대	
	疹	홍역	
	袗	홑옷	
질	質	바탕	(质)
	姪	조카	(侄)
	秩	차례	
	窒	막을	
	疾	병	
	叱	꾸짖을	
	跌	넘어질	
	嫉	미워할	
	瓆	사람이름	
	迭	갈마들	
	蛭	거머리	
	軼	번갈을	(轶)
	膣	새살돋을	
	侄	어리석을	
	礩	주춧돌/맷돌	
	絰	질	
	桎	차꼬	

	帙	책갑	
짐	斟	술 따를	
	朕	나	(朕)
집	集	모일	
	執	잡을	(执)
	輯	모을	(辑)
	潗	샘솟을	
	戢	그칠	
	緝	길쌈할	(缉)
징	徵	부를	
	懲	징계할	(惩)
	澄	맑을	

【 ㅊ 】

차	次	버금	
	且	또	
	借	빌릴	
	差	어긋날	
	此	이	
	叉	깍지낄	
	遮	막을	
	磋	갈	
	蹉	넘어질	
	嵯	산우뚝할	
	釵	비녀	(钗)
	侘	실의할	
	箚	차자	
	嗟	탄식할	
착	着	붙을	
	錯	섞일	(错)
	捉	잡을	
	鑿	뚫을	(凿)
	齪	악착할	(龊)
	窄	좁을	
	搾	짤	
찬	贊	도울	(赞)
	讚	기릴	(赞)
	餐	먹을	
	燦	빛날	(灿)
	璨	옥빛	

	撰	글지을			瘡	부스럼	(疮)		隻	외짝	(只)
	鑽	뚫을	(钻)		愴	슬퍼할	(怆)		脊	등성마루	
	澯	맑을			菖	창포			剔	뼈바를	
	纂	모을			廠	헛간	(厂)		滌	씻을	(涤)
	瓚	옥잔	(瓒)		倡	광대			陟	오를	
	纘	이을	(缵)		搶	닿을/이를	(抢)		瘠	파리할	
	粲	정미			娼	몸파는여자			倜	대범할	
	鄭	나라이름			猖	미쳐날뜀			擲	던질	(掷)
	饌	반찬	(馔)		脹	배부를	(胀)		蹠	밟을	(跖)
	簒	빼앗을			漲	불을	(涨)		撫	주울	
	竄	숨을	(窜)		氅	새털			坧	터	
찰	察	살필			艙	선창	(舱)	천	川	내	
	刹	절			鬯	울창주/방향주			千	일천	
	札	편지			槍	창	(枪)		天	하늘	
	擦	비빌			愴	한스러워할	(怆)		踐	밟을	(践)
	紮	감을	(扎)	채	菜	나물			泉	샘	
	扎	뺄			債	빚	(债)		淺	얕을	(浅)
참	參	참여할	(参)		採	캘	(采)		賤	천할	(贱)
	斬	벨	(斩)		蔡	성씨	(蔡)		遷	옮길	(迁)
	慙	부끄러워할	(惭)		埰	채밭			薦	천거할	(荐)
	慘	참혹할	(惨)		彩	채색			阡	두렁	
	塹	구덩이	(堑)		采	풍채			仟	일천	
	懺	뉘우칠	(忏)		寀	녹봉			釧	팔찌	(钏)
	讒	참소할	(谗)		綵	비단	(彩)		蕆	경계할	(蒇)
	驂	곁마/말네필	(骖)		踩	뛸			韆	그네	(千)
	站	우두커니설			寨	울짱			穿	뚫을	
	僭	참람할			砦	울타리			擅	멋대로	
	讖	참서	(谶)	책	責	꾸짖을	(责)		舛	어그러질	
	譖	참소할/하소연할	(谮)		冊	책			闡	열	(阐)
창	窓	창문	(窗)		策	꾀	(策)		玔	옥고리	
	唱	부를			柵	울짱/울타리	(栅)		喘	헐떡일	
	倉	곳집	(仓)	처	處	곳	(处)	철	鐵	쇠	(铁)
	創	비롯할	(创)		妻	아내			哲	밝을	
	昌	창성할			悽	슬플	(凄)		撤	거둘	
	昶	밝을			凄	쓸쓸할			澈	물맑을	
	彰	빛날			萋	풀무성할			喆	밝을	(喆)
	滄	큰바다	(沧)	척	拓	넓힐			徹	통할	(彻)
	蒼	푸를	(苍)		尺	자			綴	묶을	(缀)
	暢	화창할	(畅)		戚	겨레			轍	바퀴자국	(辙)
	敞	높을			斥	물리칠			凸	볼록할	

	輟	그칠	(辍)		諦	살필	(谛)		蜀	나라이름	
	歠	마실/먹을			蒂	가시			觸	닿을	(触)
첨	添	더할			涕	눈물			促	재촉할	
	尖	뾰족할			剃	머리깎을			燭	촛불	(烛)
	僉	다	(佥)		逮	성			囑	부탁할	(嘱)
	瞻	볼			禘	종묘제사이름			鏃	살촉	(镞)
	諂	아첨할	(谄)	초	草	풀			矗	우거질	(矗)
	籤	제비	(签)		初	처음		촌	寸	마디	
	簽	농	(签)		超	넘을			村	마을	
	恬	달(=甜)	(甜)		招	부를			邨	마을	(村)
	忝	더럽힐/욕될			礎	주춧돌	(础)		忖	헤아릴	
	沾	젖을			肖	닮을		총	總	거느릴	(总)
	詹	소곤거릴			哨	망볼			聰	귀밝을	(聪)
	覘	엿볼	(觇)		抄	베낄			叢	모일	(丛)
	簷	처마	(檐)		秒	초			寵	사랑	(宠)
	檐	처마			楚	초나라			銃	총	(铳)
첩	妾	첩			焦	탈			塚	무덤	(冢)
	諜	염탐할	(谍)		樵	나무할			摠	모두	(摠)
	捷	이길			醮	초례			冢	무덤/사직단	
	牒	편지			蕉	파초			悤	바쁠(=怱)	
	帖	표제			悄	근심할			驄	총이말	(骢)
	疊	겹쳐질	(叠)		愀	근심할			蔥	파/부들	(葱)
	輒	문득	(辄)		誚	꾸짖을	(诮)	촬	撮	찍을	
	貼	붙을	(贴)		剿	끊을		쵀	啐	맛볼	
	堞	성가퀴			梢	나무끝		최	最	가장	
	睫	속눈썹			鈔	노략질할/베낄	(钞)		崔	높을	
청	靑	푸를			苕	능소화			催	재촉할	
	淸	맑을			髫	다박머리			摧	꺾을	
	聽	들을	(听)		貂	담비		추	秋	가을	
	請	청할	(请)		迢	멀			推	밀	
	晴	갤			稍	벼줄기끝			追	쫓을	
	廳	청사	(厅)		炒	볶을			趨	달릴	(趋)
	凊	서늘할			椒	산초나무			抽	뽑을	
	鯖	청어	(鲭)		綃	생사	(绡)		醜	추할	(丑)
체	體	몸	(体)		軺	수레/영구차	(轺)		楸	가래나무	
	滯	막힐	(滞)		憔	수척할			墜	떨어질	(坠)
	締	맺을	(缔)		礁	숨은바윗돌			錐	송곳	(锥)
	逮	미칠			醋	식초			錘	저울	(锤)
	替	바꿀			硝	초석			樞	지도리	(枢)
	遞	번갈아	(递)		鞘	칼집			鄒	추나라	(邹)

	麤	거칠			衷	정성			峙	언덕	
	鞦	그네	(秋)		衝	찌를	(冲)		緇	검은비단	(缁)
	芻	꼴	(刍)		琓	귀고리			淄	검은빛	
	諏	꾀할	(诹)	췌	萃	모을			幟	기	(帜)
	瘳	나을			膵	췌장			寘	둘/받아들일	(置)
	湫	다할			悴	파리할			緻	밸	(致)
	酋	두목			贅	혹	(赘)		鴟	솔개/올빼미	(鸱)
	騶	말먹이는사람	(驺)	취	取	가질			蚩	어리석을	
	鰍	미꾸라지	(鳅)		就	나아갈			嗤	비웃을	
	雛	병아리	(雏)		吹	불			錙	저울눈	(锱)
	萩	사철쑥			臭	냄새			輜	짐수레	(辎)
	鎚	쇠망치	(锤)		炊	불땔			梔	치자나무	(栀)
	椎	몽치			醉	술취할			痔	치질	
	惆	실심할/슬퍼할			趣	취미		칙	則	법칙	(则)
	皺	주름살	(皱)		聚	모을			勅	칙서	(敕)
축	祝	빌			翠	물총새			飭	신칙할	(饬)
	丑	소			脆	연할		친	親	친할	(亲)
	築	쌓을	(筑)		娶	장가들		칠	七	일곱	
	軸	굴대	(轴)		驟	달릴	(骤)		漆	옻칠할	
	畜	기를			嘴	부리			柒	옻	
	蓄	모을			鷲	수리	(鹫)	침	針	바늘(=鍼)	(针)
	縮	줄어질	(缩)	측	側	곁	(侧)		浸	적실	
	逐	쫓을			測	헤아릴	(测)		侵	침노할	
	蹴	찰			惻	슬퍼할	(恻)		枕	베개	
	竺	대나무			仄	기울			沈	잠길	
	潚	깊고맑을			厠	뒷간(=廁)	(厕)		寢	잠잘	(寝)
	麈	대지를		츤	櫬	두드러지게할			琛	보배	
	筑	악기이름		층	層	층	(层)		砧	다듬잇돌	
	顣	찡그릴		치	致	이를			忱	정성	
춘	春	봄			治	다스릴		칩	蟄	숨을	(蛰)
	瑃	옥이름			齒	이	(齿)	칭	稱	일컬을	(称)
	椿	참죽나무			値	값	(值)		秤	저울	
	賰	부유할			置	둘	(置)				
출	出	날			恥	부끄러울	(耻)		【 ㅋ 】		
	黜	물리칠			雉	꿩		쾌	快	쾌할	
	朮	차조			侈	사치할		쾌	夬	나눌	
충	充	채울			稚	어릴					
	忠	충성			馳	달릴	(驰)		【 ㅌ 】		
	蟲	벌레	(虫)		熾	성할	(炽)	타	他	다를	
	沖	깊을	(冲)		癡	어리석을	(痴)		打	칠	

	妥	평온할			奪	빼앗을	(夺)		吐	토할	
	墮	떨어질	(堕)		頉	탈			兔	토끼	
	惰	게으를		탐	探	찾을			菟	새삼	
	楕	길쭉할	(椭)		眈	노려볼		톤	啍	느릿한모양	
	咤	꾸짖을			貪	탐할	(贪)	통	通	통할	
	唾	침			耽	즐길			統	거느릴	(统)
	拖	끌		탑	塔	탑			痛	아플	
	駝	낙타	(驼)		榻	걸상			桶	통	
	朶	늘어질	(朵)		搨	베낄			筒	대롱	
	陀	비탈질			搭	탈			慟	서럽게울	(恸)
	陊	비탈질(무너질 치)		탕	湯	끓을	(汤)	퇴	退	물러날	
	隋	오이/열매			蕩	쓸어버릴	(荡)		堆	쌓을	
	舵	키			帑	금고			腿	넓적다리	
	馱	실을	(驮)		宕	방탕할			槌	던질	
탁	卓	높을			盪	씻을			頹	무너질	(颓)
	濯	씻을		태	太	클			褪	바랠	
	托	맡길			態	모양	(态)	투	投	던질	
	鐸	방울	(铎)		泰	클			鬪	싸울	(斗)
	託	부탁할	(托)		怠	게으를			透	통할	
	琢	쫄			兌	바꿀			套	덮개	
	濁	흐릴	(浊)		台	별			妬	투기할	
	晫	밝을			胎	아이밸			偸	훔칠	
	擢	뽑을			殆	위태할		특	特	특별할	
	琸	사람이름			颱	태풍	(台)		慝	사특할	
	倬	클			邰	나라이름		틈	闖	말이문을나오는모양	(闯)
	柝	열			跆	밟을					
	啄	쪼을			汰	씻을			【 ㅍ 】		
	坼	터질			苔	이끼		파	波	물결	
탄	炭	숯			迨	미칠			破	깨뜨릴	
	歎	탄식할	(叹)		笞	볼기칠			派	물갈래	
	彈	탄알	(弹)		馱	짐실을			巴	땅이름	
	誕	낳을	(诞)	택	宅	집			播	뿌릴	
	憚	꺼릴	(惮)		擇	가릴	(择)		坡	언덕	
	呑	삼킬			澤	못	(泽)		頗	자못	(颇)
	灘	여울	(滩)	탱	撑	버틸			把	잡을	
	嘆	탄식할	(叹)		樘	기둥/지주			罷	파할	(罢)
	坦	평평할			掌	버팀목/버틸			琶	비파	
	彌	다할/두루	(弥)		攎	펼			杷	비파나무	
	綻	옷터질	(绽)	토	土	흙			芭	파초	
탈	脫	벗을			討	칠	(讨)		婆	할미	

	爬	긁을			扁	현판			逋	달아날	
	葩	꽃			徧	두루/돌			袍	두루마기	
	怕	두려울/아마			翩	빨리날			匏	박	
	擺	열릴	(摆)		騙	속일	(骗)		蒲	부들/창포	
	跛	절뚝발이		폄	貶	떨어뜨릴	(贬)		庖	부엌	
판	判	판단할		평	平	평평할			晡	신시(申時)	
	板	널빤지			評	평론할	(评)		咆	으르렁거릴	
	版	판목			坪	들			圃	채마밭	
	販	팔	(贩)		枰	바둑판			疱	천연두	
	阪	비탈			萍	부평초			炮	통째로구울	
	鈑	금박	(钣)	폐	閉	닫을	(闭)		脯	포	
	瓣	외씨			肺	허파		폭	爆	터질	
	辦	힘쓸	(办)		蔽	덮을			幅	폭	
팔	八	여덟			幣	폐백	(币)		輻	바퀴살	(辐)
	捌	깨뜨릴			廢	폐할	(废)		瀑	폭포	
	叭	입벌릴			弊	해질			曝	쬘	
패	貝	조개	(贝)		陛	섬돌		표	表	겉	
	敗	패할	(败)		斃	넘어질	(毙)		票	표	
	霸	으뜸			嬖	사랑할			漂	뜰	
	沛	늪			吠	짖을			杓	자루	
	浿	물이름		포	布	베			豹	표범	
	佩	찰			暴	사나울			標	표할	(标)
	牌	패			浦	물가			驃	날랠	(骠)
	孛	살별/혜성			包	쌀			飄	회오리바람	(飘)
	悖	어그러질			抱	안을			慓	날쌜	
	狽	이리	(狈)		捕	잡을			瓢	박	
	唄	찬불	(呗)		胞	태보			剽	빠를	
	稗	피			砲	대포	(炮)		飇	회오리바람	(飙)
팽	澎	물결부딪칠			抛	던질			俵	흩을	
	烹	삶을			怖	두려울		품	品	물건	
	彭	성(姓)			哺	먹일			稟	여쭐	
	膨	부풀			飽	배부를	(饱)	풍	風	바람	(风)
팍	愎	괴팍할			鋪	펼	(铺)		豊	풍년	(丰)
편	便	편할			葡	포도			楓	단풍나무	(枫)
	片	조각	(片)		泡	거품			馮	성(姓)	(冯)
	篇	책			褒	기릴			諷	욀	(讽)
	遍	두루			鮑	절인어물	(鲍)	피	皮	가죽	
	編	엮을	(编)		佈	펼	(布)		被	입을	
	鞭	채찍			苞	그령/나무밑동			彼	저	
	偏	치우칠			匍	길			疲	피곤할	

선정한자(5,000자) 일람표 **501**

	避	피할			寒	찰			巷	거리	
	披	헤칠			限	한정			亢	목	
	陂	비탈			閑	한가할	(闲)		沆	넓을	(沆)
필	必	반드시			恨	한할			姮	항아	
	筆	붓	(笔)		旱	가물			杭	건널	
	匹	짝			翰	글			伉	짝/굳셀	
	弼	도울			汗	땀			肛	항문	
	畢	마칠	(毕)		瀚	넓고큰모양			缸	항아리	
	泌	스며흐를			閒	한가할	(闲)	해	海	바다	
	疋	짝			狠	개싸우는소리			害	해칠	
	珌	칼장식옥			罕	드물			解	풀	
	苾	향기날			捍	막을/세찰			亥	돼지	
	馝	향기로울			悍	사나울			該	그	(该)
	蹕	길치울	(跸)	할	轄	다스릴	(辖)		奚	어찌	
	佖	점잖을			割	벨			懈	게으를	
	鉍	창자루	(铋)	함	咸	다			楷	나무이름	
핍	乏	다할			含	머금을			駭	놀랄	(骇)
	逼	닥칠			陷	빠질			邂	만날	
					艦	싸움배	(舰)		骸	뼈	
	【ㅎ】				函	함			偕	함께	
하	下	아래			緘	봉할	(缄)		諧	화할	(谐)
	夏	여름(=昰)			涵	젖을			蟹	게	
	河	물			鹹	짤	(咸)		廨	관아	
	何	어찌			喊	고함지를			孩	어린아이	
	賀	하례할	(贺)		檻	우리	(槛)		咳	어린아이웃을/기침	
	荷	연꽃			銜	재갈/직함(=啣)	(衔)		瀣	이슬기운	
	瑕	티			諴	화할			醢	젓갈	
	霞	노을	합	合	합할			垓	지경	
	遐	멀			陜	땅이름	(陕)	핵	核	씨	
	蝦	새우(=鰕)	(虾)		蛤	대합조개			劾	캐물을	
	廈	큰집	(厦)		閤	문짝	(阁)		覈	핵실할/엄할	(核)
학	學	배울	(学)		哈	마실/웃음소리		행	行	다닐	
	虐	사나울			盍	어찌아니할			幸	다행	
	鶴	학	(鹤)		閤	쪽문	(合)		杏	은행	
	壑	골			盒	합			倖	요행	(幸)
	謔	희롱거릴	(谑)	항	抗	겨룰			荇	마름	
	涸	마를			項	목	(项)	향	向	향할	
	瘧	학질	(疟)		航	배			香	향기	
한	韓	나라이름	(韩)		港	항구			鄕	시골	(乡)
	漢	한수	(汉)		恒	항상			享	누릴	

	響	소리	(响)	혈	血	피			兮	어조사	
	饗	잔치	(飨)		穴	구멍			慧	지혜	
	珦	향옥			頁	머리	(页)		蕙	난초	
	餉	건량	(饷)		孑	외로울			暳	별반짝일	
	嚮	향할/지난번	(向)	혐	嫌	싫어할			彗	비	
허	許	허락할	(许)	협	協	도울	(协)		譓	살필	
	虛	빌	(虚)		峽	골짜기	(峡)		蹊	지름길	
	墟	빈터	(墟)		脅	위협할	(胁)		憓	사랑할	
	噓	불	(嘘)		狹	좁을	(狭)		嵇	산이름	
헌	憲	법	(宪)		挾	낄	(挟)		鞋	신	
	獻	드릴	(献)		浹	두루미칠	(浃)		醯	초	
	軒	처마	(轩)		俠	호협할	(侠)	호	號	이름	(号)
헐	歇	쉴			夾	낄/부축할	(夹)		好	좋을	
험	驗	시험	(验)		頰	뺨	(颊)		湖	호수	
	險	험할	(险)		篋	상자			呼	부를	
혁	革	가죽			鋏	집게	(铗)		戶	지게문	
	赫	붉을			莢	풀열매	(荚)		虎	범	
	爀	불빛			叶	화합할			乎	어조사	
	奕	클	형	兄	맏			毫	가는털	
	爃	붉을/밝을			形	모양			浩	넓을	
현	現	나타날	(现)		刑	형벌			晧	밝을	
	賢	어질	(贤)		亨	형통할			護	보호할	(护)
	絃	줄	(弦)		螢	반딧불	(萤)		祜	복	
	玄	검을			炯	빛날			互	서로	
	峴	고개	(岘)		邢	성			胡	오랑캐	
	縣	고을	(县)		衡	저울			昊	하늘	
	顯	나타날	(显)		型	틀			壕	해자	
	懸	매달	(悬)		荊	가시나무			豪	호걸	
	炫	빛날			珩	노리개			鎬	호경	(镐)
	鉉	솥귀	(铉)		熒	등불	(荧)		皓	흴	
	弦	활시위			泂	멀(=泂)	(迥)		頀	구할	
	晛	불거질눈			瀅	물맑을	(滢)		灝	넓을	(灏)
	泫	빛날			馨	향기			扈	따를	
	玹	옥빛			桁	도리			淏	맑을	
	睍	햇살	(晛)		逈	멀	(迥)		瑚	산호	
	絢	무늬	(绚)		瀠	물이름	(潆)		狐	여우	
	舷	뱃전			烔	밝을	(烔)		顥	클	(颢)
	眩	어지러울			滎	실개천/물이름	(荥)		頀	퍼질	
	俔	염탐할			鎣	줄	(鎣)		糊	풀	
	衒	팔/자랑할	(炫)	혜	惠	은혜			壺	항아리	(壶)

	琥	호박			華	빛날	(华)		荒	거칠	
	濠	호주			靴	가죽신			晃	밝을	
	弧	활			禾	벼			凰	봉황새	
	蝴	나비			禍	재앙	(祸)		況	하물며	(况)
	葫	마늘			樺	자작나무	(桦)		徨	노닐	
	縞	명주	(缟)		嬅	탐스러울			惶	두려워할	
	滸	물가	(浒)		譁	시끄러울	(哗)		煌	빛날	
	岵	산		확	確	굳을	(确)		簧	생황	
	蒿	쑥			穫	거둘	(获)		璜	서옥	
	芦	지황			擴	넓힐	(扩)		榥	책상	
	瓠	표주박			鑊	가마솥	(镬)		湟	해자	
혹	或	혹			碻	굳을	(确)		隍	해자	
	酷	독할			攫	붙잡을			遑	허둥거릴	
	惑	미혹할			廓	클			恍	황홀할	
혼	婚	혼인할		환	患	근심			蝗	누리	
	混	섞을			環	고리	(环)		堭	당집	
	昏	저물			歡	기쁠	(欢)		篁	대숲	
	魂	넋			丸	알			肓	명치끝	
	渾	흐릴	(浑)		桓	굳셀			愰	밝을	
	琿	아름다운옥	(珲)		還	돌아올	(还)		晄	밝을	(晃)
홀	忽	갑자기			換	바꿀	(换)		慌	어렴풋할	
	惚	황홀할			煥	빛날	(焕)		媓	어머니	
	笏	홀			幻	허깨비			潢	웅덩이	
홍	紅	붉을	(红)		驩	기뻐할			貺	줄/하사할	(贶)
	弘	클			喚	부를			湟	해자	
	洪	넓을			奐	빛날	(奂)		幌	휘장	
	鴻	큰기러기	(鸿)		鰥	홀아비	(鳏)	회	會	모일	(会)
	訌	내분	(讧)		晥	환할			回	돌	
	虹	무지개			渙	흩어질	(涣)		悔	뉘우칠	
	泓	물깊을			紈	흰비단	(纨)		賄	뇌물	(贿)
	烘	횃불			寰	기내			廻	돌아올	(回)
	鉷	돌쇠뇌			圜	두를			淮	물이름	
	哄	떠들썩할			宦	벼슬			灰	재	
	汞	수은			鐶	쇠고리			懷	품을	(怀)
화	火	불		활	活	살			誨	가르칠	(诲)
	花	꽃			滑	미끄러울			繪	그림	(绘)
	話	말씀	(话)		猾	교활할			晦	그믐	
	和	화할			闊	넓을	(阔)		恢	넓을	
	畫	그림	(画)		豁	소통할			徊	노닐	
	化	될		황	黃	누를			檜	노송나무	(桧)
	貨	재화	(货)		皇	임금			澮	붓도랑	(浍)

	蛔	거위			熏	연기낄(=燻)			很	어길	
	獪	교활할	(狯)		薰	향풀			俒	완전할	
	匯	물돌	(汇)		鑂	금빛바랠		흘	屹	산우뚝솟을	
	茴	약이름			焄	연기에그을릴			吃	말더듬을	
	膾	회	(脍)		壎	질나팔(=塤)	(埙)		訖	이를	(讫)
	湏	흐물흐물할			彙	무리	(晕)		紇	질낮은명주실	(纥)
획	劃	그을	(划)	훙	薨	죽을		흠	欽	공경할	(钦)
	獲	사로잡을	(获)	훤	暄	따뜻할			欠	하품	
횡	橫	가로			喧	시끄러울			歆	받을	
	鐄	종	(簧)		萱	원추리		흡	吸	숨들이쉴	
	宖	집울림			煊	빛날			恰	마치	
효	孝	효도		훼	毁	헐			洽	윤택할	
	效	본받을			喙	부리			翕	합할	
	曉	새벽	(晓)		卉	풀		흥	興	일어날	(兴)
	斅	가르칠	(敩)	휘	揮	휘두를	(挥)	희	希	바랄	
	洨	강이름			輝	빛날	(辉)		喜	기쁠	
	驍	날랠	(骁)		彙	무리	(汇)		稀	드물	
	嚆	울릴			暉	빛	(晖)		禧	복	
	淆	뒤섞일			徽	아름다울			熙	빛날	
	肴	안주			諱	꺼릴	(讳)		姬	아가씨	
	梟	올빼미	(枭)		麾	대장기/지휘할			嬉	즐길	
	哮	으르렁거릴			煇	빛날	(炜)		噫	탄식할	
	爻	효/주역육효		휴	休	쉴			戲	희롱할	(戏)
	酵	효모/술괼			携	끌			犧	희생	(牺)
후	後	뒤			烋	아름다울			憙	기뻐할	
	候	기후			虧	이지러질	(亏)		僖	기쁠	
	厚	두터울(=垕)			畦	밭두둑			晞	마를	
	喉	목구멍			鑴	솥/큰종			羲	복희(伏羲)	
	后	왕후		휼	譎	속일	(谲)		熹	빛날	
	侯	제후			恤	구휼할			熺	빛날(=熺)	
	逅	만날			鷸	도요새	(鹬)		曦	햇빛	
	篌	공후		흉	凶	흉할(=兇)			譆	감탄할	
	帿	과녁			胸	가슴			爔	불빛	
	煦	따뜻하게할			匈	오랑캐			咻	쉴/휴식	
	嗅	맡을			洶	물살세찰	(汹)		囍	쌍희	
	朽	썩을		흑	黑	검을		히	㕦	쉴	(㕧)
	珛	옥이름		흔	痕	흉터		힐	詰	꾸짖을	(诘)
	吼	울			欣	기뻐할					
	詡	자랑할	(诩)		昕	아침					
훈	訓	가르칠	(训)		炘	화끈거릴					
	勳	공	(勋)		忻	기뻐할					

기출문제 505

국가공인 한자·한문지도사
특급 기출문제 1회

수험번호 ☐☐☐-☐☐-☐☐-☐☐☐☐   성명

※ 수험생 유의사항

◇ 시험 시간은 120분간입니다.
◇ 문항 수는 객관식 50문항, 주관식 100문항으로 총 150문항입니다.
◇ 수험표에 표기된 응시급수와 문제지의 급수가 같은지 확인하시오.
◇ 답안지에 성명, 수험번호, 주민등록번호를 정확하게 표기하시오.
◇ 답안지의 객관식 답안란에는 컴퓨터용 펜을 사용하시오.
◇ 답안지의 객관식 답안의 수정은 수정테이프 만을 사용하시오.
◇ 답안지의 주관식 답안란에는 반드시 검정색펜을 사용하고, 수정은 두 줄로 긋고 다시 작성하시오.
◇ 수험생의 잘못으로 인해 답안지에 이물질이 묻거나, 객관식 답안에 복수로 체크할 경우 오답으로 처리되니 주의하시오.
◇ 감독관의 지시가 있을 때까지 문제를 풀지 마시오.
◇ 시험 종료 후에는 필기도구를 내려놓고 감독관의 지시를 따르시오.
◇ 시험문제지와 답안지를 감독위원에게 모두 제출하시오.

社團法人 漢字敎育振興會
한국한자실력평가원

1회 국가공인 한자·한문지도사 특급 기출문제

객관식(50문항)

과목1. 한자의 기초

※ 다음 물음에 답하시오.

1. 다음 설명이 옳지 않은 것은?
   ① 중국의 전설시대인 三皇五帝 때 皇帝의 史官 蒼頡이 새와 짐승들의 발자국을 보고 한자를 만들었다는 설이 있다.
   ② 현재 전하는 자료로써 가장 오래된 문자는 1903년 殷墟에서 출토된 殷代의 甲骨文字가 있다.
   ③ 漢나라 宣王 때 太史인 史籀가 大篆을 만들었다.
   ④ 後漢 때 王次仲이 楷書를 만들었다.

2. 다음 중 제 部首가 아닌 것은?
   ① 鼻 ② 鬼 ③ 鹿 ④ 中

3. 제시된 漢字의 部首와 뜻으로 바른 것은?
   [戴] ① 土 : 흙   ② 田 : 밭
         ③ 共 : 함께 ④ 戈 : 창

4. 惡魔, 憎惡 등의 한자어에서 '惡'은 六書의 원리 중에서 어디에 해당하는가?
   ① 象形 ② 假借 ③ 會意 ④ 轉注

5. 다음 ( )에 공통으로 들어갈 한자로 적절한 것은?

   薦( ), 快( )

   ① 擧 ② 據 ③ 去 ④ 居

6. 다음 漢字의 총획수는?
   [龜] ① 14 ② 15 ③ 16 ④ 17

※ 다음 簡體字에 해당하는 正字의 대표 훈음을 고르시오.

7. 欢 ① 기쁠 환   ② 하품할 흠
       ③ 들어마실 합 ④ 기뻐할 흔

8. 沟 ① 모을 휘 ② 도랑 구
       ③ 넘칠 범 ④ 웅덩이 사

9. 龙 ① 용 룡   ② 살 매
       ③ 구름 운 ④ 드러날 발

과목2. 한자의 활용

※ 다음 漢字語의 첫소리가 길게 發音되는 單語를 하나 골라 그 번호를 쓰시오.

10. ① 問題 ② 旗手 ③ 狀態 ④ 文理
11. ① 文章 ② 商術 ③ 自立 ④ 上流

※ 다음 물음에 답하시오.

12. 한자어의 독음이 바르지 않은 것은?
    ① 謁見 : 알현 ② 洞察 : 통찰
    ③ 嗚咽 : 오인 ④ 確率 : 확률

13. '권세나 세력을 제멋대로 부리며 함부로 날뜀.' 이란 뜻을 가진 한자어는?
    ① 煽動 ② 跋扈 ③ 蠢動 ④ 猖獗

14. 다음 □□에 가장 적절한 한자어를 고르시오.

    ○○시는 영리병원에 대한 도민과 국민의 거부감을 의식해 '투자개방형 병원'으로 명칭을 바꿔 추진하고 있으나 이는 본질을 □□하는 도민 사기극이라고 할 수 있다.

    ① 標榜 ② 闡明 ③ 訛傳 ④ 糊塗

5. 다음 문장에서 밑줄 친 한자어가 잘못 쓰인 것은?
   ① 이번 사건은 <u>政經癒着</u>의 대표적인 사례이다.
   ② 미국이 일본에 대해 자동차 무역 <u>逆調</u>에 대하여 슈퍼 301조를 발표했다.
   ③ 정부는 침체된 증권시장 <u>富揚</u>을 위해 증시책을 발표했다.
   ④ 정부는 자동차 산업을 위해 외국으로부터의 <u>借款</u> 도입을 결정했다.

16. 유의관계로 이루어진 한자어는?
   ① 黜陟   ② 戰慄   ③ 優劣   ④ 巧拙

17. 한자어의 짜임이 다른 것끼리 짝지어진 것은?
   ① 夜深 - 非禮
   ② 光陰 - 春秋
   ③ 漏泄 - 叱責
   ④ 成事 - 讀書

18. 다음 시구의 내용과 관련 있는 한자 성어는?

   어미의 부리가/닿는 곳마다/별이 뜬다.
   한 번에 깨지는 알 껍질이 있겠는가?

   ① 相扶相助
   ② 內助之功
   ③ 多多益善
   ④ 啐啄同時

19. 다음 □□□□ 에 가장 알맞은 사자성어를 쓰시오.

   밤에 화장실에 갔다가 눈이 반짝이는 쥐와 딱 마주쳤던 것이다. 눈이 딱 마주치는 순간, 둘 다 놀라 □□□□했다. 정말이지 반갑지 않은 손님이다.

   ① 龍虎相搏
   ② 乾坤一擲
   ③ 勞心焦思
   ④ 魂飛魄散

과목3. 한자와 한문

※ 다음 글을 읽고 물음에 답하시오.

> "嘗略倣李歌而作, 爲㉠<u>陶山六曲</u>者二焉, 其一言志, 其二言學, 欲使兒輩朝夕習而歌之, ㉡<u>憑几而聽之</u>, 亦㉢<u>令兒輩自歌而自舞蹈之</u>, 庶幾可以蕩滌鄙吝, 感發融通, 而歌者與聽者, 不能無交有益焉."
>
> (李滉, 『退溪先生文集』, 卷之四十三, 「陶山十二曲跋」 참조)

20. 글의 내용과 가장 잘 부합하는 것은?
   ① 詩雖非學者能事, 亦所以吟詠性情, 宣暢淸和, 以滌胸中之滓穢, 則亦存省之一助.
   ② 時事侃侃 愚婦猶知之, 先生本不見高, 方在局中 所見已昧.
   ③ 夫天地者 萬物之逆旅. 光陰者 百代之過客, 而浮生若夢, 爲歡幾何.
   ④ 自古業儒之士, 心出月脇, 作爲章句, 其或騈四儷六文乎者也. 著成文集, 誇耀於世, 旣是流蕩之心, 綺飾之辭, 厥罪不少.

21. 밑줄 친 ㉠에 대한 설명으로 옳지 않은 것은?
   ① <陶山十二曲>의 전6곡은 言志로 자연의 관조와 자연에 동화된 삶을 노래한 것이다.
   ② <陶山十二曲>의 후6곡은 言學으로 학문 수양에 힘쓰는 마음을 노래한 것이다.
   ③ <陶山十二曲>은 전체적으로 도학적 이념을 전달하는 목적 문학이기보다는 자연을 노래한 서정시에 가깝다.
   ④ <陶山十二曲>의 전반부는 도산서원 주변의 경관에서 일어나는 감흥을 읊었으며 후반부는 학문 정진에 임하는 심경을 노래했다.

22. 밑줄 친 ㉡의 해석으로 옳은 것은?
   ① 의자에 기대어 듣게 하며
   ② 의자에 앉아 듣게 하며
   ③ 그것을 들으며 의자에 앉아
   ④ 의자에 기대어 그것을 노래하게 하며

23. 문장형식이 밑줄 친 ㉢과 같지 않은 것은?
   ① 天帝使我長白獸
   ② 田園將蕪, 胡不歸
   ③ 賢婦令夫貴
   ④ 誰敎其人作此時乎

24. 윗글에서 퇴계가 학동들에게 아침저녁으로 노래를 익혀 노래하게 하고 스스로 춤추게 한 이유는 무엇인가?
   ① 性情 醇化를 위해
   ② 風俗을 바로잡기 위해
   ③ 安貧樂道의 삶을 위해
   ④ 立身揚名을 위해

※ 다음 글을 읽고 물음에 답하시오.

> 曰太宗之爲此 所以求此名也 然 安知夫縱之去也 不意其必來以冀免 所以縱之乎 又安知夫被縱而去也 不意其自歸而必獲免 所以復來乎 夫意其必來而縱之 是上賊下之情也 意其必免而復來 是下賊上之心也 吾見上下交相賊 以成此名也 ㉠烏有所謂施惠德 與夫知信義者哉
> 『古文眞實』「縱囚論」

25. 윗글의 앞에 올 내용으로 적절한 것은?
   ① 당태종이 죄수들을 풀어 줄지를 고민하고 있다.
   ② 당태종이 죄수를 풀어주고 비난을 받았다.
   ③ 당태종이 죄수들을 풀어주고 명망을 얻었다.
   ④ 당태종이 죄수들을 풀어주지 말라고 명령했다.

26. 필자가 ㉠과 같이 생각한 이유는 당태종과 죄수들과의 관계를 어떻다고 보기 때문인가?
   ① 서로 약속을 지키지 않았기 때문에
   ② 서로 다른 속셈이 있었기 때문에
   ③ 서로 미워했기 때문에
   ④ 서로 믿었기 때문에

※ 다음 漢詩를 읽고 물음에 답하시오.

> (가) 黃雀何方來去飛, 一年農事不曾知.
>   鰥翁獨自耕耘了, 耗盡田中禾黍爲.
>
> (나) 棉布新治雪樣鮮, 黃頭來博吏房錢.
>   漏田督稅如星火, 三月中旬道發船.

27. (가), (나) 두 시의 공통된 주제는?
   ① 苛斂誅求
   ② 金科玉條
   ③ 刻舟求劍
   ④ 羊頭狗肉

28. (가) 시의 '黃雀'과 동일한 의미를 (나)에서 찾는다면?
   ① 吏房 ② 黃頭 ③ 棉布 ④ 發船

29. (가) 시에 대한 설명으로 잘못된 것은?
   ① 이제현의 『익재난고』「소악부」에 수록되어 있다.
   ② 『고려사』「악지」에 노래의 내력이 소개되어 있다.
   ③ (가)는 당시 유행하던 민요를 한시로 옮겨 놓은 것이다.
   ④ '鰥翁'은 四窮의 마지막에 해당된다.

30. (나) 시에 대한 설명으로 옳지 않은 것은?
   ① 선정을 베푸는 관리들의 모습을 묘사했다.
   ② 관리로 살아온 자신의 삶에 회의를 느끼고 있다.
   ③ 민본주의를 상기시키고 사회제도의 개혁을 모색하고 있다.
   ④ 농촌 현실을 묘사하고 있다.

31. (가), (나) 시에 대한 감상으로 적절하지 않은 것은?
① (가)는 당시 사회 현실을 풍자한 시이다.
② (가)는 비유적으로 표현한 시이다.
③ (나)는 우의적·풍자적 성격이 강한 시이다.
④ (나)는 화자의 심정을 강조하기 위해 은유법을 사용하였다.

※ 다음 글을 읽고 물음에 답하시오.

> 翻手作雲覆手雨,　紛紛輕薄何須數.
> 君不見管鮑貧時交,　此道今人棄如土.
> 　　　　　　　　　　　　「貧交行」

32. 윗글의 「貧交行」의 주제는?
① 友道의 타락　　② 웅장한 포부
③ 늙음의 탄식　　④ 憂國과 鄕愁

33. 위의 「貧交行」의 특징으로 알맞지 않은 것은?
① 거례법과 풍유법이 사용되었다.
② 세상인심이 잘 바뀜을 비판하였다.
③ 경세적이고 교훈적인 내용이 있다.
④ 초라한 인간 존재의 모습을 부각하였다.

※ 다음 글을 읽고 물음에 답하시오.

> 子貢問曰 有一言而可以終行之者乎. 子曰其恕乎 ㉠己所不欲勿施於人.　『論語』
> 子曰 人之過也 ㉡各於其黨 觀過斯知仁矣.
> 　　　　　　　　　　　　　　　『論語』

34. ㉠을 4글자의 成語로 표현한 것은?
① 推己及物　　② 過猶不及
③ 換骨奪胎　　④ 尾生之信

35. 밑줄 친 ㉡의 뜻풀이로 옳은 것은?
① 사람마다 각기 그 부류가 있다.
② 무리마다 각자 그 당파가 있다.
③ 사람마다 각기 따르는 무리가 있다.
④ 무리마다 각기 그 부류가 있다.

※ 다음 글을 읽고 물음에 답하시오.

> (가) 曾子曰 吾日 三省吾身 爲ⓐ人謀而不(㉠)乎 與朋友交而不(㉡)乎 傳不(㉢)乎　『論語』
> (나) 弟子 入則孝 出則弟 謹而信 汎愛衆 而親仁 行有餘力 則以學文　『論語』

36. 다음 글의 괄호 ㉠·㉡·㉢에 들어갈 한자로 알맞은 것은?
① 忠-習-信　　② 習-信-忠
③ 信-忠-習　　④ 忠-信-習

37. 밑줄 친 ⓐ와 쓰임이 같지 않은 것은?
① 古之學者爲己 今之學者爲人.
② 勞心者治人 勞力者治於人.
③ 愛生惡死, 人與物同也.
④ 人不知而不慍, 不亦君子乎.

38. (가)와 (나)의 핵심어는?
① 省-孝　　② 省-行
③ 交-弟　　④ 交-信

※ 다음 글을 읽고 물음에 답하시오.

> 無恒者 因無恒心, 苟無恒心 放辟邪侈 無不爲已, 及陷於罪然後 從而刑之 是罔民也 ㉠焉有仁人 在位罔民 而可爲 是故 明君制民之産 必使仰足以事父母, 俯足以畜妻子 樂歲終身飽 凶年免於死亡 然後 驅而之善 故民之從之也輕.
> 『孟子』

39. 윗글의 내용 설명으로 알맞지 않는 것은?
   ① 恒産이 마련 안 되면 恒心을 잃게 된다.
   ② 恒産이 마련된 뒤에 善을 하도록 유도한다.
   ③ 풍년이 든 해는 세금을 충분히 거둘 수 있다.
   ④ 백성이 죄 지은 뒤에 다스리는 것은 잘못이다.

40. ㉠과 문장 형식이 같지 않은 것은?
   ① 燕雀安知 鴻鵠之志哉.
   ② 人無遠慮 必有近憂.
   ③ 安求其能千里也.
   ④ 王侯將相 寧有種乎.

※ 다음 글을 읽고 물음에 답하시오.

> 庖有肥肉, 廐有肥馬, 民有飢色, 野有㉠餓莩, 此率獸而食人也, 獸相食, 且人㉡惡之, 爲民父母, 行政, 不免於率獸而食人, ㉢惡在其爲民父母也. 『孟子』

41. 위의 보기 글에서 강조하고자 하는 것은?
   ① 백성들의 비참한 삶 고발
   ② 짐승과의 생존 경쟁
   ③ 백성을 위한 善政
   ④ 殺身成仁의 삶

42. 밑줄 친 ㉠의 뜻으로 맞는 것은?
   ① 말라버린 풀잎   ② 굶어 죽은 시체
   ③ 시든 갈대   ④ 굶주린 사람

43. ㉡과 ㉢의 음과 뜻이 옳게 된 것은?
                ㉡   ㉢
   ① (오) 싫어하다   (오) 어찌
   ② (악) 악하다   (악) 싫어하다
   ③ (오) 싫어하다   (악) 악하다
   ④ (오) 악하다   (오) 어찌

※ 다음 보기 글을 보고 물음에 답하시오.

> (가) 居㉠天下之廣居 立㉡天下之正位 行㉢天下之大道得之 與民由之 不得之獨行其道 富貴不能淫 貧賤不能移 威武不能屈 此之謂大丈夫 『孟子』
>
> (나) 兵刃旣接 棄甲曳兵而走 或百步而後止 或五十步後止以五十步 笑百步則可如曰 不可 直不百步耳 是亦走也. 曰 王㉣如知此則無望民之多㉤於隣國也 『孟子』

44. ㉠·㉡·㉢의 의미를 四端과 관련시켜, 본뜻을 순서대로 쓴 것은?
   ① 仁 - 禮 - 義   ② 仁 - 義 - 智
   ③ 義 - 禮 - 信   ④ 義 - 仁 - 禮

45. 밑줄 친 ㉣ '如'와 그 쓰임이 같은 것은?
   ① 如詩不成 罰依金谷酒數
   ② 百年之計 莫如種樹
   ③ 守口如瓶 防意如水
   ④ 毋友不如己者

46. 밑줄 친 ㉤ '於'와 그 쓰임이 다른 것은?
   ① 苛政猛於虎   ② 一日之計在於晨
   ③ 霜葉紅於二月花   ④ 氷水爲之而寒於水

※ 다음은 교수 및 지도법에 관한 문제이다. 물음에 답하시오.

47. 교육의 내재적 목적에 대한 설명으로 옳은 것은?
   ① 교양 교육과 실용적 교육의 조화 강조
   ② 노작 교육을 통한 실천적인 인간 양성강조
   ③ 지식 교육을 통한 합리적 마음의 계발강조
   ④ 직업 교육을 통한 전문적 직업인 육성강조

48. 다음 보기글에서 한자·한자어 敎育의 의의를 모두 고른 것은?

   ┌─────────────────────────────────┐
   │ ㉠ 원활한 언어생활을 할 수 있게 한다.   │
   │ ㉡ 한문의 기초 능력을 배양하고 삶의 질을 │
   │   향상시킨다.   │
   │ ㉢ 전통 문화를 바로 알아 민족정신을 함양 │
   │   케 한다.   │
   │ ㉣ 세계화 시대 국가 경쟁력을 높인다.   │
   │ ㉤ 동양 문화권 국가와 조화를 이룬다.   │
   └─────────────────────────────────┘
   ① ㉠ ㉡
   ② ㉠ ㉡ ㉢
   ③ ㉠ ㉡ ㉢ ㉣
   ④ ㉠ ㉡ ㉢ ㉣ ㉤

49. 다산 정약용이 『五學論』에서 비판한 조선 후기의 학풍이 아닌 것은?
   ① 미사여구를 구사하는 기법에 치중한 문장학
   ② 어리석은 백성을 현혹시키는 술수학
   ③ 순수문학 및 학문의 탐구에 치중한 이론학
   ④ 공리공담의 이기설에 너무 편중한 성리학

50. 한자 한자어 교육의 NIE 학습 장점이 아닌 것은?
   ① 학습 자료가 풍부하여, 원할 때 언제라도 사용이 가능하다.
   ② 생활 한자어를 자주 접하게 하여 실용 한자 교육에 도움을 준다.
   ③ 한자 교육을 통해 각종 자격시험에 합격할 수 있게 한다.
   ④ 한자 교육을 통해 인성교육의 효과를 얻을 수 있다.

주관식(100문항)

과목1. 한자의 기초

※ 다음 ( )에 알맞은 말을 漢字로 쓰시오.

주1. 漢字는 (　　　)文字이다.

주2. 한국에 漢字가 전래된 것은 B.C 2세기 무렵의 (　　　)朝鮮까지 거슬러 올라올 수 있다.

주3. 國學創議의 시초는 (　　　) 小獸林王 2년(372)으로 본다.

※ 다음 □안에 공통으로 들어갈 漢字를 쓰시오.

주4. □利　□紙　□所　(　　　)

주5. 反□　□察　□略　(　　　)

주6. 鐵□　□莫　□出　(　　　)

주7. 相□　減□　虐□　(　　　)

주8. 食□　統□　利□　(　　　)

※ 다음 簡體字를 繁體字로 고쳐 쓰시오.

주9. 织　(　　　)

주10. 灵　(　　　)

※ 다음 물음에 답하시오.

주11. '竭'의 部首를 찾아 訓音을 쓰시오.
　　　　　　　　　(　　　　　　)

주12. '牽'의 總劃을 쓰시오. (　　　)

주13. '斬衰'의 한자어의 음과 뜻을 쓰시오.
　　　(　　　,　　　　　)

주14. '諧'와 어휘를 이룰 수 있는 類義字를 漢字로 쓰시오. (　　　　　)

주15. A와 B의 관계가 같아지도록 빈 칸을 알맞게 채우시오.

  A   B
 [經] - [緯]
 [騰] - ( )

과목2. 한자의 활용

※ 다음 물음에 답하시오.

주16. 다음 한자어들 중 '難解'와 구조가 같은 것을 하나 골라 쓰시오.

 難易 · 逆流 · 下山 · 少數

      (   )

주17. '從兄弟' · '從妹'는 나와 어떤 親族사이인지 쓰시오. (   )

주18. 초상난 집에 부조로 돈이나 물건을 보내는 것을 부의한다고 한다. '부의'를 漢字로 쓰시오. (   )

※ 다음의 밑줄 친 부분의 한자어를 漢字로 쓰시오.

주19. 나의 꿈은 세계적인 원예 사업가가 되는 것이다. (   )

주20. 우리 집의 가훈은 근면이다.
      (   )

주21. 정 박사는 골동품 감정의 일인자이다.
      (   )

주22. 세금을 체납하면 독촉장이 날아들게 마련이다. (   )

※ 다음 설명에 맞는 한자어를 漢字로 쓰시오.

주23. 정의( ) : 서로 사귀어 친하여진 정

주24. 사전( ) : 여러 가지 사항을 모아 일정한 순서로 배열하여 설명한 책

주25. 감상( ) : 하찮은 일에도 쓸쓸하고 슬퍼져서 마음이 상함

※ 다음 한자어의 반의어를 漢字로 쓰시오.

주26. 輕蔑 (   )

주27. 秩序 (   )

주28. 暴露 (   )

※ 다음 한자어의 유의어를 漢字로 쓰시오.

주29. 押留 (   )

주30. 貢獻 (   )

주31. 다음 글의 ( )에 들어갈 성어를 漢字로 쓰시오. (   )

 한비자는 堯·舜을 이상으로 하는 王道 정치는 시대에 뒤떨어진 생각으로 여겼다. 그리고 그는 시대의 변천은 돌고 돌거나 반복되는 것이 아니라 진화하는 것이므로, 이상적인 과거로 돌아가려는 復古主義는 진화에 역행하는 어리석은 착각이라고 주장하였다. 이처럼 낡은 관습을 지키며 융통성 없이 새로운 시대에 순응할 줄 모르는 사람을 ( )에 비유하기로 한다.

주32. 다음 한자성어들의 공통적 주제를 한자어로 쓰시오. (   )

 望雲之情 · 反哺報恩 · 昊天罔極

주33. 다음 문장과 관계 깊은 성어를 漢字로 쓰시오. (   )

> 衆人出力 費小而惠大

주34. (   )에 들어갈 성어를 漢字로 쓰시오.
(   )

> 통일부장관은 이날 오전 왕자루이 공산당 대외연락부장과 만난 자리에서 미국과 북한 측의 대립으로 교착상태에 빠진 6자회담을 빗대 "현재 국면은 황새와 조개가 서로의 급소를 물고 놓아주지 않고 있는 □□□□의 형국"이라고 말했다.

주35. 다음 글의 상황을 표현하기에 적절한 한자성어를 한자로 쓰시오. (   )

> 기계는 인간의 육체적 편리를 위해서 만든 것이다. 그러나 현대 산업 사회에서 기계의 자동화는, 기계가 인간을 지배하는 상황까지 낳고 있다.

과목3. 한자와 한문

※ 다음 글을 읽고 물음에 답하시오.

> 十五日 東俗 稱(㉠) 又曰嘉俳 肇㉡自羅俗 ㉢鄕里田家 爲一年最重之名節 以其新穀已登 ㉣西成不遠 ㉤黃鷄白酒 四㉥鄰醉飽 以樂之 『東國歲時記』

주36. ㉠은 무엇을 말한 것인지 한자로 쓰시오.
(   )

주37. ㉡ '自'의 뜻을 쓰시오. (   )

주38. ㉢과 ㉤의 단어의 짜임을 각각 쓰시오.
(㉢   ㉤   )

주39. 문장의 흐름을 파악하여 ㉣을 다른 2음절의 단어로 고쳐 漢字로 쓰시오.
(   )

주40. ㉥의 部首의 訓音을 쓰시오.
(   )

※ 다음 글을 읽고 물음에 답하시오.

> 吾東方之文 ㉠始於三國 盛於高麗 極於盛朝 其關於天地氣運之盛衰者 因亦可考矣 況文者 ㉡貫道之器 六經之文 非有意於文 而自然配乎道 後世之文 先有意於文 而或未純乎道 今之學者 誠能心於道 ⓐ不文於文 本乎經 不規於㉢諸子 ㉣崇雅黜浮 高明正大 則其所以羽翼聖經者 必有其道矣 『東文選』

주41. ㉠의 서술방식의 수사법을 漢字로 쓰시오.
(   )

주42. ㉡을 주장한 학파를 漢字로 쓰시오.
(   )

주43. ㉢의 예로 적절한 인물 2명의 이름을 漢字로 쓰시오. (,   )

주44. ㉣에서 '雅'와 '浮'에 해당하는 것을 본문에서 찾아 쓰시오. (,   )

주45. 위 글을 쓴 서거정이 속한 학파를 漢字로 쓰시오. (   )

주46. 위 글의 핵심어를 찾아 쓰시오.
(   )

주47. ⓐ를 해석하시오.
(   )

※ 다음 한시를 읽고 물음에 답하시오.

> (가) 春雨細不滴,　夜中微有聲.
> 　　 雪㉠盡南溪漲,　草芽多少生.
>
> (나) 春眠不覺曉,　處處聞啼鳥.
> 　　 夜來風雨聲,　花落知㉡多少.

주48. (가) 시의 중심 소재를 찾아 쓰시오.
(　　　　　　　　)

주49. ㉠의 뜻을 문맥에 맞게 풀이 하시오.
(　　　　　　　　　　)

주50. (나) 에서 주제가 함축되어 있는 句는?
(　　　　　　　　)

주51. (나) 에서 韻을 맞추기 위해 도치한 부분 3음절을 찾아 쓰시오. (　　　　　)

주52. ㉡의 뜻을 쓰시오. (　　　　　)

※ 다음 한시를 읽고 물음에 답하시오.

> 足足長鳴鳥,　如何長足足.
> 世人不知足,　是以長不足.

주53. 위의 시에서 중의적인 수사법이 사용된 단어를 골라 쓰시오. (　　　　　)

주54. 위의 시에서 '世人'의 어떤 속성을 그린 것인지를 쓰시오. (　　　　　)

※ 다음 한시를 읽고 물음에 답하시오.

> 昔聞洞庭水,　今上岳陽樓.
> 吳楚東南坼,　㉠乾坤日夜浮.
> 親朋㉡無一字,　老病有孤舟.
> 戎馬關山北,　㉢憑軒涕泗流.

주55. 위 시의 형식을 漢字로 쓰시오.
(　　　　　　　　)

주56. 시적 화자의 고독한 모습을 상징한 한자어를 찾아 쓰시오. (　　　　　)

주57. 시의 배경이 되는 사회 현실을 가장 잘 나타내 주는 2음절의 단어를 찾아 함축적 의미를 쓰시오. (　　　　　)

주58. 위의 시에 나오는 한자들 중에서 서로 반대되는 뜻의 글자를 찾아 상용 어휘로 만들어 2개만 제시하시오.
(　　　　　,　　　　　)

주59. 위의 시 ㉠의 속뜻은?
(　　　　　　　　　　)

주60. 위의 시 ㉡의 속뜻은?
(　　　　　　　　　　)

주61. 위의 시 ㉢의 뜻을 쓰시오.
(　　　　　　　　　　)

※ 다음 글을 읽고 물음에 답하시오.

> 冉求曰, 非不㉠說子之㉡道, 力不足也.
> 子曰, 力不足者 中㉢道而廢, 今女畫地
> 以自限.　　　　　　　　『論語』

주62. ㉠ '說'의 음과 뜻을 쓰시오.
(음:　　　　　뜻:　　　　　)

주63. 윗글의 ㉡과 ㉢의 '道'의 의미상의 차이를 밝혀 쓰시오.
(㉡　　　　　㉢　　　　　)

※ 다음 글을 읽고 물음에 답하시오.

> 孟子曰, 君子所以異於㉠人者, ㉡以其存心也. 君子㉢以仁存心, 以禮存心. 仁者愛人, 有禮者敬人. 愛人者, ㉣人恒愛之, ㉤敬人者, 人恒敬之. 『孟子』

주64. ㉠과 ㉣의 '人'의 의미상 차이를 밝혀 쓰시오. (㉠   ㉣   )

주65. ㉡과 ㉢의 '以'의 용법상 차이를 밝혀 쓰시오. (㉡   ㉢   )

주66. ㉤의 구절을 해석하시오.
(   )

※ 다음 글을 읽고 물음에 답하시오.

> 孟子曰, ㉠士窮不失義, 達不離道, 窮不失義, (㉡)士得己焉, 達不離道, (㉢)民不失望焉. 古之人, 得志, 澤加於民, 不得志, 修身㉣見於世. 窮則獨善其身, ㉤達則兼善天下. 『孟子』

주67. ㉠을 해석하시오.
(   )

주68. ㉡과 ㉢의 ( )에 공통으로 알맞은 접속사를 漢字로 쓰시오. (   )

주69. ㉣의 음과 뜻을 쓰시오.
(음: 뜻:)

주70. ㉤을 해석하시오.
(   )

※ 다음 물음에 답하시오.

주71. 다음 글의 주제를 2음절의 한자어로 쓰시오.
(   )

> 學問 如逆水行舟 不進則退
> 欲速則不達 見小利則大事不成 『論語』

주72. 다음 글 ㉠의 문장형식을 漢字로 쓰시오.
(   )

> 學者所患 惟有立志不誠 ㉠才或不足 非所患也 『鶴峯集』

※ 다음 글을 읽고 물음에 답하시오.

> 孟子㉠曰, 天時不如地利 地利不如人和 三里之城 七里之郭 環而攻之 而不勝 夫環而攻之 必有得天時者矣 然而不勝者 是天時不如地利也 城非不高也 池非不深也 ㉡兵革非不堅㉢利也 ㉣米粟非不多也 委而去之 是地㉤利不如人和也 『孟子』

주73. ㉠ '曰'의 문장 성분을 쓰시오.
(   )

주74. ㉡ 한자어의 짜임을 쓰시오
(   )

주75. ㉣의 수사법과 의미를 쓰시오.
(,   )

주76. ㉢과 ㉤의 뜻을 쓰시오.
(㉢   ㉤   )

주77. 윗글은 맹자가 세 가지 개념의 경중을 논하고 있다. 세 가지 개념을 찾아 중요시하는 것부터 차례로 쓰시오.
(,   ,   )

※ 다음 글을 읽고 물음에 답하시오.

> 夫天地者 萬物之逆旅 光陰者 百代之過客 而浮生若夢 爲歡幾何 古人秉燭夜遊 ㉠良有以也 況陽春召我以㉡煙景 大塊假我以文章 會桃李之芳園 序天倫之樂事 群季俊秀 ㉢皆爲惠連 吾人詠歌 獨慚㉣康樂 幽賞 未已 高談轉淸 開瓊筵以坐花 飛羽觴而醉月 不有佳作 何伸雅懷 如詩不成 罰依金谷酒數
> 『古文眞寶』「春夜宴桃李園序」

주78. 人生無常을 표현한 4字의 구절을 찾아 쓰시오.　(　　　　)

주79. ㉠을 해석하시오.
(　　　　　　　　　　　　)

주80. ㉡과 對를 이루고 있는 단어를 찾아 쓰시오.
(　　　　　　　　　　　　)

주81. ㉢에 내포된 뜻을 쓰시오.
(　　　　　　　　　　　　)

주82. ㉣ '康樂'의 구체적 인물은 누구인지 한자로 쓰시오.　(　　　　)

※ 다음 글을 읽고 물음에 답하시오.

> 壬戌之秋, 七月㉠旣望 ㉡蘇子與客 泛舟遊於赤壁之下 淸風徐來 水波不興 擧酒屬客 誦㉢明月之詩 歌㉣窈窕之章 ㉤少焉 月出於東山之上 ㉥徘徊於斗牛之間
> 『古文眞寶』「赤壁賦」

주83. ㉠ '旣望'은 음력으로 며칠을 뜻하는지 답하시오.　(　　　　)

주84. ㉡ '蘇子'는 누구를 말하는지 한자로 쓰시오.　(　　　　)

주85. ㉢, ㉣의 출전을 漢字로 쓰시오.
(　　　　　　　　　　　　)

주86. ㉤을 해석하시오.
(　　　　　　　　　　　　)

주87. ㉥의 주체를 찾아 漢字로 쓰시오.
(　　　　　　　　　　　　)

※ 다음 글을 읽고 물음에 답하시오.

> ㉮ 雲無心以出岫
> ㉯ 鳥倦飛而知還
> ㉰ 景翳翳以將入
> ㉱ 撫孤松而㉠盤桓
> 『古文眞寶』「歸去來辭」

주88. ㉮~㉱ 중 시간적 배경을 알 수 있는 부분을 찾아 해석하시오.
(　　　　　　　　　　　　)

주89. 위의 글에서 작자자신을 상징하는 시어를 찾아 쓰시오.　(　　　　)

주90. ㉠ '盤桓'을 해석하시오.
(　　　　　　　　　　　　)

※ 다음은 한문교육론에 관한 문제이다. 물음에 답하시오.

주91. <보기>는 어떠한 교육 형태에 대한 다양한 견해들이다. 무엇에 관한 것인가?

<보기>
· 계속적인 학습과 교육
· 변화하는 사회에의 적응과 생활의 질적 향상을 추구
· 모든 교육체제와 교육적 노력의 수직적, 수평적 통합

(　　　　　)

※ 다음은 교육사상사에 관한 문제이다. 물음에 답하시오.

주92. 고려 성종11년 종래의 국학을 개편하여 예부 산하에 설립한 교육기관을 漢字로 쓰시오.
(　　　　　)

주93. 조선 중기 이후부터 보급된 민간사학으로 선현봉사(先賢奉祀)와 후진교육을 목적으로 설립된 교육기관을 漢字로 쓰시오.
(　　　　　)

주94. 율곡 이이의 저서로 『소학』에 상응하는 유학의 입문서로, 유학을 공부하는 사람이 갖추어야할 자세와 숙지해야 하는 지침에 대한 10장 (立志, 革舊習, 持身, 讀書, 事親등)을 설정하고 해설한 책이름을 漢字로 쓰시오. (　　　　　)

※ 다음은 한자·한자어 지도방법에 관한 물음이다. 질문에 답하시오.

주95. 한자·한자어의 지도 방법 중 보기의 형태로 지도하는 것은? (　　　　　)

敎-敎育-敎育學-敎育學博士

주96. 신문, 서적, 표지판 등에서 학습한 한자를 찾아보게 하는 방법으로 과제 학습으로 적절한 방법은? (　　　　　)

※ 다음은 한자자원학습 방법에 관한 것이다. 설명에 해당하는 학습법을 쓰시오.

주97. 연기에 참여하는 사람은 다른 동료들과 팀웍을 맞춰 주어진 자신의 역에 최선을 다해야 하며, 관찰자는 역할놀이 과정에서 분출되는 감정이입·동정·울분과 애정 등을 함께 호흡하여 연기자와 상호 공감대를 형성해야 교육적 효과를 발휘할 수 있다.
(　　　　　)

주98. 모든 정보를 인간의 마음 속에 내재한 사고력·상상력 등 자기 자신만의 독특한 이미지를 통해 자유롭고, 독창적이며 종합적인 구조로 조직화해서 표현함으로써, 학습 내용을 쉽고 재미있게 공부할 수 있으며, 능률적으로 학습을 이끌어 많은 정보를 知識化하는 데 매우 효과적인 학습법이다.
(　　　　　)

주99. 어떤 사항을 더 깊게 탐구해 보고, 여러 번 생각하여 새로운 사실을 찾아내며, 굳게 닫힌 일상 관념을 탈출하여 생각하는 능력을 배양하는 학습 방법이다.
(　　　　　)

※ 다음 설명에 해당하는 遂行評價의 방법을 쓰시오.

주100. 피평가자가 자신이 작성하거나 만든 작품을 지속적·체계적으로 모아 둔 개인별 작품집 혹은 서류철을 이용한 평가방법이다.
(　　　　　)

★ 수고하셨습니다.

국가공인 한자・한문지도사
특급 기출문제 2회

수험번호 □□□-□□-□□-□□□□   성명

※ 수험생 유의사항

◇ 시험 시간은 120분간입니다.
◇ 문항 수는 객관식 50문항, 주관식 100문항으로 총 150문항입니다.
◇ 수험표에 표기된 응시급수와 문제지의 급수가 같은지 확인하시오.
◇ 답안지에 성명, 수험번호, 주민등록번호를 정확하게 표기하시오.
◇ 답안지의 객관식 답안란에는 컴퓨터용 펜을 사용하시오.
◇ 답안지의 객관식 답안의 수정은 수정테이프 만을 사용하시오.
◇ 답안지의 주관식 답안란에는 반드시 검정색펜을 사용하고, 수정은 두 줄로 긋고 다시 작성하시오.
◇ 수험생의 잘못으로 인해 답안지에 이물질이 묻거나, 객관식 답안에 복수로 체크할 경우 오답으로 처리되니 주의하시오.
◇ 감독관의 지시가 있을 때까지 문제를 풀지 마시오.
◇ 시험 종료 후에는 필기도구를 내려놓고 감독관의 지시를 따르시오.
◇ 시험문제지와 답안지를 감독위원에게 모두 제출하시오.

한국한자실력평가원

2회 국가공인 한자·한문지도사 특급 기출문제

객관식(50문항)

과목1. 한자의 기초

※ 다음 물음에 답하시오.

1. 隸書에 대한 설명으로 바른 것은?
   ① 小篆이 간략화 된 형태이다.
   ② 주로 청동기 등의 금속에 새겨져 전해졌다.
   ③ 秦의 자형통일 정책에 의해 완성된 자형이다.
   ④ 漢字의 자형 변천과정 중 가장 최근의 형태이다.

2. 다음 중 造字原理(六書)가 다른 하나는?
   ① 馬   ② 魚   ③ 猪   ④ 鳥

3. 다음 표에서 ㉠에 알맞은 것은?

육서	예시
指事	본뜰 수 있는 실체가 없어 추상적인 개념을 나타낸다. 예) '一·上·下·八' 등
(㉠)	두 글자의 의미가 서로 결합하여 새로운 뜻을 나타낸다. 예) '武·信·公·仁' 등

   ① 會意   ② 轉注   ③ 形聲   ④ 假借

※ 다음 표를 보고 물음에 답하시오.

甲骨文	㉠	㉡	隸書	楷書
衛	衛	衛	衛	衛

4. 위는 한자체의 변천과정을 차례로 나타낸 것이다. ㉠과 ㉡에 들어갈 서체로 바른 것은?
   ① ㉠大篆 ㉡金文   ② ㉠金文 ㉡小篆
   ③ ㉠金文 ㉡籒文   ④ ㉠小篆 ㉡草書

5. 위에서 설명하는 漢字의 부수는?
   ① 韋   ② 彳   ③ 亍   ④ 行

※ 다음 물음에 답하시오.

6. 다음 중 한자와 부수의 연결이 바른 것은?
   ① 龜 - 黽   ② 魔 - 麻
   ③ 鬪 - 寸   ④ 尺 - 尸

7. 다음 중 번체자와 간체자의 연결이 바르지 않은 것은?
   ① 覺 - 觉   ② 識 - 识
   ③ 禮 - 礼   ④ 斬 - 听

8. 다음 중 약자표기가 바르지 않은 것은?
   ① 擧 - 挙   ② 樂 - 楽
   ③ 臺 - 壳   ④ 麥 - 麦

9. 다음 중 밑줄 친 한자의 독음이 다른 것은?
   ① 陶窯   ② 陶冶   ③ 陶醉   ④ 皐陶

과목2. 한자의 활용

※ 다음 물음에 답하시오.

10. 다음 중 한자어의 표기가 바르지 않은 것은?
    ① 芒種   ② 夏至   ③ 谷雨   ④ 處暑

11. 다음 중 한자어의 짜임이 나머지와 다른 것은?
    ① 忖度   ② 忤逆   ③ 改悛   ④ 嬖妾

12. 다음 중 한자어의 독음이 바르지 않은 것은?
   ① 摺紙: 습지   ② 翠黛: 취대
   ③ 霍亂: 곽란   ④ 雷汞: 뇌홍

13. 다음 한자어 중 의미가 나머지와 가장 관련이 적은 것은?
   ① 晏駕   ② 逝去   ③ 黜斥   ④ 入寂

14. 다음 □□에 들어가기에 가장 적절한 한자어는?

   > 교통사고 현장에는 유혈이 사방에 □□했다.

   ① 氾濫   ② 掩襲   ③ 狼藉   ④ 泥濘

15. 다음 문장에서 밑줄 친 한자어의 쓰임이 어색한 것은?
   ① 모든 일이 水泡로 돌아갔다.
   ② 여야의 대립으로 국회가 爬行하고 있다.
   ③ 그 기업은 세계 屈指의 기업으로 성장했다.
   ④ 그는 한 시대를 風靡했던 유명한 가수이다.

16. 다음 중 한자어의 속뜻으로 바르지 않은 것은?
   ① 御眞: 새나 짐승을 그린 그림
   ② 膝下: 어버이나 조부모의 보살핌 아래
   ③ 旗幟: 일정한 목적을 위하여 내세우는 태도나 주장
   ④ 粧潢: 비단이나 두꺼운 종이를 발라서 화첩이나 족자 따위를 만듦

17. 다음 중 성어의 뜻이 다른 하나는?
   ① 珍羞盛饌   ② 山海珍味
   ③ 膏粱珍味   ④ 白飯葱湯

18. 다음 중 劉備와 관련된 성어는?
   ① 不立文字   ② 髀肉之嘆
   ③ 錦衣夜行   ④ 兎死狗烹

과목3. 한자와 한문

※ 다음 漢詩를 읽고 물음에 답하시오.

> 問春桂 桃李正芳華
> 年光隨處滿 何事獨無花
> 春桂答 春華㉠詎能久
> (㉡)搖落時 ㉢獨秀君知不

19. 위 시의 주제를 표현하기에 적절한 것은?
   ① 我非生而知之者 好古敏以求之者也
   ② 會桃李之芳園 序天倫之樂事
   ③ 毋友不如己者 過則勿憚改
   ④ 歲寒然後 知松柏之後彫也

20. 문맥상 ㉠과 바꾸어 쓰기에 적절한 漢字는?
   ① 焉   ② 巨   ③ 眞   ④ 拒

21. 문맥상 ㉡에 들어갈 한자어는?
   ① 春風   ② 荊棘   ③ 風霜   ④ 柳絮

22. ㉢의 어조로 적절한 것은?
   ① 悔心   ② 矜持   ③ 傲慢   ④ 放肆

※ 다음 漢詩를 읽고 물음에 답하시오.

> (가) 萬里路長在 六年今始歸
>   所㉠經多舊館 太半主人非
>
> (나) 生年不滿百 常懷千歲憂
>   晝短苦夜長 何不秉燭遊
>   ㉡爲樂當及時 何能待來茲
>   ㉢愚者愛惜費 俱爲塵世嗤
>   仙人王子喬 難可以等期

23. (가)에 대한 설명으로 적절하지 않은 것은?
   ① 5言 絶句이다.
   ② 韻字는 歸와 非이다.
   ③ 주제는 今昔之感이다.
   ④ 만리장성을 여행하며 지은 시이다.

24. 다음 문장의 밑줄 친 부분이 ㉠과 의미가 같은 것은?
   ① 經始勿亟 庶民子來
   ② 自經於溝瀆而莫之知也
   ③ 窈窕以尋壑 亦崎嶇而經丘
   ④ 好古文 六藝經傳 皆通習之

25. <보기>의 생각을 가진 사람이 ㉡과 같은 생각을 가진 사람에게 할 수 있는 충고로 적당한 것은?

   <보기> ・日月逝矣 歲不我與
          ・人無遠慮 必有近憂

   ① 少年易老 學難成
   ② 爲善者 天報之以福
   ③ 君子上達 小人下達
   ④ 忍一時之忿 免百日之憂

26. ㉢과 문장의 구조가 같은 것은?
   ① 周無遺民也
   ② 吾聞其語矣
   ③ 牛山之木嘗美矣
   ④ 五穀者種之美者也

※ 다음 글을 읽고 물음에 답하시오.

(가) 子曰 剛毅ⓐ木訥 近(㉠)
(나) 子曰 ㉡回也 非助我者也 於吾言 無所不ⓑ說
(다) 顔淵曰 願無ⓒ伐善 無ⓓ施勞
(라) 仲弓問(㉢) 子曰 出門如見大賓 使民如承大祭 ㉣己所不欲 勿施於人 在邦無怨 在家無怨

27. ㉠과 ㉢에 공통으로 들어갈 漢字는?
   ① 仁   ② 義   ③ 禮   ④ 智

28. ㉡은 공자의 제자 중 한 사람의 이름이다. 누구인가?
   ① 顔淵   ② 子貢   ③ 曾子   ④ 仲弓

29. 문맥상 ⓐ~ⓓ의 의미가 잘못 연결된 것은?
   ① ⓐ-질박하다.   ② ⓑ-기뻐하다.
   ③ ⓒ-공격하다.   ④ ⓓ-과시하다.

30. ㉣과 의미가 상통하지 않은 것은?
   ① 恕   ② 推己及人
   ③ 不偏不倚   ④ 絜矩之道

※ 다음 글을 읽고 물음에 답하시오.

(가) 孟子曰 (㉠) 非其君不事 非其友不友 不立於惡人之朝 不與惡人言 立於惡人之朝 與惡人言 如以朝衣朝冠 坐於塗炭 推㉡惡惡之心 思與鄕人立 其冠不正 ㉢望望然去之 若將浼焉 是故 諸侯雖有善其ⓐ辭命而至者 不受也 不受也者 是亦ⓑ不屑就已

(나) 孟子曰 自ⓒ暴者 不可與有言也 自棄者 不可與有ⓓ爲也 言非禮義 謂之自暴也 吾身不能居仁由義 謂之自棄也 (㉣)人之安宅也 (㉤)人之正路也 ㉥曠安宅而弗居 舍正路而不由 哀哉

31. ㉠에 알맞은 인물은?
   ① 伯夷   ② 孔子   ③ 柳下惠   ④ 韓愈

32. 다음 한자어의 밑줄 친 부분이 ㉡의 독음과 같은 것은?
   ① 惡辣   ② 惡癖   ③ 嫌惡   ④ 暴惡

33. ㉢의 태도를 표현하기에 적절한 것은?
   ① 疎脫   ② 慈悲   ③ 嫉妬   ④ 潔癖

34. ⓐ~ⓓ의 뜻이 바르게 연결되지 않은 것은?
   ① ⓐ: 임금의 말이나 명령
   ② ⓑ: 탐탁하게 여기지 않음
   ③ ⓒ: 해치다
   ④ ⓓ: 위하다

35. ㉣과 ㉤에 들어갈 글자가 바르게 연결된 것은?
   ① 禮-智   ② 仁-義   ③ 禮-義   ④ 智-仁

36. ㉥을 표현하기에 적절한 것은?
   ① 自暴自棄   ② 居安思危
   ③ 悠悠自適   ④ 苦盡甘來

※ 다음 글을 읽고 물음에 답하시오.

> 王之所大欲 ㉠可得聞與 王笑而不言 曰 爲肥甘不足於(ⓐ)與 輕煖不足於(ⓑ)與 抑爲采色不足視於(ⓒ)與 聲音不足聽於(ⓓ)與 便嬖不足使令於前與 王之諸臣 皆足以供之 而王豈爲是哉 曰 否 吾不爲是也 曰 然則王之所大欲 可知已 欲辟土地 朝秦楚 莅中國而撫四夷也 以若所爲 求若所欲 猶(㉡)也

37. ㉠과 문장의 형식이 같은 것은?
   ① 惟我與爾有是夫
   ② 有一言而可以終身行之者乎
   ③ 主忠信 毋友不如己者 過則勿憚改
   ④ 今也則亡 未聞好學者也

38. ⓐ~ⓓ에 알맞은 내용이 바르게 나열된 것은?
   ① 耳-體-口-目   ② 目-口-耳-體
   ③ 口-耳-目-體   ④ 口-體-目-耳

39. 윗글의 내용상 ㉡에 들어갈 알맞은 성어는?
   ① 見蚊拔劍   ② 緣木求魚
   ③ 蜂蟻君臣   ④ 鷄鳴狗盜

※ 다음 글을 읽고 물음에 답하시오.

> 夫天地者萬物之逆旅 ㉠光陰者百代之過客 而浮生若夢 爲歡幾何 古人秉燭夜遊 ⓐ良有以也 況陽春召我以煙景 大塊ⓑ假我以文章 會桃李之芳園 序天倫之㉡樂事 群季俊秀 皆爲惠連 吾人詠歌 獨慚㉢康樂 幽賞未已 高談轉淸 開瓊筵以坐花 飛羽觴而醉月 不有佳作 何伸雅懷 ㉣如詩不成 罰依金谷酒數   「春夜宴桃李園序」

40. ㉠의 뜻으로 적절한 것은?
   ① 陰陽   ② 宇宙   ③ 自然   ④ 歲月

41. ⓐ와 ⓑ의 품사로 알맞은 것은?
   ① ⓐ-부사, ⓑ-동사
   ② ⓐ-부사, ⓑ-형용사
   ③ ⓐ-명사, ⓑ-부사
   ④ ⓐ-동사, ⓑ-관형사

42. ㉡을 구체적으로 표현하기에 적절한 것은?
   ① 글짓기   ② 꽃놀이   ③ 술잔치   ④ 달맞이

43. ㉢이 지칭하는 인물은?
   ① 杜甫   ② 李白   ③ 謝靈運   ④ 白居易

44. 다음 문장의 밑줄 친 부분이 ㉣과 용법이 같은 것은?
   ① 其如是 孰能禦之
   ② 如用之則吾從先進
   ③ 仁言 不如仁聲之入人深也
   ④ 縱一葦之所如 凌萬頃之茫然

45. 위 작품의 작가에 대한 설명으로 적절하지 않은 것은?
   ① 盛唐 시기 대표 시인이다.
   ② 안록산의 난 등으로 불우한 만년을 보냈다.
   ③ 詩仙이라 불리던 杜甫에 대하여 詩聖으로 불렸다.
   ④ 술과 달을 매우 좋아하여 시의 소재로 자주 활용했다.

※ 다음 물음에 답하시오.

46. 교직관 중 성직관에 대한 설명으로 적절하지 않은 것은?
   ① 노동 3권의 보장을 주장한다.
   ② 교사의 정치적 참여를 전면 부정한다.
   ③ 교육은 인간의 영혼과 정신을 다루는 것이라는 입장이다.
   ④ 서양 중세의 교사는 종교가가 겸직했던 것과 관련이 있다.

47. 다음 중 진보주의 관점에서 본 교사의 자질로 적절하지 않은 것은?
   ① 아동의 흥미를 유발하는 능력이 필요하다.
   ② 아동의 개인적 능력을 존중하는 자세가 필요하다.
   ③ 교과뿐 아니라 다방면의 지식과 기술을 지녀야 한다.
   ④ 전체 아동의 학습권을 위해 아동을 엄격하게 통제하는 권위적인 태도가 필요하다.

48. 평생교육의 중요성이 강조되는 사회적 배경으로 옳은 것은?
   ① 지식의 생성과 소멸 주기가 길어지고 있다.
   ② 직업의 다양성이 점차 줄고, 평생직장의 개념이 강화되고 있다.
   ③ 지식과 정보가 폭발적으로 증가하고 있다.
   ④ 학력을 중시하는 학력주의 사회로 나아가고 있다.

49. 한문을 이해하는 태도로 바람직하지 않은 것은?
   ① 한글이 있으므로 한자와 한문은 외국어와 똑같이 남의 나라 글자나 글로 이해되어야 한다.
   ② 한문에 토를 달아서 우리의 어법에 맞추어 읽는 것 등은 한자·한문이 우리말화했음을 증명하는 것이다.
   ③ 한문과는 여타 모든 교과의 학습에 도움을 주는 범교과적 성격을 지닌 도구 교과로 이해할 수 있다.
   ④ 우리 조상들이 한문을 통해 사상과 감정을 표현했으므로 전통예술과 전통학문을 연구하기 위해서는 한문독해력의 신장은 필수적이다.

50. 한자·한자어의 평가방법으로 옳지 않은 것은?
   ① 한자의 음과 의미를 정확히 알고 있는지를 평가한다.
   ② 한자를 바르게 쓰기 위해서 부수, 획수, 필순은 중요하므로 이에 대한 평가비중을 높인다.
   ③ 언어생활과 문장 독해에 활용할 수 있는지의 여부에 중점을 두어 평가한다.
   ④ 한자·한자어, 한문 영역의 성취도를 균형 있게 평가하되, 다양한 평가 방법을 활용한다.

주관식(100문항)

과목1. 한자의 기초

※ 한자의 三要素에 유의하여 ㉠과 ㉡에 알맞은 내용을 쓰시오.

形(모양)	義(뜻)	音(소리)
(㉠)	징계하다	징
毖	(㉡)	비
錄	기록하다	록

주1. ㉠ (   )

주2. ㉡ (   )

※ 다음 표를 보고 물음에 답하시오.

(가) 🐟 → 🐟 → 魚
(나) 🐎 → 🐎 → 馬

주3. (가)의 漢字를 부수로 하는 漢字를 두 개 쓰시오. (제부수 제외) (,   )

주4. (나)의 漢字를 부수로 하는 漢字를 두 개 쓰시오. (제부수 제외) (,   )

※ 다음 □안에 뜻이 같거나 비슷한 漢字를 넣어 漢字語를 완성하시오.

주5. 萌□ (   )

주6. 剩□ (   )

※ 다음 □안에 뜻이 반대(상대)되는 漢字를 넣어 漢字語를 완성하시오.

주7. □削 (   )

주8. □貶 (   )

※ 다음 簡體字를 繁體字로 고쳐 쓰시오.

주9. 发展 (   )

주10. 药局 (   )

주11. 医师 (   )

※ 다음은 하나의 漢字가 활용된 용례이다. 한자어의 뜻에 맞게 밑줄 친 한자의 음을 쓰시오.

한자	용례1	음1	용례2	음2
省	反省	ⓐ	省略	ⓑ
識	標識	ⓒ	博識	ⓓ

주12. (ⓐ   ⓑ   )

주13. (ⓒ   ⓓ   )

※ 다음은 形聲의 원리에 대한 설명이다. 한자의 짜임을 보고 해당하는 한자의 훈음을 쓰시오.

形(뜻) + 聲(음) → 漢字
예) 衣 + 習 → (㉠)
예) 革 + 引 → (㉡)

주14. ㉠ (   )

주15. ㉡ (   )

과목2. 한자의 활용

※ 다음 한자어의 짜임을 쓰시오.

주16. 牝鷄　　　　　(　　　관계)

주17. 脆軟　　　　　(　　　관계)

※ 다음 □안에 공통으로 들어갈 漢字를 쓰시오.

주18. 踏□　掩□　被□　(　　　)

주19. 剿□　□伐　聲□　(　　　)

주20. □走　狂□　□忙　(　　　)

※ 다음 문장의 밑줄 친 부분의 단어를 漢字로 쓰시오.

주21. <u>격앙</u>된 어조로 주장을 폈다.
　　　　　　　　　　(　　　)

주22. 대회 3관왕의 <u>기염</u>을 토했다.
　　　　　　　　　　(　　　)

주23. 막내는 아버지의 <u>총애</u>를 독차지했다.
　　　　　　　　　　(　　　)

※ 다음 설명에 맞는 한자어를 漢字로 쓰시오.

주24. 흉금 (　　　) : 마음속에 품은 생각

주25. 능가 (　　　) : 다른 것과 비교하여 그보다 훨씬 뛰어남

※ 다음 문장 중 잘못 표기된 漢字를 찾아 바르게 고쳐 쓰시오. (단, 음이 같은 漢字로 바꿀 것)

주26. 解異해진 정신을 다잡아야겠다고 다짐했다.　　　　　(　　　→　　　)

주27. 그는 자신의 의견을 彼瀝했다.
　　　　　　　(　　　→　　　)

주28. 그는 현실과 이상의 怪離때문에 彷徨하고 있다.　　　　(　　　)

※ 다음 성어의 속뜻을 쓰시오.

주29. 瓠犀
　　(　　　　　　　　　　　　)

주30. 棧豆之戀
　　(　　　　　　　　　　　　)

※ 다음 물음에 답하시오.

주31. 다음 이야기에서 유래한 성어를 漢字로 쓰시오.　　　　　(　　　)

> 송나라 사람 중에 벼싹이 자라지 못함을 안타깝게 여겨 그것을 뽑아놓은 자가 있었다. 그는 뿌듯한 모습으로 돌아와서 집안사람들에게 말하기를 '오늘 피곤하구나. 내가 벼싹이 자라도록 도와주었다.' 하자, 그 아들이 달려가서 보았더니, 벼싹은 말라 있었다.

주32. 다음 성어들과 공통으로 관련된 인물의 이름을 쓰시오.　　(　　　)

> 七縱七擒 · 泣斬馬謖 · 三顧草廬

주33. 다음 속담에 해당하는 성어를 漢字로 쓰시오.　　　　　(　　　)

> 등잔 밑이 어둡다.

※ 다음 글을 읽고 물음에 답하시오.

> 조고는 중신들 가운데 자기를 반대하는 사람을 가려내기 위해 호해에게 사슴을 바치면서 이렇게 말했다. "㉠폐하, 말을 바치오니 거두어 주시옵소서." "승상은 농담도 잘 하시오. 사슴을 가지고 말이라고 하다니. 어떻소? 그대들 눈에도 말로 보이오?" 말을 마치자 호해는 웃으며 좌우의 신하들을 둘러보았다. 잠자코 있는 사람보다 '그렇다'고 긍정하는 사람이 많았으나 '아니다'라고 부정하는 사람도 있었다. 조고는 부정한 사람을 기억해 두었다가 나중에 죄를 씌워 죽여 버렸다.

주34. 위의 고사에서 유래한 사자성어를 漢字로 쓰시오. (　　　　)

주35. ㉠을 漢字로 쓰시오. (　　　　)

과목3. 한자와 한문

※ 다음 물음에 답하시오.

주36. 문맥에 맞게 ㉠과 ㉡의 독음을 쓰시오.

> (가) 子游曰 事君㉠數 斯辱矣
> (나) ㉡數罟 不入洿池 魚鼈 不可勝食也

(㉠　　　　㉡　　　　)

주37. 문맥에 맞게 ㉠과 ㉡의 품사를 쓰시오.

> (가) 子曰 ㉠道之以政 齊之以刑 民免而無恥
> (나) 曾子曰 士不可以不弘毅 任重而㉡道遠

(㉠　　　　㉡　　　　)

주38. 문맥에 맞게 ㉠과 ㉡의 뜻을 쓰시오.

> (가) 子曰 不仁者 不可以久處㉠約 不可以長處樂
> (나) 孟子曰 博學而詳說之 將以反說㉡約也

(㉠　　　　㉡　　　　)

주39. ㉠의 문장구조를 쓰시오.

> ㉠南容三復白圭 孔子 以其兄之子 妻之

(　　　　구조)

※ 다음 ○안에 들어갈 漢字를 쓰시오.

주40. ○而時習之 不亦說乎 (　　　　)

주41. ○之用 和爲貴 (　　　　)

※ 제시된 <풀이>에 맞게 (　　)안의 한자들을 모두 이용하여 바르게 배열하시오.

주42. 子曰 (予 喪 天 噫)
→ (　　　　　　　　)
<풀이> 아! 하늘이 나를 버리셨다.

주43. 禍福 (自 之 求 無 己 者 不)
→ (　　　　　　　　)
<풀이> 자기로부터 구하지 않는 것이 없다.

※ 다음 漢詩을 읽고 물음에 답하시오.

> (가) 客從遠方來　　遺我一端綺
> 　　 文綵雙㉠원앙　　裁爲合歡㉡被
> 　　 著以長相思　　緣以結不解
> 　　 ㉰以膠投(㉢)中　誰能別離此
>
> (나) 丈夫非無淚　　不灑(㉣)間
> 　　 ㉱仗劍對樽酒　恥爲游子顔
> 　　 蝮蛇一螫手　　壯士㉲疾解腕
> 　　 所思在功名　　(㉥)何足歎

주44. ㉠을 漢字로 쓰시오. (　　　　)

주45. 문맥상 ㉡의 뜻을 쓰시오.

(　　　　)

주46. ㉮는 '매우 친밀하여 서로 떨어질 수 없는 관계'를 비유적으로 표현한 문장이다. ㉢에 알맞은 漢字를 쓰시오. (   )

주47. (나)의 제목으로 ㉣과 ㉧에 공통으로 들어갈 2음절의 한자어를 漢字로 쓰시오.
(   )

주48. ㉤을 해석하시오.
(   )

주49. 문맥상 ㉥의 뜻을 쓰시오.(   )

※ 다음 글을 읽고 물음에 답하시오.

王曰 吾惛 不能進於是矣 願㉠夫子 輔吾志 明以敎我 我雖不敏 請嘗試之 曰 無恒産而有恒心者 惟士爲能 若民則無(㉡) 因無(㉢) 苟無恒心 ㉣放辟邪侈 ㉤無不爲已 及陷於罪然後 從而刑之 是罔民也 焉有仁人在位 ㉥罔民 而可爲也 是故明君 制民之産 必使ⓐ仰足以事父母 (ⓑ)足以畜妻子 ㉧樂歲 終身飽 凶年 免於死亡 然後驅而之善 故民之從之也輕 王欲行之則 ㉨盡反其本矣

주50. ㉠이 지칭하는 인물의 이름을 漢字로 쓰시오. (   )

주51. 문맥상 ㉡과 ㉢에 알맞은 한자어를 윗글에서 찾아 차례로 쓰시오.
(㉡   ㉢   )

주52. ㉣의 뜻을 쓰시오.
(   )

주53. ㉤을 해석하시오.
(   )

주54. 문맥상 ㉥의 뜻을 쓰시오.
(   )

주55. ⓐ와 상대적인 의미를 갖는 漢字로 ⓑ에 들어갈 漢字를 쓰시오. (   )

주56. 뒤의 문맥을 고려하여 ㉧과 바꾸어 쓸 수 있는 2음절의 한자어를 漢字로 쓰시오.
(   )

주57. ㉨을 해석하시오.
(   )

※ 다음 글을 읽고 물음에 답하시오.

(가) (ⓐ)曰 子行三軍 則㉠誰與 子曰 ㉡暴虎馮河 死而無悔者 吾不與也 必也臨事而懼 好謀而成者也

(나) 子曰 富而可求也 雖㉢집편지사 吾亦爲之 ㉣如不可求 從吾所好

(다) (ⓑ)㉤率爾而對曰 千乘之國 攝乎大國之間 加之以師旅 因之以饑饉 由也 爲之 比及三年 可使有勇 且知方也 夫子哂之

주58. ⓐ와 ⓑ에 공통으로 들어갈 인물의 이름을 (다)에서 찾아 쓰시오. (   )

주59. ㉠을 해석하시오.
(   )

주60. ㉡의 독음을 쓰시오. (   )

주61. ㉢을 漢字로 쓰시오. (   )

주62. ㉣을 해석하시오.
(   )

주63. ㉤의 뜻을 쓰시오. (   )

※ 다음 글을 읽고 물음에 답하시오.

(가) 子曰 君子無所爭 必也(㉠)乎 揖讓而升 下而飮 其爭也君子

(나) 子曰 事父母 ㉡幾諫 ⓐ見志不從 又敬不違 勞而不怨

(다) 子曰 篤信㉢호학 守死善道 危邦不入 亂邦不居 天下有道則ⓑ見 無道則隱

(라) 子曰 大哉 堯之爲君也 ㉣巍巍乎唯天爲大 唯堯㉤則之 蕩蕩乎民無能名焉

주64. ㉠에 들어갈 알맞은 漢字를 쓰시오.
(   )

주65. 문맥상 ㉡의 뜻을 쓰시오.
(   )

주66. 문맥상 ⓐ와 ⓑ의 독음을 각각 차례로 쓰시오. (ⓐ   ⓑ   )

주67. (나)의 주제를 1음절의 漢字로 쓰시오.
(   )

주68. ㉢을 漢字로 쓰시오. (   )

주69. ㉣의 독음을 쓰시오. (   )

주70. 문맥상 ㉤의 품사를 쓰시오.
(   )

※ 다음 글을 읽고 물음에 답하시오.

(가) 孟子對曰 ㉠중니之徒 無㉡道桓文之事者 是以 後世無傳焉 <중략> 曰臣聞之胡齕 曰 王坐於堂上 有牽牛而過堂下者 王見之 曰牛何ⓐ之 對曰 將以㉢흔鍾 王曰舍ⓑ之 吾不忍其觳觫若無罪而就死地 對曰 然則廢釁鍾與 曰何可廢也 以羊易之 不識 有諸

(나) 所以謂人皆有不忍人之心者 今人 乍見孺子將入於井 皆有怵惕(㉣) 非所以內交於孺子之父母也 非所以要譽於鄕黨朋友也 非惡其聲而然也

주71. ㉠을 漢字로 쓰시오. (   )

주72. 문맥상 ㉡의 뜻을 쓰시오.
(   )

주73. 문맥상 ⓐ와 ⓑ의 품사를 각각 차례로 쓰시오. (ⓐ   ⓑ   )

주74. ㉢의 뜻을 간략히 쓰시오.
(   )

주75. 孟子가 말한 四端 중 하나로 ㉣에 알맞은 4음절의 한자어로 쓰시오.
(   )

주76. 문맥에 맞게 ㉤의 독음을 쓰시오.
(   )

※ 다음 글을 읽고 물음에 답하시오.

　　竹似賢何哉 竹㉠本固 固以樹德 君子見其本 則思善建不拔者 竹性直 直以立身 君子見其性 則思中立不倚者 竹㉡心空 空以體道 君子見其心 則思應用虛受者 竹節貞 貞以立志 君子見其(㉢) 則思砥礪名行 ㉣夷險一致者 夫如是故 君子人 多樹㉤之 爲庭實焉　<중략>

　　嗟乎 竹植物也 於人 何有哉 以其有似於賢而人猶㉥애석之 封植之 況其眞賢者乎 然則竹之於草木 猶㊀賢之於衆庶

　　　　　　　　　　　　　　　「養竹記」

주77. 위 글에서 대나무의 특성을 표현하고 있는 4개의 漢字를 찾아 모두 쓰시오.
　　　　　　　　(　, 　, 　, 　)

주78. ㉠와 ㉡은 대나무의 어느 부분을 가리키는지 각각 쓰시오.
　　　　　(㉠　　　　㉡　　　　)

주79. 문맥상 ㉢에 들어갈 漢字를 본문에서 찾아 쓰시오.　　　　(　　　)

주80. 문맥상 ㉣의 뜻을 쓰시오.
　　　　　　　　　　(　　　　　　)

주81. ㉤이 지시하는 대상을 위 글에서 찾아 쓰시오.　　　　　　(　　　　)

주82. ㉥을 漢字로 쓰시오.　(　　　　)

주83. ㊀을 표현하기에 적절한 성어를 漢字로 쓰시오.　　　　　(　　　　)

※ 다음 글을 읽고 물음에 답하시오.

　　先生不知㉠何許人 亦不詳其姓字 宅邊有五柳樹 因以爲號焉 閑靖少言 不慕榮利 好讀書 不求甚解 每有意會 便欣然忘食 性嗜酒 家貧不能常得 親舊知其如此 ㉡或置酒而招之 造飮輒盡 期在必醉 旣醉而退 曾不吝情去留 環堵蕭然 不蔽風日 ㉢短褐穿結 簞瓢屢空 晏如也 常著文章自娛 頗示己志 忘懷得失 以此自終 贊曰 黔婁有言 不戚戚於貧賤 不汲汲於富貴 極其言 玆若人之儔乎 ㉣酣觴賦詩 以樂其志 無懷氏之民歟 葛天氏之民歟

주84. 위 글에서 이야기하고 있는 인물의 이름을 漢字로 쓰시오.　(　　　　)

주85. 선생의 號가 五柳인 까닭을 간략히 쓰시오.
　(　　　　　　　　　　　　　)

주86. 문맥상 ㉠의 뜻을 쓰시오.
　　　　　　　　(　　　　　　)

주87. ㉡을 해석하시오.
　(　　　　　　　　　　　　　)

주88. ㉢의 상황을 표현하기에 적절한 漢字를 본문에서 찾아 쓰시오.　(　　　　)

주89. 위의 글을 내용상 두 단락으로 나눌 때 두 번째 부분의 첫 2음절의 독음을 쓰시오.
　　　　　　　　　(　　　　)

주90. ㉣을 해석하시오.
　(　　　　　　　　　　　　　)

※ **다음 물음에 답하시오.**

주91. 다음에 설명하고 있는 인물의 이름을 쓰시오.
( )

(가) 고려시대 私學의 원조라고 할 수 있다.
(나) 九齋學堂을 설립하였다.
(다) 교육방법으로 夏課와 刻燭賦詩를 시행했다.

주92. 다음에 설명하고 있는 교육기관의 명칭을 쓰시오. ( )

(가) 고려 성종 때 관리양성을 목적으로 설립했다.
(나) 주요 시설로는 문묘, 돈화당, 보문각, 청연각 등이 있다.
(다) 학과에는 유학부와 기술부가 있다.

주93. 조선 초기 한명회 등의 건의로 성균관 내에 설치되었으며 주로 도서를 보관하던 전각의 명칭을 쓰시오. ( )

※ **다음을 읽고 물음에 답하시오.**

그는 조선 중기의 학자이자 정치가로 선조에게 '시무육조'를 바치고 '십만양병설' 등을 주장했다. 특히 성리학적 측면에서 이황과 대립되는 견해를 주장하였다.
또한 기존의 '학령'의 미비점을 보완하고 관학의 교육 풍토를 개선하려는 의도로 편찬한 「학교모범」과 10개의 주제별로 구성되어 「소학」에 상응하는 유학의 입문서라 할 수 있는 (㉠)은 그의 대표저서로 손꼽힌다.

주94. 위에서 설명하고 있는 인물의 이름을 쓰시오. ( )

주95. ㉠에 알맞은 書名을 쓰시오.
( )

※ **다음은 漢詩의 형식에 대한 설명이다. 읽고 물음에 답하시오.**

(가) 絶句
絶句는 起句, 承句, (㉠), 結句의 4구로 이루어진 것으로, 1구의 자수가 5자인 것을 五言絶句, 7자인 것을 七言絶句라 한다.

(나) 律詩
律詩는 1·2구인 首聯, 3·4구인 頷聯, 5·6구인 頸聯, 7·8구인 (㉡)으로 구성된 것으로, 1구의 자수가 5자씩인 것을 五言律詩, 7자씩인 것을 七言律詩라 한다.

주96. ㉠에 알맞은 단어를 漢字로 쓰시오.
( )

주97. ㉡에 알맞은 단어를 漢字로 쓰시오.
( )

※ **다음 표를 읽고 물음에 답하시오.**

형식	활용한자	의미
금지형	勿, 無, 毋	'~지 마라'라는 금지의 뜻을 나타낸다.
피동형	(㉠)	주어가 어떤 동작을 남으로부터 받게(당하게) 됨을 나타낸다.
비교형	(㉡)	'마치 ~와 같다', '~만 못하다', '~이 ~보다 더 낫다' 등 비교나 선택의 의미를 나타낸다.
(㉢)	使, 令, 命	'~로 하여금 ~하게 하다', '~에게 ~을 ~하게 하다' 등으로 풀이한다.

주98. ㉠에 알맞은 漢字를 2개만 쓰시오.
(,)

주99. ㉡에 알맞은 漢字를 2개만 쓰시오.
(,)

주100. ㉢에 알맞은 문장의 형식을 쓰시오.
( )

★ 수고하셨습니다.

기출문제 1회 모범답안

■ 객관식

1	③	6	③	11	④	16	②	21	③	26	②	31	④	36	④	41	③	46	②
2	④	7	①	12	③	17	①	22	①	27	①	32	①	37	③	42	②	47	③
3	④	8	②	13	②	18	④	23	②	28	②	33	④	38	②	43	①	48	④
4	④	9	①	14	④	19	④	24	①	29	④	34	①	39	③	44	①	49	③
5	①	10	①	15	③	20	①	25	③	30	①	35	①	40	②	45	①	50	③

■ 주관식

주1	表意	주21	鑑定	주41	漸層法	주61	난간에 비껴서 눈물을 흘리노라.
주2	衛滿	주22	滯納	주42	道學派	주62	열, 기쁘다(좋아하다)
주3	高句麗	주23	情誼	주43	荀子, 莊子, 老子	주63	ⓒ 가르침(사상) ⓒ 길(도중)
주4	便	주24	事典	주44	經, 諸子	주64	㉠ 평범한(보통) 사람, ㉣ 다른 사람(남)
주5	省	주25	感傷	주45	詞章派	주65	ⓒ 이유·까닭 ⓒ 도구·수단
주6	索	주26	尊敬	주46	六經之文	주66	남을 공경하는 자는 남이 항상 공경한다.
주7	殺	주27	混亂	주47	글을 꾸미지 않는다.	주67	선비는 곤궁해도 의리를 잃지 아니한다.
주8	率	주28	隱蔽	주48	春雨	주68	故
주9	織	주29	差押	주49	녹다.	주69	현, 드러내다
주10	靈	주30	寄與	주50	結句	주70	현달하면 천하를 아울러 선하게 한다.
주11	가로왈 부	주31	守株待兎/刻舟求劍	주51	間啼鳥	주71	勤學
주12	11획	주32	孝道, 孝	주52	얼마나(쾌)	주72	否定形
주13	참최, 단 호지 않은 3년상 상복.	주33	十匙一飯	주53	足足	주73	서술어
주14	謔	주34	蚌鷸之爭	주54	인간의 만족할 줄 모르는 탐욕	주74	병렬(대등)
주15	落	주35	主客顚倒, 本末顚倒	주55	五言律詩	주75	제유법, 식량
주16	少數	주36	秋夕	주56	孤舟	주76	ⓒ 날카로운 ⓜ 이로움
주17	친사촌 사이	주37	~로부터	주57	전쟁	주77	人和→地利→天時
주18	賻儀	주38	ⓒ 수식구조 ⓜ 대등 구조	주58	今昔, 日夜, 有無	주78	浮生若夢
주19	園藝	주39	秋收	주59	동정호의 넓음	주79	진실로 까닭이 있다.
주20	勤勉	주40	고을 읍	주60	소식이 없다.	주80	文章

주81	모두 시를 잘 짓는다.	주91	평생교육
주82	謝靈運	주92	國子監
주83	16일	주93	書院
주84	蘇軾	주94	擊蒙要訣
주85	詩經	주95	조어분석법
주86	잠시 후에	주96	색출법
주87	月	주97	놀이자원학습법
주88	햇볕이 어둑어둑 지려한다.	주98	마인드 맵 자원학습방법
주89	鳥	주99	창의자원학습방법
주90	머뭇거림(서성거리다)	주100	포트폴리오법(Portfolio)

기출문제 2회 모범답안

■ 객관식

1	①	6	④	11	④	16	①	21	③	26	②	31	①	36	①	41	①	46	②
2	③	7	④	12	①	17	④	22	②	27	①	32	③	37	②	42	①	47	④
3	①	8	③	13	③	18	②	23	④	28	①	33	④	38	④	43	①	48	③
4	②	9	④	14	③	19	④	24	③	29	③	34	④	39	②	44	②	49	①
5	④	10	③	15	②	20	①	25	①	30	③	35	②	40	④	45	③	50	②

■ 주관식

주1	懲	주21	激昂	주41	禮	주61	執鞭之士
주2	삼가다.	주22	氣焰	주42	噫天喪予	주62	만일 구할 수 없다면
주3	鯨, 鮮, 魯 등	주23	寵愛	주43	無不自己求之者	주63	경솔하게
주4	鳴, 鷄, 鷺 등	주24	胸襟	주44	鴛鴦	주64	射
주5	芽	주25	凌駕	주45	이불	주65	은미하게 간하다.
주6	餘	주26	異 → 弛	주46	漆	주66	ⓐ 견, ⓑ 현
주7	添	주27	彼 → 披	주47	離別	주67	孝
주8	襃	주28	怪 → 乖	주48	칼을 짚고 술통을 대하니	주68	好學
주9	發展	주29	희고 고르게 박힌 이	주49	빨리	주69	외외
주10	藥局	주30	사소한 이익에 집착함	주50	孟子/孟軻	주70	동사
주11	醫師	주31	揠苗助長 / 助長	주51	㉡ 恒産, ㉢ 恒心	주71	仲尼
주12	ⓐ 성 ⓑ 생	주32	諸葛亮/諸葛孔明	주52	거리낌 없이 제멋대로 행동함	주72	말하다./언급하다.
주13	ⓒ 지 ⓓ 식	주33	燈下不明	주53	하지 않음이 없다.	주73	ⓐ동사 ⓑ대명사
주14	주름 습	주34	指鹿爲馬	주54	그물질 하다 / 법망으로 얽메다	주74	(새로 만든) 종에 피를 칠함
주15	가슴걸이 인	주35	陛下	주55	俯	주75	惻隱之心
주16	수식	주36	㉠삭㉡촉	주56	豊年	주76	납교
주17	병렬/유사병렬	주37	㉠동사㉡명사	주57	어찌 그 근본을 돌이키지 않습니까	주77	固, 直, 空, 貞
주18	襲	주38	㉠곤궁함㉡요약함	주58	由/子路	주78	㉠ 뿌리, ㉡ 속
주19	討	주39	주술목	주59	누구와 함께 하시겠습니까	주79	節
주20	奔	주40	學	주60	포호빙하	주80	평탄하다/편안하다

주81	竹/대나무	주91	최충(崔沖)
주82	愛惜	주92	국자감(國子監)
주83	出衆/群鷄一鶴/白眉 등	주93	존경각(尊經閣)
주84	陶淵明/陶潛	주94	이이(李珥)
주85	집 주변에 버드나무 다섯 그루가 있어서	주95	격몽요결(擊蒙要訣)
주86	어느 곳	주96	轉句
주87	혹 술자리를 마련하여 그를 부르면	주97	尾聯
주88	貧/家貧/貧賤	주98	見, 被 등
주89	찬왈	주99	如, 若 등
주90	술에 취하면 시를 지어 그 뜻을 즐긴다.	주100	사동형